金融学文献通论

宏观金融卷

陈雨露　汪昌云　主编

第二版

Second Edition

中国人民大学出版社

· 北京 ·

序

  经济学家们在很早之前就已经认识到货币理论和信贷市场对经济活动的作用，但大多不以定量的方法对其进行更深入的剖析。因此，20世纪50年代以前的金融理论主要局限于分析货币和信贷的功能，将其定位为经济学的一个分支。这时的金融理论基本上是抽象的和直觉性的，主要是对金融实践的总结和金融政策的解释。

  20世纪50年代金融学研究发生了重大变化。金融学的研究对象开始由传统的货币和银行问题扩展至金融市场，研究方法开始转向以规范的数理和计量模型为主。研究方法的转变从20世纪50年代美国主要金融学术期刊、美国金融学会会刊——《金融杂志》（*Journal of Finance*）的学术论文类型变化中可以窥见一斑。翻阅20世纪50年代初期的《金融杂志》，很难找出几篇有数学符号的文章，到了20世纪60年代初运用简单数学模型的学术论文已经十分常见。20世纪50年代是传统金融和现代金融的分水岭，标志事件是哈里·马科维茨（Harry Markowitz）于1952年提出的现代证券组合理论，该理论揭示风险也是最优证券组合选择的一个重要标准。之后，弗兰科·莫迪利安尼（Franco Modigliani）和默顿·米勒（Merton Miller）于1958年发表了苹果派理论或资本结构无关论（简称MM理论）。由于在各自领域的开拓性贡献，莫迪利安尼、米勒和马科维茨分别在1985年和1990年获得了诺贝尔经济学奖的殊荣。

　　早期的经济学家们除了分析和研究信贷市场外，对股票和期货等金融市场也有关注，不过他们大都对金融市场研究缺乏兴趣，这与当时的证券市场投机氛围有关。经济学家们不认为股票市场是正规的市场，而将其视为赌场的同义词，股票价格只不过是投资者的资本利得预期和反向资本利得预期作用的结果。约翰·梅纳德·凯恩斯（John Maynard Keynes）在其 1936 年发表的巨著《就业、利息和货币通论》（*The General Theory of Employment, Interest and Money*）中就将股票市场比作 20 世纪 30 年代在英国流行的选美比赛（beauty contest），其含义就是股票没有真实价值可言，因此，经济学家不屑为股票定价问题伤神。①

　　尽管如此，也不是没有人来模拟股票价格。最早采用现代方法对股票价格行为进行理论研究的是法国数学博士路易·巴舍利耶（Louis Bachelier）。他于 1900 年完成的博士论文《投机的数学理论》（Mathematical Theory of Speculation）直到 20 世纪 50 年代中期才无意中被芝加哥一大学教授发现，并将其翻译成英文出版。该译著对保罗·萨缪尔森（Paul Samuelson）后来研究股票价格行为和有效市场理论产生很大影响。1938 年约翰·威廉姆斯（John Williams）出版了《投资估值理论》（*The Theory of Investment Value*）一书，正式对传统经济学家关于金融市场的思维提出挑战。他的红利折现模型至今依然是西方投资学和公司财务学教材中不可或缺的股票定价模型。

　　现代金融理论研究的黄金时期是 20 世纪六七十年代。马科维茨的证券组合理论遭遇到超出计算能力而丧失其实际操作性的困境。威廉·夏普（William Sharpe）、约翰·林特纳（John Lintner）和简·莫辛（Jan Mossin）在独立研究的基础上相继于 1964 年和 1965 年成功解决了这一问题，并首次提出了数理逻辑严谨但浅显易懂的资产定价模型（S-L-M CAPM）。夏普也因此获得 1990 年诺贝尔经济学奖。1976 年，斯蒂芬·罗斯（Stephen Ross）从与 CAPM 的风险-收益权衡完全不同的全新角度提出了套利定价理论。套利定价理论的最大特点是无须资产收益分布、投资者偏好、市场摩擦等资产定价模型所做的关键假设，而是利用"天下没有免费的午餐"这一简单道理就可以确定风险资产的价格。20 世纪 70 年代初期，费雪·布莱克（Fisher Black）、迈伦·斯科尔斯（Myron Scholes）和罗伯特·默顿（Robert Merton）发表的期权定价模型（B-S-M options pricing model）也是利用类似的套利定价原理。如果要举一例有关超前金融实践并引导金融实践的经济理论，

---

① 如果你选择的美女是所有参赛人当中得票最多的，你就是这场选美比赛的赢家。要注意的是，成为赢家并不是因为你的鉴赏能力特别优异而选出了真正的美女，也不是因为你选择的美女是目前为止大多数人都认为是最好的。要成为最后的赢家必须能够准确地预计到所有参赛者的平均预期处于什么水平。

人们会首先想到 B-S-M 期权定价模型。毫不夸张地说，期权定价理论创造和繁荣了当今占金融产品交易量中最大份额以及金融风险管理必要工具之一的金融衍生品市场。判定 20 世纪六七十年代是金融研究的黄金时期还因为尤金·法玛（Eugene Fama）在 1965 年正式提出了有效市场理论。有效市场理论催生和推动了金融计量分析方法。20 世纪 60 年代以来西方金融学术界的研究成果中四分之三以上与有效市场理论有关。有效市场理论对金融理论和金融市场的影响可见一斑。

西方金融学研究涵盖三大主要领域：资产定价，公司财务，以及金融市场、金融中介和金融监管。

资产定价重点研究金融市场中的资产（包括金融衍生品）价格的形成过程和机制。它是证券投资、金融风险管理等学科的理论基础。市场微观结构是相对新的学科。市场微观结构主要关心的问题是金融市场参与者如何收集和处理信息，以及信息如何通过交易而反映在资产价格中。因此，市场微观结构与资产定价密切相关。

公司财务有时被译成公司理财、公司金融。公司财务研究资金筹集、资本预算、资本结构、税收、红利政策、公司并购和公司治理等问题。由此可见，公司财务的研究范围与目前国内的财务管理的范围不同。目前国内的财务管理隶属于会计学的领地，偏重财务分析和财务控制，而公司财务是西方金融学的核心领域之一。

金融市场、金融中介和金融监管的研究包括市场利率及利率机制，商业银行、投资银行、保险公司等金融中介问题，以及金融机构和金融市场的监管。

一直以来，我国学术界对金融学的定义和研究领域的界定存在一定争议。相对早期的金融研究主要集中于宏观金融问题，特别是货币银行学和国际金融两大领域。而上述的西方金融所覆盖的研究领域则被称为微观金融，这与当时我国的传统经济体制和不完善的金融市场体系有关。最近 20 多年来，中国的金融市场迅速发展，在资源分配与风险管理方面正在发挥越来越重要的作用。在这一背景下，采用宏观金融和微观金融并重的思路相对更为客观和更能反映现实的金融状况。

抛开金融学研究范围的界定不说，从金融学的研究方法论来看，西方金融学和货币经济学的研究早已实现理论系统化、数学化和计量化。概括地说，现代金融学研究的主流方法有两种：一是以数学语言和数理逻辑的方式演绎金融思想；二是运用统计计量方法研究确认重要经济金融变量之间的关联。当然，追求数学化和计量化本身不是目的，研究方法科学与否要看其是不是为金融研究的目的服务。一项金融研究之所以被称为研究，一般呈现以下特征：

第一，承续性。一项研究必须建立在前人相关研究的基础上。西方金融或经济学的研究之所以能够发展到当今的水平，承续性是其中的关键。

第二，创新性。任何一项研究必须在相关领域有某种程度的创新。创新与承续是相互关联的，承续性是创新性的必要条件，没有创新的研究是社会资源的浪费。

第三，成果的通用性和可比性。金融学作为一门科学，其研究成果应该广泛地使用于所有金融市场。当然，不同的经济体由于其自身所处发展阶段不同，发展的环境有异，金融市场有其特殊性，但这也不能成为抹杀金融研究成果通用性和可比性的理由。

身处于"百年未有之大变局"的时代，当代金融学人肩负着推动和繁荣新时期中国金融学研究的重大责任和历史使命。有比较才有进步，有意识就有行动。"金融学文献通论"系列丛书就是本着推动中国金融学研究而迈出的新的一步。"金融学文献通论"丛书按宏观和微观两大领域系统介绍和评述了自20世纪上半期以来西方金融学、货币银行和国际金融方面最权威、最具代表性的原创论文。

全套丛书分三卷。第一卷介绍和评述现代金融和货币经济领域中最权威的原创论文，其中含宏观金融、微观金融论文各21篇。第二卷综述货币银行、国际金融和金融政策等宏观金融研究领域各核心理论研究的来龙去脉、发展历程、当今所处阶段，并把脉未来研究发展方向。第三卷综述现代资产定价、公司财务、金融衍生工具和行为金融等微观金融领域各主要理论的起源、发展以及现阶段的热点问题。

本套丛书适合作为高等院校经济学或金融学专业博士生、硕士生和高年级本科生的教材或辅助教材。对金融学、经济学研究有兴趣的学界人士，从事金融和投资实际工作及金融监管工作的精英也将会从阅读本套丛书中受益颇多。

迄今为止，货币银行学、国际金融及西方金融研究已浩如烟海，各种研究方法层出不穷。系统介绍和综述这些领域的原创研究本身是一项十分艰巨和复杂的基础工程。在本套丛书再版问世之际，感谢中国人民大学财政金融学院和汉青经济与金融高级研究院的部分老师、研究生在本书撰写过程中付出的艰辛努力，以及中国人民大学出版社崔惠玲编辑为本书修订再版付出的辛劳。最后，本书由于内容的复杂性和作者知识的局限性，难免存在遗漏、观点片面甚至错误之处，希望读者不吝赐教！

陈雨露　汪昌云

前　言

《金融学文献通论·宏观金融卷（第二版）》是"金融学文献通论"丛书的第二卷。历史表明，无论是在英美等发达国家崛起的过程中，还是在发展中国家奋起直追的过程中，金融都发挥着重要的作用。本书的目的是从经典宏观金融理论的原创文献入手，希望在梳理理论发展脉络的基础上，把握金融理论的趋向，探究金融和经济实践发展的启示。

本书收录了 26 篇宏观金融理论的文献综述，涵盖了以下四个领域的研究成果：

1. 货币理论与货币政策

货币理论与货币政策领域的文献综述共 5 篇，分别介绍了货币需求、货币政策传导机制、西方货币政策规则、货币政策动态一致性、资产价格与货币政策的研究进展。

长期以来，稳定的货币需求函数被认为是货币政策中运用货币总量目标进行调控的前提条件，因此，货币需求理论是货币理论中最基本的构成部分，对货币需求函数的实证分析被广泛用于指导和评价货币政策的操作。货币政策传导机制是货币政策理论的核心内容，随着不同理论之间的相互吸收与融合，传导机制方面的进展则更加丰富和多样化，不仅原有的货币传导渠道得到修改和扩展，研究方法也从定性研究逐步深入到定量研究。20 世纪 90 年代之后，随着金融结构的变迁尤其是资本市场的发展，资产价格的重要性日益凸现，对传统的货币政策传导机制提出了挑战，资产价格的货币政策传导机制表明资产价格已经将实体经济与货币政策联系起来。之后，西方学术界和各国货币当局将研究重点集中在货币政策对于资产价格的波动是否应做出反应以及反应机制如何建立上。在实证方面，经济学家通过各种计量分析方法得出了不同的结论，相关争论也非常激烈。

1977年，基德兰德（Kydland）和普雷斯科特（Prescott）提出并论证了动态非一致性，并由此引发了新一轮的规则与相机抉择的辩论热潮。泰勒规则的理论扩展及实践检验的成果颇丰，推动了货币政策规则理论研究的新进展。近期货币政策规则理论的研究成果更多地融合了相机抉择与规则的优点，既要按规则进行系统性的操作，保持政策的透明度、连贯性和可靠性，又要适当地保持操作的灵活性、前瞻性和创新性。可见，货币政策规则的研究经历了一个从静态到动态、从分散到系统的演变过程。

2. 国际金融理论

国际金融方面的文献综述共8篇，覆盖了汇率决定理论、国际收支理论、汇率制度理论、最优货币区理论、国际宏观经济政策协调理论、巴拉萨-萨缪尔森（Balassa-Samuelson）效应、新开放经济宏观经济学以及金融开放与经济增长等方面的研究成果。

国际金融理论是宏观金融理论的一个重要分支，历史悠久。特别是第二次世界大战以后，随着经济金融全球化的加速和国际经济关系的日益密切，国际金融理论的研究范围逐渐扩大，研究内容愈加深入，经历了一个不断总结、发展并日趋成熟的过程。在这一过程中，不仅传统的国际金融理论有了新的发展和突破，也出现了一些新的研究方向，成为经济学家们关注和争论的焦点。汇率决定理论、国际收支理论、汇率制度理论属于传统的国际金融研究领域，是国际金融的核心问题，它们的发展历史构成了整个国际金融发展史的主体部分，同时也不断得到继承、修正和完善，例如，2015年海伦·雷（Hélène Rey）对传统蒙代尔三元悖论的分析框架提出质疑，引发了学术界关于二元悖论和三元悖论的争论，进一步推动汇率制度理论获得了新的关注和发展。最优货币区理论、国际宏观经济政策协调理论、巴拉萨-萨缪尔森效应是国际金融领域近年来得到理论界关注和讨论较多的热点命题。新开放经济宏观经济学的精髓是由奥伯斯法尔德和罗格夫于1995年在著名论文《汇率动态回归》（Exchange Rate Dynamics Redux）中提出的，并成为了研究国际金融问题的新方法。近年来，经济学家应用、改进和发展这一方法来对传统的国际金融问题重新进行研究，使新开放经济宏观经济学逐步成为国际金融学一个新的发展方向。2008年全球金融危机后，国际货币理论成为国际金融领域的热点研究话题。

许多学者指出，本次金融危机之所以产生如此巨大的破坏力，其中一个深层次的原因在于以美元为主导的单一国际货币体系。此外，近年来贸易、金融、储备领域中的货币选择问题也愈发吸引了国内外学者的研究兴趣。

3. 金融中介与金融发展理论

金融中介理论方面的文献综述共 4 篇，分别回顾和展望了比较金融体系理论、信贷配给理论、金融发展理论、金融开放与经济增长理论等方面的研究进展。1930年，费雪（Fisher）开启了金融中介重要性的理论闸门，金融创新和信息技术革命对基于市场不完善的现代金融中介理论提出了新的挑战，随着近年来金融中介职能的转变，风险管理和参与成本被用来解释金融中介的作用。金融市场和金融中介作用的各种组合与比较构成了比较金融系统的主要内容（Allen and Gale，2001）。在现代经济中，金融系统对资源配置而言是至关重要的，良好的金融系统能够强有力地促进一国的经济增长，事实上，不同类型金融系统之间的比较是复杂的，因为每一种金融系统都有各自的优缺点。

关系型融资（relationship finance）以及金融控股公司理论是近年来西方金融中介理论研究的热点问题。关系型融资理论是 20 世纪 90 年代才引起经济学家关注的前沿问题，对关系型融资的成本-收益进行分析，具有较强的现实意义。金融控股公司是一种金融组织制度创新，从金融经济学的角度对金融控股公司的收入、成本以及风险监管进行的研究受到了广泛关注。20 世纪六七十年代金融发展理论兴起后，金融发展与经济增长关系一直是金融发展理论的中心研究议题。21 世纪以前，大多数学者认为金融发展与经济增长之间存在长期的积极联系，金融发展是经济保持长期稳定增长的原因之一。但近年来，尤其是全球金融危机爆发以后，越来越多的学者研究发现，金融发展与经济增长之间存在非线性关系，甚至是倒 U 形关系。此外，也有越来越多的学者开始重视金融发展与收入平等之间的关系等其他议题。作为与金融发展紧密关联的概念，金融开放与经济增长的关系也一直是经济学家感兴趣的问题。国内外对这个议题的理论和实证研究浩如烟海，却至今没有一个统一的结论，原因在于二者之间的关系仿佛"黑箱"一般复杂，难以归纳出一个明了的线索阐释它们的关系。金融开放若要促进经济增长，须满足一定的先决条件，尤其要控制好开放引致的风险。

4. 宏观金融风险与金融调控理论

宏观金融风险与监管领域的文献综述共 9 篇，囊括了金融脆弱性理论、金融泡沫理论、金融危机理论、金融监管理论、最终贷款人理论、金融经济周期理论、包含金融部门的 DSGE 模型、宏观审慎理论以及现代货币理论等方面的研究进展。金融稳定与金融发展是古老而又现代、历久而又弥新的课题，世界各国频繁发生的金融危机以及全球经济金融一体化加速使其引起了更为广泛的关注。金融稳定是一国经济持续增长的前提条件，而金融泡沫的破灭则对经济运行具有"金融加速因子"效应。频繁出现且损失惨重的金融危机使人们越来越多地认识到世界金融体系具有一定的脆弱性。金融脆弱性理论建立在信息经济学和制度经济学等一系列新兴经济学理论基础之上，金融脆弱性假说和安全边界学说进一步归纳总结了经济学家有关金融脆弱性产生根源以及如何衡量金融脆弱性等方面的研究。

构建符合现代金融业发展的金融监管与调控体系，维护金融体系的安全与稳定运行，已成为各国政府高度关注的重大问题，对金融监管的发展历程、必要性、有效性以及监管模式等方面进行研究综述具有非常强的现实意义。此外，随着金融周期和经济周期之间关系的日益强化，必须将二者置于统一的视角下予以研究，这诞生了金融经济周期理论以及在建模方法上强调金融和实体经济一般均衡的 DSGE 模型。在金融稳定的调控方面，除了传统的微观审慎监管政策之外，2008 年金融危机之后的一个新进展是宏观审慎政策的引入，并日益成为维护宏观金融稳定的重要政策支柱。此外，对于近年来兴起并引发激烈争论的所谓"现代货币理论"，本书也对相关文献进行了相应的追踪和评述。

参与本书编写的人员包括：陈雨露、马勇、罗煜、芦东、姚驰、陈点点、吕琳、章洪铭、徐蕾、苗艺馨、潘登、张祎、郑月辉、胡坤、许界天、郭书晴、牛嘉豪、周普、相倚天、李越秋、郗继磊和周小詠。另外，参加本书第一版撰稿的有：陈雨露、边卫红、侯杰、王玉、王晓帆、徐元铖、马勇、罗煜。

感谢中国人民大学中国财政金融政策研究中心提供的研究资助。

通过综述和评析经典宏观金融理论的发展脉络，界定理论发展的标志性阶段，我们希望帮助读者更加系统地了解宏观金融理论的历史沿革和最新发展动态。同时，站在巨人的肩膀上，我们能够在充分消化和吸收先进理论的基础上，探索切合我国特点的现代金融理论，解决中国经济发展中的金融问题。然而，准确把握宏观金融研究涉及的范畴、历史演进及最新前沿的工作无疑是富有挑战性且相当艰巨的。本书中的宏观文献综述成果只是我们的一种探索和尝试，其中的疏漏之处，敬请学界同仁和广大读者不吝赐教。

陈雨露　　汪昌云

目　录

金融中介与金融发展理论

宏观金融风险与金融调控理论

货币理论与货币政策

货币需求理论

Laurence Harris（1981）认为货币理论中最基本的问题就是"什么是货币？为什么要用货币？"并强调"在货币理论许多高深的发展背后，也存在着这两个问题"。其中，对于"为什么要用货币？"这个问题的研究就构成了货币需求理论的基本内容。当然，货币需求理论所研究的内容不仅仅限定于为什么对货币产生需求，它还研究具体的货币需求数量与其决定因素之间的因果联系，并试图获取一个稳定的货币需求函数。而长期以来，一个稳定的货币需求函数被认为是货币政策中运用货币总量目标的先决条件，因此，货币需求理论不仅在理论上是货币理论中最基本的构成部分，在实践上也成为货币政策选择的理论依据，被广泛用于指导和评价货币政策的操作。

一、货币需求理论的发展：一个概述

人之所以对某种事物产生需求必然是因为该事物具有某种功用。同样地，我们对货币产生需求也是因为货币在经济生活中具有某种作用或职能。现代的经济学教科书普遍把货币定义为任何一种起着交易媒介、计价单位和价值储藏作用的商品或法定凭据。而在货币的这三种基本职能中，货币的计价单位职能并不需要使用真实的货币，因此对货币的需求就来源于货币的交易媒介职能与价值储藏职能。

早期的货币理论的一个典型特征就是把货币仅仅看作是一种交易媒介，而使用货币的动机是为了克服物物交换的不便或减少交易费用。与此相对应，同时期的货币需求理论也就把货币的交易媒介职能看作是对货币产生需求的唯一来源。这种观点从 16 世纪重商主义时期一直延续到 20 世纪初期，中间经过大卫·休谟（David Hume）、威廉·配第（William Petty）、亚当·斯密（Adam Smith）、大卫·李嘉图（David Ricardo）以及欧文·费雪（Irving Fisher）等人的深化和完善，最终形成了古典货币数量论。古典货币数量论关于货币需求的观点集中表现在费雪的交易方程式中。

Fischer（1911）认为人们持有货币的目的在于交易，因此存在如下恒等关系式：$MV=PT$；其中 M 是货币数量，V 是货币流通速度，P 是价格水平，T 是交易量。如果用 M_d 表示货币需求量，并将交易方程式进行简单的变换，就可以得到货币需求方程：$M_d=\dfrac{1}{V}PT$。因为短期内 V 为常量，所以货币需求仅为收入的函数，利率对货币需求没有影响。

古典货币数量论认为，人们持有货币仅仅为了进行交易的观点显然过于狭隘，因此剑桥学派的经济学家阿尔费雷德·马歇尔（Alfred Marshall）和阿瑟·庇古（Arthur Pigou）等人在继承古典数量论的基础上有所发展，提出了现金余额数量论。现金余额数量论认为，人们持有货币是因为货币具有交易媒介和价值储藏功能，因此货币需求方程（剑桥方程）应当是：$M=kPY$。其中 M 表示货币数量，即现金余额，Y 代表总产量，P 表示一般价格水平，k 是常量，表示以货币形式保持的财富在全部财富中所占的比例。在方程中，作为交易媒介的货币，其需求量与交易水平有关，进而与名义收入成比例；作为价值贮藏的货币，其需求量与财富水平引起的名义收入变动成比例。

尽管马歇尔和庇古率先将货币的价值储藏职能引入了货币需求分析，并将货币需求与名义收入挂钩，但是剑桥方程式和费雪方程式没有显著的区别，利率因素依然被排除在货币需求方程之外，因此在结论上现金余额数量论与古典货币数量论一样，都体现了货币中性的思想。

在货币需求理论的发展历史上真正起到里程碑作用的是约翰·梅纳德·凯恩斯（John Maynard Keynes）在 1936 年出版的《就业、利息和货币通论》（*The General Theory of Employment, Interest and Money*，简称《通论》）一书中提出的流动性偏好的货币需求理论。

在流动性偏好理论中，凯恩斯假定人们的货币需求是出于三个动机：交易动机、预防动机和投机动机。

交易动机是指"由于个人或业务上的交易而引起的对现金的需要"，其核心仍为货币的交易媒介职能，并认为交易货币量与收入成比例。预防动机是指"安全起见，把全部资产的一部分以现金形式保存起来"。预防动机的货币需求最终是为了应付未来可能出现的交易，因此也是源于货币的交易媒介职能的货币需求。投机动机源于人们"相信自己比一般人对将来的行情具有较精确的预期"，因此会试图通过预期利率的变动并相应地调节货币持有量以谋求收益。在投机动机的视角下，货币被作为一种资产来看待，因此出于投机动机的货币需求来源于货币的价值储藏职能，利率对投机性货币需求量也就有着重大的影响。

根据上面的分析，凯恩斯在流动性偏好理论中将货币需求方程式写为：

$$M = M_1 + M_2 = L_1(Y) + L_2(r)$$

其中，M_1 表示满足交易动机和预防动机所持有的货币数量，M_2 表示满足投机动机所持有的货币数量。L_1 和 L_2 是对应于 M_1 和 M_2 的两个流动性偏好函数，L_1 取决于收入水平 Y，并与之正相关；L_2 取决于利率 r，并与之负相关。

流动性偏好理论的提出在货币需求理论发展的历史上具有重要的意义：

首先，流动性偏好理论强调了货币的价值储藏职能在货币需求中的重要性，同时，通过货币的价值储藏职能把利率因素引入货币需求函数是流动性偏好理论的主要特点与贡献。

其次，货币需求动机概念的提出巩固了由马歇尔、庇古开创的从微观主体的持币动机、持币行为考察货币需求的新视角，使得微观分析方法成为现代货币需求理论研究方法的主流。

最后，出于预防动机的货币需求是货币数量论所未涉及的，因此，将对货币的交易媒介职能的需求分解为交易动机和预防动机是对货币数量论传统的完善与发展。

在凯恩斯的《通论》出版之后，流动性偏好理论迅速成为货币需求理论的主流，而从微观主体的持币动机、持币行为来考察货币需求成为后续的货币需求理论的一个普遍的研究视角。

一种观点认为，凯恩斯之后的经济学家在货币需求问题上的理论贡献主要集中在对流动性偏好理论的货币需求方程中的两个子函数 L_1 和 L_2 的重新阐述之上。这种说法或许稍有夸张，但若把米尔顿·弗里德曼（Milton Friedman）对货币需求理论的贡献也加入上述论断，这种说法也离事实不远。大体上，凯恩斯之后的货币需求理论朝着三个方向发展：

其一，继承并深化货币的交易媒介职能对货币需求影响的研究。这个方向的研究有着两个主要的思路：从微观经济主体持有货币的交易动机开始进行理论推导以求出货币需求方程，或者直接从宏观的交易需求开始进行推导以求出货币需求方程。前一个思路，瓦尔拉斯（Walras）最先做出了尝试，因此，在瓦尔拉斯之后的一系列经济学家在这个思路下对货币需求的研究被称为"瓦尔拉斯派"。后一个思路则由 Hicks（1935）提出，力求在交易需求既定的前提下，考察货币需求的决定因素，这一思路下的后续研究也被称为"货币需求论"。

如果将预防动机的货币需求模型如 Whalen（1966）的立方根定律与上述内容结合，这个研究方向不妨看作是对货币需求子函数 L_1 的重新阐述。

其二，强调货币的价值储藏职能对货币需求的影响。在这个方向，托宾（Tobin）的货币需求的资产组合选择理论是对投机动机下的货币需求函数 L_2 最好的重新阐述，而仅强调货币的价值储藏职能的世代交叠模型则因为完全不考虑货币的交易媒介职能而遭受了批评。

其三，现代货币数量论。在现代货币数量论中，货币被看作是一种资产，是持有财富的一种形式，强调了货币的价值储藏职能，这使得有学者把现代货币数量论归入货币需求的资产组合理论的范畴之中。不过这种观点显然不会获得现代货币数量论的代表人物弗里德曼的赞同。弗里德曼宣称"过去常被称为货币数量论的东西……，现在被称为货币主义"，而传统货币数量论把货币看作是一种交易手段。

二、凯恩斯之后货币需求理论的发展

在凯恩斯提出流动性偏好理论之后，货币需求理论的发展非常迅速。一方面是因为流动性偏好理论提出了一个非常好的理论分析框架，为后续理论的发展提供了很好的基础。更加重要的原因是不可兑换的纸币本位制度的地位变得巩固。在纸币本位制度下，货币供给量基本上取决于中央银行，如何使货币供给与经济对货币的需求相一致成为一个重要的问题。解决这个问题的关键在于明确为保证经济体系正常运行究竟需要多少货币，因此对货币需求理论的研究获得了前所未有的重视。这时期的货币需求理论的主要特点有两个：其一，理论的模型化程度不断加深，货币需求函数日益精巧；其二，随着研究的深入以及货币金融环境的不断变化，货币需求函数中的自变量亦即影响货币需求的决定因素日益增加。

（一）源于交易媒介职能的货币需求理论

1. 货币需求论

在凯恩斯的流动性偏好理论中，交易性货币需求仅仅与收入相关而利率因素没有被引入交易性货币需求。交易性货币需求理论中的"货币需求论"主要致力于对这一缺陷进行了修正。率先对修正这一缺陷做出贡献的经济学家是 Baumol（1952）和 Tobin（1956）。

在鲍莫尔-托宾（Baumol-Tobin）模型中，货币被看作是满足交易动机而持有的存货。那么为了使持有现金存量的成本降到最低，仿照最优存货控制理论的解决办法，鲍莫尔和托宾得出了著名的"平方根定律"，即：$M_d = \frac{1}{2}\sqrt{\frac{2bY}{r}}$。根据平方根定律，交易性货币的最优需求量 M_d 与转换成本 b 以及交易量 Y 呈正比例关系，与利率 r 呈反比例关系，而最优需求量对交易量的弹性和对利率的弹性分别为 $\frac{1}{2}$ 和 $-\frac{1}{2}$。

鲍莫尔-托宾模型的出现在货币需求理论研究领域产生了重大的影响，学者们对其将利率因素成功引入交易性货币需求大加赞赏。

不过鲍莫尔-托宾模型的缺陷也相当地明显：厂商的现金流固定并且不断地调节现金存量，这种过于严格的假设使得模型与事实相距甚远。

Miller 和 Orr（1966）对鲍莫尔-托宾模型的第一个假设进行了放松，在他们的分析中，厂商的现金流量以随机游走的方式产生。Akerlof 和 Milbourne（1980）则放松了厂商行为模式的假设：在他们提出的目标临界模型中保存了 Miller 和 Orr（1966）关于厂商的现金流量以随机游走的方式产生的提法，并且进一步优化了厂商的行为模式——厂商不必像在鲍莫尔-托宾模型中那样为了维持最优现金持有量而不断地调整其货币余额，仅仅需要在达到临界点时才对货币余额进行调整。

Romer（1986）在鲍莫尔-托宾模型的框架内创建了一个连续时间的世代交叠模型，并通过一般均衡方法研究了通货膨胀对资本积累以及货币需求函数的影响。在将通货膨胀因素引入鲍莫尔-托宾模型的同时，罗默（Romer）对模型更加重要的改进是考虑了动态决策问题，解决了鲍莫尔-托宾模型仅是单期决策模型的缺陷。

针对鲍莫尔-托宾模型进行的其他改进与扩展还有许多，这些改进与扩展逐步将原有模型中被忽略了的影响交易性货币需求的因素，诸如通货膨胀、资产因素以及金融创新等，加入原有模型，这使交易性货币需求的存货模型得以日益丰富和完善。

2. 瓦尔拉斯派

在阿罗-德布鲁（Arrow-Debreu）的瓦尔拉斯一般均衡框架中，由于市场运行的完美，物物交换就足以使交易充分完成，因此货币的价值为零，没有必要持有货币。因此，瓦尔拉斯派建立货币需求的微观基础的努力就变成在瓦尔拉斯一般均衡框架中引入货币这样一个明确的目标，这也是瓦尔拉斯派名称的由来。

如何将货币引入瓦尔拉斯一般均衡框架之中？一种直观并且简单的方案就是赋予持有货币这种行为以效用。Walras（1900）最先做出了尝试，他将货币放入家庭效用函数与企业生产函数中进行分析，从而导出货币的需求与供给方程。Patinkin（1965）对此做出了进一步的努力，最后在 Sidrauski（1967）手中最终形成了效用函数中的货币模型。

德劳斯基（Sidrauski）认为持有货币也能带来效用，这样货币就被直接引入效用函数中。经济主体在预算的约束下，在进行消费、持有货币余额之间进行最优规划，以获取最大化的效用。显然，增加货币余额的持有必然需要放弃一部分现有的消费，因此当增加单位货币与增加单位现有消费的边际效用相等时，经济主体的效用达到最大化。在这个效用最大化的过程中，经济主体对实际货币余额的需求也同时确定。因此，在效用函数的货币模型中，实际货币需求是名义利率和实际消费量的函数，而进一步的公式推导表明实际货币需求是名义利率的减函数，是实际消费的增函数。

效用函数中的货币模型直接将货币引入效用函数，但是未能解释为什么持有货币会带来效用，因此受到人们的诟病。因此，Mccallum（1983，1987）提出了购买时间模型对效用函数中的货币模型进行了完善。购买时间模型的基本思路和分析过程与效用函数中的货币模型类似，得到的结论也基本相同。其创见在于购买时间模型认为，货币之所以能带来效用在于货币的使用可以使人们节省购物时间，从而增加闲暇。

效用函数中的货币模型在直接将货币引入效用函数方面遇到的困难催生了另外一种在效用函数中纳入货币因素的思路。Clower（1967）提出一个新的思路，即不把货币引入效用函数，而是将其看作交易者在购买时所面临的约束。克洛尔（Clower）认为，交易者不仅受到一般均衡理论中的预算约束，同时受到购买行为必须以近期所得的货币进行支付的限制（克洛尔约束），这样，货币尽管没有直接出现在效用函数里面，但是出现在函数的约束条件中。

Lucas（1980）率先在这个方向进行了尝试，他将鲍莫尔和托宾的个人行为最优化的研究思路与克洛尔约束相结合来研究货币的交易需求，创立了现金先行模型。但是，将货币因素纳入约束条件的做法导致了利率因素从货币需求函数中消失，在卢卡斯（Lucas）模型中，货币需求只取决于消费量而与利率无关。这导致了在现金先行模型中货币呈现超中性的尴尬结论，这也是现金先行模型致命的缺陷。

Stockman（1981）最先对现金先行模型进行了改进，他把资本品也加入克洛尔约束中，使得消费品和资本品都受到通货膨胀率的影响。通过"通货膨胀——投资减少——资本存量减少"这样一种路径消除了卢卡斯模型中货币的超中性。

Lucas 和 Stokey（1987）同样对现金先行模型做出修正，提出了现金-信用商品模型。在现金-信用商品模型中，除了现金，人们还可以用信用手段进行支付。现金依然受克洛尔约束的限制，而信用手段则摆脱了克洛尔约束的限制。因此，只要信用手段在总支付手段中所占的比例足够大，那么就可以部分地摆脱克洛尔约束的限制。

相比上述在效用函数中纳入货币因素的思路所面临的困难，货币搜寻模型的前景更加光明。货币搜寻模型不是外在地直接将交易媒介职能赋予货币，而是通过模拟人们交易策略的形成来说明货币是如何内生于经济体系的。

Starr（1972）利用交易技术来解释货币作为交易媒介的需求。Jones（1976）分析了在一个物物交换经济的体系内交易媒介如何产生。Niehans（1978）从运输成本的角度对交易媒介的产生做出了分析，Alchian（1977）以及 King 和 Plosser（1986）则从信息与物质属性角度对交易媒介的产生做出解释。这些研究成果最终促使 Kiyotaki 和 Wright（1989，1993）提出了货币搜寻模型。在货币搜寻模型中，一般等价物的出现既取决于商品的属性，也取决于该商品被别人接受的概率。他们的研究表明当货币被别人接受的概率大于某个临界值时，货币（商品货币或纸币）会作为一般等价物出现，这不仅解释了商品货币的出现，而且解释了纸币的产生。

3. 预防动机的货币需求理论

将交易性货币需求分解为交易动机和预防动机是凯恩斯的贡献，但是凯恩斯本人对预防动机的货币需求理论并没有进行细致的分析。

Whale（1966）较早地提出了预防性货币需求模型，在他看来，由于人们的未来收入与支出存在不确定性，货币的预防性需求因此而产生。他认为影响最优预防性货币需求的因素有非流动性成本、持有现金余额的机会成本和收入支出平均值及其变化状况。他的观点集中体现在他提出的立方根定律中。立方根定律的货币需求函数为：

$$M = \sqrt[3]{\frac{2S^2C}{r}}$$

其中，M 为预防性货币需求；S 为预防性货币需求与净支出分布的方差；C 为转换现金的成本；r 为利率。显然，根据方程，预防性货币需求对净支出的弹性为 $\frac{1}{3}$，对利率的弹性为 $-\frac{1}{3}$。

总的来说，预防动机的货币需求理论的发展并未超出惠尔（Whale）在立方根定律中体现的基本思路。Dornbusch 和 Fischer（1990）对构建预防动机的货币需求理论模型的基本思路进行了总结，即使交易费用达到最小，经济主体通过对利息成本和流动性带来的好处之间的权衡来最优化其预防性货币需求。而 Barro 和 Fischer（1976）以及 Cuthbertson 和 Barlow（1991）对预防性货币需求理论的发展有着完整的综述。在他们的综述中，预防性货币需求比较重要的发展有以下几个。

Miller 和 Orr（1966，1968）发展了企业预防性货币需求模型。当然，企业预防性货币需求模型并不是将立方根定律由个人向企业进行简单的平移，在 Miller 和 Orr（1966，1968）的模型之中，企业净现金流量是随机的并且企业对现金的管理采用了目标临界控制方式，这使得模型与现实更加贴近。Sprenkle 和 Miller（1980）对 Miller 和 Orr（1966，1968）进行了进一步的扩展，他们在模型中考虑到了企业通过压缩流动资产和向银行进行透支来解决不可预期的现金支付的方法。而 Krugman，Persson 和 Svensson（1985）则将预防性货币需求模型扩展到了一般均衡分析的框架中。

（二）源于价值储藏职能的货币需求理论

强调货币的价值储藏职能使货币需求理论主要有两个发展方向：其一，托宾的货币需求的资产组合选择理论，这是凯恩斯的投机性货币需求理论的延续；其二，是世代交叠模型，这个方向则通过强调货币的价值储藏职能有利于不同代际之间的禀赋交换增进福利这样一种观点来构建源于价值储藏职能的货币需求的理论模型。

1. 托宾的货币需求的资产组合选择理论

凯恩斯在流动性偏好理论中强调了货币需求的投机动机，在投机动机下，货币被当作一种资产来看待，因此投机性货币需求理论本质上是一种源于货币的价值储藏职能的货币需求理论。但是，在《通论》中，凯恩斯对投机性货币需求的分析很不完善，他简单地认为人们之所以有投机性货币需求主要是担心债券的预期价格可能会跌到很低，从而完全抵消了债券的利息收益。这种分析无法解释人们同时持有货币和债券的情形，从而并不令人信服。

Tobin（1958）对凯恩斯的投机性货币需求理论进行了完善，他指出影响投机性货币需求的因素不仅有利率，还应该包括风险。他将马科维茨（Markowitz）的资产组合理论与对货币需求的分析结合起来，创立了货币需求的资产组合选择理论。

货币需求的资产组合选择理论的关键就在于将收益与风险结合起来分析货币需求。托宾认为在对利率进行预期的时候，经常包含了预期失误导致资本损失的风险。相对于有风险的债券，货币被他认定为一种无风险的"安全资产"，而经济主体持有债券和货币的比例不仅仅由利率决定，还要取决于他对风险和收益的效用评价，这就解释了人们为什么经常同时持有货币和债券。借助资产组合理论的预期效用最大化原则，通过效用最大化求解就可以获得最令经济主体满意的持有债券和货币的组合比例，同时也就计算出了投机性货币需求。因此，在货币需求的资产组合选择理论中，货币需求被解释为在资产组合中配置财富问题的一个部分。

托宾的货币需求的资产组合选择理论也存在不足。

第一，他延续了凯恩斯的流动性偏好理论中的假设，财富仅由货币和债券两种资产组成，这与现实相差太远。Ando，Modigliani 和 Shell（1975）通过将定期存款引入，构建一个三资产模型，对托宾的货币需求的资产组合选择理论进行了扩展，McCallum 和 Goodfriend（1987）也构建了一个包括货币、债券以及资本的三资产模型。事实上，按照托宾的分析，如果货币的收益为零而同时存在一种收益为正的无风险资产（如定期存款），那么必然出现这样一种悖论——货币将不会被人们持有。因此，在这种三资产模型中，引入持有货币的交易动机对货币需求的资产组合选择理论进行扩展是十分必要的。

第二，托宾在模型中将货币认定为"安全资产"，这样就排除了通货膨胀对投机性货币需求的影响。这一缺陷在 Buse（1975）和 Fischer（1981）把通货膨胀的不确定性引入托宾的资产组合选择模型后才得以完善。

2. 世代交叠模型

世代交叠模型强调了货币的价值储藏功能，但是它与资产组合选择理论有着完全不同的研究视角与方法。

世代交叠模型最早在 Samuelson（1958）的消费贷款模型中提出，Sargent（1977，1988）和 Wallace（1982）在 20 世纪 80 年代对该模型做出了重要的发展，并使之成为阿罗-德布鲁模型的主要替代模型。世代交叠模型强调年轻人与老年人在偏好方面具有不同倾向，因此倘若经济主体在出生时获得的消费品资源能够保存一部分到老年再进行消费必然能够带来更多的效用。由于消费品资源都不是耐用品，也不能被储存到下一个消费阶段，这种代际交换难以形成。但是这些资源若能够被交换成可以进行代际储存的货币，那么可以给所有人带来好处的代际交易就成为可能。

世代交叠模型完善了一个长期被学者们忽视的视角，为源于价值储藏职能的货币需求理论提供了一个新的分析框架。但它也受到不少批评：首先，McCallum（1983）指出世代交叠模型将货币纯粹看作是一项资产，完全忽视了其交易媒介功能。其次，Tobin（1980）则认为货币的代际资源转移功能同样能通过社会保险或政府债务来实现，而模型中没有对其中的差异进行解释。最后，Walsh（1999）指出模型的结构使得其结果很难与经验中的时间序列数据一一对应，因此限制了世代交叠模型在实证分析研究中的应用。

（三）现代货币数量论

Friedman（1956）在探讨人们持有货币的原因时采取了与凯恩斯不同的方法：他不再具体研究人们持有货币的动机，而将货币作为构成财富资产的一种。因此，其对货币需求的研究是建立在分析影响人们选择资产的种类来保存财富的因素的基础上的。在弗里德曼看来，货币的需求取决于三种主要因素：①以各种形式持有的总财富；②货币和其他形式资产的价格和收益率；③财富所有者的偏好。据此，弗里德曼将他的货币需求公式定义如下：

$$\frac{M_d}{P} = f(Y_p, r_b - r_m, r_e - r_m, \pi_e - r_m)$$

其中，$\frac{M_d}{P}$ 表示对真实货币余额的需求；Y_p 表示永久性收入，即理论上的所有未来预期收入的折现值，也可以理解成长期平均收入；r_m 表示货币预期收益率；r_e 表示债券预期收益率；r_b 表示股票预期收益率；π_e 表示预期通货膨胀率。

在弗里德曼看来，货币需求主要取决于总财富，但总财富实际上是无法衡量的，只能用永久性收入而不是用不稳定的现期收入来代替。而货币需求将随着永久性收入的增加即财富的增加而增加。

对 r_m 而言，凯恩斯认为货币预期收益率是常量，而弗里德曼认为其不是常量。当经济中利率上升时，银行可以从贷款中获得更多的利润，从而用更高的利率吸收存款，所以以银行存款形式持有货币，收益率随着债券和贷款利率的上升而上升，这一过程使 $r_b - r_m$ 保持相当稳定。弗里德曼的这种观点意味着利率变动对货币需求影响极小，那么利率的变动在长期中对产量和就业的影响就较小，这也是弗里德曼反对将利率作为政府调控经济的手段的理论渊源。

$\pi_e - r_m$ 取决于持有的商品价格上涨时的预期通货膨胀率 π_e。弗里德曼将货币和商品视为替代品，商品和货币互为替代品的假设表明，货币数量的变动可能对总产出产生影响。

究竟哪些因素会对货币需求函数造成重大影响？弗里德曼认为应当通过实证加以分析。在他 1963 年出版的《1867—1960 年美国货币史》（*A Monetary History of the United States，1867—1960*）一书中，弗里德曼估算出两个经验数据：货币需求的利率弹性为 −0.15，而货币的收入弹性为 1.8。因此，他认为利率的变化对货币流通速度的影响是微不足道的，而从长期趋势来看货币的流通速度将随着国民收入的增长而有递减的趋势。

弗里德曼突出强调货币需求函数是稳定的函数，在于尽可能缩小货币流通速度发生变化的可能性及其对产量和物价可能产生的影响，以便在货币供应量与名义国民收入之间建立起一种确定的可以做出理论预测的因果关系。

20 世纪 60 年代初，Brunner 和 Meltzer（1963，1964）提出的财富调整理论对弗里德曼的货币理论进行了补充和扩展。这种扩展集中在对财富的定义之上：财富调整理论中定义的"财富"是一个经济总量概念，而其他以资产组合理论为背景的分析都是以微观的个人或企业为对象的。Meltzer（1963）指出，对非银行的私人部门而言，财富是由实物资本、货币、银行定期存款和政府债务的总和减去对银行和政府的负债构成的；在财富调整理论中财富变量在货币需求函数中只限于非人力资产，因此不能用弗里德曼所谓的恒久收入来代表。

三、货币需求理论的新发展

（一）开放条件下的货币需求理论

随着布雷顿森林体系的解体和世界金融市场的加速融合，国内货币需求必然受到国外经济的影响，但是传统的货币需求模型以封闭经济为前提，因此对现实的解释能力大大减弱，对开放条件下的货币需求理论的研究成为货币需求理论的一个重要发展方向。开放条件下的货币需求理论主要沿着两个方向发展，一是把国外经济变量引入货币需求函数，二是在货币替代框架下研究存在外币的情况下本币的需求问题。

在第一个方向下，最先被引入货币需求函数的国外经济变量是汇率，Mundell（1963）最早开始对货币需求和汇率之间的关系进行研究。随后被引入的变量是国内外的利差，Hamburger（1977）对于把国外利率作为持有国内货币的机会成本变量引入货币需求函数的可能性进行了分析。Arango 和 Nadiri（1981）在货币需求的资产组合分析框架下讨论了一个小国开放经济条件下的货币需求模型，引入了汇率、预期汇率的变动、国外利率这几个国外经济变量，并进行了实证检验。他们的研究指出，货币需求与国外利率以及预期汇率成反方向变动，而与汇率成同方向变动。Hueng（2000）将购买时间模型扩展到开放经济条件下，假设经济主体持有本币、外币、本国债券和外国债券四种金融资产，而消费需求被分成对进口商品的需求和对国内商品的需求，从而将实际汇率、进口以及外国债券的利率引入货币需求函数。

Dreger，Reimers 和 Roffia（2007）将汇率因素作为机会成本变量引入货币需求函数，分析了汇率变化对国内货币需求产生影响的两个渠道，以国内货币（相对某一外币，如美元）贬值为例，其一是本币贬值使国外对国内商品产生额外需求，出口增加引致国内生产增加，导致国内物价水平上升，交易额的上升使得国内经济中对本币的需求增加，这是本币贬值对国内货币需求的正向影响；其二是从货币替代的视角来考虑汇率变化的替代效应，在开放经济中，本币贬值会降低人们持有本国货币的信心，转而持有安全性更高的外国货币，这是本币贬值对国内货币需求的负向影响，汇率变化对本国货币需求的最终影响取决于这两种效应相互抵消后的大小。作者使用 1995—2004 年季度数据，采取面板协整的方法对 10 个新的欧盟成员国的长期广义货币需求进行了分析，实证结果表明只有将各国对美元的汇率变量考虑在内，才能得到长期的货币需求函数，回归分析结果表明货币需求的收入弹性显著大于 1，利率弹性显著为负，而对美元的汇率弹性显著为负，替代效应占主导。

此后，汇率变化对货币需求非对称性影响的研究受到重视。2016 年以来，巴赫马尼-奥斯科伊（Bahmani-Oskooee）和多位合作者一起分别对中国、韩国、土耳其、新兴经济体国家、非洲和亚洲国家以及阿尔巴尼亚等国汇率对货币需求的非对称性影响进行了广泛的研究（Bahmani-Oskooee and Baek，2017；Bahmani-Oskooee，Halicioglu，and Bahmani，2017；Bahmani-Oskooee，Bahmani，Kutan，and Xi，2019；Bahmani-Oskooee and Gelan，2019；Bahmani-Oskooee，Xi，and Bahmani，2016，2019；Bahmani-Oskooee，Miteza，and Tanku，2020），Bahmani-Oskooee 和 Bahmani（2015）提出由于货币贬值会使公众预期发生变化，货币需求对汇率变化的反应可能是不对称的。Mahmood 和 Alkhateeb（2018）放弃了汇率变化对货币需求具有对称性影响的假设，重点研究了汇率变化对货币需求的非对称性影响。一般而言，汇率变化对货币需求具有两种效应，一种是财富效应，即直接标价法下本币汇率贬值（外币升值）会增加以国内货币计价的国外资产价值，人们可以出售国外资产获取以本币计价的资本收益，从而增加对国内货币的需求（Arango and Ishaq Nadiri，1981）；另一种是替代效应，本币汇率贬值（外币升值）

会让人们形成本币进一步贬值的预期，人们会出于安全、投机等原因持有更多外币计价资产，减少对国内货币的需求（Bahmani-Oskooee and Pourheydarian，1990）。作者采用沙特阿拉伯 1968—2016 年的年度数据，使用非线性 ARDL 的方法对汇率对沙特阿拉伯广义货币需求 M3 的非对称性影响进行了研究，结果表明，无论长短期，通货膨胀和收入对货币需求影响的弹性系数分别显著为负和为正；短期来看，美元升值（贬值），会减少（增加）对沙特阿拉伯货币的需求，具有对称性的替代效应影响；而从长期均衡的结果来看，美元升值会增加对沙特阿拉伯货币的需求，符合财富效应假设，而美元贬值也会增加对沙特阿拉伯货币的需求，符合替代效应假设，汇率变化对货币需求的长期影响存在不对称性。Bahmani-Oskooee，Miteza，和 Tanku（2020）使用 1996—2016 年的季度数据研究了阿尔巴尼亚经济中汇率波动对货币需求的非对称性影响，具体表现为在长期内阿尔巴尼亚货币贬值会减少对国内货币的需求，而阿尔巴尼亚货币升值不会对国内货币的需求产生影响。

随着全球金融市场联系的加强，在一国货币需求函数中引入国际投资组合相关变量也成为一个重要方向。De Santis，Favero 和 Roffia（2013）探讨了开放经济中资产价格因素对欧元区广义货币需求 M3 的重要影响，国际投资组合的变化通过影响货币流通速度以及资金的流动来影响欧元区的广义货币需求。使用 1980—2011 年季度数据，作者在传统的包含收入和利率的货币需求模型基础上，引入国际投资组合，将国内外股票和债券市场的净收益率也作为机会成本变量纳入货币需求模型中，实证分析结果表明包含资产价格因素的货币需求函数在 2000—2009 年以及 2009—2011 年的欧债危机期间具有更稳定的性质。此外，作者还构建了流动性过剩的指标，这一指标是欧元区调和通货膨胀指数的良好的领先指标。

货币替代问题是研究开放条件下的货币需求理论的另外一条主要的思路。Chetty（1969）最先提出货币替代的概念，然而第一个对货币替代问题进行完整理论分析的是 Miles（1978），他使用货币服务的生产函数对货币替代问题进行分析。其后，Bordo 和 Chondhri（1982）利用货币需求的边际效用函数，King，Putnam 和 Wiford（1978）利用资产组合理论，Poloz（1986）根据货币的预防性需求理论，都对货币替代问题进行了研究。

最近关于货币替代方向研究的问题在很大程度上与汇率对货币需求影响的替代效应一致，与这一效应相关的研究在前面关于汇率变量引入的文献中已做梳理。

（二）金融创新对货币需求的影响

金融创新对货币需求的影响之所以引起人们的注意，主要是因为 20 世纪 70 年代的失踪货币之谜。所谓失踪货币是指根据传统货币需求方程对货币需求进行估计的结果明显大于实际货币余额。Podolski（1986）认为这种现象主要是因为在金融创新的条件下，由于金融资产的流动性和货币替代性加强，货币的定义变得困难和不稳定。而 Porter 和 Offenbacher（1984）等人则提出在货币需求函数中加入交易成本变量以对其进行改进。

Goldfeld 和 Sichel（1986）对于金融创新对货币需求影响的实证文献有着一个很好的综述，但是目前从理论的角度对金融创新对货币需求的影响进行分析的文献较少。Judd 和 Scadding（1982）对金融创新对货币需求的影响机制做出了相当具体的阐述，同时也指出这项研究多数以交易性货币需求理论作为他们的理论框架。Allender（1995）通过扩展卢卡斯的现金先行模型来说明金融创新对货币需求的影响。Fischer（2007）研究了金融创新对广义货币需求函数中收入弹性的影响。文章采集了瑞士 26 个州 1980—1999 年的数据，使用人口密度、金融中心、金融结构与 ATM 的数量作为区域金融创新（复杂度）的四个测度指标，对较高的区域金融创新程度伴随较低的收入弹性这一假设进行了验证，发现二者并没有显著的关系，这一结果也与没有显著差异的区域利率现象一致。Berentsen，Huber 和 Marchesiani（2015）通过构建一个有微观基础的货币市场模型，从金融创新的视角解释了货币需求函数低利率弹性的原因。Dunne 和 Kasekende（2018）表明金融创新会减少货币需求，通过对撒哈拉以南非洲国家的数据研究发现金融创新会使人们改变资产持有的偏好，由持有流动性较高的资产转向持有流动性较低的资产会从整体上减少人们对货币的需求。Odularu 和 Okunrinboye（2020）则表明金融创新对尼日利亚的货币需求具有混合的影响。

（三）货币政策和货币供给对货币需求的影响

Weintraub（1982）是较早考虑到货币政策对货币需求产生影响的经济学家。他认为政府对经济进行干预的时候，尤其是实施赤字财政政策与扩张性货币政策的时候，政府需要一定的货币量。温特劳布（Weintraub）指出了在施行经济政策时政府本身会对货币产生需求，而现在的研究则主要关注货币政策、货币供给对经济主体的货币需求造成的影响。

Gordon 和 Leeper（1994）的研究表明：在短期内，广义货币与利率出现同向变化的趋势，这与一般的理论分析结果是矛盾的。这种情况被称为"流动性之谜"，并被解释为内生的货币供给和紧缩性货币政策对货币需求的影响。Laidler（1993），Cogley（1993），Ireland（1995）以及 Boschen 和 Mills（1995）等人对上述解释提供了实证支持。Choi 和 Oh（2000）提出一个两阶段模型：在第一阶段，代表性投资者基于对货币当局的行动进行预期选择持有货币和其他金融资产；在第二阶段，货币当局基于观察到的货币需求实施货币政策，其后投资者根据得知的货币供给冲击调整其货币持有量。

四、货币需求理论的实证研究

在货币经济学的权威著作《货币经济学手册》（*Handbook of Monetary Economics*）之中，戈德菲尔德（Goldfeld）和斯切尔（Sichel）对有关货币需求的研究文献做了一个极有特点的综述。在这篇综述里，戈德菲尔德和斯切尔几乎通篇都是对货币需求的实证研究文献的回顾和讨论，而其中有三页关于货币需求理论的有限叙述，这也是为了对实证研究进行综述而进行的铺垫。如果考虑到近几十年以来货币需求实证研究的迅猛发展态势，那么就不会对戈德菲尔德和斯切尔采取这样一个看似"偏颇"的综述方式感到惊讶，因为他们概括和回顾的恰恰是近几十年（尤其是 20 世纪 70 年代）以来货币需求研究领域最主要也是最具活力的部分。

货币需求实证研究的快速发展主要得益于两个方面的支撑。

第一，货币需求实证研究是货币需求理论从定性分析向定量分析发展的必然。自凯恩斯以来，货币需求理论研究的主流是以强调经济主体的持币动机为特色的微观分析，而货币需求实证研究以分析宏观货币需求与各个宏观经济变量之间的相关性为目标，属于宏观分析。因此，货币需求的理论研究与实证研究之间有着良好的互补性。早期致力于货币需求实证研究的学者以货币学派的经济学家为主。Friedman（1956）率先提倡采用实证分析方法对货币需求函数进行研究，他的建议随即获得 Cagan（1956）等人的呼应。尤其是在 1963 年弗里德曼与施瓦茨（Schwartz）合著的巨著《1867—1960 年美国货币史》出版之后，货币需求的实证研究开始进入蓬勃发展的快车道，包括 Meltzer（1963），Jordan（1971）在内的一批著名经济学家纷纷投身到货币需求的实证研究中并取得了丰硕的成果。

第二，要归功于货币需求的实证研究对各国中央银行制定和实施货币政策有着极大的帮助。1974 年在货币需求实证研究历史上是非常重要的一年，在 1974 年以前，实证研究对货币需求进行的估值与实际货币余额相比较的结果十分令人满意，但是同样的方法在处理 1974 年之后的数据时出现了估计结果明显大于实际货币余额的现象。Goldfeld（1976），Judd 和 Scadding（1982），Fair（1987）等人对这一时期的"失踪货币"现象有着详细的研究与评述。由于一个经过了大量数据检验后的稳定、可靠的货币需求函数在准确预测货币需求进而指导货币政策制定与实施方面起到了难以估量的作用，所以在这一时期，尽管货币需求的实证研究面临着巨大的困难，但是各国货币当局对推进货币需求实证研究的帮助反而得以加强。通过文献检索不难发现，在这一时期，受到各国货币当局资助的研究者甚至包括各国中央银行的雇员们成为最积极的货币需求实证研究者。

有关货币需求实证研究的问题，Sriram（1999）有着一个很好的综述。事实上，如果要对不同的货币需求实证研究进行区分，大致上只需要给出两点描述：采用何种变量以及采用何种货币需求函数。当然，有时候采用的计量方法也会成为一个货币需求实证研究的特征。

（一）变量的选择

在对货币需求的实证分析中，一般假定货币需求由规模变量和持有货币的机会成本共同决定。其中，规模变量代表经济活动中使用货币进行交易的规模；持有货币的机会成本代表人们因为持有货币而放弃其他资产所获得的收益。这样，研究者在实证分析时就要对货币需求、规模变量和持有货币的机会成本这三个变量采用何种数据来源进行仔细的衡量与选择。依据何种货币需求理论作为实证分析的基础显然是选择变量时首先要考虑的因素，但是数据的可得性和可测性在变量选择时也有着重大的影响。

1. 对货币统计口径的选择

不同的国家在货币统计口径上有着不同的层次划分，但是将货币划分为狭义货币与广义货币是一种共同的做法。一般的狭义货币 M1 往往被定义为流通中现金和活期存款；广义货币 M2 则包括 M1 以及定期存款等流动性稍差的资产。

一般来说，选择狭义货币还是广义货币作为实证研究中的货币统计口径取决于在研究中采取哪种货币需求理论作为研究的基础。以源于交易媒介职能的货币需求理论为基础的实证研究强调货币是一种不同于其他资产的交换媒介，倾向于选择狭义货币 M1；而以源于价值储藏职能的货币需求理论为基础的实证研究，倾向于选择广义货币 M2。

由于 M1 在统计上的易得性与完备性，在早期的实证研究中，M1 被广泛使用，即使是在现在，在对历史数据进行追溯研究时，M1 也是研究者的首选。当然，除了统计上的易得性与完备性，选择 M1 还有更多的优势，比如 M1 比 M2 更易于受到中央货币当局的控制，并且使用 M1 有利于准确得出货币需求的利率效应。Moosa（1992）和 Hossain（1994）认为在发展中国家采用 M1 比采用 M2 更合适，这是因为采用 M1 更加适合这些国家低水平的金融发展状况。而 Hafer 和 Jansen（1991）则认为采用 M2 也有其优势：采用 M2 得到的货币需求函数较为稳定，同时也能够更好地评估货币政策实施对经济造成的长期冲击。

除了直接应用由统计机构那里获取的数据资源之外，将从统计机构那里获取的数据进行处理之后再用于研究也是现在一种比较流行的做法。

例如，Barnett（1980），Namba（1983），Cockerline 和 Murray（1981）等人在研究中使用了一种自行构造的 Divisia 指数作为货币统计口径。他们认为货币的特征在于其流动性，流动性越强的资产就越接近货币，通过对不同资产的流动性赋予一定的权重然后加总而获得的 Divisia 指数在实证研究中更加具有代表性。

另外一种对原始数据进行处理的行为是对数据进行分解，其目的是使研究更加具有针对性。分解一般通过两种方法进行：一种是根据货币资产的类型或者资产的流动性，如 Goldfeld（1973），Moore（1990）等人在研究美国的货币需求时把 M1 分解为现金和活期存款，Price 和 Insukindro（1994）对印度尼西亚的 M1 进行分解。另外一种分解方式则是考虑到不同部门持有货币的动机存在差异从而根据货币资产持有人的类型对货币总量进行分解，这种分解方式可以将持有货币的不同动机在实证中表现出来。Goldfeld（1973）利用流量数据把美元的持有者分为家庭、商业、联邦和地方政府、金融部门以及世界其他地方；Drake 和 Chrystal（1994）以及 Jansen（1996）对英国的货币总量数据进行了类似的分解。

2. 规模变量的选择

尽管大部分研究采用国民生产总值（GNP）作为相关的规模变量，但是这并不意味着研究者对于规模变量的选择没有分歧。实际情况是：一方面，由于数据的可得性，研究者普遍采用 GNP 作为相关的规模变量；另一方面，研究者在选择规模变量方面存在着广泛的争议（Gupta and Moazzami，1988）。

以源于交易媒介职能的货币需求理论为基础的实证研究倾向于选择现期收入作为相关的规模变量，而以源于价值储藏职能的货币需求理论为基础的实证研究则认为财富是规模变量的最好代表。

选择现期收入作为相关的规模变量具有数据收集方面的优势：国民生产总值、国内生产总值（GDP）或者国民生产净值（NNP）都有可以直接获取的统计数据来源，并且在 Laidler（1993）看来，这三个指标在作为规模变量时没有显著的差异。

然而，Judd 和 Scadding（1982）指出利用 GNP 作为规模变量有三个缺点：GNP 没有考虑转移支付以及金融资产和现有存货的交易；同时 GNP 中包含的估价有可能没有发生交易；以及 GNP 剔除了中间产品的交易。因此，有研究者利用国民总支出、个人可支配收入、个人总支出、最终销售总额等来替代 GNP。

也有研究者试图对 GNP 进行一些处理后再加以使用。如 Mankiw 和 Summers（1986）就认为在 GNP 的所有组成部分中并非所有的交易都像消费一样对货币的使用有着高度的依赖性，因此应当区别对待。在处理货币统计口径的问题上，戈德菲尔德根据货币资产持有人的类型对货币总量进行了分解，在处理一个开放经济的模型时，Goldfeld 和 Sichel（1990）故技重施，试图对规模变量进行适当的分解，达到反映国别之间交易的重要性的目的。然而，上述两种尝试的实证分析结果都显示对 GNP 进行分解并没有显著提高货币需求函数的稳定性。

在有些研究中，根据作为实证研究基础的货币需求理论的要求，应当选择财富作为规模变量。但是财富的定义和衡量则相当的困难，在发达国家，非人力财富的数据或许可得，而人力财富无论在什么地方都可以说完全没有数据来源。

Friedman 和 Schwartz（1982）认为：收入可以作为财富的一种替代变量。但他们同时也意识到，从统计部门直接可得的收入指标在使用时可能存在缺陷，因为这些数据反复无常且逐年波动，进而弗里德曼认为基于现期收入和预期收入的永久性收入可以当作财富的一种替代变量。而 Mankiw 和 Summers（1986）认为，假如永久性收入可以入选为财富的替代变量，那么消费就自然成为不可观察的永久性收入变量的可观察的替代变量，从而 GNP 也可以作为财富的一个间接规模变量使用。

3. 持有货币的机会成本变量的选择

持有货币的机会成本是指人们因持有货币而放弃其他资产所获得的收益，是货币自身的收益率和除货币以外的其他资产收益率的差额。

在大部分研究中，货币自身的收益率问题没有引起重视，常常被忽略或者把货币本身的收益率看作是零。这在 20 世纪 80 年代以前的研究中没有什么问题，因为当时的研究主要采用狭义货币的统计口径，而其中的现金与活期存款都不产生利息。但是在 80 年代放松金融管制以后，金融工具的创新大规模发生，狭义货币中有的组成部分已经开始付息，因此最近的研究表明，忽略货币自身的收益率通常会破坏货币需求函数的稳定性。

在考虑货币的可替代资产的收益率时，原则上应当区别处理。研究狭义货币或交易性需求时，一般采用一个或多个短期利率作为机会成本变量；研究广义货币需求或着重于货币的资产组合功能时，就应当考虑股票、债券、大额定期可转让存单等的收益率。

尽管有上述考虑，但是 Laidler（1993）指出，实证研究表明货币需求并非对所有精确选择的持有货币的机会成本变量都是敏感的，所以实践中并不需要使用多个利率变量来代表各种机会成本变量，使用一个利率变量代表货币自身的收益率和除货币以外的其他资产的收益率并不会造成太大问题。

Friedman（1977）认为，如果持有货币可以看作是资产组合决策过程的一部分，那么货币需求方程就应该包含整个利率结构体系。Heller 和 Kahn（1979）利用整个利率期限结构对美国的货币需求进行实证研究，发现这样比利用一项单独的利率能够更好地解释货币需求的变动，因此不少研究者开始利用利率差距代替利率水平来分析货币需求。Dialynas（1992），Teriba（1997）进一步认为，既然利率的期限结构会对货币需求造成影响，那么对利率的风险结构也应当进行相应的考虑。

考虑到真实收益率等于名义收益率减去通货膨胀率，因此，通货膨胀率对持有货币的机会成本变量的选择也会产生重大的影响。Friedman（1956）最早分析了预期通货膨胀率对货币需求的影响，他认为预期价格水平的改变应该包含在货币需求方程中。Friedman（1969）指出，经济主体在通货膨胀时期可以通过把货币转换成实物来避免货币贬值，因此预期的通货膨胀率可以视为实物资产的预期收益率。

在通货膨胀较高的时期在货币需求函数中引入预期通货膨胀率变量更加重要，因为这时货币替代品的收益率受到通货膨胀率的支配。最早研究高通货膨胀时期的货币需求状况的是 Cagan（1956），他采用适应性预期的方法对此做出了研究，其结论表明通货膨胀对货币需求的影响是显著的。Frenkel（1977），Khan（1977），Ahumada（1992）和 Honohan（1994）也对高通货膨胀状态下的货币需求进行了研究。

预期通货膨胀率在估计处于欠发达的发展中国家金融部门的货币需求函数时还有着重要的用途。在这些国家，普遍存在市场不发达、利率管制或者统计资料不全等情况，因此预期通货膨胀率可能是唯一可以得到的机会成本变量。Wong（1977），Crockett 和 Evans（1980），Darrat（1984），Choudhry（1995）和易纲（1996）都对这个方面的问题进行过研究。Arestis 和 Demetriades（1991）则考虑到在发展中国家缺乏可以替代货币的金融资产，那么名义利率就成为货币自身的收益率，而预期通货膨胀率就被当作实物资产的收益率了。

对于预期通货膨胀率的影响，Heller 和 Khan（1979）以及 Jusoh（1987）持不同意见，他们认为货币需求函数，特别是在交易性货币需求模型中，机会成本变量只包含名义利率变量就已经足够；他们认为一般而言，只要不发生超级通货膨胀，名义利率的调整反映了预期通货膨胀率的变化，因此预期通货膨胀率的变化不会对货币需求造成明显的影响。

不少学者，尤其是那些关注货币替代问题的学者，认为在开放经济中，国外资产的收益率也应该作为重要的机会成本变量引入到货币需求函数中。在开放经济条件下，可以选择以外币为计价单位的资产进行资产组合，那么国外的货币与金融变量将对国内货币需求产生影响（Bahmani and Oskooee，1991）。从这个角度分析，假如外国的有价证券成为资产组合的对象时，那么它们的预期收益率和汇率的预期变动就应该进入货币需求函数（Mckenzie，1992）。

而 Domowita 和 Elbadawi（1987）以及 Choudhry（1995）研究了开放条件下

并且同时存在高通货膨胀率的情况下的货币需求。他们认为在高通货膨胀状态下研究货币需求，应该把合适的汇率变量和预期通货膨胀率一起包含在货币的需求函数中，如果没有把汇率变量考虑进来，将高估预期通货膨胀率对货币需求的影响。

（二）货币需求函数形式的演变

在一定时期，一个成功的货币需求函数形式会引起其他研究者的效仿，尽管会因为数据来源、研究目的、数学处理方式等不同使得函数形式不完全一致，但是设定的货币需求函数形式往往具有一种类似的结构，或者具有相同的设定原理。这种货币需求函数形式设定上的趋同现象，一般被称为某某模型。在货币需求实证分析史的发展过程中，先后有三种模型占据主导地位。

早期普遍使用的是局部调整模型，在1974年以前的应用中，局部调整模型相当的成功，但是在处理1974年以后的数据时无法获得令人满意的结果。研究者随即修改了函数设定的理论基础并形成了缓冲存货模型，尽管缓冲存货模型在20世纪80年代比较流行，但是其效果并不太好。与此同时，研究者通过对局部调整模型的动态结构进行改进并应用了新的计量技术形成了协整与误差修正模型，协整与误差修正模型有效地解决了20世纪70年代以来失踪货币的问题，因此在货币需求的实证分析领域被广泛应用。近年来，在开放经济条件下，非线性的自回归分布滞后模型在汇率对货币需求非对称性影响的研究中得到较为广泛的应用。

1. 局部调整模型

Zhow（1966）最早提出局部调整模型，经由戈德菲尔德推广后获得广泛应用。Goldfeld（1973），Boorman（1976），Laidler（1985），Goldfeld和Sichel（1990）等对于局部调整模型有着深入而详尽的评述。

Gordon（1984）总结了局部调整模型的设定原理：在完全价格弹性和利率弹性下，具备完全信息并且对货币的偏好函数保持不变的微观经济主体将根据决定货币需求一系列变量的变化，不断地对他们持有的货币进行调整。

Goodfriend（1985）指出了局部调整模型的特征，即在货币需求方程中加入一个滞后的货币余额变量并且滞后货币需求变量的系数提供了回归方程的大部分解释力。这是因为微观经济主体对他们持有的货币进行调整的过程并非瞬间达成，微观经济主体总是处于一个不断调整其当前货币持有水平以达到其长期合意水平的过程中。

根据方程中货币余额的性质，局部调整模型又可以分为两类：实际局部调整模型和名义局部调整模型，前者中被调整的是实际货币余额，而后者中被调整的是名义货币余额。

局部调整模型早期的应用非常成功，但在 1974 年以后的应用效果很差，并且出现了对货币需求进行估计的结果明显大于实际货币余额的失踪货币的现象。研究者们尝试采用改变变量的方式对其进行改进，如 Lindsey 和 Spindt（1986）改变货币统计口径使用 Divisia 指数，Goldfeld（1976），Friedman（1978）尝试使用财富作为规模变量等等，但是改进结果并不成功。除了出现失踪货币现象之外，局部调整模型在对收入和利率的弹性进行估计方面误差明显。Boughton（1992）进一步地对局部调整模型提出质疑，认为滞后的货币变量在模型中非常显著，并提供了本模型大部分的解释能力，这明显隐含着一个极长的调整期。

因此，在金融创新快速发展的背景下，使用局部调整模型对货币需求进行实证研究不再适合。

2. 缓冲存货模型

20 世纪 80 年代，缓冲存货模型作为局部调整模型的替代模型逐步发展起来。缓冲存货模型的理论基础是预防性货币需求理论，认为微观主体持有货币的目的是应付意料之外的收入和支出的变化。面对意料之外的收入和支出的变化，经济主体无法及时、零成本地对资产组合进行调整，因此经济主体持有一定的超额货币是一种理性行为。

Cuthbertson 和 Taylor（1978），Laidler（1984，1988），Milbourne（1988），Cuthbertson 和 Barlow（1991）等学者对存货理论模型进行了综述。根据他们的概括，相对于局部调整模型，缓冲存量模型有两个主要的改进：①货币冲击作为货币需求的决定因素被明确地模型化了；②滞后结构变得更加复杂。但是，改进后的缓冲存货模型在实证检验方面表现不理想。Milbourne（1988）对此总结道：缓冲存货的分析方法是一个有趣的思路，但现存的模型并没有得到实证方面的检验。

3. 协整与误差修正模型

对于应用局部调整模型估计出的货币需求方程不稳定的现象，Hendry（1979，1985）怀疑其源于方程的错误设定而不是其理论基础自身的问题。Cuthbertson 和 Taylor（1987）认为局部调整模型过分地限制了滞后结构，因此模型的动态设定可能导致残差的自相关和多重共线性。Yoshida（1990）也怀疑局部调整模型的滞后结构可能省略了重要的滞后变量。

协整与误差修正模型应用新的计量技术重新设定了局部调整模型的动态结构，在模型中，货币需求的长期均衡由货币需求理论得出，而货币需求的短期动态特征则是在对数据进行细致的分析以后由实际数据中发现并建模得出的。因此，Tseng 和 Corker（1991）认为协整与误差修正模型是一种更为一般的、跨期分析的局部调整模型。

在协整与误差修正模型中，货币需求的短期动态变化对货币需求与其决定变量之间的长期均衡关系有一个误差修正（Kole and Meade，1995）。也就是在变量之间存在有协整关系的前提下，当经济中间出现有破坏这种均衡关系的冲击时，经济系统中就会存在一种类似于误差修正的机制，可以很好地确认短期动态调整过程，这将促使受到冲击的经济系统向长期均衡状态方向进行恢复（Engle and Granger，1987）。

Engle 和 Granger（1987）最先开始对货币存量和规模变量进行双变量的协整关系分析。随后更多的研究开始采用包括决定长期货币需求变量在内的多变量协整分析。Johansen（1988）以及 Johansen 和 Juselius（1990）进一步发展了对非平稳的多个时间序列进行协整分析。

对于协整与误差修正模型的主要特点，Arize 和 Shwiff（1993）总结道：首先，协整与误差修正模型避免了在相关的时间序列变量之间出现伪回归的可能性；其次，经济变量之间的长期关系通过在方程右边加入变量的滞后量得到保留；再次，方程的设定区分开了短期效应和长期效应；最后，根据 Hendry（1979）的分析，协整与误差修正模型提供了一个更一般的滞后结构，而又没有对这个滞后结构强加一个特别的形式。

以前利用局部调整模型和缓冲存货模型认为在 20 世纪 70 年代中期，货币需求函数出现了不稳定的现象。但是，Corker（1990），Yoshida（1990），Adam（1991），Hendry 和 Ericsson（1991），Rose（1985），Baba，Hendry 和 Starr（1988），Mehra（1993）利用协整与误差修正模型对 20 世纪 70 年代的数据重新进行实证分析，得出了货币需求函数是稳定的结论。

由于协整与误差修正模型的优点，大量研究者利用它来对发达国家的货币需求进行实证研究。从 20 世纪 80 年代末开始，发展中国家也采用这一模型。

4. 非线性自回归分布滞后（ARDL）模型

Shin 等（2014）提出了非线性的自回归分布滞后方法，这一方法将自变量的变化分解为正向和负向的变化，从而测试其不同方向的变化对因变量可能存在的非对称性影响，此外还可以用来找出模型中的长期和短期关系，检验模型的稳定性。Mahmood 和 Alkhateeb（2018）运用该方法研究了长期均衡中美元汇率升值和贬值对沙特阿拉伯国内货币需求的非对称性影响，Bahmani-Oskooee 等（2020）运用 ARDL 方法证实长期内阿尔巴尼亚本币汇率波动对货币需求同样也具有非对称性影响。

参考文献

1. Akerlof，G. A. and Milbourne，R. D.（1980）．"The Short-Run Demand for Money," *Economic Journal*，90，885 - 900.

2. Akerlof，G. A. and Milbourne，R. D.（1978）．"New Calculations of Income and Interest and Interest Elasticities in Tobin's Model of Transactions Demand for Money," *Review of Economics and Statistics*，60，5417.

3. Bahmani-Oskooee，M.，and Baek，J.（2017）．"Do Exchange Rate Changes Have Symmetric or Asymmetric Effects on the Demand for Money in Korea?"，*Review of Economic Analysis*，9（2），155 - 168.

4. Bahmani-Oskooee，M.，and Gelan，A.（2019）．"Asymmetric Effects of Exchange Rate Changes on the Demand for Money in Africa," *Applied Economics*，51（31），3365 - 3375.

5. Bahmani-Oskooee，M.，Bahmani，S.，Kutan，A. M.，and Xi，D.（2019）．"On the Asymmetric Effects of Exchange Rate Changes on the Demand for Money：Evidence from Emerging Economies," *Journal of Emerging Market Finance*，18（1），1 - 22.

6. Bahmani-Oskooee，M.，Halicioglu，F.，and Bahmani，S.（2017）．"Do Exchange Rate Changes Have Symmetric or Asymmetric Effects on the Demand for Money in Turkey?"，*Applied Economics*，49（42），4261 - 4270.

7. Bahmani-Oskooee，M.，Miteza，I.，and Tanku，A.（2020）．"Exchange Rate Changes and Money Demand in Albania：A Nonlinear ARDL Analysis," *Economic Change and Restructuring*，53（4），619 - 633.

8. Bahmani-Oskooee，M.，Xi，D.，and Bahmani，S.（2016）．"Asymmetric Effects of Exchange Rate Changes on the Demand for Money in China," *Applied Economics Letters*，23（15），1104 - 1109.

9. Bahmani-Oskooee，M.，Xi，D.，and Bahmani，S.（2019）．"More Evidence on the Asymmetric Effects of Exchange Rate Changes on the Demand for Money：Evidence from Asian," *Applied Economics Letters*，26（6），485 - 495.

10. Barro R J.（1976）．"Integral Constraints and Aggregation in an Inventory Model of Money Demand," *Journal of Finance*，31，77 - 88.

11. Barro，R. J. and Fischer，S.（1976）．"Recent Developments in Monetary Theory," *Journal of Monetary Economics*，2，133 - 167.

12. Baumol，W. J.（1952）．"The Transaction Demand for Cash：An Inventory Theoretic Approach," *Quarterly Journal of Economics*，66，545 - 586.

13. Baumol，W. J. and Tobin，J.（1989）．"The Optimal Cash Balance Proposition：Maurice Allais' Priority," *Journal of Economic Literature*，27，1160 - 1162.

14. Berentsen，A.，Huber，S.，and Marchesiani，A.（2015）．"Financial Innovations，Money

Demand，and the Welfare Cost of Inflation，" *Journal of Money，Credit and Banking*，47，223 – 261.

15. Brunner，K. and Meltzer，A. (1971). "The Uses of Money：Money in the Theory of an Exchange Economy，" *American Economic Review*，61 (5)，December：784 – 805.

16. Cagan，P. (1965). *Determinants and Effects of Changes in the Stock of Money：1875—1960*，New York：Columbia University Press.

17. Clower，R，W. (1967). "A Reconsideration of the Microfoundations of Monetary Theory，" *Western Economic Journal*，6，December，1 – 8.

18. De Santis，R. A.，Favero，C. A.，and Roffia，B. (2013). "Euro Area Money Demand and International Portfolio Allocation：A Contribution to Assessing Risks to Price Stability，" *Journal of International Money and Finance*，32，377 – 404.

19. Dreger，C.，Reimers，H.-E.，and Roffia，B. (2007). "Long-Run Money Demand in the New EU Member States with Exchange Rate Effects，" *Eastern European Economics*，45 (2)，75 – 94.

20. Dunne，J. P.，and Kasekende，E. (2018). "Financial Innovation and Money Demand：Evidence from Sub-Saharan Africa，" *South African Journal of Economics*，86 (4)，428 – 448.

21. Engle，R. F. and Granger，C. W. J. (1987). "Co-Integration and Error-Correction：Representation，Estimation and Testing，" *Econometrica*，55，251 – 276.

22. Fama，E. F. (1980). "Banking in the Theory of Finance，" *Journal of Monetary Economics*，6 (1)，January，39 – 57.

23. Fama，E. F. and Farber，A. (1979). "Money，Bonds，and Foreign Exchange，" *American Economic Review*，69 (4)，September，639 – 649.

24. Fischer，A. M. (2007). "Measuring Income Elasticity for Swiss Money Demand：What Do The Cantons Say About Financial Innovation?"，*European Economic Review*，51 (7)，1641 – 1660.

25. Fischer，I. (1911). *The Purchasing Power of Money：Its Determination and Relation to Credit，Interest and Crises*，New York：Macmillan.

26. Friedman，M. and Schwartz，A. J. (1963). *A Monetary History of the United States，1867—1960*，Princeton：Princeton University Press.

27. Friedman，M. and Schwartz，A. J. (1982). "Monetary Trends in the United States and the United Kingdom：Their Relation to Income，" *Prices and Interest Rates*，Chicago：University of Chicago Press.

28. Friedman，M. (1956). The Quantity Theory of Money：A Restatement. In M. Friedman ed. *Studies in the Quantity Theory of Money*，Chicago：University of Chicago Press.

29. Friedman，M. (1959). "The Demand for Money—Some Theoretic and Empirical Results，" *Journal of Political Economy*，67，327 – 351.

30. Friedman，M. (1969). *The Optimum Quantity of Money and Other Essays*. Chicago：Al-

dine.

31. Friedman, M. and Schwartz, A. J. (1970). *Monetary Statistics of the United States*. New York: Columbia Press for the National Bureau of Economic Research.

32. Goodfriend, M. (1985). "Reinterpreting Money Demand Regression," *Carnegie-Rochester Conference Series on Public Policy*, 22, Spring, 207 – 242.

33. Hahn, F. (1973). "On Transaction Costs, in Essential Sequence Economics, and Money," *Review of Economic Studies*, 40, 449 – 462.

34. Hicks, J. R. (1967). *Critical Essays in Monetary Theory*, London: Oxford University Press.

35. Hicks, J. R. (1935). "A Suggestion for Simplifying the Theory of Money," *Economica*, 2, February, 1 – 19.

36. Jones, R. A. (1976). "The Origin and Development of Media of Exchange," *Journal of Political Economy*, 84, 757 – 76.

37. Keynes, J. M. (1936) . "The General Theory of Employment, Interest and Money," In *the Collected Writings of John Maynard Keynes*, vols. 6, London: Macmillan, 1971.

38. King, R. G. and Plosser, C. I. (1986). "Money as the Mechanism of Exchange," *Journal of Monetary Economics*, 17 (1), January, 93 – 115.

39. Kiyotaki, N. and Wright, R. (1989). "On Money as A Medium of Exchange," *Journal of Political Economy*, 97, 927 – 54.

40. Kiyotaki, N. and Wright, R. (1993). "A Search-Theoretic Approach to Monetary Economics," *American Economic Review*, August.

41. Laidler, D. E. W. (1985). *The Demand for Money: Theories, Evidence, and Problems*, New York: Harvester Wheatheaf.

42. Lucas, R. E. Jr. (1980). "Equilibrium in A Pure Currency Economy," In J. II. Kareken and N. Wallance ed. *Models of Monetary Economies*, Federal Reserve Bank of Minneapolis.

43. Lucas, R. E. Jr. and N. Stocky (1987). "Money and Interest in Cash-in-Advance Economy," *Econometrica*, 55, no. 3 (May), 491 – 514.

44. Lucas, R. E. Jr. and Stokey, N. (1987). "Money and Interest in Cash-in-Advance Economy," *Econometrica*, 55, 491 – 514.

45. Macallum, B. T. (1983). "The Role of Overlapping-Generations Models in Monetary Economics," *Carnegie-Rochester Conference Series on Public Policy*, 18, Spring, 9 – 44.

46. Macallum, B. T. (1985). "Bank Deregulation, Accounting System of Exchange, and the Unit of Account: A Critical View," *Carnegie-Rochester Conference Series on Public Policy*, 23, Autumn, 13 – 45.

47. Mahmood, H. , and Alkhateeb, T. T. Y. (2018). "Asymmetrical Effects of Real Exchange Rate on the Money Demand in Saudi Arabia: A Nonlinear ARDL Approach," *Plos One*, 13

(11).

48. Marshall, A. (1926). *Official Papers by Alfred Marshall*, Ed. J. M. Keynes, London: Macmillan.

49. Meltzer, A. H. (1963). "The Demand for Money: the Evidence from the Time Series," *Journal of Political Economy*, 71, June, 219 – 246.

50. Miller, M. H. and Orr, D. (1966). "A Model of the Demand for Money by Firms," *Quarterly Journal of Economics*, 80, August, 413 – 435.

51. M. Friedman. (1967). *Essays in Positive Economics*, Chicago University Press.

52. Odularu, G. O. and Okunrinboye, O. A. (2020). "Modeling the Impact of Financial Innovation on the Demand for Money in Nigeria," *African Journal of Business Management*, 3 (2), 39 – 51.

53. Patinkin, D. (1965). *Money, Interest and Price*, New York: Harper and Row.

54. Pigou, A. C. (1917). "The Value of Money," *Quarterly Journal of Economics*, 32, November, 38 – 65.

55. Romer, D. (1986). "A Simple General Equilibrium Version of the Baumol-Tobin Model," *Quarterly Journal of Economics*, 101, 663 – 686.

56. Saving, T. R. (1971). "Transactions Costs and the Demand for Money," *American Economics Review*, 61 (3), June, 407 – 420.

57. Shin, Y. , Yu, B. , Greenwood-Nimmo, M. (2014). "Modelling Asymmetric Cointegration and Dynamic Multiplier in an ARDL Framework," In Horrace W. C. ed. *Festschrift in Honor of Peter Schmidt: Econometric Methods and Applications*, New York: Sickles R. C. Springer Science and Business Media, 281 – 314.

58. Sidrauski, M. (1967). "Rational Choice and Patterns of Growth in a Monetary Economy," *American Economic Association: Papers and Proceedings*, 57, May, 534 – 544.

59. Sprenkle, C. M. and Miller, M. H. (1980). "The Precautionary Demand for Narrow and Broad Money," *Economica*, 47, 407 – 421.

60. Subramanian S. Sriram. (1999) . "Survey of Literature on Demand for Money: Theoretical and Empirical Work with Special Reference to Error-Correction Models," IMF Working Papers, number 64.

61. Tobin, J. (1966). "The Interest Elasticity of Transactions Demand for Cash," *Quarterly Journal of Economics*, 109, 314 – 324.

62. Tobin, J. (1956). "The Interest-Elasticity of Transactions Demand for Cash," *Review of Economics and Statistics*, 38, August, 241 – 247.

63. Tobin, J. (1958). "Liquidity Preference as Behavior Toward Risk," *Review of Economic Studies*, 25, February, 65 – 86.

64. Tsiang, S. C. (1982). "Stock or Portfolio Approach to Monetary Theory and the Neo-Keyn-

sian School of James Tobin," *HIS-Journal*，6，149 - 171.

65. Wallace，Neil． （1980）． "The Overlapping Generations Model of Fiat Money," in John H. Kareken and Neil Wallace ed. *Models of Monetary Economies*，Minneapolis：Federal Reserve Bank of Minneapolis，49 - 82.

66. Whalen，E. L． （1966）． "A Rationalization of the Precautionary Demand for Cash," *Quarterly Journal of Economics*，2，545 - 552.

67. 黄达. 货币银行学. 北京：中国人民大学出版社，2000.

68. 劳伦斯·哈里斯. 货币理论. 北京：中国金融出版社，1981.

货币政策传导机制研究

货币政策传导机制是金融学的中心问题之一，也是货币政策理论的核心内容。货币政策传导机制理论分析了货币政策冲击如何通过金融系统来影响微观经济主体的消费和投资行为，从而导致宏观经济总量发生变化的一整套机制理论。Mishkin（1995）指出，货币政策传导渠道主要有四条，即利率渠道、金融（非货币）资产价格渠道①、信贷渠道、汇率渠道。

各经济学流派从不同的经济条件出发，分别形成了各自的货币政策传导机制理论，至今没有形成统一的认识，但学术界大致存在两种观点：一种是"货币观"，包括传统凯恩斯学派和货币主义学派提出的货币政策传导机制。凯恩斯学派和货币主义学派均认为货币政策的传导过程仅是通过货币途径完成的。假设具有完全信息的金融市场存在于经济中，货币与其他资产之间存在着替代。金融资产只有货币和债券两种形式，银行贷款只是债券的一种特殊形式，贷款和债券可以相互替代，货币政策是通过利率传导机制影响投资水平和产出的。

货币主义反对凯恩斯主义所分析的货币政策影响经济模式的关键在于凯恩斯主

---

① 本文以下提到的金融资产价格均是指非货币金融资产价格，主要以股票价格作为研究对象。在本文最后一节，也尝试对房地产价格与货币政策传导渠道进行相关讨论。

义的分析模式只关注一种相对资产价格即利率，而货币主义者坚持认为，考察货币政策如何影响全部资产的相对价格和实际财富是至关重要的。货币主义不愿意界定具体的货币政策传导渠道，因为他们认为货币政策的传导渠道随不同的商业周期而有所变化。可以观察货币和收入这两个时间序列变量之间的规律，计算二者之间的相关系数，这样，不限特定渠道的简洁方法更容易把握货币冲击对收入的全部影响，因此，货币主义的传导理论有"黑箱"之名。尽管货币主义认为，名义货币冲击对长期而言是中性的，但在冲击被完全"吸收"之前，非货币性资产的相对价格将发生变化，从而引起真实产出的变化。货币主义在以后的发展中依然将非货币性资产相对价格的变化视为货币政策传导机制的核心。

货币观是建立在完全信息的金融市场假设上，而忽视了事实上的信息不完全问题和金融市场结构问题。如果这一前提丧失，信用在货币政策中的独特功能将显现。

另一种观点为信贷观点，强调金融市场上信息是不完全的。20 世纪 50 年代，信贷可得性理论就已勾勒出信贷传导机制的轮廓。但是，由于信贷可得性理论所依赖的信贷配给假说一直缺乏令人信服的证据，所以信贷可得性理论并没有得到广泛的支持和认可。70 年代中期以来，理论发展尤其是信息经济学的发展为信贷配给说提供了新的理论支持，也推动了信贷传导机制的发展。20 世纪 80 年代以来，货币政策的信贷渠道逐渐成为西方学者关注的焦点。考虑了货币、债券和贷款三种资产组合的信贷渠道对传统利率渠道形成了补充，也揭示了货币政策与商业银行、企业主体之间的微观联系。一般来说，货币政策的信贷渠道包括资产负债表渠道和银行贷款渠道：资产负债表渠道有时也被称作广义信贷渠道，货币政策变化造成企业净收入和净财富变化，从而降低企业抵押品价值，最终影响了企业总需求；而狭义的银行贷款渠道则关注银行资产负债结构的转换过程，货币政策紧缩压缩了银行准备金规模，进而影响企业的信贷供给。尽管西方学者对银行贷款渠道的影响机制仍然存在争议，但大量宏观和微观经验证据为信贷渠道的存在性提出了有力支撑。

2008 年金融危机发生以来，伴随着货币调控手段的革新和金融市场的快速变迁，学者们对于货币政策传导渠道的研究也在悄然发生变化。一方面，危机后全球多国央行开始综合运用数量型和价格型货币政策工具来实现既定目标。尤其是在短期利率接近或冲破零利率下限时，许多发达经济体央行采用调整央行资产负债表规模等非常规手段来调剂货币状况，非常规货币政策的传导渠道逐渐成为危机后各国学者关注的焦点问题，同时中央银行信息沟通渠道也逐渐在货币政策传导机制中受到重视。另一方面，伴随着全球金融市场的融合与发展，宏观经济变量的跨国相关性逐渐增强，加之金融产品的创新与丰富，对传统的利率渠道和汇率渠道提出了新的要求，也有一部分学者对货币政策传导中的微观主体进行了重新审视，强调了金融中介行为与风险偏好对货币政策传导的重要影响，因此关注金融中介角色的货币政策风险承担渠道也逐渐走入学术视野。

总体来看，随着不同理论间相互吸收与融合，关于货币政策传导机制的研究也与时俱进地不断走向丰富和多样化。在新的经济金融环境下，不仅原有的货币政策传导渠道得到了修订和扩展，也涌现出大量开创性文献对非常规货币政策传导、中央银行信息沟通渠道、货币政策风险承担渠道等进行理论探讨和实证检验。尽管目前各国学者对于不同货币政策传导机制的存在性与相对重要性仍然存在较多争议，但对于我们理解货币政策传导渠道及作用机制带来了许多有益的思考。

一、货币政策的利率传导机制

货币政策通过利率途径对经济活动产生影响是凯恩斯学派的观点，一直受到西方经济学家的重视，被认为是最重要的传导渠道之一。自 Hicks（1937）提出传统的 *IS-LM* 模型以来，利率传导渠道理论已经历了 80 多年的发展，该理论不仅具有凯恩斯的传统理论基础，也具有大量难以动摇的现实基础。在诸多相关研究中，Taylor（1993）是货币政策利率传导渠道理论的坚定支持者，他提出的描述短期利率与通胀率和产出变化调整的准则被冠名为"泰勒规则"（Taylor Rule），为央行的货币政策实践提供了坚实的理论基础。

（一）货币政策利率传导渠道的主要机理

货币政策的利率传导机制是在 *IS-LM* 框架下运作的，强调货币资产的价格——利率，而不是金融的存量在货币政策传导中的作用。凯恩斯认为，货币供应量的变化打破了资产市场的均衡，通过市场机制的作用，利率的相应变化使资产市场重新恢复均衡状态；同时，利率的变动通过资本成本效应导致投资变化，再通过乘数效应使社会总支出发生更大的变化，最终影响产出和价格水平。传统凯恩斯主义的紧缩性货币政策传导渠道可表示为：

$$M\downarrow \Rightarrow i\uparrow \Rightarrow I\downarrow \Rightarrow Y\downarrow$$

凯恩斯最初强调通过利率传导渠道影响企业的资本支出决定，但后续研究将消费者的住房和耐用消费支出也纳入投资决策范畴中，因此利率传导渠道中的 I 也适用于消费支出。

Taylor（1995）的研究强调短期利率与长期利率的作用，与货币政策有关的利率往往具有共同运动的特征。他认为消费和投资支出存在着较强的利率效应。当实行紧缩性货币政策时，短期利率上升，由于黏性价格和理性预期的共同作用，长期利率也会上升。当价格的变动小于名义利率的上升幅度时，又会引起实际利率上升，从而导致固定资本投资下降，公众对住房、耐用消费品、资本的需求减少，最终使得总支出降低。这一过程可表示为：

$$M \downarrow \Rightarrow SR \uparrow \Rightarrow LR \uparrow \Rightarrow I \downarrow \Rightarrow Y \downarrow$$

其中，SR 表示短期利率；LR 表示长期利率。Friedman（1968）分析指出，货币政策的利率传导渠道的作用前提是货币供给变动所产生的四个效应中流动性效应至少在短期内要大于其他三个效应。

（二）货币政策利率传导渠道的发展与争议

长期以来，货币政策的利率传导机制在货币政策传导理论中处于显著地位，相关的实证研究文献也非常丰富，国内外学者对于利率传导渠道中相关问题的争议从来没有停止过。首先，现实中代表性利率的选择问题。Bernanke 和 Blinder（1992）的研究发现，联邦基金利率是一个很好的货币政策显示器，它作为重要宏观经济总量的预测指标，明显优于其他利率和货币总量指标。Friedman 和 Kuttner（1992）则认为，联邦基金利率和商业票据利率差异包含有显著的信息内涵，但该指标在沃尔克（Walker）时期并不适用于测度货币政策松紧，因为这一时期美联储货币政策操作方式随时间波动较为剧烈。Kashyap 和 Stein（2000）除了联邦基金利率以外，还尝试采用其他两种代理变量来测度货币政策变化：一是博申-米尔斯（Boschen-Mills）指数，基于货币政策松紧将货币政策量化为五种货币政策状态；二是伯南克-米霍夫（Bernanke-Mihov）指数，该指数是基于美联储货币政策操作方式的特定假设，构建灵活的 VAR 模型计算得到的，具有更强的适用性。

其次，关于短期利率向长期利率的传导问题。货币冲击后，货币政策影响短期利率，再实现从短期利率向长期利率决定的传导，这一过程与不同投资、不同期限的利率有关。但在货币政策的相关操作中，关于何种短期利率、长期利率作为货币政策中介目标问题引起了争议。一般来说，货币政策操作对耐用消费品的需求影响更为有效，因而货币政策利率对长期项目的融资成本影响更为明显（Mishkin，2007；Boivin et al.，2010）。随着经济全球化和全球金融市场的深度融合发展，利率传导机制也遇到了新的挑战。在一些新兴经济体国家，由于企业很难进入国际债务市场，货币政策利率到国内融资成本的传导可能会受到一定阻碍，此时国内货币政策的传导就依赖于国内货币与美元资产的替代程度，货币当局也应考虑利率变动对汇率和金融稳定可能产生的负面影响（Rossini and Vega，2008）。

最后，关于名义利率与实际利率的区分问题。一般来说，货币当局提高政策利率，能够缓解起初的通胀压力，这也会导致短期市场利率的上行，进一步影响到实体经济中的借贷成本。在这一过程中，实际利率的作用是至关重要的：名义利率上升反映出更高的通胀预期，如果此时实际利率保持恒定，那么预期的边际融资成本就不会受到影响。Fuhrer 和 Moore（1995）借助 VAR 模型进行研究，在所有研究样本中，长期实际利率和短期名义利率的表现非常相似。事实上，货币政策利率传导渠道是否仍然有效，可能取决于一个国家金融体系的结构。不同金融结构的国家，货币政策利率传导渠道的作用可能存在差异。但毫无疑问的是，在经济全球化和全球市场融合发展的今天，货币政策的利率传导渠道仍然熠熠生辉。即便是高度依赖银行融资的国家，货币政策的利率传导渠道也仍然具有一定效力，具体表现可能是货币政策利率向银行贷款利率的传导，这一传导过程可能受制于市场竞争程度、融资结构等多种因素。

二、货币政策的资产价格传导机制

随着金融结构的变迁，尤其是资本市场的深化和发展，资产价格的变动使货币政策传导机制变得更加复杂。Greenspan（1999）在杰克逊霍尔举行的货币政策会议上指出，美联储的货币政策应更多地考虑股票市场的因素。他在评价货币政策实施的宏观经济环境时强调，不能再仅仅对商品和服务的流量做粗浅的分析；关于资产价格的走势及其对家庭和企业决策的影响，还有许多重要的、难度很大的问题，只能别无选择地迎接这些问题提出的挑战。

从动态经济学的角度，货币政策可分为冲击和传导两个过程。货币冲击引起资产价格的变化；在传导过程中，资产价格变动效应分配到经济体系中去，对微观经济主体的投资与消费带来影响。从狭义角度上讲，资产价格一般是指股票等金融资产价格，因而早期西方学者研究货币政策的资产价格传导机制也以金融资产价格传导渠道为主。然而，广义的资产价格范围更为广泛，包括大宗商品、金融衍生品、实物资产等各种资产价格。伴随着金融市场的发展和金融产品的创新，房地产价格在货币政策资产价格传导渠道中的作用受到了广泛的关注。

股票价格主要通过托宾 q 理论、财富效应渠道、资产负债渠道对投资和消费产生影响。

托宾 q 理论提供了一种有关股票价格和投资支出相互关联的理论。托宾 q 理论的货币政策传导机制为：

货币供应↑⇒股票价格↑⇒q↑⇒投资支出↑⇒总支出↑

财富效应渠道由莫迪利安尼（Modigliani）在研究生命周期模型时提出。他认为，消费支出是由消费者毕生的资财决定的。消费者毕生资财的一个重要组成部分是金融财富，而股票是其组成部分之一。扩张性货币政策可导致股票价格上升，持有者的金融财富价值上升，消费随之增加，即：

货币供应↑⇒股票价格↑⇒财富↑⇒消费支出↑⇒产出↑

资产负债渠道则聚焦于家庭部门的消费决策。消费者的资产负债状况对消费者评价自己是否可能陷入财务困境具有重要的影响。当消费者持有的金融资产比债务多时，对财务困难的可能性预期会很低，因而更愿意购买耐用品。当股票价值上升时，金融资产的价值也会上升，从而耐用品支出会增加，即：

货币供应↑⇒股票价格↑⇒金融资产价值↑⇒财务困难的可能性↓
⇒耐用消费品支出↑⇒产出↑

除了股票价格外，货币政策也可以通过房地产价格实现传导过程。房地产作为一种特殊的实物资产，兼具商品属性和金融属性，房地产价格在货币政策传导中的作用则更为复杂。房地产价格对总需求的影响主要可通过房地产消费、居民财富和资产负债表等渠道实现。

（一）金融结构的变迁与货币政策传导渠道面临的挑战

在以商业银行为主导的金融体系中，银行是货币政策传导的主要渠道，资本市场对实体经济的影响极为有限。但是，自20世纪90年代以来，各国政府纷纷放松金融管制，政府对信贷市场的行政管制进一步削弱，而且，随着股权融资企业的增多，企业对银行贷款的依赖性相对下降，银行信贷市场的相对规模呈现递减的趋势。这种结构性的变化反映在货币政策传导中，则是银行信贷渠道不再具有以前那样的决定性作用，价格机制在货币政策传导机制中的作用日益增强。货币政策通过货币政策工具影响金融资产的相对价格，改变金融资产市场参与者的经济行为，从而将货币政策意图传导到实体经济中。

2008年金融危机以来，金融市场的发展，尤其是金融衍生品市场的发展与货币政策传导机制之间的联系引起了货币政策当局和学术界的广泛关注。传统研究中所指的金融市场主要是股票市场（Chami et al.，1999），但随着全球金融创新的深化和金融产品的丰富，货币政策的资产价格渠道已经远远超越了股票市场的范围，涵盖了股票价格、房地产价格、大宗商品价格、金融衍生品价格等多个市场领域，这一方面反映出货币政策的调控范围之广，另一方面也意味着货币政策的传导渠道变得更加复杂。金融结构的变迁对货币政策传导机制的影响主要表现为：

1. 货币政策传导主体多样化

在间接融资占主导地位的情况下，金融市场参与者单一，货币当局主要通过贷款规模控制、约束企业的货币资金需求，以达到既定的宏观经济目标。随着金融结构的变迁，货币政策的传导主体呈现出多元化趋势。

第一，居民作为个人投资者成为越来越重要的货币政策传导主体。主要原因为：其一，随着居民个人可支配收入的增长，越来越多的居民进行股票资产、外汇资产的投资，货币政策的变动将影响到居民的资产投资收益，进而影响到消费与投资；其二，居民的消费信贷市场不断膨胀，与此同时，企业的信贷规模却在不断萎缩，这表明居民在信贷传导渠道中的作用在逐渐增强。当货币当局采取扩张性的货币政策时，金融资产价格呈上升趋势，这会通过财富效应刺激居民的消费信贷需求，商业银行的消费贷款规模扩大。

第二，越来越多的机构投资者成为货币政策的传导主体。养老基金、证券投资基金、保险公司等越来越多的机构投资者成为金融资产市场中的投资主体，货币政策的变动无疑会对这些机构的投资收益产生影响，而投资收益是机构投资者资金配置与投向的主要决定因素。

第三，外国投融资机构成为货币政策的传导主体之一。随着我国金融业对外开放的持续推进，越来越多的外国投融资者进入国内金融市场从事证券投资、存贷款等业务，其筹资与投资行为受到国内货币政策的影响，从而使其成为货币政策传导中不容忽视的主体。

2. 货币政策传导链条复杂化

金融机构的市场化程度逐步提高，货币政策的传导渠道和传导主体逐步增多。货币政策工具的变动会迅速引起金融资产价格的变化，而经济主体对金融资产价格变动存在着不同的预期，各种经济变量的互动关系更加复杂，货币当局宏观经济模型的设定将更为困难；另外，随着金融资产市场的一体化程度加深，货币政策的传导将受到国际因素的更多影响，本外币货币政策互动效应增强，改变了原来封闭条件下的货币政策作用渠道。经济周期的变化、国内外投资者预期的改变以及国际资本流动等都会影响到国内金融资产价格水平的变动，从而使货币政策的传导链更加复杂。从美国货币政策操作来看，股票价格的变动对货币政策的影响在加大，美联储的货币政策经常要考虑股票价格的走势。

3. 给货币政策目标制定带来挑战

一般来说，货币政策的目标体系包括操作目标、中介目标和最终目标。金融市场的发展和创新金融产品的不断涌现，给货币政策的操作目标、中介目标和最终目标的选取和制定带来了挑战，具体表现为：

第一，货币政策的操作目标是中央银行运用货币政策工具能够直接影响或控制的目标变量，但随着股票市场、外汇市场的不断发展与深化，金融资产价格成为银行信用渠道之外的一个重要传导渠道。金融结构的变迁弱化了再贴现率和法定存款准备金率的运用，而公开市场业务以其更具有弹性的市场化运作，在货币政策工具中的作用日益凸现。金融危机以来，全球普遍面临的低利率环境也给央行的价格型货币政策工具运用带来了新的难题。

第二，货币政策中介目标则是介于货币政策操作工具和最终目标之间的媒介变量，但以货币供应量作为货币政策传导中介目标的效力正在逐渐被削弱。20世纪80年代中期，许多西方主要国家以货币供应量作为货币政策中介目标。此目标的实现以相对稳定的货币需求为前提，但在金融全球化、自由化的趋势下，货币需求呈现出不稳定的态势。随着金融市场的深化发展，金融创新浪潮涌现，具有流动性与收益性的金融工具不断推出，货币性资产与非货币性资产的界限变得模糊，货币供应量的层次结构也将更加丰富和多样化，这无疑会使货币供应量指标的可测性和可控性进一步下降；再者，若一国货币当局采取扩张性货币政策，而货币供应量增长并没有转化为相应的名义需求增长，这是由于公众对金融资产收益预期比固定资产投资收益预期要高，新增货币量投入了金融资产市场，使金融资产价格攀升；固定资产投资在扩张性货币政策情况下仍然没有被扩大，货币供应量与物价水平的相关性降低。因此，20世纪90年代以来一些国家纷纷放弃了货币供应量目标。

第三，货币政策一般以商品、劳务价格水平稳定作为最终目标。但是，随着金融资产价格变动传导货币政策的渠道越来越重要，将一般物价水平作为货币政策的最终目标是不完全的。一般物价水平的稳定有助于经济的稳定与增长，但并不能保证金融的稳定。资产价格的膨胀与急剧下跌往往出现在宏观经济稳定的环境中。资产价格的波动与一般物价水平的背离使货币当局最终目标的实现受到挑战。

（二）货币冲击对金融资产价格的影响

一国货币当局的货币政策调控主要是借助于完善的货币市场进行的。货币冲击首先发生在货币市场，中央银行通过在货币市场上的公开市场操作或直接调节货币市场短期利率对汇率、股票价格，甚至银行信贷市场产生影响，从而进一步传递到实体经济。

1. 封闭经济条件下，货币冲击对资产价格的影响

Meltzer（1995）构建的一个货币主义模型表明了货币冲击对资产价格的影响过程，这个模型至少包括三类资产，分别是名义货币，即为实体经济提供交换中介的资产；证券资产（本文分析限定为股票资产），它们产生名义收益；实际资本存量，它们产生实际收益。居民在这三种资产之间选择一个最佳的组合。所有资产在组合中都是相互替代的，但并不是完全替代的。

如图 1 所示，*MM* 曲线与 *CM* 曲线的交点代表货币市场与股票市场的均衡。图中，*MM* 曲线表示货币市场的均衡关系，*CM* 曲线表示股票市场的均衡关系，*MM* 曲线、*CM* 曲线的位置是由既定的资产存量、既定的商品价格和预期决定的。利率和股票价格水平的均衡值由现有资产存量及对资产的需求而定。人们对货币冲击是长期的还是暂时的存在不确定预期，金融资产市场相应做出快速反应。中央银行的公开市场操作沿相反的方向进行，这会同时对基础货币存量和证券产生影响。

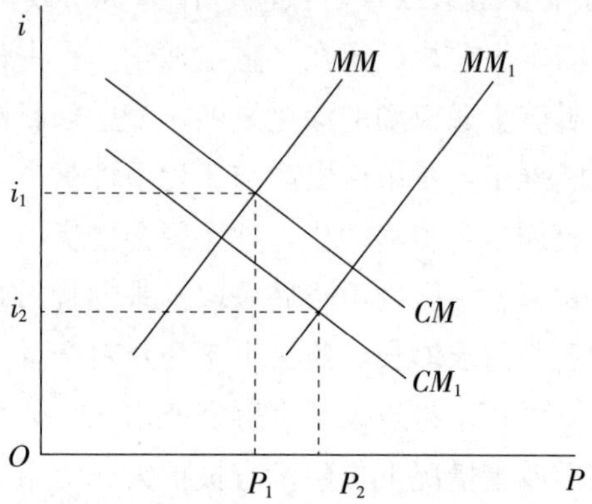

图 1　货币市场与股票市场的均衡

当中央银行在公开市场上购买证券增加基础货币时，*MM* 曲线向右移到 MM_1，货币供应量的增加使利率水平下降，财富的所有者用追加的货币购买现有的证券或实际资本，从而使股票价格上升；同时，公开市场的购买减少了银行和公众持有的证券存量，*CM* 曲线左移至 CM_1。CM_1 曲线和 MM_1 曲线的交点形成了新的均衡。货币供应量的增加和证券的减少降低了利率，变动方向是明确的，而对于证券价格的影响是相反的，如果这两种影响相等，则证券价格不会因公开市场操作而发生变化。实证研究表明，中央银行的公开市场购买使证券价格包括股票价格上升；而公开市场出售则使证券价格包括股票价格下跌。这表明 *MM* 曲线右移促使股票价格上涨的效应大于 *CM* 曲线左移促使股票价格下跌的效应。

2. 开放条件下，货币冲击对资产价格的影响

在开放条件下，中央银行的公开市场操作对象不仅包括国内证券，也涉及国外证券。由中央银行的公开市场操作而引发的货币冲击影响着投资者的资产组合，同时会对利率和汇率产生影响。假设本国货币和外国货币不可替代，由于债券的风险不尽相同,导致国内外债券不完全替代;私人部门除了持有本国货币、本国的证券之外还增加了外国资产。中央银行的公开市场操作不仅影响金融资产结构的总量变动,还影响金融资产之间的替代。

首先,中央银行货币冲击的总量效应对金融资产价格的影响。如果本国货币增加,投资者重新平衡他们的资产结构。当对国内证券的需求增加时,国内证券价格上升,利率下降,从而导致本币贬值即汇率上升;当对国外证券的需求增加时,外币升值。如图 2 所示,BE_0 曲线左移至 BE_1,FE_0 曲线右移至 FE_1,均衡点由 A 点移至 B 点,利率下降,汇率上升。图中,纵轴 S 代表汇率水平;横轴 i 代表利率水平;BE_0 曲线为国内证券的均衡曲线;FE_0 曲线表示国外证券的均衡曲线。

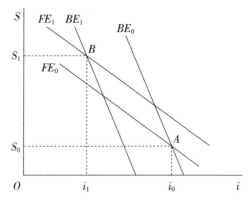

图 2　本国货币增加对利率和汇率的影响

其次,中央银行货币冲击的替代效应对金融资产价格的影响。如果中央银行的公开市场操作是从私人部门购买证券,那么就会导致货币供应量增加,在既定的汇率水平下,利率水平下降,如图 3 所示,ME_0(货币供应)曲线左移至 ME_1;同时,私人部门卖出证券,在既定的汇率水平下,BE_0 曲线左移至 BE_1,结果是利率下降,本币贬值。

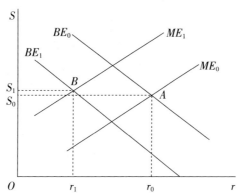

图 3　中央银行的公开市场业务对利率和汇率的影响

如果中央银行通过购买外国资产从而使货币供给增加，如图 4 所示，利率从 i_0 下降至 i_1，ME_0 曲线左移，同时，由于购买外国资产将使本币贬值，FE_0 曲线右移。本币贬值，利率下降，新的均衡点由 A 点移至 B 点。

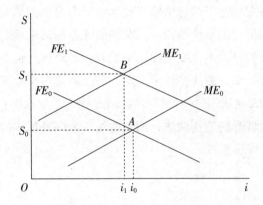

图 4　中央银行购买外国资产对利率和汇率的影响

（三）股票价格的货币政策传导机制

货币政策意图改变了货币供应量，货币供应量的变化会影响到股票价格的变动，而股票价格对实体经济投资与消费的影响主要通过托宾 q 效应、非对称性效应、财富效应、资产负债表效应等发挥传导作用。

1. 托宾 q 效应

这一效应发挥的前提是生产要素具有价格黏性。在托宾的投资分析中，股票价格的变动影响投资进而影响实体经济。股票价格是对现存资本存量价值的评估，当股票价格上升和收益率下降时提高了现存资本存量的价值，使得新资本的生产相对便宜，从而会提高对新资本的需求。

Tobin（1969）将 q 定义为企业的市场价值除以资本的重置成本。如果企业的 q 值高，则意味着企业的重置成本低于企业的市场价格。一方面，由于企业只发行少量股票就能够购买大量新投资品，于是投资支出增加；另一方面，q 值较低，意味着企业价值与资本成本相比较低而不能购买新的投资品，他们可以通过廉价购买其他企业而获得已经存在的资本。这样，公司投资支出的水平就比较低。q 值是决定新投资的主要因素。

托宾认为，企业的股票价值 V 等于企业所支付红利的贴现值。假设资本的边际产量为 MPK，折旧为 d，每一个时期企业所支付的红利就等于 $MPK-d$，于是企业的股票价值 V 等于：

$$V=\frac{MPK-d}{1+r}+\frac{MPK-d}{(1+r)^2}+\frac{MPK-d}{(1+r)^3}+\cdots\cdots$$

假定每一个时期的 MPK 都相等，V 可表示为：

$$V=\frac{MPK-d}{r}$$

根据定义，$q=V/k$，其中，k 是企业资本的重置成本。若 $k=1$，可得：

$$q=\frac{MPK-d}{r}$$

当 $q=1$ 时，$MPK=d+r$；当 $q>1$ 时，$MPK>d+r$；当 $q<1$ 时，$MPK<d+r$。托宾认为，股票市场价值是对企业未来盈利的贴现值，可以为企业的投资提供一个灵敏的指标。当股票市场价格升高，$q>1$ 时，企业扩大投资可以获得更好的收益；反之，企业扩大投资就没有效益可言。q 值的变动可以是货币政策意图引起股票价格变动的结果，也可能是资本边际效率变动从而导致重置成本变动的结果。Abel 和 Eberly（1994）对托宾 q 理论的新发展是在模型中探讨了资本购买与出售价格之间的差异以及 q 值变化对投资的影响等问题。

2. 莫迪利安尼的财富效应

货币供应量变动引起资产结构的调整和资产价格的变动，从而影响到财富持有者资产的市场价值，这样会给私人消费带来影响。

凯恩斯在《就业、利息和货币通论》中论及财富效应时指出，货币、工资和物价下降会提高货币余额的实际价值，并导致证券需求上升，而这又反过来影响利率，进而影响支出流量。凯恩斯的分析忽略了财富存量引起的财富效应。莫迪利安尼极其推崇消费的财富效应。Modigliani（1957）在他的生命周期模型里，认为个人在整个生命周期内的消费支出由两个部分组成，分别是劳动收入和实际拥有的财富。消费函数可表示为：

$$C=\alpha W+cY$$

其中，W 表示实际总财富水平，α 为财富的边际消费倾向，Y 为劳动收入，c 为劳动收入的边际消费倾向。W 包括三部分，分别是人力资本、实物资本和金融财富。股票是金融财富中的一个主要组成部分，当股票价格上涨时，个人的股票资产增值，金融财富价值上升，于是增加了消费者的毕生资财，消费支出随之增加。

股票价格作为宏观经济走向的领先指标，在一定程度上预示了宏观经济未来的走势。股票持有者甚至非股票持有者都能够从股票价格的变动中获取有关宏观经济未来变动的信息。Otoo（1999）指出，当股票价格攀升时，人们对未来经济走势具有良好的预期，对未来就业机会的增加和收入水平的提高充满信心，这样消费者就会在预期收入增长的推动下增加消费支出。相反，当出现股票价格下跌尤其是股票价格全面大幅度下跌时，股票价格财富效应将表现得十分明显。Otoo（1999）指出，在 1987 年 10 月 9 日，美国纽约股市崩溃，股票市值一天损失了 20% 以上，约 5 000 亿美元。若以边际消费倾向为 0.045 计算，此次股票市场的崩溃将造成消费减少 225 亿美元左右。在 1987 年第三季度，美国居民的储蓄率为 3.5%，股票价格此次暴跌后，在第四季度储蓄率迅速上升到 5%，居民消费支出下降。这表明，美国 1987 年的股灾确实对消费支出存在影响。

　　Mankiw 和 Zeldes（1999）将 1970—1984 年期间的美国持股家庭分为三组：第一组持股家庭为拥有股票的家庭；第二组持股家庭为持股市值高于 1 000 美元的家庭；第三组持股家庭是持股市值超过 10 000 美元的家庭。对这三类持股家庭与非持股家庭的消费增长率、股市超额收益率（其中，超额收益率是指标准普尔 500 指数收益率与 3 个月期国债利率的差额）进行比较分析发现，持有股票的家庭消费增长率明显高于不持有股票的家庭，并且与股票的超额收益率具有较强的相关关系。Bernanke 和 Gertler（1999）的研究结论为股票价格的财富效应微弱，资产价格更主要通过资产负债表效应对总需求产生影响。Ludvigson 等（1999）对美国股票市场财富效应的实证研究表明：股票财富与社会总消费之间存在着显著的正相关关系，股票市场的不断发展确实增加了市场中的消费。但是，计量结果同时也显示股票市场的财富效应相当不稳定，而且很难消除这种不稳定性。

　　国际货币基金组织（IMF）在 2003 年的研究报告中指出，财富效应在不同的国家、不同的时期会有所不同，这主要取决于各国金融体系的差别。在美国，股票价格每下降 1 美元，消费支出下降的幅度是欧洲大陆的 5 倍。Goodhart 和 Hofmann（2001）认为，资产价格尤其是股票价格和房地产价格有助于提高货币政策传导机制，虽然在不同国家的传导效应不尽相同。Case 等（2005）以包括美国在内的 14 个国家的 25 个不同年度数据对房地产价格和股票价格上涨带来的财富效应进行了实证研究，结果表明房地产价格上涨对家庭消费的影响比股票价格的影响更加显著。Goodhart 和 Hofmann（2001）认为，财富效应取决于私人部门的总财富中金融资产的份额。在美国、加拿大、意大利以及英国等国家，股票资产占家庭总资产比重较大。从发展趋势看，房地产占总财富的比重相对稳定，股票资产所占比重稳步上升。

　　IMF 在 2001 年的研究报告中采用 16 个发达国家的数据（1970—2000 年）进行财富效应的研究。结论主要为两个方面：一是以市场为基础的国家的财富效应大于以银行为基础的国家的财富效应，而且，股票和房地产价格的财富效应都有提高的趋势；二是房地产价格上升产生的财富效应大于股票价格提高带来的财富效应。

3. 股票价格的资产负债表效应

资产负债表渠道又被称为财富净额渠道，其从货币供应量的变动对特定借款人资产负债的影响角度进行分析。随着货币供应的减少和利率的普遍上扬，企业的资产负债状况因此而发生了变化：一方面，从净现金流量看，利率上扬直接增加了借款者的利息支出，直接减少了企业的净现金流；同时，紧缩性货币政策将减少消费者的支出，因此，企业的销售收入下降，而企业的一些固定支出无法在短期内迅速调整，这样，企业的资金来源减少而支出不变，间接地减少了企业的净现金流。另一方面，从股票价值的变动看，利率的上升意味着股票价格的下跌，使企业现有资本品的价值降低，资产状况恶化。上述两方面的原因都会使借款人的担保价值下降，贷款的逆向选择和道德风险问题趋于严重，促使其从事风险性较高的项目，这可能使借款更加难以偿还，贷款进一步减少。一部分资产状况恶化和资信不佳的借款人将无法从金融市场融资，也无法获得银行贷款，导致投资和产出进一步下降。不论是大企业还是中小企业，只要债务达到一定水平都会受到资产负债状况的限制，此传导渠道就会发挥作用。

股票价格的资产负债表渠道不仅对企业的投资支出产生影响，对消费者也具有同样的影响。如紧缩性货币政策使利率水平上升，消费者的净资金减少，恶化了家庭部门的资产负债状况，贷款机构减少了对他们的贷款，这在一定程度上会减少消费者依赖银行贷款而进行的耐用消费品或房地产支出。

Mishkin（1978）通过流动性效应说明了资产负债表渠道是如何影响耐用消费品和住房购买支出的。在他的模型中，货币冲击引起的资产负债表效应影响了消费者的购买愿望。当消费者预期未来的金融状况恶化时，将减少对耐用品和房地产的支出，而愿意增加持有流动性强的金融资产，如股票、债券等。因为在金融状况恶化时，持有非流动性资产往往无法变现或只能低价出售而遭受损失，而一些流动性较强的金融资产如股票可以很容易、迅速地在股票市场中变现。此时，股票价格的传导途径为：当货币政策操作使股票价格下跌时，消费者对未来金融状况恶化的预期增强，开始减少耐用品消费和住房的购买支出，进而使产出下降。

伯南克（Bernanke）和格特勒（Gertler）在1989年发表了这方面研究的经典文献《代理成本、企业净值和经济波动》（Agency Costs, Net Worth, and Business Fluctuations）。在不同经济周期，净值决定的投资变化使经济走势具有一种自我加强的惯性，即金融加速效应。Gertler（1992）将金融加速模型由两期扩张到多期，Bernanke等（1998）在动态新凯恩斯的宏观模型框架下模拟的结果进一步证实了原来的结论。

4. 纳入通货膨胀因素后，股票价格传导货币政策分析

考虑到通货膨胀因素即人们认为货币冲击会造成一定程度的通货膨胀预期时，股票价格传导货币政策机制变得更加复杂。近十年来，股票价格成为货币政策的重要传递渠道，关键因素是所谓的通货膨胀税。由于股票收益产生现金股息支付，物价水平的变动对持股人会产生极其重要的影响。在假定利率和股息支出不变的情况下，如果物价水平上升，股票的价值就会下降。这是由于股票产生的现金支付量只能购买较少的商品和服务，这种资产价值的下降被认为是一种通货膨胀税。通货膨胀税的存在会使持股人改变对股票收益率的预期，这样公司也会相应地调整生产经营活动，以满足股东的需求。

Chami 等（1999）假设有这样三种资产：货币、股票、实物资本。居民持有货币和股票，企业则拥有股本。代表投资者的股票持有人必须满足的情况为：

$$1 = E_t \left(mrs_{t+1} \frac{R_{t+1}}{\Pi_{t+1}} \right)$$

其中，mrs_{t+1} 表示投资者在即期购买商品与未来消费之间的权衡；E_t 表示在时间 t 投资者根据信息集所做的预期；Π_{t+1} 是从 t 期到 $t+1$ 期的通货膨胀率，此比率可用消费物价水平 P_{t+1}/P_t 来解释；R_{t+1} 是从 t 期到 $t+1$ 期投资者投资股票的收益，包括资本利得（P_{t+1}^s/P_t^s）和分红派息（D_t/P_t^s）两部分。这样，投资者通过平衡购买股票减少即期消费的效用损失与未来获得投资收益的预期效用来决定最优股票购买数量。

通货膨胀税实质性地降低了公司资产的实际价值，相当于在一个时期内，通货膨胀对公司总股本的价值征税，也就是说，通过通货膨胀率，货币政策的变化将改变股票的预期收益率。随着这一收益率的改变，股票价格将会波动，管理人员针对股票价格的变动而改变投资计划，并对经济活动产生影响。总体上说，股票价格的这种传导过程有三个联结点：一是货币政策对通货膨胀率的影响；二是投资者对不断上升的通货膨胀或通货膨胀预期做出的反应，即要求提高他们应得的收益率，假定股息不变而预期收益率上升时，股票价格便会下降；三是股票预期收益率的变化导致公司股票价格的变动，公司股东要求公司管理人员改变生产、投资，以努力提高股票收益。

货币当局改变货币供应量导致物价水平上升，股票持有人获得的现金股息就会受到影响，股票的价值就会下降，持有人的购买力就会下降。货币政策通过影响通货膨胀率来改变股东的预期收益率。随着这一收益率的改变，股价将会波动，这与股息发放的数量以及公司资产的价值联系紧密。

$$\frac{P_t^s}{P_t}=E_t\sum_{j=0}^{\infty}\left[\left(\prod_{i=0}^{j}mrs_{t+i+1}\right)\frac{D_{t+j}}{P_{t+j+1}}\right]$$

其中，mrs_{t+i+1} 为随机贴现因子，用于公司股票的定价。此公式表明，公司股票的价值是未来所有股息的贴现值。公司管理人员从股东价值最大化的角度出发，针对股价变化而改变投资和生产计划，努力提高投资收益率，从而对经济活动的变化产生影响。

（四）金融资产价格传导货币政策效率因素分析

货币供应量的变动会引起货币均衡的变化，货币持有者及投资者就会相应调整其投资组合，直至金融资产价格最终达成新的均衡；而资产市场的相对价格变化又会波及产出市场。金融资产价格能够有效地传导货币政策需要具备一定的条件，具体而言：

1. 金融资产规模

当居民的资产组合中股票资产、外汇资产占有越来越重要的比重时，居民对货币政策行为的敏感性会逐渐增强。货币政策变量变动引发资产选择行为变化，从而产生较大规模的货币资金在股票资产、外汇资产与货币形态之间的转移运动，这会对货币政策传导产生重要的影响；而且，随着金融资产规模的增加，这种影响会进一步加强。

2. 一国金融市场的运行效率

当一国具有相对发达的货币市场以及金融市场的一体化程度相对较高时，资金可以自由流动以追求同一风险水平下的高收益，从而使信息能够及时、准确地反映在金融资产价格中，这样，金融资产价格传导货币政策的功能才能发挥。如果金融市场处于严重分割状态，运行效率低下，货币政策行为变动引发的居民资产选择则会受到一定的约束。

3. 微观经济主体对投资收益率的敏感程度

在规范市场中，现代企业的投资决策更加市场化，对货币政策的变动则更加敏感。它们根据投资收益率的变动相应地调整自己的投资行为，从而对投资、消费及产出产生影响。

具备了上述条件，金融资产价格将通过两个环节有效地传导货币政策：第一个环节是货币当局的政策意图向金融资产价格的传递，其中微观经济主体的资产选择行为发挥了重要作用；第二个环节是货币当局的政策意图通过金融资产价格向实体经济的传导，这主要是通过股票价格等金融资产价格的变动对微观经济主体的投资和消费产生影响并发挥作用。

（五）房地产价格的货币政策传导机制

与股票价格类似，房地产价格作为最常见的实物资产价格之一，也会受到货币政策调控的影响，同时也是货币政策资产价格传导渠道的一个重要载体。比如，在财富效应理论中，扩张的货币政策促进房价上涨，房价上涨也是消费者财富增长的重要环节，这将有助于刺激消费，进而影响总需求和产出。一般来说，货币政策紧缩带来短期利率上升，会对房地产市场产生影响，进而通过直接效应或间接效应影响整个实体经济。Mishkin（2007）系统地提出了与房地产价格相关的五种货币政策传导渠道。其中，直接效应包括资本使用者成本、未来房价波动预期、房地产供给；间接效应包括财富效应、资产负债表渠道（信贷渠道）对居民消费和住房需求的影响等。

1. 直接效应

房地产价格的直接效应渠道来源于住房资产独特的供求特征，这也是住房资产与股票等金融资产的关键差别。在包含房地产活动的新古典模型中，我们一般将资本使用者成本看作是影响住房需求的重要决定因素，资本使用者成本衡量了房屋所有者持有住房资产的机会成本，可以用以下公式表示：

$$uc = ph\left[(1-t)i - \pi_h^e + \delta\right]$$

其中，ph 表示新住房资产的购买价格，i 表示住房按揭贷款利率，π_h^e 表示住房价格的预期升值率，δ 表示住房的折旧率，同时还考虑了按揭利率的税收减免效应 t。进一步地，我们可以将公式改写为：

$$uc = ph\left\{\left[(1-t)i - \pi^e\right] - (\pi_h^e - \pi^e) + \delta\right\}$$

其中，$(1-t)i - \pi^e$ 表示税后实际利率，$\pi_h^e - \pi^e$ 表示预期真实住房价格升值率。假设住房资产投资者会在每期消除当期利率与持有住房的预期收益率之间的套利机会，那么住房按揭贷款利率就可以看作是短期利率。在这一假设下，关于住房需求的长期影响因素就都包含于预期真实住房价格的升值率中。当货币政策收紧时，短期利率提高，相应的长期利率也将提高，资本使用者成本也随之增加，导致住房需求下降。住房需求下降导致房屋建设的萎缩，最终导致实体经济中的总需求下降。根据美联储的估计，美国住房建设投资对资本的使用者成本的弹性约为-0.3。

资本使用者成本的第二项——预期真实住房价格升值率也是货币政策传导的重要渠道。预期升值率的变化同样会对资本使用者成本和住房需求产生重大影响（Case and Shiller，2003）。当货币政策收紧时，利率上升导致住房价格走软，预期真实住房价格升值率将会下降，这也会增加当前的资本使用者成本，这就导致了住房需求和新增住宅建设的进一步下降。

从房地产供给角度来看，供给因素也会受到货币政策调控的影响。因为建造商的建造速度相对较快，与住房建设融资成本相关的利率一般是短期利率。当短期利率上升时，新建住房成本增加，房地产活动将受到抑制。由于住房建造活动也会受到政策利率影响，因此供给效应也可以作为货币政策的传导渠道之一，McCarthy和 Peach（2002）的实证研究支持了这一论断。

2. 间接效应

房地产的金融属性使其拥有与股票价格在货币政策传导过程中相似的效应，包括财富效应、资产负债表效应等。这也意味着前文所述的货币冲击对金融资产价格的影响、金融资产价格对货币政策传导效率影响因素的相关结论也适用于房地产市场。但是，房地产价格的货币政策传导渠道往往同时存在直接效应和间接效应，有时两者相互交织，很难精确地区分开来。

房地产价格的财富效应也起源于 Modigliani 和 Brumberg（1954）提出的生命周期假说，Ando 和 Modigliani（1963）进一步扩展了该模型，并认为所有增加财富的资产来源，无论是股票、房地产还是其他资产，都会促进居民消费，这是因为实证研究表明居民财富的长期边际消费倾向略高于实际利率。不同国家的估计值存在明显差异，这也与文化传统、居民消费和储蓄习惯等因素有关。在货币政策传导至房地产价格的直接效应中，当货币当局采取扩张型货币政策时，利率下行刺激房地产需求，导致房价上涨。房价上涨所带来的总财富增加又会进一步促进居民消费和总需求。因而，传统的生命周期理论将房地产价格的财富效应视为货币政策传导机制的重要一环。

一般认为，房地产价格的财富效应要比其他金融资产更为显著。一方面是因为，住房资产在人口中的分布相对于股票等金融资产要更为平均和广泛。对于高收入家庭来说，财富的边际消费倾向相对较低（Lusardi，1996）。另一方面，房地产价格波动性低于股票价格，所以房地产价格变动所引致的住房财富变化通常是持续的。但是，也有学者持有不同观点，他们认为住房财富的变化并不会刺激居民消费。比如，房屋所有人出于遗产动机，在住房财富增加时也可能不增加自身消费，而计划购房者甚至可能降低当期消费以应对未来的购房压力。也有学者认为，股票价格与未来经济生产潜力之间存在更为清晰的联系，房地产价格可能与供给因素相关，并不是实体经济的指示器，因而房地产价格的财富效应可能较低。关于房地产价格与金融资产价格财富效应相对大小的比较，实证研究也没有提出稳健证据。Belsky 和 Prakken（2004）发现长期来看房地产和金融资产的财富效应非常接近，但是消费支出对于住房财富变化的敏感度要高于金融资产。Case 等（2005）发现住房财富的消费支出弹性为11%～17%，而股票等金融资产财富的消费支出弹性仅为2%。也有学者认为金融资产的财富效应更为明显（Dvornak and Kohler，2003）。但综合来看，在不同国家样本中，住房资产和金融资产财富效应的相对大小存在差异（Girouard and Blöndal，2001），这也表明房地产财富到消费的传导过程仍然存在不确定性，这可能与收入分配效应有关。

房地产价格在货币政策的资产价格传导渠道中也具有资产负债表效应。具体来看，货币政策可以通过影响房地产价格，进而作用于居民消费支出和住房需求，从而实现货币政策到实体经济的传导过程，这一传导渠道得益于住房抵押贷款市场的发展和金融产品的创新进程。第一，房地产价格的增加夯实了住房抵押品价值，这有助于缓解信贷市场中的信息不对称问题。房地产价格的提高有助于改善居民的资产负债表，提高居民的信贷可得性，降低金融摩擦导致的金融溢价，这也与 Bernanke 和 Gertler（1995），Bernanke 等（1999）所提出的金融加速器框架一致。第二，货币政策冲击所带来的房地产价格走高，也有助于放松信贷约束，这一现象在资产增值抵押贷款（mortgage equity with drawal）存在的情况下更为显著。在资产增值抵押贷款中，房地产价格上升导致住房所有者持有的房产价值提升，住房资产增值带来了信贷约束的放松，可以使其获得更多信贷融资，并促进消费支出增长。实证证据也验证了房地产价格上升对消费支出的直接影响（Greenspan and Kennedy，2005）。第三，当受到信贷约束的居民采用浮动利率抵押贷款时，其住房需求和消费支出主要受到当期现金流影响。当短期利率增加时，居民将面临更多的利息支出，在居民收入不发生大幅变动的情况下，居民消费受到抑制。因此，一个国家选择浮动利率抵押贷款还是固定利率抵押贷款方式及其相对比例对于货币政策传导渠道也有着重要影响。此外，伴随着住房抵押贷款融资效率的提升，货币政策传导效率也将受到影响。这种影响机制并不是直接作用于房地产市场，而是影响了收入冲击对居民消费支出的敏感度。Dynan 等（2006）认为，房地产金融的创新使得消费者更容易平滑消费，因而消费支出对暂时性收入冲击的敏感度将会减弱。因此，伴随着住房抵押贷款市场的创新和发展，货币政策的资产价格传导渠道的内涵也将更加丰富，传统的资产价格传导渠道及其传导效率也将有所变化。

三、货币政策的信用传导机制

信用渠道理论是关于货币政策传导机制研究中视角独特但富有争议的理论，最早可追溯到极端凯恩斯主义的《拉德克里夫报告》（Radcliffe Report）所强调的信贷可得性。信用渠道理论是 20 世纪 50 年代开始出现的，这一理论在认可货币渠道作为货币政策传导主渠道的前提下，强调由于金融市场存在缺陷，信用因素在货币政策传导过程中的作用不容忽视。Mazzoli（1998）指出，只要金融市场是不完全的，厂商、银行的融资结构就会影响货币政策和经济行为。

Roosa（1951）的信贷可得性理论（credit availability doctrine）是信用渠道理论的最早形态。20 世纪 70 年代末 80 年代初以来，借鉴新古典宏观经济学理论上的进展，在坚持原凯恩斯主义理论信条并修正其理论缺陷的基础上，新凯恩斯主义者以工资黏性、价格黏性和非市场出清为假设前提，强调了金融结构在传导过程中的作用。Stiglitz 和 Weiss（1988）发展的均衡信贷配额理论确立了信贷渠道作为货币政策传导机制的基础。在此基础上，伯南克等人逐渐发展了两种具体的信贷传导机制，即资产负债表机制和银行贷款机制，用来解释货币政策和厂商外部融资所面临的风险溢价关系，之后不同学者对于信贷传导渠道有效性的争论仍然十分激烈。

（一）信贷可得性理论与信用传导渠道的雏形

20 世纪 50 年代，Roosa（1951）等人提出了信贷可得性理论，其以信贷配给说为基础。在 20 世纪 70 年代前，由于存在信贷配给行为与银行利润最大化动机在形式上的矛盾，信贷可得性传导机制曾受到过理论界及其他方面的否定。之后，西方经济学的发展为信贷配给说提供了理论支持。信贷配给行为并不与利润最大化动机相矛盾，而且银行是利润最大化要求的自发产物。

信贷可得性传导机制是从资金需求者获得信用的可能性和资金供给者资金供给的可能性进行分析的。在银行贷款市场不完善及实行利率管制的情况下，利率调整存在着一个时滞效应，对借款人重要的不是信贷成本而是信贷可得性。对于贷款者而言，货币当局在公开市场中的操作行为会影响到其流动性。如中央银行卖出债券减少货币供给，金融机构的流动性会下降。为了增强其自身流动性，贷款人不得不调整资产结构减少或修正信用供给，从而直接影响到信贷可得性。

信贷可得性传导渠道的形成不仅是因为利率变动影响了信贷可得性，更重要的是因为贷款管理利率的存在使贷款者不是根据利率标准选择借款者，而是按利率以外如借款者的财务状况、担保状况等其他标准而进行信贷配给。总体而言，主要有两种类型的信贷配给：一是政府干预经济而推行的非均衡信贷配给，银行在配给决策中处于被动地位，主要表现为信贷规模控制和利率管制；二是由于信贷市场中信息不对称的存在，造成金融机构主动的配给行为，这是其在安全性与收益性之间进行权衡，以实现效用最大化的市场经济行为。

信贷可得性传导渠道即货币供给变动是如何通过信贷可得性传导到实体经济

的，可简单概括为：当一国货币当局采取紧缩性货币政策，在公开市场中卖出政府债券，从而减少货币供给时，将影响到银行的可得性。一方面，由于货币供应量减少，银行体系的超额储备减少、流动性下降，银行不得不收缩包括贷款业务在内的资产业务；另一方面，中央银行出售政府债券，将使政府债券价格下降、利率上升，银行持有此项资产的价值降低。但是贷款利率相对不变，银行为了弥补流动性的不足，实行资产结构调整，从而不得不削减信用放款。这样，信贷可得性减少，企业投资支出也会相应减少，结果是产出水平将随着投资的减少而相应收缩。如果一国是银行主导型的金融格局，又存在着一定程度的信贷配给问题，可能会使此国的扩张性货币政策效果大打折扣，这主要取决于扩张性货币政策增加有效信贷供给的程度。

（二）狭义的信用传导机制：银行贷款渠道

在信息不对称条件下，银行贷款与其他金融资产不可完全替代，特定类型借款人的融资需求只能通过银行贷款得以满足。大型企业在没有银行贷款融资的情况下，可以直接进入证券市场进行融资；而对于特定类型的借款人，特别是信息不对称问题突出的中小企业或个人，银行信贷融资是必不可少的。货币政策除一般的利率传导机制外，还可以通过银行贷款的增减变化进一步强化其对经济运行的影响。Bernanke 和 Blinder（1988）最早提出了银行信贷机制，他们强调了信贷作为货币的资本形式，在货币政策传导中的重要角色。考虑货币、债券和贷款三种资产组合的信贷传导渠道则对传统的利率渠道进行了微观意义上的补充，也揭示了货币政策与微观主体——银行之间的传导渠道与互动反馈关系。随后，Bernanke 和 Gertler（1992）明确提出了银行信贷传导机制的概念。当货币当局采取紧缩性货币政策时，银行体系的准备金（M）减少，银行的活期存款（D）相应减少，在银行资产结构总体不变的情况下，银行的可贷资金减少，贷款（L）随之下降，这样，那些信赖银行贷款的借款者不得不减少投资支出（I），最终使产出（Y）下降。此传导过程可表示为：

$$M\downarrow \Rightarrow D\downarrow \Rightarrow L\downarrow \Rightarrow I\downarrow \Rightarrow Y\downarrow$$

Bernanke 和 Blinder（1988）将贷款供求函数引入经典的 $IS\text{-}LM$ 模型，提供了一个类似于 $IS\text{-}LM$ 模型的理论框架即 $CC\text{-}LM$ 模型，对银行信贷渠道如何传导货币政策进行了探讨。银行信贷传导渠道发挥作用的前提为：第一，货币政策中性；第二，银行贷款与债券至少对于借款者而言是不可完全替代的，也就是说，当实行紧缩性货币政策时，特定的借款人无法通过直接融资抵消银行借款的减少；第三，中央银行能够通过准备金操作影响贷款的供给，也就是说，商业银行无法通过资产负债结构的变动如发行 CD（大额可转让定期存单）等来抵消中央银行准备金减少对贷款量的影响。

CC-LM 模型至少包含这样两个政策含义：其一，银行信贷传导渠道表明，即使凯恩斯的流动性陷阱存在，传统的利率传导渠道失效，货币当局也可以通过信用供给变动使 *CC* 曲线（*CC* 曲线表示商品市场和信用市场同时出清时，利率和产出的组合）移动，从而继续发挥作用；其二，如果银行信贷传导渠道成立，货币政策将对不同类型的经济主体发挥分配性影响。比如当货币紧缩时，中小企业的资产状况将受到更大的打击，这是单一的利率机制不能发挥的影响。

货币政策的信贷渠道提出以来，国内外学者通过理论模型和实证研究对信贷渠道的存在性进行了大量研究。研究结果表明，无论采用宏观加总数据（Bernanke，1990）还是微观银行层面数据（Kashyap and Stein，1995），货币政策传导的信贷渠道都显著存在。Romer 和 Romer（1994）的进一步分析表明，银行贷款渠道在实施管制的金融市场中作用更明显，例如，美国实施 Q 条款期间的银行贷款渠道效应更强。而随着金融管制的日益解除和金融创新的大发展，有必要从借款人而不是贷款人角度来重新对理论进行完善。但由于不同国家的实证研究对银行信贷渠道的作用机理并未形成统一结论，因而银行信贷渠道的存在性以及其发挥作用的程度仍然存在着一定争议，主要表现在以下三个方面：

第一，货币政策能否显著地影响到银行贷款的供给及其相对价格。一方面，随着金融创新的发展，如果一国的非银行金融机构在融资活动中发挥越来越重要的作用，中央银行对贷款影响的重要性将会逐步减弱；另一方面，如果商业银行为避免可能发生的挤兑等风险，将会持有一定数量流动性较好的有价证券或票据。当货币当局试图变动准备金比率来影响银行贷款供给时，银行可以通过有价证券持有额或银行票据发行额的增减变化来予以冲销，这样货币政策的传导效力将减弱。

第二，部分借款人是否必须依赖银行融资，不对称信息理论为此提供了理论支持。对于部分借款人，银行借款和直接融资是不可完全替代的，主要原因是：一方面，Diamond 和 Dybvig（1983）指出，在信息不对称条件下，银行等金融中介对借贷行为行使监督职能，不仅可以减少逆向选择和道德风险，而且有利于避免由于信用评估造成的外部性，从而降低监督成本、减少"搭便车"现象。监督成本较高的借款人尤其是一些信息披露有限的中小企业或居民，很大程度上依赖于银行等金融中介机构进行融资。Bernanke（1983）强调，在美国，借款人获得银行贷款被看作是利好消息，这是由于银行可以提供信息与监督功能。另一方面，银行与借款人之间的业务往来存在某种程度的锁定效应。也就是说，借款人不能任意选择银行取得贷款，往往依赖与其有业务往来的银行。这表明银行贷款对特定借款人而言是不可替代的，从而对银行信贷传导渠道提供了进一步的支持。

第三，由货币政策导致的银行储备紧缩将导致银行资产和负债的同时下降，所以难以区分产出的下降是由于货币渠道，还是由于信贷渠道，或是两者共同作用的结果。King（1986）检验银行贷款渠道时发现，货币总量能够比银行贷款更好地预示未来产出。Ramey（1993）得出了相似的结论，他分析了三个与信贷相关的变量，即银行总贷款量、银行相对于贷款的债券持有量以及小型和大型企业短期债务的增长率之差。研究结果发现，在大多数情况下，信贷变量在货币政策传导中的作用并不明显。

（三）广义的信用传导机制：资产负债表渠道

资产负债表渠道（balance sheet channel）一般也被称作广义的信用传导机制，是指货币政策通过影响企业资产负债表的净资产价值、现金流以及流动性资产等，影响企业的外部融资能力，进而影响企业投资并最终传导至实体经济的过程。当然，这里的资产负债表并不仅限于企业的资产负债表，货币政策也会通过影响居民资产负债表约束影响消费支出，尤其是在耐用品和房地产等方面，因此这里的资产负债表应该理解为包括企业和居民在内的广义资产负债表。资产负债表机制最早由Bernanke 和 Gertler（1989，1995）提出，强调了外部融资溢价在货币政策传导中的重要地位。外部融资溢价是指由于金融市场上存在不完全信息或者履约成本高昂所造成的金融摩擦，导致外部融资成本与内部资金的机会成本之间的差异。外部融资溢价反映了借款人和贷款人之间存在委托-代理问题所造成的无谓成本。

资产负债表渠道的理论假设是，借款人面临的外部融资溢价取决于借款人的财务状况。一般来说，借款人的净财富（流动性资产和可市场化定价的抵押品价值之和）越高，其面临的外部融资溢价就越低。借款人的财务状况决定了其与贷款人之间的潜在利益冲突，也影响着借款人可获得的信贷数量，进而影响了借款人的投资行为，最终作用于实体经济。以紧缩性货币政策为例，资产负债表渠道可以概括为：

$$\text{紧缩性货币政策} \Rightarrow i\uparrow \Rightarrow \text{企业资产负债表恶化}\downarrow \Rightarrow L\downarrow \Rightarrow I\downarrow \Rightarrow Y\downarrow$$

资产负债表机制存在的必要条件就是货币政策冲击不仅影响市场利率，还能够直接或间接地影响借款人的资产负债表状况。

从直接途径上看，货币政策至少有两条途径可以实现这一影响：第一，当借款人存在已发行的短期或浮动利率债务时，紧缩性货币政策带来的利率升高会直接影响其利息支出，降低当期净现金流并弱化借款人的财务状况。由于很多企业非常依赖短期债务为存货或营运资本融资，货币政策对于企业净现金流的影响是非常显著的。第二，利率的升高也意味着资产价格的下降，这造成了企业抵押品价值的萎缩。企业资产包括房地产、股票和债券等，这些资产价格都会随着利率的上升而下降，当这些资产以抵押品形式存在时，抵押品价值的下降使得企业资产负债表状况恶化，进而影响企业获得信贷的数量。

货币政策也可能间接影响企业的净现金流和抵押品价值。以紧缩性货币政策为例，货币政策紧缩造成顾客消费支出下降，因而企业的收入将会受到负面影响。与此同时，企业的固定和半固定成本（如利息支出和工资支出等）在短期内很难调整，这就导致企业在资金来源和资金运用之间的缺口扩大，从而侵蚀企业的净财富和信用状况。这一影响机制也揭示了信用传导渠道对消费支出的潜在影响，尤其是对企业存货和投资支出的影响。因此，紧缩性货币政策冲击对企业资产负债表造成了直接或间接的负面影响，使企业的资产负债表状况恶化，推高了外部融资溢价，进而影响企业可得信贷的数量。

资产负债表机制的实质就是货币政策通过影响信贷配置而作用于实体经济的过程，因而资产负债表机制也揭示了货币政策在信贷供给者和需求者两大微观主体之间传导的微观机理。借款人的财务状况影响了外部融资溢价，也决定了其面临的信贷条件，因而借款人资产负债表状况的波动也影响了其投资和支出决策。货币政策的变化导致企业资产负债表产生内生的顺周期波动，并通过资产负债表机制进一步放大对经济周期的影响，Bernanke 和 Gertler（1995），Bernanke（1998）在研究中将这种放大效应称为"金融加速器"（financial accelerator）。随后，大量实证研究将企业的资产负债表和现金流与企业投资决策建立起联系（对于居民部门来说，就是居民资产负债表和现金流变量与耐用品和房地产消费建立起联系）。

（四）信用传导机制的研究进展与方向

在信用传导机制下，货币政策不仅影响了利率水平，还影响了外部融资溢价的大小。外部融资溢价中的这种互补变动关系有助于解释货币政策的数量效应和政策时滞等问题，而这些问题仅依赖利率传导机制是很难解释的。尽管如此，迄今为止，经济学界对何种货币政策传导渠道更有效仍未达成共识，货币政策传导机制仍然是一个"黑箱"（Bernanke and Gertler，1995），这也从侧面反映出货币政策传导机制的复杂性。伴随着实证研究方法的创新和发展，近年来西方学者逐渐从微观主体视角对货币政策信用传导机制的宏观经济效应及其影响因素进行了深入探究，但尚未形成统一结论。具体来看，关于信用传导机制的研究进展主要体现在以下两个方面：

　　第一，对货币政策信贷传导渠道存在性的检验及其宏观经济效应研究。从理论上来说，信贷渠道的有效性取决于借款人对银行信贷的依赖程度和货币政策当局对商业银行信贷行为的影响大小。基于银行贷款渠道的研究对货币政策的非对称性提供了合理的解释。绝大多数研究表明，银行贷款渠道在紧缩政策环境下存在，而在扩张政策环境下作用比较小。Kashyap 和 Stein（1993）指出，有四个因素可以削弱银行储备与贷款供给之间的关联，削减银行贷款渠道的效果，即发达的非银行金融中介机构，商业银行迅速而低成本地调整自身资产组合，商业银行游刃有余地增加非储备资产以及存在金融限制性条款。Kashyap，Stein 和 Wilcox（1993）运用总量数据考察了紧缩期美国银行信用与非银行信用（以商业票据量表示）的相对变动，发现随着货币政策紧缩的加剧，企业的外部融资结构改变为银行贷款下降，而商业票据发行量上升。这一结果表明，紧缩性货币政策确实能减少贷款的供给，从而找到了信用渠道存在的证据。Romer 和 Romer（1993）则认为，紧缩性货币政策会使贷款利率相对于票据发行的成本上升，因此，信用较好的大企业会调整自身的负债结构，增加商业票据的发行而减少向银行的贷款，由此信贷与票据存量比下降。基于资产负债表机制理论的研究也为货币政策的非对称性效应提供了证据。Oliner 和 Rudebusch（1996）对紧缩性货币政策和扩张性货币政策下的信用传导机制效果进行了比较，认为紧缩性货币政策下信用传导机制更为有效，而在扩张性货币政策下，信用传导机制并不显著。他们进一步对货币政策的信用传导机制在不同规模企业间的异质性进行比较后认为，许多中小企业对银行贷款的依赖程度比大企业更强，因为大企业通过非银行渠道获得资金的能力较强，例如他们可以通过发行商业票据来解决贷款供给下降的问题，而小企业却难以做到这一点。

　　第二，从微观视角探究货币政策信贷传导效率的影响因素及其影响机理。在货币政策信贷传导渠道的存在性得到基本证明之后，国内外学者开始探讨影响货币政策信贷渠道传导效率的关键因素，并尝试为这些发现提供合理解释。早期对货币政策信贷传导渠道的实证研究大多基于宏观加总数据，无法区分供给侧和需求侧对银行信贷行为的影响，因而基于银行层面数据展开实证研究更为合理（Kashyap and Stein，2000）。基于美国银行层面数据的实证研究表明，银行规模、流动性和资本状况等因素在货币政策的银行信贷传导渠道中扮演着重要角色（Kishan and Opiela，2000；Gambacorta，2005）。一般来说，银行规模越大、流动性水平越高、资本充足状况越好，银行信贷供给对货币政策的敏感性越低。然而，这一结论在其他国家或地区并未达成共识。Ehrmann 等（2001）对欧洲银行业的实证研究表明，流动性较差的银行对货币政策的反应更为敏感，而银行规模及资本状况不会影响银行信贷对货币政策的反应敏感度，其可能原因在于，不同国家具有不同的金融制度安排，如存款保险制度、政府隐性担保等制度安排都会造成某些银行特征变量不会引起投资者改变风险预期，也就不会引起外部融资成本的变化。徐明东和陈学彬（2011）对中国微观银行特征在信贷传导渠道中的作用进行了较为全面的检验。实证研究结果表明，流动性充裕的大型银行，其信贷行为更易受到资本充足状况的影响，而中小银行则更多地受到流动性水平的制约。此外，也有实证研究表明，银行资产证券化业务发展（Altunbas et al.，2009）、银行全球化程度（Cetorelli and Goldberg，2008）等因素也会影响货币政策信贷传导效率。

四、汇率的货币政策传导

在开放经济中，人们更多地关注货币政策对汇率的影响。而汇率则通过影响净出口和资产负债表来发挥传导作用。一国扩张性货币政策使国内利率水平下降，本币储蓄较外币储蓄丧失了吸引力，本币相对于其他币种的价值下降，汇率贬值（$E\downarrow$）不可避免。本币贬值使国内商品的价格相对便宜，净出口增加（$NX\uparrow$），从而总消费增加（$Y\uparrow$）；另外，汇率的波动会对金融及非金融部门的总需求带来重要的影响。对于非金融部门，当一国货币当局采取扩张性货币政策时，本币贬值（$E\downarrow$）的结果会使其以外币表示的大量债务负担增加，以本币表示的净资产价值下降（$NW\downarrow$），这样资产负债表的恶化使逆向选择和道德风险增加，结果是贷款下降（$L\downarrow$）、投资减少（$I\downarrow$）以及整体产出水平衰退（$Y\downarrow$）。对于金融部门由于汇率贬值导致债务负担加重引发的流动性问题，在墨西哥和亚洲金融危机中表现尤为突出。

这种汇率的传导效果取决于利率的变化如何影响汇率，而汇率的变化又会在多大程度上引起净出口的变动。对于前一个问题，Dornbusch（1976）的汇率超调理论做了解释。如果一国货币当局采取紧缩性货币政策使得国内利率水平上升，在资本自由流动及国内商品市场价格黏性的情况下，将会出现本币汇率超调，从而使得产出下降。但在长期内，只有"超调"逐步下降，产出水平才能逐步恢复。而后一个问题则取决于一国进出口商品的供给和需求弹性即马歇尔-勒纳（Marshall-Lerner）条件。

在开放经济条件下，一国货币政策的效应会波及其他国家，同时，汇率的波动、国际资本的流动也会对本国的货币流通、产出水平等产生影响。随着一国开放程度的加深，在货币政策传导中，汇率渠道的重要性日益增强。

（一）开放经济条件下汇率传导渠道的特征

在全球经济一体化的背景下，一国的货币政策必然具有双向的"溢出效应"，也就是说，一国的货币政策不可能是完全孤立的，该国的货币政策会对其他国家的经济金融运行产生影响，同时也会受到其他国家货币政策的制约，从而影响到本国货币政策的效率。当前，大规模的、投机性强的国际资本流动传递着货币政策的"溢出效应"，它是干扰各国货币政策有效实施的主要因素之一。

在开放经济条件下，一国货币当局不仅需要考虑国内商品、货币市场的变化，还不得不考虑汇率与国际收支的变化。货币当局能够较大程度地控制再贷款和政策性贷款，而对于外汇储备、外汇占款、国际收支状况等与对外经济活动密切联系的经济变量一般是随机的、非计划性的，难以准确决定；而且，国际资本流动的影响使货币当局控制货币供应量的主动性、有效性越来越低。这样，一些经济规模较小、外向程度较高的国家或地区，如爱尔兰、新加坡、丹麦等，已将汇率作为货币政策的中介目标，这样可以在一定程度上降低本国的通货膨胀水平，减少短期内经济波动的冲击。

（二）浮动汇率与固定汇率的选择

采用固定汇率制意味着一国货币当局不得不放弃通过货币政策来稳定一国经济。在固定汇率制下，汇率是固定的而资本是流动的，国内的利率不再由国内货币政策决定，而是在一定程度上受国外因素的影响。关键是货币当局在固定本国汇率时，丧失了控制国内货币供应量的能力，因此，在开放经济条件下，固定汇率制有其内在缺陷，容易受到投机冲击。

随着国际金融市场的扩大，金融衍生品日益增多。规模庞大、使用高杠杆率进行投机的套利基金成为国际金融市场的重要力量之一，市场中具有一定垄断力量的资产组合变动导致了国际资本的流动，成为决定汇率水平的一个不容忽视的因素。受国际资本流动影响，汇率的不确定性增大，中央银行固定本国汇率水平变得越来越不可能。曾受到投机冲击的国家都有与基础货币相比较为充足的外汇储备。如爱尔兰、墨西哥、英国的外汇储备与基础货币的比例均超过100%。这些国家有能力在面对投机冲击时减少基础货币，大幅度提高短期利率，但是这样又会引发银行体系的脆弱性，因为这些银行大多是借短贷长。Rogolf（1995）指出，长时期里这种非预期的利率上调会对国内投资、失业、政府预算赤字及国内收入分配带来巨大的负面影响；但是，如果货币当局顾及这些负面影响，不能有效地维持固定汇率，将被认为是不可信的，而货币政策缺乏可信性就会使固定汇率变得更加容易受到攻击。总之，即使一国或地区的外汇储备相对丰裕，在开放经济中实行固定汇率制的国家或地区（见表1），也会在外部投机冲击下陷于崩溃。

表1 资本市场开放条件下采用固定汇率制的一些国家（或地区）

国家（地区）	钉住的货币	±2%幅度内开始的时间	±1%幅度内开始的时间
奥地利	德国马克	1979 年 9 月	1990 年 1 月
中国香港	美元	1983 年 10 月	1983 年 10 月
中国台湾	美元	1990 年 7 月	1994 年 3 月
荷兰	美元	1983 年 3 月	1992 年 8 月

资料来源：Kenneth Rogolf, "The Mirage of Fixed Exchange Rates," *Journal of Economic Perspective*, Vol. 9, No. 4, pp. 73‐96, Fall 1995.

一些学者对固定汇率的内在缺陷做了研究。当国内信贷超过货币需求增长时，国际储备逐渐耗损，外部投机的冲击可能导致固定汇率的崩溃，从而产生货币危机。在不确定的状态下，由于每一个时期中，下一阶段固定汇率崩溃的可能性是由国内信贷增长导致剧烈贬值的可能性决定的，因此，投机者获利的条件是：崩溃后的汇率 S_t 要大大高于崩溃前的固定汇率 $\overline{S}$。投机者的利润等于汇率变化乘以一国用来捍卫固定汇率制的储备存量。故当 $S_t > \overline{S}$ 时，投机冲击就会发生。在时间 t，$t+1$ 发生冲击的可能可表述为：

$$\square_t \prod\nolimits_{t+1} >= prob_t (S_{t+1} > \overline{S})$$

由上式可得货币贬值的期望：

$$E_t S_{t+1} S_t = \square_t \prod\nolimits_{t+1} [E_t (S_{t+1} | S_{t+1} > \overline{S}) \overline{S}]$$

其中，$E_t (S_{t+1} | S_{t+1} > \overline{S})$ 是 S_{t+1} 的条件期望。上式表明，汇率预期将随着 S_t 的变化而变化。其中，$\square_t \prod\nolimits_{t+1}$ 和 $E_t (S_{t+1} | S_{t+1} > \overline{S})$ 随危机的来临而上升。

在不确定条件下，投机冲击的产生并不需要该国外汇储备的完全耗损，而只要存在对该国货币的强烈贬值预期，投机就可能会发生。一般在国际投机冲击发生之前，通货膨胀率大幅上升，贸易逆差增大，这强化了人们贬值的预期，进一步诱导投机冲击的发生。

因此，在开放经济条件下，固定汇率具有内在缺陷。如果一国经济实力较强，宏观经济较稳定，具有防范外币冲击的能力，便可以选择浮动汇率制度。这有利于提高货币政策的独立性和汇率传导货币政策的有效性。

（三）汇率在货币政策传导中的作用模型

在汇率传导货币政策的作用模型中，蒙代尔‐弗莱明模型（Mundell-Fleming

Model）是最具有代表性的。蒙代尔-弗莱明模型运用了凯恩斯主义的经济学范式，对传统凯恩斯主义的 *IS-LM* 模型加以扩展，引入了国际收支平行线，对开放经济条件下货币政策的汇率传导效应进行了分析研究。

蒙代尔-弗莱明模型的假定条件主要有：①小型开放经济体，一国利率水平的变动不足以影响到其他国家的利率；②总供给曲线是平缓的，这表明总需求的波动是由物价水平而不是由实际收入来调节的；③物价在短期内是刚性的，产出均衡总是低于充分就业均衡；④资本流动对国内外利差的变化足够敏感，国际利差将引起资本的流入和流出；⑤满足马歇尔-勒纳条件，也就是说，本币贬值短期内会导致净出口增加；⑥经常项目的平衡不受资本账户的影响，经常项目盈余规模同实际利率正相关，同实际收入负相关。

在蒙代尔-弗莱明模型中，货币需求（M_D）取决于本国的实际收入（Y）和国内利率水平（r），与实际收入成正比，与国内利率水平成反比，可表示为：

$$M_D = L(r,Y) \quad L_r < 0, \quad L_Y > 0$$

货币供给（M_S）是由货币存量中的国内部分（D）和以本币表示的外汇储备水平（F）决定的，可表示为：

$$M_S = D + F$$

货币市场均衡为：

$$L(r,Y) = M_D = M_S = D + F$$

在蒙代尔-弗莱明模型中，商品市场的均衡条件为：

$$Y = d = A(r,y) + T(E,y) + G \qquad A_r < 0, \; 0 < A_y < 1, \; T_E > 0, \; T_y < 0$$

国内产出取决于总需求。A 为国内部分的需求，与国内利率 r 成反比，与相当于国内产出 y 的居民收入水平成正比，T 为贸易差额，与实际汇率 E 成正比，与国民收入成反比。

国际收支的均衡条件可表示为：

$$\Delta F = T(E,Y) + C(r - r^*) \qquad T'_E < 0, \; T'_Y > 0, \; C_{r*} = \infty$$

其中，ΔF 表示一国国际收支变动。在假定不存在对外净利息支付的情况下，贸易差额等于经常项目差额。C 表示资本项目差额，根据假定②，经常账户的盈余可表示为：

$$B = (Y,S) \quad B_Y < 0, B_S > 0$$

其中，Y 为实际收入，S 为名义汇率。

根据假定④，国际资本流动对利差的变化足够敏感，资本净流入为：

$$K = K(r - r^*) \qquad K' > 0$$

在浮动汇率条件下，国际收支总是平衡的，经常账户与资本账户的盈余余额为零。因此有：

$$B(Y,S)+K(r-r^*)=0$$

这样可以得出，在国际收支均衡时，Y 和 r 的各种组合即 BP 线。当 Y 在既定汇率下增加时，经常账户随进口需求增加而变化，为了恢复均衡，资本账户必须通过外汇净流入得到改善，这只有通过提高本国利率来实现，因此 BP 线是向上倾斜的。上一节讨论了在开放经济中，固定汇率存在内在缺陷，因此，目前只讨论浮动汇率下的蒙代尔-弗莱明模型。

在浮动汇率条件下，一国货币供应量增加（见图 5），LM 曲线右移，利率由 r_0 降至 r_2。在此利率水平上，一方面会导致资本外流；另一方面会随着收入水平的提高而增加进口，导致经常账户恶化。这样，资本流出、贸易恶化将使国际收支恶化或出现赤字。在固定汇率制下，赤字将通过官方外汇储备的下降来弥补；而在浮动汇率制下，本币必然贬值。本币的贬值定会增强本国商品的国际竞争力，国际市场中对本国商品的需求增加，从而使得 IS 曲线右移，促使利率回升。本币贬值、汇率上升使 BP 曲线向右下方移动，最终达到商品市场、货币市场及国际收支的同时平衡。

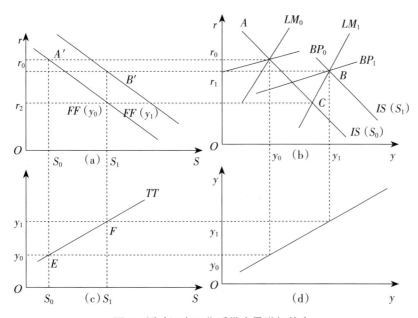

图 5　浮动汇率下货币供应量增加效应

在浮动汇率制下，随着国际资本流动性的增强，财政政策的效果被削弱，而货币政策的有效性增强。在资本具有完全流动性的情况下，国内外利率的微小差别可能会引起无限的资本流出、流入，BP 曲线将是水平线。此时，扩张性财政政策会产生完全的挤出效应，也就是说，财政政策是无效的。

（四）货币政策汇率传导渠道的适用性讨论

虽然货币政策的汇率传导机制从理论上很容易理解，而且这种传导机制长期以来都被收录于主流的经典宏观经济学教材中（Mishkin，1995），但是货币政策的汇率传导渠道是否有效，取决于诸多复杂因素，比如跨境资本自由流动程度、贸易国的消费习惯和构成等等。因此，现实中的货币政策汇率传导机制远比理论所讨论的要复杂得多。

货币政策的汇率传导机制对于不同国家、不同地区的适用性存在差异，而且只有在不同国家具体的汇率制度背景下探讨汇率传导机制才能得到可靠的结论。一般来说，汇率传导机制是在浮动汇率制度的经济体中货币政策传导渠道的核心。当本国货币政策宽松导致本国利率下降时，本币资产吸引力下降引发资本外流和本币贬值。但是，本币贬值也会产生一定的抵消效果，因而汇率变动对总产出的净效应可能存在不确定性。一般来说，本币贬值可以促进出口从而提振总需求，但也会损害借入外币债务的借款人的净财富，从而造成总支出的下滑。同时，当该国消费习惯依赖于进口商品时，本币贬值还可能会造成国内的高通胀。

汇率传导机制发挥有效作用的典型案例是新加坡。新加坡的国内消费高度依赖进口（进口商品占全部消费的近 40%），因此汇率对国内通胀具有决定性的直接影响（Loh，2014）。同时，汇率对该国出口需求和要素进口也具有显著影响，因而对国内通胀也会产生非直接效应。与世界其他国家和地区相比，新加坡拥有大量的国际净投资头寸，新加坡货币管理局负责管理新加坡元的每日汇率浮动。在此环境下，汇率的贸易效应强于资产负债表效应，即本币贬值强化了国内净财富，汇率在实体经济中起到了逆周期调节的作用。但是，在一些货币错配程度较高的经济体，汇率可能会起到负面作用。考虑以下总需求等式：

$$y_t - y^* = \gamma(y_{t-1} - y^*) - \beta(r_t - r^*) - \lambda \Delta e_t + \epsilon_t$$

其中，y_t 表示真实产出，y^* 表示潜在产出，r_t 表示实际利率，r^* 表示均衡实际利率，e_t 表示实际汇率，ϵ_t 为扰动项。模型中，产出缺口和真实利率缺口、汇率变动都为负相关关系。产出缺口与汇率变动的负相关系数 λ 意味着货币贬值会改善贸易状况、放松融资条件。但在实际中，λ 的取值取决于该国经济体的结构。早期文献中所强调的紧缩性贬值就是指本币贬值引起进口成本上升，此时 λ 可能会变为正值，该情况一般在严重依赖商品进口的经济体中出现（Frankel，2011）。还有一种紧缩性贬值的情况就是发生在 20 世纪 90 年代新兴市场国家货币危机期间的负债美元化，即本币贬值导致借款人资产负债表快速恶化，使得融资条件更为紧张。

此外，Eichengreen（2002）指出，在货币错配程度较高的经济体中，汇率的影响可能是非线性的：起初小规模的本币贬值可能满足 λ 为负值的条件，但本币的大幅贬值可能会造成严重的财务困境，因为银行和企业面临着预期以外的资产价格变动，本币贬值快速转化为通胀，企业短期内无法快速提高竞争力。在墨西哥金融危机（1994—1995 年）和亚洲金融危机（1997—1998 年）之后，人们对汇率传导渠道主要持积极态度。这不仅预示着新兴市场经济体将逐渐走向独立货币政策的新时代，而且新兴市场国家的货币当局也在努力降低货币错配程度（BIS，2008）。与此同时，汇率变动向通胀的传导程度在逐渐下降，这也有助于改善货币当局面临的增长与通胀的权衡问题。

五、金融危机以来货币政策传导机制的新发展

2008 年金融危机的爆发给全球经济带来了前所未有的冲击，也给全球中央银行及经济学家提出了新的课题：什么样的货币政策传导机制才能实现金融稳定与宏观经济调控的双重目的？在这样的背景下，各国中央银行开始了新的货币政策工具的创新与实践，毫无疑问的是，这些新型货币政策工具为危机后全球经济复苏提供了良好的政策环境，有效地促进了全球经济复苏进程。而这些非常规货币政策的推出及其作用机理也成为经济学家关注的焦点，催生出大量具有里程碑意义的前沿文献成果。这其中，中央银行信息沟通渠道及其传导过程受到了广泛关注和重视，其他非常规货币政策工具及其传导机理也逐渐揭开神秘的面纱。同时，在思考现有货币政策传导机制的基础上，经济学家不断地探索货币政策传导机制中缺失的一环——银行风险非中性，并在此基础上提出了货币政策的银行风险承担渠道，受到了国内外政策界和学术界的广泛关注。

（一）中央银行信息沟通及其传导过程

过去的 30 年间，中央银行信息沟通作为货币政策的重要组成部分，受到了各国央行的普遍重视和关注。20 世纪 90 年代以前的很长一段时间内，中央银行的货币政策操作都被认为是"晦涩难懂的艺术"（Brunner，1981），那时货币政策实践者认为货币当局应该对货币政策相关信息保密。随着中央银行在国家经济中的地位日益突出，货币政策实践和发展催生了一批关于中央银行信息沟通的学术文献，为加强中央银行的信息透明度提供了支持。大量证据表明，中央银行信息沟通是中央银行货币政策工具箱中重要且有力量的组成部分，有助于稳定金融市场波动，增强

货币政策决策的可预测性，并帮助央行实现既定的宏观经济目标。Blinder（1996）指出，中央银行的信息沟通会增强货币政策的有效性，而 Woodford（2001）更是认为货币政策的本质就是管理预期的艺术，中央银行的信息沟通是一次思想的变革。与此同时，世界上多个国家的中央银行也开始了对中央银行信息沟通的实践，包括一直保持神秘的美联储也在 2011 年 4 月破天荒地召开了首次货币政策信息新闻发布会。

1. 中央银行信息沟通的定位

中央银行信息沟通的概念不仅包括中央银行货币政策的透明度，如货币政策目标和策略、货币政策决策信息、未来政策利率路径、经济展望等，还包括所有与中央银行相关的、需要信息受众了解或理解的信息沟通与信息手段。中央银行信息沟通往往通过影响私人部门预测者对未来货币政策的预期，从而改变金融市场预期，并最终影响实际利率和总需求。Blinder 等（2008）将中央银行沟通的角色定位于预期管理。始于 20 世纪 70 年代的理性预期革命表明，社会公众对货币政策决策的预期会对实体经济产生重大影响（Lucas，1972），这也预示着中央银行的预期管理能够对实体经济产生影响。一般来说，中央银行信息沟通管理预期的方式可分为产生信息和降低噪声两种。产生信息是指中央银行发布声明影响市场预期，并以此推动资产价格变动。在某些情况下，中央银行沟通可以用于锚定或指引市场预期，从而成为重要的货币政策工具。而降低噪声是指中央银行通过多种方式的沟通，增加中央银行决策的可预测性，这反过来会降低金融市场波动。Poole（2001）指出，中央银行信息沟通有效的前提假设是市场参与者对中央银行的行为作出正确的预测，并按照此预测作出更有效的决策。因此，中央银行信息沟通的目标可以认为是提高信息比例（信号与噪声之比），这也是决定中央银行信息沟通成败的关键因素。

当然，中央银行的信息沟通并非万灵药，最优的中央银行信息沟通策略也不意味着沟通越多越好。关键在于中央银行的信息沟通是否有助于提高货币政策的有效性，比如推动短期利率朝预设方向发展或者降低金融市场的不确定性等。

2. 中央银行信息沟通的理论视角

中央银行调控宏观经济的能力在很大程度上取决于它们影响市场参与者对短期利率未来走向预期的能力。如果中央银行通过信息沟通和前瞻性指引承诺将短期利率长期维持在低水平，那么利率预期会引致长期利率下降，从而影响资产价格和实体经济活动。根据利率期限结构的预期理论，长期利率反映了未来短期利率水平的预期值。比如，长期利率 R_t 近似于：

$$R_t = \alpha_n + (r_t + r^e_{t+1} + r^e_{t+2} + \cdots + r^e_{t+n-1})/n$$

其中，r_t 表示短期利率当期值，r_{t+1}^e 表示当期对下一期短期利率的预期值，r_{t+2}^e，…，r_{t+n-1}^e 依此类推，α_n 表示期限溢价。上式表明，中长期利率水平在很大程度上取决于公众对未来中央银行利率的预期，当期短期利率的影响相对较小。当短期利率接近零利率下限时，只要当期短期利率持续位于较低水平，中央银行关于未来预期利率水平的信息沟通就成为货币政策的核心（Bernanke et al.，2004）。

为了展示中央银行信息沟通的作用，我们引入一个简化的宏观经济学框架。我们将中央银行信息沟通记为 s_t（表示信号）。总需求取决于短期利率水平 r_t、长期利率水平 R_t、预期通胀率 π^e，总需求函数可写作：

$$y_t = D(r_t - \pi_t^e, R_t - \pi_t^e, \cdots)$$

总供给函数可以采用类似于新凯恩斯菲利普斯曲线的形式：

$$\pi_t = \beta E(\pi_{t+1}) + \gamma(y_t - y_t^*)$$

其中，π_t 表示通胀率，y_t 和 y_t^* 分别表示实际产出和潜在产出。同时，我们假设中央银行的货币政策反应函数（类似于泰勒规则）为：

$$r_t = G(y_t - y_t^*, \pi_t, \pi_t^*, \cdots)$$

在上述公式表述的宏观经济环境中，当宏观经济环境保持平稳（总供给、总需求不随时间发生变化）时，中央银行也会采取不变的货币政策规则，而且预期是理性的。在这种情况下，中央银行沟通不具有独立作用，因为货币政策的任何系统性变化都可以从央行的可观测变量中合理推断出来（Woodford，2005）。尤其是，当我们要预测未来的短期利率时，我们可以直接通过未来的经济数据经由央行货币政策规则计算得到。任何形式的中央银行沟通都是多余的。Faust 和 Svensson（2001）将这种情况描述为，中央银行具有完全的透明度，不需要任何形式的沟通。

这种极端情形也展示了中央银行信息沟通有效的四个条件：宏观经济或货币政策规则的不稳定、学习过程、非理性预期、信息不对称。其中任何一个条件成立，中央银行信息沟通就是有效的。现实世界始终处于变化之中，学习过程都是无止境的，而且央行比公众掌握了更多关于货币政策的信息。与泰勒规则不同的是，货币政策决策往往取决于更多因素，而不仅仅是通胀和产出缺口，我们也不能假设中央银行长期采取不变的货币政策规则（Svensson，2003）。因此，中央银行信息沟通的有效条件在现实生活中几乎都是成立的。

如果我们替代理性预期的假设，将利率预期用更为显性的方式表达：

$$r_{t+j}^e = H_j(y_t, R_t, r_t, \cdots, s_t)$$

其中，s_t 表示中央银行的信号，该信号反映了中央银行信息沟通的程度。中央银行信息沟通的形式可能是长期而持续的（比如公布通胀目标），也可能是非常高频的（比如每日发布的数据公开与中央银行的应对措施等），H_j 的具体形式反映了利率预期的学习方式。在这样的框架下，我们可以看到，中央银行的信息沟通对宏观经济起调节作用有三个渠道：第一，短期利率对总需求函数的直接传导，该效应反映在总需求函数的 $D(\cdot)$ 中，但该效应往往较弱；第二，中央银行信息沟通对预期短期利率的直接传导，该效应反映在利率预期函数 $H(\cdot)$ 中，该函数的形式取决于学习方式的设定；第三，短期利率变动对未来短期利率预期的影响，该传导过程主要依赖利率预期，最终反馈至长期利率水平 R_t，并通过总需求函数影响总需求。这是中央银行信息渠道传导的最重要渠道。

3. 中央银行信息沟通的研究展望

从目前国内外学者对中央银行信息沟通的研究来看，西方学者对于中央银行信息沟通的重要地位以及其在货币政策实践中扮演的重要角色给予了普遍认可。中央银行信息沟通能够影响金融市场，并提高货币政策的可预测性，有助于货币当局实现既定的宏观经济目标。此外，还有学者提出，中央银行信息沟通能够降低未来货币政策信息的不确定性，稳定市场信心，从而改善金融市场中的融资条件，疏通货币政策传导机制，进而促进经济复苏与发展。然而，目前仍然有大量的问题亟待探讨。比如，在不同的中央银行货币政策操作的制度环境、货币政策决策制定过程、货币政策委员会的结构下，中央银行如何设计最优的沟通策略？而且几乎目前所有的研究都聚焦于中央银行信息沟通与金融市场的关系，对中央银行信息沟通与社会公众的关系值得进行更加深入的探讨。

（二）后危机时代的非常规货币政策及其传导机制

2008 年国际金融危机以来，全球主要国家央行采取了一系列的非常规货币政策，这些非常规货币政策的传导机制及宏观效应受到了国内外学者的广泛关注。但非常规货币政策并不都是国际金融危机后创立的，其政策思想起源于西方学者对 20 世纪 30 年代大萧条中货币因素的反思。20 世纪 90 年代后期以来，日本央行面临低利率环境，并自 2001 年起实施了长达 5 年的量化宽松政策，这也为 2008 年金融危机后各国央行的非常规货币政策实践提供了理论依据。长期以来，以短期利率为核心的常规货币政策对于稳定物价起到了积极作用。但是在低利率环境中，央行无法通过降低短期利率来刺激经济或管理通胀，采取非常规货币政策来克服零利率下限的问题成为各国央行的普遍选择。非常规货币政策的操作目标并不是短期利率，而是通过影响流动性、期限利差、信用利差等方式，旨在恢复金融体系的流动性状况和资产估值（Bindseil，2016）。非常规货币政策的使用主要追求两个目标：一是解决货币政策传导机制中的问题；二是当货币政策利率面临零利率下限时，能够提供额外的货币刺激。在现实中，多种非常规货币政策工具往往协调使用，因此非常规货币政策的两个目标有时很难区别开来。

1. 非常规货币政策的类型

Potter 和 Smets（2019）将非常规货币政策工具分为四类：负利率政策、借贷操作、资产购买计划和前瞻性指引。在金融危机之前，人们普遍认为，货币政策利率可以下降至接近零的低水平，但也必须为正，因此货币政策的下限为零。除了日本央行在 1999 年 2 月推出的零利率政策之外，一般零利率下限很少达到。然而，金融危机之后，随着各国央行将政策利率推到零利率及以下，人们才意识到政策利率的潜在边界可能会更低。由于超额准备金的所有者向中央银行支付准备金时会产生成本，这也颠覆了货币经济中通常的付息模式，因此我们将负利率政策纳入非常规货币政策工具的范畴。负利率政策还可能会影响经济主体对未来利率预期的形成，甚至需要对现有的货币政策框架及操作细节进行全面调整。

第二种非常规货币政策工具是借贷操作，即中央银行创新对金融机构的借贷操作。金融危机以来，与中央银行贷款相关的常规用途被进一步突破。中央银行创新了借贷机制，或者至少扩大了现有的借贷机制，以便在相当宽松的条件（允许提供较低质量的抵押品）下，在灵活的期限（从几周到数年）内，以较低的成本向更广泛的金融机构提供充足的流动性。这种工具的推出避免了金融中介强制去杠杆可能带来的融资市场崩溃，帮助流动性紧张的金融中介机构向实体经济提供信贷，克服传统货币政策传导渠道的瓶颈。后续，部分国家央行还将金融中介的服务水平作为直接贷款刺激的措施，使得借贷便利操作的范围、持续时间和规模有了更进一步的扩展。

第三种工具是中央银行的资产购买计划，即中央银行大规模购买短期国债以外的其他资产。一般来说，中央银行通过公开市场操作购买本国主权债务是一种常规做法。但是在金融危机期间，中央银行为了直接影响资产价格而大规模购买私人部门长期资产的做法，扩展了货币政策工具的范围，但这一做法也颇具争议。反对的观点一般认为，中央银行购买私人部门资产超出了央行的授权范围，使央行面临不适当的金融风险。事实上，中央银行实施资产购买计划的主要目的是对资产价格形成影响。中央银行购买政府和私人部门的债务可以降低相关利率和风险溢价，从而有可能绕过货币政策传导渠道中的受损环节，降低实体经济的借贷成本。

最后一种非常规货币政策工具是前瞻性指引，包括中央银行提供有关未来货币政策行动的信息，以影响政策预期。前瞻性指引也是中央银行信息沟通的重要环节，上文已经对中央银行信息沟通的概念及传导逻辑进行了分析。一般来说，前瞻性指引为货币政策利率的走向进行了前期铺垫，在实践中往往与借贷操作和资产购买计划等其他非常规货币政策工具协调使用。前瞻性指引成功的关键取决于央行有效传达信息和培育沟通可信度的能力。

2. 非常规政策的传导机制

尽管各国央行采取的非常规政策工具存在差异，但这些非常规政策的传导机制有很多相似之处。目前，西方学者主要从信号传导机制和资产负债表传导机制两方面展开研究。信号传导机制是指中央银行信息沟通或政策承诺，通过影响私人部门对未来货币政策的预期，最终预期得以实现、影响实体经济的过程。货币政策的信号传导机制已在中央银行信息沟通部分进行了分析，本节不再赘述。与传统的货币政策信用传导机制中的资产负债表渠道不同，这里的资产负债表渠道是指中央银行通过资产购买计划或者降低合格担保品要求，从而改变私人部门资产负债表中的资产组合构成，改善私人部门的资产负债表状况和外部融资条件（Borio and Di-syatat，2010）。

非常规货币政策的资产负债表传导机制是通过中央银行对私人部门投资组合的构成产生影响而实现的。当资产和负债是不完全替代品时，中央银行的货币政策操作带来的相对供给的变化改变了私人部门持有投资组合的结构，从而改变了经济主体的行为。首先，私人部门资产负债表中的资产具有不完全替代性，也就是说私人部门持有资产组合的相对供给变化要与相对收益率变化相平衡。其次，私人部门资产负债表中的负债也具有不完全替代性，并与资产估值产生交互作用，即在资金供给者和需求者存在信息不对称的情况下，中央银行以更具吸引力的条件和规模为市场参与者提供融资，就可以促进市场借贷行为并提振资产价格。最后，Borio 和 Zhu（2008）认为货币政策对私人部门的风险偏好和风险承受能力造成了影响，此时较宽松的融资条件可能将风险资产从投资组合中剔除，这可能会降低经济主体的风险感知并引发高风险承担现象。

非常规货币政策的信号传导机制和资产负债表传导机制往往相互作用。中央银行直接收购资产或接受其作为合格抵押品，能够有效提高市场流动性。因此，资产持有者的投资组合流动性将有所提高。一方面是因为中央银行使用现金或高流动性政府债券购买这些资产，使得资产持有者直接获得流动性；另一方面，这些资产可能更容易出售或能够作为借款的抵押品，资产持有者的流动性困境也会有所缓解。此外，非常规政策也可以将风险资产从银行的资产负债表中剔除，这样银行就不需要出售不良资产以满足资本监管要求，从而可以释放更多资本用于支持信贷增强。总之，更稳健的资产负债表、更高的抵押品价值将有助于放松信贷约束、降低外部融资溢价、重振融资中介职能。

在运用非常规货币政策时，中央银行也面临着新的挑战。与传统的利率政策相比，中央银行对非常规政策工具的控制力相对较弱。因为中央银行是银行体系中准备金的边际垄断提供者，因此中央银行可以严格控制短期利率，但其他资产的价格并不是中央银行能够控制的。这反过来也破坏了信号传导机制的有效性。

3. 非常规政策的效果评估

在低利率环境下，传统货币政策对实体经济的刺激作用受到一定限制。为了给实体经济提供额外的货币刺激助力经济复苏进程，各国央行纷纷采取了非常规货币政策工具。近年来，西方学者开始对危机后期各国央行采取非常规政策的实施效果进行研究和评估，已有研究主要从两个角度展开：一是非常规货币政策对金融市场的影响，主要评估了非常规政策工具是否缓解了金融市场所面临的压力；二是非常规货币政策对宏观经济的影响，主要分析非常规货币政策工具是否刺激了经济复苏进程。

大多数关于非常规货币政策对金融市场的影响研究给出了积极的结论。Bernanke 等（2004）对日本量化宽松政策的实施效果进行分析，发现非常规货币政策有效稳定了利率预期，并进一步引导了长期利率的下行，使收益率曲线趋于平缓。金融危机后，西方学者对非常规货币政策有效性的研究明显增多，但得到了类似的结论：Woodford（2012）认为美国远期利率指引显著降低了市场预期，而大规模的资产购买有效缓解了金融市场压力；Yellen（2011）研究了资产购买计划对于相应资产收益率的潜在影响，发现美联储对各类资产市场的干预计划有效地降低了相应资产市场的收益率。

非常规货币政策对宏观经济的影响研究一般借助于向量自回归模型或一般均衡模型展开。部分研究者认为，中央银行采取的资产购买计划对刺激经济增长、防止通缩具有显著的积极意义。Ueda（2012）指出，2001 年之后日本央行采取的量化宽松政策有效地将中长期利率维持在低位，间接支持了日本经济的复苏进程。也有大量文献对金融危机后美联储和欧洲央行采取的量化宽松政策的实体经济效应进行了研究，同样肯定了非常规货币政策的重要作用，他们认为非常规货币政策的实施避免了产出的更大幅度下降，且有效地促进了就业状况的回升。也有部分学者认为量化宽松政策对产出和物价方面的影响并不显著，并没有真正带来经济复苏和刺激总需求。此外，还有研究分析了非常规货币政策的全球溢出效应。Chen 等（2011）对比了美国量化宽松政策的国内影响和溢出效应，发现短期内美联储采取的量化宽松政策刺激了本国经济增长，并推高了全球资产价格，而长期内可能对其他经济体产生重大影响，甚至将超过国内影响。

总体来看，尽管非常规货币政策在适用环境、操作手段、作用对象等方面与常规货币政策存在明显区别，但其传导过程仍然依赖于传统货币政策传导机制的作用发挥，也在很大程度上依赖于经济主体的行为方式。非常规货币政策在危机后期对稳定金融市场运行环境、修复货币政策传导渠道，以及危机后的经济复苏起到了重要作用。但是，伴随着全球经济复苏的进程，为了避免流动性泛滥所造成的资产价格泡沫和通胀加剧，非常规货币政策也在适时地退出历史舞台。但毫无疑问的是，非常规货币政策的实践提供了危机处置的典型范本，也为当前低利率环境下的货币政策决策提供了宝贵经验。

（三）银行风险非中性与货币政策的银行风险承担渠道

2008 年金融危机不仅催生了非常规货币政策的发展，也重塑了人们对宽松货币政策的理解。长期低利率和宽松的流动性环境衍生出的资产价格泡沫以及金融机构的风险承担行为，成为此次金融危机爆发的内生因素。随着货币政策概念框架的演变和金融体系特征的变化，人们逐渐意识到货币政策与经济主体风险偏好之间的密切联系。传统的货币政策传导机制似乎面临着一项重要的缺失——忽略了货币政策与经济主体风险感知和定价之间的联系，此时考虑了银行风险非中性的银行风险承担渠道应运而生。而且，伴随着金融创新的发展和宏观审慎监管框架的引入，银行风险承担渠道的重要性将会进一步加强。

1. 银行风险非中立与银行风险承担渠道

银行风险承担渠道是货币政策信用传导渠道理论的新拓展，主要强调了货币政策信用传导渠道理论中所忽略的银行内生因素，即银行的风险感知、风险容忍度和风险承担程度。在传统的货币经济学分析框架中，银行风险认知和风险承担的过程往往被简化，这与现实情况存在较大不同，现实中的银行等金融中介并非风险中性，其风险特征会随着经济状况而发生变化。金融危机爆发以来，货币政策与金融危机之间的关联性成为西方学者关注的重点问题，而传统理论与现实的冲突也使得经济学家开始对传统的货币政策传导过程进行反思。Borio 和 Zhu（2008）以资本监管、经济周期和货币政策传导机制的相互作用作为出发点，结合金融体系的演变特征，对货币政策传导机制进行了新的思考，并提出了银行风险承担渠道的概念。他们指出，中央银行的货币政策反应函数和现有政策框架忽视了银行风险承担渠道与货币政策传导之间的内在联系，货币政策冲击会对银行风险感知产生影响，进而影响银行的资产配置、资产定价和融资决策，最终影响流动性和产出波动。

作为货币政策传导的新晋渠道，银行风险承担渠道与传统的货币政策传导渠道之间存在诸多联系和区别。在金融危机之后，银行风险承担渠道和传统的信贷传导渠道都开始重新审视商业银行等金融中介机构在货币政策传导中的重要作用。但传统宏观经济模型更多地关注货币政策对信贷数量的影响，而不是信贷质量或银行的风险承担行为（Dell'Ariccia et al.，2013）。银行风险承担渠道存在的基本前提就是银行风险的非中性，这也是早期西方学者研究银行风险承担渠道所关注的重点内容。许多学者从委托-代理理论视角对风险非中性给出了解释：由于银行和储户之间存在信息不对称，这将导致逆向选择和道德风险问题。从逆向选择角度来看，在长期低利率环境中，储户无法区别商业银行的风险承担行为，因而更青睐于具有较高预期收益率的高风险承担银行，此时低风险承担银行便会被挤出市场。从道德风险角度来看，商业银行会倾向于投资更具风险的项目，以此应对低利率环境所造成的利差收窄。Diamond 和 Rajan（2012）等学者从实证研究角度对银行风险非中性提供了证据，他们发现银行委托-代理问题越严重，货币政策的银行风险承担渠道就越明显。

2. 银行风险承担渠道的作用机制

西方学者对银行风险承担渠道的作用机制研究主要集中于利率变化对经济主体的风险感知和风险承受能力的影响上，一般认为货币政策银行风险承担渠道主要包括：估值、收入和现金流机制，收益追逐机制，中央银行信息沟通与中央银行的反应函数机制。

第一，估值、收入和现金流机制。货币政策利率的下降会推高资产价格、抵押品价值以及收入和利润，从而进一步推高资产估值。反过来，这些积极的变化直接降低了经济主体的风险认知，提高了其风险承受能力。Adrian 和 Shin（2010）认为该效应与资产负债表渠道相似，但该效应更关注资产价格与风险承担的扩张机制。估值、收入和现金流效应的一个具体表现是违约概率、波动率和相关性估计呈现顺周期现象，而这些现象都会助长冒险行为。比如，低利率和高股价可以通过减少资产价格波动来降低风险感知，因为较高的股票价格使得公司的权益价值增加，从而降低了公司杠杆率和持有股票的风险（Gambacorta，2009）。我们可以用以下货币政策传导过程描述估值、收入和现金流效应：

货币政策利率↓⇒资产价格↑且利润↑

⇒风险感知↓且风险承受能力↑⇒风险承担↑

第二，收益追逐机制。该效应也是通过市场利率和资产收益率之间的交互关系而实现的（Rajan，2005）。由于资产收益率可能因合同、行为或制度原因而具有黏性，因此资产收益率与低利率的互动关系提高了风险承受能力，并使得资产管理者承担更多风险。当货币政策利率下降时，无风险利率处于相对低位，但资产收益率处于黏性的相对高位，无风险资产的投资收益偏低，因此投资于更高风险资产的意愿将会增强。Hanson 和 Stein（2015）构建了以收益导向型投资者为特征的简单模型，用于解释货币政策变化对长期实际利率的影响。同时，低利率环境也会缩小银行存贷款利差，进一步刺激银行的利益搜寻，承担风险往往是超越目标、获取利润和保持竞争力的唯一途径。简化起见，利益搜寻效应可以描述为：

货币政策利率↓⇒无风险收益率↓⇒资产收益率↓⇒风险承担↑

第三，中央银行信息沟通与中央银行的反应函数机制。具体来说，有两种机制与该效应相关。一是透明度效应，即通过提高中央银行的透明度或配套具体措施提高政策的可预测性，从而消除社会公众对未来的不确定性预期，压缩风险溢价。显然，较低的风险溢价意味着投资者将承担更多风险。二是保险效应，即中央银行通过影响市场对下行风险的认知，并注入流动性以隐性地承诺低利率水平，相当于央行通过诱发道德风险来扭曲投资者行为，市场参与者往往会主动增加风险承担。

从货币政策利率到银行风险承担的传导过程是银行风险承担渠道的第一阶段传导过程。第二阶段传导过程是中介目标向最终目标的传导过程。从银行行为角度来看，银行的风险感知和风险承担意愿就是风险承担渠道的中介目标。当货币政策利率对银行风险承担意愿产生影响后，商业银行的经营决策，包括银行信贷投放行为和其他经营行为等，会对实体经济中的消费、投资和出口等变量产生影响，最终实现货币政策的既定目标，同时商业银行的行为变化也会对金融稳定产生影响。实证研究结果也主要聚焦于对第一阶段传导过程的存在性检验上。Jiménez 等（2013）利用西班牙独特的微观数据样本，通过事前贷款特征和事后贷款表现验证了风险承担渠道的存在性。Altunbas 等（2009）对美国和欧元区的跨国样本分析也得出了相似结论，实证结果表明货币政策利率与银行期望违约概率之间存在显著的负相关关系。Brissimis 和 Delis（2009）进一步探究了银行风险承担渠道的影响因素，他们发现银行风险承担渠道与商业银行流动性和资本状况息息相关，银行参与表外业务的程度也是银行风险承担渠道的重要因素。

在银行风险承担渠道的相关研究中，银行风险承担渠道的存在性检验无疑是重中之重，西方学者也从委托-代理角度分析了银行风险非中性的原因，并尝试通过微观数据和计量模型解决渠道识别问题，在一定程度上证明了银行风险承担渠道的存在性。在此基础上，西方学者也创新性地提出了银行风险承担渠道的具体作用机制。随着货币政策工具的不断创新和金融中介的创新发展，学者们对银行风险承担渠道及其作用机制的研究也将更加深入，这不仅有助于我们厘清货币政策传导的内在逻辑，推动货币政策传导机制理论的发展，也对中央银行选择和运用有效的货币政策传导机制具有重要的现实意义。

参考文献

1. Abel, A. B. and Eberly, J. C. (1994). "A Unified Model of Investment Under Uncertainty,"

American Economic Review，12.

2. Adrian，Tobias，and Hyun Song Shin（2010）. "Financial Intermediaries and Monetary Economics," *Handbook of Monetary Economics*，Vol. 3，Elsevier，601 – 650.

3. Alan Greenspan（1999）. "New Challengers for the Monetary Policy," *Federal Reserve Board Speech*.

4. Allan H. Meltzer（1995）. "Money Credit and（Other）Transmission Processes: A Monetarist Perspective," *Journal of Economic Perspective*，No. 4，49 – 72.

5. Altunbas，Yener，Leonardo Gambacorta，and David Marqués-Ibanez（2009）. "Securitisation and the Bank Lending Channel," *European Economic Review*，53（8），996 – 1009.

6. Altunbas，Yener，Leonardo Gambacorta，and David Marqués-Ibanez（2009）. "An Empirical Assessment of the Risk-Taking Channel," Available at SSRN 1459627.

7. Ando，Albert，and Franco Modigliani（1963）. "The 'Life Cycle' Hypothesis of Saving: Aggregate Implications and Tests," *American Economic Review*，53（1），55 – 84.

8. Bank for International Settlements（2008）. "Transmission Mechanisms for Monetary Policy in Emerging Market Economies," BIS Papers，No. 35.

9. Belsky，Eric，and Joel Prakken（2004）. "Housing's Impact on Wealth Accumulation, Wealth Distribution and Consumer Spending," National Association of Realtors National Center for Real Estate Research，No. 26.

10. Bernanke，Ben S.（1983）. "Non-Monetary Effect of the Financial Crisis in the Propagation of the Great Depression," *American Economic Review*.

11. Bernanke，Ben S.（1990）. "The Federal Funds Rate and the Channels of Monetary Transmission," NBER No. w3487.

12. Bernanke，Ben S.，Mark Gertler and Simon Gilchrist（1998）. "The Financial Accelerator in a Quantitative Business Cycle Framework," NBER Working Paper No. 6455，Mar.

13. Bernanke，Ben S.，Mark Gertler，and Simon Gilchrist（1999）. "The Financial Accelerator in a Quantitative Business Cycle Framework," *Handbook of Macroeconomics*，1341 – 1393.

14. Bernanke，Ben S.，Mark Gertler（1989）. "Agency Costs，Net Worth，and Business Fluctuations," *American Economic Review*，79.

15. Bernanke，Ben S. and Alan S. Blinder（1988）. "Credit，Money and Aggregate Demand," *American Economic Review*.

16. Bernanke，Ben S. and Alan S. Blinder（1992）. "The Federal Rate and the Channels of Monetary Transmission," *American Economic Review*，Sept.

17. Bernanke，Ben S. and M. Gertler（1995）. "Inside the Block Box: the Credit Channel of a Monetary Policy Transmission," *Journal of Economic Perspective*.

18. Bernanke，Ben，Vincent Reinhart，and Brian Sack（2004）. "Monetary Policy Alternatives at the Zero Bound: An Empirical Assessment," *Brookings Papers on Economic Activity*，No. 2,

1 - 100.

19. Bindseil Ulrich (2016). "Evaluating Monetary Policy Operational Frameworks," Speech at the Jackson Hole conference on. Vol. 31.

20. Blinder, Alan S. (1996). "Central Banking in a Democracy," *FRB Richmond Economic Quarterly*, 82 (4), 1 - 14.

21. Blinder, Alan S., et al. (2008). "Central Bank Communication and Monetary Policy: A Survey of Theory and Evidence," *Journal of Economic Literature*, 46 (4), 910 - 945.

22. Boivin, Jean, Michael T. Kiley, and Frederic S. Mishkin (2010). "How Has the Monetary Transmission Mechanism Evolved Over Time?", *Handbook of Monetary Economics*, Vol. 3, 369 - 422.

23. Borio, Claudio, and Haibin Zhu (2008). "Capital Regulation, Risk-Taking and Monetary Policy: A Missing Link in the Transmission Mechanism," BIS Working Paper, No. 268.

24. Borio, Claudio, and Piti Disyatat (2010). "Unconventional Monetary Policies: An Appraisal," *The Manchester School*, 78, 53 - 89.

25. Brissimis, Sophocles N., and Manthos D. Delis (2009). "Identification of a Loan Supply Function: A Cross-Country Test for the Existence of a Bank Lending Channel," *Journal of International Financial Markets*, *Institutions and Money*, 19 (2), 321 - 335.

26. Brunner, Karl (1981). "The Art of Central Banking," Graduate School of Management, University of Rochester.

27. Case, Karl E., and Robert J. Shiller (2003). "Is there a Bubble in the Housing Market?", *Brookings Papers On Economic Activity*, (2), 299 - 362.

28. Case, Karl E., John M. Quigley, and Robert J. Shiller (2005). "Comparing Wealth Effects: the Stock Market versus the Housing Market," *The BE Journal of Macroeconomics*, 5 (1).

29. Cetorelli, Nicola, and Linda S. Goldberg (2008). "Banking Globalization, Monetary Transmission, and the Lending Channel," NBER No. w14101.

30. Chami, Ralph, Thomas F. Cosimano, and Connel Fullenkamp (1999). "The Stock Market Channel of Monetary Policy".

31. Chen, Qianying, et al. (2012). "International Spillovers of Central Bank Balance Sheet Policies," BIS Paper 66.

32. Dell'Ariccia, Giovanni, and Robert Marquez (2013). "Interest Rates and the Bank Risk-Taking Channel," *Annual Review of Finance Economics*, 5 (1), 123 - 141.

33. Diamond, Douglas W., and Philip H. Dybvig (1983). "Bank Runs, Deposit Insurance, and Liquidity," *Journal of Political Economy*, 91 (3), 401 - 419.

34. Diamond, Douglas W., and Raghuram G. Rajan (2012). "Illiquid Banks, Financial Stability, and Interest Rate Policy," *Journal of Political Economy*, 120 (3), 552 - 591.

35. Dornbusch, R. (1976). "Expectation and Exchange Rate Dynamics," *Journal of Political*

Economy.

36. Dvornak, Nikola, and Marion Kohler (2007). "Housing Wealth, Stock Market Wealth and Consumption: A Panel Analysis for Australia," *Economic Record*, 83 (261), 117 – 130.

37. Dynan, Karen E., Douglas W. Elmendorf, and Daniel E. Sichel (2006). "Can Financial Innovation Help to Explain the Reduced Volatility of Economic Activity?", *Journal of Monetary Economics*, 53 (1), 123 – 150.

38. Ehrmann, Michael, et al. (2001). "Financial Systems and the Role of Banks in Monetary Policy Transmission in the Euro Area".

39. Eichengreen, Barry J. (2002). *Financial Crises: and What To Do About Them*, Oxford: Oxford University Press, Vol. 206.

40. Faust, Jon, and Lars EO Svensson (2001). "Transparency and Credibility: Monetary Policy with Unobservable Goals," *International Economic Review*, 42 (2), 369 – 397.

41. Frankel, J. (2011). "Monetary Policy in Emerging Markets," in B. Friedman and M. Woodford (eds), *Handbook of Monetary Economics*, vol. 3B, 1439 – 1520.

42. Friedman, Benjamin M., and Kenneth N. Kuttner (1992). "Money, Income, Prices, and Interest Rates," *American Economic Review*, 472 – 492.

43. Fuhrer, Jeffrey C., and George R. Moore (1995). "Monetary Policy Trade-Offs and the Correlation Between Nominal Interest Rates and Real Output," *American Economic Review*, 219 – 239.

44. Gambacorta, Leonardo (2005). "Inside the Bank Lending Channel," *European Economic Review*, 49 (7), 1737 – 1759.

45. Gambacorta, Leonardo (2009). "Monetary Policy and the Risk-Taking Channel", *BIS Quarterly Review*, Dec.

46. Gertler, M. (1992). "Financial Capacity and Output Fluctuations in an Economy with Multiperiod Contracting," *Review of Economic Studies*, 455 – 472.

47. Girouard, Nathalie, and Sveinbjörn Blöndal (2001). "House Prices and Economic Activity".

48. Goodhart, Charles, and Boris Hofmann (2001). "Asset Prices, Financial Conditions, and the Transmission of Monetary Policy," Conference on Asset Prices, Exchange Rates, and Monetary Policy, Stanford University.

49. Greenspan, Alan, and James E. Kennedy (2005). "Estimates of Home Mortgage Originations, Repayments, and Debt on One-to-Four-Family Residences," FEDS Paper, 2005 – 41.

50. Greenspan, Alan (1999). "New Challenges for Monetary Policy, Symposium Sponsored by the Federal Reserve Bank of Kansas City in Jackson Hole," Wyoming, Aug.

51. G. H. Kare Kenn (1957). "Lenders Preferences, Credit Rationing and the Effectualness of Monetary Policy," *Review of Economics and Statistics*, Aug.

52. Hanson, Samuel G., and Jeremy C. Stein (2015). "Monetary Policy and Long-Term Real Rates," *Journal of Financial Economics*, 115 (3), 429 – 448.

53. Hicks，John R. (1937). "Mr. Keynes and the 'Classics'：A Suggested Interpretation," *Econometrica：Journal of the Econometric Society*，147 - 159.

54. Jiménez，Gabriel，Jose A. Lopez，and Jesús Saurina (2013). "How Does Competition Affect Bank Risk-Taking?"，*Journal of Financial Stability*，9 (2)，185 - 195.

55. Kashyap，Anil K.，and Jeremy C. Stein (1995). "The Impact of Monetary Policy on Bank Balance Sheets," *Carnegie-Rochester Conference Series on Public Policy*，Vol. 42. North-Holland，151 - 195.

56. Kashyap，Anil K.，and Jeremy C. Stein (2000). "What Do a Million Observations on Banks Say About the Transmission of Monetary Policy?"，*American Economic Review*，90 (3)，407 - 428.

57. Kashyap，Anil K.，Jeremy C. Stein，and David W. Wilcox (1993). "Monetary Policy and Credit Conditions：Evidence from the Composition of External Finance," *American Economic Review*.

58. Kashyap，Anil，Jeremy Stein，and David Wilcox (1993). "The Monetary Transmission Mechanism：Evidence from the Composition of External Finance," *American Economic Review*，83 (1)，78 - 98.

59. Kashyap，A.，Stein，J. (1995). "The Impact of Monetary Policy on Bank Balance Sheets," *Carnegie-Rochester Conference Series on Public Policy*.

60. Kashyap，A.，Stein，J. (2000). "What do a Million Observations on Banks Say About the Transmission of Monetary Policy," *American Economic Review*，90.

61. Kenneth Rogolf (1995). "The Mirage of Fixed Exchange Rates," *Journal of Economic Perspective*，Vol. 9，No. 4，73 - 96，Fall.

62. King，Stephen R. (1986). "Monetary Transmission：Through Bank Loans or Bank Liabilities?"，*Journal of Money，Credit and Banking*，18 (3)，290 - 303.

63. Kishan，Ruby P.，and Timothy P. Opiela (2000). "Bank Size，Bank Capital，and The Bank Lending Channel," *Journal of Money，Credit and Banking*，121 - 141.

64. Lettau，Martin，Sydney Ludvigson，and Charles Steindel (2012). "Monetary Policy Transmission Through the Consumption-Wealth Channel," *FRBNY Economic Policy Review*，117 - 133.

65. Loh，J. (2014). "What Have Central Banks From EMEs Learned About the International Transmission of Monetary Policy in Recent Years?"，BIS Papers No. 78.

66. Lucas Jr.，Robert E. (1972). "Expectations and the Neutrality of Money," *Journal of Economic Theory*，4 (2)，103 - 124.

67. Lusardi，Annamaria (1996). "Permanent Income，Current Income，and Consumption：Evidence from Two Panel Data Sets," *Journal of Business and Economic Statistics*，14 (1)，81 - 90.

68. Mankiw，Gregory N.，and Stephen P. Zeldes (1999). "The Consumption of Stockholders and Nonstockholders," *Journal of Financial Economics*，97 - 112.

69. Maria Ward Otoo (1999). "Consumer Sentiment and the Stock Market," Board of Governors

of the Federal Reserve System, Nov.

70. Mazzoli, Marco (1998). *Credit, Investments and the Macroeconomy: A Few Open Issues*, Cambridge University Press.

71. McCarthy, Jonathan, and Richard W. Peach (2002). "Monetary Policy Transmission to Residential Investment," *Economic Policy Review*, 8 (1).

72. Milton, Friedman (1968). "The Role of Monetary Policy," *American Economic Review*, 58 (1), 1-17.

73. Mishkin, Frederic S. (1978). "The Household Balance Sheet and the Great Depression," *Journal of Economic Perspective*, 918-937.

74. Mishkin, Frederic S. (1995). "Symposium on the Monetary Transmission Mechanism," *Journal of Economic Perspectives*, 9 (4), 3-10.

75. Mishkin, Frederic S. (2007). *The Economics of Money, Banking, and Financial Markets*, Pearson Education.

76. Modigliani, Franco, and Albert K. Ando (1957). "Tests of the Life Cycle Hypothesis of Savings: Comments and Suggestions," Bulletin of the Oxford University Institute of Economics and Statistics, 19 (2), 99-124.

77. Modigliani, Franco, and Richard Brumberg (1954). "Utility Analysis and the Consumption Function: An Interpretation of Cross-Section Data," Franco Modigliani, 1 (1), 388-436.

78. Mundell R. A. (1962). "The Appropriate Use of Monetary and Fiscal Policy under Fixed Exchange Rate," IMF Staff Paper.

79. Oliner, S. D. and G. D. Rudebusch (1996). "Is There a Bank Credit Channel for Monetary Policy?", Federal Reserve Board Finance and Economics Discussion Series, No. 93.

80. Otoo, Maria Ward (1999). "Consumer Sentiment and the Stock Market".

81. Poole, William (2001). "Central Bank Transparency: Why and How?", Federal Reserve Bank of Philadelphia Policy Forum, Vol. 30.

82. Potter, Simon M., and Frank Smets (2019). "Unconventional Monetary Policy Tools: A Cross-Country Analysis," BIS.

83. Ralph Chami Thomas F. Cosimano, and Connel Fullenkamp. (1999). "The Stock Market Channel of Monetary Policy," IMF Working Paper, Feb.

84. Ramey, Valerie (1993). "How Important is the Credit Channel in the Transmission of Monetary Policy?", *Carnegie-Rochester Conference Series on Public Policy*, Vol. 39, North-Holland.

85. Romer C. D. and D. H. Romer (1993). "Credit Channels or Credit Actions? An Interpretation of the Postwar Transmission Mechanism," in *Changing Capital Markets: Implications for Monetary Policy*, FRB Kansas City.

86. Romer, Christina D., and David H. Romer (1994). "Monetary Policy Matters," *Journal of*

Monetary Economics，34（1），75 – 88.

87. Romer，Christina D.，and David H. Romer（1990）. "New Evidence on the Monetary Transmission Mechanism," *Brooking Papers on Economic Activity*，149 – 213.

88. Roosa，R.（1951）. "Interest Rate and Central Bank，Money，Trade and Economic Growth".

89. Rossini，Renzo，and Marco Vega（2008）. "The Monetary Policy Transmission Mechanism Under Financial Dollarisation：the Case of Peru 1996—2006," BIS，35，395 – 412.

90. Stiglitz，Joseph E. and Weiss，Andrew（1988）. "Credit Rationing and Markets with Imperfect Information," *American Economic Review*，393 – 410.

91. Svensson，Lars E. O.（2003）. "What is Wrong with Taylor Rules? Using Judgment in Monetary Policy Through Targeting Rules," *Journal of Economic Literature*，41（2），426 – 477.

92. Taylor，John B.（1993）. "Discretion versus Policy Rules in Practice," *Carnegie-Rochester Conference Series on Public Policy*，Vol. 39，North-Holland，195 – 214.

93. Taylor，John B.（1995）. "The Monetary Transmission Mechanism：An Empirical Framework," *Journal of Economic Perspective*，Fall.

94. Tobin，James（1969）. "A General Equilibrium Approach to Monetary Theory," *Journal of Money，Credit and Banking*，15 – 29，Feb.

95. Ueda，Kazuo（2012）. "Japan's Deflation and the Bank of Japan's Experience with Nontraditional Monetary Policy," *Journal of Money，Credit and Banking*，44，175 – 190.

96. Woodford，Michael（2001）. "Imperfect Common Knowledge and the Effects of Monetary Policy," NBER No. w8673.

97. Woodford，Michael（2005）. "Central Bank Communication and Policy Effectiveness," NBER No. w11898.

98. Woodford，Michael（2012）. "Inflation Targeting and Financial Stability," NBER No. w17967.

99. Yellen，Janet L.（2011）. "Macroprudential Supervision and Monetary Policy in the Post-Crisis World," *Business Economics*，46（1），3 – 12.

货币政策规则理论

在 19 世纪中叶银行学派与通货学派的学术争论之后，1948 年西蒙斯（Si-
mons）重启了规则与相机政策的讨论，诸多经济学家如弗里德曼等加入其中。
1977 年，基德兰德和普雷斯科特引入动态非一致性问题，引发了新一轮的辩论热
潮。1993 年，泰勒提出的简单利率规则——泰勒规则成为研究货币政策规则的新
起点，此后对泰勒规则的理论扩展及实践检验的成果颇丰，推动了货币政策理论研
究的新发展。

规则最初被理解为静态的、简单不变的原则，其不随其他经济变量的变化而调
整。经过泰勒、麦卡勒姆（McCallum）、梅尔泽（Meltzer）以及斯文森（Svens-
son）等大量经济学家的研究推进了对规则的理解。Meltzer（1993）认为，规则是
以一种可持续、可预测的方式运用信息的系统性决策程序，而货币政策规则就是这
种原理在货币政策执行过程中的运用。Taylor（1998）认为货币政策规则就是对诸
如基础货币或利率等政策工具如何根据经济行为变化而进行调整的一般要求。
Svensson（1998）等从较广泛的意义上定义货币政策规则，认为货币政策规则是指
货币政策行为的指令性向导，包括工具规则与目标规则。近期货币政策规则理论的
研究结果更多地融合了相机抉择与规则的优点，按规则系统地进行操作，既要保持
政策的透明度、连贯性和可靠性，又要适当地保持操作的灵活性、前瞻性和创新

性。可见，货币政策规则的研究经历了一个从静态到动态、从分散到系统的演变过程。

在货币政策规则的理论演变过程中，各国货币当局对于适合本国货币政策操作规范的探讨也从来没有停止过。例如，20世纪90年代初，美国将货币政策调控指标从货币量转换为利率，随后英国、加拿大、新西兰等十几个国家设定通货膨胀目标（准确值或者弹性区间）规则，均取得了令人瞩目的成就。

一、工具规则的发展

工具规则就是通常所说的政策规则。两项著名的工具规则为货币主义的货币数量规则以及泰勒规则。此外，国际金融危机及其导致的经济结构变化促使各国央行创建了符合本国国情的新型货币政策工具，如量化宽松、负利率政策等。不少经济学家认为，目标规则有让银行做出承诺的潜在优势，并且更接近采取通货膨胀目标中央银行的政策实践与决策框架。

（一）货币数量规则

货币数量规则通过规范货币量供给方式来稳定宏观经济波动。从费雪交易方程式到现代货币主义，均认为货币数量应是一国货币当局调控的中介变量。

作为货币数量规则的主要倡导者，弗里德曼早在20世纪50年代就提出了"单一规则"的货币政策，指出不管经济出现什么情况，美联储都应保持稳定的货币增长率，以实现经济的稳定。弗里德曼支持单一规则的理由为：其一，避免货币政策受政治因素左右；其二，单一规则的货币政策操作规范提供了判定中央银行业绩的标准；其三，单一规则操作确保经济主体享有稳定的货币政策环境预期。Friedman和Schwartz（1963）指出，更高的货币存量会导致更高的价格，因此有必要保持货币数量的固定增长。

从20世纪70年代开始，美国、德国、法国等西方发达国家以货币供应量为中介目标，对抑制滞胀曾产生过较为积极的作用。Laidler（1982）认为，一国一旦在低通货膨胀水平下运行，而且货币当局将货币供给增长控制在适当的范围内，较低的通货膨胀水平就会得到保持。Hagen（1994）指出，德国在20世纪70年代早期，通货膨胀压力较大，宏观经济不稳定，在1975年实行了货币数量目标，取得了不错的效果。Poole（1999）则指出，如果货币增长保持一定的比率，可以实现经济稳定的目标。但是，自20世纪80年代开始，货币供应量目标受到了严重的挑战，之后，一些国家纷纷放弃货币供应量中介目标而代之以利率目标。

（二）一个著名的工具规则——泰勒规则

关于货币政策规则的探讨与实践在 20 世纪 90 年代迅速升温，泰勒在 1993 年提出了著名的"泰勒规则"，许多国家的中央银行纷纷进行规则性的货币政策的实践。相关探讨详见本文第三部分"泰勒规则"。

（三）新型货币政策工具规则

随着泰勒规则的普遍使用，单一利率规则的系统性偏差逐渐显现。2008 年全球金融危机爆发以来，各国央行普降基准利率，这不仅未能及时扭转金融市场持续恶化的局势，反而使整个市场陷入"流动性陷阱"。此后的十年内，金融体系发生了重大的结构性变化，以再贴现率、公开市场操作等为代表的传统调节工具对经济的调控效应已然大不如前。对此，各国央行纷纷推出新型政策工具，比如量化宽松（QE）、前瞻性指引和负利率政策。同时，为了能在经济出现异常波动时对特定资金流向和用途做出调节，结构性货币政策工具在现实中的应用也越来越广泛。事实证明，结构性货币工具在提振宏观经济、降低金融风险等方面发挥了重要作用，其中包括了欧洲央行的定向长期再融资操作（TLTRO）、英国央行出台的融资换贷款计划（FLS）以及美联储的短期拍卖便利（TAF）等等。

学者针对新型货币政策的有效性问题进行了研究。Kapetanios 等（2012），McKay 等（2016）和 Czudaj（2020）分别对量化宽松、前瞻性指引和负利率政策的实施效果进行了研究，发现量化宽松和负利率政策有效地刺激了经济，但前瞻性指引的经济效应在不完美市场中并不理想。Wu（2011）和 Christensen 等（2014）借助回归模型检验了美联储短期拍卖便利在金融危机期间的调控效果，实证结果显示非传统流动性工具显著地减小了银行间利率的流动性风险溢价程度。

结合中国经济发展的现实特征，彭俞超和方意（2016）基于动态随机一般均衡（DSGE）模型对结构性货币政策工具的效果进行了估计，发现再贷款比例、再贷款利率、存款准备金率和准备金存款利率是通过影响资本成本来发挥调节信贷结构的作用，对不同的外生冲击均有效。欧阳志刚和薛龙（2017）通过 FA-VAR 模型发现结构性货币政策工具常备借贷便利（standing lending facility，SLF）和传统价格工具的搭配使用对民营企业和小型企业产生了显著的"局部"调控效果。

二、目标规则的发展与创新

目标规则是使一个特殊的损失函数极小化的一种安排。具体说来，一项目标规则就是选择合适的目标变量值使一个相应的损失函数极小化，表现为使目标变量条件得到满足的一个方程（方程组）。根据目标变量的不同，目标规则可以分为以下几种类型：

（一）价格水平目标规则

在价格水平目标规则下，中央银行把价格水平稳定在一定的目标区域内，凡是高于或低于目标的价格变动将被修正。因此，价格水平目标为货币系统提供了一个长期的"锚"，央行以此有效地减少通货膨胀的不确定性。

价格水平目标规则在政策理论与实践中未被普遍重视，主要是由于它具有一些先天的不足。首先，由于预期取决于滞后的价格水平，试图稳定价格水平的举动将增加短期内产出的波动性；其次，价格水平变化的测量可能会产生误差。

（二）麦卡勒姆规则

McCallum（1984）提出，货币政策的执行要遵从名义收入规则，同时以基础货币规划进行操作。麦卡勒姆规则的政策工具是基础货币而不是名义利率，基础货币增长率根据名义 GDP 增长率（或水平值）与设定目标之间的偏离而进行调整。

麦卡勒姆规则是一个适应性政策方程，可以表示为：

$$\Delta b_t = \Delta x^* - \Delta V_t^a + \lambda (\Delta x^* - \Delta x_t)$$

其中，Δb_t 为 $t-1$ 期到 t 期间基础货币增长率（$\ln b_t - \ln b_{t-1}$）；Δx^* 是一个常数，为名义 GDP 增长率的目标值；ΔV_t^a 为前 16 个季度基础货币流通速度的平均增长率；麦卡勒姆假定 λ 为一个常数；$\Delta x^* - \Delta x_t$ 为名义 GDP 与其目标值的差额。

可见，麦卡勒姆规则包括三个基本要素：名义 GDP 增长目标；货币流通速度变化的移动平均值以及名义与实际 GDP 之差。经济变动影响货币供给的反馈规则为通过基础货币调整，弥补目标经济增长率与实际经济增长率的误差。名义收入目标有三种具体的表现形式：名义收入水平目标，使名义收入水平尽量接近一个规定的途径；名义收入增长率目标，使名义收入增长率尽量接近常数；名义收入混合目标，保持名义收入增长率尽量接近一个常数与产出缺口的百分比（实际收入偏离其均衡收入的比率）。麦卡勒姆与梅尔泽讨论后给出了一个按照季度调整后的规则公式，表示为：

$$\Delta b_t = 0.007\ 39 - (1/16)(x_{t-1} - x_{t-17} - b_{t-1} + b_{t-17})$$

$$+ \lambda_2 (x^*_{t-1} - x_{t-1}) > 0 \qquad \lambda_2 > 0$$

其中，常数项 0.007 39 是基础货币年增长率 3％用季度对数单位表示的简单形式。公式第二部分是前四季度货币流通速度的平均值；第三部分是 GNP 与其目标值偏离时的调整。作为反应系数的 λ_2 如果设定得过高，会引发动态的不稳定性。

在英国、美国、德国等发达市场经济国家的货币模型中，当 $\lambda_2 = 0.25$ 时，麦卡勒姆规则的检验结果比较好。例如，麦卡勒姆以美国 1954—1985 年的数据对规则进行了很好的验证。由于经济学家无法区分名义需求的变化如何反映在通货膨胀以及需求增长上，因此，货币政策所追求的是零通货膨胀率状态下名义需求的稳定增长。

麦卡勒姆规则的倡导者认为，采用该目标的主要收益是能减少价格水平与通胀率的波动。此规则可以从两方面抵消货币流通速度不确定的影响：一是基础货币增长与经济发展关系将渐进变化，因为经济增长会带动货币供给的相应增长；二是基础货币流通速度的变化由货币政策自动弥补，因为货币流通速度加快带动名义收入增加，基础货币供给相应减少，名义收入只能回到目标范围内。

在 Judd 和 Motley（1991）对麦卡勒姆规则研究的基础上，Stark（1996）利用三种不同的模型来检验此规则的有效性，认为遵循这种规则可以带来低的通货膨胀率，规则的调整应当依据名义 GNP 增长率而不是名义 GNP 增长水平。他从两个方面对麦卡勒姆规则做了进一步分析：第一，扩展了用于检验麦卡勒姆规则的模型；第二，在模型中，更为详尽地分析了规则如何影响外生变量。利用模型进行随机模拟，以考察遵循麦卡勒姆规则时，货币政策对于扰动的反应。结果证明，麦卡勒姆规则对于货币政策的设定是一种有用的规则，假设过去 30 年遵循此规则，通货膨胀率将比实际水平低很多。Haldane 等（1996）利用钉住名义收入水平的麦卡勒姆规则对英国货币政策操作进行研究发现，这一规则能够保证通货膨胀率不高于 2％，而且使货币政策工具或实际产出的波动更小。另外，Dueker 和 Fischer（1998）也进行了相关研究。

在实践中，名义收入稳定目标不仅可以运用在以麦卡勒姆规则为代表的数量型货币规则中，而且也适用于以泰勒规则为代表的价格型规则。Hendrickson（2012）基于真实数据探究了 20 世纪 80 年代的美联储货币政策目标，强调"大缓和"时期的货币政策主要是通过保持产出的低速增长来实现低通胀和其他经济变量的稳定。Garín 等（2016）通过数值模拟的方法证明了在考虑价格和工资黏性的情况下，名义产出目标较通胀目标能够更大程度地改善社会福利。

（三）通货膨胀目标规则及其实践

1. 斯文森的通货膨胀目标规则

斯文森在《通货膨胀目标作为货币政策规则》（Inflation Target as a Monetary Policy Rule）一文中，探讨了通货膨胀目标规则，并提出了"有弹性的通货膨胀目标规则"的概念。

斯文森从传统的货币政策传导机制出发，对货币政策规则进行了一般概念性的探讨，特别对工具规则与目标规则进行了比较分析。在探讨通货膨胀特性时他指出，有弹性的通货膨胀目标是对更加系统化、优化货币政策的承诺。与通货膨胀目标相关的损失函数以及通货膨胀目标的相应操作程序可以解释为一种综合中介变量的目标规则，通货膨胀目标会提升货币政策的透明度，但由此也会带来一些不确定性。斯文森将通货膨胀目标与名义 GDP 目标、货币增长目标进行了比较分析，并对欧洲中央银行的货币政策进行了案例分析，涉及政治以及技术问题，从而得出了一些一般性结论。

货币政策规则是一个动态优化问题的最优解，它表现为货币政策中介目标与可观察的经济变量（一般是产出和通货膨胀率）之间的关系。斯文森区分了工具规则与目标规则，旨在对于货币政策规则进行探讨，尤其是对于通货膨胀目标进行分析。为了避免对"目标"的误解，他将目标界定为损失函数的变量，而不是反应函数的变量。

斯文森从一个更广义的角度来看待货币政策"规则"，认为"规则"是一种货币政策操作或者运作的指导，并对工具规则以及目标规则进行了区分。工具规则是规定函数的预定变量。货币政策规则中最著名的是"泰勒规则"，另外，亨德森-麦基宾（Henderson-McKibbin）提出的货币政策规则为：

$$i_t = \bar{i} + 2(\pi_t + y_t - \pi + y)$$

当通货膨胀率、产出水平增长率之和偏离目标值时，联邦基金利率予以反应。麦卡勒姆曾提出过针对基础货币的货币政策规则，而加拿大银行的季度预测模型（quarterly projection model，QPM）和新西兰银行利用的反应函数为：

$$\pi_{t+T|t} \gamma i_t = i_t^L + \gamma(\pi_{t+T|t} - \hat{\pi})$$

其中，i_t 为短期名义利率，i_t^L 为长期名义利率，$\pi_{t+T|t}$ 为通货膨胀预期，$\hat{\pi}$ 为通货膨胀目标区间的均值，γ 大于零。通过短期利率的调节，长短期利率之差与通货膨胀率偏离目标程度成比例。

在开放经济条件下，中央银行仅仅遵循工具规则是不够的，还要充分利用更多的信息。在实际操作中，中央银行按稳定通货膨胀的规则行事，将通货膨胀目标作为一种货币政策目标规则，以实现损失函数最小化。当然，这个损失函数中考虑到了经济稳定因素，也就是说，通货膨胀目标是一个弹性区间，而不是一个精确的数字。同时，通货膨胀目标规则也可以认为是一个中介目标规则，即通货膨胀预测目标（也有人将其称为通货膨胀及产出缺口预测目标）。通货膨胀目标比其他的货币政策策略更能够体现一种系统、理性的承诺，这主要是由于基于通货膨胀目标的操作程序可以保证损失函数最小化的实现，而且，较高程度的可信度与透明度可以监督执行情况，以激励中央银行遵循通货膨胀目标行事。

（1）通货膨胀目标规则的特性。通货膨胀目标是一种货币政策策略，斯文森教授认为通货膨胀目标框架的主要特征为[①]：

第一，明确地向公众宣布通货膨胀目标；

第二，在操作程序上，以一定区间的通货膨胀预测作为中介目标变量；

第三，较高程度的透明度与可信度。

明确的通货膨胀目标或者采用区间形式，或者采用具体的数值，区间的中心值或者目标点一般在 1.5% 和 2.5% 之间浮动。

在通货膨胀目标框架下，得到学术界以及银行家一致认同的损失函数为：

$$L_t = \frac{1}{2} \left[(\pi_t - \hat{\pi})^2 + \lambda y_t^2 \right]$$

其中，π_t 为 t 时期的通货膨胀；$\hat{\pi}$ 为通货膨胀目标（或者通货膨胀目标区间的中间值）；y_t 为产出缺口，$\lambda > 0$，反映了产出缺口的相对权重。

当 $\lambda = 0$ 时，只有通货膨胀因素进入损失函数中，被称为"严格"的通货膨胀目标；当 $\lambda > 0$ 以及产出缺口也纳入损失函数中时，被称为弹性的通货膨胀目标。

通货膨胀目标策略致力于使通货膨胀偏离目标值最小化，学术界达成的共识为通货膨胀目标要考虑到产出缺口因素。通货膨胀预测目标可以运用所有相关信息使损失函数最小化，这样，通货膨胀预测目标可以视为最优的中介目标规则。

（2）一些结论。斯文森通过分析得出如下结论：

第一，通货膨胀目标可以被解释为一种目标规则，以实现相对明确的损失函数最小化，无疑，这个损失函数考虑到了实体经济的稳定性问题；

---

① 米什金（Mishkin）曾指出了关于通货膨胀目标的一些特性，主要为：第一，从制度上承诺物价稳定作为货币政策的基本目标，其他目标仅处于服从的地位；第二，用于决定货币政策工具的是一系列信息变量，不仅是货币供应量和汇率；第三，货币当局在计划、目标及决策方面加强与公众的交流，从而增强货币政策策略的透明度；第四，在追求通货膨胀目标时，中央银行的责任性不断增强。详见 Frederic S. Mishkin, "Special Issue on Inflation Targeting," *Federal Reserve Bank of New York's Economic Policy Review*，August 1997。

第二，目标规则可以被解释为中介目标规则；

第三，通货膨胀目标框架是一种更为系统、理性的货币政策承诺。

将通货膨胀目标与货币增长目标进行比较发现，货币增长目标作为中介目标规则，只能间接实现通货膨胀目标。由于货币增长目标与通货膨胀目标会经常不可避免地发生冲突，两个目标优先权的确定是非常重要的。

整体而言，货币增长目标和名义 GDP 目标的困难在于二者都不是通货膨胀的中介变量。货币政策传导机制变得更为复杂，存在一些不包括货币、名义 GDP 的传导渠道。货币量和名义 GDP 并不是通货膨胀最好的预测变量，稳定货币量、名义 GDP 增长并不是稳定通货膨胀水平的有效途径。

（3）对通货膨胀目标规则的扩展。

①纳入汇率因素。在一个封闭经济体中，可以依照泰勒规则、通货膨胀目标规则等变动利率水平，对付出现的通货膨胀缺口，无需考虑汇率因素。但是，随着经济开放性的增强，贸易和资本账户的冲击导致汇率的波动，有必要将其纳入通货膨胀目标框架。假定汇率与国内物价存在联系，而且，政策控制的利率上升会影响到通货膨胀（在更为开放的经济中这种影响程度会更大），汇率通过两种渠道发挥效应：一种是直接渠道，即汇率变动影响在 CPI 中列示的进口商品成本；另一种是间接渠道，即实际汇率变动对总需求的影响。中央银行一般采用渐进的方法，以抵消通货膨胀率偏离目标水平，对时间范围的选择考虑到了汇率效应的发挥，如新西兰联邦银行已将其时间范围由 18 个月延长至 24 个月。

货币当局通过价格指数对通货膨胀与产出缺口进行预测，若发现通货膨胀预测值偏离目标值或目标区间，则应考虑是否采用货币政策工具进行扩张或紧缩性操作。为了实现通货膨胀目标，开放经济与封闭经济所适用的最优规则是不同的。Freedman（1996）指出，在开放经济中，若将汇率因素纳入通货膨胀目标体系，货币当局可以运用 MCI（monetary condition index）。在确定了利率与汇率之间恰当的权重后，如果汇率贬值是短期的，通货膨胀目标应当只关注国内价格如非贸易品价格、工资等，货币政策不用做出反应；但如果汇率的贬值是长期的或者是结构性的，货币当局就不得不通过提高利率来进行对冲性操作。

学者们通过实证检验证明了纳入汇率因素的必要性，Lin（2010）借助倾向值匹配的方法，采用 22 个工业化国家和 52 个发展中国家 1985—2005 年的年度数据，发现通货膨胀目标规则对汇率的影响在发展中国家和工业化国家之间出现了分化，即通胀目标制提高了前者的汇率稳定性，但对后者产生了相反的效果。在 Clarida 等（2002）的模型基础上，Engel（2011）基于一价定律构建了考虑汇率波动的福利损失函数，借助 DSGE 模型估算了货币失调（currency misalignments）对社会福利的影响，进而得出开放经济下最优货币政策还应纳入货币失调因素的结论。由此可见，在钉住通胀目标的货币政策框架下，汇率和通胀并不是前者改变后者的单向影响关系，而是相互牵制的双向影响关系。因此，各国央行应基于本国通胀和汇率的实际关系决定货币政策目标是否纳入汇率因素（包括是否钉住汇率、汇率波动在福利函数中的权重等方面）。

加拿大开创性地进行了 MCI 的实践。对 MCI 进行持续测量反映了不同时点，货币基本状况是宽松的（MCI 值下降）还是紧缩的（MCI 值上升）。加拿大银行通过 MCI 的测量可以了解到货币政策通过利率和汇率变动对经济的影响程度。MCI 权重的确定是通过 6～8 个季度期间，实际利率与实际汇率变动对实际总需求的影响测定的。

$$MCI = \omega_e (实际汇率指数/基期实际汇率指数 - 1) \times 100\%$$
$$+ \omega_r (实际利率 - 基期实际利率)$$

在 MCI 中，ω_r、ω_e 分别反映了短期利率、汇率变动对产出的相对影响程度，MCI 的绝对水平没有单独的含义。在对 MCI 的权重进行估计时，加拿大银行曾使用过 VAR 模型及一些简化模型。虽说不同模型得出的 ω_r 与 ω_e 值不完全相同，但是大致相似。利率的权重约为 1，汇率的权重约为 1/3，这表明了短期利率对产出的影响程度比汇率要大。

MCI 作为货币政策操作的短期目标，在通货膨胀预测的不同期间，对 MCI 的走向进行持续的监测，从而使其与通货膨胀目标一致。当实际与预期的 MCI 值出现较大偏差时，货币当局通过运用货币政策工具影响短期利率变动加以矫正。

加拿大 MCI 的计算是以 1987 年为基期的，具体而言，计算公式为：

$$MCI = (cp90 - 7.9) + (100/3) \times [\ln(c6) - \ln(91.33)]$$

其中，cp90 为加拿大 90 天商业票据利率；7.9 为 1987 年 1 月加拿大 90 天商业票据利率的平均值；91.33 代表 1987 年 1 月六国的平均汇率；c6 为相对于六国货币计算得出的加拿大元指数。六国货币汇率指数是加拿大元相对于外国主要货币价值的加权平均指数，权重是由近三年（截至 1997 年）加拿大对六个不同国家商品贸易流计算而得（见表 1）。这个指数以 1992 年为基期，即 c6 在 1992 年等于 100。因此：

$$c6 = 100 \times \{1/[(USA^{**} 0.858\,4) \times (Japan^{**} 0.052\,7) \times (UK^{**} 0.021\,7)$$
$$\times (Sweden^{**} 0.035) \times (Switzerland^{**} 0.004\,3)$$
$$\times (EMU^{**} 0.059\,4)]\}/1.046\,294$$

其中，** 代表指数，/代表除；加拿大中央银行将 1.046 294 解释为 c6 的一个调整常数；1999 年之前使用的是欧盟单个国家货币。

表1	主要六国货币的权重
国家	权重
美国	0.858 4
欧盟	0.059 4
日本	0.052 7
英国	0.021 7
瑞士	0.004 3
瑞典	0.003 5

资料来源：www.bis.org.

加拿大是开放型国家，使用的是浮动汇率制度。加拿大元对外价值的变动会对商品和服务的需求带来较大的影响，因此，加拿大银行在改变其钉住的隔夜利率时必须考虑汇率因素。利率与汇率水平共同决定了货币状况，MCI的构建可以使经济平稳运行，以实现低通货膨胀目标。

②本·伯南克和马克·格特勒对有弹性通货膨胀目标的探讨。Bernanke 和 Gertler（1999）指出，有弹性的通货膨胀目标框架可以使中央银行的物价稳定目标与金融稳定目标相互补充、协调一致。

一般而言，有弹性的通货膨胀目标框架有这样三个特性：第一，在通货膨胀目标下，货币当局承诺在长时期里将通货膨胀率维持在一个特定水平上，重要的是通货膨胀水平不能过低或过高，因为避免通货紧缩与避免通货膨胀同样重要；第二，在长期通货膨胀目标约束下，中央银行在短期内可以灵活地兼顾一些其他目标，比如产出稳定等；第三，在此框架下，货币政策的制定要公开、透明，例如，要定期发表反映通货膨胀状况的报告，以及对货币政策的计划进行公开的讨论。

近些年，美联储的货币政策具有上述通货膨胀目标的前两个特性，但是欠缺第三个特性，因此，一些经济学家指出，美联储应当进一步采取明确的通货膨胀目标，近期对这一问题的争论非常热烈。

有弹性通货膨胀目标对于货币政策制定者和公众来说都是非常清晰的，更为重要的是其提供了一个一体化框架，不仅用于正常时期货币政策的制定，而且可以防止金融危机的发生。此目标框架可以使货币政策在面对资产价格异常波动或者金融动荡时自动调节利率，以寻求稳定。

伯南克和格特勒认为，实施有弹性的通货膨胀目标需要考虑的要素有：第一，时间期限。因为货币政策操作影响到通货膨胀水平具有时滞性，而且需要为适当货币政策的调整留出时间。第二，通货膨胀目标的形式。目标区间比数字更容易使中央银行获取信任，但在适当区间范围的选取上，中央银行需要有一个探索的过程。

第三，对突发性事件的处理。第四，对信息变量的观测与公布，包括货币量 M2、汇率及利率等。

不少研究证明，实施有弹性的通货膨胀目标有助于提高中央银行应对经济突发变动的能力。Galí（2014）认为货币政策应基于当期需求和未来需求的波动情况灵活地选择货币政策立场，避免货币政策误判加剧经济和金融的周期性波动。Cúrdia 和 Woodford（2016）通过引入时变的信贷利差变量和异质性家庭部门来模拟真实经济情况，并发现弹性的通货膨胀目标能够有效缓解供给冲击、成本冲击和金融市场冲击带来的福利波动。

③纳入资产价格的通货膨胀测量。运用传统的物价指数进行通货膨胀测量，只体现了商品、服务的价格水平，并没有反映出资产价格如股票价格、房地产价格等的变动情况。如果货币政策以持续的物价稳定作为最终目标，仅仅监控传统的物价指数是不够的。因为随着金融市场结构的深化，资产价格中具有越来越多有用的信息内涵，使资产价格成为商品、劳务价格未来变动的一个重要预测指标，从而为货币政策制定者提供私人部门对于通货膨胀预期的有用信息。因此，有必要从动态的角度扩展物价指数，使其成为传统物价指数如 CPI 的参考指标。

部分研究在扩展 CPI 指数方面进行了尝试。在参考涩谷浩（Shibuya）在 1992 年的研究后，罗忠洲和屈小粲（2013）基于动态因子法构建了考虑资本价格的通货膨胀指数，借助 AR 和 VAR 模型检验了修正后的通货膨胀指数在 2005—2010 年期间的预测效果，估算结果显示修正后的通货膨胀指数优化了原有通胀指数的预测效果，我国的通胀水平可能被低估。

2. 通货膨胀目标规则的实践

在 20 世纪 70 年代末 80 年代初，德国和瑞士的中央银行进行了通货膨胀目标的尝试，例如，德国中央银行间接地采用通货膨胀目标，运用货币增长率作为数量指数，以帮助衡量货币政策状况。当货币增长目标与通货膨胀目标发生冲突时，德国中央银行一般会给予通货膨胀目标更大的权重。

通货膨胀目标作为明确的货币政策策略是在 20 世纪 90 年代早期，1990—1994 年，先后有新西兰、加拿大、英国、瑞典、芬兰、澳大利亚、西班牙等七国货币当局公开宣布实行通货膨胀目标或目标区。在过去的十年中，通货膨胀目标理论快速发展。目前，一些新兴的工业化国家对通货膨胀目标表现出了浓厚的兴趣，如巴西、智利等，同时，波兰等一些转型经济国家也开始采用此货币政策框架。

通货膨胀目标框架的发展背景主要体现在两个方面：一是一些国家深受严重通货膨胀之苦。例如，最早于 1990 年采用通货膨胀目标制的新西兰，就曾在 20 世纪 80 年代出现过发达国家中最严重的通货膨胀。二是一些国家实行浮动汇率制，往往伴随着较高的通货膨胀，货币管理当局稳定汇率受挫后，采用了通货膨胀目标。

1990年，新西兰储备银行率先进行了通货膨胀目标的实践。截至2000年10月，又有英国、加拿大、瑞典、西班牙及澳大利亚等19个国家相继宣布采用通货膨胀目标策略。

一般而言，中央银行在实施通货膨胀目标时，要对以下四个问题进行解释：第一，为什么及在什么背景下采取通货膨胀目标体系；第二，通货膨胀目标体系的操作程序；第三，对通货膨胀目标的实际执行情况进行说明；第四，如何借鉴其他国家通货膨胀目标的实施情况。

通货膨胀目标框架经历了其自身的演变过程。通货膨胀目标最初仅为一个相当精细的目标，并没有涉及经济活动中的相关变量。随着时间的推移，人们意识到通货膨胀目标的运作远比确定一个目标值繁杂得多，要成功地实施此目标，必须使其具有一定的弹性。但可能出现的问题是：如果通货膨胀目标过于精确，产出可能出现一些不必要的波动；如果过于宽松，货币政策就会失去其可信性，通货膨胀目标难以实现。通货膨胀目标幅度的宽、窄因国家而异，但一般而言，此目标最初确定时，中央银行应当将其确定得较为严格，以获得可接受性与可信性；当可信性逐步确定后，通货膨胀目标可以具有一定的弹性，以避免其他经济变量如利率、汇率及产出等不必要的波动。

例如，加拿大银行在1991年2月26日宣布采用通货膨胀目标，即"追求低通货膨胀及实现物价稳定"。此目标的采用有两个方面的背景：一方面，基本面的通货紧缩压力已比较明显，年度CPI已由1989年初的5.5%降为4.2%，加拿大经济增长势头放缓，而且，在1990年形成了一次衰退。另一方面，更为重要的是，在20世纪中后期，快速增长的外债、政治不确定性及可信度问题已使加拿大长期利率中蕴涵了大量的风险溢价。

在此情况下，加拿大银行宣布了通货膨胀目标日程表，第一步，在1992年底，将通货膨胀率降为3%（CPI）；第二步，在1994年7月底，实现2.5%的通货膨胀率；第三步，在之后的18个月达到2%的通货膨胀率水平。

在最初宣布通货膨胀目标时，加拿大银行允许上下浮动1%，后来将目标区定位为1%～3%，目标值为2%。但是，加拿大银行从未努力追求这样一个精确值，因为区间值使通货膨胀目标更富有弹性，以应付供给冲击。

加拿大银行在执行通货膨胀目标时，注重协调经济增长与物价之间的关系，"换句话说，我们的目标是物价稳定，但我们追求的不是目标本身，而是更好的经济发展"。加拿大银行在增强其透明度、可信度的同时，努力减少公众、金融市场对各种冲击的不确定性反应。

加拿大银行的通货膨胀目标在具体运作中有值得借鉴的地方，主要体现为：

第一，加拿大的通货膨胀目标区间更具有弹性，这并没有影响到加拿大较低且稳定的通货膨胀水平的实现；

第二，加拿大银行在货币政策操作中，进一步增强了透明度及与公众的交流；

第三，加拿大进行通货膨胀目标测量的部门（即统计部门）与负责通货膨胀目标实现及过去业绩评估的部门（即加拿大银行）分别运作；

第四，将 CPI 作为基本的通货膨胀率目标变量，但同时，将扣除能源、食品价格及间接税收后的核心 CPI 用于测量通货膨胀的走势；

第五，将 MCI 作为实现通货膨胀目标框架的短期操作目标；

第六，加拿大银行的货币政策操作赢得了公众的信任，通货膨胀目标被认为是为了减少商业周期的波动；

第七，加拿大银行运用季度规划模型对经济变量进行反映与预测。

从图 1 中可以看到，加拿大银行的通货膨胀目标是在不断探索中实现的。

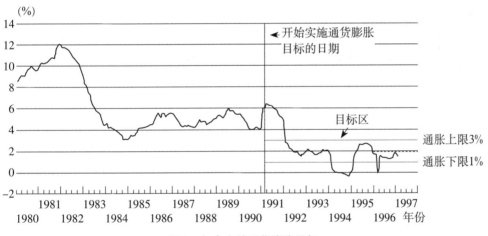

图 1　加拿大的通货膨胀目标

资料来源：加拿大银行，国际清算银行。

（四）金融稳定目标与货币政策

自 20 世纪 50 年代货币政策理论兴起以来，各国政策制定者普遍认为货币供给波动并不会影响除价格以外的经济变量，货币供给对社会需求的刺激作用仅在短期内有效，货币仅仅是罩在实体经济之上的一层“面纱”。20 世纪 70 年代到 2008 年期间，西方主要发达国家的货币政策调控目标以稳定产出增速、保持低通胀、实现充分就业为主，金融稳定因素并不是货币政策取向的决定性因素，以至在 2008 年国际金融危机发生前的一段时间内，世界经济的"大缓和"使得人们普遍忽略了隐藏在经济繁荣表象下、逐渐积累放大的金融系统性风险。然而，2008 年前后次级贷款的违约风险暴露引发了资产价格泡沫破裂、企业融资条件收缩等一系列连锁反应，市场流动性不足不仅导致银行被迫大幅削减信贷供给，而且使得资产价格持续遭到企业抛售潮的打压，由此形成了资产价格和银行贷款交替收缩的恶性循环。在投融资规模和信贷条件收紧的情况下，社会生产和居民消费的"断崖式"下降最终引发了世界经济的持续性衰退。在此背景下，货币当局逐渐意识到彼时主流货币政策的系统性偏差，并开始尝试在货币政策目标中引入金融稳定因素。

实际上，伯南克和格特勒早在 1999 年便探究了货币政策对资产价格波动的反应路径，Galí 和 Monacelli（2005）在危机前就讨论了汇率和货币政策的关系。基于 Bernanke 和 Gertler（1999）的研究，Lengnick 和 Wohltmann（2016）在中央银行的目标函数中加入了股票价格的方差，发现与未考虑股价波动的情况相比，考虑资产价格波动情况下的最优通胀参数略有下调，这在一定程度上说明金融稳定目标可能提高中央银行对通胀波动的容忍度。从广义角度分析，货币政策还可考虑其他类型的金融稳定变量，比如信贷增速、银行资本充足率等。Angeloni 和 Faia（2013）认为货币政策可以通过钉住资产价格或银行杠杆水平来降低宏观经济的顺周期波动程度。通过数值模拟分析，Popoyan 等（2017）发现钉住产出、通胀和信贷增速的政策规则能够最大程度地发挥货币政策调控的宏观稳定效应。

三、泰勒规则

（一）传统的"泰勒规则"

1. 泰勒规则的提出

在理性预期假设条件下，泰勒对西方七国在不同政策规则条件下的经济表现进行了检验，按照促进物价稳定与产出稳定目标实现的程度进行排序。泰勒指出，相对于采用浮动汇率制，在美国、日本、英国、意大利及德国采用固定汇率制，实际产出以及通货膨胀率的波动幅度更大。

泰勒指出，应当运用利率工具调节经济，在利率规则中，给予物价水平以及产出正的权重更为可取；而且，相对于单一的物价规则，赋予产出水平一定的权重将有更好的模拟结果。经济学家对于不同变量的权重意见不一，Taylor（1993）提出了一个非常具体而又简单的货币政策规则，为货币政策操作提供了新的理论依据。

这一规则确立的中性原则既秉承了单一货币增长规则，又具有单一规则所不具有的灵活性，因此备受关注，并为越来越多的货币当局所采用。

泰勒通过对美国联邦储备体系 1984—1992 年货币政策操作的研究发现，美国两个缺口即通货膨胀缺口、GDP 缺口的调整因子均为 0.5，美国实际均衡利率和目标通货膨胀率均为 2%。泰勒开创的这种货币政策规则为：

$$r=p+0.5y+0.5(p-2)+2 \tag{1}$$

其中，r 为联邦基金利率；p 为以前四个季度的通货膨胀水平；y 为实际 GDP 与目标的偏离。其中，$y=100(Y-Y^*)/Y^*$，Y 为实际 GDP，Y^* 为实际 GDP 的趋势。通货膨胀缺口、GDP 缺口的调整系数相同。当通货膨胀率与实际 GDP 符合目标水平时，联邦基金利率将等于 4。

泰勒认为，实际均衡利率为名义利率减去预期通货膨胀率，因此，为了保持实际均衡利率的稳定，名义利率要顺应通货膨胀率的变化。如果实际产出增长率超出潜在产出水平，实际失业率低于自然失业率或者预期通货膨胀率超过通货膨胀目标水平时，也就是说，当存在着 GDP 缺口及通货膨胀缺口时，实际利率就会偏离实际均衡利率，此时，中央银行就应当运用货币政策工具调整名义利率，从而使实际利率恢复和保持在实际均衡水平。

在考察区间，运用泰勒规则反映美国的政策走势与实际极为吻合。依据泰勒规则进行判断，在 20 世纪 80 年代后期，美国经济高于目标值；而在 90 年代初期的衰退中又低于目标值。在 1991—1992 年的衰退期中，实际 GDP 和目标 GDP 之间的缺口有所减少。

泰勒规则认为，实际联邦基金利率与通货膨胀和经济增长之间具有长期稳定的关系。在自然失业率水平下的通货膨胀率和潜在产出增长率都对应着一个实际均衡的联邦基金利率。若货币当局以实际均衡联邦基金利率作为中介目标，便可以获得通过改变名义均衡联邦基金利率来稳定或影响产出、价格水平的最优路径。

2. 关于不同货币政策规则的转变问题

经济的运行不是一成不变的，因此，我们不仅要研究货币政策规则的设计，还要考虑随着宏观经济状况的演变，一种规则向另一种规则的转变。比如，在货币政策规则运行中发现，5% 的通货膨胀目标值偏高，2% 的通货膨胀目标值将更加有利于长期经济运行，此时，货币政策规则就需要转变。

泰勒认为，在规则的转变中需要做一些相应处理的理由主要有：

第一，政策规则的研究假设人们的预期是理性的，这使得政策的长期运作具有意义。人们根据现行的政策调整他们的行为，从而减少对政策以及其他变量预期的偏差。

第二，经济中存在的自然刚性阻止人们迅速改变行为。在泰勒看来，有很多可以作为解释政策规则转变的例子，但是在实际操作中，不同规则之间的转变好像仅存在着微小的区别。

（二）后续研究对泰勒规则的拓展及检验

1. 传统泰勒规则的拓展——泰勒类型规则

在泰勒规则的基础上，经济学家们在政策钉住变量的选择方面进行了大量的拓展工作，发展了许多相关货币政策分析的模型。比如，不少研究提出了"向后看"（backward-looking）模型，认为产出缺口与通货膨胀取决于它们过去的值，如Svensson（1999）。与之对应，部分文献提出了"向前看"（forward-looking）模型，认为产出缺口取决于未来预期产出和实际利率，未预期通货膨胀会影响当期的通胀水平，如Clarida等（1999）。还有学者强调了"缺口"规则和"增量"规则的差异，如Sala等（2008）。此外，Angeloni和Faia（2013），Popoyan等（2017）等在泰勒规则中考虑了金融稳定因素。

除了钉住变量的变化，现有研究基于各国实际情况和货币当局偏好对通货膨胀缺口和产出缺口的权重加以修正。Rudebusch和Svensson（1998）在一个宏观经济模型中利用不同权重对比了不同的货币政策规则。Andrew等（2011）基于二次结构期限模型研究发现1952—2007年间的美联储货币政策参数表现出时变特征，并强调该结果主要归因于美联储对通胀波动容忍程度的改变。

此外，学者们还对实际均衡利率和钉住变量的测算方法进行了调整。在泰勒类型规则中，涉及四种可选择的通货膨胀测量方法，即CPI通货膨胀、核心CPI通货膨胀、GDP平减指数以及预期通货膨胀，这四种方法代表了"向前看""向后看"通货膨胀的测量方法。Anand等（2015）认为在测算发展中国家的通胀水平时，货币当局应赋予食品价格更高的计算权重。对于实际均衡利率的设定，Stuart（1996）用指数化的公债利率作为实际均衡利率的替代变量。

2. 对泰勒规则的检验

学者对上述各种类型的泰勒规则进行了实证检验。Orphanides（2001）利用美联储预测的通货膨胀率估算1987—1992年前瞻性货币政策规则。Judd和Rudebusch（1998）构建了泰勒类型反应函数，并将理性预期因素纳入其中，估计了美联储在不同时期（例如，1970年第1季度至1978年第1季度；1979年第3季度至1987年第2季度）的反应函数。结果发现，不同时期反应函数的变化与当时通货膨胀控制的成功与否基本一致。Gerlach和Schnabel（2000）根据欧洲货币联盟1990—1997年的数据（由于1992—1993年外汇市场出现了较大波动，故该时期的数据没有包括在内），利用泰勒规则估算出的利率水平与欧洲货币联盟的三个月加权利率水平非常接近。Taylor（1999）利用最小二乘法进一步对泰勒规则的各个系数做了近似估计，结果表明，1987—1997 年间美联储货币政策操作的各项指标与泰勒规则极为吻合。结合通货膨胀率的历史数据，美联储的货币政策干预使通货膨胀率在 1987—1997 年间比 1960—1979 年间及以前各期有更为稳定的决定性因素。Molodtsova 等（2008）采用 1979—1998 年季度实时数据和修正数据对美国和德国的泰勒规则进行估算，发现对于美国来说，实时数据和修正数据的估计结果基本一致，而采用德国实时数据和修正数据分别回归得到的实证结果差异较大。

参考文献

1. Anand，R.，Prasad，E. S. and Zhang，B.（2015）. "What Measure of Inflation Should a Developing Country Central Bank Target?"，*Journal of Monetary Economics*，74，102 - 116.

2. Andrew，A.，Jean，B.，Sen，D. and Rudy，L. K.（2011）. "Monetary Policy Shifts and the Term Structure，" *Review of Economic Studies*，78（02），429 - 457.

3. Angeloni，I. and Faia，E.（2013）. "Capital Regulation and Monetary Policy with Fragile Banks，" *Journal of Monetary Economics*，60（03），311 - 324.

4. Bank of Canada（1996）. "The Transmission of Monetary Policy in Canada，" http：// www. bankofcanada. ca/en.

5. Bernanke，B. and Gertler，M.（1999）. "Monetary Policy and Asset Price Volatility，" *Federal Reserve Bank of Kansas City Economic Review*，84（04），17 - 51.

6. Christensen，J. H. E.，Lopez，J. A. and Rudebusch，G. D.（2014）. "Do Central Bank Liquidity Facilities Affect Interbank Lending Rates?"，*Journal of Business and Economic Statistics*，32（01），136 - 151.

7. Clarida，R.，Galí，J. and Gerher，M.（1999）. "The Science of Monetary Policy：A New Keynesian Perspective，" *Journal of Economic Literature*，37（04），1661 - 1707.

8. Czudaj，R. L.（2020）. "Is the Negative Interest Rate Policy Effective?"，*Journal of Economic Behavior and Organization*，174，75 - 86.

9. Cúrdia，V. and Woodford，M.（2016）. "Credit Frictions and Optimal Monetary Policy，" *Journal of Monetary Economics*，84，30 - 65.

10. Dueker，M. J. and Fischer，A. M.（1998）. "A Guide to Nominal Feedback Rules and Their Use for Monetary Policy，" *Federal Reserve Bank of St. Louis*，80（4），55 - 63.

11. Engel，C.（2011）. "Currency Misalignments and Optimal Monetary Policy：A Reexamination，" *American Economic Review*，101，2796 - 2822.

12. Freedman，C.（1996）. "The Use of Indicators and of the Monetary Conditions Index in Canada，" The Transmission of Monetary Policy in Canada，Bank of Canada.

13. Friedman，M. and Schwartz，A. (1963). *A Monetary History of the United States*，*1867—1960*，Princeton：Princeton University Press.

14. Friedman，M. and Schwartz，A. J. (1963). "Money and Business Cycles," *Review of Economics and Statistics*，45 (01)，32 – 64.

15. Galí，J. (2014). "Monetary Policy and Rational Asset Price Bubbles," *American Economic Review*，4 (03)，721 – 752.

16. Garín，J.，Lester，R. and Sims，E. (2016). "On the Desirability of Nominal GDP Targeting," *Journal of Economic Dynamics and Control*，69，21 – 44.

17. Gerlach，S. and Schnabel，G. (2000). "The Taylor Rule and Interest Rates in the EMU Area," *Economics Letters*，67 (02)，165 – 171.

18. Haldane，A. G.，McCallum，B. T. and Salmon，C. (1996). "Base Money Rules in the United Kingdom," *Manchester School*，64 (01)，1463 – 6786.

19. Hendrickson，J. R. (2012). "An Overhaul of Federal Reserve Doctrine：Nominal Income and the Great Moderation," *Journal of Macroeconomics*，34 (02)，304 – 317.

20. Judd，J. P. and Motley，B. (1991). "Nominal Feedback Rules for Monetary Policy," *Federal Reserve Bank of San Francisco Economic Review*，3，3 – 17.

21. Judd，J. P. and Rudebusch，G. D. (1998). "Taylor's Rule and the Fed：1970—1997," *Economic Review*，3，3 – 16.

22. Kapetanios，G.，Mumtaz，H.，Stevens，I. and Theodoridis，K. (2012). "Assessing the Economy-wide Effects of Quantitative Easing," *Economic Journal*，122 (564)，F316 – F347.

23. Laidler，D. (1982). *Monetarist Perspective*，Harvard University Press，Cambridge，Massachusetts，1982.

24. Lengnick，M. and Wohltmann，H. (2016). "Optimal Monetary Policy in a New Keynesian Model with Animal Spirits and Financial Markets," *Journal of Economic Dynamic and Control*，64，148 – 165.

25. Lin，S. (2010). "On the International Effects of Inflation Targeting," *Review of Economics and Statistics*，92 (01)，195 – 199.

26. McCallum，B. T. (1984). "Monetarist Rules in the Light of Recent Experience," *American Economic Review*，74 (02)，388 – 391.

27. McCallum，B. T. (1987). "The Case for Rules in the Conduct for Monetary Policy：A Concrete Example," *Economic Review*，73，10 – 18.

28. McKay，A.，Nakamura，E. and Steinsson，J. (2016). "The Power of Forward Guidance Revisited," *American Economic Review*，106 (10)，3133 – 3158.

29. Molodtsova，T.，Nikolsko-Rzhevskyy，A. and Papell，D. H. (2008). "Taylor Rules with Real-Time Data：A Tale of Two Countries and One Exchange Rate," *Journal of Monetary Economics*，55 (07)：S63 – S79.

30. Orphanides，A. (2001). "Monetary Policy Rules Based on Real-Time Data," *American Economic Review*，91 (04)，964 - 985.

31. Poole，W. (1999). "Monetary Policy Rule?"，*Federal Reserve Bank of St. Louise Review*，81 (02)，3 - 12.

32. Popoyan，L.，Napoletano，M. and Roventini，A. (2017). "Taming Macroeconomic Instability: Monetary and Macro-Prudential Policy Interactions in an Agent-based Model," 134，117 - 140.

33. Rudebusch，G. D. and Svensson，L. E. O. (1998). "Policy Rules for Inflation Targeting," Paper prepared for the National Bureau of Economic Research Conference on Monetary Policy Rules，January 16 - 17.

34. Sala，L.，Söderström，U. and Trigari，A. (2008). "Monetary Policy under Uncertainty in an Estimated Model with Labor Market Frictions," *Journal of Monetary Economics*，55 (05)，983 - 1006.

35. Stark，T. and Croushore，D. (1998). "Evaluating McCallum's Rule When Monetary Policy Matters," *Journal of Macroeconomics*，20 (03)，451 - 485.

36. Stuart，A. (1996). "Simple Monetary Policy Rules," *Bank of England Quarterly Bulletin*，36，281 - 287.

37. Svensson，L. E. O. (1996). "Price Level Targeting vs. Inflation Targeting: A Free Lunch?"，*Journal of Money Credit and Banking*，31 (03)，277 - 295.

38. Svensson，L. E. O. (1998). "Inflation Targeting as a Monetary Policy Rule," *Journal of Monetary Economics*，43 (03)，607 - 654.

39. Taylor，J. B. (1993). "Discretion Versus Policy Rules in Practice," *Carnegie-Rochester Conference Series on Public Policy*，39，195 - 214.

40. Taylor，J. B. (1998). "A Historical Analysis of Monetary Policy Rules," NBER Working Paper，No. 6768.

41. Taylor，J. B. (1999). "A Historical Analysis of Monetary Policy Rules," in *Monetary Policy Rules*，ed. by John B. Taylor，Chicago: University of Chicago Press for NBER.

42. Von Hagen，J. (1994). "Inflation and Monetary Targeting in Germany," University of Mannheim and Indiana University，Mimeo.

43. Wu，T. (2011). "The U. S. Money Market and the Term Auction Facility in the Financial Crisis of 2007—2009," *Review of Economics and Statistics*，93 (02)，617 - 631.

44. 罗忠洲，屈小粲. 我国通货膨胀指数的修正与预测研究. 金融研究，2013 (09)：30 - 43.

45. 欧阳志刚，薛龙. 新常态下多种货币政策工具对特征企业的定向调节效应. 管理世界，2017 (02)：53 - 66.

46. 彭俞超，方意. 结构性货币政策、产业结构升级与经济稳定. 经济研究，2016，51 (07)：29 - 42＋86.

货币政策动态一致性

2004 年诺贝尔经济学奖授予了挪威经济学家基德兰德和美国经济学家普雷斯科特，他们对动态宏观经济学领域的研究做出了根本性的贡献。基德兰德和普雷斯科特对动态一致性问题的贡献给宏观经济学带来了 20 年的黄金时期，启发了众多重要研究。动态一致性问题是 20 世纪 70 年代后政策研究领域的热点问题，目前仍处于货币政策理论研究的前沿。在实践中，它为很多国家的中央银行改革和货币政策设计等工作提供了指导，特别是在设计和发展独立的、有信誉的中央银行这一问题上发挥了极大的作用。中央银行的独立性、选择保守的中央银行家执掌中央银行以及钉住通货膨胀的货币政策框架，都源于基德兰德和普雷斯科特的思想。

一、货币政策动态一致性问题的系统性论述

（一）背景分析

菲利普斯（Phillips）曲线模型认为，实行高通货膨胀政策是降低失业率的唯一选择。但是，到了 20 世纪 60 年代后期和 70 年代初期，这一理论开始受到质疑。

弗里德曼认为，自然失业率与通货膨胀率是无关的。提高通货膨胀率来降低失业率的政策只能在短期内有效，而从长期来看，根据实际通货膨胀所做出的通货膨胀预期和工资上涨调整会使失业率回到其均衡水平，从而导致政策失效。Lucas（1972，1973，1976）认为，没有外在的微观基础，就无法对宏观经济政策效果进行正确的分析。只有将经济行为主体（如消费者和厂商）的行为纳入模型，宏观经济分析才有可能得出考虑私人部门对经济政策反应的相关结论。作为新古典宏观经济学的第二代领军人物，基德兰德和普雷斯科特于 1977 年发表的文章《规则胜于相机抉择：最优计划的不一致性》（Rules Rather Than Discretion：The Inconsistency of Optimal Plans）首次对经济政策动态一致性问题进行了系统研究，不仅对政策理论分析产生了深远的影响，而且为政策制定提供了新的视角。他们将博弈论与预期方法相结合，把货币当局与公众作为博弈的双方引入模型，建立了一个有限性序列博弈模型，从而证明了"最优政策具有时间不一致性，因此也是不可信任的"这一说法。"时间一致性难题"的分析研究为经济政策特别是货币政策的实际有效运用提供了思路。

（二）基德兰德和普雷斯科特的开创性论述

Kydland 和 Prescott（1977）展开的一个非一致性范例是关于有资本的经济体系中的最佳课税问题。在存在理性预期的情况下，政策制定者在一定时间介入动态经济系统，"相机抉择政策即最佳的决策选择，在既定的情况下，不会导致社会目标函数最大化"。他们认为，假定最初政府制定了它认为最优的政策，但在随后的时期内并不一定停留在最优状态。因为在新情况下，政府可以随时改变政策，公众并没有能力约束政府的行为。政府经过重新考虑选择的最优政策与最初的最优政策存在一定的差异，这种事先与事后最优之间的差异就会形成最优货币政策的时间不一致性。货币政策的这种时间不一致性是由于政府与社会公众利益不一致产生的，这种利益上的不一致使政府与公众实际上处于一种动态的博弈过程中。

1. 一致性政策

$\pi = (\pi_1, \pi_2, \cdots, \pi_T)$ 为从时期 1 至时期 T 的货币政策序列，此时间段也可能是无限的；$x = (x_1, x_2, \cdots, x_T)$ 为公众相应决策的序列。这样，社会目标函数为：

$$S(x_1, \cdots, x_T, \pi_1, \cdots, \pi_T) \tag{1}$$

假设式（1）成立。在 T 时期，公众的决策取决于他们过去的决策以及所有的政策决策，即：

$$x_t = X_t(x_1, \cdots, x_{t-1}, \pi_1, \cdots, \pi_T) \qquad t = 1, \cdots, T \tag{2}$$

一个最优政策框架便是可行性 π 在式（2）的约束情况下，使式（1）最大化。

假设公众以前的决定以及未来的政策决策（π_s，$s>t$）具有相似性，在每一个时间段 t，如果 π_t 使式（1）最大化，这样，政策 π 就具有一致性。

最优计划的非一致性通过两个时期的例子可以很容易被证明。π_2 的选择要满足

$$S(x_1,x_2,\pi_1,\pi_2) \tag{3}$$

其中，

$$x_1 = X_1(\pi_1,\pi_2), \quad x_2 = X_2(x_1,\pi_1,\pi_2) \tag{4}$$

由于政策是一致性的，假定过去的决定为 π_1，x_1 以及满足式（4）的约束条件，π_2 则必须使式（3）最大化。假设式（3）是可微的，则必有：

$$\frac{\partial S}{\partial x_2} \cdot \frac{\partial X_2}{\partial \pi_2} + \frac{\partial S}{\partial \pi_2} = 0$$

一致性政策忽略了 π_2 对 x_1 的影响。对于最优的决策规则，一阶条件为：仅当 $\partial X_1/\partial \pi_2 = 0$ 或 $\partial S/\partial x_1 + \partial S/\partial x_2 \cdot \partial x_2/\partial x_1 = 0$ 时，一致性政策为最优的。

2. 关于通货膨胀、失业的例子

经济学家们试图从理论上更加理性地描述失业与通货膨胀之间的关系，本文利用一个线性关系式来表示，失业率是实际与预期通货膨胀率之间差额的减函数，即：

$$u_t = \lambda(x_t^e - x_t) + u^* \tag{5}$$

其中，u_t 是 t 时期的失业率，λ 为一个正常数，x_t 为通货膨胀率，x_t^e 为预期通货膨胀率，u^* 为自然利率。假设预期是理性的[①]，因此：

$$x_t^e = Ex_t$$

假设存在一些社会效用函数使政策选择理性化：

$$S(x_t, u_t)$$

在菲利普斯曲线的约束条件下，一致性政策使上式最大化。

图 1 描述了菲利普斯曲线以及无差异曲线。根据式（5），菲利普斯曲线为一条直线，斜率为 $-\lambda^{-1}$，与垂直轴线交叉于 x_t^e。对于一致性均衡，无差异曲线必然与菲利普斯曲线在纵轴上的一点相切，如图 1 所示，切点在点 C，当然，这是在当前情况下存在理性预期以及选择最优政策条件下实现的。

两位教授指出，通货膨胀对于货币、储备而言是一种税收，具有更多经验的公众认为存在正或者负的通货膨胀率。这样，x_t 可以解释为对最优的一种偏离，无疑，选择一致性政策的结果并不是最优的。如果政策制定者坚持价格稳定，不实行

---

① 当然，预期是否为理性的仍然是一个有争议的问题，Sargent（1973）检验了理性预期假说，他也解释了一些反对理性预期假说检验是无效的原因。

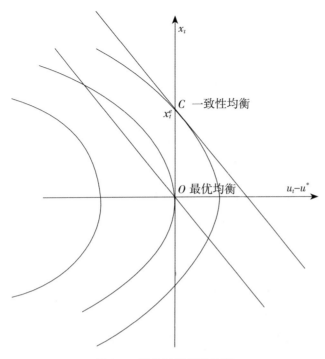

图1 一致性以及最优均衡

相机抉择，实现的均衡将是失业率降低，而不是一致性政策，最优均衡点为点 O。

Taylor（1975）与基德兰德和普雷斯科特的研究结论相似，最优政策存在时间上的不一致性，若政策制定者坚持实施最初的政策规则，政策将不是最优的。

3. 无限期间内的一致性问题

与有限期间的研究不同，在无限期间，政策操作中没有期末，此时一致性可以依据政策规则进行界定。假设在时间 t，经济状况由这样几个向量表示，包括状态变量 y_t，政策变量 π_t，社会公众的决策变量 x_t 以及随机冲击 ε_t。这些变量的运动体系公式为：

$$y_{t+1} = F(y_t, \pi_t, x_t, \varepsilon_t)$$

未来时期的政策反应规则表示为：

$$\pi_s = \prod{}^f(y_s) \qquad s > t \tag{6}$$

对于特定的结构，在未来，理性公众做出决策遵循的规则为：

$$x_s = d^f(y_s; \prod{}^f) \tag{7}$$

重要的一点是政策规则 $\prod^f$ 的变化将改变 d^f 的形式。

在当前时期，公众的决策表示为：公众对未来政策的预期会影响到其当期决策。

若社会目标函数为：

$$x_t = d^e(y_t, \pi_t; \prod{}^f)$$

$$\sum_{s=1}^{\infty} \beta_\pi^s q(x_s, y_s, \pi_s) \qquad 0 < \beta_\pi < 1$$

π_t 的最优价值依赖于 y_t 以及在未来运用的政策规则（$\prod{}^f$）。当期最好的政策规则 $\prod{}^e(y)$ 与未来运用的政策规则 $\prod{}^f(y)$ 相关，也就是说，$\prod{}^e = g(\prod{}^f)$。

如果政策规则 $\prod{}^e$ 有一个固定的映射点 g，那么它具有一致性。如果公众预期这个政策规则在未来也将运用，那么它便是最好的政策规则。

假设政策制定者和公众对于动态经济结构没有一个很清晰的理解，公众极有可能采用式（6）、式（7）相结合来实现均衡规则。当政策制定者评估可选择的决策时，考虑到公众的决策规则来确定期末产出的期望值。假设一个时期末的产出值基本正确，政策制定者将选择相似的一致性政策，此时也假设公众具有相似的理性预期。这样，在当前情况下，选择当期最好政策的实践会具有一致性但是将导致次优的结果。

这种次优结果的产生是由于没有一种机制促使未来的政策制定者考虑到政策效应问题，因为政策效应会通过预期机制影响当期公众的决策。

4. 结论

基德兰德和普雷斯科特指出，对于研究动态经济规划，控制理论并不是一个非常恰当的工具，这是由于公众当期的决策依赖于未来的政策预期，而且他们的预期针对所选择的政策不是一成不变的。如果在每一个期间选择的政策实现了当期产出最大化的目标，这个政策将是一致性的但不是最优的。文中利用理性预期均衡理论，通过投资、税收以及信贷政策的例子对这一点进行了证明。政策制定者应当遵循规则而不是采取相机抉择，如采取单一的货币供给增长率或者稳定的税率将是更为稳妥的选择。

5. 主要贡献

Kydland 和 Prescott（1977）的研究贡献主要体现在以下几个方面：

第一，政府被作为一个具有目标函数的理性决策者纳入模型中。以基德兰德和普雷斯科特为代表的新古典宏观经济学"第二代"对早期的理性预期学派发起了挑战。他们认为，早期模型中存在着严重的不对称性，即经济个体是具有理性预期的最优化者，而政府只能在相机抉择和单一规则之间做出简单选择。因此，基德兰德和普雷斯科特将政府也作为一个具有目标函数的理性决策者纳入模型中，并在此基础上运用博弈论的分析方法，分析了政府一般经济政策设计机制。

第二，最早将博弈论引入宏观经济学研究。基德兰德和普雷斯科特最早将博弈论引入宏观经济学中，讨论了宏观政策的时间一致性（time consistent）问题，他们将政府作为博弈中的普通参与人对待，动态地分析了理性个体、政府的决策行为，使宏观经济政策具有更合理的微观基础。

第三，对于货币政策实践的重要指导。基德兰德和普雷斯科特的工作奠定了经济政策可信性和政治可行性研究项目的基础。研究结果在过去十年对许多国家的中央银行改革和货币政策设计产生了很大的影响。货币政策分析的重心也由研究单个政策转换到研究制度设计上。依据他们的理论，20 世纪 90 年代后，新西兰、瑞典以及英国等国家开始对货币政策框架进行根本性的变革，增加了中央银行事先设定政策目标的独立性。

第四，剖析了时间不一致难题产生的原因。从本质上看，宏观经济政策的时间不一致性根源在于政府与个人的利益冲突。政策制定者与经济个体之间的目标函数存在实质性差异，研究表明，实际上政府的目标函数与经济个体的目标函数是有差异的，正是这种差异性导致了时间一致性问题的产生。

（三）巴罗（Barro）等对动态一致性问题的扩展

Kydland 和 Prescott（1977）提出的时间一致性问题深化了宏观经济政策尤其是货币政策理论。在他们的研究之后，经济政策的时间一致性问题引起了学术界和政府部门的广泛关注，许多学者都开始研究与此相关的一系列经济政策问题。沿着基德兰德和普雷斯科特的足迹，Calvo（1978）研究了财政政策中的最优税收问题，提出在完全预期的情况下，最优税收政策从时间上来看并不是前后一致的，因而不能实现动态一致。Barro 和 Gordon（1983）在基德兰德和普雷斯科特分析的基础上，建立了一个关于货币政策和通货膨胀的实证理论，当均衡失业率高于政府目标时，政府在短期内会屈从于通货膨胀的诱惑，通货膨胀率就会提高。巴罗和戈登（Gordon）还将供给冲击和稳定经济政策引入模型，并表明这些扩展不会改变基本的结论。Rogoff（1985）认为，将货币政策授权于独立的中央银行，就可以解决通货膨胀与相机抉择的矛盾。如果中央银行由一个明确反对通货膨胀的保守银行家来管理，将有助于社会福利的优化。

1. 基本动态非一致性模型

Barro 和 Gordon（1983）在稳定的均衡产出、经济主体具有理性预期、货币政策制定者与社会公众非合作博弈的假定条件下纳入预期因素，构建了一个以菲利普斯曲线为特性的货币政策博弈模型。

假定货币政策目标为物价稳定和产出稳定。这样，货币政策制定者的单个时期损失函数是通货膨胀率（π）和实际产出（Y）对目标水平的偏差。

$$L=\alpha\pi^2+(Y-KY^*)^2 \quad \alpha>0,K>1 \tag{8}$$

其中，y^* 表示充分就业时的产出水平；α 表示通货膨胀相对于产出波动的权重。$K>1$时，目标产出水平超出自然率水平，也就是说，货币当局试图通过货币政策的运用将产出提高到 y^* 之上，由于理性预期假设，只有意料之外的货币波动才能系统地影响产出。

预期的菲利普斯曲线描述了各个时期产出与通货膨胀之间的关系：

$$Y=Y^*+b(\pi-\pi^e) \qquad b>0 \tag{9}$$

其中，π^e 为预期通货膨胀率；b 为调整因子，表示意料之外的通货膨胀对产出的影响力。

中央银行可以通过设定通货膨胀率影响产出，因而使社会损失极小化［使式（8）最小化，将式（9）代入式（8）求导等于零］的目标只能通过权衡通货膨胀得以实现。在相机抉择下，预期通货膨胀率被看作是给定的，表示为：

$$\pi=(a+b^2)^{-1}b[(k-1)Y^*+b\pi^e]$$

货币当局要么保持零通货膨胀率，要么实行正的通货膨胀率，公众的相应预期是零通货膨胀率和通货膨胀率大于零的预期。如果货币当局选择零通货膨胀率的货币政策，公众的通货膨胀预期与实际通货膨胀相同，产出处于自然率水平。但货币当局考虑如果创造一个意外的通货膨胀，使公众的通货膨胀预期低于实际通货膨胀，将会使产出高于自然率水平，社会损失函数为 L_f。公众预期到这种情况后会出现一个博弈过程，理性当事人很快认识到被欺骗了，于是向上修正他们的通货膨胀预期，使实际通货膨胀率等于预期通货膨胀率。

中央银行与社会公众进行博弈，当中央银行事先公布以物价稳定为目标时，社会公众对通货膨胀率的预期是正确的，则 π^e 等于零，而满足社会损失最小化的通货膨胀率为正值，表示为：

$$\pi_f=(a+b^2)^{-1}b[(k-1)Y^*]$$

即最优相机抉择通货膨胀率。

欺骗涉及的效用函数为：

$$L_f=(1+a^{-1}b^2)^{-1}(k-1)^2Y^{*2}$$

但中央银行却把实际通货膨胀率提高到 π_f 而获得社会福利收益，相应的社会损失为 L_f。上面提到，由于公众具有理性预期，公众预期的通货膨胀率必然向高处调整，中央银行在相机抉择的货币政策操作规范下，必然随之进行调整，在 π^e

与 π 相等时，实现纳什均衡。

在相机抉择情况下，货币政策具有固有的通货膨胀倾向，即：

$$\pi_d = a^{-1}b(k-1)Y^*$$

相应的损失函数值为：

$$L_d = (k-1)^2 Y^{*2}(1+a^{-1}b^2)$$

下标 d 表示"相机抉择"。在这个动态博弈过程中，货币当局相机抉择的规则会使货币当局采取欺骗手段以获取意外通货膨胀的好处。这种欺骗将影响到货币当局的信誉，威胁到此种操作规范的可信性，从而使货币政策难以实现最优。动态一致性条件的均衡点如图 2 所示。

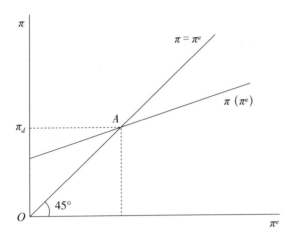

图 2   预期与实际通货膨胀率

图 2 中，点 A 表示博弈均衡的最终结果。此时，中央银行对公众决策的反应曲线 $\pi(\pi^e)$ 与公众预期曲线相交，这是在货币当局遵循相机抉择的货币政策规范条件下，唯一满足政策最优与动态一致条件的均衡点。

根据博弈规则，私人部门首先自己确定一个 π^e，但 $\pi=\pi^e=0$ 并不是一个纳什均衡。如前所述，货币当局就会选择一个正的通货膨胀率。如果货币当局自己承诺选择 $\pi=0$，得到的损失函数值［由式（8）得］为：

$$L_p = (k-1)^2 Y^{*2}$$

因而有：

$$L_f = (1+a^{-1}b^2)^{-1}L_p = (1+\theta)^{-1}L_p$$

$$L_d = (1+a^{-1}b^2)L_p = (1+\theta)L_p$$

其中，$\theta=b^2/a$，大致可表示由未预期到的通货膨胀获得的效用收益。比较上述三式可得：$L_f < L_p < L_d$。

L_d 的损失最大，结果是形成正的通货膨胀率却没有实现产出增长目标。L_f 由于公众理性预期只可能暂时获得，因此，货币当局实施货币政策应当受到规则约束，能够导致最优结果的零通货膨胀政策是时间不一致的；而时间一致的通货膨胀政策将导致次优结果，有一个约定可信的货币政策优于相机抉择的货币政策。

2. 纳入信誉因素的货币政策博弈

巴罗和戈登对货币政策时间不一致性问题的主要贡献在于引入了信誉机制。货币当局在相机抉择过程中不得不考虑信誉问题，因为货币当局与社会公众的博弈会重复进行，当前政策的未来后果会影响到政策制定者的声誉，从而可能会弱化其欺骗的激励。这样，在博弈双方都具有理性预期的场合下，货币当局维护自身信誉是否可以保证在相机抉择的操作规范中，避免出现动态非一致的结果，取决于社会公众的预期、公众对违反承诺的反应以及货币当局面临的贴现环境。

从社会公众的预期角度看，货币当局可能是可靠的或者是机会主义的。如果货币当局是可靠的，始终遵守事先承诺的通货膨胀率 π_p 为零，社会公众预期通货膨胀为零的局面可以持续下去；如果货币当局是机会主义的，通货膨胀出现过并不等于事先所承诺的通货膨胀为零的情况，社会公众的通货膨胀率就会为 π_d。

货币当局进行持续货币政策操作时，会在继续执行零通货膨胀政策还是欺骗社会公众之间进行选择。如果选择欺骗，货币当局在此期间会得到：

$$诱惑 = L_p - L_f = \theta L_p / (1 + \theta)$$

货币当局为自己的欺骗要付出代价，那就是被社会公众认为永远地选择相机抉择方案，认为通货膨胀率为 π_d，从而带来的社会损失为 L_d。与货币当局事先承诺的均衡相比，单期相机抉择政策产生的损失为：

$$损失 = L_d - L_p = \theta L_p$$

诱惑和损失都会随 θ 的增大而增大。于是，货币当局采取机会主义的收益等于当期诱惑减去始于下一期的损失的折现。因此，

$$机会主义收益 = 诱惑 - 损失 / \delta$$
$$= \theta L_p [\delta - (1 + \theta)][\delta(1 + \theta)]^{-1}$$

其中，δ 为折现率。可以看到，如果货币当局的折现率很高，它便会采取机会主义行为，从而相机抉择的货币政策会导致动态非一致结果，而且，社会公众会认为货币当局在以后每期都会采取这种投机行为；如果折现率比较低或者如果 θ 值较高，货币当局就会保持通货膨胀为零的现状，此时，实现了信誉均衡。但是，在这个分析框架中，货币政策操作在无限期间才有可能实现声誉均衡。否则，在最后一个期间，无论社会公众的预期如何，货币当局肯定会采取相机抉择的操作规范，从而产生 π_d 的通货膨胀率。

3. 不完全信息下的货币政策博弈

上述分析的前提是无限时间跨度和完全信息。在完全信息下，有限次重复博弈不可能导致参与人的合作行为。Backus 等（1986）进一步放松了巴罗和戈登模型的部分假设条件，研究了有限时间跨度和不完全信息情况下的货币政策博弈问题，考察了不完全信息下政府和公众有限次重复博弈中政府信誉机制的形成过程和货币政策的可信条件问题。Barro（1986）也在其前期研究的基础上，对不完全信息条件下的货币政策博弈进行了研究。他指出，即使是在有限时间跨度和不完全信息条件下，不管货币当局是可靠的还是机会主义的，信誉力量只能暂时维持零通货膨胀率水平。

二、解决动态非一致政策的制度安排

在巴罗等对动态一致性模型不断进行扩展的同时，如何解决这一难题成为研究和实践中一个极具挑战性的问题，大量的理论文献考察了相机抉择下通货膨胀问题的各种解决方案。

（一）通过立法等方式规范政策制定者的行为

Kydland 和 Prescott（1977）指出，由于经济个体对未来经济政策的预期会影响其当期决策，只有经济个体预期的未来政策规则恰恰是政府当期的最优政策制定规则时，经济政策才是动态一致的。个人首先选择自己的第一期行动，然后政府选择自己的第一期行动，接着个人再选择自己的第二期行动，如此循环往复进行序列决策，这种情形意味着公众缺乏有效手段约束政府的行为。强化政策制定者的行动准则，通过立法等方式规范政策制定者的行为，解决激励相容问题，增大欺骗的成本，使其无法或者没有动力去制定相机抉择的货币政策。Garfinkle（1993）也曾提出采取立法手段来约束中央银行行为的观点。

（二）声誉机制的建立

当中央银行偏离了其宣布的低通货膨胀策略时就不得不承担一定的代价，例如，丧失声誉，而后公众的通货膨胀预期就会提升。声誉模型无非是要解决如果不存在法定的限制，声誉能在多大程度上替代对经济政策的法律约束、克服动态非一致性问题。Kreps 和 Wilson（1982）提出了声誉均衡模型，他们假设在有限期界下，公众把政府分为坚定和非坚定两种类型。坚定型政府从不实施通货膨胀政策，而非坚定型政府往往会违背期初约定的最优方案而选择正的通货膨胀策略。公众事先并不知道政府的类型，但可通过观测通货膨胀率进行判断。一旦政府制造了通货膨胀，公众就认为政府是非坚定型的，在理性预期条件下，它在随后阶段就不能获得产出和就业的好处。当信息是不完全的情况下，即使博弈的期限是有限期的，声誉机制也有可能发生作用。Tabellini（1983，1985），Backus（1985），Barro（1986），Vickers（1986），Cukierman（1992）都曾利用克雷普斯-威尔逊（Kreps-Wilson）声誉模型，研究了政府的声誉或政策的可信度与通货膨胀之间的关系。

Barro 和 Gordon（1983a）在详细讨论了模型中存在声誉的强制力时提出通过声誉这种隐含的契约来约束政策制定者的机会主义动机，从而形成一个可能的声誉均衡，其解优于一次性博弈的相机抉择结果。Canzoneri（1985）在巴罗和戈登的货币政策声誉模型中引入了货币需求冲击，发现当货币需求冲击是政策制定者的私人信息时，声誉模型将很难存在均衡解。公众确定通货膨胀率的临界值以确保中央银行没有动力去偏离低通货膨胀政策。如果通货膨胀率超过这个临界值，则公众的预期通货膨胀率和实际通货膨胀率会上升。即使中央银行不进行欺骗，大的货币需求预测误差仍时有发生，从而使经济进入高的通货膨胀期，但这一结果仍优于一次性博弈时的均衡。

Backus 和 Driffill（1985）引入了中央银行类型的不确定性问题。假定公众不知道中央银行属于预期效用函数贴现值最大的最优化者，还是推行零通货膨胀率的反通货膨胀者，中央银行仅仅宣布自己实行零通货膨胀政策并不具有可信性。如果中央银行是最优化者，并选择实行高通货膨胀率，若其身份被揭露，公众则会预期相机抉择均衡通货膨胀率。为避免这种情况，最优化者至少在一段时间内会隐藏自己的身份。在有限期重复博弈中，最优化者在最后一期暴露自己的身份，实行通货膨胀。

Cukierman 和 Meltzer（1986）等将政策制定者偏好的不确定性引入了货币政策声誉模型。在一定情况下，声誉机制可能使制造通货膨胀的政策制定者暂时选择零通货膨胀率，随着政府任期的临近，可能在最后一期消耗掉它积累起来的声誉，制造大量的通货膨胀。政策制定者的任期越长，其维持声誉从而不制造通货膨胀的动机越强。

Li Jingyuan 和 Tian Guoqiang（2008）引入一个具有随机自然利率和内生性扭曲的连续时间经济中的均衡行为模型，证明了在随机环境下触发声誉机制可以解决时间不一致问题，且该货币政策博弈中的合作均衡是一个有序随机稳定均衡，因此从长期来看，零通胀货币政策本质上比自由裁量规则更稳定，且一经确立，可持续更长时间。

（三）保守的中央银行行长安排

罗格夫（Rogoff）是第一个明确分析中央银行行长最优偏好问题的经济学家。在 Rogoff（1985）的模型中，提出了任命保守的中央银行行长方法，分析了中央银行行长的偏好如何影响通货膨胀倾向的问题。保守的中央银行行长对通货膨胀的关注程度比普通个人和政府更大，具体到成本函数中就是通货膨胀项的权重更大，这样可以导致较低的通货膨胀率，以减少效率损失。Rogoff（1985）通过进一步将随机冲击引入货币政策动态一致性模型进行分析后发现，如果中央银行行长过于保守，目标函数中通货膨胀的权重过大，便不能对随机冲击进行适当的反应。

罗格夫的方法是否可行要取决于供给冲击的大小。如果供给冲击小，则任命保守的中央银行行长引起低通货膨胀所带来的收益大于由此引发的稳定政策被扭曲而造成的损失；如果冲击的取值很大，则稳定化扭曲带来的成本会超过低通货膨胀收益。Lohmann（1992）提出，在任命一个保守的中央银行行长的同时，对中央银行的独立性进行限制，则会导致更好的结果。也就是说，当供给冲击太大时，政府可以宣布中央银行采取的政策无效。

Herrendorf 和 Lockwood（1996）假定劳动市场参与者在签订名义工资合同之前，能够观察到关于总供给冲击的信息，从而引入了随状态而变动的通货膨胀倾向。他们认为，在采用线性通货膨胀合约的同时任命一个保守的中央银行行长能够完全消除通货膨胀倾向。

Eijflinger 和 Hoeberichts（1998）对中央银行的独立性和保守性进行了分析，发现独立性和保守性实际上是可以相互替代的，中央银行独立性不强的国家可以通过选择更加保守的中央银行官员来解决货币政策的动态一致性问题。

（四）最优合约方法

中央银行会对面临的激励做出反应，与其依赖中央银行具有正确的偏好，不如影响中央银行面临的激励，这样，可以通过影响中央银行所面临的激励来消除通货膨胀倾向。有关委托人-代理人框架的理论文献对此问题进行了阐述。对于货币政策动态一致性问题的研究转移到这个方面是因为人们认识到中央银行会对所面临的激励做出反应。政府与货币当局之间订立一项"合约"，货币政策的操作要受到政府提供给中央银行此项合约的影响。Walsh（1995）通过最优合约方法来解决货币政策中的时间一致性问题，他提出了一个线性通货膨胀合约，在中央银行损失函数中添加一个线性通货膨胀成本项。

Walsh（1995）指出，货币政策应该由一个独立的中央银行来制定，该中央银行满足的条件是它与政府在通货膨胀、产出上具有同样的偏好。此外，它能从政府那里获得转移支付，该转移支付可以看作中央银行行长的个人收入或中央银行的预算。因此，实现效用最大化的中央银行既关心其获得的转移支付，也关心由通货膨胀及产出波动造成的社会损失。政府与中央银行签订一份线性通货膨胀合约，即转移支付与通货膨胀率负相关，向中央银行订立这样一份激励合约可以实现双重目标，既消除了通货膨胀倾向，也保证了中央银行能对总供给冲击做出最优反应。即使在不对称信息下，也存在相应的最优契约以解决货币政策的时间一致性问题。Lohmann（1992）在关于给予中央银行充分独立性的讨论中指出，可以试图在政府与中央银行之间建立一种契约来约束中央银行的行为。

激励结构的深层原因在于中央银行的制度构成。关于制度构成以及通货膨胀作用的讨论都强调了政府压力对货币政策操作的影响。谁来制定政策以及谁来任命政策制定者都会影响到政策结果。Alesina（1987，1988，1992）进行了两党制政策模型的探讨。假定大选的结果不确定，而且各个党派在经济政策上取向不同，这样，选举后的通货膨胀情况将取决于哪个党派赢得大选。Minford（1995）指出，选民对屈服于通货膨胀诱惑的政府进行惩罚，民主选举可以强制实现低通货膨胀结果，Waller 和 Walsh（1996）构建的党派模型强调任命过程中的党派差异以及中央银行行长任期长短对产出的影响。Alex Cukierman（2008）对中央银行独立性领域进行了梳理归纳，认为 20 世纪 90 年代各国中央银行独立性的普遍上升与该制度安排可解决货币政策的动态一致性有关，且较政府而言，央行倾向于将通货膨胀稳定至较低水平。

（五）目标制

目标制是通过限制政策的灵活性来降低相机抉择下的通货膨胀倾向的。在不同的目标类型中，关于通货膨胀目标制的讨论更为热烈。Mishkin（2001）指出，新西兰在 1990 年就采用了通货膨胀目标制，成为第一个实行通货膨胀目标制的国家。随着越来越多的发达国家以及发展中国家采用这种新的货币政策制度，通货膨胀目标制才引起了经济学家们的高度关注，研究文献颇丰。

Svensson[①]（1997）指出，通货膨胀目标制可以解释为委托-代理安排。社会作为委托人，把货币政策委托给作为代理人的中央银行来执行。采用通货膨胀目标可以消除通货膨胀倾向，能达到与 Walsh（1995）最优合约一样的效果，在一定程度上解决了 Canzoneri（1985）提出的私人信息问题，这使得私人部门能很好地监督

---

① 斯文森是通货膨胀目标制度的积极倡导者，发表了大量的相关研究成果。

政府的行为，从而约束政府不要相机抉择行事，结果是提高了声誉力量的有效性，降低了通货膨胀率。

Svensson（1998）探讨了通货膨胀目标规则，并开创性地提出了"有弹性通货膨胀目标规则"的概念。Bernanke 和 Gertler（1999）对有弹性通货膨胀目标做了进一步探讨，提出了有弹性通货膨胀目标框架的三个特性。而 Bernanke 和 Mishkin（1997，2000）等更倾向于将实行通货膨胀目标看成是一种新的货币政策框架，而不是货币政策规则。

Bedri Kamil Onur Tas 和 Ishak Demir（2013）研究了通货膨胀目标制中央银行的隐性通货膨胀目标，即根据央行制定的政策利率等行为事后感知到的通货膨胀目标。其结论为，采用通货膨胀目标制后，中央银行的隐性通胀目标会显著降低，导致中央银行改变其隐性通胀目标的其他因素还包括通货膨胀水平、汇率和贸易平衡。此外，不遵守事前公布的通胀目标的中央银行没有达到它们的隐性通胀目标。因此，通货膨胀目标制的中央银行在制定政策利率时应该遵循其事前公布的通胀目标。

Soyoung Kim 和 Geunhyung Yim（2020）基于 19 个通货膨胀目标制国家的面板数据实证表明，通胀目标的变化对前期通胀率偏离目标的情况有显著的正向反应。这一结果意味着，在前期通胀率没有达到目标的情况下，通货膨胀目标制中央银行有激励调整实际通货膨胀目标，但这最终可能会破坏通胀预期和通胀率的稳定。

目前，学界对于通货膨胀目标制的实施效果仍有争议。一些学者认为，通货膨胀目标制的检验效果令人满意。Herrendorf（1998）认为通货膨胀目标制起到了预先承诺的作用。Svensson（1997）指出，实行通货膨胀目标解决了货币政策动态一致性问题，并且降低了通货膨胀的波动，采用有弹性的通货膨胀目标制度还可以起到稳定产出的作用。Mishkin（1999）也认为，通货膨胀目标框架的效果非常好，实行这一目标框架的国家显著地降低了通货膨胀率以及通货膨胀预期。Bean（2003）对英国实施情况进行的检验表明，通货膨胀目标制在保持低的和稳定的通货膨胀，以及在确定通货膨胀预期方面起到重要的作用。Petursson（2004）研究了 21 个国家实行通货膨胀目标的情况，研究结果表明，有三分之二的国家显著地降低了平均通货膨胀率。Shambora（2003）指出，新西兰通货膨胀目标制的实施在稳定通货膨胀以及产出增长率方面是非常成功的。与此同时，也有学者认为通货膨胀目标制的效果并不显著。Ball 和 Sheridan（2003）的研究表明，没有证据显示通货膨胀目标政策框架对宏观经济运行起到了改善作用；Montes 和 Gabriel Caldas（2014）利用两个理论模型，以巴西为例，说明货币当局采用通货膨胀目标制可以避免时间不一致问题的传统观点并不一定正确。

自 2012 年以来，欧元区、日本、瑞士、瑞典与丹麦央行相继推出负利率政策，全球低利率环境使零利率下限（zero low bond，ZLB）成为各国中央银行普遍面临的问题，围绕这一问题，部分学者对是否应为此提高通货膨胀目标展开了讨论。José Dorich 等（2018）认为在实际中性利率为负的情况下，无论非常规货币工具情况如何，较高的通胀目标都能显著提高宏观经济的稳定性；而 Oliver Coibion 等（2012）研究了零利率约束下新凯恩斯模型下正稳态通货膨胀的影响，认为为应对零利率下限而提高通胀目标这一方式过于生硬，会造成整体福利的下降，即这一方式所造成的更高通胀的永久成本，远远超出了其在相对较短的零利率下限时期所带来的好处。

参考文献

1. Alesina，A. and J. Sachs（1988）．"Political Parties and the Business Cycles in the United States：1948—1984," *Journal of Money，Credit and Banking*．

2. A. Cukierman，A. H. Meltzer（1986）．"A Theory of Ambiguity，Credibility and Inflation Under Discretion and Asymmetric Information," *Econometrica*．

3. A. Cukierman（2008）．"Central Bank Independence and Monetary Policymaking Institutions—Past，Present and Future," *European Journal of Political Economy*，24，722‑736．

4. Backus David and John Driffill（1985）．"Rational Expectations and Policy Credibility Following a Change in Regime," *Review of Economic Studies*，52，211‑221．

5. Barro，R. J.（1986）．"Reputation in a Model of Monetary Policy with Incomplete Information," *Journal of Monetary Economics*，Vol. 17．

6. Barro，R. J. and D. B. Gordon（1983）．"A Positive Theory of Monetary Policy in a Natural-Rate Model," *Journal of Political Economy*，No. 4．

7. Barro，R. J. and D. B. Gordon（1983）．"Rules，Discretion and Reputation in a Model of Monetary Policy," *Journal of Monetary Economy*．

8. Bedri Kamil，Onur Tas，Ishak Demir（2014）．"Keep Your Word：Time-Varying Inflation Targets and Inflation Targeting Performance," *The Manchester School*，Vol. 82，160‑182．

9. Ben Bernanke and Mark Gertler（1999）．"Monetary Policy and Asset Price Volatility," in *New Challenge for Monetary Policy*，Jackson Hole，August 26‑28．

10. Finn E. Kydland and E. Prescott（1977）．"Rules Rather than Discretion：The Inconsistency of Optimal Plans," *Journal of Political Economy*．

11. Guillermo A. Calvo and Maurice Obstfeld（1990）．"Time Consistency of Fiscal and Monetary Policy：A Comment," *Econometrica*，Vol. 58．

12. Herrendorf，B. and B. Lockwood（1996）．"Rogoff's 'Conservative' Central Banker Restored," *Journal of Money，Credit and Banking*，No. 4．

13. José Dorich，Nicholas Labelle St-Pierre，Vadym Lepetyuk，Rhys R. Mendes（2018）．"Could a Higher Inflation Target Enhance Macroeconomic Stability?"，*The Canadian Journal of Economics*，Vol. 51，No. 3，1029 - 1055.

14. Kreps，David and Robert Wilson（1982）．"Reputation and Imperfect Information，" *Journal of Economic Theory*，27，No. 2.

15. K. Rogoff（1985）．"The Optimal Degree of Commitment to an Intermediate Monetary Target，" *Quarterly Journal of Economics*．

16. K. Rogoff（1986）．"Reputational Constraints on Monetary Policy，" *NBER Working Paper*．

17. Lar E. O. Svensson（1997）．"Optimal Inflation Targets 'Conservative' Central Banks and Linear Inflation Contracts，" *American Economic Review*．

18. Lar E. O. Svensson（1998）．"Inflation Target as a Monetary Policy Rule，" *NBER Working Paper*．

19. Li Jingyuan，Tian Guoqiang（2008）．"Time Inconsistency and Reputation in Monetary Policy：A Strategic Modelling in Continuous Time，" *Acta Mathematica Scientia*，697 - 710.

20. Montes，Gabriel Caldas（2014）．"Can Inflation Targeting Mitigate Monetary Policy Time-in-Consistency?"，*Journal of Economic and Financial Studies*，2（2）.

21. M. B. Canzoneri（1985）．"Monetary Policy Games and The Role of Private Information，" *American Economic Review*，75（5）.

22. Oliver Coibion，Yuriy Gorodnichenko，Johannes Wieland（2012）．"The Optimal Inflation Rate in New Keynesian Models：Should Central Banks Raise Their Inflation Targets in Light of the Zero Lower Bound?"，*The Review of Economic Studies*，Vol. 79，No. 4，1374 - 1409.

23. Soyoung Kim，Geunhyung Yim（2020）．"Do Inflation-Targeting Central Banks Adjust Inflation Targets to Meet the Target?"，*Journal of Economic Dynamics and Control*，Vol. 113.

24. S. C. W. Eijflinger，M. Hoeberichts（1998）．"The Trade-off Between Central Bank Independence and Conservativeness，" *Oxford Economic Papers*，50.

25. S. Lohmann（1992）．"Optimal Commitment in Monetary Policy：Credibility and Flexibility，" *American Economic Review*，82.

26. Taylor，J. B.（1975）．"Monetary Policy During a Transition to Rational Expectations，" *Journal of Political Economy*，83，No. 5，1009 - 1022.

27. Vickers，John（1986）．"Signaling in a Model of Monetary Policy with Incomplete Information，" *Oxford Economics Papers*．

28. Waller，C. J. and C. E. Walsh（1996）．"Central Bank Independence，Economic Behavior and Optimal Term Lengths，" *American Economic Review*，No. 5.

29. Walsh，Carl E.（1995）．"Optimal Contracts for Central Bankers，" *American Economic Review*．

资产价格与货币政策

        随着经济与金融的发展，金融结构变迁中一个最为显著的变化就是资本市场的迅速发展，各种创新金融产品不断出现，形成了一个庞大的金融资产体系，金融资产的可交易性和流动性不断增强，这在提高了金融效率的同时也对货币政策提出了挑战，各国的资产价格上涨偏离实体经济的趋势日益明显，资产价格泡沫引发了金融的脆弱性，从而不利于物价稳定最终目标的实现，使货币政策不得不更多地考虑资产价格的因素。资产价格的货币政策传导机制确立表明资产价格已经将实体经济与货币政策联系起来，其主要通过股票市场价格、房地产价格、汇率三个方面的传导来进行。在这一传导过程中，金融资产较高的收益率使大量的存款转化为资产从而发生转移效应，造成货币供应量和结构发生变化，这样，一些国家放弃了以货币供应量作为货币政策中介目标。在由货币供应量向利率目标的转变中泰勒规则提供了理论依据。在泰勒规则中，资产价格变动通过两条途径进入货币政策决策：首先，通过资产价格传导机制，资产价格变动反映在当期的 GDP 缺口中，遵循泰勒规则改变名义短期利率，使中央银行预先处理通胀压力；其次，拓展泰勒规则，使其直接包含资产价格信息。在开放经济条件下，加拿大经济学家在泰勒利率的基础上考虑了一定权重的汇率因素，构建了 MCI（monetary condition index，即货币条件指数），从而得以直观地评估一国货币政策的状况，之后 MCI 被进一步拓展为 FCI。

世界各国货币当局多以物价稳定作为货币政策目标。20 世纪 80 年代后期，日本的泡沫经济出现在一般物价水平比较稳定的情况下，使我们感受到传统通胀测量的局限性。目前，世界各国的物价指数均没有包括资产价格，而因为它们对于通货膨胀预期提供了判断，为了把资产价格融入通货膨胀测量体系，有必要扩展价格指数的含义，使之具有动态的特性，以充分利用资产价格中所包含的信息。

在 2008 年金融危机以前，西方学术界和各国货币当局将研究重点集中在货币政策对于资产价格的波动是否应做出反应以及应如何做出反应上。Friedman 和 Schwartz（1963）等批评大萧条时期美联储的对策。Poole（1970）分析指出，如果资产价格波动来源于资产市场本身，中央银行应当"反周期"进行调节。尤其是 20 世纪 90 年代以来，不同的学者各持己见，逐步形成了针锋相对的两大阵营。以普林斯顿大学的伯南克和纽约大学的格特勒为代表的一派认为，中央银行应当只关注消费品价格的膨胀，而股票价格不应当是货币政策调节的直接目标。两位教授运用一个经济模型来模拟资产价格泡沫对经济的影响，发现如果中央银行的货币政策直接钉住资产价格变动将会引起更大的变动。而 Cecchetti 等（2001，2002），Goodhart（2001）等经济学家得出了相反的结论，对资产价格泡沫进行相应的反应会改善经济状况。Greenspan（1999）在美联储的货币政策会议上指出，美联储的货币政策应当更多地考虑股票市场因素。Shigenori Shiratsuka（1999）通过对日本 20 世纪 80 年代末泡沫经济形成与崩溃的研究认为，当存在潜在的通胀压力时，对可能的资产价格泡沫做出反应，比通胀后或者泡沫显现后采取措施更为重要，这样才能实现"持续的物价稳定"。

在 2008 年金融危机后，关于货币政策与资产价格的研究进一步发展，研究主要集中于三方面：第一，研究资产价格崩溃后美联储清理泡沫所采用的非常规货币政策。Mark Gertler 和 Peter Karadi（2011）将非常规货币政策解释为扩大央行的信贷中介，以延续中断的私人金融中介功能，从而分析非常规货币政策。第二，讨论是否应该采取"反周期"的货币政策来应对资产价格泡沫。以米什金和加利（Gali）为代表的学者主要持质疑态度。第三，研究金融稳定与货币政策。Claudio Borio（2012）认为不考虑金融周期就无法理解经济周期的波动与政策调整，Frank Smets（2014）则提出了另一个问题——以价格稳定为导向的货币政策框架应在多大程度上考虑金融稳定目标，Christophe Blot 等（2014）则认为金融稳定应当独立于价格目标。

股票资产、外汇资产、房地产等极易偏离均衡成为泡沫的资产载体，这些资产属于投机资产的范畴。首先，这些资产一般收益率较高，所以吸引了大量投资者和投机者购买；其次，交易成本较低，而且只要市场预期乐观，转手交易非常方便快捷；再者，这些资产供求关系不易达到均衡，资产在一定时期内很难迅速增长，即供给有限。例如，股票、货币都不能无节制地发行，而房地产则有较长的建设周期。对这些资产的需求旺盛，而供应一时难以满足需求就容易引起价格系统上涨。Smets（2004）在讨论资产价格泡沫与货币政策时，选用了股票价格和房地产价格作为代表。当存在着非基本面因素推动资产价格的波动以及与基本面无关的资产价格波动对真实经济有着潜在的显著影响时，资产价格在货币政策中的重要性就会上升。

一、资产价格泡沫与金融脆弱性

对金融资产价格的均衡分析是在严格的假设条件下进行的。在现实的金融资产市场中，并未实现金融市场自由化及资金在货币市场、外汇市场和股票市场之间的完全自由流动、自由互换。在不完全信息与有限理性条件下，一些国家可能会发生金融资产价格偏离均衡甚至形成金融资产价格泡沫的现象。

（一）引致金融资产价格偏离均衡的因素分析

从制度变迁的角度来看，金融资产价格泡沫的产生有其制度根源。制度变迁的过程中包含了虚拟经济的发展过程，市场经济制度如汇率制度、交易所制度等本身就蕴含着容易诱发投机泡沫的因素。发展中国家市场制度缺陷较多，实体经济基础相对薄弱，比发达国家更易产生投机泡沫。概括而言，引致这些资产价格偏离均衡的主要因素除了载体的相对稀缺性外还有以下因素：

1. 货币供应量的变动与金融资产价格泡沫

中央银行通过公开市场操作、存款准备金率或外汇储备等的变动来改变货币供应量，对资产市场实施宏观调控。如果调控顺应了金融资产的价格均衡关系，便可以促进货币经济的协调发展。但如果货币供应量的改变扭曲了资产价格的均衡关系，致使货币经济领域形成大量的累积性问题，最终将促使经济泡沫形成，并付出沉重的代价。

货币供应量增加是引起资产市场资金过剩的重要原因之一。货币供应量与股票价格（以此种价格为代表）上升有很强的相关关系。当货币供应量增加时，由于利率降低而使买卖股票能获得更多收益，于是很多投资者开始买卖股票。随着股价持续上涨，投资者会不断地将定期或其他储蓄存款转换为活期存款。Sprinkel（1964）首先研究了货币政策变量变化与股票价格的关系，利用作图的方法，发现货币供应量变动的峰值领先股价约 15 个月，谷底值领先股价约 2 个月。20 世纪 70 年代初，经济学家开始使用线性回归的方法寻找货币政策与股票市场之间的定量关系。Homa 和 Jaffee（1971）找出了货币供应量水平、货币供应增长率与股票价格的线性关系，得出货币供给的扩张将导致股价上升的结论。Keran（1971）在 Homa 和 Jaffee（1971）的研究基础上考虑了利率因素。Hambueger 等（1972）在 Keran（1971）的模型中又加入了当期价格水平及公司债券利率，这样有助于辨别货币供应量对股价影响的直接冲击（不是通过利率的间接冲击）。

徐滇庆等（1999）对台湾股价持续上涨与货币供应量变动之间的关系进行了研究，结果表明，在 20 世纪 80 年代前期，股价增长率不高，货币供应量的季增长率很少超过 20%。80 年代后期，股价飙涨，货币供应量季增长率大部分维持在 30% 以上的水平，最高时曾达到 51% 以上。到 1989 年，也就是股票价格泡沫崩溃之前，货币供应量的增长由该年第一季度的 30% 骤降到第二季度的 7.4%，到 1990 年货币供应量的增长变为负值。这就是说，当股市泡沫破灭时，投资者就会将存款改为定期。徐滇庆经分析发现，货币供给与股价正相关，具体而言，货币供给增加，股价会上升，上升幅度是货币供给每增加 1%，股价将上升 1.757 7%，而且，货币供给对股价的解释能力很强。佟家栋（1995）在对美国股票价格与 M2 的关系进行研究时，将 1871—1989 年分为六个时期考察其相关度。他发现在经济处于稳定上升阶段即 1871—1913 年、1949—1966 年、1981—1989 年间，货币供应量和股票价格显著相关，尤其是 1981—1989 年的相关系数较高。经济处于稳定增长阶段，通常也是货币政策趋于扩张的阶段，此时，货币供应量的增长为股票价格的上涨提供了资金。这两位学者对不同股票市场的研究表明货币供应量与股票价格存在高度相关性，证明了货币供应量的变动可能会引致资产价格泡沫尤其是股票价格泡沫这一点。

2. 不完全信息博弈与资产价格泡沫

现实经济中的信息是不完全的。不完全信息理论（imperfect information theory）的基本思路是由美国经济学家阿克洛夫（Akerlof）在 1970 年发表的代表作《"柠檬"市场》（The Market for "Lemons"）中提出的。其基本思路为在产品、要素市场中，交易双方持有的不对称信息使得市场的交易行为很难是高效率的，甚至是无效的。

信息不完全表明经济主体获得的信息往往是不充分的、非对称的、有缺陷的。经济主体的行为在不完全信息条件下常常会扭曲均衡从而造成行为异化。经济决策环境的信息是不完全的，大量经济决策都是在不确定条件下完成的。只要经济中存在不确定性，就会有投资者通过获取信息减少不确定性。在不确定的环境中，信息的价值是显而易见的。20世纪80年代，信息不完全理论被引入金融市场。很多学者研究表明，金融资产市场更是一个信息不完全的市场。Stiglitz和Weiss（1981）的研究表明，信贷市场的信息不对称，以及由此产生的反向刺激和逆向选择可以导致某些市场（不完全市场）的崩溃和一些异乎寻常的市场失衡，金融中介的脆弱性也增强了。在证券市场中表现为信息是有时效性的，而信息不对称导致了信息的获得在时间序列上有迟早之分，先获得信息的投资者根据自己的信息优势进行交易，而后获得信息的投资者不可能成为根据信息进行股票买卖的理性投资者。

3. 积极反馈投资策略引致资产价格泡沫

反馈理论是建立在适应性预期的基础上的，正反馈交易策略使价格的变动趋势加强，价格变动的幅度增大。Summers（1989）等通过分析投资者的行为发现，理性投资者如果采用积极反馈策略可能会引发资产价格泡沫。他们的理论模型中包括这样三种类型的投资者：第一种是积极反馈投资者。这种类型的投资者在资产价格上升时买进，在资产价格下跌时卖出。他们是趋势追随者，在触及止损订单时，会抛售所持有的头寸，而且，一旦在资产价格发生了大幅度变化又不能补交保证金时，这类投资者会对所持头寸进行变现。第二种是预先获得信息的理性投资者。第三种是被动交易者。他们的交易行为完全依赖于与基本面相关的价格变动。假设理性投资者预先获得了某种利好消息而提前进行交易，导致资产价格的最初变动，这可能会刺激第一种投资者即积极反馈者的跟进，从而推动资产价格进一步上升。因此，理性投资者最初购进资产的规模越大，价格上涨幅度越大。积极反馈者对价格上升反应灵敏，积极跟进买入，这便使价格更加偏离基础面，将产生更大的泡沫。在资产价格泡沫形成过程中，由于积极反馈交易者的预期，价格的波动更为剧烈。

（二）"模仿传染模型"与资产价格泡沫的运行周期

资产价格泡沫的引发是多种因素共同作用的结果，泡沫从产生、膨胀到破裂经历了一个周而复始的运动过程。资产价格泡沫的运行周期与经济周期不同，前者在很短的时间内就可以出现相当大的起伏。当泡沫膨胀到一定程度后，价格上升减缓或停滞，泡沫过度的膨胀使投资者开始逐渐意识到资产价格远远脱离其内在价值，风险厌恶程度加大，这时，一些利空消息或随机事件就会引起泡沫收缩，恐慌性抛售会导致资产价格暴跌。在社会心理等因素的作用下，价格将出现急速下跌趋势，甚至出现危机。

Lux（1995）的模仿传染模型表明，模仿引发的群体行为导致了泡沫的运行周期即泡沫的产生、膨胀和崩溃。当投机者不能从价格中提取完全信息而从其他人的行为中提取信息时，市场就会过分波动。当乐观情绪在市场占优时，便会逐渐形成泡沫，泡沫不断膨胀并远高于基本价格；但当悲观情绪在市场占优时，泡沫就会逐渐萎缩，此时形成的价格可能会低于基本价格。模仿传染导致的群体行为是泡沫膨胀的主要原因之一。

（三）资产价格泡沫引发金融脆弱性

按照研究对象划分，金融脆弱性基本上可以分为金融机构的脆弱性和金融市场的脆弱性。金融机构所具有的过度借贷的内在冲动是造成金融机构脆弱性的核心原因。根据明斯基（Minsky）的金融体系内在脆弱性假说，在经济繁荣时期，贷款者的贷款条件会越来越宽松，同时借款者更是积极地利用这种宽松有利的借贷资金环境。

金融市场的脆弱性表现在金融资产价格的波动性，即其联动效应行为上。资产市场极易形成泡沫，并与银行部门存在关联，当资产价格发生突发性价格下跌时，会传递至银行部门。金融资产价格过度波动形成泡沫，通过传递效应、不对称效应、金融加速因子三种效应加剧了金融体系的风险积累。由于经济周期波动或金融运行受到的外部冲击将有可能使金融市场脆弱性的矛盾激化，并有可能由此引发金融危机。

1. 资产价格泡沫的传递效应与金融脆弱性

在资产价格泡沫运行中，金融风险的不断积累乃至突然释放会形成金融脆弱性甚至整个金融体系的崩溃，这同时会对实体经济产生不利的影响，因此有必要对资产价格的传递效应进行分析。由于跨国资本流动规模的扩大使各国股票市场、外汇市场、货币市场更加紧密地联系在一起，任何一个国家的资产价格过度动荡都会迅速传导到其他国家的市场上。Abhjit（1992）认为投资者趋同的效应会加快反映在资产的价格上。当一国资产价格破灭甚至引发金融危机时，投资者的预期突然逆转，使泡沫破灭的效应迅速传染。他的研究表明，在信息不对称情况下，心理预期因素的传递性会削弱金融市场的支撑力，导致市场的联动。这一全球化链条上的任何一个薄弱环节一旦出现金融动荡，或者金融资产价格泡沫的崩溃都会迅速向相关国家传递，从而形成区域性甚至全球性的金融危机。Cooper（1985）指出，金融国际化和自由化尤其是银行业务的全球化发展、国际金融范围债务链条的日趋复杂以及金融交易规模的日益庞大使得支付清算体系更加脆弱，在一国的金融资产价格泡沫使该国的金融市场动荡的同时，该国的金融机构可能会丧失对外偿付能力，进而影响到债权国金融市场国际支付力的连锁反应。而且，金融资产价格泡沫破灭所引发的金融机构流动性危机会进一步导致清偿能力危机。如果一国出现了汇率泡沫，它会通过国际贸易向国外传递。

2. 资产价格泡沫的不对称效应及金融脆弱性

在资产价格泡沫形成过程中，虽然资产价格的上升对商品和劳务价格产生的直接影响较小，但给金融体系的稳定性带来了较大的间接影响。当资产价格快速上升时，金融机构扩张信用，以资产为抵押物发放贷款。在这种情况下，资产价格的大幅度下跌会引发金融机构的巨大损失，这必然会引发金融脆弱性。Bernanke，Gertler 和 Gilchrist（1999）指出，资产价格上升带来的商品和劳务价格膨胀相对较小。相反，资产价格泡沫的迸裂会对金融体系的稳定带来破坏性后果，而且会产生一个严重的通货紧缩后果。如果一国金融机构多以房地产或股票为抵押品发放贷款，这些资产价格的变动不仅对总需求产生一些潜在的影响，而且会影响金融脆弱性程度。如果金融机构以相对较低的抵押率发放贷款，当各国资产价格下降时，基本抵押品价值与贷款账面价值相比已远远不足，这可能会给金融体系带来实际的损失，而且会通过中介融资的未来可获得性和成本带来逆向效果。另外，房地产价格等资产价格的变动会引起公司资产负债表的变化。资产价格的变化在一定程度上会影响公司净值，又由于信用市场的不完善使得公司通过金融中介获得项目投资更为困难。作为一种结果，金融加速因子会在经济活动中放大这种效应。

根据美联储 2016 年公布的《消费金融报告》（2016 Survey of Consumer Finance），美国直接或间接持有股票的家庭比例在 50% 以上，并且股票在家庭持有的金融资产中占比也在 50% 以上。这样，股票价格泡沫的崩溃容易形成总需求的迅速收缩，借款者发现他们无力偿还贷款。随着股权投资越来越普通，这种效应会进一步加强。以股票为抵押品的贷款规模的持续增加，会使股票价格的波动与金融脆弱性的关联性增强。

二、资产价格的货币政策传导

随着金融结构的变迁尤其是资本市场的发展，资产价格的重要性日益凸现，对传统的货币政策传导机制提出了挑战。货币冲击或一些非理性因素会引起资产价格的波动，而资产价格波动又会对消费和投资支出产生影响，进而改变产出水平。

房地产价格对总需求的影响主要是通过房地产消费、居民财富及银行的资产负债表这三条途径来实现的。Nakagawa 和 Osawa（2000）对美国、英国、德国、日本的数据进行研究后认为，虽然某些资产价格波动对通货膨胀和产出变化有预测能力，但没有明确的证据证明金融市场总能解释宏观经济变量的波动。Filardo（2000）认为，房地产价格膨胀显示出对未来通货膨胀有限的预测能力。而 Iacoviello（2005）构建的包含房地产抵押效应与名义债务效应的一般均衡模型，发现在房价冲击下，抵押效应使得消费的变动与房价的变动趋于一致，但将房地产价格纳入泰勒规则后，尽管房地产价格传递并放大了对实体经济的冲击，但对该价格作出反应不会在产出和通胀稳定方面产生显著收益。关于股票价格的货币政策传导综述详见"货币政策传导机制研究"一文。

（一）资产价格与通货膨胀的测量

运用传统的物价指数进行通货膨胀测量，只体现了商品、服务的价格水平，并没有反映出资产价格如股票价格、房地产价格等的变动情况。如果货币政策以持续的物价稳定作为最终目标，仅仅监控传统的物价指数是不够的。因为随着金融市场结构的深化，资产价格中具有越来越多有用的信息内涵，使资产价格成为商品、劳务价格未来变动的一个重要预测指标，从而为货币政策制定者提供了私人部门对于通货膨胀预期的有用信息。因此，有必要从动态的角度扩展物价指数，使其成为传统物价指数如 CPI 的参考指标。对于传统物价指数的拓展主要体现在以下几个方面：

1. 跨期生活费用指数（ICLI）

美国经济学家欧文·费雪（Irving Fisher）指出：货币政策制定者应当致力于稳定包括资产价格如股票价格、债券和房地产及生产、消费和服务价格在内的广义价格指数。Alchian 和 Klein（1973）沿着费雪的思路，提出了跨期生活费用指数（intertemporal cost of living index，ICLI）的概念。

当我们讨论测量生活费用变动的物价指数时，总是集中于当前的消费活动，如传统的物价指数仅考虑基期到现期物价变动情况。然而，消费者行为拥有一个动态特性：现期消费在很大程度上依赖于未来消费，而且，当货币当局致力于持续物价稳定时，仅以传统物价指数反映当前的通货膨胀状况是不全面的。因此，有必要将传统物价指数进行动态拓展，以探索生活费用的跨期变化。

跨期生活费用指数讨论了在一定的跨期效用条件下，生活费用的跨期变化。依据生命周期理论，整个生命周期各个阶段的预期收入和价格都会影响到当期的消费水平。考虑到家庭跨期效用最大化问题，家庭的预算约束正是其生命周期中的收入。所有资产即无形资产与有形资产都与未来的消费有关。资产价格反映了未来购买商品和服务的价格预期，也就是说，可以将资产价格作为未来商品和服务价格水平的代理变量。当人们预期未来通货膨胀率会上升时，在其他条件不变的情况下，资产价格会随之上升。因此，阿尔钦（Alchian）和克莱因（Klein）认为，货币当局不仅应当考虑当前的物价指数如 GDP 平减指数和 CPI，也应当考虑资产价格的变动。

阿尔钦和克莱因假设效用函数为：

$$U = U(x_{11}^A, \cdots, x_{n1}^A, \cdots, x_{it}^A, \cdots)$$

其中，$i=1, \cdots, n$；$t=1, \cdots, \infty$；x_{it}^A 表示在 A 经济状况下，在时间 t 对商品 i 的消费支出。

消费者的预算约束是包括有形资产与无形资产的总资产 W^A，表示为：

$$W^A = \sum_{t=1}^{\infty} \sum_{i=1}^{n} p_{it}^A x_{it}^A = \sum_{j=1}^{m} q_j^A y_j^A$$

其中，p_{it}^A 表示在经济状况 A 的条件下，在时间 t 时，商品 i 的当前价格；q_j^A，y_j^A 分别表示在经济状况 A 的条件下，资产 j 在时间 t 时的价格和数量。假设当期与未来商品价格在变化中形成了新的经济状况 B，这样，消费者若获得与 A 经济状况下相同的效用水平，所需要的资产价值就变为 W^B。在经济状况 A 与 B 之间的跨期生活费用指数被定义为：

$$ICLI^{AB} = \frac{W^B}{W^A} = \frac{\sum\limits_{t=1}^{\infty} \sum\limits_{i=1}^{n} p_{it}^B x_{it}^B}{\sum\limits_{t=1}^{\infty} \sum\limits_{i=1}^{n} p_{it}^A x_{it}^A} = \frac{\sum\limits_{j=1}^{m} q_j^B y_j^B}{\sum\limits_{j=1}^{m} q_j^A y_j^A}$$

在过去的 30 年间，一些经济学家曾对跨期生活费用指数进行了检验，为资产价格可以帮助测量通货膨胀的观点提供了基础。但也有一些中央银行的经济学家对跨期生活费用指数提出了异议，如有些经济学家认为，货币政策应该仅仅关注当前消费价格的稳定性。还有的学者认为，在整个生命周期中，将效用函数中的价格贴现为当期价格，还存在着很多需要解决的问题。

2. 动态均衡价格指数（DEPI）

从理论的角度，跨期生活费用指数有良好的特性，但是它过于抽象而很难成为实际操作中的指数。Shibuya（1992）在跨期生活费用指数的基础上，提出了一个更易于操作的指数，即动态均衡价格指数（dynamic equilibrium price index，DE-PI），运用单个商品跨期柯布-道格拉斯效用函数代替了 Alchian 和 Klein（1973）的一般效用函数假设。他用当期物价指数（GDP 平减指数 p_t）和资产价格变动率

（国民财富价值 q_t）的加权几何平均数得出 DEPI 的计算公式为：

$$\text{DEPI}_{0t} = \left(\frac{p_t}{p_0}\right)^{\alpha} \cdot \left(\frac{q_t}{q_0}\right)^{1-\alpha}$$

其中，α 为当期商品和服务价格的权重参数；$\alpha = \rho/(1+\rho)$，ρ 为时间偏好率。

Shiratsuka（1999）曾通过建立向量自回归模型对 GDP 平减指数、资产价格指数进行了格兰杰（Granger）因果检验。将 GDP 平减指数的权重、总资产价格指数的权重分别设定为 0.03 和 0.97，利用日本 1957—1997 年的数据对 DEPI 进行测量。

从图 1 中可以看到，在 20 世纪 60 年代末 70 年代初及 70 年代末 80 年代初，DEPI 和 GDP 平减指数存在较大的分歧。而 DEPI 对日本 20 世纪 80 年代末的通货膨胀压力以及 90 年代初的通货紧缩压力具有一定的解释能力，而且，DEPI 对这 40 年中几次较高通货膨胀的发生都有一定的领先指示器的作用。

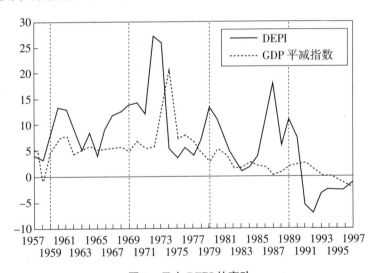

图 1 日本 DEPI 的变动

资料来源：Shiratsuka，"Asset Price Fluctuation and Price Indices," *Monetary and Economic Studies*，Institute for Monetary and Economic Studies，Bank of Japan，1999.

DEPI 在理论上很有价值，但是，不容回避的是 DEPI 的一些操作难题，这主要体现为：

首先，资产价格的变动除了受未来商品、服务价格变化预期的影响之外，还存在很多因素可能引发资产价格的波动，因此，资产价格的变动不一定完全意味着未来商品、服务价格的变化。

其次，在 DEPI 中，资产价格权重的准确性问题。DEPI 被定义为当期价格指数与资产价格的加权几何平均数。资产价格的权重几乎等于 1，而当期价格指数几乎为零，这样，DEPI 几乎成为资产价格变动的指数。从跨期最优行为角度给予当期价格指数一个很小的权重是合理的，因为当期消费只是生命周期中的一小部分，所占的权重势必很小。但是，如果当期物价指数与资产价格理论上的权重被接受，可能会出现只要资产价格相对稳定，当期价格水平的大幅波动会被 DEPI 忽视。

最后，资产价格统计中的准确性问题。目前，当期价格指数虽然受到测量误差的影响，但它们的准确性仍远高于资产价格的统计。这里需要强调的是，在 DEPI 中，资产价格必须涵盖作为当期与将来消费来源的所有资产，包括有形资产与无形资产、金融资产与非金融资产、人力资本与非人力资本，构建一个涵盖如此之多的资产价格指数无疑是困难的。

为了克服权重的问题，Shiratsuka（1999）做了进一步的探讨。这次检验的假设条件为：第一，资产价格的观察误差比当期价格指数的观察误差多 100 次；第二，资产价格波动与当期物价指数没有相关性。在图 2 中，纵轴与横轴分别表示资产价格与 DEPI 观察误差的相对权重。向右上方倾斜的虚线表示依据资产价格与 DEPI 观察误差权重进行理想的通货膨胀测量的无差异曲线。DEPI 中估计误差值随着资产价格与当期物价指数之间所分配权重的变化而变化。随着资产价格所占权重的增长，DEPI 观察误差上升。二者权重之间的可行性搭配即"通货膨胀测量前沿面"向右上方倾斜，一方面，资产价格权重的增加使 DEPI 将更多地反映未来通货膨胀预期的信息；另一方面，DEPI 观察误差的增加也会减少通货膨胀测量的可信度。

如果无差异曲线与通货膨胀测量前沿面相切，切点将是资产价格与观察误差权重的理想结合点。如果将 DEPI 作为货币政策的目标指示器，随着资产价格权重的增加，DEPI 观察误差也会增加，这意味着无差异曲线比通货膨胀前沿面更加陡峭，这样，就产生了如图 2 中左下角所示的结果，即货币当局进行通货膨胀理想测量是使资产价格的权重为零。正因为 DEPI 中资产价格的权重过大，其很难成为货币政策判断的核心指标。但是，货币当局可以从资产价格的变动中提取一些关于未来通货膨胀发展的信息，这样，DEPI 可以作为货币当局进行定性分析时的一个参考指标。

3. 古德哈特（Goodhart）等的观点

Goodhart（1995）认为，资产价格的变动能够准确地反映未来消费物价的变化。中央银行将货币政策的目标只限定在通货膨胀上显得过于狭窄，应当构建包括房地产价格、股票价格在内的广义通货膨胀指标（broad price index）。因为未来消费价格与当期消费的商品和劳务价格一样重要，因此，建议中央银行应当将包括一定权重资产价格的广义价格指数作为货币政策的最终目标。

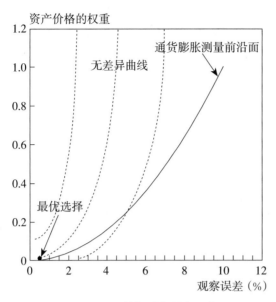

图 2　DEPI 的权重和观察误差

尤其是美国这样一个股票市值和房地产价值均超过国民生产总值的国家，在进行通货膨胀测量时，不仅要考虑商品与服务的通货膨胀，也应当考虑资产价格的变动。以美国经济结构为基础加权编制一个广义价格指数，各构成要素的权重大致与美国的经济结构一致。其中，商品、服务价格变动的权重约为 80%，房地产的权重约为 15%，股票权重为 5%。在 1995 年以前，美国股票、房地产市场并非十分火爆之时，依上述比例计算的广义通货膨胀率及消费物价指数大致接近，均为 2.5%；而在 1997 年 3 月—1998 年 3 月，美国的 CPI 为 1.4%，但广义通货膨胀率已高达 6%。如果当时美联储仍无视资产市场与商品、劳务市场价格的这种背离，势必会影响到货币政策的有效性。

不同国家通货膨胀与资产价格之间的关系不尽相同，而且随时间的变化而变化。比如，由于美国市场的高度资本化和居民财富中股票所占比例较高，股票价格变动对经济的影响要大于其他 OECD 国家，美联储指出其股票价格变动对通货膨胀及产出有显著影响；而在其他 OECD 国家中，进出口构成了 GNP 的较大比例，因此，汇率的变动对这些国家的影响更为重要。

4. 核心通货膨胀率

Bryan 和 Cecchetti（1993）对核心通货膨胀率做了一些早期的尝试。他们的基本思路是：每一种商品、服务和资产价格的当期变动中，有一种共同的成分来反映核心通货膨胀率，又有一种特殊（质）的成分反映相对价格的变化。构建一种反映核心通货膨胀率的指数，使其尽可能地反映所有价格的一种共同趋势，尽可能小地反映单个商品、服务及资产的异动行为。一般而言，这个指数应当是所有价格变动的加权平均，而权重的选择会剔除相对价格的变动。在现实操作中，这个指数包括或者不包括任一特定的指数是一个经验性问题。

（1）Bryan-Cecchetti 的动态因素指数（dynamic factor index）。假设每一种商品、服务和资产价格的变动拥有共同与特殊的两种成分，分别将这两种成分表示为 π_t，x_{it}，这样，通货膨胀率可表示为：

$$\pi_{it} = \pi_t + x_{it}$$

其中，i 表示为不同商品、服务及资产的指数；t 表示时间。假设 π_t，x_{it} 为不相关的，通货膨胀测量指数 I_t 可通过对单个通货膨胀测量进行加权获得，我们设定一系列权重后可得：

$$I_t = \sum_i w_{it} \pi_{it}$$

其中，权重 w_{it} 可以随着时间的变化而变化，而且有 $\sum_i w_{it} = 1$，这样 I_t 又可以表示为：

$$I_t = \pi_t + \sum_i w_{it} x_{it}$$

指数 π_t 被定义为动态因素指数 DFI。这里需要计算不同价格的相对权重，因此，构建了一个物价指数的方差权重[①]：

$$w_i = \frac{\dfrac{1}{\sigma_i^2}}{\sum\limits_{i=1}^{N} \dfrac{1}{\sigma_i^2}}$$

其中，σ_i^2 是商品 i 物价变动率的方差。使用这种方差权重，可使测量的通货膨胀指数的方差等于或小于指数构成成分最小波幅的方差，有利于核心通货膨胀率的测量。

在这种方差权重的讨论中，每个组成部分的权重与这一部分的价格波动幅度呈反比例关系。这是因为，商品、服务及资产价格变动越频繁，其反映所有价格共同趋势的信息会相对少一些，在这个指数中所获得的权重就会小一些；相反，当某些商品价格变动十分平缓时，这些商品含有对核心通货膨胀测量的更多信息，因而，被赋予相对较大的权重。

（2）核心通货膨胀的实证分析。Goodhart（2000）通过对 11 个国家的实证分

---

① Wynne，M. A.，"Core Inflation: A Review of Some Conceptual Issues," Federal Reserve Bank of Dallas，2000.

析来考察资产价格纳入价格指数的权重问题。图 3 反映了对 11 个国家核心通货膨胀率的测量中，房地产及股票价格的计算权重。由于股票价格比消费品价格的波动性强，因此，其权重非常低，没有超过 2.5%，且一般低于 2%。在资产价格中，房地产价格比股票价格波动性要小，从图 3 中可以看到其权重要相应地更大。

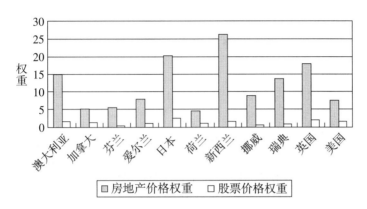

图 3　在核心通货膨胀测量中房地产、股票价格的权重

资料来源：Cecchetti，Stephen G，"Asset Prices and Central Bank Policy," Geneva Reports on the World Economy，Center for Economic Policy Research，2000.

图 4 反映了英国、日本和瑞典的核心通货膨胀率与 CPI 之间的比较。总体而言，在 1983—1997 年期间，两种指数是非常接近的，但不难发现，在一些特殊的时间段这两种指数也存在着明显的差异。比如，1987—1990 年间，英国房地产价格膨胀；1987—1988 年，日本资产价格膨胀与当时的泡沫经济密不可分。相似的是，在 20 世纪 80 年代末，由于金融自由化，瑞典经历了房地产和股票价格的泡沫，这些在核心通货膨胀测量中的体现比传统的 CPI 更加明显。可以想象，中央银行若及早参照核心通货膨胀测量，货币政策在资产价格泡沫时期的操作会更加恰当。中央银行尤其需要考虑包括一定权重资产价格的物价指数与传统 CPI，甚至是消除能源、食品等价格变动的 CPI 之间存在严重背离时期的货币政策运作。

（二）资产价格在通货膨胀目标框架中的作用

由于资产价格包含未来通货膨胀水平的信息内涵，使其在通货膨胀测量中发挥着重要作用。许多国家的中央银行已经将资产价格纳入通货膨胀测量的结构性宏观模型中，而且，不同国家的资产价格对通货膨胀测量的影响程度不尽相同。

Goodhart 和 Hofmann（2001）构建了金融条件指数，它是短期实际利率、有效实际汇率、房地产价格和股票价格的加权平均值。在以七国集团为样本进行检验时发现，将资产价格包括在内的金融状况指数包含了未来通货膨胀压力的重要信

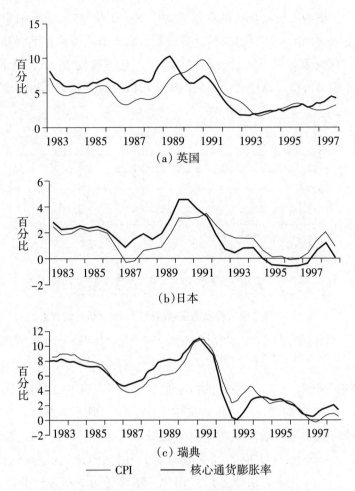

图4　英国、日本和瑞典核心通货膨胀率与 CPI 比较

资料来源：Cecchetti，Stephen G.，"Asset Prices and Central Bank Policy，"Geneva Reports on the World Economy，Center for Economic Policy Research，2000.

息，七国集团的金融状况指数与未来通货膨胀具有高度的相关性。

Reifschneider（1999）进行了货币政策的分析及预测，在此用其进行股权风险溢价变动的效应分析。假设股票市场财富的变动不是由基本面因素的变化引起的，表 1 表明了长期股权风险溢价的上升足以引起股票市场财富缩水 20%。假设美联储令联邦基金利率保持不变，模型的模拟显示，三年里通货膨胀率将下降 0.4%，GDP 的水平也将下降 1.20%。但如果美联储遵循泰勒规则下调联邦基金利率就可以在一定程度上冲销股票市场的财富效应，以实现通货膨胀目标及防止 GDP 的下降。当然，这些模拟结果并不可机械地运用，但可以作为中央银行进行判断的工具之一。

表 1   **FRB/WS 模型中股权风险溢价宏观模型结果**

	1 年后	2 年后	3 年后
联邦基金利率不变			
GDP 水平	−0.4	−0.9	−1.2
通货膨胀水平	0	−0.2	−0.4
运用泰勒规则			
GDP 水平	−0.2	−0.3	−0.3
通货膨胀水平	0	0	0
名义联邦基金利率	−0.3	0.4	−0.4

资料来源：Reifschneider，D. R. Tetlow and J. Williams，"Aggregate Disturbances，Monetary Policy and the Macro Economy：The FRB/WS Perspective，" *Federal Reserve Bulletin*，pp. 1 - 19，Jan. 1999.

英国货币政策委员会（MPC）进行预测的核心模型是英格兰银行的宏观计量模型。

资产价格变动对通货膨胀影响效应的发挥，主要取决于资产价格变动的原因在多大程度上来自非基本面，因此，英国货币政策委员会不仅考虑资产价格的波动对潜在资产价格的影响，还要研究相关资产价格的变动。

从表 2 的结果可以看到，资产价格变动对通货膨胀预测有着显著的影响。如果汇率外生性变动 10%，将会使 2 年期 RPIX 上升 1.4%；还可以看到，房地产价格变动对通货膨胀的影响大于股票价格相应变动的效应。

表 2   **英格兰银行模型中资产价格变动的宏观效应模拟**

	对 GDP 的影响（%）		对 RPIX 通货膨胀水平的影响（%）	
	一年	二年	一年	二年
汇率下降 10%	0.7	0.1	1.1	1.4
股票价格上涨 10%	0.1	0.2	0.0	0.1
房地产价格上升 10%	0.4	0.2	0.3	0.3

注：股票价格变动来自非基本面，而且假设名义政府消费不变。
资料来源：英格兰银行。

OECD（1999）运用 INTERLINK 模型对股票价格的波动效应进行了检验。假设美国股票价格下降了 30%，OECD 其他国家的股票价格将下降 15%。美国政府及时的股票价格调整对 GDP 增长的影响见表 3。

表 3   **股票价格调整对 GDP 增长的影响**

	2000 年	2001 年	2002 年
美国	−0.8	−1.2	−0.4
欧盟	−0.3	−0.5	−0.1
日本	−0.7	−0.6	0

资料来源：OECD Economic Outlook，Dec. 1999.

　　既然资产价格对 GDP 增长及通货膨胀预测发挥着一定作用，应该考虑对传统通货膨胀测量指数进行拓展，纳入一定权重的资产价格因素。资产价格巨幅增长虽仅被赋予很小的权重，但它们的影响将是重要的。

　　总之，低而稳定的通货膨胀预期是物价稳定的关键，通货膨胀预期的测量对货币政策的分析尤为重要。资产价格尤其是其中的房地产价格会对通货膨胀预测产生一定的影响，这需要引起货币当局的关注。

三、2008 年金融危机前关于货币政策是否应对资产价格波动做出反应的争论

　　经济学家关于货币政策对资产价格波动反应问题的讨论十分活跃，Poole（1970）最早将资产价格纳入货币政策的反应函数中，Henderson（1984）等对其进行了拓展，将汇率因素纳入 Poole（1970）的框架中。Batini 和 Nelson（2000），Bernanke 和 Gertler（1999，2001），Cecchetti（2000），Cecchetti（2002），Taylor（2001）等进一步丰富了分析框架。回顾相关文献可以分为四类：Bernanke 和 Gertler（1999，2001），Cecchetti（2000）的早期研究集中在除了存在通货膨胀预期之外是否对资产价格做出反应。Dupor（2001，2002）分析了当信贷市场存在摩擦以及资产市场中有非基本面冲击时会产生价格稳定与资产价格稳定之间的协调问题。Borio 和 Lowe（2002）以及 Bordo 和 Jeanne（2002）研究了由于金融资产市场扰动引发的金融脆弱性。另外，还有部分文章，例如，Caballero 和 Krishnamurthy（2003），Miller（2000）等主要研究了中央银行对资产价格崩溃做出过多反应而产生的激励以及道德风险问题。

（一）货币政策不必对资产价格波动直接做出反应

　　Bernanke 和 Gertler（1999，2001）进行了最具代表性的研究，他们认为，有弹性的通货膨胀目标构建了一个有效、统一的框架，以达到宏观经济和金融稳定的目标。假设中央银行对于通货膨胀的稳定性有很好的承诺，货币政策没有必要对资产价格的变化做出反应，除非资产价格帮助预测了通货膨胀以及通货紧缩的压力。两位经济学家在有弹性的通货膨胀目标制下，进一步扩展了之前建立的一个开放小国下的新凯恩斯主义宏观经济模型，即 BBG 模型，允许资产价格外生泡沫存在。模拟结果显示，如果中央银行利用利率等货币政策工具随时对资产价格（例如股票价格）的变化做出反应，经济会产生较大波动，也会加大资产价格本身的波动幅度。而在有弹性的通货膨胀目标下，当资产价格变动会产生通货膨胀压力时，中央

银行才会予以反应，这样可以避免资产价格的大起大落，从而实现金融稳定。钉住资产价格的货币政策可能会加剧经济波动，他们认为货币政策不应试图直接对资产价格的变化做出反应。Bernanke 和 Gertler（1999）也指出，有必要将他们构建的模型拓展至开放经济条件下以及包括更多经济危机的来源，例如，一国货币遭遇投机性冲击等。

持相同观点的有 Batini 和 Nelson（2000），Filardo（2000）以及 Mishkin（2001）等学者。瑞典中央银行的 Hessius（1999）指出，中央银行不应试图用利率政策去控制资产价格的发展趋势，以阻止任何可能形成的泡沫，与其如此，还不如在资产价格泡沫崩溃后再去设法恢复其稳定。

Mishkin（2001）认为，钉住资产价格变化可能会恶化货币政策的表现。因为确认泡沫是否存在对于中央银行而言是困难的，即便钉住股票价格，由于股票价格变动与货币政策之间的联系松散，也达不到调节股票价格的作用。Bernanke 和 Gertler（2000，2001）指出，资产价格的非基本面波动一方面来自金融监管部门不到位，另一方面是由于投资者的非理性投资。Greenspan（1996，1999）指出，要想刺破股市泡沫意味着中央银行能够比市场还了解市场。他进一步指出，金融市场是非对称的，即使股票价格下降的幅度超过上升的幅度，货币政策一般也不会直接将股票价格作为货币政策调控目标。Friedman（2000）的实证分析结果表明：股票价格对通货膨胀和产出的影响几乎都不显著，进而很难以信息变量的形式进入货币当局的决策视野。

（二）货币政策对资产价格波动予以反应

以切凯蒂（Cecchetti）和古德哈特为代表的一方认为，当资产价格与基本面存在差异时，货币政策应当采取相应的措施，直接对资产价格的变化做出反应，降低泡沫的形成概率，减少繁荣期与萧条期的投资波动，才能更好地实现宏观经济稳定。Goodhart 和 Hofmann（2001）认为，资产价格的变化中含有对预期通货膨胀和产出缺口的有效信息，对这一信息的忽略将导致货币政策反应函数不是最优的。Boria 和 Lowe（2002）认为，在一定情况下，特别是信用市场过热时，货币政策对股票等资产价格做出反应，可能对维护货币、金融稳定是适当的。

1. 采取预先防范式货币政策反应

对于货币当局采取何种方式对资产价格的波动做出反应，存在两种不同的观点，一是针对资产价格上涨采取事前积极调整的方法；二是采取反应性货币政策。Bordo 和 Jeanne（2002）提出了一个当资产价格泡沫最终崩溃时，货币政策最优反应的模型。他们区分了两种货币政策方法，一种是事后反应的，一种是前摄的。利用前一种方法时，货币当局会等待观望资产价格泡沫是否会崩溃，如果泡沫崩溃了，货币政策再予以相应的反应。对于后一种方法，货币当局会试图控制资产价格的上涨，以减轻其崩溃的可能性。Bordo 和 Jeanne（2002）认为，货币政策应当处理由于资产价格暴跌引发的金融不稳定，但是不应在价格暴跌时期进行货币政策调整。当资产价格对于实际产出产生重大影响时，他们对采取预先防范的货币政策以及反应性货币政策时应当考虑的问题进行了探讨。他们构建了一个标准化的模型，指出这种最优的货币政策运作是一种非常复杂的方式，它依赖于经济状况，包括私人部门的预期。历史上，不同国家发生的资产价格泡沫各有不同的特性，但大多数房地产价格泡沫的膨胀与崩溃要比股票价格泡沫更为频繁，在小国发生的概率会更高。

2. 对资产价格变动的最优政策反应

运用利率工具遵循泰勒规则抵消资产价格膨胀和崩溃带来的负面影响。Smets（1997）最早系统地分析了货币政策对资产价格变动如何进行最优政策反应的问题。他指出，在保持价格稳定的目标下，货币政策如何对资产价格波动做出反应在很大程度上依赖于资产价格变动的原因，例如，若股票价格的上扬是由于生产力水平的持续提高，则实际利率应当保持不变；相反，如果股票价格的波动来自非基本面的冲击，最优政策应视提升利率水平予以反应。Smets（1997）在中央银行的通货膨胀目标框架下，构建了一个简单的模型，以说明中央银行对金融资产价格波动产生的潜在通货膨胀压力，以及如何进行货币政策最优反应。此模型由 6 个公式组成，其中包括菲利普斯曲线方程、考虑了利率和股票价格的总需求方程、套利公式以及股利方程等。

中央银行通过调整名义利率来减少损失函数：

$$E_t \sum_{i=0}^{\infty} \rho^i L_{t+i}$$

其中，$L_t = \gamma^2 (y_t \varepsilon_t^i)^2 + x(p_t \bar{p})^2$

在中央银行追求长期物价稳定目标的情况下，货币政策透明度很高，工资制定者、金融市场参与者都了解此模型。所有的市场参与者都关注前一时期物价水平与产出的实际情况，资产市场的参与者更有动力去获取这方面的信息，因为他们的利润依赖于他们对当期及未来收益预测的准确性。比如，股票市场的分析者由于利润驱动，搜集更为详细的公司层面信息，以预测投资于公司股票的收益。

中央银行关心的是产出缺口及物价水平偏离目标的程度。在此模型中，最优货币政策是使物价水平趋于其目标值。然而，实际均衡的产出与物价水平可能不同于其目标值，这在一定程度上可能是由于中央银行没有冲销一些非预期的需求冲击，也可能是对于当期冲击影响产出缺口及物价水平缺乏信息。Svensson（1997）的一个更为接近现实的动态模型也得出过相似的结论。在他的模型中，菲利普斯曲线和总需求函数都有一个滞后区间。他认为，实际产出与通货膨胀偏离目标值是由于在这个滞后区间中发生的冲击。

Smets（1997）具体讨论了中央银行通过利率反应函数以达到物价稳定目标，控制通货膨胀的两种情况。第一种情况为中央银行与资产市场参加者的信息集是相同的。也就是说，资产市场参与者并不比中央银行了解更多关于当期需求与供给冲击方向的信息时的最优货币政策反应函数。为了实现物价目标，中央银行采取紧缩性货币政策即提高利率水平，以此来抵消由于资产价格上涨所引发的需求冲击而形成的产出缺口。当资产价格没有对总需求产生影响时，它被排除在反应函数之外。这样，货币政策的最优反应函数可以解释为：中央银行通过设定利率及其他资产价格（如汇率的加权平均值即 MCI），对潜在的产出缺口做出反应。

以 MCI 作为货币政策操作目标，并不意味着货币政策对所有的资产价格变动能自动做出反应，它取决于是否存在产出缺口；另外，使用 MCI 作为操作目标有必要对引起资产价格波动的原因进行分析，也就是说，货币当局应当对何种冲击会影响 MCI 目标的实现进行具体分析。

第二种情况假设资产市场的参加者观察到了当前的供给和需求冲击，在这种信息不对称条件下，货币当局的最优利率反应函数。当股票价格包含有当期供给冲击的信息时，货币政策对股票价格的反应程度就会降低，决定反应程度的最重要因素就是供给冲击与金融冲击的方差之比。资产价格信息内涵作用的大小决定了中央银行对资产价格变动所采用的不同反应政策。如果资产价格的信息内涵充分，中央银行趋向于不对资产价格做出反应，就是最优的政策选择；如果资产价格中有很大的噪声而信息含量十分有限，中央银行就应当采用逆向操作的政策反应。

Clarida，Galì 和 Gertler（1997）对加拿大和澳大利亚 1989—1996 年间金融资产价格的政策反应函数进行估计。假设两国在一定的操作期间均以名义利率 R^* 作为中介目标，此目标的确定取决于一国的经济状况，尤其是通货膨胀和产出缺口。他们的分析可以概括为以下三点：

第一，构建了一个简单模型。在此模型中，中央银行的目标是物价稳定、控制通货膨胀，并讨论了对于非预期的金融资产价格变动，最优的货币政策反应机制。分析结论是：货币政策反应依赖于金融资产价格变动影响中央银行通货膨胀预期的方式。这里有两个不容忽视的因素，即金融资产价格在货币政策传导机制中的作用及金融资产价格的信息内涵。

第二，对加拿大、澳大利亚货币当局的政策反应函数进行了估计，发现两国中央银行对通货膨胀偏离目标都进行了强有力的反应。加拿大银行运用 MCI 对汇率贬值的系统性反应机制是提升利率水平；而澳大利亚联邦银行则并没有对汇率变动做出反应，原因在于澳大利亚的贸易冲击更为重要。

第三，不能忽视金融资产价格对于中央银行在追求物价稳定目标过程中的作用。原因在于：首先，金融资产价格的信息内涵会对货币政策的实施有一定作用，从金融资产市场获得政策预期，有助于评估政策实施时机的适当性及有效性；其次，在一定程度上，持续大幅度的金融资产价格异动可能会引发金融脆弱性。金融资产价格稳定本身也应当是中央银行的重要目标。20 世纪 80 年代末，许多国家资产价格的巨大升幅并没有持续多久，而后，造成了银行部门的大幅亏损，这为上述观点提供了一定程度的支持。

3. 资产价格泡沫与货币政策动态模型

货币管理当局应当把握资产价格变动在宏观经济中的作用，但其是否应对资产价格泡沫做出反应，成为近年来货币经济学研究的热点问题。如果中央银行能够通过改变利率水平来影响资产价格泡沫破灭的概率，运用货币政策来影响泡沫发展的路径将是最优的，这样有利于保持金融体系稳定及减少通货膨胀水平的变动。这里需要考虑的是，资产价格泡沫可能在近一时期，也可能在未来更远的一个时间点破灭。如果泡沫在不远的将来破灭，对于产出的收缩作用会较为温和，通货膨胀可能会较小幅度低于目标水平；如果泡沫持续地膨胀，对于产出和通货膨胀会有一个持续扩张作用，当泡沫最终破灭时，由于不对称效应，金融体系将受到重创，而且，会延长产出水平低于潜在水平及通货膨胀率低于目标的时间。尤其是在低通货膨胀情况下，资产价格泡沫的破灭会对实体经济以及货币政策操作带来显著、持久的影响。

Borio 和 Lowe（2002）以及 Borio，English 和 Filardo（2003）则提出，中央银行应当追求一种紧缩的政策来减少泡沫的累积以及由此产生的脆弱性。Greenspan（2002）认为，首先，事先很难判断资产价格是否高估，接下来泡沫是否会破灭；其次，当这样的风险可以更加清楚地判断时，货币当局采取行动往往太晚了，而且只会刺穿泡沫，引发资产价格的暴跌。Hessius（1999）认为，中央银行不应该利用利率工具去控制资产价格的走势，以刺破可能形成的泡沫，一旦资产市场崩溃，可以利用各种工具保持金融稳定。Detken 和 Smets（2004）观察了在泡沫形成不同阶段的多个宏观经济变量。他们选取 20 世纪 70 年代 18 个 OECD 国家经历的 38 次泡沫为样本，观察了 26 个变量。由于并不是所有的泡沫都会对产出造成比较大的冲击，他们分析了高成本泡沫和低成本泡沫之间的区别。高成本泡沫（主要是房地产价格和投资）会在泡沫发展的后期崩溃，因此，一般很难在泡沫形成的初期阶段区分高成本泡沫和低成本泡沫。然而高成本泡沫在前期阶段膨胀迅速，并与相对宽松的货币政策状况有关，这一阶段货币政策的运行会偏离泰勒规则。

Gruen，Plumb 和 Stone（2003）在鲍尔-斯文森（Ball-Svensson）模型的基础上加入了资产价格泡沫讨论。假设泡沫运动为随机行为，而且这种行为会受到货币政策决策的影响。Robinson 和 Stone（2005）特别关注低通货膨胀情况下，将名义利率接近零底线作为一个限制条件来研究货币当局应对资产价格泡沫的问题。

Kent 和 Lowe（1997）利用一个跨期动态模型进行了研究。在此模型中将经济运行分为三个阶段，假设资产价格泡沫在第一阶段出现，而且中央银行能够判断资产价格的增长并不是由基本面引起的。如果第一期泡沫开始形成，在第二期则有两种可能性：要么泡沫继续增长，要么在第二期泡沫破灭。如果泡沫在第二期继续增长，则第三期会出现两种可能性，即破灭或增长；如果泡沫在第二期破灭了，则第三期的泡沫为零。资产价格变动能够传导至实体经济从而对通货膨胀目标框架产生影响，例如，资产价格的上升会形成通货膨胀的压力。如果当期的通货膨胀率高于目标水平，货币当局调整利率水平，不能很快使其恢复至目标区间，只有在下一阶段才能得到体现。中央银行发现第一阶段出现了金融资产价格泡沫，其任务是尽量减少通货膨胀率偏离目标的程度。中央银行关注未来资产价格泡沫变动可能存在的不同路径，尤其是通货膨胀变量与通货膨胀目标中间值的偏离情况。由于货币政策存在时滞，因此，中央银行不可能影响当期的通货膨胀率，而只能努力实现第二阶段和第三阶段实际通货膨胀率与目标通货膨胀率的偏差最小化。一般而言，资产价格泡沫的规模越大，泡沫在下一个阶段破灭的概率就越大。这是因为资产价格泡沫越来越大，从而使越来越多的人逐步认识到资产价格中的泡沫成分。为了规避风险，他们不愿意继续购买资产，从而引发资产价格的回归，增加了资产价格泡沫破裂的可能性。

这一模型包含有这样一些重要的因素：首先，金融资产价格的上涨和下跌对商品和服务通货膨胀预期的影响是不对称的，对于货币当局来说，此时更需关注的是金融资产价格泡沫破灭后的收缩效应；其次，中央银行采用通货膨胀目标框架，不仅关注通货膨胀水平的波动幅度，而且关注通货膨胀率的预期水平；最后，金融资产价格泡沫破裂的概率受利率水平的影响，金融资产价格泡沫一旦破裂，短期内将难以恢复。

四、2008 年金融危机后关于货币政策与资产价格研究的进展

在 2008 年金融危机后，关于货币政策与资产价格的研究进一步发展，主要集

中于三方面：第一，研究资产价格崩溃后美联储清理泡沫所采用的非常规货币政策；第二，讨论是否应该采取"反周期"的货币政策来应对资产价格泡沫；第三，研究金融稳定与货币政策。另外，本部分还将简要介绍近年来国内关于货币政策与资产价格研究的发展。

1. 非常规货币政策

在 2008 年金融危机中，美联储在房地产价格崩溃后采用了非常规货币政策对泡沫进行清理，这引发了学界的研究。Mark Gertler 和 Peter Karadi（2011）将非常规货币政策解释为扩大央行的信贷中介，以延续中断的私人金融中介功能。在危机期间，私人中介的资产负债表约束收紧，而央行可以通过发行无风险的政府债券来获取资金，这提高了央行作为中介的净收益。作者认为：第一，在金融危机中即使名义利率已经达到零下限，信贷政策依然在起作用。第二，央行对金融中介采取股权注入还是直接贷款取决于政策行动的相对效率成本。对于抵押担保证券或商业票据等证券化高等级资产，中央银行的中介成本可能相对较低，提供直接贷款可能是非常合理的。而在其他情况下，中央银行的中介服务可能效率很低，提供注资可能更为合理。

2. "反周期"的货币政策与资产价格泡沫

在 2008 年金融危机前，Bernanke 和 Gertler（1999，2001）的研究代表了货币政策与资产价格的主流观点，而在危机之后，采用"反周期"的货币政策呼声渐高。Sushil Wadhwani（2008）再次强调了资产价格对央行决策的重要性。作者认为，为了应对资产价格泡沫，各国央行应该执行"反周期"货币政策。即使泡沫本身不会受到"反周期"货币政策的显著影响，当货币政策对资产价格失调的反应超过对固定期限通胀预测的反应时，宏观经济的表现也可以得到改善，并且有可能降低泡沫出现的可能性。Feng Dong 等（2020）通过建立一个考虑企业家部门投资效率异质性与信贷约束的理性泡沫模型，考察了资产泡沫与宏观经济、货币政策相互作用的机制，在该模型中企业家可以通过出售泡沫资产来增加他们的净资产。作者得出了三点主要结论：第一，货币政策影响泡沫存在的条件、其稳态规模以及其动态，包括初始规模；第二，"反周期"利率政策降低了泡沫的波动性，但可能会提高通胀的波动性；第三，货币政策是否应该应对资产泡沫取决于特定的利率规则和外部冲击。

以米什金和加利为代表的一方，则对利用"反周期"货币政策应对资产价格泡沫这一观点提出了质疑。Mishkin（2011）对货币政策战略基本框架的细节进行了反思，但并不赞同抵御资产价格泡沫本身。作者认为：第一，需要建立一个风险管理框架，将可能对经济产生非常不利后果的尾部风险考虑在内；第二，货币政策不仅仅是在泡沫破裂后进行清理，而且应该抵御信贷泡沫的产生，但不是资产价格泡沫本身；第三，金融部门和总体经济之间的相互作用意味着货币政策和金融稳定政策紧密交织在一起，需要考虑比以前更广泛的政策问题。Galí（2014）通过建立一个具有名义刚性的世代交叠模型，考察了可选货币政策规则对理性资产价格泡沫的影响，对"反周期"货币政策的理论基础提出了质疑。作者认为，货币政策不能影响泡沫存在或不存在的条件，但它可以影响其短期行为，包括其波动的幅度。与传统观点相反，对泡沫波动更强有力的利率反应（即"反周期"货币政策）可能会提高资产价格及其泡沫成分的波动性。最佳政策必须在稳定当前总需求（这要求对泡沫做出积极的利率反应）和稳定泡沫本身（从而稳定未来的总需求）之间取得平衡，这要求对泡沫做出消极的利率反应。如果泡沫的平均规模足够大，稳定泡沫本身的动机将占主导地位，这使得央行在面临不断增长的泡沫时，将降低利率作为最佳选择。

3. 金融稳定与货币政策

除非常规货币政策与"反周期"货币政策的研究外，2008 年金融危机重新让人们意识到资产价格泡沫的产生与金融系统密不可分。Aoki 和 Nikolov（2012）研究了银行渠道与资产价格泡沫，通过建立一个包含违约银行的宏观经济模型，模拟银行净值和资产价格泡沫价值之间的相互作用，从金融失衡的内生积累和分解的角度分析系统性风险，并表明泡沫对实体经济的影响关键取决于谁持有泡沫。当银行是泡沫的持有者时，会放大泡沫存续期间的产出繁荣，但也会加深泡沫破裂时的衰退。相比之下，普通储户持有泡沫所带来的影响要小得多。Jianjun Miao 和 Pengfei Wang（2017）提出了理性股票价格泡沫的理论。作者认为企业遇到随机的投资机会，会面临内生的信用约束。尽管他们没有完全承诺偿还债务，但这一信用约束来源于最优契约中的激励约束，保证违约永远不会在均衡中发生。而股价泡沫可以通过正反馈循环机制出现，从而不被横截条件排除。这些泡沫要求流动性溢价，令企业通过提高债务上限来增加投资，最终，这一类泡沫的崩溃导致了经济衰退和股市崩盘。

因此，学者们重新开始强调货币政策需要考虑金融因素。Claudio Borio（2014）认为不考虑金融周期就无法理解经济周期的波动与政策调整。作者提出，审慎的货币和财政政策需要坚定地关注中期问题，基本原则是在金融繁荣期间建立缓冲，以便能够在经济萧条期间用其抵御风险，从而稳定金融体系。并且，如果各国的金融周期不同步，货币政策会面临过重的风险负担与负面的溢出效应。马勇等（2017）通过构建包含金融周期变量的宏观经济模型，分析了金融周期、经济周期和货币政策之间的关系，得出三个基本结论：第一，金融周期对经济周期具有不可忽略的重要影响；第二，金融周期波动成为影响宏观经济波动的重要来源；第三，包含金融稳定因素的货币政策有助于在正常时期维护实体经济和金融的"双稳定"，而且能在压力时期显著降低金融波动对实体经济的不利冲击。

Frank Smets（2014）则提出了另一个问题——以价格稳定为导向的货币政策框架应在多大程度上考虑金融稳定目标。作者认为需要从三个方面考虑这个问题：第一，宏观审慎政策在维持金融稳定方面的效果；第二，货币政策对风险承担和金融稳定的影响；第三，货币政策较多考虑金融稳定可能会带来的其他风险。通过回顾相关理论和事实证据，作者认为，虽然新的宏观审慎政策框架应该是维持金融稳定的主要工具，但货币政策当局也应该关注金融稳定，这将使央行在必要时采取"反周期"货币政策，同时在中期内保持对物价稳定的关注。马勇和谭艺浓（2019）构建包含金融资产价格和货币政策状态转变的 DSGE 模型，研究金融状态变化和货币政策反应规则之间的关系。作者发现，对于正常情况下较小的金融资产价格波动，货币政策不必做出直接反应；但当金融资产价格大幅偏离其均衡状态时，货币政策应该对金融资产价格的波动做出直接反应。并且，基于金融状态转换的货币政策规则比传统的线性规则能更好地稳定经济和金融体系，同时在政策操作上更加简洁，社会福利提升效果明显。

也有学者认为金融稳定应当独立于价格目标。Christophe Blot 等（2014）基于三种统计和计量经济学方法，检验了价格稳定与金融稳定正相关的假设。作者发现三种实证方法都没有显示出金融稳定和价格稳定之间存在持续的积极联系，并有证据表明，即使在低通胀环境下，金融不稳定也会自行发展，这与 Borio 和 Lowe（2002）中提出的观点相违背，即产生总物价水平稳定的货币制度往往会促进金融体系的稳定。因此，作者认为金融稳定应该是独立于价格稳定的目标，并通过央行设定的单一利率以外的其他工具来解决，宏观和微观的协同监管可能有助于促进金融稳定。

4. 国内关于货币政策与资产价格的研究介绍

近年来，国内关于货币政策与资产价格的研究也在不断发展，大体也遵循国外研究观点的变化路径。周晖和王擎（2009）以中国房地产市场为例，运用 BEKK 模型和 GARCH 均值方程模型实证检验了房地产价格、货币供应量与经济增长的波动相关性以及它们的各种波动对经济增长率影响的命题假设。作者认为应该控制房价波动，但是目前中央银行没有必要动用货币政策去直接干预房地产价格。贾俊雪等（2014）基于 GMM 和 MS-VAR 模型考察了货币和财政政策在维护房地产价格和汇率稳定中的作用，研究发现 1998 年之后货币与财政政策对房地产价格和汇率的动态决定均有重要影响，因此房价和汇率稳定需要两种政策的协调配合。侯成琪和龚六堂（2014）建立了一个包含两类异质性家庭、两个异质性生产部门的 DSGE 模型，研究货币政策是否应该对住房价格波动作出反应。作者得出如下结论：第一，货币政策冲击是决定我国住房价格波动的关键因素，应从货币政策入手来平抑住房价格波动；第二，货币政策是否对真实住房价格作出反应是决定住房价格波动的关键因素，也是决定福利损失大小的关键因素，我国对真实住房价格作出反应的货币政策能够显著降低住房价格波动并通过金融加速器机制降低经济波动和福利损失。王曦等（2017）分别将房地产、股票价格以及金融状况指数（FCI）作为资产价格变量，使用包含马尔科夫区制转换 BEKK 多元 GARCH 模型来研究我国货币政策对资产价格的反应，以捕捉货币政策的时变特征。作者得出三个结论：第一，货币政策对资产价格的关注具有马尔科夫区制转换特征；第二，使用综合性的 FCI 指标的效果要优于使用单一的房价指数或股价指数；第三，货币政策仅在资产价格波动剧烈时才对其进行关注，在其他时期仍符合传统泰勒规则，仅关注产出缺口和通货膨胀率。

参考文献

1. Alchian and Klein (1973) . "On a Correct Measure Inflation," *Journal of Money, Credit and Banking*.

2. Alexander, A. J. (1997). "Asset Prices in Japan: The Bubble and Its Breaking," Report No. 36, Japan Economic Institute.

3. Allen, F. and Gale, D. (2000). "Asset Price Bubbles and Monetary Policy," paper presented at the Sveriges Riksbank and Stockholm School of Economics Conference on Asset Markets and Monetary Policy, Stockholm, 16 - 17.

4. Aoki, K. and Nikolov, K. (2015). "Bubbles, Banks and Financial Stability," *Journal of Monetary Economics*, 74, 33 - 51.

5. Banerjee, Abnijit (1992). "A Simple Model of Herd Behavior," *Quarterly Journal of Economics*.

6. Bernanke, B. , M. Gertler and S. Gilchrist (1999). "The Financial Accelerator in a Quantitative Business Cycle Framework," In J. Taylor, and M. Woodford (ed.), *Handbook of Macroeconomics*, North Holland, Amsterdam.

7. Bernanke, B. and M. Gertler (1999). "Monetary Policy and Asset Market Volatility," Federal Reserve Bank of Kansas City, *Economic Review*, 84 (4), 17 - 52.

8. Bernanke, B. and M. Gertler (2001). "Should Central Banks Respond to Movements in Asset

Prices?", *American Economic Review*: *Papers and Proceedings*.

9. Bernanke, B. S. and M. Gertler (1995). "Inside the Block Box: the Credit Channel of a Monetary Policy Transmission," *Journal of Economic Perspective*.

10. Blot, C., Creel, J., Hubert, P., Labondance, F. and Saraceno, F. (2015). "Assessing the Link between Price and Financial Stability," *Journal of Financial Stability*, 16, 71–88.

11. Bordo, M. and O. Jeanne (2002). "Boom-Busts in Asset Prices, Economic Instability and Monetary Policy," NBER Working Paper 8966.

12. Bordo, M. and O. Jeanne (2002). "Monetary Policy and Asset Prices: Does 'Benign Neglect' Make Sense?", *International Finance*, 5 (2), 139–164.

13. Borio, C. (2014). "The Financial Cycle and Macroeconomics: What have We Learnt?", *Journal of Banking and Finance*, 45, 182–198.

14. Borio, C., B. English and A. Filardo (2003). "A Tale of Two Perspectives: Old or New Challenges for Monetary Policy?", BIS Working Paper 127, Bank for International Settlements, Basel.

15. Borio, C. and P. Lowe (2002). "Asset Prices, Financial and Monetary Stability: Exploring the Nexus," BIS Working Papers 114, Bank for International Settlements, Basel.

16. Borio, C. E. V., N. Kennedy and S. D. Prowse (1994). "Exploring Aggregate Asset Price Fluctuations Across Countries: Measurement, Determinants, and Monetary Policy Implications," Bank for International Settlements Economics Paper No. 40.

17. Bryan, M. F. and S. G. Cecchetti (1993). "Measuring Core Inflation?", in *Monetary Policy*, Mankiw ed., Chicago, University of Chicago Press.

18. Caballero, R. and A. Krishnamurthy (2003). "Inflation Targeting and Sudden Stops," *NBER Working Paper*, 9599.

19. Cecchetti, S., H. Genberg, J. Lipsky and S. Wadhwani (2000). "Asset Prices and Central Bank Policy," Geneva Reports on the World Economy, No. 2, London.

20. Charles Goodhart and Boris Hofmann (2001). "Asset Prices, Financial Conditions and the Rates, and Monetary Policy," Paper Prepared for the Conference on "Asset Prices, Exchange Rates, and Monetary Policy," Stanford University.

21. Christopher Kent and Philip Lowe (1997). "Asset Price Bubbles and Monetary Policy," Research Discussion Paper, Reserve Bank of Australia.

22. Clarida, Galí and Gertler (1997). "Monetary Policy Rules in Practice: Some International Evidence," Mimeo.

23. Cooper, Richard N. (1985). "Borrowing Abroad: The Debtor's Perspective," International Debt in the Developing Countries, Edited by Dorden Smith.

24. De Long, J. B. Shleifer, A. Summers and Roberts J. W. "Positive Feedback Investment Strategies and Destabilizing Rational Speculation," *The Journal of Finance*, Vol. 45.

25. Dong，F.，Miao，J. and Wang，P.（2020）．"Asset Bubbles and Monetary Policy，" *Review of Economic Dynamics*.

26. Dupor，W.（2001）．"Nominal Price Versus Asset Price Stabilization，" Working Paper，The Wharton School，Pennsylvania.

27. Dupor，W.（2002）．"Comment on 'Monetary Policy and Asset Prices'，" *Journal of Monetary Economics*，49，99－106.

28. Filardo，Andrew J.（2000）．"Monetary Policy and Asset Prices，" www. kc. frb. org.

29. Frank Smets（1997）."Financial Asset Prices and Monetary Policy Theory and Evidence，" BIS Working Papers No. 47.

30. Friedman，M. and Anna Jacobson Schwartz（1963）．*A Monetary History of United States 1867—1960*，Princeton University Press.

31. Galí，J.（2014）．"Monetary Policy and Rational Asset Price Bubbles，" *American Economic Review*，104（3），721－52.

32. Gertler，M. and Karadi，P.（2011）．"A Model of Unconventional Monetary Policy，" *Journal of Monetary Economics*，58（1），17－34.

33. Goodhart，C. and B. Hofmann（2000）．"Do Asset Prices Help Predict Consumer Price Inflation?"，London School of Economics.

34. Goodhart，C.（1995）．*Price Stability and Financial Fragility in Central Bank and the Financial System*，MIT Press.

35. Greenspan，A.（2002）．"Economic Volatility，" Remarks at a Symposium Sponsored by the Fed of Kansas City，Jackson Hole.

36. Hambueger，M. and L. Kochin（1972）．"Money and Stock Prices：The Channels of Influences，" *Journal of Finance*，27.

37. Homa，K. and D. Jaffee（1971）．"The Supply of Money at Common Stock Prices，" *Journal of Finance*，26.

38. Iacoviello，M.（2005）．"House Prices，Borrowing Constraints，and Monetary Policy in the Business Cycle，" *American Economic Review*，95（3），739－764.

39. John Vickers（1999）．"Monetary Policy and Asset Prices，" Lecture to be Given at the Money，Macro and Finance Group 31st Annual Conference，Oxford University.

40. Keran，M.（1971）．"Expectations，Money and the Stock Market，" Federal Reserve Bank of St. Louis，January.

41. Lux，T.（1995）．"Herd Behavior，Bubbles and Crashes，" *The Economic Journal*，Vol. 105，881－896.

42. Maria Ward Otoo（1999）．"Consumer Sentiment and the Stock Market，" Board of Governors of the Federal Reserve System.

43. Miao，J. and Wang，P.（2018）．"Asset Bubbles and Credit Constraints，" *American Economic*

Review，108（9），2590 - 2628.

44. Mishkin，Frederic S.（1978）．　"The Household Balance Sheet and the Great Depression," *Journal of Economic Perspective*，918 - 937.

45. Mishkin，Frederic S.（2001）．"The Transmission Mechanism and the Role of Asset Prices in Monetary Policy," NBER WP8617.

46. Mishkin，F. S.（2011）．"Monetary Policy Strategy：Lessons from the Crisis（No. w16755），" National Bureau of Economic Research.

47. N. Gregory Mankiw，Stephen P. Zeldes（1999）．"The Consumption of Stockholders and Non-stockholders," *Journal of Financial Economics*，97 - 112.

48. Poole，W.（1970）．"Optimal Choice of Monetary Policy Instruments in a Simple Stochastic Macro Model," *Quarterly Journal of Economics*，88，197 - 216.

49. Ralph Chami，Thomas F. Cosimano and Connel Fullenkamp（1999）．"The Stock Market Channel of Monetary Policy," IMF Working Paper.

50. Reifschneider，D. R. Tetlow and J. Williams（1999）．"Aggregate Disturbances，Monetary Policy and the Macro Economy：the FRB/WS perspective," *Federal Reserve Bulletin*，1 - 19.

51. Shibuya，Hiroshi（1992）．"Dynamic Equilibrium Price Index：Asset Price and Inflation," Monetary and Economic Studies，Institute for Monetary and Economic Studies，Bank of Japan.

52. Shigenori Shiratsuka（1999）．"Asset Price Fluctuation and Price Indices," *Monetary and Economic Studies*，Bank of Japan.

53. Shigenori Shiratsuka（1999）．"Asset Price Fluctuation and Price Indices," Bank of Japan，Monetary and Economic Studies.

54. Smets，F.（2014）．"Financial Stability and Monetary Policy：How Closely Interlinked?"，*International Journal of Central Banking*，10（2），263 - 300.

55. Stiglitz，J. and Weiss（1981）．"A Credit Rationing in Markets with Imperfect Information," *American Economic Review*.

56. Stock J. and M. Watson（1999）．"Forecasting Inflation," *Journal of Monetary Economics*，44（2），293 - 335.

57. Stock，James and Mark W. Watson（2001）．"Forecasting Output and Inflation：The Role of Asset Prices," NBER WP 8180.

58. Tim Robinson，Andrew Stone（2005）．"Monetary Policy，Asset Price Bubble and the Zero Lower Bound," NBER Working Paper Series，Working Paper 11105.

59. Tobin，James（1969）．"A General Equilibrium Approach to Monetary Theory," *Journal of Money，Credit and Banking*，15 - 29.

60. Wadhwani，S.（2008）．"Should Monetary Policy Respond to Asset Price Bubbles? Revisiting the Debate," *National Institute Economic Review*，206（1），25 - 34.

61. William Poole（1970）．"Optimal Choice of Monetary Policy Instruments in a Simple Stochastic

Macro-Model," *The Quarterly Journal of Economics*，Volume 84.

62. 方意，王晏如，黄丽灵，和文佳. 宏观审慎与货币政策双支柱框架研究——基于系统性风险视角. 金融研究，2019（12）.

63. 侯成琪，龚六堂. 货币政策应该对住房价格波动作出反应吗——基于两部门动态随机一般均衡模型的分析. 金融研究，2014（10）.

64. 贾俊雪，秦聪，张静. 财政政策、货币政策与资产价格稳定. 世界经济，2014，37（12）.

65. 马勇，谭艺浓. 金融状态变化与货币政策反应. 世界经济，2019，42（03）.

66. 马勇，张靖岚，陈雨露. 金融周期与货币政策. 金融研究，2017（03）.

67. 童中文，范从来，朱辰，张炜. 金融审慎监管与货币政策的协同效应——考虑金融系统性风险防范. 金融研究，2017（03）.

68. 王曦，朱立挺，王凯立. 我国货币政策是否关注资产价格？——基于马尔科夫区制转换 BEKK 多元 GARCH 模型. 金融研究，2017（11）.

69. 周晖，王擎. 货币政策与资产价格波动：理论模型与中国的经验分析. 经济研究，2009，44（10）.

国际金融理论

汇率决定理论

汇率决定理论是国际金融的主要理论基础之一，其发展贯穿了整个国际金融发展史。长期以来，这一理论的主流研究集中在从宏观经济基本因素层面来解释汇率的决定和变动，并且出现在几乎每一本国际金融教科书中而为人们所熟悉。然而现实经济中，无论是理论方面的专家还是实务工作者，都感到用这些理论来预测国际金融市场的汇率走势相当艰难。大量实证检验结果也表明，传统汇率理论的解释能力十分低下，尤其对短期内的汇率变化，预测能力连简单的随机游走模型都不如（Meese and Rogoff，1983），汇率决定理论的发展需要新的突破。事实上，当前国际金融理论界正在为此掀起一场变革的浪潮，不断有新的文献出现并从不同的方面对原有的汇率理论进行补充、发展和替代。

"以史为鉴，可以知兴替"。对于汇率决定问题的认识，我们在关注最新理论的同时，也不能割裂历史发展，新的突破与原有理论总是有着紧密的历史和逻辑渊源。纵观汇率决定理论的演进，在不同时期出现的不同汇率理论，虽然都只是从某个方面进行阐述，并且随着世界经济和国际金融形势的变化，同一种理论在不同时期的解释能力也不同，但是，每一时期的理论都让我们对汇率的认识进一步全面和深入。对于汇率如何决定这一问题的研究，我们还有很长的路要走。本文作为一篇综述，希望能够以一个较为开阔的视野对现有汇率决定理论的历史源流、逻辑演进和最新的发展突破进行梳理，借以站在前人的肩膀上，寻求汇率决定理论所覆盖的时代特征和运行规律。

一、早期汇率决定理论：现代汇率决定理论的基石

（一）早期汇率决定理论产生的时代背景

关于汇率的见解最早可以追溯到 14 世纪初期欧洲学者对国际商品交易中汇率作用的关注。从那个时期开始到 19 世纪国际金本位制度的逐渐形成，再到第一次世界大战爆发之前，汇率决定问题实际上并不被看成一个重要的问题。原因是在这一时期，贵金属或铸币是国际贸易和国际支付中的通用货币，各国都规定了本国货币的贵金属含量，因此货币之间的兑换有着一个客观的标准——铸币平价，而且当时国际经济往来绝大部分是国际贸易，资本的国际流动不占重要地位，因此，这一时间的汇率决定问题相对比较简单。19 世纪中期以前，尽管休谟（Hume）、桑顿（Thornton）和李嘉图（Ricardo）等不同时代的学者都曾对汇率决定提出过一些论述和看法，但总的来看，这段时期里关于汇率决定理论的研究只是零散的、泛泛的，并没有系统而完整的理论出现。然而，这一时期的许多观点对后来汇率决定理论的产生和发展却有着深远的影响，成为许多汇率决定理论的思想渊源。

第一次世界大战的爆发标志着国际金本位制的瓦解和纸币本位制的开始。此后直到 1944 年布雷顿森林体系的形成，这一时期货币逐渐与黄金脱离，纸币发行不再需要黄金准备，从而使得汇率决定丧失了贵金属含量决定的铸币平价这一客观基础。国际货币体系基本处于无序状态，浮动汇率制度居于主导地位，各国货币汇率开始出现频繁而大幅的波动。在这样的背景下，汇率决定理论的研究开始受到重视。与此同时，随着第一次世界大战的结束，国际资本流动速度加快并且具有了相当的规模，对汇率决定的研究开始考虑国际资本流动因素。第二次世界大战以后，以美元为中心的布雷顿森林体系建立。在这一体系下，美元与黄金挂钩，其他国家货币与美元挂钩，从而确定了可调整的钉住汇率制。这样汇率的决定在"金平价"仍然存在和有一个人为规定的管理标准的情况下，似乎又变得简单起来。这一时期对汇率决定理论的研究主要是从国际收支均衡角度来阐述汇率的调节，即政府如何确定适当的汇率水平以实现国际收支均衡。20 世纪 70 年代初随着布雷顿森林体系的解体，各主要国家陆续采取了浮动汇率制。汇率在失去了保持稳定的基础后，出现了大幅度的震荡。并且此时的国际金融环境已经发生了很大变化，国际金融市场

一体化空前发展，国际资本流动大量增加，资本账户交易远远超过了经常账户交易。在新的形势下，汇率如何决定的问题再一次成为人们普遍关注的热点，汇率决定理论的发展也进入了一个全新阶段。

本文将布雷顿森林体系崩溃以前的汇率决定理论都归为早期汇率决定理论，其中最具代表性和重大影响的主要有四个：国际借贷理论（theory of international indebtedness）、购买力平价理论（theory of purchasing power parity）、利率平价理论（theory of interest rate parity）和汇兑心理学说（psychological theory of exchange）。国际借贷理论是在国际金本位制背景下产生的，后三个理论则形成于两次世界大战之间国际货币体系动荡无序的时期，它们分别从不同视角和层面对决定和影响汇率的因素进行了探讨。这些理论在当时的研究虽然较为简单，却为以后汇率决定理论的发展提供了重要的理论和思想基础，成为现代汇率决定理论的基石。

（二）早期汇率决定理论中的主要思想

1. 国际借贷理论

国际借贷理论是英国经济学家戈申（Goschen）在其 1861 年的著作《外汇理论》（*The Theory of Foreign Exchange*）中提出的，他从外汇市场供求流量——国际收支的角度解释了金本位制下汇率的变动。戈申认为汇率是由外汇的供给和需求决定的，而外汇供给和需求又是由国际借贷所产生的。当一国已经到期的债权超过到期的债务时，对外收入将大于对外支出，本国货币将升值；反之，本国货币就会贬值。这样国际借贷理论就把金本位制下汇率变动的原因归结为国际借贷关系中债权与债务的变动。这里的国际借贷关系实际上就是一个国际收支的概念，不仅包括贸易往来，还包括资本的输出和输入。戈申承认除了国际借贷关系外，物价水平、黄金存量、利率水平等也会对汇率的变动产生一定影响，但他认为，决定汇率的最重要因素是国际借贷关系。戈申的理论是较早的汇率供求决定论，但是他并没有说清楚哪些因素具体影响到外汇的供求，只是笼统地归结为国际借贷。这一缺陷大大限制了这一理论的应用价值。第二次世界大战以后，随着凯恩斯主义的宏观分析占据主导地位，很多学者应用凯恩斯模型来说明影响国际收支的主要因素，进而分析了这些因素如何通过国际收支作用到汇率，形成了汇率决定的国际收支学说，对国际借贷学说的缺陷予以弥补。

2. 购买力平价理论

购买力平价的思想在 16 世纪西班牙的萨拉曼卡（Salamanca）学派对货币数量、物价水平和汇率之间联系的研究中就已经出现，此后在 18 世纪瑞典学者克里斯蒂尔尼（Chistienim）关于汇率贬值原因的解释中，在 19 世纪的"金块论战"中都能看到购买力平价思想的影子。但是，购买力平价理论的正式提出是在 20 世纪 20 年代初，Cassel（1922）第一次完整系统地阐述了购买力平价学说的思想和理论体系。该理论提出两国货币的兑换比率由两国货币各自购买力之比即购买力平价决定；一国汇率变动的原因在于购买力的变动，而购买力变动的原因在于物价变动，这样，汇率的变动归根到底是由两国物价水平比率的变动所决定；购买力平价是长期均衡汇率的主要决定因素，短期均衡汇率是长期均衡汇率的函数，具有向长期均衡汇率靠拢的趋势。卡塞尔（Cassel）运用绝对购买力平价（两个国家价格水平的比率）和相对购买力平价（基期的汇率与两国价格指数比率的乘积）两个概念分别解释了汇率的决定基础和汇率变动的内在规律。同时，卡塞尔也指出，购买力平价不是唯一可以系统解释汇率变动的变量，必须承认其他因素的影响，承认汇率与购买力平价之间可能出现的随机偏差。但是他坚定地认为，购买力平价是系统解释汇率变动诸因素中最重要的因素，汇率本质上是由购买力平价所决定。Cassel（1922）在提出购买力平价理论的同时，也认识到该理论只注重名义价格水平变动这一局限，因此，他本人也批评对购买力平价理论的教条主义，在他后来的著作（Cassel，1928）中，对其最初的理论做了一些修正，考虑了非货币因素在汇率变动中的重要性，提出货币因素在长期是汇率决定的最主要因素，而对短期而言，只有当货币变动是影响汇率变动的主要因素时，购买力平价才是短期汇率的一个可靠指标。

卡塞尔的购买力平价理论提出之后，得到了极高的评价，同时对该理论的争论也从来没有中断过。争论的焦点不仅集中在理论本身，更多的则在于对购买力平价的检验。很多学者，如 Frenkel（1978，1981），Krugman（1978），MacDonald（1988）等都曾采用不同的方法、选取不同的时期对购买力平价进行检验。Frenkel（1978，1981）的检验结论是对两次世界大战之间的研究结果支持购买力平价，但在布雷顿森林体系崩溃之后的浮动汇率制度下则拒绝购买力平价假说；Krugman（1978），MacDonald（1988）对浮动汇率时期的实证研究也都不支持购买力平价。总的来看，除了在高通货膨胀时期（如两次世界大战之间）购买力平价能较好地成立之外，绝大多数的实证检验并不支持购买力平价。对此，引出了很多解释的观点，有从理论本身的缺陷给予解释，也有从检验的技术问题角度进行论述。由于购买力平价理论没有表述价格水平和汇率之间精确的传导机制关系，因此关于这一理论的争论还会继续下去，但是理论本身所反映出的基本思想已经对后续的理论产生了重大影响。

3. 利率平价理论

早在 1889 年，德国经济学家洛茨（Lotz）在观察维也纳远期外汇市场的交易时就考虑到用利差来解释即期汇率与远期汇率之间的关系。但是直到 1923 年，凯恩斯才在其著作《货币改革略论》（A Tract on Monetary Reform）中第一次系统地阐述了利率和汇率之间的关系，初步建立起了古典利率平价理论。Keynes（1923）考察了套利的短期资本流动对汇率的影响，认为套利性的短期资本流动会驱使高利率国家的货币在远期外汇市场上贴水，而低利率国家货币将在远期外汇市场上升水，并且升贴水率等于利率的差异。一般将利率平价分为抵补利率平价和非抵补利率平价，其中抵补利率平价研究了远期汇率的决定，而非抵补利率平价则研究了即期汇率的决定。由于凯恩斯的理论只是从静态的角度考察利率平价关系，后来英国经济学家 Einzig（1937）又对其进行了发展，从动态角度考察了远期汇率与利率的关系，提出了动态的利率平价理论，其基本观点是：远期汇率与利率平价之间是一种相互作用关系，不仅远期汇率取决于利差，而且利率平价本身也受到套利的影响。这一发展阐明了远期汇率和利率之间的相互作用关系和过程，弥补了凯恩斯利率平价理论的缺陷，使得古典利率平价理论体系得以真正形成。利率平价理论提出以后，很多经济学家对抵补利率平价进行了实证检验，其中最为著名的是 Frenkel 和 Levich（1975）的检验。绝大部分的实证研究结果表明，远期汇水与利差之间存在着缺口，对此，Frenkel 和 Levich（1975），Aliber（1973），Dooley 和 Isard（1980）分别从套利资本的交易成本和政治风险对利率平价的影响两个方面给出了解释，从而进一步发展和修正了利率平价理论。

4. 汇兑心理学说

在早期的汇率决定理论中，法国学者 Aftalion（1927）的汇兑心理学说为人们解释汇率的决定和变动提供了一个非常独特的视角。这一学说的经济学背景可以追溯到奥地利边际学派的边际效用理论。阿夫达里昂（Aftalion）也认为汇率取决于对外币的供给和需求，其独特之处在于对外汇供求的分析。他认为个人对外汇的需求是为了满足某种欲望，如对外国商品和劳务的购买和支付、投资、外汇投机、资本外逃等需要，而这种欲望是由个人的主观评价决定的。市场中个人主观评价的综合即为市场评价，个人需求的综合也就是市场需求，因此外币的价值是由外汇供求双方对外币边际效用做出的主观评价所决定的。这样阿夫达里昂就将人们的心理因素引入了汇率理论的分析。

（三）对早期汇率决定理论的一个简要评论

汇率作为联结经济体内部和外部的枢纽性变量，具有双重性质。一方面，它是用一种货币表示的另一种货币的价格，属于货币层面的变量，因此必然要受到各种货币层面因素的影响；另一方面，汇率又是反映经济体与外界发生商品与资本流动时兑换比率的变量，这一兑换比率不论货币介入与否都存在。剔除货币因素后，上述兑换比率则主要取决于实体经济的状况，因此汇率又要对实体经济层面因素的各种变化做出反应。从货币和实体经济两个不同的层面对汇率进行分析，反映了对汇率两种不同的考察视角。

再从市场均衡的角度来看，开放经济条件下，汇率与国际商品市场、金融资产市场和外汇市场都有着直接和间接的联系，不同市场的均衡交互决定和影响着汇率，同时又受到汇率的影响，从上述三个不同的市场来考察汇率，则构成了汇率决定局部均衡分析的三个支脉。

在早期的汇率决定理论中，从局部市场均衡的支脉来看，国际借贷理论和汇兑心理学说都是从外汇市场供求均衡的角度来考察汇率，只不过国际借贷理论将影响外汇市场供求的因素归结为国际借贷，而汇兑心理学说则认为是市场供求双方的主观评价决定了外汇供求。实际上，汇兑心理学说的一个主要贡献在于它以独特的视角开创了从人的心理因素分析汇率决定的先河，为后来心理预期引入汇率理论分析提供了思想的源头。从考察的视角来看，国际借贷理论的视角是从实体经济的层面来考察外汇市场上的供求是如何决定的，从而开启了从流量视角研究汇率的理论闸门。后来汇率决定的国际收支理论也是沿着这一思路的逻辑逐渐发展起来的。当然，国际借贷理论以流量的视角研究汇率有其历史的时代背景，由于当时是金本位制时期，货币的含金量为其价值提供了一个客观的标准，因此货币供求和汇率变动都比较稳定，并且当时的国际经济联系主要是商品交易，国际资本流动还没有形成规模，所以实体经济层面的因素相对于货币层面的因素而言更能够对汇率波动提供解释。

从局部市场均衡的支脉看，购买力平价理论和利率平价理论则分别是从国际商品市场和金融资产市场均衡的角度来研究汇率决定。在购买力平价理论中，汇率反映商品的价格，同一种商品按汇率比价换算后，在不同国家的价格水平是相同的，汇率的预期变动率由国内和国外的相对价格水平的变动决定，反映的是国际商品市场的均衡关系。在利率平价理论中，利率反映金融资产的价格，同一种金融资产在不同的国家获得的收益应该相同，汇率的预期变动率由国内和国外的利差决定，这反映了国际金融资产市场的均衡关系。从考察的视角来看，购买力平价理论和利率平价理论又都可以归为货币层面的分析。购买力平价理论的基础是货币数量说，将货币数量通过货币购买力和物价水平变动进而与汇率的决定建立起联系，因此，购买力平价理论成为从货币层面分析汇率的先驱。利率平价理论认识到资本国际流动的巨大作用，从金融资产市场无套利均衡的角度研究汇率，弥补了国际资本流动不断发展的背景下购买力平价理论的不足。

理论上来看，从外汇市场均衡、商品市场均衡和金融资产市场均衡来分析汇率有其统一性。如果满足商品市场的价格完全弹性和资本完全流动两个条件，即商品市场和金融资产市场的调整都是瞬时的，则由购买力平价和利率平价计算出来的汇率将是一致的；而汇率要处于稳定状态，归根结底又必须满足外汇市场供求的平衡，三个市场相互影响、相互制约，共同决定着宏观经济的一般均衡。后来发展起来的汇率决定的资产市场理论就是把购买力平价和利率平价作为两个前提条件融入汇率决定的宏观经济一般均衡分析当中。另外，从货币层面分析汇率和从实体经济层面分析汇率也有其统一性。货币层面因素和实体经济层面因素之间存在着密切的联系，它们在相互作用的过程中，共同对汇率发挥着影响。后来出现的汇率决定的资产市场理论中就有一些模型综合考虑了货币层面和实体经济层面的因素，例如汇率决定的资产组合模型。

可以看出，早期的汇率决定理论从某种程度上来说正是开辟了从不同视角和从不同市场局部均衡支脉对汇率进行研究的先河，从而为后来汇率决定理论以更为全面的视角和一般均衡分析奠定了基础。同时，也正是因为早期汇率决定理论只注意从某一个层面的因素、从单一的某个市场来考察汇率决定，从而注定了这些理论的片面性和局限性。

二、汇率决定的资产市场分析法：主流宏观分析方法

（一）资产市场分析法的理论背景

在 20 世纪 70 年代布雷顿森林体系崩溃以前，国际货币制度实行的是可调整钉住汇率制，各国货币直接或间接地与黄金挂钩，汇率维持稳定的基础金平价依然存在，平价关系仅仅在出现国际收支根本性不平衡时才进行调整，因此，当时的汇率问题与国际收支调节是紧密相连的。相应地，这段时期的汇率理论正是从国际收支流量角度来分析汇率，认为汇率变动是为了平衡国际收支特别是经常项目收支差额，汇率由外汇供求的流量均衡决定。在著名的蒙代尔-弗莱明模型中（Mundell，1963；Fleming，1962），虽然资产市场和资本流动已经被融入到开放经济条件下的宏观经济分析中，但是他们（Mundell，1963；Fleming，1962）仍然只是完全从流量的角度来考虑，没有考虑国外净资产的存量均衡。

随着布雷顿森林体系的解体，汇率稳定的基础——金平价及人为规定的管理标准不复存在，主要国家均采用了浮动汇率制度，与此同时，伴随着各国政府纷纷实行金融自由化政策，国际金融市场一体化空前发展，国际资本流动大量增加，没有

贸易背景的纯粹跨国金融交易在数量上已大大超过国际贸易而占据主要地位。在新的国际经济背景下，汇率出现了频繁而剧烈的大幅波动，这种波动很难再简单依据实体经济基础的情况加以解释，它越来越与普通商品市场上的价格变动情况相区别，而呈现出很多与股票等资产价格相似的特征。早期的汇率决定理论已经无法对现实经济做出解释，经济学家们转而从新的角度来考虑汇率，将其看作金融资产价格的汇率决定理论。1975 年，在瑞典斯德哥尔摩召开了一次关于"浮动汇率与稳定政策"的国际研讨会，这次研讨会的论文发表在 1976 年的《斯堪的纳维亚经济学》（*Scandinavian Journal of Economic*）杂志上，标志着资产市场分析法的诞生。由于这一时期滞胀对西方各国的困扰使得凯恩斯主义经济理论逐渐失去其统治地位，货币主义占据了主流，因此，资产市场分析法也相应更多地体现着货币主义色彩。

资产市场分析法扬弃了早期汇率理论的流量分析法，更强调资产市场存量均衡对汇率的决定性作用。它从资产市场的角度来考察汇率，认为汇率变动是为了实现两国资产市场的存量均衡，均衡汇率即两国资产存量供求都达到均衡时的两国货币相对价格。基于这一思路，资产市场分析法有如下一些基本假设：①外汇市场是有效的，即市场的当前价格反映了所有可能得到的信息；②一国的资产市场包括本外币货币市场和本外币债券市场；③资金完全流动，抵补利率平价始终成立。此外，随着 20 世纪 60 年代理性预期思想的提出（Muth，1961），这一思想在 70 年代很快渗透到国际经济学领域，成为构建汇率决定模型的基础之一。因此在资产市场分析法中，预期发挥了十分重要的作用，理性预期学派代表人物 Muth（1976）和 Barro（1978）都曾构建了引入预期因素的汇率分析模型。

汇率决定的资产市场分析法有各种不同的理论模型，根据对本币资产和外币资产可替代性的假设不同，资产市场分析方法可以分为两大类：货币模型（monetary model）和资产组合平衡模型（portfolio balance theory）。前者假定本外币债券资产具有完全替代性，而后者认为两者具有不完全替代性。在货币模型内部，又根据对商品价格弹性的假定不同，分为弹性价格货币模型（flexible-price monetary model）和黏性价格货币模型（sticky-price monetary model）。此外，还有一种属于资产市场分析方法的是货币替代模型（currency substitution model）。汇率决定的货币替代模型可以看作是货币模型的一个扩展。该模型放松了本国居民不持有外国货币的假设，假定本国货币和外国货币是不完全替代的。汇率决定的资产市场分析方法自 20 世纪 70 年代产生以来，迅速发展，成为七八十年代汇率决定理论的主流。

（二）资产市场分析法的主要理论模型

1. 弹性价格货币模型

弹性价格货币模型是现代汇率决定理论中最为基础的一个模型，由美国经济学家 Frenkel（1976）最先提出，其代表人物还有穆萨（Mussa）、库礼（Kouri）、比尔森（Bilson）等人。这一模型的基本思路是将汇率看作两国货币的相对价格，通过分析两国货币相对需求和供给来确定汇率水平。虽然这个模型只是从货币市场均衡的角度来考虑，但是这个模型一般被认为是一个一般均衡模型，原因就在于其体现着以自由主义为特征的货币主义基本思想的前提假设：商品价格、工资、资产价格都是完全弹性的，汇率自由浮动。这些假设保证了开放的宏观经济中存在的六个市场（商品市场、外汇市场、劳动力市场、国外债券市场、国内债券市场以及货币市场）中的前三个市场自动实现均衡。同时，该模型假定国内外债券具有完全的替代性，使得国内外债券市场可以视为单一的市场。这样，根据瓦尔拉斯（Walras）法则，要实现整个系统的一般均衡，只要满足货币市场的均衡就可以了。

弹性价格货币模型的推导直接建立在两个重要的假定上，即稳定的货币需求函数和购买力平价长期持续有效。取卡甘（Cagan）货币需求函数这一典型函数形式 $M^d/P = Y^a e^{-bi}$ 并做对数处理，结合购买力平价和货币市场均衡条件，得到如下方程组：

$$m_d = p + ay - bi \tag{1}$$

$$m_d^* = p^* + ay^* - bi^* \tag{2}$$

$$m_d = m_s, \quad m_d^* = m_s^* \tag{3}$$

$$s_t = p - p^* \tag{4}$$

其中，m_d，p，y，m_s 分别表示名义货币需求、价格水平、实际收入和名义货币供给的对数形式，i 表示名义利率，s_t 为即期汇率的对数形式，a，b 都是大于零的参数，上标 $*$ 表示外国。因此，式（1）和式（2）分别代表国内和国外的货币需求函数，式（3）中的两个等式分别表示国内外的货币市场均衡，式（4）是绝对购买力平价条件，表示国际商品市场均衡。由这一组公式就可以推出弹性价格货币模型汇率决定公式：

$$s_t = (m_s - m_s^*) - a(y - y^*) + b(i - i^*) \tag{5}$$

这一弹性价格货币模型的核心公式反映了汇率与宏观经济变量之间的关系，它表明本国和外国之间的货币供给水平、国民收入水平和利率水平通过对各自物价水平的影响而决定着汇率水平。具体来说，本国货币供给相对于外国货币存量的增加、本国实际收入相对下降和本国利率水平相对上升都将导致外汇汇率上升（本币贬值）。

以上是一个基本模型，对于这一模型的发展，很多经济学家认为预期的形成起着至关重要的作用，因此有了预期的引入。通过非抵补利率平价引入预期是一个基本的方法。根据国内外债券市场的完全替代性，在资本完全流动的假设下，非抵补利率平价成立，有 $Es_{t+1}-s_t=i-i^*$，代入式（5）整理可得含有预期因素的弹性价格货币模型汇率决定公式：

$$s_t=[1/(1+b)](Z_t+bEs_{t+1}) \tag{6}$$

其中，$Z_t=(m_s-m_s^*)-a(y-y^*)$ 可以表示即期的经济基本面状况，Es_{t+1} 为下一期预期的汇率水平。这样除了经济基本面因素，对下一期汇率水平的预期就直接影响到即期汇率水平的形成。根据汇率预期形成的不同方式，式（6）又可以有不同的扩展形式，很多经济学家在这方面都做出过努力，其中最值得关注的是理性预期的使用（Mussa，1976）。通过引入理性预期，可以得出汇率水平受到即期经济条件以及公众对未来各期货币相对供给预期和相对收入水平等经济条件预期的影响，这样，只要对未来任何时期经济条件的预期发生变动，汇率水平就会调整。由于预期是受各种因素影响而易变动的，这就可以部分解释为什么在现实经济条件没有明显变动时，汇率水平却发生了大规模的调整，以及汇率始终表现出频繁的变动。

2. 黏性价格货币模型

弹性价格货币模型分析中的一个重要假定是购买力平价长期连续存在，即商品价格完全弹性。但是实证经验表明，购买力平价在短期内很难成立。对此，美国著名学者 Dornbusch（1976）做了重要修正，将货币模型向前推进了一步，提出了黏性价格货币模型。多恩布什（Dornbusch）认为，商品市场和资产市场调整速度是不同的，资产市场价格（如利率、汇率等）是瞬时调节，而短期内商品市场的价格却具有黏性，使得购买力平价在短期内不能成立。当出现一个外部扰动时，由于商品市场调整滞后，资产市场就会通过过度调整来对其进行弥补，从而出现汇率超调现象。这就可以用来解释短期内汇率为什么容易波动的问题了。同时，多恩布什保留了长期内购买力平价成立的假设，认为长期内商品市场价格会实现充分调整，从而汇率也相应出现反向调整，下降到其长期均衡水平。因此，经济存在着一个由短期均衡向长期均衡的过渡过程，其中短期均衡就是商品市场还没有来得及进行调整时的经济均衡，而长期均衡则是商品市场价格充分调整后的经济均衡。可以看出，弹性价格货币模型中讨论的情况实际上就是黏性价格货币模型中的长期均衡情况。

多恩布什提出的汇率超调思想是具有开创性的，在此基础上，其他经济学家又做了进一步的发展。Frenkel（1979）指出，多恩布什的模型假定经济中不存在长期通货膨胀，人们预期的通货膨胀率为零，从而忽略了国内外通货膨胀差异对汇率的影响。对此弗伦克尔（Frenkel）进行了补充，结合长期通货膨胀和短期价格黏性这两种情况，建立了实际利差模型（real interest differential model）。这一模型在短期内维持多恩布什黏性价格的假设，而汇率调整到均衡水平则依赖于受国内外通货膨胀差异影响的实际利差。也就是说，在汇率达到长期均衡之后，人们不是预期汇率不再调整，而是预期本国货币将按照长期国内外通货膨胀率的预期之差进行变动。1982 年，Frenkel 和 Rodriguez（1982）放松了资产市场瞬间调整的假定，分析了资产市场和商品市场的调整速度都存在时滞的情况，发现了汇率的超调是与资本的高度流动一起产生的，在没有资本流动的情况下，则会产生汇率低调（undershooting）现象。

3. 货币替代模型

汇率决定的货币模型都假定本国货币和外国货币之间不可替代，但是现实生活中存在着大量的货币替代现象。放弃没有货币替代的假定，考虑货币替代对汇率决定的影响，就形成了汇率决定的货币替代模型。Kouri（1976）最早提出了汇率决定的货币替代模型，Calvo 和 Rodriguez（1977）以及 Girton 和 Roper（1981）在这一方面的研究则更有影响力。货币替代对汇率水平的影响主要是通过对货币需求函数的影响实现的。在前面介绍的汇率决定的货币模型中，有一个重要的假定是货币需求是稳定的，但是如果考虑到货币替代现象，即使对所有现存货币的世界需求是稳定的，对单个货币的需求也不再稳定（McKinnon，1982）。货币需求的不稳定性导致货币市场的不断重新调整，进而影响各国的汇率水平，这就是汇率决定的货币替代模型最根本的思想。

实际上，汇率决定的货币替代模型有好多种，根据不同的货币替代理论，有不同的货币需求函数，用它们代替传统货币模型中的货币需求函数可以得到各式各样汇率决定的货币替代模型。这方面的文献很多，这里只关注考虑货币替代对汇率影响后得到的一些基本结论。综观大量包含货币替代的汇率决定模型，关注的焦点主要有两个：一个是货币替代程度变动对本国汇率水平的影响，另一个是考虑货币替代条件下本国货币供给量变化与汇率变动的关系。对于前一个焦点问题，Girton 和 Roper（1981）的研究颇具代表性，他们建立了一个基于开放经济下（即考虑货币替代）货币需求的资产组合模型，强调人们持有外币资产的目的是获取收益最大化。因此，包括外币收益率在内的各因素对货币需求都发挥着作用，进而对汇率水平产生影响。Girton 和 Roper（1981）模型的一个重要结论是：在货币替代条件下，预期汇率的变动会导致当期名义汇率的更大波动，即货币替代会造成汇率的不稳定性。如果说第一个焦点问题主要是从静态的角度来讨论货币替代条件下汇率的一般性决定，那么第二个焦点问题实际上是对货币替代条件下一国货币供给量发生变化时汇率的动态决定进行研究。这方面的研究表明：在货币替代条件下，国内货币供给增加，如果市场预期不变，在弹性价格条件下，汇率随着价格水平的变化而变化；在黏性价格条件下，货币替代减少了汇率超调的幅度；但如果市场对通货膨胀预期随着货币供给的增加而上升，那么货币替代会使得汇率增加超过价格水平的上升，从而出现放大效应。

4. 资产组合平衡模型

汇率决定的货币模型的分析只着眼于货币市场均衡，而且假定国内外的资产具有完全的替代性，但在现实中，风险等因素使得国内外的资产并不能完全替代。因此，在一般均衡分析中，国内和国外资产市场的动态调整不可忽视。基于这一认识，在资产组合理论（Tobin，1958）的基础上，产生了汇率决定的资产组合平衡模型。它最早是由 Branson（1977）系统提出的，后由 Allen 和 Kenen（1980），Dornbusch 和 Fisher（1980）以及 Isard（1983）等加以发展。资产组合平衡模型的核心思想可以由以下几点大致概括：①认为本币资产和外币资产是不完全替代的，风险等因素使非抵补的利率平价不能成立，从而本币资产和外币资产的供求平衡需要在两个独立的市场上进行考察。②货币只是人们可以持有的一系列金融资产中的一种，人们将根据对收益率和风险的考察，将财富配置于各种可供选择的国内外金融资产，包括本国货币、本国债券和外国债券，形成资产组合。本国的财富（资产）总量构成对各种资产持有量的一个约束。③短期来看，汇率由包括货币在内的所有金融资产存量结构平衡所决定。随着经济状况和人们预期的不断变化，资产持有者对国内和国外资产的偏好也会发生相应的改变，从而引起对现有资产组合的调整。在各种资产供给量既定的情况下，这一调整过程会导致汇率和利率变化，而汇率和利率的变动通过影响对资产的重新评估起着平衡不同资产供求存量的作用。汇率正是在各资产市场同时达到均衡状态时被决定的。④以上所说的资产组合的调整是对财富这一存量的结构调整，从长期来看，一国财富总量也会发生变动，私人部门财富的积累和流失是通过经常项目的顺差和逆差这一流量实现的。经常项目失衡会带来本国持有的外国债券总量变动，财富总量也相应变动，这一变动又会引起资产市场的调整，只有在经常账户达到均衡时，长期均衡才能实现。因此，伴随着资产市场供求之间的短期均衡向长期均衡调整，汇率也经历了从短期均衡向长期均衡的调整过程。

从资产组合平衡模型的基本思想可以看出，实际上，该模型着眼于资产组合和财富积累这两个方面对汇率的影响，进而得出了汇率的决定因素以及汇率在长期内的调整过程。资产组合平衡模型提出以后，产生了很大的反响，很多经济学家也对其进行了扩展，产生了不同形式的资产组合模型。例如，将商品市场的均衡和调整过程引入基本模型中进行扩展，考虑货币替代对基本模型进行扩展等。特别值得一提的是，通过理性预期的引入，这一模型又被大大向前推进了一步，得出了一些新的结论，例如，Branson（1982）在引入理性预期的条件下，得出了实际冲击将导致汇率单调调整，而货币冲击导致汇率超调的结论。

（三）对汇率决定的资产市场分析法的评述

20 世纪 70 年代产生的汇率决定的资产市场分析法是一个庞大的理论集合，之所以将这些理论归为同一类，是因为它们都有着一个本质的共同特征：汇率被看作是资产的价格，在资产市场上由资产的供求决定。在这个理论集合中，最为基础的是弹性价格货币模型，黏性价格货币模型和货币替代模型都可以看作是对弹性价格货币模型的修正和发展，通过放松其假设前提以更符合实际经济情况。其中，黏性价格货币模型放松了弹性价格货币模型中商品价格具有完全弹性使得购买力平价连续存在的假设，而货币替代模型则放松了本国居民只持有本国货币、本国货币与外国货币之间不可替代的假定。虽然只是条件的放松，带来的却是对汇率决定理论突破性的进展。总的来说，以上这三种模型都突出了货币因素在汇率决定过程中的作用，都属于汇率决定的货币模型。而汇率决定的资产组合平衡模型则是进一步放松了货币模型中本外币资产具有完全替代性的假设，认为风险等因素使得本国和外国的资产不能完全替代，这样，货币被看成是众多金融资产中的一种，均衡汇率不只是由货币市场决定，而是在整个金融资产市场的总体供求平衡中实现，从而将对汇率决定问题的研究提升到一个更加宽阔的视角。因此，在资产市场分析法中尽管存在不同的理论分支，但它们在基本分析方法上是一致的，不同分支只是由于在某些假定上有所不同，从而使得各自分析的侧重点不同。它们之间不是相互排斥的，而是相互补充的，在很多观点上彼此相互融合。

与早期汇率决定理论相比，资产市场分析法无疑是一个很大的进步和发展，它带来的是汇率决定分析方法突破性的变革。从以下几个方面，我们可以清楚地看出资产市场分析法在早期汇率决定理论基础上突破和发展的脉络。

首先，资产市场分析法将分析的视角从实体经济转向货币经济、从流量分析转向存量分析。资产市场分析法产生之前对汇率决定的研究偏重实体经济和流量分析，这与货币经济未充分发育、国际贸易支配国际经济的背景相对应。但是，20世纪 70 年代以来，各国货币金融资产快速增长，国际资本流动迅速增加，货币经济已经大大超越了它的实体基础，资产市场的存量也远远超过了经常账户的流量，国际资本流动占据了国际经济贸易的统治地位，并且越来越表现出与实体经济相脱离的特征。在这样的背景下，早期流量分析的弊端就显现出来。而资产市场分析法则将分析的视角转向货币经济和存量分析，将汇率视为资产的价格，从资产市场上的存量调整角度展开分析，强调市场供求存量均衡在汇率决定中的作用，从而使得汇率的决定和变动与高度发展膨胀的货币经济和金融资产市场的独特运行规律相结合。因此，资产市场分析方法的研究视角能够更好地贴近现实经济。此外，资产市场分析方法在关注货币经济、采取存量分析的同时，也试图在这一框架内对流量变动展开一定的分析。例如在资产组合平衡模型中从经常账户会引起财富总量调整入手，将经常账户调整过程中汇率发生的相应变化纳入整个存量模型中进行分析。现实经济中，特别是长期来看，实体经济的运行情况对汇率的影响是难以忽视的，资产市场分析法虽然试图在高度理想化了的货币世界中结合某些流量因素来贴近现实，但总的来看，资产市场分析法对流量因素的分析还远远不够，难以充分反映出实体经济状况对汇率的影响。

其次，资产市场分析法较早期汇率决定理论，在分析方法上由局部均衡分析走向一般均衡分析，由长期或短期分析走向长短期结合分析，由静态和比较静态分析走向动态分析。正如在第一部分中所提到的，早期汇率决定理论都属于局部均衡分析，仅仅着眼于某一个市场、某一个方面的均衡，而在资产市场分析法中则同时考虑开放经济下多个市场的一般均衡，关注各类市场之间的相互联系、相互影响，将汇率的决定和调整放在了实现所有市场同时平衡的一般均衡框架之中。早期汇率决定理论或者侧重长期分析或者侧重短期分析，例如购买力平价理论试图揭示汇率变动的长期原因，对短期汇率波动偏离购买力平价的原因则未进行分析；而利率平价理论、国际借贷理论及其后续发展的国际收支理论关注的仅仅是汇率的短期均衡分析。资产市场分析法则打破了这种长短期分析分裂的格局，在统一的框架下将长短期分析结合起来。例如，在黏性价格货币模型和资产组合平衡模型中，对于汇率决定的分析都有长短期之分，它们认为不同的市场调整速度是不同的，商品市场较资产市场调整得要慢，短期均衡汇率主要是在资产市场的调整过程中被决定的，而从长期来看随着商品市场的最终调整，汇率也会相应地向长期均衡水平过渡。早期汇率决定理论在分析方法上还有一个特点，即一般为静态或比较静态分析，它们都没有给出汇率动态的调整过程。而资产市场分析法一方面分析汇率在某一时点上由哪些因素决定以及如何决定，另一方面则考察当影响汇率的因素发生变化使得短期均衡被打破后，新的均衡汇率又是如何形成的，即汇率在从一个均衡向另一个均衡或从短期均衡向长期均衡过渡过程中的行为轨迹如何，这就从静态分析发展到了动态分析。

最后，在分析工具上资产市场分析法引入了预期因素，强调预期在汇率决定中的作用。从资产市场分析法不同理论模型的发展中，我们或多或少都可以看到预期在其中发挥的作用。例如，弹性价格货币模型认为人们持有本币和外币的需求量是由其预期收益率决定的，要达到资产平衡，汇率值不仅取决于基本决定因素的现行值，而且也依赖对这些因素未来行为的预期；黏性价格货币模型认为预期在短期均衡汇率向长期均衡汇率的调整过程中发挥着重要作用，它直接影响着调整速度的快慢；资产组合平衡模型则认为预期影响着人们对资产的选择，从而通过影响资产市场供求存量的变化影响汇率的决定。可以看出，预期因素已经成为资产市场分析法的一个基本分析工具，它使得模型对现实具有更好的解释力。

三、现实困惑的突破：汇率决定理论的新近发展

（一）资产市场分析法的现实困惑与对外汇市场有效性的质疑

20 世纪 70 年代至 80 年代初，是汇率决定的资产市场分析法盛行的时期。在这一阶段，经济学家们除了致力于建立和扩展各种汇率决定的资产市场模型，同时也在致力于从计量经济学角度对这些模型进行实证检验。然而，大量实证研究的结果却表明，这些宏观结构模型对浮动汇率条件下的汇率解释能力非常弱。特别是在Meese 和 Rogoff（1983）使用样本外预测分析的研究中，他们发现资产市场汇率模型的预测能力并不明显胜过随机游走模型。这一惊人的结论对汇率决定的资产市场分析法是一个沉重打击，虽然后来一些学者研究发现在一个相对长的预测间距水平上，资产市场汇率模型的预测能力还是要比随机游走模型的预测能力强，并且这一结论逐渐得到多数人的认同，但是在短期预测水平上，米斯（Meese）和罗格夫（Rogoff）的结论还从未被有说服力的证据推翻。

米斯和罗格夫的结论结束了资产市场分析法的黄金时代，这一用宏观经济学理论框架构筑起来并得到不断发展的汇率决定理论陷入了一种难以自圆其说的境地。面对这一困惑，人们开始重新审视汇率决定宏观结构模型的假设前提、分析视角以及分析工具，从不同的方面进行突破和发展，试图对现实经济中耐人寻味而又令人费解的汇率现象给出更为合理的解释，新一轮汇率决定理论的研究浪潮由此开始出现，而作为汇率决定理论突破和发展的分析起点的，则是人们对宏观结构模型中一个重要假设前提——"有效市场"的质疑。

有效市场假说是由 Fama（1965）最先提出的，早期主要用于股票市场的研究，应用到外汇市场，则是指汇率（包括即期汇率和远期汇率）能够充分反映所有相关和可能得到的信息，投资者不可能赚得超额利润，均衡价格是在完全信息条件下形

成的，市场是所有信息的敏感器，调节着价格变动。外汇市场有效性假说主要包含了市场参与者理性预期和风险中性两个核心假设，因此实际上是一个联合条件（Hansen and Hodrick，1980）。在 20 世纪 80 年代，出现了大量检验外汇市场有效性的文献，无论是对即期外汇市场有效性的检验（如，Cumby and Obstfeld，1981；Dooley and Shafter，1983），还是对远期外汇市场有效性的检验（如，Hansen and Hodrick，1980；Fama，1984），总体来说，基本上都拒绝了外汇市场的有效性。如果说宏观结构汇率理论无法对现实经济中剧烈波动的外汇市场给予有效解释，以致在汇率决定理论发展过程中形成了一个现实困惑，那么对外汇市场有效性的实证研究则为这一困惑打开了一个突破的缺口。

（二）理性预期下对外汇市场有效性检验失败的解释

实证检验拒绝了有效外汇市场假说，为汇率决定理论的进一步发展提供了一个切入点。一些认为理性预期假说可以近似成立的经济学家，在这一假定下从不同的方面对外汇市场有效性检验失败给予了解释，形成了汇率决定的新闻模型和投资泡沫模型，并且从比索问题和风险补贴等方面也进行了解释。实证结果表明，这些理论尽管对汇率的解释仍然不能令人满意，但已经明显起到了作用。

1. 汇率决定的新闻模型

新闻模型是在资产市场宏观结构模型基础上结合理性预期假说建立起来的，最早由 Mussa（1979）提出，他将非预期的并且能够引起人们对汇率预期值进行修改的新信息统称为"新闻"，进而分析了"新闻"对汇率运动的影响。穆萨的新闻模型表明，未预见到的即期汇率变化是由基本经济变量的"新闻"引起的。基于这一结论，任何新闻因素通过影响外汇市场上交易者的预期都能够及时有效地融入到即期或远期汇率之中。由于在即期汇率和远期汇率之间的时间内会有"新闻"因素出现，从而可能导致远期汇率是将来即期汇率的有偏估计，这就可以用来解释外汇市场有效性检验失败的原因。而"新闻"因素不断进入外汇市场则可以在一定程度上解释汇率频繁波动的原因。另外，"新闻"的不可预见性意味着"新闻"的出现是一个随机游走过程，根据新闻模型，可以得到未预测到的即期汇率变化也将是一个随机游走过程，这一结论又可以对"即期汇率路径近似地遵循随机游走"这一经验规则给予解释。

但是，穆萨的新闻模型存在着两个大的缺陷：一个是在其模型推导过程中对理性投机泡沫的忽略，并且给出的忽略理由不能令人满意，而这方面在投机泡沫模型中被加以考虑；另一个缺陷是没有指明新闻的具体内容，对此，Edwards（1983）进行了发展，给出了一个标明新闻具体内容的新闻模型，并给出了各种新闻的效应，但这仍然仅仅是一种理论上的推断。

新闻模型提出以后，很多学者采用不同的方法对其进行实证检验。Dornbusch（1980），Frenkel（1981）等学者的早期实证研究结果支持新闻对汇率变化的影响，但他们所使用的方法本身具有一定的局限性。20 世纪 80 年代中期以后，对新闻模型的实证研究重点发生了转变，集中在"公告效应"的研究（如 Ito and Roley，1991）上，实证研究的结果也基本表明了"新闻"对汇率变动具有影响。与此同时，一些实证检验（如 Copeland，1984）也显示，新闻模型在解释汇率变动方面仍然不能令人满意，只能够有限地、部分地解释汇率波动，正如 Davidson（1985）所指出的，现实中的汇率变动比传统的新闻变动幅度更大、频率更高。尽管现有的新闻模型还很不完善，实证结果也不能完全令人满意，但是人们在实际经济中常常能够感觉到意外"新闻"信息对即期汇率运动轨迹产生的影响，这就是新闻模型在理论上能够令人信服的地方。

2. 理性投机泡沫模型

新闻模型根据未预料到的基本经济变量变化来解释汇率变动性，然而，外汇市场有时会在基本经济变量没有很大变化的情况下出现暴涨和暴跌，这种现象既无法用汇率超调理论也无法用汇率的新闻模型来解释，于是一些学者在理性预期的假设下对这种汇率现象进行了分析，产生了汇率变动的理性投机泡沫模型。这方面研究最具代表性的当数 Blanchard（1979）和 Dornbusch（1980），他们的贡献使得人们对理性投机泡沫现象有了更为深入的认识。理性投机泡沫模型中表达出的基本思想是：当期初的汇率相对于由基本因素所决定的水平有一个偏离时，则产生泡沫的源头，在理性预期下，市场参与者预期汇率将进一步偏离均衡水平，投资者之所以继续购买被高估的货币，是指望能够获得预期货币进一步升值带来的收益，并且能够赶在汇率最终回到由基本经济变量所决定的均衡值之前将货币卖出。在市场投机的推动下，泡沫随着汇率的快速上升而膨胀，投机者会在每一期结束前判断泡沫破灭的概率。汇率上升得越高，泡沫破灭的概率越大。为了补偿增加的泡沫破灭风险，汇率必须以更快的速度上升，这又进一步推动了泡沫的膨胀。因此，理性投机泡沫理论得出了"一个初期偏离在理性预期条件下会导致汇率理性泡沫的生成并进一步加速膨胀"的结论。该理论提出后，很多学者对其进行了实证检验，Huang（1981），Meese（1986），Kearney 和 MacDonald（1986）以及 Evans（1986）等的研究都得出了理性泡沫存在的结论。

3. 从"比索问题"进行的解释

"比索问题"这一名称来自 1976 年的墨西哥比索贬值事件。在那次比索贬值之前，墨西哥实行的是固定汇率制，由于比索存款利率高于美元利率，人们预期比索将贬值。但是尽管如此，比索的升值却一直持续到 1976 年 8 月 31 日。这一天，墨西哥政府允许比索浮动，比索一下子贬值了 46％，贬值预期终于成为现实。后来，人们对比索贬值前比索和美元汇率之间在很长一段时期里一直有一个非零的远期升水现象进行了理论提炼和升华，其中 Krasker（1980）提供了比较有代表性的论述。他指出，虽然人们已经预期到决定汇率水平的基本因素将会发生较大变化，但由于这一变化是一个重大事件，尽管在无限时间的跨度内，这一事件发生的可能性很大，但在一定限度的样本期间内，该事件发生的概率却很小。然而这个小概率重大事件的潜在发生会对市场参与者的行为和预期产生重大影响，使得预期汇率变动和实际汇率变动方向会出现刚好相反的现象，同时也使得远期外汇市场有效性检验变得无效，这就是所谓的"比索问题"。

比索问题以及理性汇率泡沫为浮动汇率制下汇率波动大幅度偏离宏观基本因素提供了两个方面的解释，指出了外汇市场有效性检验的不甚理想可能是源于理性投机泡沫和比索问题的存在。但即使考虑这些因素，也并不能得出外汇市场一定是有效的结论。

4. 从"风险补贴"进行的解释

外汇市场有效性假说的核心假设前提之一是风险中性，而风险补贴正是从否定这一假设出发来解释外汇市场有效性检验的失败和汇率对基本因素的偏离。在理性预期下，如果放松风险中性条件，认为投资者是厌恶风险的，则在远期汇率和预期的未来即期汇率之间就有一个风险补贴，远期汇率不再是预期即期汇率的无偏估计。持有这一观点的学者认为风险补贴是影响市场有效性的一个重要原因。风险补贴作为对汇率现象的一种解释，其关键问题在于风险补贴是否存在，风险补贴是否随时间发生变动，对此，很多学者进行了研究。对于风险补贴是否存在，在 Frenkel（1982）的一篇文献中，其估计的结果得出不能拒绝风险中性假说；Taylor（1987）用一个模型估计了 1976 年 3 月—1986 年 7 月美元/英镑、美元/瑞士法郎和美元/日元的月度数据，其结果则显示风险补贴是存在的。在对风险补贴是否随时间变动的研究方面，Frenkel 和 Razin（1980）的实证结果支持有些汇率的风险补贴不变，而有些是变化的论点；Fama（1984）的实证结果则支持随时间变动的风险补贴存在这一论点。可以看出，风险补贴对汇率偏离利率平价提供了一种解释，但是这方面的实证检验并没有得出完全一致的结论。

（三）20 世纪 90 年代后汇率决定理论的三个重要发展方向

20 世纪 90 年代以来，传统的汇率宏观结构模型中被作为假设前提或被认为是不重要的细节而被忽略的方面逐渐进入了研究视野，形成了一些新的发展方向。其中，一些经济学家开始关注原有汇率理论未曾考虑的宏观经济关系的微观基础，从而形成了具有微观基础的汇率宏观经济分析方法；与此同时，基于对理性预期的批判，从外汇市场微观结构研究出发的汇率决定微观结构理论和从市场参与者异质性导致汇率混沌运动思想出发的汇率决定混沌分析方法，也登上了理论发展的历史舞台。这三个发展方向共同演绎了当前汇率决定理论的最新突破和发展。

1. 具有微观基础的汇率宏观经济分析方法

一些研究者指出，传统汇率决定理论的分析一直建立在宏观经济关系框架下，而忽视了微观基础的作用。他们认为，汇率在更大程度上可以看作是人们根据自己的消费方式选择内外资产的结果，经济主体的行为及其影响因素等微观基础在宏观经济变量发生变化的过程中起着重要的作用，因此在研究中不能忽略。基于这种观点，就形成了具有微观基础的汇率宏观经济分析方法，而这一分析方法又是后来被统称为新开放经济宏观经济学的重要内容和组成部分。

在这一方向的研究中，Svensson 和 Van Wijnbergen（1989）的论文做出了先驱性贡献，他们使用了跨时分析方法，建立了一个有微观基础的黏性价格模型，但是由于使用了特殊假定，这一模型并未能得到广泛的应用。1995 年，奥伯斯法尔德（Obstfeld）和罗格夫在《政治经济学》（*Journal of Political Economy*）杂志上发表了题为《汇率动态回归》（Exchange Rate Dynamics Redux）一文，将名义价格刚性和不完全竞争引入分析，建立了一个具有坚实微观基础的宏观微观一致汇率模型，标志着新开放经济宏观经济学的创立。此后，建立在宏观微观一致分析基础上的汇率研究迅速发展起来，这一发展方向的一个基本观点是，原有宏观结构模型经验研究结果不理想的原因不是宏观经济变量的问题，而是模型需要修正的问题。原有的模型仅仅考虑宏观层面，但是要深入了解汇率变化机制，还应该进一步融入微观层面因素的分析。例如，投资者偏好、风险承受能力等都是直接决定外汇交易者投资行为的重要参数，不可忽视。在此基础上再来分析现有汇率理论涉及的宏观经济指标如何改变市场参与者的各项决策，进而影响汇率变动。Obstfeld 和 Rogoff（2000）运用具有微观基础的宏观经济分析方法对汇率问题做了较为严密的理论分析，他们的研究表明，市场分割、不完全竞争、工资-价格黏性调整机制和手续费等因素都会带来出乎人们预料的大额交易成本，这些都可能是造成原有理论经验分析结果不佳的原因。

在 Obstfeld 和 Rogoff（1995）具有划时代意义的宏观微观一致基本模型（以下简称 OR 模型）基础上，很多学者从不同的方面对汇率决定理论进行了发展。Betts 和 Devereux（1996）以及 Obstfeld 和 Rogoff（2000）分别通过假定进口方货币价

格黏性和出口方货币价格黏性改进了 OR 模型对汇率行为的解释能力；Hau
（2000）研究了工资黏性对开放经济中汇率的影响。Obstfeld 和 Rogoff（1998）将
货币不确定性引入模型，证明了货币的不确定性冲击会放大汇率变动幅度，得出高
通货膨胀国家同时也会面临汇率巨幅波动的结论；在 Obstfeld 和 Rogoff（1998）这
一含有不确定性模型的基础上，Devereux 和 Engel（1999）进一步加入市场定价因
素后分析了货币冲击对汇率变动的影响。由于 OR 模型简略地认为每个人对国内
外商品都具有相同的偏好，从而国内外商品是完全可替代的，Corsetti 和 Pesenti
（1997）对此条件进行了改进，在假定国内外商品之间具有单位替代弹性的基础
上，研究了货币冲击对汇率的影响，Betts 和 Devereux（1998）则将货币需求的
消费弹性作为变量引入 OR 模型中，得出在市场定价条件下，货币需求的消费弹
性与汇率波动呈负相关关系的结论。实际上，自 OR 模型提出以来，在此基础上
对汇率理论的发展层出不穷，以上列出的只是其中一些主要部分。由于这一发展
引入了微观基础对原有宏观分析方法进行补充，使得新的分析框架下对汇率的分
析更加贴近实际。目前，具有微观基础的汇率宏观经济分析方法仍在发展之中，
由于这一分析方法建立在主流经济学的框架之上，很多著名的学者加盟其中，使
其成为汇率决定理论非常重要的一个发展方向。不过，这一方面目前还缺乏成功
经验研究的支持。

2. 汇率决定的微观结构分析

面对原有资产市场分析法宏观结构模型与现实存在的矛盾，一些学者认为，汇
率波动的直接原因主要不在于宏观层面，而是取决于掌握不同信息或是对信息理解
不一样的外汇交易者在特定交易体系下的相互博弈（Lyons，1998）。基于此，他们
从外汇市场参与者的行为和市场特征等市场微观结构角度来研究和解释汇率，形成
了汇率决定的微观结构分析，重点考虑在私有信息或异质市场参与者或不同交易机
制条件下，汇率形成将出现什么样的规律。以下将以这三个方面为线索对这一方向
的主要研究成果进行综述。

首先从信息这一线索来看，原有汇率理论认为只有公开信息才与汇率变化有
关，而无视私有信息及其集合过程对汇率变动的重要影响。微观结构理论则跳过了
传统理论中宏观经济变量对汇率影响的分析过程，认为外汇市场的定单流和做市商
报出的买卖价差这两个关键微观金融指标才是传递和反映私有信息的核心工具，这
些私有信息汇集在市场的交易过程中，是主导外汇交易量和汇率变化的决定要素，
并且这些私有信息的影响会持续很久（Lyons，1998）。定单流的概念最早由 Lyons
（1995）提出，近些年来，关于定单流的分析取得了很多重大发现，使得这方面研
究成为汇率决定微观结构分析中具有较大影响的部分。在 Lyons（1995）早期的那

篇文献中，他通过研究发现外汇市场交易者普遍认为定单流是内部信息的重要源泉。Evans（2001）以及 Evans 和 Lyons（2002）的研究结果更令人们震惊，他们发现，与对汇率波动几乎没有解释力度的宏观经济指标相比，汇集了各个交易者私有信息的定单流能够更好地说明国际金融市场上主要外汇的走势。其中，Evans（2001）的一个数字令人印象深刻，他得出结论：即使仅利用近年外汇交易中较小部分的定单流数据，也可以解释 40％～70％ 的汇率波动。在同一篇文献中，伊万斯（Evans）还以强有力的证据表明，宏观经济数据公告和其他一些可分辨的宏观经济数据的变化在考虑定单流数据后对汇率波动的直接影响不大。但是，以上这些发现和证据并不意味着定单流本身能够引起汇率的变化，也不意味着宏观经济变量对汇率变动没有影响。一种代表性的解释认为，宏观经济变量能够解释一部分汇率的变动，之所以定单流具有很强的解释能力而宏观经济数据的变化在考虑定单流数据后对汇率变动无解释能力，是因为包括宏观经济变量在内的众多因素对汇率的影响最终通过人们对汇率需求的心理意愿而绝大部分反映在定单流上，定单流实际上只是一个易于观测的载体。目前，关于定单流的分析越来越引起人们的重视，这方面的研究正在不断发展中。微观结构理论关注的另一个传递和反映私有信息的指标是出自做市商的买卖价差。许多这方面的研究表明，外汇市场买卖价差与汇率波动性呈直接比例关系，而 Perraudin 和 Vitale（1996）的研究则发现，做市商为了获得分散在各个银行手中的私有信息，会有意地拉开买卖报价，以排挤那些对价格变化反应较为敏感的流动性需求交易者。

从市场参与者异质性这一线索来看，最为基础的问题就是市场参与者及其预期是否具有异质性。Frenkel 和 Froot（1990）指出，外汇市场既有基本因素分析者，也有按照历史数据来分析的技术分析者，还有按照其他一些噪声信息来预测汇率的噪声交易者，这从 Taylor 和 Allen（1992）对伦敦外汇市场主要交易商进行的问卷调查和希勒（Shiller）在 1987 年股灾发生的那个星期所做的著名的问卷调查中可以清楚地看出。而在 Vitale（2000）看来，这种异质性市场结构的形成主要是因为信息不对称条件下包括技术分析交易在内的噪声交易有时能够获得更大的收益。关于外汇市场预期的研究则主要是通过直接测度的方法，其中比较具有代表性的是 Ito（1990），他对日本 44 家企业进行了为期两年的调查研究，其结果显示预期是异质的。非理性预期被证实存在的同时，理性预期假说就被微观结构理论拒绝了。很多经济学家分析认为，异质性预期使得有效市场假说不能成立，也是原有汇率理论无法很好地解释现实汇率波动的一个重要原因（Frenkel and Froot，1990）。在市场参与者及其预期异质性的考虑下，一些经济学家提出用噪声交易者模型来代替有效市场假说。

再从外汇市场交易系统方面的研究来看，Lyons（2001）指出，外汇市场是一个庞大的二层结构分散市场（银行间的交易市场和银行与客户间的交易市场），外汇市场有效性检验的失败，其原因与外汇交易体系的特殊结构有密切关系。除了二层结构的特征以外，外汇市场还有其他一些特征，如这一市场的巨大交易量是通过多个做市商机制来完成的；交易者除了选择银行间的直接交易形式外，还可以选择利用经纪人中介的间接交易；这一市场没有对交易价格和交易量等信息随时披露的要求，因此透明度明显低于其他金融市场等等。在这样的市场上，参与者的交易动机各不相同，而且，在银行间交易市场中起着做市商职能的各个银行获取信息的渠道也不一样，这就必然产生信息不对称影响汇率的问题。在早期外汇市场微观结构理论中，有许多经验证据表明，市场集中程度的差异可能对解释市场表现的差异非常重要。Flood（1994）曾在一个包括做市商、经纪人和顾客的市场结构下通过模拟试验来考察美国外汇市场一个交易日内的运行效率，他的结论是：集中化是达到市场运行效率的关键因素。Perraudin 和 Vitale（1996）针对外汇市场是一个分散的交易商市场这一特征，建立了一个理论框架并讨论了外汇市场价格信息传递机制及效率。Lyons（1991）也考察了市场的机制特征对市场信息传递的影响。

实际上，以上作为线索的信息、市场参与者异质性和交易系统这三个方面是密切相关和互相影响的。从某种程度来说，没有分散市场的制约，就无法充分体现私有信息的价值，噪声交易者也就不可能从中谋取利润。反过来，噪声交易的行为又增加了分散市场的信息不对称程度，使私有信息对价格的影响更为显著。

近些年来，外汇市场微观结构分析在解释汇率变动的机理方面取得了相当的成就，对现实的汇率运动和很多宏观结构汇率理论无法解释的汇率现象都能够提供较好的解释，并且在经验分析上也取得了令人满意的结果。但是，汇率决定微观结构分析也存在着很多局限性有待克服，要建立一套统一的理论分析体系还有很长的路要走。

3. 汇率决定的混沌分析方法

自然科学中的混沌理论表明，运动的确定性并不等价于它的可预测性，确定性运动能够产生出不可预测的貌似随机的行为。一些学者受此启发，认为汇率变化也是一个混沌过程。他们放弃了传统汇率理论预期的假设前提，代之市场参与者异质性的假定，并试图通过混沌理论来模拟汇率的运动，从而开辟了汇率决定的混沌分析方法。对汇率行为的混沌研究有两个基本的问题：一是能否给出一个具有混沌特征的合理的汇率决定模型；二是在实际的汇率时间序列中能否找到混沌存在的证据。前一个问题是理论性的，后一个问题是实证性的。

最早将混沌理论应用于汇率行为研究的是比利时经济学家 De Grauwe 和 Dew-

achter（1990，1993），他们开创性地提出了一个汇率决定的混沌货币模型。1993
年，这两位汇率混沌理论的创始人又和艾布奇茨（Embrechts）合作，共同出版了
这一方向的扛鼎之作《汇率理论：外汇市场的混沌模型》（*Exchange Rate Theory*：
Chaotic Models of Foreign Exchange Markets）。此书对上述两个基本问题进行了
较为系统和全面的论述，把汇率决定的混沌分析方法提升到一个较高的研究水平。
以下将就他们的研究成果做一简单综述。

德·格劳威（De Grauwe）等首先给出了一个基本的汇率决定混沌模型，他们
假定市场参与者是异质的，并简化地分为图表分析者和基本因素分析者两类，赋予
这两类市场参与者使用不同的有限信息集合。通过模型，德·格劳威等证明了在异
质性预期假定下，外汇市场上图表分析者和基本因素分析者的相互作用使得汇率有
可能呈现混沌的运动状态，从而为现代混沌理论应用于汇率的分析开启了理论闸
门。然而，这一基本模型并没有详细说明决定汇率的基本经济变量的结构，只是简
单地把这一结构当作是外生的，因而割裂了汇率与基本经济变量之间明显存在的相
互联系。为了克服这一缺陷，德·格劳威等进一步对这一基本汇率混沌模型进行扩
展，又提出了一个汇率决定混沌货币模型。扩展后的模型不仅证明了汇率的运动能
够呈现出混沌状态，而且它所描述的汇率运动还表现出和实际汇率运动相同的
特征。

德·格劳威等虽然从理论上给出了一个能够产生混沌的汇率模型，然而，如果
在可测的实际汇率数据中观察不到混沌存在的事实，再完美的模型也难免有空中楼
阁之嫌。因而，利用混沌方法分析汇率行为的另一个研究重点就是检验在实际汇率
数据中是否真的存在混沌运动状态。这一方面的实证研究很多，但是总的来看，既
有肯定的，也有否定的，并没有一个明确的结论。对于这一局面，支持汇率混沌理
论的学者们认为，这有可能是因为所使用的样本数据的误差，或者是受样本数量的
影响，也可能是由于有些噪声的遮蔽而造成检测混沌的困难，甚至是实证检验所使
用的分析方法本身存在问题。因此，这方面的研究仍在不断发展。

汇率决定混沌分析方法改变了人们关于汇率行为的传统观念，它为很多原有理
论无法解释的汇率现象提供了一种合理的解释。例如，混沌系统所具有的对初始条
件的敏感性特征，可以用来说明现实中预测汇率的困难；混沌系统的内在随机性波
动，可以用来阐释汇率决定的新闻模型所无法解释的困惑，即在没有新闻发生时的
汇率明显波动。现实经济中，外汇市场汇率变动的高频特征表明了汇率的非线性变
化越来越明显，而混沌模型通过建立非线性方程组来描述汇率变动可能也是对现实
经济复杂性的一种较为精确的反映。此外，长期以来在人们对外汇市场进行的众多
实证检验中有两个普遍认可的结论：汇率的时间序列呈现出单位根和远期升水是一

个有偏估计，而德·格劳威等在对用汇率决定的混沌货币模型模拟出的汇率运动进行检验时，也得出了与实际外汇市场上述两个结论相同的结论，这在一定程度上也说明了汇率决定混沌理论的合理性。

当然，现实的经济系统是一个相当复杂的非线性系统，从混沌理论的角度来研究汇率变动也面临一系列问题：汇率的混沌模型仍需要进一步突破；外汇市场中具有重要影响的中央银行干预尚没有被现有的汇率混沌模型所考虑；尽管一些实证检验指出汇率变动有混沌迹象，但仍然没有强有力的证据，等等。用混沌理论来解释汇率是一个崭新的视角，目前还处于初级阶段，对汇率变动混沌现象的判断还有待进一步研究，汇率决定混沌理论仍有待进一步的发展。但不可否认的是，这一发展方向已经为汇率决定理论的研究开辟了一个重要的分支，成为未来汇率决定理论发展的一个有影响力的流派。

近些年，更多的影响因素和计量经济模型被用于汇率决定理论分析。在黏性价格货币模型的后续研究方面，OR 模型是两国模型，Kollmann（2001）通过引入动态随机一般均衡模型（DSGE），将研究拓展到小型开放经济的假设下，验证了黏性价格和工资条件下汇率波动对货币政策冲击反应是"超调"的；Ho 和 Ariff（2012）以十国集团与东欧新兴经济体为研究对象，计算了购买力平价达到均衡的时间，其中发达经济体为 6 年，新兴经济体为 2 年，结果符合价格黏性模型，此外，从事资本密集型商品贸易的经济体需要更长时间恢复均衡汇率。

关于微观结构的理论拓展，考虑不同的市场参与者行为，Bacchetta 和 Wincoop（2006）探讨不完全信息处理行为可以部分解释"延迟超调"现象；Gholampour 和 Wincoop（2017）在 Bacchetta 等（2006）的私人信息模型基础上研究美元欧元汇率，认为长期观察到的宏观基本面推动汇率变化；Gabaix 和 Maggiori（2015）针对不完善金融市场研究，认为资本流动通过改变金融家的资产负债表，进而促使金融家改变持有货币风险所需的补偿，对汇率水平和波动性产生影响。也有研究指出需要考虑模型本身的不确定性，例如 Kim 和 Lee（2020）的汇率预测实证结果认为贝叶斯变量选择方法（Bayesian variable selection）优于随机游走模型。

也有不少研究关注汇率传递问题，Campa 和 Goldberg（2005）采用经济合作与发展组织（OECD）23 个成员国的数据，发现汇率波动率高的国家汇率传递弹性较大。Delatte 和 López-Villavicencio（2012）采用非对称协整模型计算发现汇率贬值比升值更能通过价格传递。Funashima（2020）发现日元/美元汇率与货币基本面之间的联系较弱且不稳定，这与汇率动态的主流观点（即所谓的汇率脱节之谜）一致，并且发现量化宽松政策能显著增强货币基础在短期汇率决定中的作用，且货币基础能影响长期汇率。

参考文献

1. Aliber，Robert Z. (1973) ."The Interest Parity Theorem：A Reinterpretation," *Journal of Political Economy*，November-December，81（6），1451－1459.

2. Allen，P. R. and Kenen，P. (1980). *Asset Markets*，*Exchange Rates and Economic Integration*，Cambridge：Cambridge University Press.

3. Bacchetta，P.，and Wincoop，E. (2006) ."Incomplete Information Processing：A Solution to the Forward Discount Puzzle," Proceedings.

4. Betts，Caroline and Devereux Michael B. (1996). "The Exchange Rate in a Model of Pricing to Market," *European Economic Review*，April，40（3－5），1007－1021.

5. Betts，Caroline and Devereux Michael B. (1998). "The International Effects of Monetary and Fiscal Policy in a Two-Country Model：Pricing-to-Market," Mimeo，University of Southern California.

6. Blanchard，Olivier Jean (1979). "Speculative Bubbles，Crashes and Rational Expectations," *Economic Letters*，3，387－389.

7. Branson，William H. (1977). "Asset Markets and Relative Prices in Exchange Rate Determination," *Sozialwissenschaftliche Annalen*，1，69－89.

8. Branson，William H. (1982). "Exchange Rate Policy after a Decade of Floating," NBER Working Paper，No. 0909.

9. Calvo，Guillermo A. and Rodriguez，Carlos Alfredo (1977). "A Model of Exchange Rate Determination Under Currency Substitution and Rational Expectations," *Journal of Political Economy*，June 1977，85（3），617－625.

10. Campa，J.，and Goldberg，L. (2005) ."Exchange Rate Pass-Through into Import Prices," *Review of Economics and Statistics*，87，679－690.

11. Cassel，Gustav (1922). *Money and Foreign Exchange After 1914*，New York：Constable and Co.

12. Cassel，Gustav (1928). *Post-War Monetary Stabilization*，Columbia University Press.

13. Copeland，Laurence S. (1984). "The Pound Sterling-US Dollar Exchange Rates and the 'News'," *Economics Letter*，15，109－113.

14. Corsetti，Giancarlo and Pesenti，Paolo (1997). "Welfare and Macroeconomic Interdependence," NBER Working Paper，No. 6307.

15. Cumby，Robert E. and Obstfeld，Maurice (1981) ．"A Note of Exchange Rate Expectations and Nominal Interest Differentials：A Test of the Fisher Hypothesis," *Journal of Finance*，June，36（3），679－703.

16. Davidson，James E. H. (1985). "Econometric Modelling of the Sterling Effective Exchange

Rate," *Review of Economic Studies*, April 52 (2)，231 - 250.

17. De Grauwe，Paul and Dewachter，Hans（1990）. "A Chaotic Monetary of the Exchange Rate," CEPR Discussion Paper，No. 466.

18. De Grauwe，Paul and Dewachter，Hans（1993）. "Chaos in the Dornbusch Model：The Role of Fundamentalists and Chartists," *Open Economies Review*，December，4 (4)，351 - 379.

19. De Grauwe，Paul，Dewachter，Hans，and Embrechts，Mark（1993）. *Exchange Rate Theory：Chaotic Models of Foreign Exchange Markets*，Oxford：Blackwell.

20. Delatte，A.，and López-Villavicencio，A.（2012）. "Asymmetric Exchange Rate Pass-through：Evidence from Major Countries," *Journal of Macroeconomics*，34 (3)，833 - 844.

21. Devereux，Michael P. and Engel，Charles（1999）. "The Optimal Choice of Exchange Rate Regime：Price-setting Rules and Internationalized Production," NBER Working Paper，No. 6992.

22. Dooley，Michael P. and Isard，Peter（1980）. "Capital Controls，Political Risk，and Deviations from Interest Rate Parity," *Journal of Political Economy*，April，88 (2)，370 - 384.

23. Dooley，Michael P. and Shafer，J.（1983）. "Analysis of Short-Run Exchange Rate Behavior：Mar. 1973 to 1981," in Bigman，David. and Taya，Teizo eds.，*Exchange Rate and Trade Instability*，Cambridge，MA：Ballinger.

24. Dornbusch，Rudiger（1976）. "Expectations and Exchange Rate Dynamics," *Journal of Political Economy*，December，84 (6)，1161 - 1176.

25. Dornbusch，Rudiger（1980）. "Exchange Rate Economics：Where Do We Stand?"，NBER Working Paper，No. 0090.

26. Dornbusch，Rudiger，and Fischer，Stanley（1980）. "Exchange Rates and the Current Account," *American Economic Review*，December，70 (5)，960 - 971.

27. Edwards，Sebastian（1983）. "Floating Exchange Rates，Expectations and New Information," *Journal of Monetary Economics*，May，11 (3)，321 - 336.

28. Einzig，Paul（1937）. *The Theory of Forward Exchange*，London：Macmillan.

29. Evans，George W.（1986）. "A Test for Speculative Bubbles and the Sterling-Dollar Exchange Rate：1981—1984," *American Economic Review*，September，76 (4)，621 - 636.

30. Evans，Martin D. and Lyons，Richard K.（2002）. "Order Flow and Exchange-Rate Dynamics," *Journal of Political Economy*，February，110 (1)，170 - 180.

31. Fama，Eugene F.（1965）. "The Behavior of Stock Markets Prices," *Journal of Business*，38 (1)，34 - 105.

32. Fama，Eugene F.（1984）. "Forward and Spot Exchange Rate," *Journal of Money Economics*，November，14 (3)，319 - 338.

33. Fleming，J. Marcus（1962）. "Domestic Financial Policies under Fixed and under Floating Exchange Rates," IMF Staff Papers，November，9 (3)，363 - 379.

34. Frenkel，Jacob A.（1976）. "A Monetary Approach to the Exchange Rate：Doctrinal Aspects

and Empirical Evidence," *The Scandinavian Journal of Economics*，78 (2)，200 - 224.

35. Frenkel，Jacob A. (1978). "Purchasing Power Parity：Doctrinal Perspective and Evidence from the 1920s," *Journal of International Economics*，May，8 (2)，169 - 191.

36. Frenkel，Jacob A. (1981). "Flexible Exchange Rate，Prices and the Role of News：Lessons from the 1970s," *Journal of Political Economy*，August，89 (4)，665 - 705.

37. Frenkel，Jacob A. ，and Levich，Richard M. (1975). "Covered Interest Arbitrage：Unexploited Profits?", *Journal of Political Economy*，April，83 (2)，325 - 338.

38. Frenkel，Jacob A. ，and Razin，Assaf (1980). "Stochastic Prices and Tests of Efficiency of Foreign Exchange Markets," *Economic Letter*，6，165 - 170.

39. Frenkel，Jacob A. ，and Rodriguez，Carlos A. (1982). "Exchange Rate Dynamics and the Overshooting Hypothesis," NBER Working Papers，No. 0832.

40. Frenkel，Jeffrey A. (1982). "In Search of the Exchange Risk Premium：A Six-Currency Test Assuming Mean-Variance Optimization," *Journal of International Money and Finance*，December，1 (3)，255 - 274.

41. Frenkel，Jeffrey A. (1979). "On the Mark：Theory of Floating Exchange Rates Based on Real Interest Rate Differentials," *American Economic Review*，September，69 (4)，610 - 622.

42. Frenkel，Jeffrey A. ，and Froot，Kenneth A. (1990). "Chartists，Fundamentalists，and Trading in the Foreign Exchange Market," *American Economic Review*，May，80 (2)，181 - 185.

43. Funashima，Y. (2020) . "Money Stock Versus Monetary Base in Time-Frequency Exchange Rate Determination," *Journal of International Money and Finance*，104，102 - 150.

44. Gabaix，X. ，and Maggiori，M. (2015). "International Liquidity and Exchange Rate Dynamics," *The Quarterly Journal of Economics*，130 (3)，1369 - 1420.

45. Gholampour，V. ，and Wincoop，E. V. (2017). "What Can We Learn from Euro-Dollar Tweets?", *Microeconomics：General Equilibrium and Disequilibrium Models of Financial Markets eJournal*.

46. Girton，Lance and Roper，Don E. (1981). "Theory and Implications of Currency Substitution," *Journal of Money，Credit and Banking*，February，13 (1)，12 - 30.

47. Hansen，Lars Peter and Hodrick，Robert J. (1980). "Forward Exchange Rate as Optimal Predictors of Future Spot Rates：An Econometric Analysis," *Journal of Political Economy*，October，88 (5)，829 - 853.

48. Hau，Harald (2000). "Real Exchange Volatility and Economic Openness：Theory and Evidence," CEPR Discussion Paper，No. 2356.

49. Ho，C. ，and Ariff，M. (2012). "Time to Equilibrium in Exchange Rates：G-10 and Eastern European Economies," *Global Finance Journal*，23，94 - 107.

50. Huang，Roger D. (1981). "The Monetary Approach to Exchange Rate in an Efficient Foreign Ex-

change Market: Tests Based on Volatility," *Journal of Finance*, March, 36 (1), 31 – 41.

51. Isard, Peter (1983). "An Accounting Framework and Some Issues for Modeling How Exchange Rate Respond to the News," in Frenkel eds. , *Exchange Rate and International Macroeconomics*, Chicago: University of Chicago Press.

52. Ito, Takatoshi (1990). "Foreign Exchange Rate Expectations: Micro Survey Data," *American Economic Review*, June, 80 (3), 434 – 439.

53. Ito, Takatoshi, and Roley, V. Vance (1991). "Intraday Yen/Dollar Exchange Rate Movements: News or Noise?", NBER Working Paper, No. 2703.

54. Kearney, Colm and MacDonald, Ronald (1986). "Intervention and Sterilisation under Floating Exchange Rates: The UK 1973—1983," *European Economic Review*, 30, 345 – 364.

55. Keynes, John Maynord (1923). *A Tract on Monetary Reform*, London: Macmillan.

56. Kim, Y. M. , and Lee, S. (2020). "Exchange Rate Predictability: A Variable Selection Perspective," *International Review of Economics and Finance*, 70, 117 – 134.

57. Kollmann, R. (2001). "The Exchange Rate in a Dynamic-Optimizing Business Cycle Model With Nominal Rigidities: A Quantitative Investigation," *International Finance*.

58. Kouri, Pentti J. K. (1976). "The Exchange Rate and the Balance of Payments in the Short-Run and in the Long-Run: A Monetary Approach," *The Scandinavian Journal of Economics*, 78 (2), 280 – 304.

59. Krasker, William S. (1980). "The Peso Problem in Testing the Efficiency of Forward Exchange Markets," *Journal of Monetary Economics*, April, 6, 269 – 276.

60. Krugman, Paul (1978). "Purchasing Power Parity and Exchange Rates," *Journal of International Economics*, 8 (3), 397 – 408.

61. Lyons, Richard K. (1995). "Test of Microstructural Hypotheses in the Foreign Exchange Market," *Journal of Financial Economics*, 39 (2 – 3), 321 – 351.

62. Lyons, Richard K. (1998). "Profits and Position Control: A Week of FX Dealing," *Journal of International Money and Finance*, February, 17 (1), 97 – 115.

63. MacDonald, Ronald (1988). *Floating Exchange Rate: Theories and Evidence*, London: Allen and Unwin.

64. McKinnon, Ronald I. (1982). "Currency Substitution and Instability in the World Dollar Standard," *American Economic Review*, June, 72 (3), 320 – 333.

65. Meese, Richard A. (1986). "Testing for Bubbles in Exchange Markets: A Case of Sparkling Rates?", *Journal of Political Economy*, April, 94 (2), 345 – 373.

66. Meese, Richard A. , and Rogoff, Kenneth (1983). "Empirical Exchange Rate Models of the Seventies: Do They Fit Out of Sample?", *Journal of International Economics*, 14, 3 – 24.

67. Mundell, Robert A. (1960). "The Monetary Dynamics of International Adjustment under Fixed and Flexible Exchange Rates," *Quarterly Journal of Economics*, May, 74 (2), 227 – 257.

68. Mussa，Michael（1976）."The Exchange Rate，The Balance of Payments，and Monetary Poli-cy under a Regime of Controlled Floating," *The Scandinavian Journal of Economics*，78（2），229 - 248.

69. Mussa，Michael. "Empirical Regularities in the Behavior of Exchange Rate and Theories of the Foreign Exchange Market," in Brunner，Karl and Meltzer，Allen H. eds.（1979）. *Policies for Employment*，*Prices*，*and Exchange Rates*，Carnegie-Rochester Conference Series on Public Policy，Vol. 11，New York：North-Holland.

70. Obstfeld，Maurice and Rogoff，Kenneth（1995）. "Exchange Rate Dynamics Redux," *Journal of Political Economy*，June，103（2），624 - 660.

71. Obstfeld，Maurice and Rogoff，Kenneth（1998）. "Risk and Exchange Rate," NBER Working Paper，No. 6694.

72. Obstfeld，Maurice and Rogoff，Kenneth（2000）. "The Six Major Puzzles in International Mac-roeconomics：Is There A Common Cause?"，in NBER Macroeconomics Annual，339 - 390.

73. Perraudin，W. and Vitale，P. "Interdealer Trade and Information Flows in a Decentralized For-eign Exchange Market," in Frenkel，Jeffrey A.，Galli，G. and Giovannini，A. eds.（1996）. *The Microstructure of Foreign Exchange Markets*，Chicago：University of Chicago Press.

74. Svensson，Lars E. O. and van Wijnbergen，Sweder（1989）. "Excess Capacity，Monopolistic Competition and International Transmission of Monetary Disturbances," *The Economic Jour-nal*，September，99（379），785 - 805.

75. Taylor，Mark P.（1987）. "Risk Premia and Foreign Exchange：A Multiple Time Series Approach to Testing Uncovered Interest Parity," *Weltwirtschaftliches Archiv.*，123（4），578 - 591.

76. Taylor，Mark P.，and Allen，Helen（1992）. "The Use of Technical Analysis in the Foreign Exchange Market," *Journal of International Money and Finance*，June，11（3），104 - 114.

77. 陈岱孙，厉以宁. 国际金融学说史. 北京：中国金融出版社，1991.

78. 姜波克，陆前进. 汇率理论与政策研究. 上海：复旦大学出版社，2000.

国际收支理论

　　国际收支理论是研究国际收支失衡及其调节方式的理论。虽然西方学者早在 15 世纪就开始关注国际收支问题，但较为严谨、系统的国际收支理论产生的历史并不长。在始于重商主义的相当长的时间里，国际收支问题都是从属于国际贸易学说而被加以研究，而国际收支理论从国际贸易理论中独立出来，得以繁荣发展并逐渐形成理论体系则是 20 世纪 30 年代以后的事。第二次世界大战后，国际收支的内涵随着世界经济的发展迅速扩大；相关学科发展和不同经济学派交替盛行对国际收支研究的视角、分析方法和观点都产生了重大而直接的影响；与此同时，作为连接一国内部经济和外部经济的纽带，国际收支平衡成为宏观经济政策的主要目标之一，实现其均衡的调节政策及政策配合日益得到各国政府的重视，这些都推动着国际收支理论的不断创新和发展。本文将以一个历史的视角，鸟瞰国际收支理论发展的历史长河，在对不同理论产生、发展的时代背景和理论背景做出介绍的同时，对整个国际收支理论的演进脉络进行梳理。

一、国际收支理论的演进脉络

早在 15—17 世纪末，当时居于主导地位的重商主义者鼓吹"贸易差额论"时，就提出了贸易收支问题。[①] 他们认为，贵金属是财富的唯一形态，外贸顺差是财富的源泉。因此，他们极力主张政府实行贸易保护政策以确保顺差的实现。由于在如何保持顺差问题上存在分歧，因而有早期重商主义和晚期重商主义之分，两者的不同在于前者主张绝对贸易顺差（即多卖少买，甚至不买），而后者提倡相对贸易顺差（即有卖有买，卖超过买）。然而，重商主义理论忽略了对贸易差额产生原因及其运动规律的客观分析，更没有阐明纠正贸易差额的措施，仅仅针对贸易差额这种客观现象提出价值判断和政策主张。因此，"贸易差额论"并不能算作系统的国际收支理论。

从 17 世纪末到 18 世纪中叶，随着资本原始积累阶段的逐渐结束，资本主义国家在对外经济贸易中已具有强大的竞争力，它们不再需要那种带有封建残余色彩的国家干预主义，而是需要自由竞争和自由贸易，所以，亚当·斯密（Adam Smith）的经济自由主义学说应运而生，并取得了主流经济学的地位。与此相适应，在国际收支理论领域，英国古典政治经济学主要代表人物之一休谟（Hume）在 1752 年的著作《论贸易平衡》（*of the Balance of Trade*）中驳斥了传统重商主义的贸易差额论，系统地提出了著名的"价格-铸币流动机制"（price-specie flow mechanism）。这是第一个系统分析国际收支运动规律的国际收支理论，它以自由贸易及黄金在国际自由输出入为前提，以古典货币数量论为理论依据，描述了贸易差额自动恢复平衡的机制。随着 19 世纪各主要资本主义国家纷纷实行金本位制，国际金本位制进入全盛时代，价格-铸币流动机制经过一些经济学家的加工而日趋精致。其中值得一提的是，19 世纪初英国古典经济学家李嘉图在《金银的高价格，银行票据贬值的证据》（High Price of Bullion，A Proof of the Depreciation of Bank Notes）一文中以比休谟严谨得多的经济学术语，阐述了与休谟观点相似的国际收支自动调节理论。直到 20 世纪初，以价格-铸币流动机制所阐述的基本原理为核心的国际收支自动调节理论一直被西方经济学家奉为国际收支理论的圣典，而这一理论也确实比较成功地解释了金本位制下国际贸易往来比较平稳、国际收支差额不大的现实。

[①] 当时国家之间的经济往来基本上局限于贸易领域，贸易收支构成国际收支最主要的内容，因此可以认为当时贸易收支与国际收支在内涵上是一致的。

休谟国际收支自动调节机制的有效运作实际上暗含着假设前提，美国学者威廉姆森（Williamson）对这些限制条件进行了分析。[①] 在国际金本位制下的 19 世纪至 20 世纪初，这些条件基本上能够满足，从而保证了价格-铸币流动机制可以较好地实现。然而随着第一次世界大战的爆发，国际金本位制逐渐瓦解，价格-铸币流动机制存在的基础遭到动摇，于是西方经济学界开始出现了根据新的历史条件重新探讨国际收支问题的动向，例如，Taussig（1917）就对浮动汇率下贸易差额的自动调节机制进行了分析。1929—1933 年，资本主义世界爆发了特大经济危机，古典金本位制彻底崩溃，国际收支危机频繁，严重阻碍了世界经济和各国贸易的发展，国际收支问题开始得到理论界和各国政府的高度重视。与此同时，随着危机后资本主义国家自由竞争、自动调节、自由放任经济原则的破产，经济学界发生了凯恩斯革命。在新的历史条件下，古典自动调节理论显得苍白无力，经济学家们纷纷借助新的经济学原理来对传统国际收支理论实施改造或更新。梅茨勒在《国际贸易理论》一文中，就运用凯恩斯主义观点赋予自动调节理论以全新的内容，提出了价格和利率调节机制，然而真正具有里程碑意义、将国际收支理论推向新的发展阶段的则是国际收支弹性分析理论（elasticity approach to the balance of payments）的提出。

国际收支弹性分析理论最早可以追溯到 Bickerdike（1920）发表的一篇论文，而马歇尔（Marshall）在其 1929 年出版的《货币、信用和商业》（*Money, Credit and Commerce*）一书中，运用需求弹性原理对汇率和进出口变动的分析，则为国际收支弹性分析说的最后形成奠定了理论基础。20 世纪 30 年代国际金本位制全面崩溃以后，世界各国为了调节国际收支失衡，竞相实行本币贬值政策，展开了激烈的货币战。正是在这样的背景下，1937 年，英国经济学家琼·罗宾逊（Joan Robinson）正式系统地提出了国际收支弹性分析理论。该理论仍然把贸易差额平衡看作自动调节的过程，但是调节的关键不再是黄金流动，汇率变动成为贸易平衡的主导力量；针对汇率战，罗宾逊着重分析和研究了既定进出口供求弹性下，一国采取货币贬值政策对国际收支的影响。罗宾逊以后，勒纳、梅茨勒等经济学家又进一步对国际收支弹性理论进行了补充和发展。在众多学者的努力下，国际收支弹性分析理论已经成为国际收支理论的重要组成部分。时至今日，当一国政府考虑采用贬值来提高出口竞争力时，这一理论都是重要的分析工具。

凯恩斯革命以后，随着凯恩斯理论在经济学领域的盛行并逐渐占据主导地位，国际收支理论不可避免地要受到凯恩斯主义的影响。20 世纪 30 年代后期开始，国

[①] 关于价格-铸币流动机制有效运作的前提条件在本文第二部分有具体论述。

际收支理论的发展变革，大多衍生于凯恩斯经济理论或运用了凯恩斯学派的分析方法。20 世纪 30—40 年代，凯恩斯主义原理就在国际收支领域得到初步运用，梅茨勒、马克卢普（Machlup）、哈罗德（Harrod）等经济学家在罗宾逊等系统阐述弹性分析说的同时，直接以凯恩斯主义理论为基础，提出了对外贸易乘数理论（foreign trade multiplier theory）。与国际收支弹性理论重点分析在收入不变时价格和汇率变动的国际收支效应相对应，对外贸易乘数理论分析的是在汇率和价格不变条件下收入变动对国际收支的影响。该理论阐明了对外贸易通过进口需求收入弹性以及外贸对国民收入扩大（紧缩）的倍增（倍减）作用，与一国国内经济有机地联系起来，但是这种联系仍然局限在贸易部门，反映出对外贸易乘数理论仍然没有彻底摆脱凯恩斯之前传统经济学的局部均衡和微观分析方法。

应该说，20 世纪 30—40 年代是国际收支理论发展史上十分活跃的一段时期，对传统理论的批评、修正、革新与革新派内部的相互争论渗透交织在一起，推动着国际收支理论的研究走向新的发展阶段。在 20 世纪 50 年代初，美国经济学家亚历山大（Alexander）首先提出并创立了国际收支吸收分析理论（absorption approach to the balance of payments），该理论以凯恩斯国民收入方程式为依据，明确将一国对外贸易与整个国民收入活动相联系，鲜明地体现了凯恩斯主义宏观分析方法的特征，标志着过去一二十年里十分活跃的讨论获得了相对统一的成果：凯恩斯主义真正占领了国际收支理论研究的阵地。从此，国际收支理论进入了成熟发展阶段。吸收分析理论这一新的理论与早期理论相比，还反映了凯恩斯主义理论的另一个特色，即具有很强的政策含义。它正式将国际收支上升到宏观经济目标的范畴，认为国际收支调节属于政策调节，主张运用包括汇率调整在内的宏观需求管理政策来增加收入、减少支出或者兼及两者，以改善贸易差额。20 世纪五六十年代，吸收分析理论成为国际收支理论的主流，支配着各国的对外经济决策行为，掀起了政府干预对外经济的浪潮，并促使一些国际金融机构建立。

20 世纪 60 年代以后，资本主义经济逐渐陷入"滞胀"的局面，凯恩斯主义无法解释也无法使资本主义经济摆脱这种困境。与凯恩斯主义相对立的、以弗里德曼为首的货币主义盛行起来，其影响不断扩大，建立在凯恩斯主义理论基础上的国际收支吸收分析理论的全盛时代随之宣告结束，货币主义成为继凯恩斯主义以后又一个国际收支理论的学说渊源。20 世纪 60 年代末 70 年代初，约翰逊（Johnson）、蒙代尔（Mundell）等经济学家创立了一种新的国际收支理论——国际收支货币分析理论（monetary approach to the balance of payments），向吸收分析理论发起了强有力的挑战。该理论摒弃了以前国际收支理论的研究方法，不以国际收支的某个具体项目为研究对象，不追求局部均衡，而是将研究范围由经常项目扩展到资本项目，强调国际收支的整体均衡。与吸收分析理论从实物经济和流量角度考察国际收支问题相反，国际收支的货币分析理论把国际收支问题看作是一种货币现象，认为国际收支失衡的根源在于货币存量失衡。随着货币学派蜚声国际经济学界，国际收支的货币分析法在理论上越来越被人们所重视，在实践中越来越成为资本主义各国政府和国际金融组织进行国际收支分析的依据，从而使该理论在实践中的影响越来越大，理论模型在应用中也不断得到发展和完善。

20 世纪 70 年代中期，国际货币基金组织（IMF）的理论权威波拉克（Polak）将国际收支货币分析理论运用到了国际货币基金组织的国际收支调节规划中，使货币分析理论成为 IMF 制定国际收支调节政策的理论基础。当成员国国际收支发生困难而需要向 IMF 借款时，成员国必须按 IMF 国际收支调节规划的要求来制定相应的调节政策。由于货币分析理论的政策核心是紧缩需求，以牺牲国内经济增长来换取国际收支均衡，因此在国际收支普遍发生困难的 70 年代，众多成员国在执行了 IMF 的国际收支调节规划后，经济普遍受到抑制，有的甚至因过度削减预算和货币供给而导致国内经济、社会甚至政治动荡。在这样的背景下，国际收支结构分析理论作为 IMF 国际收支调节规划的对立面形成了。该理论明确反对 IMF 的一揽子调节方案，认为发展中国家与发达国家之间、发展中国家之间存在着各种各样的经济结构，国际收支逆差的原因多种多样，将一个固定的方案套在任何一个国家身上都会出现根本性的错误。由于结构分析理论的理论渊源同发展经济学密切相关，因而赞成该学说的经济学家大多来自发展中国家或发达国家中从事发展问题研究的学者。英国经济学家斯蒂芬（Stephen）、基里克（Killick）等人都是结构分析理论的积极倡导者和支持者。泰勒、克鲁格曼、萨克斯（Sachs）等著名的学者也都认同不可能用一个统一的方案来应对多样化的结构。

凯恩斯主义、货币主义和发展经济学构成了当代国际收支理论的三大主要学说渊源，基于前两者的国际收支理论在西方经济学界更为主流，而基于发展经济学的结构分析法则在发展中国家国际收支问题研究中产生了普遍的影响。进入 20 世纪 80 年代，在各国丰富多彩的经济活动与政策实践面前，主流的凯恩斯主义和货币主义国际收支理论由于仅仅从某一个角度或某一侧面对国际收支问题提供解说，其局限性日益显露出来；也就在这一时期，拉丁美洲国家爆发了严重的债务危机和货币危机，国际收支和国际债务问题成为许多国家乃至整个世界经济发展的绊脚石，对于这一系列经济现实，传统的国际收支理论也很难给予解释；与此同时，在西方经济学理论界，"卢卡斯批判"（Lucus，1976）对经济学研究的影响开始逐渐把经济学家们思考问题的对象引向更加微观的层次，把研究问题的视角由静态引向动态。面对国际收支实践的挑战和相关学科理论的发展，国际收支理论在后来 20 多年时间里，主要在三个方面进行了回应：第一，对不同国家各类性质的国际收支问题进行深入具体的研究，详细总结各类国家在不同时期、不同经济条件下国际收支失衡的原因以及调节国际收支的经验。第二，在拉姆齐-卡斯-库普曼斯（Ramsey-Cass-Koopmans）经济增长模型的带动下，微观基础和跨时期方法大量被运用到国际收支问题的研究中，对传统国际收支理论从框架到分析方法进行修正和拓展。第三，试图把传统的国际收支理论进行综合，形成集传统各理论优势的、比较全面的理论构架。在这方面，虽然很多学者进行了尝试，但迄今为止，还未形成一个被多数人所承认的学派，相对而言，利用 *IS-LM-BP* 模型在一般均衡框架下对各种国际收支理论进行综合，在一定程度上能够代表发展的一个方向。

以上对整个国际收支理论的发展脉络进行了一个大致的梳理。最后，需要在这里说明的一点是，在整个理论发展框架中，我们并没有提到内外均衡理论，然而，在绝大多数关于国际收支理论的论著中都将这一部分内容纳入其中。内外均衡理论产生于 20 世纪 50—60 年代，最先由 Meade（1951）提出，后又经 Swan（1960），Mundell（1968）等经济学家发展。它抛开国际收支失衡的具体原因，从政策调节的角度来研究，认为国际收支的调节不应仅从国际收支的单独平衡出发，而更应该是基于国内经济和国际收支的同时均衡。因此该理论着重研究内部均衡和外部均衡如何冲突，又如何通过政策搭配加以协调，以实现内外经济的同时均衡。应该说，从国际收支调节的角度考虑，内外均衡理论应该属于国际收支理论，并且其将国际收支平衡纳入内外同时均衡的框架内进行考虑，更具有现实指导意义。

二、国际收支理论发展中的主要流派

在国际收支理论发展的漫漫历史长河中，以休谟价格-铸币流动机制为代表的古典国际收支理论统治了很长时间。20 世纪 30 年代国际金本位制瓦解，价格-铸币流动机制随之崩溃，国际收支理论也进入了一个新旧论争、诸说纷纭的繁荣发展时期。应该说，20 世纪 30—70 年代是国际收支理论体系逐渐形成的阶段。这一阶段，国际收支开始从国际贸易理论中独立出来，西方经济学家对国际收支理论进行了系统的发展，形成了弹性分析理论、吸收分析理论①、货币分析理论、结构分析理论等诸多流派。这一部分将对包括古典国际收支理论在内的各主要理论流派进行一个

---

① 由于对外贸易乘数理论与吸收分析理论是统一理论思潮——凯恩斯主义的产物，对外贸易乘数理论可以在吸收分析理论中得到解说，因此，这里不单独将外贸乘数理论作为一个流派，而将其归入吸收分析理论中。

综述。

（一）价格-铸币流动机制

价格-铸币流动机制是由英国古典政治经济学代表人物休谟于 1752 年系统提出的，而该理论被广泛推崇、运用的鼎盛时期，则是资本主义各国普遍采用金本位制的一百多年之后。休谟在分析国际收支时将国际收支不平衡归因于国内外商品的相对价格高低和出口商品的生产能力，并进一步创造性地将国际收支与货币数量相联系。在金本位制和自由贸易制度的条件下，休谟根据自己的逻辑得出结论：在一定时期内，只要一国商品生产总量、劳动数量、工业和技术发展水平不变，该国的国际收支就会因一个内在自动调节机制的作用而自动趋于平衡。这个内在的自动调节机制即价格-铸币流动机制，其基本思想大致可以概括如下：国际收支逆差（顺差）→黄金流出（流入）→货币供给量减少（增加）→物价水平下降（上升）→出口增加（减少）、进口减少（增加）→国际收支改善→黄金流出（流入）放缓→国际收支平衡，黄金流出（流入）停止→货币达到新的均衡。

从内容上看，价格-铸币流动机制是由四个环节相互衔接而成的：①国际收支与黄金数量；②黄金数量与货币供给数量；③货币供给量与物价水平；④物价水平与进出口数量。根据上述逻辑关系，进出口的变动完全取决于物价水平，从而使得物价变动成为调节国际收支的直接手段；而物价变动的控制阀是货币数量；货币数量与黄金的流出流入直接相关；黄金的流出流入则又由贸易收支的差额进行调节。进出口、货币数量、黄金数量、物价水平组成一个闭环，自行调节，保持着内在的均衡关系。如果其中任何一环出现故障，没有按照上述机制的要求运作，该机制的整体效力就会遭到削弱。因此，尽管休谟在阐述价格-铸币流动机制时没有明确指出该机制运行的条件，但实际上该理论有着隐含的假设前提。对此，美国学者 Williamson（1983）曾将这些假设条件归纳为六点：（1）固定汇率制；（2）政府不采取完全冲销政策；（3）货币数量论；（4）国外价格保持不变；（5）马歇尔-勒纳条件满足；（6）没有资本流动。此外，一般认为，各国实现充分就业也是价格-铸币流动机制得以满足的一个重要条件。

在休谟所处的时代，当时的经济背景加上贸易自由化和黄金在国际自由输出输入这两个条件，基本上能够保证价格-铸币流动机制的成立，而金本位制和自由贸易则成为该机制的运行前提。因此，休谟在贸易政策方面，反对重商主义者提倡的贸易保护主义和贸易差额论，极力主张贸易自由；在货币政策方面，反对政府采取任何形式的货币冲销政策，主张贸易差额、资本流动、货币供给量自发调节。19世纪 80 年代至第一次世界大战前，国际金本位制度处于黄金时代，价格-铸币流动机制深受推崇。

虽然休谟的价格-铸币流动机制阐述的是金本位制度下特有的国际收支调节机制，但它所揭示的基本原理除了适用于金本位制度外，还适用于其他形式的固定汇率制，在一定程度上也适用于介于固定汇率制和浮动汇率制度之间的钉住汇率制度。实际上，在纸币制度下，当外汇储备作为货币供给的一部分时，外汇在一定程度上就等同于金本位制度下的黄金，只要一国实行比较固定的汇率制度，价格-铸币流动机制就会发挥作用。

作为第一个系统分析国际收支运动规律的理论，价格-铸币流动机制反映了西方古典学派对国际收支运动的认识水平。该理论为国际收支研究确定了基本内容和框架结构，奠定了坚实的理论基础，成为后来国际收支理论的重要渊源，对国际收支理论的后续发展产生了巨大影响。休谟以后，李嘉图、穆勒（Mill）、马歇尔、梅茨勒等人都从休谟那里吸取了合理的成分，从而进一步完善了国际收支自动调节理论，即使是 20 世纪以后产生的几大著名国际收支理论，也都可以从休谟的价格-铸币流动机制中找到理论上的渊源。

但是，价格-铸币流动机制也有明显的局限性。首先，该机制的正常运行是建立在各国政府都遵守金本位制度，并对经济不加干预的基础之上的。然而，一方面，各国是否遵守金本位制度完全取决于各国的经济地位和国别利益，并没有一个专门的国际机构来监督执行，许多国家常常根据本国经济状况需要而打破金本位的约束。另一方面，由于价格-铸币流动机制在自动调节国际收支平衡时会产生负面作用，实质上是依靠牺牲内部稳定来实现外部均衡，当资本主义国家的政府职能发展到一定阶段之后，便不可能让国民经济完全听凭市场摆布，必然要对经济进行政策干预。一旦一国执行干预性的冲销政策，便会破坏价格-铸币流动机制中各环节之间的关系，从而使得金本位制的自动调节机制作用难以实现。其次，以自由贸易为前提的价格-铸币流动机制必然遇到贸易保护主义的挑战。贸易保护主义的存在使得价格不能成为调节进出口的唯一手段，国际收支也就无法进行自动调节。最后，价格-铸币流动机制赋予物价波动直接调节进出口的功能，却没有分析物价波动改变进出口的现实条件，对变量之间关系的分析过于简单化。例如，一国物价水平下降能否改善该国的国际收支，与进出口商品的价格弹性直接相关，而价格-铸币流动机制笼统地认为本国物价水平升降与国际收支改善之间存在着必然联系，并没有就此进行深入分析。直到后来，马歇尔首创了需求弹性理论，才为价格-铸币流动机制锻造了重要的一环。这既是对休谟理论的补充，也被后来的经济学家用来解释休谟理论的缺陷，并在此基础上发展出了国际收支弹性分析理论。

（二）国际收支弹性分析理论

国际收支弹性分析理论重点研究的是汇率变动对国际收支的影响。该理论的主要思想可以追溯到 Bickerdike（1920）。但一般认为，第一个系统提出该理论的是英国经济学家 Robinson（1937）。她以马歇尔的局部均衡分析为理论基础，引入进出口需求弹性和供给弹性，在此基础上，较为具体深入地探讨了不同进出口供给、需求弹性条件下汇率变动对贸易收支均衡的影响，并得出结论：当进出口商品的需求弹性较大时，进出口商品的供给弹性越大，贬值对贬值国的国际收支的改善越有利；反之，当进出口商品的需求弹性较小时，进出口商品的供给弹性越小，贬值对贬值国的国际收支改善越有利。Lerner（1944）进一步发挥了罗宾逊的上述思想，重点分析和研究了在既定的进出口供给弹性下，货币贬值对国际收支影响的弹性临界问题。后来，Robinson（1947）在《就业理论论文集》（*Essays in the Theory of Employment*）第二版中又吸收了勒纳的观点，并把它概括为数学公式，在假定进出口供给弹性为无穷大的条件下，得出了只有当 $E_x + E_m > 1$ 时[①]，货币贬值才可以促进出口，减少进口，改善国际收支；而当 $E_x + E_m < 1$ 时，货币贬值只会导致国际收支的进一步恶化。因此，一国采用货币贬值手段改善国际收支的充要条件是 $E_x + E_m > 1$，这就是著名的马歇尔-勒纳条件。这里需要说明的是，该条件的得出是建立在一些特定前提假设基础上的，除了前面提到的进出口供给弹性无穷大外，这些前提假设主要包括三点：①收入、其他商品价格、消费偏好、进出口需求曲线本身的位置等其他经济条件不变，只考虑汇率变动对进出口的影响；②不考虑资本流动，将贸易收支视为国际收支；③初始国际收支处于均衡状态。

由于马歇尔-勒纳条件假定进口供给和出口供给的价格弹性无穷大，这仅仅适合尚未实现充分就业的国家，因为这种国家在国外需求增加时可以利用闲置资源增加供给，使得供给弹性无限伸缩。但是实际上，各国都致力于实现充分就业目标，使国内资源最大限度地利用，因此，当货币贬值时，很难保证经济体系能够向出口贸易部门转移足够的资源，这意味着进出口供给只能是有限弹性，而非无限弹性。此外，马歇尔-勒纳条件假定国际收支初始状态均衡，但实际上，即使向上追溯几十年，各国也难以找到国际收支初始均衡的情况，因此，这一假设并不符合现实。Robinson（1947）考虑了上述不足，她在马歇尔-勒纳条件的基础上，放松进出口供给弹性无穷大和国际收支初始状态均衡的假定，进一步研究了进出口供给有限弹性和初始国际收支不平衡情况下货币贬值改善贸易收支的条件，该条件后来由

---

① E_x 表示对出口商品需求的价格弹性，E_m 表示对进口商品需求的价格弹性。

Metzler（1948）总结为数学模型，在理论界被称为马歇尔-勒纳-罗宾逊条件，其公式为：

$$P_x Q_x \frac{S_x(E_x-1)}{S_x+E_x}+P_m Q_m \frac{E_m(S_m+1)}{S_m+E_m}>0$$

其中，P_x，P_m 分别表示以外币表示的出口商品和进口商品价格；Q_x，Q_m 分别表示出口商品和进口商品的数量；S_x，S_m 分别表示出口商品和进口商品的供给价格弹性；E_x，E_m 同马歇尔-勒纳条件。

马歇尔-勒纳条件和马歇尔-勒纳-罗宾逊条件是国际收支弹性分析理论的核心。实际上，后者包含前者，只要令进出口商品的供给弹性（即 S_x 和 S_m）趋于无穷大，国际收支初始状态处于均衡（即 $P_x Q_x = P_m Q_m$），马歇尔-勒纳-罗宾逊条件就与马歇尔-勒纳条件相同。

以上介绍了国际收支弹性分析理论的核心内容，即改善国际收支的货币贬值所需要的弹性条件，但是国际收支弹性分析理论并不仅限于此，该理论在上述内容的基础上，还对货币贬值效应做了进一步分析，主要包括对 J 曲线效应、货币贬值的收入效应以及货币贬值对贸易条件影响的分析，下面将对这三个方面进行介绍：

（1）J 曲线效应是对实际经济生活中货币贬值改善国际收支过程的描述和分析。它表述的是在马歇尔-勒纳条件成立的情况下，一国货币对外贬值后，国际收支状况在贬值之初进一步恶化，经过一段时间后，国际收支状况才会得到改善。对于 J 曲线效应产生的原因，国际收支弹性分析理论进行了分析，并将其归结为贸易收支的调整存在着时滞，包括：①在贬值前已经签订的贸易协议仍然必须按原来的数量和价格执行，因此对进出口商品数量的调整存在着合同取代时滞；②在贬值后进出口商做出相应的反应还要受到认识时滞、决策时滞和生产时滞的影响。

（2）马歇尔-勒纳条件以及马歇尔-勒纳-罗宾逊条件主要分析的是货币贬值的价格效应，并未考虑货币贬值的收入效应。实际上，货币贬值确实会对贬值国和非贬值国的国民收入产生影响，进而影响国际收支。这方面的研究主要由国际收支吸收分析理论来完成，但是国际收支弹性分析理论对此也有一些简单的分析，主要是考察加入贬值收入效应后对马歇尔-勒纳条件的影响。罗宾逊在对这一问题进行分析的过程中，假定货币贬值后名义收入水平不变条件下货币贬值国货币形式的自发性支出金额不变，在此基础上她研究得出：货币贬值的收入效应小于贬值的价格效应；贬值的收入效应并不影响贬值改善国际收支的条件，即马歇尔-勒纳条件仍然成立，只不过国际收支改善的程度要比忽略收入效应小一些。值得注意的是，罗宾逊的这些结论严格依赖于她关于自发性支出金额不变的假定。

（3）贬值必须通过贸易条件变化，具体来说，就是通过贸易条件产生的价格替代效应与收入效应对国际收支产生影响。那么，货币贬值究竟会对一国的贸易条件产生什么样的影响呢？罗宾逊对此也进行了详细的论证。她分析认为，货币贬值对贸易条件的影响是不确定的，其效果取决于进出口商品的供求弹性。如果 $S_x S_m <E_x E_m$，则贬值可以改善贸易条件；如果 $S_x S_m > E_x E_m$，贬值就会使贸易条件恶化；如果 $S_x S_m = E_x E_m$，贬值后贸易条件不变。这一结论完全是理论推导的结果，尚有待更充分的实证检验。事实上，贬值对贸易条件的影响在不同国家是不一样的，很难做出绝对的判断。一般来说，贬值不能改善贸易条件，反而会使之恶化。

国际收支弹性分析理论提出以后，西方经济学家对于马歇尔-勒纳条件究竟能否满足这一问题进行了长期的探索，花费了大量的精力来对现实世界中的进出口需求价格弹性进行估测。但是，由于种种原因，经济学家们得出的结论大不相同，出现了弹性悲观论和弹性乐观论的分野。Hinshaw（1945）和 Adler（1945）是弹性悲观论的代表，他们先后发表文章，从实证的角度对美国 20 世纪二三十年代进出口需求弹性问题进行考察，认为美国国民收入水平是影响进口的主要因素，而进口价格对进口需求的影响比较小，他们估算出来的进口需求弹性大致在 0.3 和 0.5 之间。他们进一步认为，在整个 20 世纪 20—30 年代，主要资本主义国家对进出口商品的需求价格弹性都是比较低的，马歇尔-勒纳条件得不到满足，因此，货币贬值并不能改善一国贸易收支。弹性悲观论的提出在很大程度上影响了各国政府在调节国际收支方面的政策决策。但是，到了 20 世纪 40 年代末 50 年代初，一些西方经济学家开始对流行的弹性悲观论提出质疑，出现了弹性乐观论。他们认为，弹性悲观论者在进行实证研究时，由于所运用计量经济学方法的错误，普遍低估了进出口商品的价格弹性。最先对弹性悲观论提出挑战的是 Tinbergen（1946），而更具有影响力的则是 Orcutt（1950），他对以往弹性估计中的计量经济学方法进行了系统的剖析，并用大量的篇幅揭示了导致弹性低估的种种原因。总之，弹性乐观论者认为，现实中两国之间进出口商品价格弹性大多数较高，马歇尔-勒纳条件可以满足。

总体来说，国际收支弹性分析理论对货币贬值的价格效应进行了逻辑分析，强调汇率变动在平衡国际收支方面的关键作用，重点研究了货币贬值改善国际收支的弹性条件。该理论产生于 20 世纪 30 年代大危机与金本位制度崩溃时期，概括总结了金本位制崩溃以后汇率变动与国际收支之间的规律，弥补了古典国际收支理论失效后国际收支理论的空白，及时地为各国制定和实施汇率政策提供了理论依据，因此，这一理论被世界各国广泛运用。直至今日，在分析浮动汇率制度下汇率变动的经济影响时，弹性分析理论依然适用，尽管资本流动对汇率变动的经济效应产生了重大影响，货币贬值的价格效应仍然是各国，特别是实行严格资本项目管制国家改善贸易收支所遵循的政策依据。

但是，国际收支弹性分析理论本身也存在着很大的局限性，对其批评意见主要有以下几点：

（1）弹性分析理论过分强调汇率变动对于改善国际收支的作用，在实际运用中并不像预期的那样有效，货币贬值只能在一定程度上缓和国际收支失衡的破坏性或在一定程度上推迟国际收支危机的到来，却不能从根本上纠正国际收支失衡，更不能彻底消除国际收支危机。

（2）弹性分析理论把对汇率变动影响效果的分析局限于国际收支中的贸易收支范围内，而没有考虑货币贬值对资本流动的影响。如果说在第二次世界大战以前，资本流动在国际收支中的地位还相对不重要，因而把它们的影响忽略不计勉强说得过去的话，那么，在资本流动（特别是短期资本流动）的数额已经大大超过贸易收支额的今天，仍然忽略资本流动的影响，就不能不说是一个重大不足了。实际上，汇率变动引起的利率变动必然会诱发资本的流出或流入，从而改善或恶化一国的国际收支。

（3）弹性分析理论建立在局部均衡分析法的基础之上，仅局限于分析汇率变化对进出口市场的影响，而忽视了对社会总支出和总收入的影响。当然，这与弹性分析理论提出时所处的历史背景有关，当时宏观经济学体系尚未建立，因此，该理论以微观经济学为基础实属必然。由于仅从局部来分析复杂的国际收支问题，弹性分析理论具有很大的局限性，而要更为全面地分析货币贬值效应，则应考察国际收支与整个经济的关系。从一定意义上说，也正是对这一点认识和研究的深入，造就了后来国际收支吸收分析理论的产生。

（三）国际收支吸收分析理论

国际收支吸收分析理论是由 IMF 经济学家 Alexander（1952）首先提出来的，他根据凯恩斯的宏观经济分析方法，将国际收支作为整个国民经济总量的有机组成部分，认为无论调节总收入、总支出还是进出口的经济政策，都会引起国民经济活动的调整，导致收入、支出及进出口之间按照一定的内在规律相互变动。只有从国民收入和国民支出两方面着手分析，才能全面理解国际收支的失衡与调节。亚历山大（Alexander）的分析从凯恩斯宏观经济学中的国民收入方程式入手，得出了一个国际收支吸收理论的基本公式[①]：$B=Y-A$，该公式高度概括了国际收支与国民

[①]　国民收入恒等式 $Y=C+I+G+(X-M)$ 经移项、整理得：$(X-M)=Y-(C+I+G)$，若以 B 代表国际收支经常账户差额，即 $B=X-M$，以 A 代表国民收入中被国内吸收的部分，即国内总支出，那么 $A=C+I+G$，将 A、B 代入上式，就可以得到国际收支吸收理论的基本公式 $B=Y-A$。

经济总量之间的数量关系，表明国际收支不平衡的根本原因是国民收入与国民支出的总量失衡，只要一国一定时期的总收入大于总支出，该国就会出现国际收支顺差；相反，若总收入小于总支出，该国则会出现国际收支逆差。

在得出上述基本公式的基础上，吸收分析理论进一步考察了货币贬值对国际收支的影响。亚历山大提出吸收理论时，当时流行的国际收支弹性分析理论对于"货币贬值能否改善一国的国际收支状况"这一问题的回答，主要侧重于从进出口的供需价格弹性角度进行分析，认为只要满足一定的弹性条件，货币贬值就可以改善国际收支。而吸收分析理论则认为，只有当货币贬值使国内产出与国内吸收之间的差距拉大时，货币贬值才是成功的。实际上，亚历山大批评弹性分析理论只注重考察在特定市场中进出口沿着给定的供需曲线运动（这是一种微观经济学的研究方法），而没有从整个国家的生产和支出如何使这些曲线移动的角度出发去考察（这是一种宏观经济学的分析方法）。应该说，亚历山大对弹性分析理论的批评是中肯的，但是，如果没有进一步的详细说明，吸收分析理论还是无助于纠正其不完善之处。鉴于此，吸收分析理论结合弹性分析理论和此前对外贸易乘数理论的研究成果，重点对货币贬值究竟怎样引起产出和吸收的变动进行了进一步考察。

对吸收分析理论的基本公式进行差分，得到 $\Delta B = \Delta Y - \Delta A$，从这一基本公式的差分形式可以看出，只有当一国国民收入增加超过了该国吸收能力的增加时，该国的国际收支才能得到改善。根据对外贸易乘数理论的研究，汇率变动引起的进出口变动通过外贸乘数作用改变总收入，总收入变动又会使得吸收按照一定的边际吸收倾向做出相应变动。因此，亚历山大把总吸收的变动额 ΔA 分为两部分：一部分为自主性吸收变动 ΔD，即独立于收入变动之外的吸收变动；另一部分为引致性吸收变动 $\alpha \Delta Y$（α 为边际吸收倾向），即由收入变动引致的吸收变动，由此可以得到 $\Delta B = (1 - \alpha) \Delta Y - \Delta D$。亚历山大认为，货币贬值对国际收支的调节机制由收入效应和吸收效应两个部分构成，根据上述公式，货币贬值能否改善国际收支取决于三个方面：贬值对收入的直接影响程度 ΔY；贬值对吸收的直接影响程度 ΔD；收入对吸收的引致程度 α。吸收理论认为，货币贬值究竟主要对收入产生作用还是对吸收产生作用，完全取决于宏观经济状况、资源配置情况及吸收倾向。当经济尚未实现充分就业、资源配置尚未优化、边际吸收倾向小于 1 时，货币贬值主要产生收入效应；相反，当经济已经达到充分就业、资源实现优化配置、边际吸收倾向大于 1 时，货币贬值在改变国内外价格水平对比时无法增加产量和收入，货币贬值的收入效应基本上失效，此时贬值主要通过对吸收的直接影响来发挥作用。该理论进一步分析认为，货币贬值的收入效应由闲置资源效应、贸易条件效应和资源配置效应组成。其中，闲置资源效应是指货币贬值后，闲置资源得到利用，并产生国民收入增加、国际收支改善的效果，这是贬值收入效应中最重要的效应；贸易条件效应指贬值引起贸易条件恶化，导致收入及吸收下降，当 α 大于 1 时，产生国际收支改善的效果；资源配置效应则指贬值使得资源从低效益生产部门流向高效益生产部门，产生提高国民收入、改善国际收支的效果。对于货币贬值的直接吸收效应，吸收理论则分析认为主要包括现金余额效应、收入再分配效应和货币幻觉效应。现金余额效应指货币贬值后居民调整手持现金余额，产生吸收减少、外汇供给增加、国际收支改善的效果，该效应既作用于商品市场，又同时作用于资本市场，是最重要的吸收效应；收入再分配效应指贬值后收入由吸收倾向高的集团流向吸收倾向低的集团，产生吸收减少、国际收支改善的效果；货币幻觉效应则是指货币贬值后由进口品开始国内物价轮番上涨，居民误以为实际收入水平下降，产生减少吸收、改善国际收支的效果。

吸收分析理论作为凯恩斯主义理论在国际收支理论中的扩展，具有强烈的政策调节和政策搭配取向，认为仅采用弹性分析理论中的汇率政策是不够的。根据其基本公式，吸收分析理论主张综合运用汇率政策和财政政策、货币政策等宏观需求管理政策来增加总收入或减少总吸收或兼顾两者以改善国际收支。由于不同的政策在调节国际收支时具有不同的作用机制，其影响国民经济总量和国际收支的速度、程度也存在相当的差异，为了平衡国际收支，同时又要将调节国际收支对国民收入的副作用限制在最低水平，吸收分析理论认为应该对各调节政策进行合理的搭配。例如，在国际收支逆差时，货币贬值的同时，若国内存在闲置资源，则应采用扩张性的财政货币政策来增加收入；若国内各项资源已充分就业、经济处于膨胀时，则应采用紧缩性的财政货币政策来减少吸收，从而使内部经济与外部经济同时达到均衡。

国际收支吸收分析理论以宏观经济学为基础，采用一般均衡的分析方法，从总收入和总吸收的相对关系中考察了国际收支失衡的原因并提出相应的调节政策，建立了比较完整的理论体系。与弹性分析理论不同，吸收分析理论着重于宏观经济总量水平而不是相对价格水平，着重于货币贬值的收入效应而不是相对价格效应。它以国民收入恒等式推出的基本公式为分析出发点，清楚地指明了国际收支调整的方向和先决条件，尤其强调了弹性分析理论所忽视的问题，即在充分就业的状态下，如果要使贬值成功，需要有支出减少政策的配合，否则就没有资源用于供给更多的出口和进口替代品的生产。应该说，在二战以前存在失业的形势下产生了弹性分析理论，而在战后充分就业条件下则产生了吸收分析理论，这绝非偶然。同时也应该看到，虽然在分析方法上吸收分析理论优于弹性分析理论，但是在分析过程中吸收分析理论却离不开弹性分析理论，必须以弹性分析理论为基础。因此，吸收分析理论只是弹性分析理论的发展，并不能完全替代后者而独立存在。

总的来说，吸收分析理论为国际收支问题提供了一个有益的框架和前景，但是该理论也不可避免地存在着局限性，对它的批评主要集中在以下几点：①吸收分析理论在分析货币贬值对国际收支的影响时做了两个重要假定：一是贬值是出口增加的唯一原因；二是生产要素转移机制平滑，即生产要素能够顺利地在贸易品部门和非贸易品部门之间转移。这不够全面，也不完全符合资本主义国家的实际情况。②吸收分析理论没有考虑贬值的通货膨胀效应。如果货币贬值引起国内物价上升，为了维持实际收入，国内可能会出现工资-物价螺旋上升的情况，最终价格上升程度与货币贬值程度相同，价格弹性效应也就失去了对相对价格变动的作用（Ball，Burns and Laury，1977）。在这种情况下，贬值对国际收支的积极作用可能仅仅依赖于高物价水平所导致的吸收减少。③和弹性分析理论一样，吸收分析理论以国际收支中的贸易收支为主要研究对象，忽略了国际资本流动的作用，因而不能全面地判断一国的国际收支状况。实际上，不仅商品的国际流动与各国的收入和吸收密切相关，而且资本的国际流动也会通过影响一国货币的供给、生产要素的配置以及还本付息负担而影响该国的收入水平、物价水平、投资支出和消费支出。④吸收分析理论忽略了货币条件，它假定货币与实质经济在数量、结构上完全一致，而实际上，货币运动与商品运动并非完全同步。这一点与上面一点密切相关。例如，当一国发生国际收支逆差时，货币当局宣布提高利率，通过金融市场资本的输出输入，无须改变商品和劳务的进出口，就能够消除国际收支逆差；再例如，贬值使价格上涨，最初也会导致利率上升，使吸收缩减。但是如果由贬值引起的贸易收支改善允许国内货币供给量扩张，则利率就会逐渐下降，吸收就会上升，从而使得贬值效应的结果变成暂时性的。总之，国际收支问题不仅是实质经济问题，毫无疑问也是货币问题，吸收分析理论忽略了货币对国际收支的影响，其效力必然大打折扣。

（四）国际收支货币分析理论

国际收支货币分析理论强调货币供求在决定一国总体国际收支状况中的相互作用，其思想最早可以追溯到休谟的价格-铸币流动机制。20 世纪 30 年代，国际金本位制崩溃以及此后凯恩斯革命等事件使得这一思想的进一步发展一度中断，直到 Meade（1951）《国际收支》（*The Balance of Payments*）一书问世，货币分析法才开始迎来了它的现代复兴，而该理论的系统创立则是由约翰逊、弗伦克尔和蒙代尔等学者于 20 世纪 60 年代末 70 年代初完成的。

对货币分析理论基本内容和基本观点的介绍可以从一个包含该理论主要特征的简化模型入手。该简化模型考察一个固定汇率制下实现充分就业的小国情况，并假定一国的实际货币需求是收入和利率等变量的稳定函数，货币供给变动不影响实物产量，该国国内和国外的商品和资本市场完全一体化。[①] 将一国货币总供给 M^s 分解为本国国内创造部分 D（中央银行国内信贷）和来自国外部分 R（国际储备，通过国际收支盈余获得），即

$$M^s = D + R$$

名义货币总需求 M^d 根据假定可以表示为

$$M^d = pf(y, i)$$

其中，p 表示国内价格水平，f 表示稳定的函数关系，y 是国内实际收入水平，i 代表国内名义利率。

从长期来看，货币总供给必须等于货币总需求，也就是货币市场均衡 $M^s = M^d$，由此可以得到货币分析理论的一个基本方程式

$$R = M^d - D = pf(y, i) - D$$

该式表示国际收支差额等于一国货币总需求减去该国货币总供给中国内创造的部分。这一简单的方程式浓缩了国际收支货币分析理论最基本的观点，即国际收支不平衡本质上是一种货币现象（Johnson，1969），其根本原因在于国内货币供求之间的存量不均衡。当本国国内创造的货币超过本国的货币总需求时，由于货币供应不影响实物产量，在价格不变的情况下，多余的货币就要寻找出路。对个人和企业来说，就会增加货币支出，以重新调整它们的实际余额；对整个国家来说，实际货币余额的调整便表现为货币外流，即外汇储备减少和国际收支逆差。反之，本国货币总需求超过本国国内货币创造时，在价格不变的情况下，货币不足的缺口就需要弥补，即对个人和企业来说，就要减少货币支出，以使实际货币余额维持在所希望的水平；对整个国家来说，减少支出维持实际货币余额的过程便表现为货币内流，即外汇储备增加和国际收支顺差。

在上述基本观点的基础上，货币分析理论进一步分析了国内信贷扩张和经济增长（国民收入增长）对国际收支的影响。Johnson（1969）建立了一个国际储备增长速度与经济增长速度、国内信贷扩张速度以及货币需求收入弹性之间关系的模型，揭示了国际储备增长率与一国经济增长速度和货币需求收入弹性正相关，而与一国国内信贷扩张率负相关。这些关系也可以从货币分析理论的基本方程式中直观地看出：首先，国内信贷扩张即 D 增加，将导致 R 减少，即国际收支恶化；其次，经济增长即国民收入 y 增加，将增加货币需求 M^d，从而使得 R 增加，改善国际收支。实际上，货币分析理论一般认为实际货币需求与国民收入之间存在着稳定的函

---

①　这一假定保证了从长期来看该国的商品价格和利率水平接近世界市场水平。

数关系，国民收入在长期内稳定增长，如果物价水平保持稳定，可以认定货币需求长期内也将稳定增长，因此货币分析理论认为国内信贷过度扩张是造成国际收支逆差的最主要原因。而经济增长与国际收支正相关的结论，恰好与凯恩斯主义所认为的经济增长会导致国际收支恶化的观点相反，货币分析理论认为，正是因为凯恩斯主义忽视了货币需求对出口供给、进口需求以及对资本的国际流动的影响，才会得出上述片面的结论。

关于货币贬值对国际收支的影响，货币分析理论的基本观点也可以通过上述简化模型进行大致说明。假定一价定律成立，一国货币总需求公式可改写为：

$$M^d = ep^*f(y,i)$$

其中，e 为用直接标价法表示的汇率，p^* 为国外的价格水平，国内价格 $p = ep^*$。

当本币贬值时，e 值上升，由此引起国内价格 $p = ep^*$ 上升，则货币需求 M^d 相应上升，国际收支得到改善。实际上，货币分析理论在分析时将货币贬值等同于国内信贷紧缩，认为货币贬值的作用是紧缩国内的实际货币余额，从而导致国内居民试图通过国际商品市场和资本市场来恢复其实际余额。但是，货币分析理论进一步认为，货币贬值若要改善国际收支，则在贬值时必须控制国内的信贷增长，因为 $R = M^d - D$，若 D 与 M^d 同时增加，并且 D 的增加等于甚至大于 M^d 的增加，则贬值不但不能改善国际收支，甚至可能恶化国际收支。同时，货币分析理论还认为，由于货币贬值是一次性事件，所以它只能成为改善国际收支的暂时要素，产生暂时的有利影响，国内信贷通胀率的提高、经济增长率的下降以及利率上升等因素都可能对这一暂时的有利影响产生抵消作用。

在对国际收支失衡原因及相关影响因素进行分析的基础上，货币分析理论提出了相关的政策主张和建议。归纳起来，大致有以下几点：①所有的国际收支不平衡在本质上都是货币性的，因此，国际收支不平衡都可以由货币当局实施货币政策来解决。由于货币分析理论认为长期来看货币需求是稳定的，而在固定汇率制下，名义货币供应量不再处于货币当局的直接控制之下，而成为整个体系中的一个内生变量，货币当局能够控制的只有国内信贷数量，因此，所谓的货币政策主要是控制国内信贷扩张政策。②为平衡国际收支而采取的贬值、进口限额、关税、外汇管制等贸易和金融干预政策，只有当它们的作用是提高货币需求，尤其是提高国内价格水平时，才能改善国际收支，而且这种影响是暂时的。如果在施加干预措施的同时伴有国内信贷膨胀，则国际收支不一定能改善，甚至还可能恶化。③国际收支的不平衡是暂时的，长期内国际收支存在着自动均衡机制，制定和实施上述经济政策只不过是加速了国际收支的调整过程，其效果具有暂时性，一旦国际收支重新恢复均衡，政策效果即告消失。总之，国际收支货币分析理论的核心政策主张是：当国际收支发生逆差时，采取的政策措施应该注重国内信贷的紧缩；"一国政策当局能够控制的、长期医治国际收支失衡的办法，只能是降低国内信贷膨胀率"（Frenkel and Johnson，1976）。

这里需要做一点说明的是，以上所有的分析、结论和政策主张都是建立在固定汇率制基础之上的，因为在浮动汇率制下，货币分析理论认为国际收支失衡可以立即由汇率自动变化得到纠正，不需要国际货币或国际储备的流动。当一国国际收支由于货币的过度供给而出现逆差时，该国货币立即自动贬值使国内价格水平上升，从而吸收超额的货币供给，直至使过度的货币供给被完全吸收；而当一国货币需求超过货币供给时，出现国际收支顺差，这时该国货币会自动升值，引起国内价格水平下降，导致货币需求下降，直至超额货币需求完全消除，国际收支恢复均衡为止。因此，在货币分析理论看来，浮动汇率制下的国际收支问题相对简单，实际上，在浮动汇率制下，货币分析理论主要是对汇率决定问题进行研究。

国际收支货币分析理论以其独特的视角和理论论证，对传统理论发起了强有力的挑战，成为当代国际收支理论中最具影响力的分支之一。在促使人们关于国际收支问题研究的思维方式转变方面，该理论的出现有着十分重要的意义。首先，货币分析理论强调货币在国际收支调节过程中所扮演的角色及其重要性，一反传统理论只重视实质因素而几乎完全忽略货币因素的研究方法，唤醒了人们在国际收支分析中对货币因素的重新重视。其次，该理论把国际收支的分析从单个项目扩大到整个国际收支，克服了国际收支弹性分析理论和吸收分析理论只研究经常项目的片面性。在国际资本流动规模远远超过商品和劳务规模的今天，货币分析理论对一国实现国际收支均衡具有越来越高的指导价值。最后，该理论认为国际收支的失衡是货币存量失衡，强调国际收支顺差或逆差的变化将引起货币存量发生变化，进而至少在短期内影响一国的经济行为并促使国际收支自动趋于平衡。虽然货币存量变动怎样促使国际收支自动趋于平衡还需要从理论和经验上加以证明，但是只要认识到国际收支差额与货币存量之间确实存在着不可忽视的相互影响，仅从流量上进行政策干预，国际收支不平衡的基础仍然存在，那么一国政府就可以在政策上采取更为有效的措施来平衡国际收支。

国际收支货币分析理论同样也存在着诸多缺陷，对其的批评主要有：①在理论的前提假设方面，货币分析理论的一个最基本假设是货币需求是收入和利率的稳定函数，由此得出货币供给是决定国际收支的唯一力量。但是，如果货币需求不具有稳定性，国际收支就不能仅从货币供给的变化中预测出来。另外，货币分析理论假定货币供给对实物产量和收入没有影响，这也不切合实际。②货币分析理论只重视国际收支的最终结果——国际储备项目，忽略了国际收支平衡表经常项目、资本项目自身的平衡及二者之间的相互影响。例如，如果经常项目的逆差是以外债的形式通过资本项目顺差得以平衡，而货币分析理论只以国际储备项目衡量国际收支，则会认为货币市场均衡不需要采取任何政策或措施。但是，依靠借债来平衡经常项目逆差，将增加该国未来年份的外债还本付息负担，而且一旦资本持续流入中断，国际收支失衡问题立即就会暴露出来，政府不得不采取措施平衡经常项目，因此在国际收支调节中完全忽略经常项目或资本项目，将使政府处于一种十分被动的局面。③货币分析理论在强调货币作用的同时，又走上极端，以至于实际上否认了其他因素对国际收支的作用。但是，货币并非决定国际收支失衡和调节的唯一因素，货币市场处于均衡状态时，也可能出现国际收支逆差。例如，在货币市场和资本市场共存的体系中，国际收支失衡完全可能起源于资本市场失衡，并通过资本的流入或流出使国际收支重新恢复均衡，一国的外汇储备可以保持不变，这样，国际收支的调节将不涉及货币余额，因此货币并非国际收支调节的唯一手段。

（五）国际收支结构分析理论

20 世纪 70 年代中期，在波拉克（Polak）等 IMF 经济学家的推动下，国际收支的货币分析法成为 IMF 制定国际收支调节政策的理论依据。由于货币分析理论的政策核心是紧缩国内信贷、以牺牲国内经济增长来换取国际收支平衡，因此，70 年代众多发展中国家为获得 IMF 借款而执行 IMF 的国际收支调节规划后，经济活动普遍受到抑制，甚至导致国内经济、社会和政治的动荡。在这样的背景下，英国经济学家斯蒂芬、克列克（Klick）、瑟沃夫（Thirwall）等人在 20 世纪 60—70 年代考察发展中国家国际收支实践的基础上提出了一个对立于 IMF 国际收支调节规划的独立学说——国际收支结构分析理论。该理论认为，国际收支失衡并不一定完全是由国内货币市场失衡引起的，货币分析理论乃至以前的吸收分析理论都从需求角度提出国际收支调节政策，而忽视了经济增长供给方面对国际收支的影响。但是国际收支逆差尤其是长期性逆差既可以是长期性的过度需求引起的，也可以是长期性的供给不足引起的，而一国长期性的供给不足又往往是由于经济发展阶段落后和经济发展速度长期缓慢甚至停滞造成该国经济结构的老化、单一和落后引起的。结构分析理论进一步提出，发展中国家的国际收支长期不平衡通常是由结构性不合理造成的，在这种情况下，如果采取紧缩需求的调节政策，则在减少进口的同时也会阻碍出口能力的提高，而且要以降低经济增长率为代价来实现对外平衡，因此不仅不能从根本上解决问题，有时甚至是十分有害的。

在上述观点的基础上，结构分析理论针对发展中国家的国际收支不平衡提出了相关的政策主张，认为既然国际收支失衡的原因是由经济结构导致的，那么调节政策的重点就应该放在改善经济结构和加速经济发展方面,以此来增加出口商品和进口替代品的数量和品种供应。改善经济结构和加速经济发展的主要手段是增加投资,改善资源的流动性,使劳动力和资金等生产要素能顺利地从传统行业流向新兴行业。结构分析理论认为,经济结构落后的国家要积极增加国内储蓄,而经济结构先进国家和国际经济组织应增加对经济落后国家的投资,经济结构落后的国家通过改善经济结构和发展经济,不仅有助于克服自身的国际收支困难,同时也能增加从经济结构先进国家的进口,这样也有助于经济结构先进国家的出口和就业增长。

国际收支结构分析理论的提出应该说是一个非常有意义的尝试,它突破了西方特定制度背景下所提出的国际收支理论,针对广大发展中国家由于结构性不合理引起的国际收支问题提出了较为系统的观点和政策主张,对发展中国家的国际收支问题研究产生了广泛的影响,甚至影响了很多发展中国家的对外经济政策导向,"1980 刚果行动计划"就是结构分析理论的理念在非洲实施的见证(Edwards,2001)。这一理论关于国际收支问题的研究不应该仅仅局限于需求方面,还应该考虑供给方面的见解,这对国际收支理论的发展具有重要的启发作用,20 世纪 80 年代以后很多关于国际收支问题研究的模型都体现了这一思想。

作为传统国际收支理论特别是货币分析理论的对立面,国际收支结构分析理论自然也受到了许多批评。批评者认为,结构分析理论的提出更多的是出于直觉的观念,没有相对比较完整的理论体系支撑;对外贸易供给方面的制约其实是无处不在的,发达国家也同样存在,只不过类型不同而已;结构分析理论的理论观点和政策建议之间也缺乏严密的分析,结构性问题造成的对外贸易失衡和所提出的政策建议之间并不一定是"对症下药"。对于结构分析理论更为尖刻的批评是,结构分析理论讨论的实际上是经济发展问题,而不是国际收支问题,经济发展政策对国际失衡的调节常常是行之无效或收效甚微的。另外,针对结构分析理论对 IMF 国际收支调节规划的反驳,一些批评者认为,要求以提供暂时性资金融通为主的国际货币基金组织向经济结构落后的国家提供长期性国际收支贷款,同时又不施予必要的调节纪律和适当的财政货币政策,犹如把资金填入一个无底洞,既不利于有关国家经济的均衡发展,又违背了国际货币基金组织本身的性质和宪章,同时也是 IMF 在客观上无力做到的。

三、国际收支理论的比较、综合及发展

20 世纪 80 年代以后,面对国际收支实践的挑战,原有国际收支理论的缺陷越

来越明显地暴露出来，国际收支理论进入了一个综合、修正和拓展的时期。在这一部分，本文将首先对主要的国际收支理论流派进行一个总体性的比较，接着对 *IS-LM-BP* 模型框架下传统国际收支理论的综合进行论述，最后对国际收支理论引入跨时分析方法后的一些发展进行回顾。

(一) 国际收支理论的一个总体比较

国际收支理论发展中比较成熟的理论流派主要有古典学派国际收支理论、弹性分析理论、吸收分析理论、货币分析理论和结构分析理论。古典学派国际收支理论以价格-铸币流动机制为核心，从黄金的流出流入影响一国货币供应量和一般价格水平立论，阐述了金本位制下贸易差额自动恢复平衡的机制，它可以看作是后来货币分析理论的学术渊源而并入货币分析理论。结构分析理论与另外三个建立在西方经济学理论体系基础上的国际收支理论不同，它的理论渊源同发展经济学密切相关，该理论突破了西方特定的制度背景，主要关注经济发展落后的发展中国家的国际收支问题，应该说该理论与其他三种理论之间存在着互补的地方，特别是提出了不应忽视经济增长的供给方面对国际收支的影响。但是，由于该理论的分析并没有建立严密的理论模型，更多的是出于一种直观的观念，从一定程度上讲，结构分析理论与其他三个理论并不是同一个层面上的国际收支理论。因此，以下对国际收支理论的比较主要是比较建立在微观经济学或宏观经济学基础上的弹性分析理论、吸收分析理论和货币分析理论这三个西方主流的国际收支理论流派。

总的来看，弹性分析理论、吸收分析理论和货币分析理论产生于不同的时代背景和理论背景之下，各自有着不同的特点，这三种理论分别从不同的层面和侧面试图揭示国际收支运动的规律，它们在很大程度上是互补的，而不是相互替代的。其互补性主要表现在以下几个方面：

首先，在分析视角和分析方法上，弹性分析理论和吸收分析理论注重短期和中期均衡条件分析，主要采用的是流量分析方法，这种分析较为适合国际贸易支配国际经济、国际资本流动尚未形成规模的经济背景。而货币分析理论则注重长期均衡条件分析，主要使用的是存量分析方法，这与货币分析理论提出时期的经济背景相对应，当时国际资本流动迅速增加并逐渐占据国际经济交易的主导地位。

其次，在分析对象上，弹性分析理论以微观经济学为基础，解释的是非充分就业条件下国际收支中的贸易差额；吸收分析理论以凯恩斯主义宏观经济学理论为基础，解释的是国际收支经常项目差额，在分析中，它既考虑了非充分就业的情况，也涉及充分就业的情况；而货币分析理论以货币数量论为基础，解释的是充分就业条件下的整个国际收支。因此，弹性分析理论实际上是对商品市场的微观经济分析，忽略了价格总水平变化的影响；吸收分析理论是对商品市场的宏观经济分析，在短期忽略价格总水平变化的影响，在长期则重视价格总水平的作用；货币分析理论是对货币市场的宏观经济分析，它特别强调价格总水平变化的影响。

最后，在政策主张上，弹性分析理论强调汇率政策是纠正国际收支失衡最直接有效的工具，所以，该理论在分析货币贬值能否使国际收支恢复均衡方面有一定的意义，但是，弹性分析理论只是局部均衡分析，而不是一般均衡分析。吸收分析理论侧重于商品市场的均衡分析，倡导使用总需求管理政策来增加总收入和控制总吸收，从而改善国际收支。该理论提出，在充分就业条件下，要想贬值成功，需要有支出减少政策的配合，否则就没有资源用于供给更多出口和进口替代品的生产。货币分析理论认为，国际收支不平衡本质上是一种货币现象，其根本原因在于国内货币供求之间的存量不均衡，因此，这一问题可以由货币当局实施货币政策来解决。该理论提出，国际收支发生逆差，在采取货币贬值等政策措施时，一定要注意国内信贷的紧缩。由于货币分析理论注重的是长期均衡问题，所以它认为包括货币贬值在内的所有国际收支调节政策的作用都是暂时的。

可以看出，弹性分析理论、吸收分析理论和货币分析理论虽然各自出发点不同，从而政策结论也不相同，但是这些理论并不是相互替代的，而是相互补充的，区别只是对同一经济过程描述的方法不同以及强调的重点不同而已。实际上，在这些理论先后产生的过程中，新理论通常是建立在对旧理论扬弃的基础之上，例如，吸收分析理论既否定了弹性分析理论，又包含了它的合理成分；货币分析理论既以货币分析取代吸收分析理论的实物分析，又承认过度国内货币创造需要经过由实物流量引发进口增加这一过程来恢复国内货币需求的平衡。

（二）IS-LM-BP 模型框架下对国际收支理论的综合

由于弹性分析理论、吸收分析理论和货币分析理论等主流国际收支理论都只是从某一个角度、某一个层面或某一个侧面对国际收支问题进行解说，都有其各自的片面性和局限性；与此同时，这些理论之间又有相互补充的一面。因此，西方一些经济学家试图把这些理论进行综合，形成一个统一的国际收支理论，希望通过这种途径将国际收支理论的研究向前推进一步，以更好地解说丰富而复杂的国际收支实践。在这方面，很多学者进行了尝试，例如亚历山大就曾试图把吸收分析理论和弹性分析理论合二为一，弗伦克尔则曾经试图将货币分析理论和吸收分析理论综合起来，但是迄今为止，对国际收支理论的综合还未形成一个被多数人所承认的学派。相对而言，西方一些学者在 IS-LM-BP 模型的框架下对传统国际收支理论进行综合的尝试，在一定程度上能够较好地说明传统国际收支理论之间并非相互排斥，而是具有综合的可能性。这里，我们仅以一个不考虑国际资本流动的简化模型进行说明，虽然在这一简化模型基础上对国际收支理论进行的综合只是非常局部和有限的，但是我们只希望借此对国际收支理论发展的这一方向给予一定解说。

1. 简化的 *IS-LM-BP* 模型

国际收支是与其他宏观经济变量共同决定的，因此可以将它结合到 *IS-LM* 模型中，从而建立一个扩展的一般均衡模型，即 *IS-LM-BP* 模型。在不考虑资本流动的条件下，该模型得到简化，其基本构造如图 1 所示。

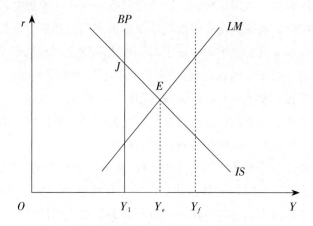

图 1　不考虑资本流动的 *IS-LM-BP* 模型的构造

图 1 在经典的 *IS-LM* 图形上加了一条 *BP* 线（即国际收支均衡线）。由于在没有资本流动的情况下，利率 r 的变动对国际收支没有直接的影响，因此 *BP* 线是一条位于某个收入水平（令其为 Y_1）上并且垂直于横轴的直线，其左边表示国际收支顺差，右边表示国际收支逆差。图 1 中还有另一条线 Y_f 代表充分就业线。假设一国的经济状况如图 1 所示，那么在短期内该国的内部经济将在 E 点实现均衡，但这是一个存在国际收支逆差的均衡，需要采取措施加以调节。

2. *IS-LM-BP* 模型与价格-铸币流动机制

如图 1 所示，该国经济处于短期均衡时，存在经常项目逆差，此时如果没有资本流动，就会有储备资产的流出（在金本位制下则是黄金的流出）。在这种情形下，如果该国政策当局不采取冲销政策，那么该国的货币供给就会减少，从而 *LM* 曲线就会向左上方移动。这个过程一直要持续到 *LM* 曲线和 *IS* 曲线与 *BP* 线在交点 J 相交时为止。在这一点上，该国的国际收支实现了均衡。从这个调整结果来看，均衡的实现是一个自动调整的过程，并且是以实际货币供给减少与收入下降为代价的，这与休谟的价格-铸币流动机制的结论相同。

3. *IS-LM-BP* 模型与弹性分析理论

图1中，该国经济存在国际收支逆差，此时实行货币贬值政策，如果按照弹性分析理论的局部均衡方法，可以假定收入等其他因素不变（即 *IS* 曲线不随着货币贬值向右上方移动），仅考虑货币贬值的价格效应对国际收支的影响；也可以仍然采用一般均衡分析，不忽略贬值引起的收入变动，此时弹性分析理论强调的是实际货币贬值，而不是名义货币贬值，因而政策当局在实施货币贬值政策的同时，将辅之以紧缩性的财政政策或货币政策，其结果可以减少贬值造成的 *IS* 曲线右移或者使 *LM* 曲线向左上方移动，从而抵消贬值的收入效应，使均衡收入大致维持在 Y_e 水平上。这时，如果马歇尔-勒纳条件得到满足，那么因出口增加而得到的外汇收入就将全部被用来改善该国的国际收支状况。于是，*BP* 线就将从 Y_1 右移到 Y_e，而这恰好意味着国际收支逆差的消除。因此，从上述调整过程来看，利用 *IS-LM-BP* 模型进行弹性分析也是可以的。

4. *IS-LM-BP* 模型与吸收分析理论

如果一国经济初始状态为国民收入已经处于充分就业产出水平上，即 $Y_e=Y_f$，同时该国存在着国际收支逆差，因此，*BP* 线位于 Y_f 线的左边。在这种情况下，不仅国内任何需求的增加都不能通过扩大产出来满足，就是国外需求因本币贬值的增加也无法通过扩大出口来满足。于是，要使国际收支实现均衡，就只能借助于吸收分析理论提出的减少吸收的政策：如果通过再分配措施来减少公众的消费支出，这在图1中表现为 *IS* 曲线向左移动，如果公众消费支出减少的量足够大，那么最后的均衡点将出现在充分就业线左侧，即 *IS*、*LM*、*BP* 三条线相交的某一点上；如果采取贬值加紧缩通货的方法来降低社会的吸收水平，在图1中表现为 *LM* 曲线的左移，其最后的均衡点同样将出现在充分就业线左侧并且 *IS*、*LM*、*BP* 三条线相交，但利率水平较高的某一点上；如果通过紧缩性财政政策推动 *IS* 曲线向左移动，同时又采取紧缩性货币政策推动 *LM* 曲线也向左移动，最后迫使经济在位于充分就业线左侧并且 *IS*、*LM*、*BP* 相交的某一点上实现均衡。从以上分析可以看出，*IS-LM-BP* 模型分析的结果与吸收分析理论的分析结果是可以相容的。

5. *IS-LM-BP* 模型与货币分析理论

当经济处于充分就业状态，即 $Y_e=Y_f$，同时存在国际收支逆差，即 *BP* 线位于 Y_f 线的左边的情况下，一国国内信贷的扩张不能推动 *LM* 线向右移动，但是在价格不变的情况下，实际货币余额的增加会使得个人和企业增加货币支出进行调整，从而导致进口增加，国际储备减少，在图1中则表现为 *BP* 线向左移动，因此，国内信贷的扩张会导致国际收支恶化。这与货币分析理论所认为的国内信贷过度扩张是造成国际收支逆差的最重要原因这一论断具有一致性。如果紧缩国内信贷，*LM* 曲线会向左移动，国内个人和企业对实际货币余额的调整会导致 *BP* 线向右移动，最终在一个低于充分就业的收入水平上实现国际收支平衡。这与货币分析理论的紧缩国内信贷以改善国际收支的政策观点相符，同时也与货币分析理论牺牲国内经济来纠正国际收支逆差的政策实质一致。再来看关于货币贬值的效应，根据货币分析理论，贬值将导致物价上升，从而使得实际货币供给减少，图 1 中表现为 *LM* 曲线左移，在控制国内信贷的情况下最终达到均衡；如果贬值的同时不注意配合以国内信贷紧缩，则贬值效应会被信贷增加效应所抵消；当信贷扩张效应大于贬值效应时，*BP* 线左移，从而导致贬值不但不能改善国际收支，国际收支反而出现恶化，这些正是货币分析理论所得到的结果。以上的分析充分表明，*IS-LM-BP* 模型与货币分析理论也是可以相互兼容的。

6. 小结

以上在 *IS-LM-BP* 模型的框架下，分别应用价格–铸币流动机制、弹性分析理论、吸收分析理论和货币分析理论的相关分析方法，从该模型的图形中得到了与相应理论部分观点和政策主张一致的结论，从而说明了这些传统的国际收支理论之间不是相互排斥的，而是可以兼容的，具有可综合性。尽管上述分析并不严密，而且在对不同理论进行综合的过程中由于使用的是相应理论的分析方法，进而从整体来看也存在着冲突，但是至少能在一定程度上代表努力的一个方向，并对这一方向提供了一定的解说。目前，关于传统国际收支理论的综合仍在发展之中，相信一旦能够建立起一个吸收各学说科学成分的综合模型，国际收支理论的研究必将可以向前大大迈进一步。

（三）引入跨时分析方法后国际收支理论的发展

20 世纪 80 年代后，国际收支理论发展的一个重要方面表现在跨时分析方法被应用于分析国际收支问题，借以对传统国际收支理论进行修正和拓展。这一方法的应用使得国际收支问题研究开始重视微观基础和强调国际收支决定的动态性质，时间偏好、理性预期等因素进入了分析国际收支的理论模型中。

英国经济学家 Buiter（1981）较早地在国际收支吸收理论的基础上引进了消费时间偏好和世代交叠模型，对吸收分析理论做了新的阐释。他在一个两国经济中假定每个国家有限寿命居民一生的消费时间分为工作时期消费和退休时期消费两个阶段，偏向在工作时期内多消费称为时间偏好高，反之则称为时间偏好低。比特（Buiter）还进一步假定消费的时间偏好是影响国际收支和国际信贷的唯一决定因素。在这些假定的基础上，比特考察了国际收支与本国财富积累和资本形成之间的关系，提出一定时期的贸易收支是该时期国内总产出与国内总吸收之差额，而国内总吸收是这段时期国内处于工作时期阶段的居民消费加上处于退休时期阶段的居民消费以及国内资本形成之和，这样国际收支就可以表示成国内财富积累与国内资本形成的差额。当一国财富积累超过国内资本形成时，国际收支出现顺差，反之则会出现逆差。其中，国内财富积累定义为国内总产出减去这段时期国内处于工作时期阶段的居民消费与处于退休时期阶段的居民消费之和，它与居民消费时间偏好密切相关。比特进一步分析得出，在经济自然增长条件下，低时间偏好的国家会出现经常项目顺差，反之则会出现逆差。

在比特引入时间偏好因素后，美国著名学者 Sachs（1982）又将理性预期引入了国际收支的分析，提出国际收支经常项目差额是居民和企业跨时期预期行为的结果，是当前经济变量与未来经济变量的函数，而不是出口和进口需求变化的函数。他认为，一国在经济环境变化中的宏观经济调节，在很大程度上受到经济主体跨时选择和跨时预期行为的约束。当经济主体面临跨时预算约束时，改变当前债务的决定意味着改变未来消费的可能性，这种决定并不仅仅根据当前经济变量，还取决于人们对关键经济变量全部未来路径的预期。当一个经济变量改变国际收支时也会影响将来的消费、价格和产量。例如，财政政策的改变不仅会引起经常项目暂时的变化，也可能导致长期变化，而这些未来的变化在传统政策变化效应分析中往往被忽视了。在以上分析的基础上，萨克斯（Sachs）教授提出了一个跨时期贸易收支方程式：

$$TB - TB^p = (Q - Q^p) - (C - C^p) - (G - G^p)$$

其中，TB 和 TB^p 分别表示当前和长期的贸易收支差额；Q、C、G 分别表示当前收入、当前消费和当前财政支出；Q^p、C^p、G^p 分别表示长期收入、长期消费和长期财政支出。因此 $TB - TB^p$、$Q - Q^p$、$C - C^p$ 和 $G - G^p$ 分别代表跨时贸易收支差额、跨时收入、跨时消费和跨时财政支出。

他分析认为，由于当前收入低于长期收入，所以跨时收入 $Q - Q^p < 0$，但居民跨时预期会保持消费水平而减少储蓄，造成吸收大于收入，从而导致贸易收支逆差。跨时消费变化 $C - C^p$ 取决于财富、利率、收入、消费时间偏好以及延期消费的成本或报酬，利率变化和消费时间偏好变化会对贸易收支产生影响。从跨时财政支出 $G - G^p$ 的变化来看，在当前财政支出高于长期财政支出时，贸易收支会出现逆差，但有远见的居民和企业将根据对政府财政支出政策的预期变化来控制消费，因此，在充分预见和调整消费的情况下，财政扩张政策会导致当前贸易收支逆差，却会使将来贸易收支出现顺差。鉴于上述分析，萨克斯认为，从总体上看，经常项目差额为零并不是有效的政策目标，居民福利是通过经常项目收支对外部经济变量冲击中的盈亏调节得以改善的。

之后，Lipton 和 Sachs（1983）在一个模型中假定两个国家两种商品及债券在两国之间可以充分流动和替代，并且假定微观主体具有充分预期，在此基础上，他们把国际收支与国内储蓄、资本积累、经济增长以及技术进步联系起来，对两国国内的资本存量、本国居民拥有的外国债券、商品的相对价格以及人力财富等多个经济变量进行多重冲击的动态模拟，预测和判断这些经济变量干扰变化产生的结果，以及考察各种经济变量的变化路径。这一模型强调了资产市场作为跨时和跨国传递干扰的重要途径以及指导企业和居民进行资源跨时有效配置的作用，阐述了开放宏观经济中非线性关系多个经济变量的传递关系，揭示了平衡预算财政政策的国际效应以及在开放经济中一国改进生产技术影响生产、资本积累以及国际收支的途径。

加拿大经济学家 Devereux（1991）把时间偏好作为内生变量，进行跨时动态模型分析，指出了短期经常项目收支的动态变化主要与世界资本积累相联系，也与一国长期净国外资产地位相联系。在稳定状态中，债权国家在世界经济增长时期出现经常项目顺差，而债务国家则出现经常项目逆差。他们还通过跨时动态路径分析指出经常项目差额具有非单一调整路径。

20 世纪 80 年代到 90 年代初，在众多经济学家的努力下，跨时期方法对国际收支理论的扩展逐渐形成了一套理论框架，而这一框架较为集中地反映在 Obstfeld 和 Rogoff（1996）所建立的跨时动态经常项目模型中。可以说，这一基本模型为国际收支理论的进一步发展提供了一个新的基点，具有承上启下的重要意义。奥伯斯法尔德和罗格夫将居民和厂商跨时选择行为的假设和演绎作为经常项目建模的关键，在居民保持完美预期、资本存量向最优水平的调整在一个时期内完成、不存在调整成本、国内利率和世界利率一致并且利率和时间偏好不随时间变化等一系列假定下，从微观主体的动态优化行为导出了一个基本的跨时期经常项目模型：

$$CA_t = B_{t+1} - B_t = (Y_t - Y_t^*) + (I_t - I_t^*) + (G_t - G_t^*)$$

其中，CA 代表经常项目；B 代表国外净资产；Y、I、G 分别表示产出、投资和政府支出；$*$ 表示持久水平。

这一模型包含了以下重要含义：①当经济中的产出高于持久产出时，居民的消费平滑行为会带来经常项目盈余。暂时的产出提高不会增加居民消费，多余产量通过增加出口的形式积累为国外资产，形成经常项目盈余。②面临较高的投资支出或者政府支出时，在居民消费平滑行为作用下会带来经常项目赤字。根据这一基本模型，奥伯斯法尔德和罗格夫强调了消费平滑在经常项目决定中至关重要的作用。实际上，他们认为，在开放经济中，经常项目的核心作用就在于它可以作为缓冲工具帮助消费者实现跨时期消费平滑和跨时期的效用最大化。

总的来说，利用跨时动态分析方法对传统国际收支理论的修正和拓展开启了 20

世纪 80 年代以后国际收支理论发展一个十分重要的主流方向，适应了当前开放宏观经济系统日益复杂多变、影响国际收支均衡的宏观经济变量越来越呈现动态变化的特征。通过这一方向的拓展，国际收支问题的研究逐渐形成了一套跨时动态一般均衡的分析框架，这个框架更为贴近人们在现实中的理性行为，同时考虑了各种行为最终所要受到的约束。在这一分析方法和思路下，对国际收支问题的看法已经形成了一系列新的有参考意义的结论，例如关于时间偏好、消费平滑调整、暂时性冲击和持久性冲击等对于国际收支所产生不同影响的论述将人们对国际收支的认识带入了更为深入的层面。并且，跨时动态一般均衡模型其自身的建模特征决定了这一框架下的模型具有普遍的演绎价值，通过放松假定、在模型中引入名义变量或者外部冲击，这套模型就可以演绎出更多有价值的结论。此外，相应于跨时动态方法带来的认识上的发展，对国际收支调节的政策方面也要求既要考虑动态均衡的移动路径、发展趋势及其结果，还要考虑政策的跨时传递效应、经济变量与政策工具之间的冲销效应等，以便更好地实现动态的内外均衡协调发展。

20 世纪 80 年代以来，跨时偏好等因素的引入使国际收支分析从之前的贸易角度拓展到储蓄投资角度，近些年这方面的研究也有较大进展。Gourinchas 和 Rey（2007）指出，一国外部资产净头寸的恶化，需要未来净出口增加（贸易渠道）或国外投资收益率提升（估值渠道）来弥补，通过对美国外部总头寸数据的研究，发现稳定估值效应对外汇头寸调整的贡献率高达 27%；Devereux 和 Saitō（2006）构建了一个国际收支与资本流动关系的模型，并利用美国经济外部资产和负债总额及净额数据对模型适用性进行验证；Kollmann（2006）利用新古典动态一般均衡模型分析了国际资产组合的决定因素，并利用 17 个经合组织国家数据验证了理论猜想，即经常账户余额（外国净资产变动）主要由股票价格波动驱动，且外国股权资产和负债的变动高度正相关。

后凯恩斯主义中的国际收支约束增长模型也得到不少实证研究结果的支持，即国际收支限制了经济增长，经验研究中常称为"瑟尔沃法则"（Thirlwall's Law）（McCombie and Thirlwall，1994；Thirlwall，2011a，b）。Thirlwall（2011a，b）指出，长期经济增长可由国家的出口增长与进口需求收入弹性的比率来近似估计，并利用 18 个经合组织国家数据实证验证上述理论模型，得到的结论与新古典主义的正统观点相反，即调整国际收支的是产出，而不是相对价格。之后不少研究拓展样本空间对瑟尔沃法则进行了测试，例如，Gouvêa 和 Lima（2010）以拉丁美洲和亚洲国家为样本，测试了瑟尔沃法则的原始版本和多部门版本（考虑进出口部门构成的变化），韩国不适用原始版本模型，而多部门版本模型适用于所有国家，结论强调了进出口部门结构对经济增长的影响；Romero 和 Mccombie（2016）利用 14

个欧洲发达国家数据，验证了瑟尔沃法则，并发现中高技术制造业的进出口收入弹性较高，说明从简单商品生产向高技术含量商品生产转变的重要性；Lélis，Silveira，Cunha 和 Haines（2017）的实证结果认为国际收支是巴西经济增长的一个制约因素；Ferreira 和 Palma（2018）采用更稳健的参数估计方法——贝叶斯估计研究拉美 8 个国家数据，实证结果依旧支持瑟尔沃法则。

参考文献

1. Adler，J. Hans（1945）. "United States Import Demand During the Interwar Period," *American Economic Review*，35（3），418－430.

2. Alexander，Sidney S.（1953）. "Effects of a Devaluation on Trade Balance," IMF Staff Papers 2，No.2，263－278.

3. Ball，R. J.，Burns，T. and Laury J. S. E.（1977）. "The Role of Exchange Rate Changes in Balance of Payments Adjustment—The United Kingdom Case," *The Economic Journal*，87（345），1－29.

4. Bickerdike，C. F.（1920）. "The Instability of Foreign Exchange," *The Economic Journal*，30（117），118－122.

5. Buiter，Willem H.（1981）. "Time Preference and International Lending and Borrowing in an Overlapping-Generations Model," *Journal of Political Economy*，89（4），769－797.

6. Devereux，M.，and Saitō，M.（2006）. "A Portfolio Theory of International Capital Flows," *Capital Markets：Asset Pricing and Valuation*.

7. Edwards，Sebastian（2001）. "Does the Current Account Matter?"，NBER Working Paper，No.8275.

8. Ferreira，D. R.，and Palma，A. A.（2018）. "On the Evaluation of Income Elasticities of Imports and Thirlwall's Law：A Bayesian Analysis for Latin America".

9. Frenkel，Jacob A. and Johnson，Harry G. "The Monetary Approach to the Balance of Payments：Essential Concepts and Historical Origins," in Frenkel，Jacob A. and Johnson，Harry G. eds.（1976）. *The Monetary Approach to the Balance of Payments*，University of Toronto Press.

10. Gourinchas，P.，and Rey，H.（2007）. "International Financial Adjustment," *Journal of Political Economy*.

11. Gouvêa，R.，and Lima，G.（2010）. "Structural Change，Balance-of-Payments Constraint，and Economic Growth：Evidence from the Multisectoral Thirlwall's Law," *Journal of Post Keynesian Economics*，33，169－204.

12. Hinshaw，Randall（1945）. "American Prosperity and the British Balance-of-Payments Problem," *The Review of Economics and Statistics*，27（1），1－9.

13. Kollmann，R.（2006）. "International Portfolio Equilibrium and the Current Account," *Macroeconomics eJournal*.

14. Lerner，Abba P.（1944）. *The Economics of Control*，The Macmillan Co.

15. Lipton，David and Sachs，Jeffrey（1983）. "Accumulation and Growth in a Two-Country Model：A Simulation Approach," *Journal of International Economics*，15，135 - 159.

16. Lélis，M.，Silveira，E.，Cunha，A.，and Haines，A. E. F.（2017）. "Economic Growth and Balance-of-Payments Constraint in Brazil：An Analysis of the 1995—2013 Period," *Economica*，19，38 - 56.

17. McCombie，J.，and Thirlwall，A.（1994）. "Economic Growth and the Balance-of-Payments Constraint," *The Economic Journal*，104（427），1468 - 1470.

18. Meade，James E.（1951）. *The Balance of Payment*，London：Oxford University Press.

19. Metzler，Lloyd A. "The Theory of International Trade," in Ells，H. S. eds.（1948）. *A Survey of Contemporary Economics*，The Blakiston Company.

20. Obstfeld，Maurice and Rogoff，Kenneth（1996）. "The Intertemporal Approach to the Current Account," NBER Working Paper，No. 4893.

21. Orcutt，Guy H.（1950）. "Measurement of Price Elasticities in International Trade," *The Review of Economic Statistics*，32（2），117 - 132.

22. Robinson，Joan（1937）. *Essays in the Theory of Employment*，London：Macmillan London.

23. Robinson，Joan（1947）. *Essays in the Theory of Employment*，2nd eds，Oxford：Basil Blackwell.

24. Romero，J.，and Mccombie，J.（2016）. "The Multi-Sectoral Thirlwall's Law：Evidence from 14 Developed European Countries Using Product-Level Data," *International Review of Applied Economics*，30：301 - 325.

25. Sachs，Jeffrey D.（1981）. "The Current Account in the Macroeconomic Adjustment Process," NBER Working Paper，No. 0796.

26. Thirlwall，A. P.（2011a）. "The Balance of Payments Constraint as an Explanation of International Growth Rate Differences"，*PSL Quarterly Review*，64（259），429 - 438.

27. Thirlwall，A. P.（2011b）. "Balance of Payments Constrained Growth Models：History and Overview," *Moneta e Credito*，64（255），319 - 367.

28. Tinbergen，J.（1946）. "Some Measurements of Elasticities of Substitution," *The Review of Economic Statistics*，28（3），109 - 116.

29. Williamson，John（1983）. *Exchange Rate System*，Washington D. C.，The MIT Press.

30. 陈岱孙，厉以宁. 国际金融学说史. 北京：中国金融出版社，1991.

31. 陈雨露，涂永红. 国际收支均衡分析. 北京：中国金融出版社，1998.

32. 何国华. 国际收支调节论. 武汉：湖北人民出版社，2002.

汇率制度理论

近百年来，伴随着国际货币制度的演变，作为其核心组成部分的国际汇率制度也随之变迁。布雷顿森林体系解体以后，国际汇率制度进入了混合汇率制度时代，每个国家都面临着汇率制度选择问题。特别是 20 世纪 90 年代以来，新兴市场国家爆发了一系列以汇率制度崩溃为主要特征的金融危机，使得汇率制度问题成为近些年来人们普遍关注的焦点。

追溯历史，关于汇率制度的讨论自第一次世界大战爆发就开始出现，此后，经济学家们围绕着汇率制度应如何选择这一基本命题展开争论，在理论上至今仍未形成一致观点。纵观理论的发展，有关汇率制度的讨论形成了很多理论、积累了大量的文献，但总体来看，其中很大一部分可以通过两条主要线索——"传统的固定与浮动之争"和"新近的中间与两极之争"来进行梳理。之所以能形成这两条线索，是由于随着国际资本流动迅速发展等国际金融环境的变化和 20 世纪 90 年代以来全球范围内货币危机的频繁爆发，人们对于汇率制度研究的关注焦点发生了重大转变：传统的汇率制度理论视角主要关注在汇率制度可维持前提下，不同汇率制度与经济的关系，并以此作为汇率制度选择的依据；而新近的汇率制度理论则主要从可维持性和危机预防的角度出发，重点关注国际资本高度流动条件下发展中国家特别是新兴市场国家的汇率制度安排。此外，近十几年来，汇率制度理论的研究还出现了两个新的领域：一个是对不同汇率制度下的经济绩效进行实证比较研究，希望知道是否会有一种汇率制度对经济绩效的影响好于其他制度；另一个新领域是从动态的角度来研究一国如何退出现行的汇率制度而改为采用另一种更合适的汇率制度。

一、固定与浮动之争：传统理论视角

（一）国际货币制度变迁与传统汇率制度理论的发展

汇率制度是有关汇率决定基础及其调节方式的一系列制度性规定和安排，它作为货币制度的核心组成部分，必然要受其影响和制约。近百年来，伴随着国际货币制度的演变，国际汇率制度经历了多种形态的变迁。在这一过程中，汇率制度理论也相应地发展，并且常常领先于国际汇率制度的实际沿革。

一般认为，汇率制度理论起源于第一次世界大战之后。在此之前，国际货币制度处于贵金属本位制下，由于货币本身具有价值，货币供求具有自动调节机制，从而货币之间的汇率有着内生的稳定性。因此，当时的国际汇率制度实际上是一种内生的固定汇率制，汇率制度的选择也就自然不为世人所关注。第一次世界大战的爆发标志着国际金本位制的崩溃和纸币本位制的开始，各国相继放弃金本位制度，采取"以邻为壑"的通货膨胀政策，国际货币制度和汇率制度进入了一段全面动荡时期，直到二战后布雷顿森林体系建立。在这一时期里，无序的汇率制度、剧烈的汇率波动严重阻碍了国际贸易的发展，经济学家们认识到进行汇率制度变革的迫切性和重要性，开始从一国和世界范围内关注汇率制度的理论和现实问题。这一时期关于汇率制度的争论主要是建立在是否恢复金本位制基础上，而对于固定汇率制度和浮动汇率制度的概念都还不太明确，属于汇率制度理论的初期发展。

第二次世界大战以后，为了避免二战前泛滥的竞争性货币贬值，建立稳定的国际货币体系、恢复正常的国际经济秩序迫在眉睫。担负战后重建工作的构筑者们偏爱固定汇率制，他们认为两次世界大战之间经济的不稳定，很大一部分归因于汇率的变动无序，于是布雷顿森林体系应运而生。在这一体系下，美元与黄金挂钩，其他国家货币按固定比价与美元挂钩，当成员国国际收支出现根本性不平衡时，可以在 IMF 的统一安排和监督下进行调整，从而建立起了一种国际范围内可调整的固定汇率制度。布雷顿森林体系的建立适应了当时的国际经济环境，成功运行了将近30 年，为战后国际经济秩序的稳定和国际贸易的发展创造了条件。但是，布雷顿森林体系也并不像当初创建者们预期的那样完美无缺，它没有能够解决西方国家的失业和经济衰退，不能像浮动汇率制度那样可以依靠市场自发力量来缓和暂时的国际收支困难；并且在实际运行中，这种汇率制度因汇率调整的不及时，实际上逐渐演变成一种较为僵化的固定汇率制度，有些国家因此而出现了外汇危机（Friedman，1953）。在这样的背景下，20 世纪 50 年代，关于汇率制度的理论之争主要集中在固定汇率制与浮动汇率制孰优孰劣的争论上，以金德尔伯格（Kindleberger）为代表的一批学者极力推崇固定汇率制，而以弗里德曼为代表的另一批学者则极力主张浮动汇率制。20 世纪 60 年代初，在固定与浮动优劣之争仍然相执不下的情况下，Mundell（1961）另辟蹊径，开创性地提出了最优货币区理论，认为不能笼统而抽象地谈论汇率制度的优劣，而应当结合某种经济特征来进行汇率制度选择。这一思想的产生极具启发性，使得人们对汇率制度的思考跳出了抽象的优劣争论，也开启了后来从经济结构特征来研究汇率制度选择的理论闸门，汇率制度的固定与浮动之争迈上了一个更为开阔的平台。后来，随着 60 年代美国国际收支逆差的不断扩大，正如 Triffin（1961）教授所提出的著名的"特里芬难题"（Triffin's dilemma）预言的那样，美国在固定汇率的维持上开始变得越来越力不从心，越来越多的经济学家开始赞成实行浮动汇率制度。

20 世纪 70 年代初，随着先后两次美元危机的爆发，布雷顿森林体系在 1973 年最终全面崩溃，国际货币制度进入了牙买加体系时代。当时，人们认为世界已经放弃了固定汇率制度，而选择了浮动汇率制度，但实际上，牙买加体系并没有形成一个统一的国际汇率制度，各国都是从本国现实经济状况和内外部经济制度环境出发选择汇率制度。其中，发达国家基本上都实行了浮动汇率制度，部分发达国家还实行了联合浮动汇率制度，如欧洲货币体系；而广大发展中国家则大多实行了不同程度的钉住汇率制度，也有部分发展中国家实行了浮动汇率制度。因此，牙买加体系下的国际汇率制度实际上是一种多种汇率制度形式并存，且注重区域货币合作的混合汇率制度。在这一国际汇率制度下，固定汇率制与浮动汇率制的争论仍在继续，不过自 70 年代中后期开始，争论的焦点在很大程度上已经转移到了汇率制度选择与国内经济结构、经济特征之间的关系上来，其中比较具有影响力的有 Heller（1978）提出的经济论和一些发展中国家的经济学家提出的依附论。进入 80 年代，由于高通货膨胀在许多国家盛行，汇率制度固定与浮动之争的天平开始向固定汇率制度倾斜，学术界转而较多地关注固定汇率理论，从而导致这一阶段名义锚（nominal anchor）理论的风行。值得一提的是，布雷顿森林体系崩溃以后，在传统的固定与浮动争论之外，人们也开始关注介于固定和浮动这两极之间的中间汇率制度，例如 Williamson（1965，1985）提出的爬行钉住汇率理论和汇率目标区理论。而伴随着金融危机的出现，金融危机理论产生并得到发展，Krugman（1979）的第一代货币危机模型首次将汇率制度与货币危机联系在一起，这实际上成为后来汇率制度争论视角转向"汇率制度与危机防范"的一个引子。90 年代后，尽管汇率制度理论的主流争论已经转移到了新视角下的"中间与两极之争"，但是传统的"固定与浮动之争"并没有就此停止，一些经济学家从经济冲击、价格确定等方面研究了汇率制度的选择，使得传统框架得到进一步的充实和发展。

（二）固定汇率制与浮动汇率制的优劣之争

汇率制度理论早期的发展是以固定汇率制度与浮动汇率制度优劣之争的形式推进的。第一次世界大战爆发以后，各国实行黄金和外汇管制，国际金本位制度彻底崩溃。理论界出现了相互对立的两派：以霍特里（Hawtrey）为首的旧派怀念金本位制时期的和谐有序，主张恢复金本位制；而以卡塞尔（Cassel）为首的新派则坚持认为金本位制的基础已经消失，应进行汇率制度改革，建立可以变动的汇率制度。在新旧两派的争论中，尽管并没有清楚明确的界定固定汇率制度和浮动汇率制度的概念，但两种汇率制度模式已经在争论中被暗含地提出了。由于争论是以是否应当恢复金本位制度为中心，因此即使是新派，也不曾对浮动汇率制度进行充分的理论分析。

第二次世界大战结束以后，建立起了以可调整的固定汇率制为国际汇率制度的布雷顿森林体系。然而，布雷顿森林体系并不像当初创建者所预言的那样完美无缺，存在着诸多问题。于是，一些经济学家开始批评布雷顿森林体系，提出应当以较为自由的浮动汇率制取而代之。面对浮动汇率支持者对布雷顿森林体系的抨击，一些布雷顿森林体系的支持者则力图从理论上论证实行固定汇率制的好处和实行浮动汇率制的弊端。于是，围绕着支持还是反对布雷顿森林体系这个问题产生了两个阵营，正是在这两个阵营关于固定汇率制与浮动汇率制孰优孰劣的不断争论过程中，形成了固定汇率理论和浮动汇率理论。20 世纪 50 年代，关于汇率制度固定与浮动优劣的争论进入了白热化阶段，支持固定汇率制的代表人物有纳克斯（Nurkse）、金德尔伯格等，赞成浮动汇率制的代表人物有弗里德曼、约翰逊等。此后的 30 年时间里，虽然由于研究焦点有所转移，关于固定与浮动优劣之争不如 20 世纪 50 年代那么激烈，但是一直没有停止，不断有经济学家加入其中，延续着早期的争论，推动着固定汇率理论和浮动汇率理论不断发展并日趋丰满。这两方代表就两种汇率制度的优劣展开争论，总的看来，焦点大致可以归结为以下三个大的方面：

　　第一，在实现内外均衡的调节效率①问题上的争论。①浮动汇率制的支持者（以下简称浮动阵营）认为，当本国产品的国际竞争力下降时，在浮动汇率制下，只需听任汇率这唯一的变量进行调整，让本币贬值即可；而在固定汇率制下，则必须通过货币供应量的变动进而调整本国的价格体系，从而涉及许多变量的调整。很显然，前者的调整必然时间更快、成本更低。但是，固定汇率制的支持者（以下简称固定阵营）则指出，在很多情况下，对本国价格体系的调整是非常必要的，而仅仅或完全通过汇率变动是不合理的。例如，本国产品国际竞争力下降是由于出口部门生产力低下导致的成本过高所致，此时，汇率贬值虽可在短期内增加出口，但从长期看却不利于产品竞争力的提高，而固定汇率制在这种情况下长期看来调节成本反而较低。②浮动阵营提出，浮动汇率制下，当一国国际收支出现失衡时，汇率就会自动地贬值或升值，从而对国际收支与整个经济进行自发调节；而在固定汇率制下，国际收支的失衡一般都需要政府制定出特定的政策组合来加以解决，这一过程中存在的时滞等问题使其效率较低，因此浮动汇率制的调节更加灵活。固定阵营则反驳道，导致汇率变动的因素有很多，汇率未必能按照合理平衡国际收支所需的方向进行调整，例如一国经常项目出现较大赤字的同时，存在着大规模的资金流入，则本国汇率不但不会贬值，反而会升值，这一升值若持续较长时间，则会严重损害本国出口部门的竞争力，从而削弱国际收支长期平衡的基础，因此，这个过程中的汇率变动不能说是合理的，更谈不上效率。③浮动阵营认为，在浮动汇率制下，汇率可以根据一国国际收支的变动情况进行连续微调而避免经济的急剧波动；而在固定汇率制下，一国对国际收支的调整往往是在问题已经积累到相当程度时才进行，调整幅度一般较大，对经济的震动也比较剧烈。固定阵营则指出，尽管固定汇率制下的调整较为僵硬，却可以避免许多无谓的汇率调整，尤其是这些调整是货币性干扰所造成的时候。固定阵营特别指出，在资金流动对汇率形成具有决定性影响时，浮动汇率的调整是十分剧烈的，对经济的冲击也非常大。④浮动阵营认为，浮动汇率制度具有稳定性，浮动汇率制下投机者只有在汇率被低估时买入或在被高估时卖出才能持续获利，这一投资策略对市场价格的影响是稳定的，倾向于降低市场价格的波幅，因此，浮动汇率制下的投机主要是一种稳定性投机。固定阵营则认为，浮动汇率制下盛行的不是稳定性投机，而是非稳定性投机，投机者的心理往往是非理

---

　　① 固定和浮动汇率制在经济出现国际收支失衡后恢复内外均衡的调节机制不同。在固定汇率制下，货币当局在固定的汇率水平上调节外汇储备来消除外汇市场上的供求缺口，并相应通过变动货币供应量来对经济失衡进行调节；而在浮动汇率制下，政府则完全听任汇率变动以平衡外汇供求，进而调节经济运行。这两种调节方式各有特点，而哪种方式更有效率则是固定与浮动汇率制度优劣争论的一个重要问题。

性的，其表现之一就是"羊群效应"，并且，实力较强的投机者还会故意制造价格的大幅波动以从中获利。

第二，在实现内外均衡的政策利益问题上的争论。①针对政策自主性问题，浮动阵营指出，在固定汇率制下，政府必须将货币政策运用于汇率水平的维持，而在浮动汇率制下货币政策可以从对汇率政策的依附中解脱出来，让汇率自发调节实现外部均衡，货币政策与财政政策则专注于实现经济的内部均衡。并且，浮动阵营还认为，在浮动汇率制下，一国可以将外国的通货膨胀隔绝在外，从而独立制定有利于本国经济稳定与发展的政策。与此相对应，固定阵营则指出，首先，完全利用汇率政策解决外部平衡意味着政府准备接受任何汇率水平，这显然是不可能的，因为一国的货币政策不可能完全不受外部因素的制约；其次，汇率调整必须有其他国内政策的配合才能发挥效力；最后，浮动汇率制不可能真正隔绝外国通货膨胀对本国的影响，本国货币的波动会通过货币工资机制等多种途径对国内物价水平发生作用。②针对政策纪律性问题，浮动阵营认为，浮动汇率可以防止货币当局对汇率政策的滥用。因为在固定汇率制下，一国政府可能会故意高估或低估其汇率以满足特定的目的，这不利于经济的长久发展，而在浮动汇率制下，对汇率政策的滥用则难以发生，因为汇率已经脱离了当局的控制而由市场供求决定。固定阵营则指出，固定汇率制可以防止货币当局滥用货币政策，因为固定汇率制总是对货币政策的使用存在着一定的制约，而在浮动汇率制下，一国可以更自主地推行扩张性货币政策，而不必顾及本国汇率的贬值。

第三，对国际经济关系影响的争论。①针对汇率制度对国际贸易、投资等活动的影响，浮动阵营从两个方面论证了浮动汇率有利于国际经济交往：首先，汇率自由浮动使固定汇率制下政府为维持固定汇率而采取的种种直接管制措施失去必要，浮动汇率制可以推动经济自由化，而这会极大地促进国际经济交往的发展；其次，浮动汇率固然给国际贸易、投资带来了一定的不确定因素，但这可以通过远期交易等方式规避风险，国际金融创新的飞速发展已经使这一问题的严重性大大减轻了。而固定阵营则认为，决不能低估浮动汇率对国际贸易与投资的危害：首先，进行各项规避风险的交易本身也是有成本的，有时成本还比较高，这不可避免地会对国际经济活动产生负面影响；其次，许多经济活动是无法规避汇率风险的，例如跨国的长期投资、实物投资等；另外，广大发展中国家由于金融市场不发达，缺乏远期交易等规避风险的工具，浮动汇率制对它们特别不利。②针对汇率制度对国际政策协调的影响，固定阵营认为，在浮动汇率制下，由于缺乏关于汇率约束的协议，各国将本国国内经济目标摆在首位，易于利用汇率的自由波动而推行"以邻为壑"的政策，这会造成国际经济秩序的混乱。对此，浮动阵营争辩到，汇率本质上是个具有竞争性的变量，任何一种汇率制度都不可能完全解决这一问题，而在浮动汇率制下，汇率的大幅度波动往往会引起各国的关注，进而形成各国间的磋商协调，这在某种程度上反而会加强各国的政策协调。

从以上两派阵营关于固定汇率制和浮动汇率制的争论可以看出，实际上两种汇率制度都不是十全十美的，各有其优点，也各有其缺点。由于双方争论的立足点不同，很难简单地得出哪种汇率制度更为优越的结论。因此，固定汇率制与浮动汇率制的优劣之争成为国际金融领域一个长期争论不休的问题，同时，这一争论也成为传统汇率制度理论中重要的组成部分。

（三）经济结构、经济特征与汇率制度的选择

20 世纪 60 年代初，在汇率制度固定与浮动优劣之争相持不下的情况下，Mundell（1961）从要素市场一体化角度提出了最优货币区理论，他认为不能笼统而抽象地谈论汇率制度的优劣，而应当结合某种经济特征来进行汇率制度选择。这一极富启迪意义的思想具有重要而深远的意义，它将汇率制度理论的发展引向了纯粹从宏观经济共性特征上展开的固定与浮动优劣之争，开辟了根据不同国家的具体经济特征来探讨汇率制度适用性的先河。关于最优货币区理论，将有一篇专题专门进行论述，这里仅做一简单介绍。最优货币区理论研究的一个重要方面就是在什么条件下一国可以加入固定汇率的货币区以及货币区在什么条件下是可行的，即最优货币区的标准。Mundell（1961）提出，以生产要素流动性作为建立最优货币区的标准。在生产要素可以自由流动的区域内，实行固定汇率制是可行的；如果一个区域范围很大，生产要素不能自由流动，经济发展不平衡，就不宜采用固定汇率制，因为在这种情况下，需要以货币币值的变动去促进生产要素的流动、发展经济和解决就业问题，所以浮动汇率制更合意。蒙代尔之后，引发了一系列关于最优货币区标准的讨论：McKinnon（1963）提出了经济开放度标准；Kenen（1969）提出了产品多样性标准；Ingram（1969）提出了金融市场一体化标准；Harberler（1970）和 Fleming（1971）提出了通货膨胀相似性标准；Kenen（1969）提出了财政一体化标准；Mintz（1970）提出了政治一体化标准等等。这些标准从不同的角度为汇率制度的选择提供了依据。

进入 20 世纪 70 年代，发展中国家汇率制度的选择问题开始受到关注。美国经济学家 Heller（1978）提出了"经济论"，认为一国的经济结构特征因素，包括经济规模、经济开放程度、外贸结构、通货膨胀率以及与国际金融市场的一体化程度等，在很大程度上决定着一国合适的汇率制度选择。一些发展中国家的经济学家还提出了"依附论"，认为发展中国家汇率制度的选择取决于其在政治、经济、军事

等方面对外的依赖关系。

最优货币区理论、经济论、依附论等为汇率制度理论开辟了一个重要的研究方向，即从不同国家的经济结构和经济特征来研究汇率制度的选择。进入 80 年代以后，这一方向的研究仍然不断有新的文献出现，例如，Nilsson 和 Nilsson（2000）从发展中国家的经济特征出发，分析了其出口为什么易遭受汇率易变性影响，进而为发展中国家往往选择钉住汇率制提供了理论依据。Aizenman 和 Hausmann（2000），Poirson（2001），Wolf（2001）等也从一国的经济结构和经济特征出发，寻找和讨论决定一国汇率制度选择的因素。Ball 等（2013）强调了不同汇率制度在决定汇款对受援国经济影响方面的作用，从理论上说明了汇率制度的重要性，在固定汇率制度下，汇款应暂时增加通货膨胀程度并增加货币供应量，而浮动汇率制度下，汇款应使通货膨胀下降并保持货币供应量不变。

（四）汇率名义锚理论：应对通货膨胀的思考

一定意义上说，汇率名义锚理论也可以归属于传统的固定与浮动优劣之争框架内，它实际上从抑制通货膨胀角度为固定汇率制提供了有力的支持。之所以将其专门论述，是因为一方面，进入 20 世纪 80 年代后，高通货膨胀在很多国家盛行，而关注如何通过汇率制度抑制通货膨胀的汇率名义锚理论风靡一时，受到国际学术界和政策界的青睐，在整个国际范围内产生了深远影响；另一方面，随着国际游资力量的膨胀，汇率名义锚方法在实践中遇到的问题在一定程度上也引发了后来关于汇率制度中间与两极的争论。

汇率名义锚理论是建立在理性预期理论和动态非一致性理论基础之上的。理性预期的思想早在 20 世纪 60 年代就已经被提出（Muth，1961），70 年代以后，这一思想迅速渗透到国际经济学的许多领域。受理性预期学派的影响，Kydland 和 Prescott（1977）在一篇著名的论文中提出了动态不一致性理论，揭示了政府在制定很多政策时存在着动态不一致性。如果政府无法对未来政策做出有约束力的承诺，政策在执行过程中就会面临可信度问题，而这一问题在理性预期的条件下会对政策效果产生根本性的影响。基于此，他们主张制定不可变更的政策规则，通过建立承诺机制的制度来提高政策的长期效果，进而提高经济福利。后来，Barro 和 Gordon（1983）将动态不一致性分析引入货币政策领域，对当时在很多国家盛行的高通货膨胀现象进行分析，指出持续的高通货膨胀可能并不是非理性政策决策的结果，而是由于货币政策存在动态不一致性，而政策制定者又未能对货币政策做出有约束力的承诺，从而导致人们对货币政策缺乏信任造成的。由于当时理论的焦点之一就是如何摆脱全球性高通货膨胀的困扰，因此巴罗和戈登的见地很快受到理论界的重视，并使得对控制通货膨胀问题的研究从关注个体政策决策转移到缓解动态不一致性问题的制度建设上来。Barro 和 Gordon（1983）利用模型证明了通过建立政府货币政策的信誉能够解决货币政策的动态不一致性，从而降低通货膨胀率。于是，如何提高政府货币政策信誉一时间成为理论界关注的焦点，而致力于建立政策信誉的名义锚理论应运而生，其中，汇率锚就是名义锚的重要选择之一。

关于名义锚的概念，Frenkel（2003）进行了通俗的概括，即中央银行为约束其过度的货币创造而向公众做出钉住某一名义变量的承诺，该名义变量就是货币政策钉住的名义锚。相应地，汇率名义锚就是货币当局公开宣布汇率的钉住目标，通过钉住汇率来实现稳定本国价格水平的计划。针对 20 世纪 80 年代许多国家出现的高通货膨胀现象，汇率名义锚理论提出一国汇率应当有较大的刚性甚至完全固定，这样名义汇率可以起到驻锚的作用，使政府获得政策信誉，从而降低通货膨胀。而对于钉住汇率与政府获得政策信誉之间的关系，该理论集中通过对"公信力"（credibility）的分析进行说明。汇率锚理论认为，汇率制度的选择对政府的公信力会产生影响。在浮动汇率制下，一方面，政府具有较大的活动空间，可以自由地选择货币政策，从而缺乏纪律约束，政府在宣布要控制通货膨胀后仍然随时会有动机采取扩张性的货币政策进而导致通货膨胀加剧；另一方面，经济个体知道一旦他们确定了商品的国内价格，政府就有动机对本币实行贬值以扩大出口，改善国际收支。因此，经济个体会认为政府事先关于控制通货膨胀的承诺缺乏公信力，在理性预期的条件下，为了抵消可能的通货膨胀以及贬值后果，他们就会事先采取对策，在每次定价时把价格定在较高的水平上，其结果就会导致价格高原不断形成，进而推动通货膨胀愈演愈烈。相反，当政府公开宣布实行钉住汇率制以后，政府会考虑其"声誉"而必须要维持汇率的钉住。于是，一方面，政府的财政、货币政策因目标约束而不再具有随意性；另一方面，经济个体可以减少对本币贬值的担心，从而在定价时无需将价格故意定高以抵消可能的贬值后果。这样，由于经济个体有了一个清晰且可监控的名义锚，政府关于控制通货膨胀承诺的公信力大大增强了。同时，钉住汇率一般是用本国货币钉住一个低通货膨胀国家的货币，本国企业在一定程度上相信国内的通货膨胀率可能会因追随被钉住国而下降。因此，通过汇率锚，政府实际上发出了一个可信的反通货膨胀信号，公众会由此降低通货膨胀预期，即产生公信力效应，从而使得通货膨胀下降。基于上述对公信力的分析，汇率锚理论声称，凭借公信力效应，钉住汇率制可使存在高通货膨胀的国家实现通货膨胀率的降低，并且这一过程的就业和产出成本较低（Giavazzi and Pagano，1988）。

汇率锚实质上是通过汇率的约束影响公众预期以实现价格的稳定。根据汇率锚理论，一国如果遭遇通货膨胀，只需要采取钉住汇率制，政策制定者的声誉就会提高，于是公众就会纷纷降低通货膨胀预期，结果造成通货膨胀下降，同时就业和产出受到较少影响。这一看似美妙的方案在 80 年代对于饱受通货膨胀之苦的很多国家特别是发展中国家和一些经济转轨国家具有很大的吸引力，在一些国家的政府决策中产生过很大的影响。然而，在实际操作中，这一方案却遇到了许多问题。特别是 90 年代以后新兴市场国家货币危机的频繁爆发，显示出在国际资本日益流动的条件下，用钉住汇率作为名义驻锚，易遭受投机攻击而趋于崩溃。由此引出了后来关于汇率制度两极与中间的争论。

（五）经济冲击与价格确定角度下汇率制度选择的思考

20 世纪 90 年代后，固定汇率制与浮动汇率制的理论之争并没有因为新背景下"中间与两极之争"的兴起而就此停止，一些经济学家突破了早期从经济结构特征进行汇率制度选择的研究，开始考虑经济冲击、价格确定等一些新因素，从而扩展了汇率制度选择的分析角度，使得传统框架的固定与浮动之争有了进一步的充实和发展。

Yoshitomi 和 Shirai（2000）从经济受到冲击的性质和来源角度研究了汇率制度的选择。从经济受到冲击的性质来看，他们认为，如果经济受到的冲击主要是货币因素，比如货币需求变化或者影响价格水平的冲击，那么就应偏向固定汇率制，因为所有商品和服务的价格成比例变动不会改变它们的相对价格，用汇率变动作为改变支出的政策是不必要的。相比而言，如果经济受到的冲击主要是实质因素，比如偏好的改变或者影响国内商品与进口商品相对价格的技术变化，那么浮动汇率制度是合意的，因为相对价格的频繁变动使得有必要利用汇率作为政策工具来调整经济以对实质性干扰做出反应。值得指出的是，根据经济受到冲击的性质来选择合意的汇率制度虽然在理论上是有用的，但在实际中由于很难区分经济到底受到何种性质的冲击，因而难以确定选择哪种汇率制度相对更优。同样，从经济受到冲击的来源看，Yoshitomi 和 Shirai（2000）认为，如果冲击来自外部，那么浮动汇率制度是合意的，因为浮动汇率能够极大地隔离国内经济，降低外部冲击的影响。相比而言，如果冲击来自国内，如不稳定的财政政策和货币政策，那么固定汇率制度是合意的，因为固定汇率制有助于对政府财政政策和货币政策形成外部硬约束，部分限制了政府政策随意性行为，从而极大地降低了政策不稳定带来的负面效应。

Devereux 和 Engel（1998，1999），Engel（2000）等经济学家从价格确定的角度研究了汇率制度的选择。Devereux 和 Engel（1998）构建了浮动汇率模型和固定汇率模型，并在此基础上研究了在货币冲击造成的不确定环境中不同汇率制度下的社会福利特性，得出最优汇率制度取决于是厂商货币还是消费者货币来确定价格。[①] 他们的研究结果表明，当厂商货币确定价格时，一价定律有效，那么对于何种汇率制度更可取没有明确的答案。若一国规模较小，或者非常厌恶风险，则偏向选择固定汇率，相反，若国家足够大或不太厌恶风险，则偏向选择浮动汇率。当消费者货币确定价格时，并且这一定价对需求冲击调整缓慢，则明确地偏向选择浮动汇率。此后，Engel（2000）构建了一个两国经济模型，深入探究了短期名义价格刚性条件下价格确定与最优汇率制度的选择，进一步发展了这一方向的研究，但是基本的结论并没有实质性的改变。

二、两极与中间之争：新近理论视角

（一）两极与中间之争产生的理论与现实背景

1. 汇率制度分类的演变

汇率制度传统意义上划分为两类，即固定汇率和浮动汇率，早期汇率制度理论研究也主要是在这一分类框架下进行的。但是随着布雷顿森林体系的崩溃，这一传统的两分法已难以反映各国汇率制度的实际情况。鉴于此，1982 年 IMF 依据各国官方宣布的汇率安排将各成员国的汇率制度划分为三种：①钉住汇率，包括钉住单一货币和钉住合成货币；②有限灵活汇率，包括对单一货币汇率带内浮动和汇率合作安排；③更加灵活汇率，包括管理浮动和自由浮动。这种分类方法已经开始关注介于严格固定汇率与自由浮动汇率之间的中间汇率制度，如有限灵活汇率、管理浮动汇率。但是，随着各国实际汇率制度形式的复杂化以及欧元的诞生，该分类方法越来越显示出其局限性。1999 年 1 月 1 日开始，IMF 重新依据实际汇率制度而不是官方宣布的汇率安排对各成员国汇率制度进行了新的分类，将现有的汇率制度分为 8 种，而这 8 种汇率制度又可以归入固定汇率制度、中间汇率制度以及浮动汇率制度这三个大的类型（见表 1）。可以看出，IMF 这一最新的汇率制度分类主要关注的是中间汇率制度的区分，使它们与各个成员国实际汇率制度情况更加相符。

[①] 所谓厂商货币定价，就是本国商品以本币价格预先确定，并且不对国外的货币冲击做出反应；而消费者货币定价，则是指厂商以本币为本国消费者确定一个价格，用外币为国外消费者确定另一个价格。

表 1　　　国际货币基金组织 1999 年 1 月 1 日开始使用的汇率制度的新分类

大类	IMF 新的汇率制度分类	说明
固定汇率制度	无独立法定货币的汇率安排	包括美元化和货币联盟
	货币局制度	
中间汇率制度	其他传统的固定钉住制	包括按照固定比率钉住单一货币、货币篮子或 SDR
	钉住平行汇率带	
	爬行钉住	
	爬行带内浮动	又称汇率目标区
	不事先宣布汇率路径的管理浮动	
浮动汇率制度	独立浮动	

资料来源：IMF Annual Report on Exchange Rate Arrangement and Exchange Restrictions，1999.

2. 中间汇率制度设计及理论的发展

布雷顿森林体系崩溃后浮动汇率制度的实践远不像其倡导者所描述的那么美好，一些 20 世纪 30 年代出现过的混乱重又出现，主要表现在汇率大幅波动、货币政策无约束、通货膨胀严重和缺乏国际政策协调等，这些现象重新激起了设计更为合理的汇率制度的热情。鉴于布雷顿森林体系下的固定汇率制稳定性有余而灵活性不足，布雷顿体系终于瓦解，而浮动汇率制又过于灵活且稳定性太差，招致积怨颇多，因此，一种自然而然的折中思路应运而生，即设计能够综合固定汇率制和浮动汇率制各自优点同时又能避免各自缺点的汇率制度。于是，大量的中间汇率制度安排在理论界的讨论和政策界的实际运作中开始出现，如爬行钉住、汇率目标区、区间钉住等等。

在中间汇率制度的设计中，较早被提出并得到理论界重视的是爬行钉住汇率制。所谓爬行钉住是指一种汇率可以做经常的、小幅度调整的钉住汇率制度。[①] 这一制度有两个基本特征：首先，实施国负有维持某种平价的义务；其次，这一平价可以经常、小幅地调整。1933 年，英国经济学家哈罗德（Harrod）提出了历史上第一个爬行钉住方案，爬行调整的最大幅度为 2%，成为爬行钉住汇率思想的最初萌芽。随着 20 世纪 50 年代开始的固定汇率与浮动汇率优劣之争的不断推进，西方经济学界开始认识到固定汇率制和浮动汇率制各有其优势，也各有其弊端。在这一背景下，1965 年威廉姆森针对布雷顿森林体系下可调整钉住汇率制度存在的问题

---

① 这一定义是爬行钉住汇率理论权威威廉姆森教授 1966 年在给《牛津英语词典》（*The Oxford English Dictionary*）撰写的词条"爬行钉住"时所下的定义。

提出："如果平价钉住的改变趋向于导致汇率未来可持续信心的积累性降低，那么可调整钉住是不可能无限期可行的。因为如果钉住易于变动，则增强的不稳定投机将会发生；如果僵化不动，则又中止了可调整性。"据此，威廉姆森认为，需要采用一种不易遭受投机压力的汇率制度——爬行钉住制，从而正式提出了爬行钉住汇率制度理论（Williamson，1965）。爬行钉住制的提出，在国际范围内引起了一定程度的注意，并且，自那时起，一些国家相继采用了这一制度，如智利（1965）、巴西（1968）、韩国（1968）等。1973年布雷顿森林体系崩溃后，阿根廷（1975）、以色列（1975）、秘鲁（1976）、葡萄牙（1978）等国也先后抛弃浮动汇率制转而选择爬行钉住制。爬行钉住汇率制度再一次引起西方国际金融理论界的广泛重视，并且出现了关于这一制度与传统的固定汇率制和浮动汇率制的优劣争论，成为中间与两极汇率制度之争的早期形式。但是此时的争论只是从传统的"汇率制度对各国共性特征上的宏观经济影响"这一理论视角展开的，与后来从"汇率制度可维持性和危机预防"这一新理论视角展开的中间与两极汇率制度之争还有着根本性区别。

20世纪80年代初，不断出现的主要国家货币之间的汇率失调逐渐使人们开始认识到，问题不是出在浮动汇率被管理的方式上，而是出在浮动汇率不被管理时，市场并没有力量将汇率推向均衡。在此背景下，Williamson（1985）最先提出了汇率目标区的设想。所谓汇率目标区，简单地说就是允许汇率在一定区间内自由浮动，但当汇率接近区间边缘时进行干预的汇率制度。这一汇率制度安排是中间汇率制度中在理论上探讨比较深入并且最具代表性的方案。Williamson（1985）在其最早的目标区方案中主张建立一个中心汇率上下各10％的汇率目标区，他认为对区间的设置要有足够的宽度，这样，目标区的维持就不需要太多的努力，货币当局的干预只需偶尔为之。威廉姆森方案提出以后，引起了强烈的反响和争议，但是，由于对目标区下汇率的运动行为并没有一个理论模型进行描述，关于汇率目标区好坏的争论并没有坚实的、严格的理论依据，这一局面一直到Krugman（1991）的一篇论文——《目标区与汇率动态》（Target Zones and Exchange Rate Crises）出现以后才得以根本改变。克鲁格曼在这篇论文中，将汇率目标区思想加以理论化、形式化，提出了一个描述目标区汇率制度下汇率行为的标准理论模型。它通过平滑粘贴条件和蜜月效应分析，证明了一个可信的目标区是一种具有内在稳定性的汇率制度，从而为汇率目标区的研究提供了有力的理论基础。

爬行钉住汇率理论和汇率目标区理论的提出大大增加了汇率制度选择的空间，汇率制度选择不再是传统的非固定即浮动模式。特别是在基本汇率目标区模型基础上还可以演化出多种不同形式的汇率目标区，因而存在着大量的中间汇率制度可供选择。按照克鲁格曼模型分析的结果，汇率目标区结合了完全固定和自由浮动两种汇率制度的优点，同时在一定程度上避免了两者的缺陷，因此，从这一理论出发，选择中间汇率制度似乎要优于选择两极汇率制度。后来，沿着爬行钉住制和汇率目标区的思路，经济学家又提出了爬行带汇率制度安排，丰富了中间汇率制度的种类。在各种中间汇率制度不断提出的过程中，作为设计者的很多经济学家都认为，中间汇率制度设计的关键是既要允许货币政策有充分的灵活性，又要避免汇率失调的积累。对此，Dornbusch 和 Park（1999）总结了爬行钉住、汇率目标区和爬行带等汇率安排，提出了中间汇率制度设计的"BBC 规则"，其中第一个 B 指一篮子（basket），第二个 B 指区间（band），C 指爬行（crawl）。

3. 汇率制度理论关注焦点的转变

1973 年布雷顿森林体系崩溃后，美国、德国等主要资本主义国家全面放松了资本管制，而发展中国家在麦金农和肖提出的金融抑制和金融深化理论的指导下，也陆续放松了资本管制，于是资本全球流动的障碍逐渐得以清除，与此同时，货币危机也开始频繁出现。1979 年，Krugman（1979）提出了第一代货币危机模型，为现代金融危机理论的发展奠定了基础。该模型认为危机的主要原因是和钉住汇率制不相容的财政、货币政策，因此，克鲁格曼的模型实际上已经将货币危机和汇率制度建立起联系。第一代货币危机模型对于 20 世纪 70 年代末 80 年代初拉美国家出现的货币危机具有很强的解释力，但是它却无法解释发生在 1992 年欧洲货币体系的那一场英镑危机，于是第二代货币危机模型（Obstfeld，1994）应运而生。第二代模型强调危机的出现与基本经济因素无关，而是由预期因素导致了钉住汇率制下危机的自我实现，因此，第二代货币危机模型在一定意义上开始了对钉住汇率制这一制度本身存在的某些缺陷的关注。

进入 20 世纪 90 年代后，国际金融环境已经发生了重大的变化，国际游资急剧膨胀，成为一股十分强大的力量，给发展中国家的金融市场带来了巨大的冲击。自 1994 年起，发展中国家特别是新兴市场经济体发生了一系列货币危机，如 1994—1995 年的墨西哥比索危机、1997—1998 年的亚洲货币危机以及其后俄罗斯、巴西、阿根廷、土耳其相继爆发的货币危机等。伴随着这些危机的爆发，经济学家们从不同的角度对危机发生的原因进行了讨论，尽管提出的原因各不相同，但是公认的是，在国际资本流动高度发达的情况下，这些国家实行的钉住汇率制度肯定有问题。在这一背景下，关于汇率制度的讨论再度变得非常激烈，汇率制度问题的研究进入了一个新的发展阶段。但是此时，经济学家们对汇率制度研究的关注视角和焦点已经发生了重大转变，国际学术界主流开始从可维持性和危机预防的角度出发来研究汇率制度的选择和安排，于是就有了"中间和两极之争"这样一条线索。上述理论和现实背景可以看作是这一线索框架下整条脉络的起源；而作为主干的则是理论界近些年来讨论最为激烈并产生重大影响的关于"中间制度消失论"假说的论争；在新出现的理论中，还有一些专门从发展中国家的特征出发来分析这些国家的汇率制度问题，其中比较有影响力的有"原罪论"和"害怕浮动论"。由于这些理论从某种意义上说可以归为支持汇率制度的选择应该转向两极，或者是认为中间汇率制度仍然适用，因此可以将它们纳入"中间与两极之争"的框架。

（二）中间制度消失论的提出及围绕它的争论

1. 中间制度消失论的提出及主要观点

20 世纪 90 年代，以汇率制度崩溃为主要特征的货币危机此起彼伏，学术界开始从可维持性和危机防范的视角来研究汇率制度。人们发现，发生货币危机的多为中间汇率制度国家，而与其形成鲜明对比的是实行两极汇率制度的国家或地区大多有效地防止了危机发生，于是，一种基于直观的假说开始提出，认为发生投机攻击后，政府可以维持的是两极汇率制度而不是中间汇率制度。这种假说一经出现，很快得到了诸多著名经济学家的支持，从而形成了有着声势浩大支持者的理论派别，即中间制度消失论。概括来说，该理论的主要观点是：唯一可持久的汇率制度是自由汇率制度，或是具有强硬承诺机制的固定汇率制度（如货币联盟、货币局制度或完全美元化），而介于两者之间的中间汇率制度，包括可调节的钉住、爬行钉住、汇率目标区、钉住平行汇率带以及管理浮动汇率制等正在消失或应当消失，因此，未来各国将不是选择完全自由的浮动汇率制就是选择严格的固定汇率制。由于中间制度的消失，汇率制度将形成所谓"空缺的中部"。

一般认为中间制度消失论最早的提出者是 Eichengreen（1994）。随后，Obstfeld 和 Rogoff（1995），De Grauwe（1997），Summer（1999，2000）等经济学家也加入支持者的行列。Eichengreen（1994）最初的论述是针对 1992 年欧洲货币体系危机的，在他看来，这次危机表明，通过分步逐渐缩小汇率目标区来过渡到欧洲货币联盟的策略并不可行。基于此，Eichengreen（1994）明确提出，"在 21 世纪，为达到特定汇率目标而相机行事的政策规则将不再可行。各国将被迫在浮动汇率和货币统一之间做一选择"。Obstfeld 和 Rogoff（1995）也指出，"形成和保持信誉已变得越来越困难，甚至像欧洲货币体系那样宽的汇率目标区也面临着投机性攻击，因而浮动汇率制与共同货币之间的中间汇率制度不再是合意的"。他们甚至断言，"在浮动汇率和采用一个共同货币之间，不存在一条舒适的中间地带"，"跨过峡谷深渊的最好办法，就是简单一跳"。Fischer（2000）也认为，"在过去的十年中汇率制度分布存在着中间制度空洞化的趋势，这不仅对于积极融入国际资本市场的经济体而且对于所有的国家都是真实的"。

2. 中间制度消失论的有关论据

中间制度消失论假说的提出主要是基于这样一种观察，即日益增长的资本流动性使得政府对汇率的承诺变得十分脆弱。现在，有越来越多的学者表示赞同这一假说，并试图从理论上对这一假说给予论证。Summers（1999）运用三元悖论来解释为何应当放弃中间制度。根据三元悖论原理，一国不可能同时实现汇率稳定、货币政策独立性以及资本自由流动这三个目标，而只能选择其中的两个。一般而言，资本流动性强弱是国际资本的趋利性、国内资本管制共同决定的结果，具有很强的外生性，因而，在资本自由流动下，一国政府实际能做的，要么是选择汇率稳定而放弃货币政策独立性（严格固定汇率制），要么是放弃汇率稳定而坚持货币独立（自由浮动汇率制）。基于这一原理，Summers（1999）认为，"对于可进入国际资本市场的经济，合意汇率制度的选择越来越倾向于从中间汇率制度转向两个角点汇率制度，如果必要的话，可以通过承诺放弃独立的货币政策来支持"。

Eichengreen（1999）对于为何应放弃中间制度也给出了一种解释，他认为，在中间汇率制度下，银行和企业往往会低估货币贬值风险而过分持有未对冲的外币债务，由于汇率的变动会产生资产负债表效应，因此当本币贬值时，会出现资产负债表中负债的本币数额增加，那些未对冲的外部债务就可能导致银行和企业立即变得资不抵债，甚至破产的局面，这会对经济造成极大的破坏。因此，艾肯格林（Eichengreen）认为，在资本高度流动的情况下，只有两种可行的汇率政策，一种是把汇率固定，并锁住汇率，如阿根廷；另一种更常见的汇率政策是让货币浮动，如美国，因为这可使银行和企业有动机去对冲汇率风险。

还有一种解释认为，合理汇率制度的选择应能够提供绝对可信的政策锚或根本不为投机性攻击提供可能，这样才能避免非理性市场行为，汇率制度的稳定性和可持续性才能保证，而能够满足这一条件的汇率制度只有严格的固定汇率制度或完全自由浮动的汇率制度。严格的固定汇率制度通常是经过极为复杂的政治程序甚至通过法律确定下来的，其退出成本很大，不是决策者可以轻易改变的，同时这种安排还剥夺了货币当局行使自主货币政策的权力，不会因为其不当的政策行为而损害其政策目标，因而其可信度很高。在完全自由浮动汇率制下，汇率的失调可以得到比较及时的调整，不会逐渐积累起来造成大的调整，因而也不会给投机者提供投机机会。而中间汇率制度，无论何种类型，其本质上都是在中央银行的控制下允许汇率在一定范围内波动，是行政部门的相机抉择而非立法部门制定的法律，因而其公信力较差。基于此，这种解释认为中间类型的汇率制度因其较易导致危机爆发而正在或应当消失。

Frenkel，Fajnzyler，Schmukler 和 Serven（2000）用可核验性对上述解释进行

了进一步的发展。① 他们指出，汇率制度要具有公信力，就必须使这种制度简单、透明而具较高的可核验性，公众可以从观察到的资料中判断所实行的汇率制度确实是一国宣布要实行的制度，较高的可核验性有利于提高公信力和增强投资者信心。简单的两极汇率制度比中间汇率制度具有更易核实的特点，检查汇率制度是否严格钉住，市场参与者只须核实昨日的汇率与今日是否相同；而检查汇率制度是否完全浮动，市场参与者只须每日核实外汇储备的变动，看央行是否动用外汇储备干预市场；中间汇率制度则因受爬行速度、波动幅度、篮子货币中各货币权重等参数的制约而不易核实。所以，两极汇率制度具有较好的可核验性，各国最终会选择完全固定或完全浮动的汇率制度，而不是难以核实的中间汇率制度。

Eichengreen（2008）利用汇率制度的事实分类法，证明汇率制度两极化现象存在于发达国家，但在新兴市场经济国家与发展中国家，这一现象不明显。原因在于，随着经济与金融的发展，许多国家拥有了更具吸引力的制度安排，如欧洲的货币联盟，或利用通胀目标替代了汇率目标作为货币政策的名义锚，因此，倾向于放弃软钉住的中间汇率制度。

3. 对中间制度消失论的质疑和反驳

中间制度消失论因得到较多著名经济学家的支持而颇受推崇，但是与之相伴的质疑和批评也日趋激烈。对这一假说持不同意见的代表人物 Frenkel（1999）就认为，"没有一种汇率制度是万能药，最优汇率制度取决于特定国家的情况和时间"，"两极汇率制度并不是对所有国家普遍适用，它只是在一定的时间内对某些国家适用"，"对于许多国家来说，中间汇率制度通常比两极汇率制度更合适，特别是对于大规模资本流动尚不构成问题的发展中国家更是如此"。Masson（2000）也认为，"对于许多发展中国家，自由浮动汇率是不可行的，因为缺乏发达的金融市场及相关的制度；货币局的严格限制在政治上也是不可接受的。结果，发展中国家汇率制度的选择在各种中间汇率制度之间波动"。

针对萨默斯（Summers）利用三元悖论作为中间制度消失论的依据，反对者指出，三元悖论只是从宏观上揭示资本高度流动条件下汇率稳定和货币政策独立性之间的制衡关系，却并未论及有关介于两极之间的中间汇率制度选择问题。Frenkel（1999）更是反诘道，"并没有令人信服的理由说明，为什么不可以在货币政策独立性和汇率稳定两个目标的抉择中各放弃一半，从而实现一半的汇率稳定和一半的货币政

---

① 需要说明的是，Frenkel，Fajnzyler，Schmukler 和 Serven（2000）的可核验性理论只是试图为中间制度消失论提供一个可能的理论根据。实际上，在西方主流经济学家中，弗伦克尔教授是对中间制度消失论持不同意见的经济学家中最重要的代表人物。

策独立性"。实际上，Krugman（1991）在他那篇奠定汇率目标区理论的著名论文中就曾论证过，在完全资本流动的条件下，一国可采用中等波幅的目标区汇率制度。

对于艾肯格林从中间汇率制度下银行和企业会"过度积累未对冲的外币债务"角度为中间制度消失论提供的论据，其分析过程实际上是建立在银行和企业非理性的假设上。但是并没有证据表明，中间汇率制度下的银行和企业不关注外汇风险，因此，这只是一种比较主观的分析方法，作为支持的理由并不能十分令人信服。

从可核验性角度对中间制度消失论提供解释，其逻辑是处于两极的固定、浮动汇率制度因具有较好的可核验性而较有公信力，从而两极汇率制度下的投资者具有较好的信心，不会引发短期资本突然撤资，造成汇率制度的崩溃。但是，在一些反对中间汇率制度消失论的学者看来，投资者的信心并非只源于汇率是否浮动以及浮动程度如何，事实上，诸如经济基本面的一些因素对于树立投资者信心可能更为重要，因此，在分析方法上，这一论证只是考虑了诸多影响因素中的一种，并不具有充分的说服力。更有一些反对者认为，可核验性与公信力之间实际上并无明显的相关性。例如，布雷顿森林体系下的可调节钉住汇率制在当时是较易核验的，但它并不具有多少公信力；德国中央银行宣布的政策一般被认为较具公信力，但其决策过程外人往往不得其详，实际上不具有可核验性。因此，他们认为，从可核验性角度进行的解释并不能为中间制度消失论提供多少可令人信服的理论依据。

除了对相关论据进行反驳外，中间制度消失论的反对者们还通过经验证据对这一假说进行抗辩。Glick（2000）分析指出，1982—1999 年，虽然采用严格固定汇率制的国家比例由 14％上升到 24％，自由浮动的国家比例由 6％上升到 27％，但这主要是实行单一钉住和一揽子钉住的国家减少了，实行带幅度的钉住、爬行钉住和管理浮动国家的比例基本维持不变；在移向两个端点的国家中，更多是较小的国家，而实行中间制度的较大发展中国家和转轨经济国家，其数目和比例基本保持稳定，甚至略有上升。Hernandez 和 Montiel（2003）研究了金融危机后亚洲国家的汇率制度走向，研究发现，马来西亚重返资本管制而实行较强固定性质的汇率制度；韩国和泰国则在 1999—2000 年间保持或扩大了与世界资本市场的联系，而其汇率制度则趋于较高的弹性，但未达到完全自由浮动；印度尼西亚和菲律宾与危机前相比，也增加了汇率制度的弹性。这些国家的汇率制度都没有表现出向两极转变的趋势。Masson（2000）运用马尔科夫链（Markov chains）和变迁矩阵作为分析工具，引用两种汇率制度分类数据对中间制度消失论假说进行检验，结果这一假说被选取的样本数据否决。Salins 和 Quere（2010）利用新凯恩斯模型研究中间汇率制度，提出在存在工资刚性且经济遭受生产率冲击与外国利率冲击时，中间汇率制度就是一个恰当的选择。Horst（2013）证明对于那些制度不健全的发展中国家，中间汇率制可以通过降低交易成本和政策的不确定性来促进贸易，降低融资成本，拉动投资和经济增长，从而提高劳动需求。因此，上述经验证据并未对"中间制度正在消失"的论断给予肯定的支持，相反，它们却在一定程度上表明了中间汇率制度仍将是国际货币体系中重要的汇率制度形式。

（三）原罪论与害怕浮动论：从发展中国家特征出发的分析

1. 原罪论

原罪论的代表文献为 Hausmann，Panizza 和 Stein（2001），该理论假说指出，如果发展中国家的金融市场不完全，就会出现两种情况，一种是该国的货币不能用于国际借贷，另一种是在国内，本国金融部门不愿意发放长期贷款，这就使得本国企业在融资时存在着两难：如果从外国借贷，就会出现货币不匹配问题；如果从国内借贷，则会出现"借短用长"的期限不匹配问题，这就是"原罪"。对于有原罪的国家，存在着大量的货币不匹配和期限不匹配，从而无论是本币贬值还是利率上升，都会导致大批企业的成本上升，经营出现困难，进而影响到金融部门和整个经济。所以，原罪的存在导致理性的政府和企业都不愿汇率变动，更不愿本币贬值，博弈的结果使得汇率无法浮动。而在这种汇率无法浮动的情况下，政府在汇率政策上就会陷入两难境地：面对外来的投机冲击，政府既不能通过货币贬值来缓解压力，也不能通过提高利率来保卫本币，最后只得听任金融崩溃。McKinnon 和 Schnabl（2004）发现在 1998 年亚洲金融危机之后，有原罪的东亚新兴市场国家货币篮子中的美元权重很快恢复到了危机前的水平，高频钉住美元是对冲外汇风险、稳定汇率的重要工具。从有原罪的国家角度来看，这种对浮动的恐惧是完全理性的。

在原罪的条件下，发展中国家无论采取浮动汇率制度还是固定汇率制度都会存在问题，因为不管哪种汇率制度，原罪状况及其造成的种种不利后果都会存在。因此，原罪论最重要的政策结论就是：对于存在原罪的发展中国家，应当干脆没有汇率，方法就是放弃本国货币而采用某种国际货币，如实行美元化或某种类似于欧元的制度。从这一政策结论可以看出，原罪论在一定意义上可以归入支持中间制度消失论的阵营。

2. 害怕浮动论

害怕浮动论由 Reinhart（2000）提出，该理论主要可以归纳为四点：①那些声称允许汇率自由浮动的国家多半并没有真正浮动。同确实实行了浮动汇率制的国家，如美国、日本等相比，这些国家实际观察到的汇率变动率相当低，而这并不是因为这些国家未受到实际或名义的冲击。实际上，同美国和日本相比，这些国家在贸易条件等方面受到的冲击更大而且更经常。②这些国家相对较低的汇率变动率是稳定汇率的政策行动有意识造成的结果，因为这些国家国际储备的变动性相当大，而在典型的浮动汇率制下，这不应当发生。③这些国家的名义和实际利率变动率明显高于真正实行浮动汇率的国家，这表明这些国家不但在外汇市场进行干预，而且也利用利率变动进行干预。④那些声称允许汇率自由浮动的国家大多实际上是一种类似于不可信的钉住汇率制度，因此，所谓的"固定汇率制已死"的说法只是一种虚幻，相反，害怕浮动的现象非常普遍，甚至在一部分发达国家也存在。

对于"害怕浮动"的原因，Reinhart（2000）分析认为，新兴的发展中国家不愿意本国货币升值，因为货币升值会损害其国际竞争力，会损害这些国家所做出的贸易出口多元化努力；同时新兴发展中国家也不愿意本国的货币贬值，其原因较为复杂，总的来说，在这些国家，贬值有紧缩效应，而这同这些国家的经济政策长期缺少公信力有关。Calvo 和 Reinhart（2000）还证明了在新兴市场国家中，汇率变动不定对贸易的影响比在发达国家要大得多，贬值通过国内物价而传递到国内通货膨胀的程度也要高得多，这也构成了新兴市场经济体不愿汇率浮动，特别是贬值的重要原因。Plumper 和 Troeger（2008）认为浮动汇率制度并不意味着货币政策完全自治，一些国家货币当局表面上采取浮动汇率制度，实际上执行的是某种软钉住汇率制度，该国货币当局追求隐含的汇率目标，当汇率出现大幅度波动时，货币当局就会进行干预。Ilzetzki 等（2019）探讨了过去 20 年来全球汇率体系的转变，发现尽管一些新兴市场国家提高了汇率灵活性，但研究表明，美元仍是世界主要的锚定货币，并且其使用范围比 70 年前都要广泛，因此尽管存在着多种中间汇率机制，但世界上的国家仍然十分倾向于稳定的汇率制度，而不是有管理的浮动汇率制度和自由浮动汇率制度。

根据害怕浮动论的分析，虽然许多国家声称离开了可调节的钉住汇率制度，但这未必确实。由于害怕浮动，许多号称实行弹性汇率制的国家，实际上采用的是"软"钉住汇率制度，包括可调整的钉住、爬行钉住、汇率目标区等。从这一点来看，该理论实际上为中间制度消失论的反对者提供了一个反驳的现实依据。由于现有的一些实证研究证明，害怕浮动的现象在全球确实普遍存在，因此，这一理论目前在国际学术界很受重视。

三、汇率制度与经济绩效

（一）汇率制度与经济绩效关系的研究方法

在汇率制度的选择问题上，理论界一直争议很大，并没有形成一致的观点。一些经济学家另辟蹊径，开始对不同汇率制度下的经济绩效进行实证比较研究，以希望判别是否会有一种汇率制度对经济绩效的影响好于其他制度，从而形成了汇率制度研究的一个新领域。目前，这一方面研究的主要文献有Baxter和Stockman（1989）；Ghosh，Gulde，Ostry和Wolf（1997）；Edwards和Savastano（1999）；Levy-Yeyati和Sturzenegger（2001，2005）；以及Reinhart和Rogoff（2002）等。

这一新领域的研究主要集中在汇率制度与通货膨胀和经济增长这两项指标之间的关系上。在研究方法上，早期研究主要是根据各国在国际货币基金组织登记的法定制度来探讨汇率制度与经济绩效之间的关系，其结论是：固定汇率制度虽然可以有较低的通货膨胀率，却以较低的经济增长率为代价。然而，上述研究方法和结论近些年来受到许多经济学家的质疑。他们通过研究发现，许多名义上宣称实行固定汇率制度的国家，实际上也在频繁地调整其汇率；而许多宣称实行浮动汇率制度的国家，实际上却在频繁地干预外汇市场，只是勉强浮动而已。[1] 因而，一国所宣称的汇率制度与其实际上所实行的汇率制度之间就可能存在着很大的差异，根据名义上而不是实际上实施的汇率制度来研究汇率制度与经济绩效的关系所得出的结论显然有失偏颇。在这一认识的基础上，一些经济学家提出，要准确把握汇率制度与经济绩效的关系，就应该首先判断一国实际上所采用的汇率制度，并以此作为计量标准，对不同汇率制度的经济绩效进行实证分析，这样得出的结论才可能是准确的。当前，这已经成为该领域研究的一个基本思路。

（二）实际分类法：汇率制度与经济绩效研究的关键

汇率制度与经济绩效的研究，首先涉及的就是汇率制度的分类问题，不同的分类直接影响到对汇率制度与经济绩效关系的判断。总的来看，汇率制度的分类方法有两类：一是根据各国在 IMF 所登记的法定制度（即各国对外宣称的汇率制度）所进行的法定分类；另一类是根据一国实际上实施的汇率制度所进行的实际分类。由于各国官方宣称的汇率制度与其实际上所实行的汇率制度之间经常存在着很大的差异，从而降低了法定分类的准确性，使得法定分类下的汇率制度不能准确地表现金融市场和宏观经济变量的实际运行特点，而根据各国实际实行的汇率制度进行分类则可以克服这一缺陷。因此，如何对各国实际

---

[1]　Poirson（2001）运用汇率制度灵活性指标FLT对161个国家1998年汇率制度实际情况进行检测，发现在官方宣布为独立浮动或管理浮动的国家中，有许多国家的FLT数值非常小，因而实际上实行的是钉住汇率制；而另一些分类为中间汇率制度的国家，其FLT数值却相对较高，因而更加近似于浮动汇率制。这就证实了一些国家宣称的汇率制度与实际汇率制度安排存在着不符的说法。

实行的汇率制度进行合理、准确的划分，成为汇率制度与经济绩效研究的关键。

Ghosh，Gulde，Ostry 和 Wolf（1997）最早指出了法定汇率制度分类和实际汇率制度分类的区别，为其他学者研究汇率制度和经济绩效的关系在思路上指明了方向，后来，很多经济学家在研究这一问题时都使用了实际分类。由于不同的经济学家对一国实际所实施的汇率制度有着不同的判断方法，所以又形成了不同的实际分类方法。LYS 分类法和 RR 分类法就是其中比较具有影响力的两种实际分类方法。

LYS 分类法由 Levy-Yeyati 和 Sturzenegger（2001）提出，他们通过研究 1974—1999 年间 154 个国家的汇率制度，认为汇率变动率、汇率变动的标准差以及国际储备的波动率三个经济变量可以用来作为判断汇率制度类型的依据。根据这三个经济变量的特征，他们把汇率制度划分为五种类型（见表 2），即 LYS 分类。RR 分类法由 Reinhart 和 Rogoff（2002）提出，他们对 20 世纪 50 年代以来国际货币基金组织成员国的汇率变动情况进行考察，以市场汇率变动率和汇率变动率保持在一定幅度内的概率为依据来判断一国的实际汇率制度，将汇率制度分为 5 大类 14 种（见表 3），即 RR 分类。

表 2   LYS 分类及三维变量标准

LYS 分类	汇率变动率	汇率变动的标准差	国际储备的波动率
固定汇率制度	低	低	高
爬行钉住	中等/高	低	中等/高
肮脏浮动	中等	中等	中等
灵活浮动汇率制度	高	高	低
其他汇率制度	低	低	低

资料来源：Levy-Yeyati，Eduardo. and Sturzenegger，Federico， "Classifying Exchange Rate Regimes：Deeds vs. Words，" *European Economic Review*，August 2005，49（6），pp. 1603 – 1635.

表 3   RR 分类的大类及细目

大类	细目
钉住汇率制度	无法定通货
	实现宣称钉住或货币局安排
	事先宣称小于等于±2%的平行带
	实际钉住

续表

大类	细目
有限浮动汇率制度	事先宣称的爬行钉住
	事先宣称的小于等于±2％的爬行带
	实际爬行钉住
	实际小于等于±2％的爬行带制度
管理浮动汇率制度	事先宣布大于等于±2％的爬行带制度
	实际小于等于±5％的爬行带制度
	小于等于±2％的移动带
	管理浮动
自由浮动汇率制度	自由浮动
自由落体汇率制度	自由落体（12 个月内通货膨胀率连续超过 40％国家的汇率制度）

资料来源：Reinhart, Carmen M. and Rogoff, Kenneth S., "The Modern History of Exchange Rate Arrangement: A Reinterpretation," NBER Working Paper, No. 8963, 2002.

（三）汇率制度与经济绩效关系的实证分析结果

1. 汇率制度与通货膨胀的实证分析

Ghosh，Gulde，Ostry 和 Wolf（1997）考察了 1960—1997 年约 140 个国家的情况，采用实际分类法对这些国家的汇率制度进行了详细分类。研究得出，实行钉住汇率制的国家通货膨胀率较其他汇率制度要低得多，其波动性也较小。后来，Ghosh，Gulde 和 Wolf（1997）还发现，实行货币局制度的国家，其通货膨胀表现要优于实行"软"钉住汇率制度的国家。Levy-Yeyati 和 Sturzenegger（2001，2005）采用前面介绍的 LYS 分类法，利用 1974—1999 年 154 个国家的数据建立了 LYS 数据库。在此基础上，他们研究发现，中间汇率制度是通货膨胀较糟糕的汇率制度，而固定汇率制和浮动汇率制的通货膨胀率无显著差别。进一步的计量结果还显示，对于非工业经济，固定汇率制与低通货膨胀率之间存在的显著相关仅仅出现在汇率长期钉住情况下，而汇率短期钉住在降低实际通货膨胀上无效。Wolf（2001）研究了 1970—1999 年实际分类法下汇率制度和通货膨胀之间的关系，结果显示固定汇率制下的通货膨胀率低于浮动汇率制，二者之间的通胀差距大约为 15％。Reinhart 和 Rogoff（2002）根据 1970—2001 年间 153 个国家的数据，采用 RR 实际分类法进行研究，结果显示，自由浮动汇率制度下的通货膨胀率最低。

2. 汇率制度与经济增长的实证分析

Ghosh，Gulde，Ostry 和 Wolf（1997）的研究结果表明，名义汇率制度的弹性程度与产出和就业的波动性负相关，也就是说，在实行钉住汇率制的国家，产出和就业的波动较大。Bailliu（2003）使用 1973—1998 年间 25 个新兴市场经济数据集研究了汇率制度与经济增长之间的关系，结果发现，名义汇率制度性质对经济增长很重要，具体是：灵活汇率安排只在资本流动相对开放的国家与更高的经济增长相关；汇率制度的变化与低经济增长相关；汇率灵活性本身不足以促进中期经济增长。Levy-Yeyati 和 Sturzenegger（2001，2005）的研究则显示：对于非工业经济，固定汇率制度是与低人均产出增长率相关的；对于工业经济，汇率制度与人均产出增长率之间没有显著的关系；在中间汇率制度下真实单位资本增长率最低，在浮动汇率制度下真实单位资本增长率最高。Wolf（2001）研究得出，实际浮动汇率比实际钉住汇率的人均实际 GDP 增长率低，均值出口增长率却要高；实际中间汇率制度人均实际 GDP 增长率最高，均值出口增长率处于实际浮动和实际钉住之间。Reinhart 和 Rogoff（2002）的研究显示，从真实单位资本增长率来看，自由浮动、有限浮动、钉住、管理浮动、自由降落五大类汇率制度依次递减。Aghion 等（2009）使用 1960—2000 年间 83 个国家的跨国面板数据集研究了汇率波动与金融发展水平和宏观经济冲击之间的相互作用，发现实际汇率波动会对长期生产增长率产生显著影响，但这种影响主要取决于一国的金融发展水平。金融发展水平相对较低的国家，汇率波动通常会降低经济增长，而金融发达的国家，汇率波动对经济增长没有显著影响。Kamin（2013）指出，金融一体化的发展增强了宏观经济对汇率的敏感性，即汇率的变动会使物价水平、产出等宏观经济变量发生较大幅度的波动。

（四）简要评述

由于一国所宣称的汇率制度与其实际上所采用的汇率制度之间往往存在着较大的差异，直接影响了对经济绩效的分析，因此，当前这方面的文献绝大部分都使用实际分类法来对不同汇率制度的经济绩效进行实证研究，这一分析思路无疑更具有一定的客观性，其分析结论也无疑更具有真实性。上述关于汇率制度与经济绩效的实证分析结果表明，不同经济学家的研究结论并不相同，这很大程度上是由于不同的学者在使用实际分类法对汇率制度进行分类时，是从不同的角度来划定标准的，分出的汇率制度种类也不尽相同。对这些不同的结论目前我们还难以在统一分类的框架下对其做出合理的解释，但这些研究却为今后进一步研究指明了方向。

汇率制度与经济绩效这一新领域的研究，其关键就在于如何按照各国实际实行的汇率制度进行分类，但是目前来看，这也是一个很大的难点，主要原因就在于各国的实际汇率制度缺乏透明度，判别起来并非易事，而目前已经提出的一些实际分类方法其各自的分类依据也是各有利弊，很难得出一致的分类结果。因此，汇率制

度与经济绩效关系研究的进一步发展，首先是实际分类法的发展，要使得所使用的
实际分类方法真正反映一国宏观经济运行和货币政策的执行状况，需要在分类依据
上做进一步的探讨。

四、汇率制度的退出战略

亚洲金融危机以后，汇率制度的退出战略也成为汇率制度理论研究的一个新领
域，即研究一国怎样退出现行的汇率制度，而改为采用另一种更为合适的汇率制
度。当前，这一方向的文献还不太多，但是对于整个汇率制度理论体系的发展却有
着重要的意义。因为一直以来人们关于汇率制度的研究都是建立在比较静态基础上
的，而退出战略则开辟了从动态视角来研究汇率制度的先河。退出战略研究的是汇
率制度选择后转变的过程，而汇率制度选择则是退出的目标和结果，因此，退出战
略实际上是汇率制度选择动态化后的延伸。

当前关于退出战略的研究是针对危机后汇率制度的重新选择而产生的，由于发
生货币危机的国家多为实行钉住汇率制度的国家，因此现有的文献主要讨论的是一
个国家如何从现行的钉住汇率制中退出。实际上，即使没有货币危机的冲击，据
Klein 和 Marion（1997）的研究，除了非洲法郎区的一些国家，大部分国家钉住某
一货币的时间都很短。1957—1990 年，在拉美和加勒比国家的 87 项钉住实例中，
钉住的平均时间只有 10 个月，其中，1/3 的钉住在第七个月就被放弃，有一半以上
的钉住在第一年年底被放弃，因此，从钉住汇率制中退出实际上相当频繁。

Edwards（2001）从成本与收益方面分析了退出钉住汇率制的时机。他指出，
维持钉住汇率制的最大收益就是它使得通货膨胀预期降低，同时使得可贸易商品价
格得到控制；但是，许多经验分析已经证实，用钉住汇率作为名义锚政策的积极效
应在一国实行反通货膨胀计划的初期效果特别明显，而一段时间后，随着通货膨胀
率的降低，这些好处便会减弱。此外，依赖钉住汇率制还有一个比较大的成本，就
是在存在通货膨胀惯性的情况下，若实行钉住汇率制，一国的实际汇率就会趋于升
值，将削弱该国的国际竞争力；如果实际汇率的升值不被实体经济因素的相应变动
和调节（如生产力提高）所抵消，则钉住汇率制的成本将随时间而不断增大，最
终，一国将不得不退出钉住汇率制。因此，Edwards（2001）提出，一国退出钉住
汇率制的最佳时机是在维持钉住汇率制的边际收益等于其边际成本的时点上。

Edwards（2001）的分析属于纯理论性的讨论，而提出更为具体、更具有操作
性建议的则是 Eichengreen 和 Masson（1998）在 IMF 的一份研究报告。这份报告

探讨了汇率制度退出的时机、条件以及怎样退出效果较好，特别是从公信力的角度对退出战略进行了详细的分析。总的来说，得出了三个主要结论：①对大部分新兴经济体来说，较高的汇率弹性是有利的；②在有大规模资本内流时期放弃钉住汇率制度，退出战略成功的可能性较大；③一国在退出现行的钉住汇率制度之前，应该加强其财政和货币政策。

在退出的时机和条件方面，艾肯格林（Eichengreen）和梅森（Masson）通过研究现有的退出实例发现，发展中国家退出钉住汇率制常常发生在拖延了很长时间之后，这时问题已经积累成堆，货币处于严重压力之下，并且退出往往是在投机冲击下被迫进行的，这样的退出导致货币当局的公信力受到很大的损害，往往伴随着严重的经济后果。艾肯格林和梅森认为，当一国的财政力量较强、政策拥有较高的公信力时退出汇率名义锚，要比财政政策较弱和政策公信力较低时来得容易；另外，一国如要退出钉住汇率制，应选择外汇市场较平静的时期，这时市场一般不会认为当局是被迫退出，因而不会损害政府的公信力。他们还进一步提出，由于许多发展中国家外汇市场平静的时间可能较短，退出也可选择在其货币趋于升值时进行，特别是有大量资本内流的时候。因为如果在退出后以及在新的浮动汇率制下，退出国的货币趋于升值，将有助于减少通货膨胀预期，此时当局的公信力较高，成功退出的可能性较大，一般不会造成大幅度的货币贬值以及危机。智利和波兰在20世纪90年代末期退出钉住汇率制、实行浮动汇率制就是这方面的成功案例。

在应该怎样退出方面，艾肯格林和梅森认为，当一国货币处于压力之下时，退出钉住汇率制不太容易，因为此时政府政策的公信力几乎不可避免地要受到损害，甚至可能发生经济危机，这时政府应通过加强货币和财政政策的办法来减少对外不平衡和恢复政策公信力，从而改善局势。事实上，大部分退出钉住汇率制都发生在危机时期，在这种情况下，一旦货币受到贬值的压力，政府应尽早决定现行的汇率制度是应继续维持还是应被放弃。如决定保卫现行汇率制度，一般不宜由政府在外汇市场上直接干预，以避免损失国际储备或积累大量政府远期负债。较适宜的方法是采用紧缩性的货币和财政政策，同时作为一种谨慎性安排，应悄悄做好准备，一旦需要时便改变汇率制度。必须明白，如果紧缩性政策无法保卫现行汇率制度，那么这时动用大量外汇储备进行干预也不会奏效。对于谨慎性地做好改变汇率制度准备，具体来说，需特别关注本国金融部门的状况和企业部门的外币负债状况；在处理金融部门问题时，应避免采用政府的公开担保或注资解困，而是应当由股份持有人或破产企业或机构债权人来承担风险和损失；此外，还应加强货币政策反通货膨胀的公信力，提高财政政策的纪律性和透明度。一旦决定退出现行钉住汇率制度，由于汇率将不再作为名义锚，必须找到替代的名义锚。为了提高成功退出的可能性，这时政府可做出明确的承诺，使通货膨胀维持在较低的水平，以此来代替汇率名义锚。另外，如果在外汇市场平静和汇率升值时决定退出，可采取缓慢的步骤，逐渐推进新的较有弹性的汇率制度；如果在压力或危机下被迫退出，则须迅速行动，并且政府应当采取一些政策以防止过度贬值的现象出现。基本做法是采用一个综合性的加强财政和货币政策的计划并宣布实行一系列经济改革。在新的汇率制度下，政府应采取有关措施，使得公众对其政策目标有合理的预期，能够了解政府对汇率水平的承诺程度和关心程度，这样其汇率制度才能有公信力。

五、三元悖论中的汇率制度

三元悖论认为，资本自由流动、固定汇率制度、货币政策的独立性三者不可兼得，只能取其二。这一原则明确简单，许多经济学家都认为，该原则不仅反映了开放经济下经济体内部所蕴含的矛盾，即开放经济下宏观调控当局面临多重相互交织的目标时必须有所取舍，也为资本流动情况下，货币政策和汇率政策的协调提供了一个易于操作的分析框架。三元悖论中资本自由流动、固定汇率制度、货币政策的独立性，汇率制度是最为重要的一点，因此，本节简要讨论了三元悖论下的汇率制度选择理论。

（一）三元悖论原则的提出

Krugman（1998a）的三元悖论原则指出，一国不可能同时实现货币政策独立性、汇率稳定以及资本自由流动三大金融目标，只能同时选择其中的两个。对此，Krugman（1999）论述道："世界各大洲都会从下列三种汇率制度中选择其一，这三种制度都有严重的缺陷。它们可以选择一个独立的货币政策，而让汇率自行波动，这样它们就可以对付经济衰退；它们可以选择固定汇率制度，让市场相信它们绝对不会贬值，这会令商业活动简单而且安全，但会将货币政策的矛盾带回来；它们还可以选择可调整的钉住汇率制度，即在稳定汇率的同时保留调整的权力，为此，它们需要限制资本的流动，这一点很难做到，而且会给商业活动增加额外的成本，同时，像限制任何有利可图的交易一样，这种限制是腐败的温床。"进一步地，克鲁格曼指出："一般来说，宏观经济管理者们有三个目标：他们需要灵活的货币政策以应付经济衰退和通货膨胀的威胁；他们需要稳定的汇率使商业活动不至于面对太多的不确定性；他们还需要让国际商业活动自由进行，特别是让人们自由地买卖外汇，以维持私有经济的精髓。"但是，克鲁格曼认为："各国不可能同时达到上述三个目标，它们最多可以达到两个目标。它们可以放弃汇率稳定，就像美国和澳大利亚那样实行浮动汇率制；它们可以放弃灵活的货币政策，就像阿根廷那样实行固定汇率，甚至像欧洲国家那样取消本国货币；或者，它们可以放弃完全的自由市场原则，实行资本管制，这是大多数国家在 20 世纪 40—60 年代的做法，也是中国和马来西亚现在的做法。"

三元悖论原则可以通过图 1 来直观地表示。"三元悖论"是指图中心位置的灰色三角形（Ⅳ），即在资本完全流动的情况下，如果实行严格的固定汇率制度，则需放弃货币政策的完全独立；如果要维护货币政策的完全独立，则必须放弃固定汇率制度；如果要想固定汇率制度和货币政策独立性同时兼得，则必须实行资本管制。也就是，在Ⅳ中，三个角点只能三选二。除去Ⅳ外，其他的政策组合（Ⅰ、Ⅱ或Ⅲ）都是相互兼容的三角形，三个角点可以并存。例如在Ⅰ中，严格资本管制、严格固定汇率制度和货币政策完全独立是相互兼容的；在Ⅱ和Ⅲ中，三个角点元素也是相互兼容的。

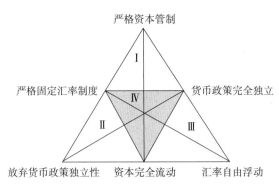

图 1　三元悖论原则图示

（二）三元悖论的新发展

近些年来，一些学者对三元悖论进行了新的阐述。Aizenman 等（2013）揭示了在新兴市场国家中，货币独立性、汇率稳定和金融开放这三元悖论格局正在向一个具有有管理的汇率弹性的中间地带靠拢，它们试图通过持有大量国际储备来缓冲，同时保持中等水平的货币独立性和金融开放程度。Rey（2015）对全球金融周期现象进行理论延展，指出在资本账户开放的情况下，美国货币政策影响了世界各国的总资本流动和信用条件，各国的货币政策独立性丧失。在美国货币政策的影响下，全球总资本流动和信用条件表现出一致的周期性，即全球金融周期现象。全球金融周期将三元悖论转变为一个二元悖论，即各国在进行开放经济政策选择时，需要在资本账户开放和货币政策独立中二选一。

参考文献

1. Aghion, P., Bacchetta, P., Ranciere, R., et al. (2009). "Exchange Rate Volatility and Productivity Growth: The Role of Financial Development," *Journal of Monetary Economics*, 56 (4), 494–513.

2. Aizenman, J., Chinn, M. D., Ito, H. (2013). "The 'Impossible Trinity' Hypothesis in an Era of Global Imbalances: Measurement and Testing," *Review of International Economics*, 21 (3), 447–458.

3. Aizenman, Joshua and Hausmann, Ricardo (2000). "Exchange Rate Regimes and Financial-Market Imperfections," NBER Working Paper, No. 7738.

4. Bailliu, Jeannine, Lafrance, Robert and Perrault, Jean-Francois (2003). "Does Exchange Rate Policy Matter for Growth?", *International Finance*, 6 (3), 381–414.

5. Ball, C. P., Lopez, C., Reyes, A. J. (2013). "Remittances, Inflation and Exchange Rate Regimes in Small Open Economies," *World Economy*, 36 (4), 487–507.

6. Barro, Robert J. and Gordon, David B. (1983). "Rules, Discretion, and Reputation in a Model of Monetary Policy," *Journal of Money, Credit and Banking*, 12 (1), 101–122.

7. Baxter, Marianne and Stockman, Alan C. (1989). "Business Cycles and the Exchange Rate Regimes: Some International Evidence", *Journal of Monetary Economics*, 23, 377–400.

8. Calvo, Guillermo A. and Reinhart, Carmen M. (2000). "Fixing for Your Life," NBER Working Paper, No. 8006.

9. De Grauwe, Paul (1997). *The Economics of Monetary Integration*, 3rd Edition, Oxford: Oxford University Press.

10. Devereux, Michael B. and Engel, Charles (1988). "Fixed vs. Floating Exchange Rates: How Price Setting Affects the Optimal Choice of Exchange-Rate Regime," NBER Working Paper, No. 6867.

11. Devereux, Michael B. and Engel, Charles (1999). "The Optimal Choice of Exchange-Rate Regime: Price-Setting Rules and Internationalized Production," NBER Working Paper, No. 6992.

12. Dornbusch, R. and Park, Y. C., "Flexibility or Nominal Anchors?", in S. Collignon, J. Pisani-Ferry and Y. C. Park eds. (1999). *Exchange Rate Policies in Emerging Asian Economies*, New York: Routledge Press.

13. Edwards, Sebastian (2001). "Exchange Rate Regime, Capital Flows and Crisis Prevention," NBER Working Paper, No. 8529.

14. Edwards, Sebastian and Savastano, Miguel A. (1999). "Exchange Rates in Emerging Economies: What do We Know? What do We Need to Know?", NBER Working Paper, No. 7228.

15. Eichengreen, Barry (1994). *International Monetary Arrangements for the 21st Century*,

Washington: Brookings Institution.

16. Eichengreen, Barry (2008). "Exchange Rate Regimes and Capital Mobility: How Much of the Swoboda Thesis Survives?", *CEPR Discussion Papers*.

17. Eichengreen, Barry and Masson, Paul Robert (1998). "Exit Strategies: Policy Options for Countries Seeking Greater Exchange Rate Flexibility," IMF Occasional Paper, No. 184.

18. Eichengreen, Barry (1999). *Toward a New Financial Architecture: A Practical Post-Asia Agenda*, Washington: Institute for International Economics.

19. Engel, Charles (2000). "Optimal Exchange Rate Policy: the Influence of Price Setting and Asset Markets," NBER Working Paper, No. 7889.

20. Fischer, Stanley (2000). "Exchange Rate Regimes: Is the Bipolar View Correct?", *Journal of Economic Perspectives*, 15 (2), 3 – 24.

21. Frenkel, Jeffrey A. (1999). "No Single Currency Regime is Right for All Countries or at All Times," NBER Working Paper, No. 7338.

22. Frenkel, Jeffrey A., Fajnzyler, Eduardo, Schmukler, Sergio and Serven, Luis (2000). "Verifiability and the Vanishing Intermediate Exchange Rate Regime," NBER Working Paper, No. 7901.

23. Friedman, Milton (1953). "The Case for Flexible Rate," in *Essays in Positive Economics*, Chicago: Chicago University Press.

24. Ghosh, Atish R., Gulde, Anne-Marie, Ostry, Jonathan D. and Wolf, Holger C. (1997). "Does the Nominal Exchange Rate Matter?", NBER Working Paper, No. 5874.

25. Giavazzi, Francesco and Pagano, Marco (1988). "The Advantage of Tying One's Hands," *European Economic Review*, 32 (5), 1055 – 1082.

26. Glick, Reuven (2000). "Fixed of Floating: Is It Still Possible to Manage in the Middle?", *Pacific Basin Working Paper Series*, No. 00 – 02.

27. Goldin, Claudia and White, Eugene N. eds. (1998). *The Defining Moment—The Great Depression and the American Economy in the Twentieth Century*, Chicago and London: The University of Chicago Press, 353 – 402.

28. Hausmann, Ricardo, Panizza, Ugo and Stein, Ernesto (2001). "Why do Countries Float the Way They Float?", *Journal of Development Economics*, 66 (2), 387 – 414.

29. Heller, H. Robert (1978). "Determinants of Exchange Rate Practices," *Journal of Money, Credit and Banking*, 10 (3), 308 – 321.

30. Hernandez, Leonardo and Montiel, Peter J. (2003). "Post-Crisis Exchange Rate Policy in Five Asian Countries: Filling in the Hollow Middle," *Journal of the Japanese and International Economies*, 17 (3), 336 – 369.

31. Horst, F. (2013). "Exchange Rate Regimes and Unemployment," *Open Economies Review*, 24 (3), 537 – 553.

32. Ilzetzki E., Reinhart C. M., Rogoff K. S. (2017). "Country Chronologies and Background

Material to Exchange Rate Arrangements into the 21st Century: Will the Anchor Currency Hold?", NBER Working Paper, no. 23135.

33. Ilzetzki, E., Reinhart, C. M., Rogoff, K. S. (2019). "Exchange Arrangements Entering the Twenty-First Century: Which Anchor will Hold?", *The Quarterly Journal of Economics*, 134.

34. Kamin, S. B. (2013). "Financial Globalization and Monetary Policy," *The Evidence and Impact of Financial Globalization*, 391 - 415.

35. Klein, Michael W. and Marion, Nancy P. (1997). "Explaining the Duration of Exchange Rate Pegs," *Journal of Development Economics*, 54 (2), 387 - 404.

36. Krugman, Paul (1991). "Target Zones and Exchange Rate Dynamics," *Quarterly Journal of Economics*, 106 (3), 669 - 682.

37. Krugman, Paul (1979). "A Model of Balance of Payments Crises," *Journal of Money, Credit and Banking*, 11 (3), 311 - 325.

38. Krugman, Paul (1998a). "What Happened to Asia," http: //web. mit. edu/krugman/www/disinter. html.

39. Levy-Yeyati, Eduardo and Sturzenegger, Federico (2001). "To Float or to Trail: Evidence on the Impact of Exchange Rate Regime," CIF Working Paper, UTDT, No. 1.

40. Levy-Yeyati, Eduardo and Sturzenegger, Federico (2005). "Classifying Exchange Rate Regimes: Deeds vs. Words," *European Economic Review*, 49 (6), 1603 - 1635.

41. Masson, Paul Robert (2000). "Exchange Rate Regime Transitions," IMF Working Paper, No. 00/134.

42. McKinnon, R., Schnabl, G. (2004). "The East Asian Dollar Standard, Fear of Floating, and Original Sin," *Review of Development Economics*, 8, 331 - 360.

43. Mundell, Robert A. (1961). "A Theory of Optimum Currency Areas," *American Economic Review*, 51 (4), 657 - 665.

44. Mundell, Robert A. (1963). "Capital Mobility and Stabilization Policy under Fixed and Flexible Exchange Rate," *Canadian Journal of Economics and Political Science*, XXIX (4), 475 - 485.

45. Nilsson, K. and Nilsson, L. (2000). "Exchange Rate Regimes and Export Performance of Developing Countries," *The World Economy*, 23 (3), 331 - 347.

46. Obstfeld, Maurice (1994). "The Logic of Currency Crises," NBER Working Paper, No. 4640.

47. Obstfeld, Maurice and Rogoff, Kenneth (1995). "The Mirage of Fixed Exchange Rates," *Journal of Economic Perspectives*, 9 (4), 73 - 96.

48. Obstfeld, Maurice, Shambaugh, Jay C. and Taylor, Alan M. (2005). "The Trilemmain History: Tradeoffs among Exchange Rates, Monetary Policies, and Capital Mobility," *The Review of Economics and Statistics*, 87 (3), 423 - 438.

49. Plumper, T. and Troeger, V. E. (2008). "Fear of Floating and the External Effects of Currency Unions," *American Journal of Political Science*, 52 (3), 656 - 676.

50. Poirson，Helene K. （2001）．"How do Countries Choose Their Exchange Rate Regime，" IMF Working Paper，No. 01/46.

51. Reinhart，Carmen M. （2000）．"The Mirage of Floating Exchange Rates，" *American Economic Review*，90 （2），65 - 70.

52. Reinhart，Carmen M. and Rogoff，Kenneth S. （2002）．"The Modern History of Exchange Rate Arrangement：A Reinterpretation，" NBER Working Paper，No. 8963.

53. Rey，Helene （2015）．"Dilemma not Trilemma：The Global Financial Cycle and Monetary Policy Independence，" CEPR Discussion Papers.

54. Salins，V. and Quere，A. （2010）．"A Case for Intermediate Exchange-Rate Regimes，" CEPII Working Papers （2010 - 14）.

55. Summers，Lawrence H. （1999）．"Building an International Financial Architecture for the 21st Century，" *Cato Journal*，18 （3），321 - 330.

56. Summers，Lawrence H. （2000）．"International Financial Crises：Causes，Prevention and Cures，" *American Economic Review*，90 （2），1 - 16.

57. Williamson，John （1965）．"The Crawling Peg，" *Princeton Essays in International Finance*，No. 50.

58. Williamson，John （1985）．*The Exchange Rate System*，Washington：Institute for International Economics.

59. Wolf，Holger （2001）．"Exchange Rate Regime Choice and Consequences，" NBER Working Paper.

60. Yoshitomi，Masuru and Shirai，Sayuri （2000）．"Technical Background Paper for Policy Recommendations for Preventing Another Capital Account Crisis，" Asian Development Bank Institute.

61. 保罗·克鲁格曼. 萧条经济学的回归. 北京：中国人民大学出版社，1999.

62. 沈国兵. 汇率制度的选择——兼论对人民币汇率制度的启示. 北京：经济科学出版社，2003.

63. 张志超. 汇率政策新共识与"中间制度消失论". 世界经济，2002 （12）.

最优货币区理论

　　最优货币区（optimum currency area，OCA）理论是对货币一体化认识过程和实践发展进程的反映与总结，主要研究具有什么样特征的国家相互之间可以结合成为一个单一货币区。根据《新帕尔格雷夫经济学大辞典》(*The New Palgrave Dictionary of Economics*)，最优货币区是指一种"最优"的地理区域：在这个区域内一般的支付手段是一种单一共同货币；或者是几种货币之间具有无限的可兑换性，即区域内国家之间进行经常性交易和资本交易时汇率相互钉住，保持不变，而区域内国家与区域外国家之间的汇率则保持浮动。对于"最优"的理解，经济学家一般是根据维持内部均衡和外部均衡的宏观经济目标能否实现来定义的。自20世纪60年代产生以来，最优货币区理论经过近60年的发展，已经形成了较为完整的体系。在这一过程中，经济理论的发展和欧洲货币一体化的演进起到了重要的推动作用。

　　当前，货币一体化已经成为世界区域经济发展的一个潮流。20世纪末欧元的启动，开创了区域货币一体化的成功先例，产生了很强的示范效应。近些年来，在世界其他地区，如海湾国家、原卢布区国家、南部非洲国家等，区域货币同盟也开始走向实质性推进阶段；而东亚国家在经历了亚洲金融风暴后，货币合作的呼声一直很高，东亚货币合作及货币一体化问题日益在理论和实践中进入了议事日程。在这一背景下，理论和实践正以一种互动的形式向前推进，一方面，最优货币区理论的发展为货币合作和货币一体化实践提供了理论基础和分析框架，另一方面，货币合作和货币一体化实践的纵深发展也不断推动着最优货币区理论的完善和变革。

本文将分三个部分对最优货币区理论的发展进行回顾。纵观理论发展的历史，关于是否组建或加入货币区这一问题的回答，主要有两条基本思路：一是根据最优货币区判断标准，另一个是货币联盟的成本-收益分析。本文前两部分分别从上述这两条线索进行梳理，第三部分对 20 世纪 80 年代中后期以来最优货币区理论的一些新发展进行介绍。

一、最优货币区的判断标准：传统思路

（一）最优货币区思想的提出和传统最优货币区理论的出发点

最优货币区思想是在固定汇率与浮动汇率的优劣争论中产生的。20 世纪 50 年代，经济学家围绕固定汇率与浮动汇率孰优孰劣的问题展开了激烈的争论，但是他们的争论都是以国家货币的存在为前提。1961 年，蒙代尔发表了一篇开创性的文章（Mundell，1961），认为最优货币区不一定与国家边界重合，进而提出了一个在当时看来非常激进的问题：对于经济区域的成员国来说，什么情况下放弃主权国家货币、采用单一货币更为有利？基于对这一问题的回答，蒙代尔的这篇文章提出了最早的最优货币区理论，并触发了此后有关最优货币区讨论的大量文献。

早期最优货币区理论主要重视对最优货币区判断标准的研究。在固定与浮动汇率优劣的争论中，浮动汇率支持者认为，为了维护内外均衡，存在价格和工资刚性的国家应该采用浮动汇率，因为在价格和工资刚性情况下，如果实行固定汇率，纠正国际收支不平衡的任何政策措施都会引发失业或通货膨胀，但如果实行浮动汇率，就可以利用汇率变动来消除国际收支失衡，而不致给实际调整增加负担。

传统的最优货币区理论则认为，虽然放弃汇率和货币政策会产生宏观经济对内调节方面的成本，但是，这一成本会由于国家具备了某些特征而降低；当经济区成员国具备了这种特征，从而使得冲击出现后，这些国家可以不必依赖于汇率变动就能在维持对外平衡的同时实现各自的内部平衡，而不会产生失业和通胀问题，那么这些国家就可以组成最优货币区。这些特征就是传统最优货币区理论所关注的"最优货币区标准"，即最优货币区的必要条件。传统最优货币区理论正是用这些标准来判断是否应组建最优货币区。

（二）生产要素流动性标准

蒙代尔在他那篇关于最优货币区的开创性论文（Mundell，1961）中提出，用生产要素的流动性作为确定最优货币区的标准。蒙代尔认为，需求转移是外部失衡的主要原因。假定有 A、B 两个经济实体，最初都处于充分就业和国际收支平衡状态，当需求从实体 B 的商品转移到实体 A 的商品时，B 出现失业，A 产生通货膨胀。此时，如果两个实体是具有自己通货的国家，则通过 A 国货币汇率上升和 B 国货币汇率下降，在满足马歇尔-勒纳条件下，将缓解 B 国的失业并限制 A 国的通货膨胀；但是，如果 A、B 处于同一个封闭经济中，采用同一种货币，则汇率变动无法同时解决 A 区域的通货膨胀和 B 区域的失业。也就是说，浮动汇率只能解决不同通货区域之间的需求转移，却不能解决同一通货区内不同地区之间的需求转移，而后者要保持物价稳定和充分就业，就必须有一个调节需求转移的机制。对此，蒙代尔提出，劳动力等生产要素的高度流动可以充当这一机制。在一个经济区内，只要劳动力和其他生产要素具有完全自由的流动性，就可以依靠要素的转移来消除需求转移所造成的冲击，而不必借助于汇率浮动来保持宏观经济的稳定，从而这一区域内的国家可以组成共同货币区。

蒙代尔对于最优货币区的原创性论述，引起了经济学家们广泛的研究兴趣，同时，对于要素流动性标准的批评也接踵而至。批评的观点集中体现为：第一，蒙代尔分析中暗含的一个假设是两个国家的产业，进而两个国家的劳动力有很高的同质性，跨国就业可以顺利实现，而这个假设是很强的。正如 Kenen（1969）所指出的，"完美的地区间劳动力流动要求有完美的职业流动性，只有当劳动力有高度的同质性时，完美的职业流动性才会发生。结果，蒙代尔的分析使人得出一个悲观的结论：最优货币区总是很小的。"第二，在一个货币区中，劳动要素很难以较快的速度和足够的规模从一个地区转移到另一个地区，以抵消由于失去浮动汇率调节机制所引发的损失。Corden（1973）就曾指出，"难以想象，英国的衰退问题要通过大量英国工人转移到德国来解决，而且，这种转移存在着诸多障碍，如两国文化、语言、工作经验、法律等方面的差异。"第三，蒙代尔没有对资本流动和劳动力流动做出区分，而这被认为是一个重大的缺陷（Fleming，1971）。当国际收支失衡时，资本的高度流动很可能是非均衡性的，而劳动力的迁移则只能影响一国经济的长期发展，难以成为解决国际收支短期波动的机制。第四，由于劳动要素的调整速度远远低于汇率的浮动频率，因此，在短时间内，劳动要素的高度流动性难以替代浮动汇率机制。除了上述四点以外，要素流动性标准与后来欧元的实践也不相符，许多研究表明，欧元区内的生产要素流动性不是很高，但这并没有阻碍欧洲货币联盟的最终形成。从上述这些批评观点可以看出，仅以生产要素的高度流动性来判断最优货币区是存在局限性的，Melitz（1995）曾提出："自从蒙代尔首先开始关注劳动力流动标准以来，在最优货币区文献中，这一标准享有了被夸大的重要性。"

（三）经济开放度标准

继蒙代尔生产要素流动性标准提出以后，McKinnon（1963）又提出了应以经济开放程度作为最优货币区的标准。一国的经济开放程度与该国生产消费中贸易商品对非贸易商品的比率正相关，比率越大，经济开放程度越高。麦金农认为，若一个地区对外高度开放，浮动汇率作为对外平衡调节器的作用就会下降，当该地区运用汇率贬值手段调节国际收支失衡时，会产生三种效应：首先，会引起进口商品价格上升，进而导致所有商品价格上升。如果限制价格上升，则会引起供给收缩和失业率上升。其次，开放程度越高，对进口商品依赖度越高，需求弹性越小，这样，为纠正一定程度的国际收支失衡，就需要相对较大的汇率变动幅度。最后，在一个高度开放的经济中，汇率波动对居民实际收入影响非常大，使存在于封闭经济中的货币幻觉消失，本国货币贬值后人们明显地感到消费支出的增加和实际收入的减少，从而要求相应地增加工资，由此引起生产成本增加，进而对汇率变动纠正国际收支失衡的作用产生抵消作用。基于上述分析，麦金农认为，那些贸易关系密切的开放国家应该组成一个共同的货币区，因为共同货币区更有利于这些国家实现其内外部经济的均衡。一般来说，经济体规模越小，它可能越开放，因此，作为经济开放度标准的推论，小型经济体会更倾向于加入一个货币区。

从欧洲货币一体化实践来看，欧盟国家之间传统上就有很高的内部贸易度。根据欧盟统计局的数据，1960—1967 年欧共体国家内部贸易比例就已经达到 45%，1980—1984 年达到了 52.2%，1997 年达到了 61.2%（欧元区 11 国）和 65.2%（欧盟 15 国）。可以说，持续高比例的区域内贸易大大降低了欧盟各国汇率政策的有效性，加大了各个国家冲击的对称程度，是欧盟国家能够连续不断地致力于货币和汇率合作，以致最终走向单一货币同盟的重要条件。因此，欧盟国家的情况为经济开放度标准提供了一定的现实支持。

但是，麦金农的经济开放度标准也受到了一些批评，对这一标准局限性的分析主要包括以下几个部分：首先，麦金农是以世界各国物价普遍稳定为前提来考察汇率变动后果的，但这一假设缺乏现实依据。即便在 20 世纪 60 年代中期前世界物价相对稳定的情况下，发达国家也会因固定汇率导致通货膨胀和经济不稳定性的向外传递。因此，如果这一前提不成立，经济高度开放的国家恰恰应以浮动汇率隔绝外来的不稳定影响。其次，正如 Ishiyama（1975）所指出的，经济开放度标准在实际运用中可能存在问题，例如，一个高对外开放度的国家同若干个国家有贸易往来，而这些国家又不在同一个货币区中，则这个国家就难以决定该加入哪个货币区。最后，麦金农的分析重点在贸易账户方面，忽略了资本移动对汇率安排和国际经济的影响。

（四）产品多样性标准

产品多样性标准是由 Kenen（1969）提出的。与蒙代尔一样，凯恩（Kenen）也假设国际收支失衡的主要原因是需求的波动。他认为，一个产品多样化程度高的国家，其出口也是多样化的，这样，由于单个品种的出口商品在整个出口中所占的比重不大，当遇到需求下降时不会对国内就业产生太大的影响。特别地，如果出口产品足够多样化，对某种产品或者某个产业的需求转移冲击在总体上会相互抵消。相反，产品多样化程度低的国家，其出口产品缺乏多样性，若国外对本国出口商品需求下降，就必须对汇率做较大幅度的变动才能维持原有的就业水平。基于以上分析，凯恩提出，越是产品多样化程度高的国家越不需要汇率机制来应对需求冲击，从而越适合成为单一货币同盟的成员国。

从欧盟的情况来看，许多研究表明，欧盟成员国生产的多样化程度较高。欧洲中央银行的一项研究称，欧盟国家"每种产品都生产一点，并且具有相似的消费结构"。Bini-Smaghi 和 Vori（1992）的研究也显示，欧洲各个国家的生产多样化程度要高于美国各个州的生产多样化程度。因此，欧盟国家较为满足产品多样性的标准。

这里值得指出的是，凯恩的产品多样性标准强调的是微观层面上的分析，但是，如果宏观层面上的冲击造成对所有产品需求的同方向减少，多样化产品结构作为最优货币区标准的意义就被削弱了。

将麦金农提出的经济开放度标准和凯恩提出的产品多样性标准进行比较可以看出，根据这两个标准得出的结论可能会完全相反。在很多情况下，高贸易开放度的国家一般是小型经济体，有着较高的生产集中度，因而产品的多样性相对较低。根据经济开放度标准，该国应该加入货币同盟，而按照多样化产品标准，该国则应该维持浮动汇率。对于这两个标准之间的矛盾，Ishiyama（1975）予以调和。他指出，两位经济学家所分析的冲击类型是不同的，麦金农的分析假设外部经济是稳定的，主要分析的是内部冲击；而凯恩则假设外部经济不稳定，主要分析的是外部冲击。

（五）金融市场一体化标准

Ingram（1973）认为，蒙代尔、麦金农和凯恩提出的最优货币区标准都没有考虑到货币，但是在决定通货区的最优规模时，有必要考察一国的金融特征。基于这一观点，英格拉姆（Ingram）提出了以金融市场高度一体化作为确定最优货币区的标准。他认为，一个区域内各国的国际收支不平衡同资金的移动状况有关，尤其同缺乏长期证券的自由交易有关。如果区域内金融市场的一体化不充分，那么外国居民会以短期外国证券作为主要的交易对象，因为买卖短期证券的外汇风险可以通过远期市场的抛补来避免，这样一来，区域内各国长期利率的结构就会发生明显的差异，从而大大抑制了可能具有平衡作用的资本流动。相反，如果区域内金融市场实现了高度一体化，只要国际收支失衡导致利率发生微小的变动，就会引起均衡性资本的大规模流动，从而具有自动平衡机制，减少了汇率的波动。由于金融市场一体化降低了汇率波动作为平衡机制的需要，因此，英格拉姆认为应以此作为最优货币区的标准。

英格拉姆的金融市场一体化标准的缺陷在于：它只强调了资本要素的流动，但资本要素的流动不一定能成为国际收支的一种有效调节机制；同时，它还忽视了经常项目的作用。此外，英格拉姆局限于将资金融通视为平衡国际收支的唯一方法，而在现实世界中，即使是货币同盟内部，顺差国也不愿意无止境地向逆差国提供融资。

从经验研究来看，许多研究结果表明，货币区的高度金融一体化和相互直接投资，在应对不对称冲击方面有着十分重要的作用。Asdrubali, Sorensen 和 Yosha（1996）在研究美国各州之间的风险分担渠道时发现，各州面临的不对称冲击，通过金融市场和金融中介可以平滑掉 62%。在欧元区，虽然人们并未发现相互持有足够高的跨国金融资产，但 Liebermann（1999）发现在 1992—1997 年期间，欧洲国家通过资本市场来提供跨国风险分担的程度在加强，这表明了欧洲资本市场一体化在加深。

（六）通货膨胀相似性标准

通货膨胀相似性标准是由 Harberler（1970）和 Fleming（1971）提出的。他们对国际收支不平衡来源的关注从供求条件的微观经济冲击转向了宏观经济现象方面，认为国家间由于产业组织结构（如市场的垄断程度）、劳动制度（如工会组织）、经济政策（如财政和货币政策）以及社会偏好（如对于通货膨胀的厌恶程度）的不同，会导致国家间通货膨胀的持久性或暂时性差异，而这不仅会造成国际收支基本账户的失衡，还会引起短期资本的投机性移动，因而增大了用名义汇率变动来进行调节的必要性。但是，如果长时间内国家间的通货膨胀率低并且相似，则贸易条件将会很稳定，从而避免了汇率波动，在这样的国家间实行货币同盟的成本则会小一些。实际上，尽管国别之间通胀率相近并不能保证经常性平衡，但固定汇率不可能在通胀率相差很大的情况下长期维持，从这一点上说，通货膨胀率趋同是形成货币联盟的一个必要条件，并且哈伯勒（Harberler）和弗莱明认为，这个因素至少与已经被讨论过的其他因素同样重要。

具体分析国家间通货膨胀率差别的来源，主要有两个方面：一是由于各国经济结构特征不同，从而各国菲利普斯曲线的形状各不相同；二是由于各国政策偏好不同，即使有相同的菲利普斯曲线，各国通货膨胀政策目标值仍然可以不相同。因此，作为通货膨胀相似性标准的推论，经济结构相似性和政策目标相容性也被认为是最优货币区的标准（Fleming, 1971）。值得注意的是，通货膨胀相似性标准及其推论在分析过程中的一个重要前提是菲利普斯曲线是向下倾斜的，但是随着宏观经济学的发展，这一前提被认为并不一定成立。

从欧盟的情况来看，进入 20 世纪 90 年代中期以来，欧盟国家的通货膨胀率趋同更为明显。1991 年底，《马斯特里赫特条约》（Treaty of Maastricht）把通货膨胀率趋同确定为加入货币联盟的先决条件，原来通货膨胀倾向高的国家，越来越把稳定通货作为先于就业的宏观政策目标。到 1998 年，11 个首批加入欧洲货币联盟的国家，通货膨胀趋同程度已经很高，为欧元的出台打下了良好的基础。

不可否认，通货膨胀会使国际收支恶化，但是，把通货膨胀说成是国际收支失衡的最经常、最主要的原因也并不完全符合现实。事实证明，通货膨胀不一定是国际收支失衡的主要原因，因此以它作为最优货币区的唯一标准是缺乏依据的。

（七）财政一体化标准和政治一体化标准

Kenen（1969）提出了财政一体化标准，他指出，如果能够建立起超国家的财政转移支付，用名义汇率变动来对付不对称冲击的必要性就会降低，因为财政的自动转移支付机制或财政政策的积极主动支付转移会给遇到负面冲击的国家带来补偿，用于其恢复均衡。Mintz（1970）提出了政治一体化标准，他认为，"货币一体化最主要的甚至是唯一的条件是国家间政治一体化的意愿"。Cohen（1993）通过对七个货币联盟案例的经验研究，发现政治因素对货币联盟的成功维持很重要。Cohen（1993）认为，在致使货币区成功的诸多因素中，政治因素主导经济因素，并且如果在货币区中有一个区域性的主导大国来维持货币合作，或者在国家间有一个广泛的制度联系网络使成员国都可以容忍货币主权丧失带来的成本，就更容易持续成功地维系货币区。

这里需要说明的是，首先，从一定意义上说，财政一体化并不是最优货币区的判断标准，因为最优货币区的"判断标准"关注的是"必要条件"。从欧洲经济和货币联盟的实践来看，单一货币和各国分散财政可以共存，由此可以得出，财政一体化对于货币联盟的形成并非必要。当然，如果货币联盟中能够实行国家间财政政策的协调和合作，以至在一定程度上实行财政在国家间的转移支付，货币联盟可以运行得更顺畅，这其实也正是欧洲货币联盟的选择，但更好不等于必要。其次，对于政治一体化的理解，实际上指的是基于共同利益的合作意愿、稳定的对话和妥协机制等政治联系，这是货币联盟形成的保证性条件。而完全意义上的政治一体化并不是货币联盟形成的必要条件，历史上诸多的主权国家间货币联盟和当今欧洲货币联盟的实践就是例证。

（八）最优货币区的代理标准

计量分析上的进展使得最优货币区的判断标准出现了一个新的研究方向——代理标准（proxy criteria）。该研究方向并不关注是否组建或加入最优货币区的潜在经济原因和真实经济特征，而主要考察能够反映和汇总潜在经济现象的宏观经济指标，如汇率的波动性和冲击的相关性。Vaubel（1976）首次提出把真实汇率的波动性作为一个判断标准。他指出，如果两国之间的真实汇率波动小，则说明两国之间需要通过汇率调整进行对冲的冲击较小，对于这样的国家，放弃汇率工具的成本较小。Bayoumi 和 Eichengreen（1992，1994）提出了将冲击的相关性作为最优货币区的判断指标，他们认为，一组国家间冲击的相关性越差，放弃货币和汇率政策工具的成本越高；而冲击相关性越强，则组建货币区就具有较高的抗冲击能力和稳定性，因而实行单一货币区的成本较低。

相对于其他标准，代理标准的优势是较容易进行经验检验，因此，它们成为许多关于最优货币区经验研究的焦点。但是，由于代理标准仅仅考察的是汇总了经济体所有结构特征的宏观经济指标，对其的批评主要是代理标准无法反映这些宏观经济指标背后的根本原因，因而其既不具有解释能力，从后来发展起来的内生性理论来看，也不具有预测能力。

（九）对传统最优货币区理论的简要评述

传统最优货币区理论强调单一标准，其发展主要是基于这样一种思想：找出一个特征作为判断标准，具有这一特征的国家放弃汇率调节工具的成本较低，从而更适合组建货币联盟。

传统最优货币区理论提出的一系列判断标准丰富了货币一体化的分析，但是这些传统理论也存在着很大的争议。Robson（1987）指出，最优货币区标准中有些标准难以量化，无法进行准确的测算和估计。Tavlas（1993）认为，最优货币区标准之间存在着内在的"不一致问题"，在具体研究中，难以根据标准得出一个明确的结论，因为根据不同的最优货币区标准，可以得到不同的最优货币区边界，并且不同的标准之间还存在着重叠和相互矛盾的地方。

从总体的研究方法和角度看，传统最优货币区理论也存在着严重的缺陷，主要表现在判断标准的研究仅仅集中于货币一体化成本的分析以及如何减少和消除成本方面，而缺乏对加入货币联盟的收益的深入细致的研究，从而不能为经济体组建或加入货币联盟的总收益和总成本比较提供一个统一的框架。

尽管传统最优货币区理论存在上述问题，但是，它讨论了组建最优货币区的必要条件，在分析加入最优货币区的成本时，这些理论仍然是十分有用的。实际上，后来的研究正是对传统理论的综合演绎和再发展。

二、货币联盟的成本-收益分析：综合视角

（一）最优货币区理论研究思路的转变

传统最优货币区判断标准在货币一体化实践过程中日益显示出其解释和分析的片面性与局限性。一些经济学家，如 Corden（1972），Mundell（1973），Ishiyama（1975）以及 Tower 和 Willet（1976）等，开始把研究的重点转向货币联盟的成本-收益分析上。这一转变开辟了不同于传统最优货币区理论的另一研究方向，最优货币区理论的发展也因此在思路上有了一个飞跃。

从具体的实践来看，一国加入货币联盟不仅需要满足相关的宏观经济标准，更要从本国利益的角度综合评估参与货币联盟的成本和收益。一个地区用最优货币区标准进行衡量，可能非常不符合实行货币联盟的条件，但在其他方面收益的推动下，该地区仍然能成功形成货币联盟，例如，CFA 法郎区被认为是一个"远不满足最优货币区条件"的地区，却成功实现了货币联盟（Boughton，1993）。因此，分析最优货币区的形成，应该有一个更为广阔的成本和收益综合比较。

在最优货币区理论的发展过程中，20 世纪 70 年代下半期至 80 年代初，该领域的研究基本上处于停滞状态，Ishiyama（1975）甚至认为最优货币区理论"基本上是一种学究式的讨论，而对汇率政策和货币改革等实际问题毫无益处"。然而到了80 年代中后期，随着欧洲迈向货币一体化的进程重现活力，最优货币区理论又出现了复兴，在运用传统最优货币区标准分析实践问题的同时，很多学者对加入货币区的收益和成本进行了广泛而深入的讨论。总的来看，一国加入货币区的主要收益

和成本如表1所示。

表1	加入货币区的收益和成本	
主要收益	主要成本
1. 促进区域贸易	1. 丧失汇率政策工具
2. 减少直接或间接交易成本	2. 丧失货币政策独立性
3. 获得可信的承诺机制	3. 放弃发行本国货币的财政收入损失
4. 减少投机冲击	4. 转换成本

(二) 加入货币区的收益分析

1. 促进区域贸易

一般认为，由于国家货币的存在，产生了国家间商品价格的歧视和汇率波动的风险，这些带来了交易成本的增加，是妨碍区域贸易的极大障碍。而单一货币的引入则可以消除信息损失成本，减少汇率的波动风险，从而有效地促进区域内的贸易。Rose（1999）基于对186个经济区（贸易伙伴）1970—1990年面板数据的考察，发现给定其他条件，货币联盟国家间的贸易量比非货币联盟国家间的贸易量高出3倍。Alesina和Barro（2002）在研究货币联盟和贸易流量之间关系的过程中，发现使用统一货币能够削减两国之间的贸易成本，从而促进两国间的贸易。

2. 减少直接或间接交易成本

不同的货币以及它们之间汇率的波动意味着公司必须花费资源去管理风险暴露，以及在不同国家的市场修正价格策略。一国加入货币联盟后，该国的公司就可以节省大量用于管理汇率风险的成本和在不同的货币区域范围内运营的成本，无疑将大大减少公司的费用。

3. 获得可信的承诺机制

通货膨胀严重的国家要提高其政府反通货膨胀的可信度，可以选择钉住某一可信的货币，固定汇率制度和货币联盟都具有这样的承诺机制，但是，历史经验显示，固定汇率并不完全可信，它也是可撤销的。而由于退出货币联盟的成本相当高昂，因此一国加入货币联盟后，其反通货膨胀承诺机制的可信度也就大大增强了。Alesina，Barro和Tenreyro（2002）指出，对于那些存在高通货膨胀率而且具有价格剧烈波动历史的国家，放弃本国货币、加入货币联盟具有更大的收益。

4. 减少投机冲击

由于货币联盟能够集中联盟内成员国的外汇储备资产，更有效地集中应对投机性冲击，因此会减少爆发金融危机的可能。另外，Tavlas（1993）指出，大规模的货币联盟有利于外汇市场价格的稳定，能够削弱投机者影响价格进而破坏货币政策行为的能力。

（三）加入货币区的成本分析

1. 丧失汇率政策工具

汇率政策工具可以作为一国调节本国经济实现内外部均衡的工具。一国加入货币联盟，实际上就放弃了运用汇率来调节本国经济的权利。虽然货币联盟作为一个整体可以通过共同货币汇率的浮动来保持外部平衡，但在货币联盟整体外部平衡的同时，单个联盟成员国却可能存在长期的不平衡。因此，对于单个国家来说，加入货币区就要承担失去一个谋求经济平衡工具的成本，特别是当一国国内价格弹性较低时，面对不对称冲击，丧失汇率政策工具的成本会很高。不过，Devereux (2003) 的研究指出，单边钉住汇率能够显著增加一国的价格弹性。如果该结论能够普遍成立，那么加入货币联盟而失去汇率政策工具的成本也就会相应减少。

2. 丧失货币政策独立性

根据三元悖论原则，一国汇率稳定、资本自由流动和货币政策独立性这三个政策目标不能同时兼得。一国加入货币联盟，在资本自由流动情况下，也就丧失了货币政策的独立性。货币政策作为调节一国经济周期波动的重要工具，其独立性的丧失可能会给该国带来产出波动加大的成本。但是，Calvo 和 Reinhart (2000) 以及 Hausmann，Panizza 和 Stein (2001) 的研究认为，实行浮动汇率制的发展中国家虽然可以通过实施反周期的货币政策来应对经济波动，但是由于害怕浮动的原因，这些国家为了稳定汇率，并没有充分利用货币政策来稳定经济周期，因此，对于这些国家而言，失去货币政策独立性的成本要小很多。

3. 放弃发行本国货币的财政收入损失

一国发行货币时，能获得通货膨胀税；当本国货币被别国作为储备持有时，也能得到免息收入。但是，在一国加入了货币联盟之后，由于放弃了本国货币，这些收益就没有了。特别是对于大国，财政收入损失会较大，但对于小国来说，情况会有所不同，因为小国的货币不可能成为国际储备货币，并且通货膨胀税的收益也不大。

4. 转换成本

一国加入货币联盟后，还将面临转换成本，主要体现在统一货币的引入给该国金融业和企业带来的直接转换成本，这会引起金融企业利润的损失及一些长期金融合约条款执行上的困难；其次，转换成本还体现在公众、企业和政府等各方面对新的记账单位和新货币的适应性困难上。

（四）*GG-LL* 模型

Krugman（1990）曾以欧盟和芬兰为例，分析了芬兰加入欧盟的成本-收益曲线，从而提出了著名的 *GG-LL* 模型，该模型也为一国是否应加入货币联盟提供了一个基本的分析框架。如图 1 所示，横轴表示货币区参加国与货币区的经济一体化程度，纵轴表示加入货币区的成本和收益。*GG* 曲线表示一国同货币区的经济一体化程度与其加入货币区的货币效率收益之间的关系。克鲁格曼认为，一国加入货币区所带来的货币效率收益等于所能够避免的与浮动汇率有关的不确定性、复杂性、汇兑结算以及贸易成本等。一国与货币区的经济一体化程度越高，加入货币区的收益就越大，因此，*GG* 曲线是一条向右上方倾斜的曲线。*LL* 曲线表示一国同货币区的经济一体化程度与其加入货币区的成本之间的关系。克鲁格曼指出，一国加入货币区的成本主要是经济稳定性损失，即由于放弃了汇率政策和货币政策导致产出的自主权受到影响，造成的价格和就业波动可能引发经济的不稳定。一国与货币区的经济一体化程度越密切，加入货币区的经济稳定性损失就越小，因此，*LL* 曲线是一条向右下方倾斜的曲线。由图 1 可以看出，只有当一国与货币区的经济一体化程度不小于 θ 时，该国才适合加入货币区。如果一国的外部经济环境发生变化，导致 LL_1 曲线向右移至 LL_2（如图 2 所示），此时，决定该国加入货币区的最低经济一体化水平，也将由 θ_1 提高至 θ_2。

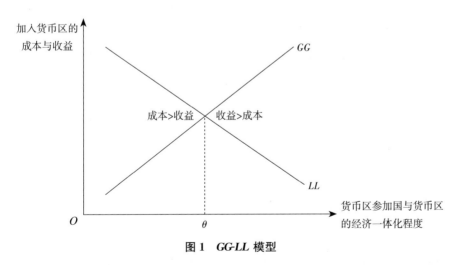

图 1　*GG-LL* 模型

GG-LL 模型为判断一国加入货币联盟的时机分析提供了一个有力的工具，但是该方法并未包含所有影响货币联盟的因素，并且克鲁格曼提出的 *GG* 曲线和 *LL*

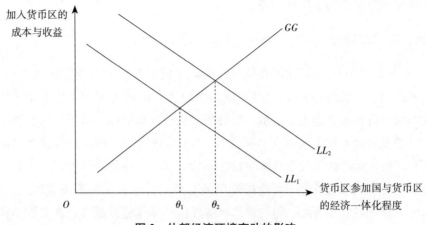

图2　外部经济环境变动的影响

曲线只是理论上的一个抽象概念，并不能描绘出一国加入货币的 *GG* 曲线和 *LL* 曲线的准确位置，也就不可能准确判断其是否达到货币联盟的临界点。

（五）货币联盟成本-收益分析的简要评述

货币联盟成本-收益分析方法的思路，就是要在具体分析加入货币区的成本和收益的基础上，对其进行综合比较，以此来判断一国是否应加入货币联盟。该方法实际上是建立在传统最优货币区理论基础之上的，可以说，货币联盟成本-收益分析和传统的最优货币区标准在方法上形成了一种互补。

相对于传统理论而言，成本-收益方法为一国判断是否加入货币联盟提供了一个更为全面的分析框架，但是该方法也存在很大的缺陷，主要是一国加入货币联盟的成本和收益常常不能进行直接比较，其原因一方面是由于成本和收益往往只是定义模糊的概念，无法进行明确的测算，很多时候经验的测算方法并不能直接运用，只能借助一些间接指标和区间估计值；另一方面，成本和收益往往采用不同的计算单位，无法进行直接比较，需要分配一个权重，而这种分配可能带有明显的主观特征，甚至取决于政治家的价值判断。

三、最优货币区理论的一些新近发展

20 世纪 70 年代下半期至 80 年代初，最优货币区理论的研究一度沉寂。20 世纪 80 年代中后期以来，宏观经济理论的发展和欧洲货币一体化进程的推进又重新点燃了经济学家们对最优货币区的研究兴趣，除了应用最优货币区标准和成本-收益分析法对欧洲货币联盟的实践进行分析外，最优货币区的研究还出现了其他一些新的进展。

（一）最优货币区理论的模型化

20 世纪 80 年代，Helpman（1981），Kareken 和 Wallace（1981）以及 Lucas（1982）关于不同汇率制度的社会福利研究为最优货币区的一般均衡分析提供了一个基本框架。进入 90 年代，Bayoumi（1994），Ricci（1997）以及 Beine 和 Docquier（1998）将价格和工资刚性引入一般均衡模型，对早期的最优货币区思想进行了分析。

Bayoumi（1994）首先提出了一个最优货币区模型，模型中假定世界由不同的区域组成，每个区域专业化生产一种产品；在需求较低时，工资具有向下的刚性；每个区域可以选择采用各自的货币，也可以加入货币联盟。模型将冲击的规模和相关性、劳动力的流动性以及开放程度作为影响加入货币联盟成本和收益的重要因素。Bayoumi（1994）研究认为，货币联盟在提高货币区内福利的同时降低了区外的福利水平，这是因为交易成本的降低往往只为成员享有，而损失却会波及区外国家。又由于交易成本的降低取决于所涉及的贸易规模，从而加入货币区给新加入者带来的收益要远大于其他成员。

Ricci（1997）以传统最优货币区文献的观点为依据，提出了一个工资和价格名义刚性的简单两国模型。模型假定：①各国政策偏好之间存在差异。在这一假定下，开放度和冲击对称性对货币联盟的价值影响可以进行检验。②货币供给冲击反映出该国的通货膨胀承受能力，但货币当局却无法任意采用政策来应对货币需求冲击。③两国政府的损失函数取决于失业率、通货膨胀率和以就业率衡量的交易成本。通过模型的分析，里奇（Ricci）得出的结论是：开放程度对净收益的影响是不确定的。这一结论与麦金农所提出的国家间开放程度越高越适合建立相对封闭货币区的观点迥然不同。

Beine 和 Docquier（1998）引入了动态分析。他们的模型假设：①完全竞争，工资向下调整缓慢，且各国商品分为贸易品和非贸易品；②劳动力是生产的唯一要素并且随着相对可支配收入的变化在国家之间流动；③不存在资本市场，但从联盟内其他成员国获得的转移会将不对称冲击对失业的影响限制在一定程度内。模型的动态模拟来源于工资调整的滞后、国家间劳动力流动的渐进性以及市场、货币一体化带来的冲击不对称性增加。拜内（Beine）和多基耶（Docquier）分析认为：虽然劳动力在国家间的流动能减轻人均收入波动，但平均失业率仍然可能增加，而这部分地源于短期内劳动力流入国工资的向下刚性；当冲击具有永久性时，劳动力流入则会减少平均失业率并便于向长期均衡的调整。与里奇不同的是，拜内和多基耶认为一国开放程度的提高会确信无疑地增加货币联盟的价值。他们还进一步分析认为，在财政联盟（税收收入的 7％用于联盟支出）存在的情况下，当交易成本超过GDP1.2％时，就应当组建货币联盟；若没有财政联盟，只有当交易成本超过GDP1.6％时，建立货币联盟才有必要。

Moran（1999）将垄断竞争、市场定价和名义刚性引入动态一般均衡模型，集中讨论了浮动汇率制带来的灵活性的价值，并讨论了货币当局所遵循的不同原则、名义刚性的不同程度以及两国间冲击不对称性的影响。他认为从限制产量波动的角度来看，浮动汇率制的福利收益是有限的，但具体结论则依模型中所采用效用函数的类型而不同。

Laurent Clerc，Harris Dellas 和 Olivier Loisel（2011）使用标准的新凯恩斯模型，通过将信用问题和宏观经济的稳定性问题结合在一起进行考虑，得到了一个可以评判某个特定国家加入货币联盟可取性的标准。他们通过设定不同的参数，发现即使在一个温和的通货膨胀偏差下，只要冲击不是太不对称，这个国家也有理由加入货币联盟。并且，即使在不对称的情况下，如果成本冲击相比其他冲击更为重要，那么加入货币联盟仍是最优的选择。

（二）垂直菲利普斯曲线假说对最优货币区理论的影响

传统理论认为，灵活的汇率允许一国执行一项独立的货币政策，以便在菲利普斯曲线上选择一个最优点，而加入货币联盟的一个主要成本就是成员国丧失了货币政策的自主权。实际上，最优货币区理论强调的宏观经济调整成本是以工资幻觉和向右下方倾斜的菲利普斯曲线的存在为前提的，然而这一前提随着宏观经济学的发展而受到了质疑。

20 世纪 70 年代和 80 年代初，西方许多国家经历了通货膨胀和失业并存的现象，对这一现象，凯恩斯主义学派难以解释，货币主义学派和理性预期学派开始兴起。这两个学派对凯恩斯主义学派下通货膨胀和失业之间永恒交替的观点都提出了不同的看法。货币主义学派认为，从长期来看，工资的"货币幻觉"会完全消失，因而长期菲利普斯曲线不是向右下方倾斜，而是垂直的。而根据垂直的长期菲利普斯曲线的走势分析得知，当国家遇到供给和需求方面的负面冲击时，扩张性货币政策和贬值的作用就不是失业的减少，而仅仅是通货膨胀。货币主义的观点对最优货币区理论提出了挑战，而理性预期学派的观点则比货币主义学派更进一步，在他们看来，由于理性预期，不仅长期的菲利普斯曲线是垂直的，甚至短期菲利普斯曲线也是垂直的，这就更加动摇了最优货币区的理论基础。根据货币主义学派和理性预期学派关于垂直菲利普斯曲线的假说，因加入货币区而丧失独立货币政策的成本将会大为降低。

（三）最优货币区标准的内生性问题

很长一段时间里，有关最优货币区的讨论仅强调经济基本因素对货币合作问题的单向影响，即将最优货币区标准视为是外生的，很多文献在判断不同的欧洲国家是否适合加入欧洲货币联盟时，也常常利用数据来检验几个不同最优货币区标准的符合情况，并且经常与美国进行对比。然而，Frenkel 和 Rose（1998）指出，"通过简单地检验一国的历史数据来判定其是否符合最优货币区标准可能会造成某种误导，因为最优货币区标准具有内生性的特点"，基于此，他们提出了对最优货币区理论发展和货币一体化实践具有重大影响的最优货币区标准的内生性问题。

所谓最优货币区标准存在内生性，即传统最优货币区理论所指出的货币联盟形成的事前条件，在一定程度上可以在货币联盟形成后得到事后满足。如果这一假说被证实，那么事后标准满足程度的强化，就放宽了对标准事前满足程度的要求，从而大大降低了货币联盟的理论成本以及最优货币区标准的适用性；不考虑内生性问题，单纯静态地分析标准事前被满足的情况，而忽视这种动态变化，则在对货币联盟能否形成作事前判断时，就会对 OCA 标准的满足提出更为苛刻的要求，从而可能得出错误的政策选择。

弗伦克尔和罗斯（Rose）提出的最优货币区标准的内生性假说，开辟了从动态角度研究货币联盟问题的方向，此后，很多研究围绕标准的内生性展开，为这一假说提供了支持。

第一，从经济开放度标准来考察。Rose（1999）通过对 186 个国家 1970—1990 年的面板数据进行经验研究，发现给定其他条件，货币联盟国家间的贸易量是非货币联盟国家间的三倍，从而证明了货币联盟对于国际贸易有很强的推动作用。Rose 和 van Wincoop（2001）研究的一个结论指出，国家货币是一个重要的国际贸易障碍，国家货币的存在等价于额外施加了 26％的贸易关税。总的来看，研究表明，货币区内部贸易程度会由于货币联盟的形成而得到事后加强，对其原因的分析一般认为是由于货币联盟大大降低了汇兑成本和汇率风险，从而促进了国际贸易。

第二，从产品多样性标准来考察。Krugman（1993）认为货币联盟会导致成员国产品多样化程度减弱，因为随着货币联盟的形成，规模经济和交易成本的节约会使各国的产业专业化程度加强。克鲁格曼举了美国的例子来证明这一观点：实行单一货币的美国各州，就具有较高程度的专业化分工。也有研究认为，货币联盟形成后成员国产品多样性的变化取决于两个重要因素：一是货币联盟形成后成员国增加的国际贸易是产业内贸易还是产业间贸易，如果是产业间贸易，成员国产品多样性将减少，如果是产业内贸易，产品多样性则不会减少；二是货币联盟带来的产业集中是否跨越国界，如果是在国家边界内，成员国产品多样性会减少，但如果是跨国的，则产品多样性不会减少。

第三，从金融一体化标准来考察。研究普遍表明，欧洲货币联盟成立后加快了金融一体化进程，因为引入单一货币后，各国有价证券的可替代性增强，由于人们能够在整个货币区范围内进行证券组合，从而使得证券的跨国流动增加。例如，Gaspar 和 Mongelli（2001）的研究就表明，欧元引入后欧元区的政府债券收益率呈现出非常显著的趋同。此外，还有研究指出，货币联盟形成后成员国生产性资本跨国流动的汇兑成本和汇率风险大大降低，从而刺激了资本的跨国流动。Stefano Schiavo（2008）研究了金融一体化和产出相关性之间的关系。作者通过对欧洲市场的研究发现，货币一体化增强了资本市场一体化，而资本市场一体化反过来又反馈到系统中，并导致了更密切的经济周期同步。

第四，从通货膨胀相似性标准来考察。Tavlas（1993）认为，加入货币联盟会使得通货膨胀率趋同；Beck 和 Weber（2001）的研究表明，欧元区国家在引入单一货币后，不同欧元区国家的相对价格波动有非常明显的减小。Hoffman 和 Remsperger（2005）也研究发现，在 1999 年欧元区采用共同货币后，欧元区国家间通货膨胀差异的持续程度显著下降。

第五，从冲击的相关性标准来考察。货币联盟形成后，一方面，正如前面所提到的，成员国之间贸易的相互依存度会提高，金融一体化程度会加深，从而成员国的经济周期更为趋同，减少了原来由于冲击来源不同而造成的不对称冲击。例如，Artis 和 Zhang（1997）研究发现，1961—1979 年，欧洲国家与美国有相似的经济周期，但是，当欧盟引入共同汇率机制以后，欧洲国家与德国具有了相似的经济周期，也就是说，欧洲货币联盟有助于形成一致性的欧洲经济周期；Alesina 和 Barro（2002）的经验研究也指出，货币联盟增强了其成员国价格和产出的相关性。另一方面，货币联盟中由于加强了政策协调和合作，使得原来由政策偏好不同和步调不一致带来的不对称冲击大大减少，例如，如果各国不同的汇率和货币政策本身就是不对称冲击的来源，那么货币联盟的实行就立即消除了这一来源。因此，货币联盟会使成员国面临冲击的相关程度加强。IMF（2018）指出欧元区国家的经济周期日益同步。在 1999 年欧元成立之前的 30 年中，整个欧元区国家的经济周期已经高度同步。1999—2007 年，经济周期同步进一步增加，2008 年后又急剧增加。

由此可以看出，最优货币区的很多标准具有内生性。正如欧盟委员会曾经声明的，"虽然目前欧元区并不是一个最优货币区，但货币、经济的一体化将使欧元区在事后成为最优货币区"。最优货币区标准的内生性对最优货币区理论产生了深远的影响，在对货币联盟能否形成作事前判断时，判断标准的内生性问题实际上削弱了最优货币区标准的适用性。不考虑标准的内生性问题，事前就会高估货币联盟的宏观调整成本。

（四）最优货币区理论的实证与应用

在欧元区成立之前，学者们对最优货币区的讨论大多还停留在理论层面，即单纯地对最优货币区成立所需要的标准进行研究，但 20 世纪 90 年代之后，欧元区的成立为最优货币区理论提供了绝好的实证研究材料，大量学者也开始运用最优货币区理论对欧元区进行研究。

一部分学者继续对欧元区所需的标准或者标准的内生性进行实证分析。De Grauwe 和 Mongelli（2005）从经济一体化的内生性、冲击对称性的内生性、产品和劳动力市场灵活性的内生性以及金融一体化的内生性这四个方面对欧元区进行了实证分析。Pasimeni 和 Paolo（2014）从要素流动性、价格和工资弹性等方面对欧洲货币联盟的现状进行了事后评估。其分析表明，这些条件在不同程度上得到了满足：要素的流动性有了很大的提高，价格和工资弹性与美国部分地区相比虽然较低，但随着时间的推移也有了很大的改善。

另一部分学者则对欧元区进行反思，分析了欧元区存在的问题。Krugman（2012）从要素流动性和金融一体化方面对欧元区进行了分析，通过与美国部分地区做对比，发现欧元区劳动力流动性有限，金融一体化也没有实现，而且欧洲银行不可能像一个国家的中央银行一样扮演最后贷款人角色，这就有可能会导致部分国家政府债务的增加。Eichengreen（2014）从不对称冲击、劳动力流动性、债务问题和中央银行等多方面分析了欧元区存在的问题，并给出了建议。

除了对欧元区的检验和讨论，学者们也对世界上其他可能成为最优货币区的地区进行了讨论，如亚洲地区（Bayoumi and Eichengreen，1996；Lee and Azali，2010）、非洲地区（Tapsoba，2009）等。总之，最优货币区理论依然在快速发展，虽然欧元区在实践中出现了一些问题，但笔者相信在实践和理论的相互推动下，最优货币区理论会取得更好的发展。而其他可能成为最优货币区的地区也将在实践和理论上不断地丰富和扩展最优货币区理论。

参考文献

1. Alesina，Alberto and Barro，Robert J.（2002）. "Currency Unions," *Quarterly Journal of*

Economics，409 - 436.

2. Alesina，Alberto，Barro，Robert J. and Tenreyro，Silvana（2002）．"Optimum Currency Areas," NBER Working Paper，No. 9072.

3. Artis，Michael J. and Zhang，W.（1997）．"International Business Cycles and the ERM: Is There a European Business Cycle?", *International Journal of Finance and Economics*，2（1），1 - 16.

4. Asdrubali，Pierfederico，Sorensen，Bent E. and Yosha，Oved（1996）．"Channels of Interstate Risk Sharing: United States 1963—1990," *Quarterly Journal of Economics*，111（4），1081 - 1110.

5. Bayoumi，Tamim（1994）．"A Formal Model of Optimum Currency Areas," CRPR Discussion Paper，No. 968.

6. Bayoumi，Tamim and Eichengreen，Barry（1992）．"Shocking Aspects of European Monetary Unification," NBER Working Paper，No. 3949.

7. Bayoumi，Tamim and Eichengreen，Barry（1994）．"One Money or Many? Analyzing the Prospects for Monetary Unification in Various Parts of the World," Princeton Studies in International Finance，No. 76.

8. Beck，Guenter W. and Weber，Axel A.（2001）．"How Wide are European Borders? New Evidence on the Integration Effects of Monetary Unions," CFS Working Paper，No. 7.

9. Beine，Michel and Docquier，F.（1998）．"A Stochastic Simulation Model of an Optimum Currency Area," *Open Economies Review*，9（3），229 - 257.

10. Bris，Arturo，Koskinen，Yrjo and Nilsson，Mattias（2000）．"The Euro is Good After All: Corporate Evidence," SIFR Research Report Series，Stockholm Institute for Financial Research.

11. Broda，Christian（2004）．"Terms of Trade and Exchange Rate Regimes in Developing Countries," *Journal of International Economics*，63（1），31 - 58.

12. Calvo，Guillermo A. and Reinhart，Carmen M.（2000）．"Fear of Floating," NBER Working Paper，No. 7993.

13. Clerc，L.，Dellas，H.，Loisel，O.（2011）．"To Be or not to Be in Monetary Union: A Synthesis," *Journal of International Economics*，83（2），154 - 167.

14. Cohen，Benjamin（1993）．"Beyond EMU: The Problem of Sustainability," *Economics and Politics*，5，179 - 202.

15. De Grauwe，Paul and Francesco P. Mongelli（2005）．"Endogeneities of Optimum Currency Areas: What Brings Countries Sharing a Single Currency Closer Together?", ECB［European Central Bank］Working Paper No. 468，April.

16. Devereux，Michael B.（2003）．"Exchange Rate Policy and Endogenous Price Flexibility," CEPR Discussion Papers，No. 4121.

17. Eichengreen，Barry，and Tamim Bayoumi（1999）．"Is Asia an Optimal Currency Area? Can It

Become One? Regional, Global and Historical Perspectives on Asian Monetary Relations," in *Exchange Rate Policies in Emerging Asian Countries*, ed. by Stefan Collignon, Jean Pisani-Ferry, and Yung Chul Park (London; New York: Routledge).

18. Eichengreen, B. (2014). "The Eurozone Crisis: the Theory of Optimum Currency Areas Bites Back," Notenstien Academy White Paper Series, 1－18.

19. Fischer, Stanley (1982). "Seigniorage and the Case for National Money," *Journal of Political Economy*, 90 (2), 295－313.

20. Fleming, J. Marcus (1971). "On Exchange Rate Unification," *The Economic Journal*, 81 (323), 467－488.

21. Franks J., Barkbu B., Blavy R., et al. (2018). *Economic Convergence in the Euro Area: Coming Together or Drifting Apart?* Social Science Electronic Publishing.

22. Frenkel, Jeffrey A. and Rose, Andrew (1998). "The Endogeneity of the Optimum Currency Area Criteria," *The Economic Journal*, 108 (449), 1009－1025.

23. Frenkel, Jeffrey A. and Rose, Andrew (2000). "Estimating the Effect of Currency Union on Trade and Output," NBER Working Paper, No. 7857.

24. Fukuda, Hiromasa (2002). "The Theory of Optimum Currency Areas: An Introductory Survey," Mita Festival Paper, Keio University.

25. Haberler, Gottfried (1970). "The International Monetary System: Some Recent Developments and Discussions," in George Halm eds., *Approaches to Greater Flexibility in Exchange Rates*, Princeton University Press, 115－123.

26. Hausmann, Ricardo, Panizza, Ugo and Stein, Emesto (2001). "Why do Countries Float the Way They Float?", *Journal of Development Economics*, 66 (2), 387－414.

27. Hoffman, Boris, and Hermann Remsperger (2005). "Inflation Differentials among the Euro Area Countries: Potential Causes and Consequences," *Journal of Asian Economics*, 16, 403－419.

28. Ingram, James C. (1973). "The Case for the European Monetary Integration," *Essays in International Finance*, Princeton University.

29. Ishiyama, Yoshihide (1975). "The Theory of Optimum Currency Areas: A Survey," IMF Staff Papers, 22, 344－383.

30. Kenen, Peter B. (1969). "The Theory of Optimum Currency Areas: An Eclectic View," in Robert A. Mundell and Alexander K. Swoboda eds, *Monetary Problems of the International Economy*, Chicago: University of Chicago Press, 41－60.

31. Krugman, Paul (1990). "Policy Problems of a Monetary Union," in Paul De Grauwe and Lucas Papademos eds., *The European Monetary System in the 1990s*, New York: Longman, 48－64.

32. Krugman, Paul (1993). "Six Skeptical Propositions About EMU," in Courakis, A. and Tavlas, G. S. eds., *Financial and Monetary Integration*, Cambridge University Press.

33. Krugman, P. (2012). "Revenge of the Optimum Currency Area," *NBER Macroeconomics*

Annual 2012，Volume 27，University of Chicago Press.

34. Lee，Grace H. Y.，and M. Azali（2010）. "Is East Asia An Optimum Currency Area?"，*Economic Modelling*，29，2，87 – 95.

35. Lee，Grace H. Y.，and M. Azali（2010）. "The Endogeneity of the Optimum Currency Area Criteria in East Asia," *Economic Modelling*，27，1，165 – 170.

36. McKinnon，Ronald I.（1963）. "Optimum Currency Areas," *American Economic Review*，53（4），717 – 725.

37. Melitz，Jacques（1995）. "The Current Impasse in Research on Optimum Currency Areas," *European Economic Review*，39，492 – 500.

38. Mintz，N. N.（1970）. "Monetary Union and Economic Integration," *The Bulletin*，New York University.

39. Mundell，Robert A.（1961）. "A Theory of Optimum Currency Areas," *American Economic Review*，51（4），657 – 665.

40. Mundell，Robert A.（1973）. "Uncommon Arguments for Common Currencies," in Johnson，H. G. and Swoboda，A. K. eds.，*The Economics of Common Currencies*，London：Allen and Unwin，114 – 132.

41. Pasimeni，P.（2014）. "An Optimum Currency Crisis," *The European Journal of Comparative Economics*，11（2），173 – 204.

42. Ricci，Lucas A.（1997）. "A Model of an Optimum Currency Area," IMF Working Paper，No. 97/76.

43. Robson，P.（1987）. *The Economics of International Integration*，London：Allen and Unwin.

44. Rose，Andrew K.（1999）. "One Money，One Market：Estimating the Effect of Common Currencies on Trade," NBER Working Paper，No. 7432.

45. Rose，Andrew K. and van Wincoop，Eric（2001）. "National Money as a Barrier to International Trade：The Real Case for Currency Union," *American Economic Review*，386 – 390.

46. Stefano Schiavo（2008）. "Financial Integration，GDP Correlation and the Endogeneity of Optimum Currency Areas," *Economica*，168 – 189.

47. Tapsoba，S. J. -A.（2009）. "Trade Intensity and Business Cycle Synchronicity in Africa," *Journal of African Economies*，18，287 – 318.

48. Tavlas，George S.（1993）. "The New Theory of Optimum Currency Areas," *World Economy*，16（6），663 – 685.

49. Tower，E. and Willet，T.（1976）. "The Theory of Optimum Currency Areas and Exchange Rate Flexibility," *International Finance Section*，No. 11，Princeton University.

50. Vaubel，Roland.（1976）. "Real Exchange Rate Changes in the European Community：The Empirical Evidence and its Implications for European Currency Unification," *Weltwirtschaftli-*

ches Archive，122，429－470.

51. 陈雨露，边卫红. 货币同盟理论：最优货币区衡量标准的进展. 国际金融研究，2004 (2).

52. 何帆，覃东海. 东亚建立货币联盟的成本与收益分析. 世界经济，2005 (1).

53. 祝丹涛. 最优货币区批判性评析. 世界经济，2005 (1).

国际宏观经济政策协调理论

伴随着国际经济一体化的快速发展，世界经济的相互依存不断加深，任何一国的经济波动都有可能在短时期内传递到其他国家，与此同时，各国政府制定和实施的宏观经济政策在很大程度上也会相互影响。在这一背景下，一国在追求内外均衡目标的过程中，不能仅从本国角度孤立地制定经济政策，国际宏观经济政策的协调也变得日益紧迫和重要。

Cooper（1969）最早提出了相互依存理论，为国际宏观经济政策协调理论的发展奠定了基础。此后，随着博弈论和计量经济学的发展，出现了两个大的分支：一个是建立在博弈论方法基础上的最优政策分析；另一个是通过建立多国模型并利用实际数据对协调收益进行实证研究。此外，除了上述两个方面的发展以外，还有一些经济学家侧重于国际宏观经济政策协调的机制研究，提出了一些政策协调的制度规则。近些年来，随着欧洲货币联盟的建立，很多学者对主权国家如何在超国家的货币一体化组织构架下，通过宏观经济政策协调达到联盟内部的最优政策配置进行了研究，从而推动了国际宏观经济政策协调理论的新发展。

一、国际宏观经济政策协调的必要性

在一个经济体内部，自由竞争的经济机制依靠市场这一看不见的手，使得分权化的决策从总体上达到最优效果。那么这一分权化原则能否推广到世界范围内各国的宏观经济政策决策呢？答案是否定的。因为随着全球经济一体化进程的推进，不同经济体之间存在着密切的相互依存关系，一国独立制定的经济政策会对其他国家产生溢出效应，若其他国家针对这一溢出效应采取相应的政策措施，则这些措施反过来又可能会对该国的经济运行产生不利影响。因此一国在考虑内外均衡的实现时，必须将政策的溢出效应考虑进去。早期的国际宏观经济政策协调理论正是从这一点出发，围绕国际经济相互依存问题和政策的溢出效应展开研究，它实际上分析了国际宏观经济政策协调的必要性，从而成为该理论进一步发展的基石。

美国经济学家 Cooper（1969）最早对国际经济相互依存问题进行研究，此后，又有一些经济学家在库珀（Cooper）的基础上进行发展，形成了相互依存理论。总体来看，相互依存理论包括以下几个方面的内容：第一，经济结构上的相互依存，即两个或更多的国家经济相互之间高度开放，这样，一个国家的经济事件、经济活动就会强烈地影响其他国家的经济事件或经济活动，这是由于结构上的开放引起了经济上的相互依存。第二，经济目标上的相互依存，即一个国家将会关心和注意另一个国家的经济目标，有时一国经济目标的实现要依赖其他国家经济政策的配合，例如，稳定外汇汇率，改善国际收支不平衡等。第三，两个或两个以上外生干扰因素之间的相关度差异所形成的相互依存。如果这些干扰因素是低度相关的，那么，当一个国家受到外生干扰冲击时，另一个国家受到的影响程度就比较小；但是，如果两个国家外生干扰因素的相关程度比较高，则会加强相互之间的关系。第四，国家间经济政策上的相互依存，即一个国家的最佳政策能否实现，取决于其他国家的行动，这种政策上的相互依存是由于结构上的相互依存和目标上的相互依存所直接引起的。

相互依存理论认为，相互依存给世界经济发展带来了许多好处，例如，促进了国际贸易的飞速发展和国际资本流动的不断自由化，促进了世界资源更有效地利用。但是，不争的事实也有力地说明，各国间经济越来越大的相互依存性极大地降低了国内经济政策的有效性，并增加了向世界各国的溢出效应。实际上，在相互依存的国际环境中，一国在采取经济政策和措施以实现内外均衡的过程中，其政策的效果和成败在很大程度上依存于其他国家的政策、行动和做出的反应。国内经济政策的自主权减少了，其政策的作用与效力便难以预测。因此，在一个相互依存的世界经济中，各国的经济政策应该相互协调。而且，随着国际相互依存的增加，国际经济政策的协调将变得更加重要甚至不可或缺。

相互依存理论对溢出效应的分析是该理论的核心。但是，实际上，经济学家们早在相互依存理论提出以前就已经考虑到了溢出效应问题，这反映在早期很多经济模型小国经济的假定上。例如，著名的蒙代尔-弗莱明模型就是一个小国经济模型。小国经济的假定，本质上就是为了避免溢出效应产生复杂结果而刻意简化的设定。当所有国家都是小国经济的时候，一个国家实行的政策措施对其他任何一国的经济运行都不产生影响；而对于大国经济，本国活动影响世界产出水平，本国与外国的变量必须被同时决定。因此，只有在引入了"大国经济"的概念之后，考虑各国间经济政策的溢出效应才有必要。

许多学者，如 Hamada（1976，1979），Currie 和 Levine（1985）等，都对政策溢出效应进行了讨论。综合这方面的研究，一国经济政策的溢出效应一般可以通过以下三条渠道传导到其他国家：第一，通过实际收入联系机制，即通过实际收入水平调整而直接产生影响。这一条传导机制可以用外贸乘数模型进行说明。国内产出由国内消费、投资和净出口决定，进而取决于本国与外国的收入水平以及相对价格和利率水平。对于大国经济，外国的经济扩张会引致本国与外国的收入一同增长，这一变化会反馈回外国，进而引发新一轮的调整。即使每一轮调整只包含微小的变化，但其累积起来总的影响不容忽视。于是，不同经济之间的依存程度就直接取决于对外贸易在各自国民收入中所占的比重。第二，通过货币联系机制，即通过货币存量变化引致的调整。这一传导机制可以通过蒙代尔-弗莱明模型（Mundell，1963；Fleming，1962）进行说明。蒙代尔和弗莱明指出，货币联系机制可以通过贸易收支和资本流动两条途径发挥作用。在固定汇率制下，贸易收支的变化改变了外汇储备水平，从而使国内货币供给发生变化；由利率差异或货币贬值预期引起的资本流动同样也会改变外汇储备和货币供给，进而影响利率和产出。在浮动汇率制下，贸易收支失衡则会直接引致汇率调整和价格变化；同时资本流动也会引起汇率调整并抵消外汇储备的变动。这样，溢出效应就包括货币存量变化的净效应以及由此所导致的收入变化的后续效应，其影响取决于不同经济之间的资本流动规模以及一国内部实际部门与货币部门的结合程度。在大国经济的情形中，在固定汇率制下，无论资本流动性如何，货币扩张总是具有正向的溢出效应，而财政扩张的效果却是不确定的。在浮动汇率制下，国内货币扩张可在提高本国收入的同时降低利率，导致资本流出、货币贬值，并促使产出进一步提高；而货币贬值会减少国外收入。这样，货币政策的溢出效应是负的。相反，财政扩张在提高本国收入的同时提高了利率，引致货币升值，而这意味着外国的相对扩张。第三，通过价格及贸易条件联系机制，即通过相对价格的调整效应。这一传导机制可以通过滨田-樱井（Hamada-Sakuri）模型进行说明。Hamada（1976）最先意识到，大国经济产生的价格溢出可能会影响其他经济。通常，国外价格水平相对于国内价格的变化具有以下影响：①进口投资品价格的变化会对国内总需求及产出形成冲击。②进口商品价格上升可能会导致工资上涨、单位劳动成本提高以及价格水平的普遍上升。③进口商品价格水平发生变化，而出口在短期内相对稳定，会通过贸易条件变化及贸易收支变动影响国际收支状况和外汇储备水平。Hamada 和 Sakuri（1978）指出，在固定汇率制下，贸易条件与实际收入传导机制均有效；在浮动汇率制下，尽管只有前者发挥作用，但仍然会导致产出和通货膨胀的改变；只有在既无价格传导又无资本流动的情况下，才会实现不同经济之间的"绝缘"。实际上，上述三种传导机制经常是交织在一起发挥作用的，而且溢出效应会随着时间的推移而发生变化。

溢出效应的普遍存在使各国政府面临着这样一种现实，即如果各国都想实现其经济目标，就必须有其他国家相应政策的配合，需要各国的政策相互协调。但在现实生活中，许多政府都认识不到这一点，或者不愿承认这一点，而以本国利益为重，实行"以邻为壑"的政策，而各国这种各自为政的非协调经济政策往往又会给世界经济的发展带来不必要的动荡。因此，加强国际宏观经济政策协调，不仅有利于各国宏观经济政策目标的实现，还能够增强世界经济的稳定性，提高世界经济运行的效率。

二、最优政策分析和协调收益的实证研究

相互依存理论和溢出效应的分析阐明了国际宏观经济政策协调的必要性，为理论的进一步发展奠定了基础。20 世纪 70 年代布雷顿森林体系崩溃以后，随着博弈论和计量经济学的发展，关于国际宏观经济政策协调的研究进入了一个新的阶段，出现了两个发展方向：一是最优政策分析，二是对协调收益进行实证研究。

（一）最优政策分析

最优政策分析以博弈论分析方法为基础，主要是在宏观经济政策相关变量明确的条件下，建立考察国际宏观经济政策协调福利状况的理论模型，进而分析政策博弈最优经济后果的一类研究。在最优政策分析的框架中，博弈主体是各国政策制定者，他们都有各自不同的外生给定的偏好函数或损失函数，各博弈方的相互策略反

应和策略选择也是外生给定的。每个博弈方是一个独立的利益主体，按照最大化自身福利函数做出策略选择。最优政策分析就是研究政策博弈方对宏观经济环境的变化如何进行政策协调以达到整体福利水平最大化。一般来说，国际宏观经济政策协调最优政策分析是从静态博弈和动态博弈两方面展开的。

1. 静态博弈基础上的最优政策分析

Hamada（1976）首次将博弈论应用到政策协调的问题中，研究了一个简单的静态两国对称模型，双方博弈的策略行为只进行一次，私人部门的预期是一种适应性预期。该模型将各国政策目标定义为福利函数，政府在选择政策工具时必须考虑其他国家可能做出的反应，在此前提下进行最优化决策。模型的结果类似于"囚徒困境"的非合作纳什均衡解，如果两国都希望国际收支顺差，那么非合作行为就会导致双方经济趋于衰退，而这正是 20 世纪 60 年代世界经济滞胀时期的突出特征之一。一旦外国的反应遵循某种固定规则（如钉住汇率制度）或者忽略对方决策的损失较小，决策者就可以先行选择自己的政策工具，即以本国为先导者产生斯塔克尔伯格解。该结果总是有利于先导者而对跟随者不利，结果由于双方不愿长久充当跟随者，博弈最终将会崩溃，布雷顿森林体系的历史即为例证。由此可以得出的结论是，本国政策在国内的作用及其在国外的溢出效应，部分取决于外国到底选择什么样的政策。

Canzoneri 和 Gray（1985）用类似的方法考察了两个对称经济体，假定这两个对称经济体同时遭受冲击且只有一条溢出效应的传导途径，两国政府均以实现充分就业、避免通货膨胀为目标。他们重点研究了不同经济结构下政策制度对溢出效应的影响，认为制度上的差异使各国的政策反应存在明显不对称。研究结果表明，非合作决策帕累托有效的必要条件是所有决策者的目标与偏好必须完全一致，而各国追求的是国内目标而非国际目标，因此分别决策下不可能满足这一条件，只有通过适当的政策协调才能达到帕累托最优状态。

Qudiz 和 Sachs（1984）也建立了一个静态博弈模型，来考察政府的最优政策。他们指出，如果政府在短期内以通货膨胀为目标，使本国货币升值，其纳什均衡解是过分紧缩，而宏观经济政策的协调则对双方经济都是有益的。

综上，从静态博弈的角度来看，政策协调很显然优于非合作的政策。但合作的静态博弈面临着一些问题，如欺骗问题、"搭便车"问题等。不过一些学者认为强调道德风险问题也许有点过分，因为在多期博弈中，早期获得的收益可能由于将来伙伴国的报复而导致将来福利的损失。

2. 动态博弈基础上的最优政策分析

上述静态博弈基础上的最优政策分析，实际上隐含经济政策能够立即生效的假定，很少考虑当前决策对未来的影响，对预期事件的反应也常常被简化处理。现实中政府决策的出台具有时滞，而且当期政策的效力在以后各期才能逐渐显现出来；特别是在考虑理性预期因素后，国际政策协调实际上是不同国家之间的动态博弈。

Hamada（1979），Klein 和 Leffler（1981）等学者分析了货币合作存在的两种失败情况：一种是"搭便车"行为。为防止政策溢出，各国采取合作行为可能改善各国的福利函数，但是货币合作是有成本的，如果合作体系本身缺乏制度化的监督机制，那么合作带来的福利增进就成为类似公共物品的东西，货币合作将可能因"搭便车"行为缺乏制约而失败，即合作为逆效合作。二是国际货币合作的持续性和可置信度问题。由于政府间的货币合作往往时分时合，矛盾重重，因此私人部门对其可持续性持怀疑态度，这在对汇率的联合干预方面尤其突出。

Rogoff（1985）将政策一致性及政策可信度的思想引入政策协调理论，指出在动态结构中，即使没有获得新的信息，博弈开始时各国确定的最优策略也会发生变化。罗格夫分析认为，由于政府政策的非一致性，在开放经济条件下，如果不相互协调固定汇率，则政府采取非预期货币政策的可能性会上升。因此在非合作条件下的通货膨胀率比合作条件下的通货膨胀率更高。罗格夫用博弈理论分析了这个结果，在多个参与者的博弈中，如果采取部分合作、部分不合作的政策，则情况会更糟。

动态博弈强调信誉的重要性。Currie 和 Levine（1987）考察了事先有承诺协调和事先没有承诺协调的收益。他们建立了一个两国模型，包括两国政府和一个私人部门，假定都具有前瞻性。政策分为是否协调、是否有信誉。根据他们的研究，关于无信誉协调政策和无信誉非协调政策的相对比较问题没有得出一致结论，而是依赖于冲击的本质：在总供给冲击的情况下，无信誉的协调会导致福利减少；但在总需求冲击下，无信誉的协调则会增加收益。他们的研究还表明，在非协调的信誉政策下情况最糟，政策似乎也更加不稳定。此外，在浮动汇率的条件下，有信誉的货币政策通过预期的利率途径影响即期汇率。但是如果政府不进行合作而追求同样的政策，最终结果是过度膨胀或过度紧缩。相比之下，合作的信誉政策较其他方法提高了福利，因为它们使得政府获得了信誉收益，避免了由于相互不一致的目标所导致的福利损失。Currie 和 Levine（1987）的研究结论为：从协调和信誉中获得的收益应该是相互依赖的，只有在协调下，政府才能获得收益，但是只有政策是有信誉的，才能获得协调的主要收益。

（二）协调收益的实证研究

除了在博弈论基础上构建模型来分析国际宏观经济政策协调外，一些经济学家还通过建立计量经济模型，并利用实际数据来检验国际宏观经济政策协调的收益。目前，这方面已经积累了一些文献，这些文献通常将政策协调收益定义为两种模拟结果之间的差异，前者是各国独立确定政策的纳什均衡，后者是政府在政策合作假设下达到的帕累托均衡。Oudiz 和 Sachs（1984）最先对政策协调的收益进行了检验。他们建立了简单的两国计量经济模型和国家福利方程，在这些福利方程中，目标变量是产出缺口、通货膨胀率和经常账户盈余。在此基础上，Oudiz 和 Sachs（1984）检验了美国、德国和日本 1984—1986 年间进行政策协调的潜在收益。当时美国力图刺激经济增长，德国优先考虑控制通货膨胀，日本则注重经常账户的变动。模拟的结果并未表明政策协调带来了特别显著的收益，德国和美国的收益大约是 GNP 的 0.2%，而日本的收益则稍大于 0.7%。

Oudiz 和 Sachs（1984）之后出现的对政策协调收益进行实证检验的文章，基本上都是通过建立计量经济模型和国家福利方程，其中，计量经济模型的参数或者通过估计决定，或者通过标准化决定，而国家福利方程则通常都包含 Oudiz 和 Sachs（1984）文章中使用的变量。尽管后来的这些实证研究在方法上存在不同，但绝大多数对政策协调收益的估计值都与 Oudiz 和 Sachs（1984）所估计的值近似。

与大多数关于协调收益的实证研究相比，Holtham 和 Hughes Hallet（1987）的研究结果较为乐观，得出的协调收益是 GNP 的 6%～7%，至少为 3%～4%。然而，这仍不能说服任何政府为了这些不确定的收益而放弃自己的特定目标，况且很难顾及政策协调的收益如何在各国之间进行分配。但是研究者们发现政府信誉问题的确具有重要影响，当政府信守以往的政策承诺时，政策协调的收益就明显增加。

上述实证分析也并非无懈可击，协调政策只有在带动经济脱离不理想的非均衡状态而进入均衡的增长轨道时，才能真正体现出它们的价值。通过模拟均衡状态估测政策协调的结果，漏掉了使系统从非均衡状态向动态均衡转化而获得的协调收益，不能不说是一个重大遗憾。再者，由于溢出效应会随着时间的推移而发生变化，对政策的执行时机进行协调是国际政策协调的一个关键部分，但绝大多数经验分析无法对此做出判断，这也影响了对收益的估计。考虑到这些因素，国际政策协调的收益可能比上述实证分析的结果要大得多。

三、政策协调的制度规则研究

除了从最优政策分析和对协调收益进行实证检验两个方面进行研究外，还有一些经济学家在肯定国际宏观经济政策协调积极作用的基础上，侧重于对国际宏观经济政策协调的制度设计进行研究，提出了一些政策协调的制度规则，主要有三类。

第一类，McKinnon（1984）建议实行固定汇率制。他提倡通过货币协作维持固定的名义平价和使不同国家的通货膨胀率相一致。他的观点主要有以下几点：首先，汇率变动可以实现经常账户均衡是一种错误，如货币贬值，竞争力上升，经常账户盈余，但是国内实际支出也有所增加，从而抵消了经常账户的改善。作为一种选择，麦金农认为稳健的财政政策是保证经常账户均衡的一个手段。其次，购买力平价是均衡汇率的一个重要基准，名义均衡汇率水平应该使得国际贸易品的价格相等。最后，货币替代是汇率不稳定的一个关键因素。因此，麦金农建议采取固定汇率制。

第二类，Williamson（1985）提出了汇率目标区的建议。威廉姆森指出了自由浮动汇率制度的两个问题：一是由于国际金融市场不稳定可能导致汇率的大幅波动；二是它不能够施加足够的压力以协调有关国家的经济政策。但是和麦金农不同，威廉姆森并不提倡回到固定汇率制度，实际上他相信一个浮动的和有管理的汇率制度更加适合不同的通货膨胀率。在他看来，建立汇率目标区减少了预期形成的不确定性和汇率的短期波动。他主张通过干预和调节利率差异来稳定汇率，而通过全球的实际平均利率和国家财政政策调节名义支出。外部和内部均衡的冲突通过周期性的实际汇率调整来解决。威廉姆森相信财政政策应该用于调节经常账户，因为实际汇率不影响财政政策，而全球性的货币供给应该来控制全球性的物价水平，同时采用非冲销干预手段使购买力平价成立。

第三类，通过财政政策控制经常账户的一些建议。Genberg 和 Swoboda（1987），Boughton（1988）解释了 IMF 的观点，"一般来说，支出变更政策对经常账户有直接的和较强的数量效果，相比之下，支出转换政策对汇率的影响较大，但对经常账户的影响有限……相对于总需求的稳定，财政政策作为调整经常账户的工具较货币政策有比较优势。"Genberg 和 Swoboda（1987）主要是关心纠正经常账户的不均衡，其分析框架接近于理性预期下的货币方法，假定正确的政策搭配能够取得经常账户均衡，但他们忽略了实际汇率不恰当调整的危险。他们认为，在控制经常账户方面财政政策相对货币政策有比较优势，就政策协调而言，政府应该执行稳健的财政政策，因为不安全的财政政策是不利外部性的重要来源。实际上如果各国财政政策不相容，对各国经济和全球经济都有不利效果，最好的方法是调整财政政策，而不是通过货币政策调整汇率。Boughton（1988）认为，经常账户的不均衡主要在于可支配收入的跨代转移，他指出货币政策对经常账户均衡的影响是模糊的，提倡由财政政策控制外部目标。因此他主张政府应该通过国内财政政策实现经常账户目标，而通过货币控制追求自己的内部目标。

四、影响国际宏观经济政策协调的障碍

经济学家们用政策优化的方法得出了进行国际宏观经济政策协调可以实现帕累托效率的结论，使各国的福利均接近最佳点，整体经济福利也高于非协调状态。但是从实际考察来看，国际政策协调中还有很大的收益潜力未被挖掘出来，因为在现实世界中仍然有许多重要的因素阻碍着政策的协调。

（一）政府政策的可信度

Barro 和 Gordon（1983）建立了一个博弈模型，用政府和私人部门关于政策制定与反应的博弈过程来说明政府的信誉问题，并推广到了国际范围的协调过程中，认为信誉方面的问题是国际政策协调收益甚微的一个重要原因。以下对该模型的机制进行简单介绍。根据巴罗-戈登（Barro-Gordon）模型，当一国产出水平很低时，政府希望创造没有被预期到的通货膨胀，从而对经济起到一定的促进作用，尽管这种促进可能是非常暂时的。起初，该国的私人部门根据政府的承诺进行预期，经过一段时间以后才发现政府私自改动了政策安排，私人部门变得越来越理性，于是在以后进行通货膨胀预期时就将政府的信誉问题考虑进去。久而久之，政府与私人部门就达到了无效率的纳什均衡点，表现为长期产量没有发生很大变化，但通货膨胀率却相当高。将这一过程推广到国际范围内，一国政府也可能在参与了政策协调之后又进行私自的政策安排，此后其他国家会将该国的违约行为考虑进去，逐渐又回到了原来非合作的纳什均衡点，从而使形式上的政策协调失去了实际意义。

Rogoff（1985）进一步指出，国际货币政策的协调通常要求相当宽松的货币政策，这与巴罗-戈登模型中演示的国内信誉问题交织在一起，更加深了实际协调中的低效率。一国政府追求的往往主要为两个目标：经济增长和汇率稳定，在国际货币政策协调的情况下，几个国家可以共同实行扩张的货币政策以促进经济增长，而由于几个国家同时进行货币扩张，汇率则不会发生大的改变，这是许多经济学家曾经倡导并引为论据的协调理论。然而，罗格夫指出，这种情况增加了各国政府实行高通货膨胀的动机，这一扩张动机与巴罗-戈登模型中所示的扩张动机交织在一起，可以完全抵消政策协调中的正溢出效应，因而在实际过程中，国际政策协调的效果十分微小。

基于上述政府政策可信度问题导致国际政策协调效果不佳的情况，相应的政策

建议就是，可以通过把政策协调过程中的政策选择规定得更为严格，或者对违约给予更加严厉惩罚的办法，使政府政策的可信度提高，从而减少政策协调方面的利益损失。

（二）对经济运行的看法不一致

各国政府有时对经济运行的看法不一致。Frenkel 和 Rockett（1988）指出，如果各国政府对于本国经济内在机制及其他国家的经济内在机制看法不一，即各国在政策变动对政策目标有多大作用或影响力的问题上有不同的看法，进行政策协调就会使情况变得更糟。Frenkel 和 Rockett（1988）用十个多国模型来表示美国和欧洲关于经济运行的观点，假定每一方用自己的模型测量达成一项交易的福利效果，政府之间不交流信息，当各方根据自己的模型和目标发现协调是有益的时，就同意协调政策。他们用所有的十个模型测量每一个协调的结果，分析了 100 个潜在的交易和 1 000 种可能的结果，发现仅有半数左右的情形参与政策协调的国家或地区能够获取收益。更何况各国在进行经济模型设定的时候由于信息的不完全而对实际情况不可能有完全的了解，也不可能有统一的认识，从而使协调收益大打折扣。Frenkel（1988）指出，七国部长级会议在协调中直接阐述自己的观点要优于直接告诉对方怎样调整它们的政策。

总之，对经济运行的观点不同是政策协调的一个重要障碍，当政府愿意政策协调时，是因为他们相信政策协调能够通过国内政策的实施提高福利。当政府考虑协调时，可能相信其政策是适宜的，总希望对方调整其政策以实现共同的目标。

（三）政策目标看法上的不相容

当政府有不相容的政策目标时会导致政策协调的困难。Eichengreen（1985）通过一个简单的例子说明了协调国家之间目标上的冲突会极大地损害协调的收益。假定有两个比较相似的国家，两国的工资刚性且政府非常贪婪，每一个国家都想拥有世界上 3/4 的财富（黄金）。如果每一个国家独立地选择自己的政策目标，不断提高利率从而吸引世界上的资金和黄金，结果它们达到了一个相互制衡的状态，即两国拥有相等的黄金数量，却具有相当高的失业率。目前，它们有两种选择来解决这个矛盾，一是两国进行货币政策的协调，即利率的协调，但并不代表它们的实际目标，这就是很多经济学家们所说的政策优化性协调；或者，它们互相坦白自己的政策目标并进行调整。但是如果它们相互坦白目标却不想进行调整，又会发生政策目标上的冲突。实际上，这一简单的例子与各国所追求的经常项目顺差以及多种目标组合没有什么不同，目标上的冲突必然使国际政策协调面临极大的阻碍。

（四）政治和制度的约束

财政政策不能协调一直是一个重要的障碍，其基本问题主要是政治性的。总的来说，财政政策在任何西方国家的弹性都较小，政策协调可能由于法律体系的不同而更加困难。货币政策的协调相对容易，中央银行通常具有独立性，因而一般能够及时而迅速地变动，而无须达成政治上的一致。

实际上，许多国家不愿进行宏观经济政策协调。对大国来说，国内问题主宰着政治生活，货币当局经常面对着强硬的国内反对派，因而不能也不愿意追求国际政策协调。国际协调意味着经济政策的较少自由，而未来收益却不确定，毕竟，国际收支的均衡、贸易流量和利率等协调的预期结果很难量化。而且关于采取哪些政策，不同的国家有不同的观点。国家之间的相互依赖性不同，各自都从自身的利益出发，大国与小国相比，更不易为其他国家的政策所影响，从而导致国际协调的困难。小国比大国则更愿意政策协调，因为他们必须忍受大国政策对本国经济的冲击，同时又不能采取相应的报复措施。小国的国际贸易占国民生产总值的比率相对大国来说更为重要。所以对大国来说，稳定的汇率相对于国内政策目标来说是不重要的；而小国对汇率安排比大国更感兴趣，通常以本国货币钉住某个大国货币，而大国或大国集团则希望松散的汇率安排。

国际宏观经济政策协调一方面面临着障碍，另一方面也正是由于这些问题的存在才更加需要协调。国际宏观经济政策协调最终能否成功，关键在于最终的利益能否协调一致。

五、与欧洲货币联盟相关的国际宏观经济政策协调研究

1999 年欧元的发行标志着欧洲货币联盟正式成立，欧盟成员国之间的宏观经济政策协调研究也进入了一个新的阶段，这推动了整个国际宏观经济政策协调理论的发展。欧洲货币联盟中宏观经济政策协调的必要性在于联盟内存在的制度外溢性和地区外溢性。制度外溢性是指欧元区内货币政策实现中央化，统一于欧洲中央银行，而财政政策却保持非中央化，分散在成员国政府控制下。由于欧洲中央银行和成员国政府关于通货膨胀和产出的政策目标偏好存在差异，必然会产生联盟内货币政策和财政政策间的相互溢出。地区外溢性是指由于联盟内要素流动性和信息公开性的提高，欧盟成员国在财政政策执行时彼此间将产生外溢性，同时，联盟层次的政策执行也会对地区层次带来外溢性。在以货币政策为主导的非对称结构欧洲货币

联盟中,如何在现有游戏规则下通过宏观经济政策协调避免制度和地区的双重外溢性,达到联盟内部最优的政策配置,成为理论界研究的新焦点。与欧洲货币联盟相关的宏观经济政策协调的研究主要集中在以下几个问题:

(一) 共同货币当局独立性和信誉问题

Mourmouras 和 Su(1995)在成员国债务稳定的前提下,提出共同货币当局和成员国政府之间的一个博弈模型,认为如果共同货币当局独立性和信守物价稳定的承诺能够保证,将有利于一个货币政策主导的体制的形成,这样可以严肃财政纪律,防止无约束财政政策对经济产生负面效应。Beetsma 和 Uhlig(1997)在对税收发生扭曲情况下通货膨胀税和铸币税创造激励的问题进行研究时发现,如果央行缺乏信守承诺的能力,政府赤字融资要求将最终迫使中央银行放弃物价稳定目标,从而出现更高的通货膨胀;而一个独立的信守承诺的中央银行,则能够不为政府预算赤字所虑,起到约束财政纪律的作用。Artis 和 Winkler(1997)的研究认为,在一个货币联盟中,如果货币当局坚定地信守物价稳定承诺,而各成员国财政当局将这一事实视为既定前提而采取斯塔克尔伯格博弈中追随者的策略,那么就会有利于一个物价稳定和财政谨慎的体制形成,从而避免了政策决策中的冲突和不确定。

(二) 货币政策和财政政策相互作用的问题

Levine 和 Brocine(1994)研究发现,在一个由非中央化的财政政策和不谨慎的共同货币当局组成的货币联盟中,容易产生通货膨胀倾向和公共产品的过度供给;当存在财政合作或财政领导时,则可以严格财政和货币政策纪律,避免上述情况发生。Cooper 和 Kempt(2000)在一个两国模型中分析了组建与不组建货币联盟两种情况下货币政策和财政政策的行为。在货币当局与财政当局存在一致的政策目标时,如果货币当局居于领导者地位,则货币联盟使帕累托效率改进;而如果财政当局居于领导者地位,则只有在财政当局赤字融资被限制和经济总量冲击高度相关的前提下,货币联盟才有助于社会福利的改善。Dixit 和 Lambertini(2003)的研究认为,在一个货币联盟中,如果货币和财政政策制定者对理想产出水平和通货膨胀水平拥有相同目标(目标偏好的权重可以不同)时,产出和通货膨胀的纳什均衡都可以达到理想水平;而如果货币和财政政策制定者的目标偏好不一致,又无法协调时,那么最终产出和通胀水平将超过所有政策制定者的理想水平。

(三) 财政约束和协调问题

Alesina 和 Drazen(1991)提出,在货币联盟中如果其他国家主动控制债务和赤字发生，提供财政纪律公共产品，则每个国家都会存在一种放松自身预算的激励，从共同预算稳定中"搭便车"，最终导致共同财政纪律松懈，危及共同货币的信誉和货币联盟的稳定；而《马斯特里赫特条约》和《稳定与增长公约》（Stability and Growth Pact）则可以作为一种成员国财政协调的外在约束机制，减少各国财政的溢出（Allsopp and Vines，1996）。Giovannini（1994）也指出，对财政预算硬约束的规定可以阻止成员国产生将内部财政困难输出的动机，从而避免危及整个联盟的利益。在缺乏共同联邦预算约束的情况下，关于财政约束的条约规定无疑是最好的选择。当然，也存在与上述内容相冲突的观点，如 Dornbusch（1997）认为，财政约束虽然在理论上是合理的，但在实际中，如果共同货币当局信守承诺，这样的约束反而会束缚财政政策稳定经济功能的发挥，财政协调源自成员国间财政政策的相互溢出。Laursen 和 Metzler（1950）曾通过一个传统凯恩斯主义模型分析到，一国财政支出的扩张将增加本国产出水平，但通过对世界利率的溢出效应，将使其他国家的产出下降，其国内开支增加最终被负向传递到其他国家。Masson 和 Taylor（1992）考察了欧洲汇率机制下德国经济状况的变化对其他成员国利率和汇率的重要外溢效应，发现德国财政扩张在增加本国产出时，倾向于降低其他成员国的国内产出，形成外部溢出的负效应，从而强调了财政协调的重要性。也有一些学者反对财政政策协调，如 Eichengreen（1996）认为，在欧洲货币联盟中财政政策跨界溢出的负效应并不显著，从而使超过《马斯特里赫特条约》规定的财政政策协调经济收益十分微小。Beetsma 和 Bovenberg（1998）进一步指出，如果在成员国层次上有足够的空间让市场机制和财政自动稳定器发挥作用，财政政策的跨区溢出效应就会相当有限，从而导致财政政策协调多余。

六、新开放经济宏观经济学的应用

值得一提的是，早期的分析都是基于蒙代尔-弗莱明模型，该分析框架缺少坚实的微观基础，由于没有考虑理性预期下的优化行为而解释力受限。20 世纪 90 年代，Obstfeld 和 Rogoff（1995）提出 Redux 模型，这标志着新开放经济宏观经济学的出现，该理论在有微观基础的动态一般均衡模型中引入名义刚性和市场不完全，最近二十年多来被广泛应用于国际宏观货币政策协调领域。

Obstfeld 和 Rogoff（2002）运用该分析框架，发现国际货币政策协调的福利收益的确存在于新开放经济宏观经济学模型中，但是收益与协调之间的关系并不显著。这激励了大量学者将各种现实因素融入模型中，探讨现实扭曲会如何影响福利收益。

Pappa（2004）研究表明，福利收益是否存在及其规模在很大程度上依赖于跨期替代弹性和同期替代弹性。Rabitsch（2012）和 Engel（2016）检验了不完全的金融资产市场对福利收益的影响。Corsetti 和 Pesenti（2015）以及 Fujiwara 和 Wang（2017）对不完全汇率传递下的福利收益进行了分析。Coenen 等（2007）用动态随机一般均衡量化福利收益，发现通过贸易实现的经济一体化能产生更大规模的福利收益，进一步推出目前国际经济一体化的趋势可能会扩大国际货币范围的结论。

进一步，贸易中的商品包括中间产品和最终产品，它们的很多特性诸如替代弹性、价格黏性等有所不同，而且大量实践研究表明，中间产品在贸易总额中占有相当大的份额。因此，有必要区分最终商品和中间商品对福利收益的影响。

Lombardo 和 Ravenna（2014）证实了生产中的进口投入品对最优货币政策具有重要影响。Gong 等（2016）分析了纵向整合的最优货币政策，因为中间产品和最终产品通过前向和后向联系，所以该模型中黏性价格在不同的生产阶段产生价格扭曲。Xia（2020）根据投入产出的生产结构引入中间产品，避免了跨生产阶段的相对价格扭曲，分析建立在有垄断竞争和名义刚性的标准两国模型中，经济受生产率冲击和成本推动冲击的干扰，最终发现，引入中间商品会放大劳动作为唯一生产要素的基准模型中货币政策合作带来的效益，但提高中间商品市场的开放度会减少收益，而且成本推动冲击是国际货币政策协作收益的主要来源。

参考文献

1. Alesina，Alberto and Drazen，Allan（1991）．"Why Are Stabilizations Delayed，" *American Economic Review*，81（5），1170 - 1188.

2. Allsopp，Christopher and Vines，David（1996）．"Fiscal Policy in EMU，" *National Institute of Economic Review*，No. 158.

3. Artis，Michael J. and Winkler，Bernhard（1997）．"The Stability Pact：Safeguarding the Credibility of the European Central Bank，" CEPR Discussion Papers，No. 1688.

4. Barro，Robert J. and Gordon，David B.（1983）．"Rules，Discretion and Reputation in a Model of Monetary Policy，" *Journal of Monetary Economics*，12（1），101 - 121.

5. Beetsma，Roel M. and Bovenberg，A. Lans（1998）．"Monetary Union without Fiscal Coordination May Discipline Policymakers，" *Journal of International Economics*，45（2），239 - 258.

6. Beetsma，Roel M. and Uhlig，Harald（1997）．"An Analysis of the Stability Pact，" CEPR Discussion Papers，No. 1669.

7. Boughton，James M.（1988）．"Policy Assignment Strategies with Somewhat Flexible Exchange Rates，" IMF Working Paper，No. 88/40.

8. Canzoneri，Matthew B. and Gray，Jo Anna（1983）．"Two Essays on Monetary Policy in an Interdependent World，" International Finance Discussion Papers，No. 219.

9. Coenen，Günter，Lombardo，Giovanni，Smets，Frank，Straub，Roland（2007）．*International Transmission and Monetary Policy Cooperation*，University of Chicago Press，157 - 192.

10. Cooper，Richard N.（1969）．"Macroeconomic Policy Adjustment in Interdependent Economies，" *The Quarterly Journal of Economics*，83（1），1 - 24.

11. Corsetti，Giancarlo，Pesenti，Paolo（2015）．"Endogenous Exchange-Rate Pass-Through and Self-Validating Exchange Rate Regimes，" *Economía Chilena*，18（3），62.

12. Currie，David and Levine，Paul（1987）．"Does International Macroeconomic Policy Coordination Payandisit Sustainable：A Two-Country Analysis，" *Oxford Economic Papers*，39（1），38 - 74.

13. Dixit，Avinash and Lambertini，Luisa（2003）．"Interactions of Commitment and Discretion in Monetary and Fiscal Policies，" *American Economic Review*，93（5），1522 - 1542.

14. Dornbusch Rudiger（1997）．"Fiscal Aspects of Monetary Integration，" *American Economic Review*，87（2），221 - 223.

15. Eichengreen，Barry（1985）．"International Policy Coordination in Historical Perspective：A View from the Interwar Years，" NBER Working Paper，No. 1440.

16. Eichengreen，Barry（1996）．"EMU：An Outsider's Perspective，" Center for International and Development Economics Research Working Paper，No. 1035.

17. Engel，Charles（2016）．"Policy Cooperation，Incomplete Markets，and Risk Sharing，" *IMF Economic Review*，64（1），103 - 133.

18. Frenkel，Jeffrey A. and Rockett，Katharine（1988）．"International Macroeconomic Policy Coordination When Policy-Makers Disagree on the Model，" NBER Working Paper，No. 2059.

19. Fujiwara，Ippei，Wang，Jiao（2017）．"Optimal Monetary Policy in Open Economies Revisited，" International Economic，108（Supplement C），300 - 314.

20. Ganzoneri，Matthew B. and Gray，Jo Anna（1985）．"Monetary Policy Games and the Consequences of Non-Cooperative Behavior，" *International Economic Review*，26（3），547 - 564.

21. Genberg，Hans and Swoboda，Alexander（1987）．"The Current Account and the Policy Mix Under Flexible Exchange Rates，" IMF Working Paper，No. 87/70.

22. Gong，Liutang，Wang，Chan，Zou，Heng-fu（2016）．"Optimal Monetary Policy with International Trade in Intermediate Inputs，" *International Money Finance*，65，140 - 165.

23. Hamada，Koichi（1976）．"A Strategic Analysis of Monetary Interdependence，" *Journal of Political Economy*，84（4），677 - 700.

24. Hamada，Koichi（1979）．"Macroeconomic Strategy Coordination under Alternative Exchange Rates，" in Dornbusch，Rudiger and Frenkel，Jacob. A. eds.，*International Economic Policy*，John Hopkins University Press.

25. Hamada，Koichi and Sakuri，Makoto (1978). "International Transmission of Stagflation under Fixed and Flexible Exchange Rates," *Journal of Political Economy*，86 (5)，877 – 895.

26. Holtham，Gerald and Hughes Hallet，Andrew (1987). "International Policy Cooperation and Model Uncertainty," CEPR Discussion Papers，No. 190.

27. Klein，Benjamin and Leffler，Keith B. (1981). "The Role of Market Forces in Assuring Contractual Performance," *Journal of Political Economy*，89 (4)，615 – 641.

28. Laursen，Svend and Metzler，Lloyd A. (1950). "Flexible Exchange Rates and The Theory of Employment," *The Review of Economics and Statistics*，XXXII，281 – 299.

29. Levine，P. and Brocine，P. (1994). "Fiscal-Policy Coordination and EMU: A Dynamic Game Approach," *Journal of Economic Dynamics and Control*，18 (3 – 4)，699 – 729.

30. Lombardo，Giovanni，Ravenna，Federico(2014). "Openness and Optimal Monetary Policy," International Economies，93 (1)，153 – 172.

31. Masson，Paul R. and Taylor，Mark P. (1992). "Common Currency Areas and Currency Unions: An Analysis of the Issues," CEPR Discussion Paper，No. 617.

32. McKinnon，Ronald I. (1984). *An International Standard for Monetary Stabilization*，Washington: Institute for International Economics.

33. Mourmouras，Iannis A. and Su，Dou-Ming (1995). "Central Bank Independence，Policy Reforms and the Credibility of Public Debt Stabilizations," *European Journal of Political Economy*，11 (1)，189 – 204.

34. Obstfeld，M.，Rogoff，K. (1995). "Exchange Rate Dynamics Redux," *Journal of Political Economy*，103 (3)，624 – 660.

35. Obstfeld，M.，Rogoff，K. (2002). "Global Implications of Self-Oriented National Monetary Rules," *The Quarterly Journal of Economics*，117 (2)，503 – 535.

36. Oudiz，Galles and Sachs，Jeffrey (1984). "Intertemporal Policy Coordination in Dynamic Macroeconomic Models," NBER Working Paper，No. 1417.

37. Pappa，Evi (2004). "Do the ECB and the Fed Really Need to Cooperate? Optimal Monetary Policy in A Two-country World," *Monetary Economic*，51 (4)，753 – 779.

38. Rabitsch，Katrin (2012). "The Role of Financial Market Structure and the Trade Elasticity for Monetary Policy in Open Economies," *Journal of Money，Credit and Banking*，44 (4)，603 – 629.

39. Rogoff，Kenneth (1985). "Can International Monetary Cooperation be Counter Productive?"，*Journal of International Economics*，18 (3 – 4)，199 – 217.

40. Tian Xia (2020). "The Role of Intermediate Goods in International Monetary Cooperation," *Journal of International Money and Finance*，100.

41. Williamson，John (1985). *The Exchange Rate System*，Washington: Institute for International Economics.

巴拉萨-萨缪尔森效应

　　"在许多国际经济学家的内心深处，对购买力平价理论都有着根深蒂固的信念"（Dornbusch and Krugman，1976），然而，大量的实证研究表明，购买力平价（PPP）与现实汇率之间存在着偏离，并且这一偏离非常普遍，在发展中国家尤为突出。与购买力平价密切相关的一个概念是实际汇率，严格形式的购买力平价理论认为，反映不同国家之间价格水平对比关系的实际汇率应该等于1，即使考虑到运输成本，也应当是一个常数。同样，这一推论没有得到经验研究的广泛支持。

　　针对现实汇率对购买力平价偏离（即实际汇率的波动）现象的分析有许多种，其中最具影响力的理论之一是巴拉萨-萨缪尔森（Balassa-Samuelson）效应。巴拉萨在他那篇著名的论文（Balassa，1964）中，尝试对购买力平价进行系统的清算，以探求造成现实汇率对购买力平价普遍长期偏离的原因，他认为这种偏离不是随机的、偶然的，而是一种系统性的偏离，偏离的程度在总体上与经济发展水平相关。在巴拉萨发表该篇文章的同一年，萨缪尔森也发表了一篇论文（Samuelson，1964），其出发点、分析角度以及分析方法与巴拉萨基本一致，因此他们的见解被合称为"巴拉萨-萨缪尔森效应"（以下简称 B-S 效应）。

　　B-S 效应提出以后，很快成为研究经济增长与实际汇率之间关系的一个基本分析框架。之后，一些经济学家对 B-S 效应在理论上提出了一些质疑、补充和发展，而更多的学者则是从实证的角度对该理论假说包含的诸命题进行了检验。本文分两个部分，第一部分对 B-S 效应的理论含义进行较为详细的论述，第二部分对 B-S 效应的主要实证研究及其结果进行综述。

一、巴拉萨-萨缪尔森效应的理论含义

（一）巴拉萨-萨缪尔森效应的理论渊源：李嘉图原则

B-S 效应的理论渊源最早可以追溯到 Ricardo（1817）的名著《政治经济学及赋税原理》（*On the Principles of Political Economy and Taxation*）中的一些论述和观点，我们将其称为李嘉图原则。李嘉图把一国的经济部门区分为传统部门与制造业部门，这两个部门的差异主要体现在生产函数的不同特征上。对于传统部门来说，它最大的特征在于生产率较低且难以提高，边际收益递减，它是主要人口得以谋生的部门。李嘉图认为，农业部门是所谓传统部门的典型代表。而他所称的制造业部门则具有相对高的生产率，并且生产效率可以不断提高。

李嘉图认为，上述两个部门在生产率上的差异会反映在这两个部门产品的价格水平上。对于制造业部门迅速发展的国家来说，该国传统部门的价格水平将会高于其他国家。李嘉图的表述是："（生产率的差异）将在一定程度上导致不同国家货币价值的差异；它们将会向我们解释为什么传统部门产品的价格，例如那些体积庞大而价值微薄的产品价格，在与其他因素无关的情况下，会在制造业飞速发展的国家显得更高。"

李嘉图区分传统部门和制造业部门的主要依据是生产率的差异。在他的分析中，不同部门在生产率上具有的不同特征带来了这些部门价格水平的差异。而将生产率因素作为影响长期实际汇率变动的主要因素，正是后来 B-S 效应的一个重要理论内核。另外，在李嘉图的分析中，传统部门产品的特征是"体积庞大而价值微薄"，这就在某种意义上说明了这些产品很难进入国际贸易，因为在其体积庞大的情况下，运输成本肯定相对于其较低的价值来说是不可承受的；而对于制造业部门来说，其产品的特征则是"体积小而价值高"，显然有很强的可贸易性，因此，李嘉图的分析与后来的 B-S 效应在贸易品部门和非贸易品部门下的分析框架有着一定程度的一致性。

李嘉图原则提出以后，被一系列研究者进行了深化发展，如 Taussig（1928），Harrod（1939）以及 Usher（1963）等。在 Balassa 和 Samuelson（1964）关于 B-S

效应的分析中，李嘉图原则的思想得到了比较明确的体现。

（二）巴拉萨-萨缪尔森效应的原创性论述及其逻辑

B-S效应的两篇原创性文献有着基本一致的分析角度和分析方法，因此，我们仅通过考察其中的一篇——Balassa（1964）的理论分析过程来对B-S效应的原创性思想及其逻辑进行阐述和梳理。

巴拉萨在分析中区分了贸易品部门和非贸易品部门，通过五个逐步推进的分论点完整表述了他的思想：①当不存在贸易限制时，可贸易品满足购买力平价，不同国家可贸易品的价格通过汇率达到一致。②假定商品价格等于边际成本，贸易品部门生产率水平的差异决定了不同国家贸易品部门工资水平的差异；而由于在一国内部，劳动力是可以自由流动的，这就使得在一国内部非贸易品部门和贸易品部门的工资水平相等。③生产率较高的国家，其贸易品部门的工资水平也较高，在一国内部工资水平均等化作用下，该国的非贸易品部门（如服务部门）工资也随之相对较高；而与贸易品部门相比，不同国家非贸易品部门之间的生产率差异较小，因此，生产率较高的国家，其非贸易品的价格水平更为昂贵。④非贸易品价格虽然不直接影响汇率，却要进入购买力平价的计算中，因此，实际汇率与购买力平价之间就出现了偏离。⑤两国间贸易品部门的劳动生产率差异越大，这两国工资和非贸易品价格的差异就越大，相应的购买力平价与现实汇率之间的偏差就越大。

（三）对巴拉萨-萨缪尔森效应的补充和修正

B-S效应提出以后，一些经济学家对该效应从理论上提出了一些质疑、补充和修正。总的来看，围绕B-S效应的各种补充和修正主要从以下三个方面进行：

一是放松B-S效应理论假说的假设前提。B-S效应理论的假设颇为严格，比如小国经济和利率给定；劳动力和资本在不同部门之间可以快速自由流动；要素规模收益不变等。经济增长导致实际汇率升值需要经过比较严格的传导过程，这一传导过程如果不畅通，得到的结果可能就不是实际汇率升值。综合看来主要有以下几种可能情况：①最初生产力的提高可能是由制造品出口增加所引起的，而这种制造品出口的增加本身就可能引起实际汇率升值。也就是说，可能有某一外生冲击（如制造品出口增加）同时引起一国生产力提高和实际汇率升值（Ito, Isard and Symansky, 1997）。②一国生产力的提高可能并不反映为贸易品部门的生产力提高，而是反映为非贸易品部门生产力提高。如果这样，经济增长可能导致非贸易品部门的相对价格下降，从而引起实际汇率贬值；另外，如前所述，贸易品部门生产力提高不一定是由经济增长引致的，反而可能是货币贬值的直接后果（Kubota, 1997）。③

在发展中国家，贸易品部门与非贸易品部门的劳动力是有差异的，再加上市场分割比较普遍，从而劳动力不能实现完全的自由流动，所以即便贸易品部门的生产力增长使得贸易品部门的工资水平提高，也未必能传导到非贸易品部门，引起非贸易品部门的劳动力工资提高。④即便非贸易品部门的劳动力工资提高，由于发展中国家的物价并非完全由市场决定，而是存在政府控制和干预的因素，所以非贸易品部门的相对价格也可能并没有提高（Egert，Drine，Lommatzsch and Rault，2002）。

二是寻找 B-S 效应以外的其他传导途径。在某种意义上，B-S 效应只是从供给面（通过劳动力工资渠道）给出了生产力增加对实际汇率影响的机制。实际上，生产力增加还可以通过需求方的传导机制对实际汇率产生影响（Asea and Corden，1994），而且供给方也不只劳动力工资这一个渠道（Lewis，2005）。例如：①从供给面来看，生产力提高后可能降低出口品的生产成本，从而降低出口品的价格，在进口品价格保持不变的情况下，导致该国的贸易条件恶化，从而实际汇率贬值。②从需求面来看，生产力提高后收入也增加，从而导致政府开支和私人需求偏好的变化，进而引起贸易品和非贸易品需求量的变化，也就是影响它们的相对价格，最后使得实际汇率发生变化。当然，具体的变化方向要根据政府和私人需求变化的情况而定，如果是非贸易品的需求增加使价格上涨，则会导致实际汇率升值。③从需求面的名义冲击来看，当生产力提高使得收入增加后，若货币存量不变，则利率上升，当然也可能下降，这由货币政策外生决定。

三是考察由名义汇率升值所引起的实际汇率升值。由于两国的实际汇率是由名义汇率和两国的相对价格共同决定的，所以如果名义汇率升值且两国的相对价格保持不变，也可引起实际汇率升值。而生产力的提高也主要是通过贸易品部门生产力增加导致出口增加，国际收支出现顺差，引起外汇市场上本币需求增加、外币需求减少，从而名义汇率出现升值压力，当两国相对价格也就是通货膨胀的相对水平不变时，实际汇率也将出现升值压力。

（四）对巴拉萨-萨缪尔森效应的简要评述

B-S 效应所阐述的是在经济发展过程中，一国的不可贸易品与可贸易品之间比价所发生的系统性变化，以及该国与其他国家实际汇率总体水平随之发生的系统性调整。在这一理论中，将生产率因素（更确切地说是生产率变动中的差异，即一国内部非贸易品部门与贸易品部门的生产率提高幅度上的差别，以及两国这一差别程度的相对比较）视为造成这一系统性变化的主要原因。

B-S 效应的提出最初是为了对购买力平价进行修正，这种修正主要考察现实经济因素对购买力平价的影响。从逻辑上看，其论证过程可以分为两个层次，第一个层次是论证现实经济因素变动对价格的影响，即在区分贸易品和非贸易品的基础上，得出了生产率因素会引起贸易品和非贸易品之间相对价格关系调整的结论；第二个层次是利用上述结论，进一步对现实汇率系统偏离 PPP 及实际汇率的长期变动趋势进行解释。在 B-S 效应理论中，第一个层次是其最核心的理论实质，而第二个层次只是在第一个层次基础上顺理成章的推论，因此，B-S 效应的理论核心不一定必须要和购买力平价相结合。

B-S 效应有两个假设前提：一是可贸易品部门的生产率增速高于非贸易品部门；二是国家间可贸易品的购买力平价是成立的。在这两个假设前提的基础上，该理论推导出了一系列命题，如工资完全是由贸易品部门的生产率决定；一国非贸易品的相对价格由贸易品部门和非贸易品部门的生产率差异决定；非贸易品的相对价格决定实际汇率。此外，该理论还衍生出一个著名的推论，即在那些人均收入上升的国家，价格水平也是上升的。换言之，经历快速经济增长的国家往往同时经历着实际汇率的升值。上述理论前提和得出的结论都成为后来关于 B-S 效应的大量实证研究所要检验的主要命题。

二、巴拉萨-萨缪尔森效应的实证研究

（一）巴拉萨-萨缪尔森效应实证检验的方法

B-S 效应提出以后，很多经济学家对该理论的一系列论断进行了实证检验。从使用的方法来看，关于 B-S 效应的实证研究大体上可分为两个阶段，而这两个阶段的形成又与计量检验手段的进步密切相关。从理论上看，对 B-S 效应的检验需要采用全要素生产率，但出于分析简便的考虑，实证分析中一般采用相对易于获取的劳动生产率指标。对于一国来说，长期内的劳动生产率数据及实际汇率数据都是非平稳序列，需要运用时间序列分析方法予以研究。而时间序列分析在 20 世纪 80 年代后才取得突破。因此，时间序列分析方法的采用与否就带来了研究手法上的重大区别。

在 20 世纪 80 年代之前，对 B-S 效应的检验是通过稍加变通的方式进行的：既然同一国家经济增长期间生产率与实际汇率之间的关系难以检验，那么可以比较处于不同经济发展阶段国家的实际汇率情况，从而也就间接地反映出了经济增长中实际汇率的变动特征。80 年代以后，随着计量经济学特别是时间序列研究方法上的突破，B-S 效应的实证研究也进入了一个新的阶段，分析方法逐步由静态向动态转

变，并且利用时间序列分析方法对一国实际汇率的连续变动趋势进行检验。

(二) 关于巴拉萨-萨缪尔森效应的实证检验

1. 对发达国家的检验

Balassa (1964) 本人在提出 B-S 效应的同时，对该理论中的论断进行了实证分析。他利用 12 个国家在 1960 年的横截面数据来检验 B-S 效应，得出的结论是：那些较富裕的国家确实经历着实际汇率的升值。巴拉萨这一实证研究的缺陷是：该检验涵盖的国家过于有限。在由世界银行支持的"国际比较项目"（international comparison program，简称 ICP）中，Kravis，Heston 和 Summers (1982) 通过购买力平价的方法计算出了各国可比的非贸易品相对价格，得出的结论是：经济越不发达，非贸易品的相对价格水平越低，从而在静态意义上有力地支持了 B-S 假说。Hsieh (1982) 通过分析 1954—1976 年日本、德国和美国的数据，发现实际汇率与生产力差异之间存在着 B-S 效应关系，而且 Hsieh (1982) 在采用工具变量技术对回归方程进行修正后，检验结果仍然支持 B-S 假说。Marston (1987) 对 1973—1983 年日元和美元的升值进行了研究：他将经济分解为 10 个部门，运用部门就业数据计算了 OECD 国家贸易品部门和非贸易品部门之间的劳动生产力差距，发现这些变量构成了对日元与美元长期升值趋势的强有力解释。Edison 和 Klovland (1987) 检验了 1874—1971 年间英镑对挪威克朗的长期实际汇率，发现在这样较长的样本期内，不论用实际产出作为生产力替代指标，还是用商品/服务生产力作为生产力替代指标，英国与挪威的生产力增长差距都确实影响两国货币的实际汇率走势。Summers 和 Heston (1991) 利用横截面数据对 B-S 效应进行了检验：他们将样本国分为两组，一组是富国，一组是穷国，研究发现，两组国家间的价格水平差异越大，B-S 效应越有说服力；但是在两组国家内部，收入和价格水平之间的相关性很低，换句话说，B-S 效应可能只适用于收入差别较大的国家，而不适用于收入差别较小的国家。Chung-han (2000) 将季度实际汇率与美国及英国的人均收入（将人均收入差异作为两国生产力的差异）联系起来，得出的结论是：B-S 效应有助于预测美英两国的中期和长期实际汇率。该研究的不足之处是没有使用非贸易品部门的价格和工资直接进行验证，实际上，这一缺陷在很多实证研究中都存在。

上述实证检验的结果为 B-S 效应提供了支持的证据，同样，也有一些检验对 B-S 效应提出了质疑。Froot 和 Rogoff (1991) 运用 OECD 的 22 个国家在 1950—1989 年的数据对 B-S 效应进行检验。他们发现，不论使用全部样本还是各分组样本，生产力差异与实际汇率之间的相关性都很低。后来，Froot 和 Rogoff (1995) 又利用 13 个 OECD 国家的面板数据检验了 B-S 效应中的两个命题：一个是贸易品的相对价格与平均劳动生产力成正比；另一个是贸易品的购买力平价是成立的。他们通过对序列的长期行为检验发现，非贸易品相对价格和贸易品部门与非贸易品部门生产力的差异之间存在着协整关系，它们之间的相关系数接近 1，这表明上述第一个命题是成立的。然而，当对美元汇率进行购买力平价检验时，结果却表明贸易品相对价格存在着对购买力平价的长期大规模偏离，也就是说，上述第二个命题不成立。Asea 和 Mendoza（1994）以他们建立的动态均衡模型为基础对 B-S 效应进行了检验。他们运用 1975—1985 年 14 个 OECD 国家的数据检验发现，在一个国家内，贸易品部门与非贸易品部门之间的生产力增长差距对非贸易品相对价格变动的解释力相当强；但是，国家之间非贸易品价格的变动对实际汇率的解释力却很小。Faria 和 Leon-Ledesma（2003）也做了一项很有意义的研究，以前的经验研究将生产力或者定义为平均生产力，或者定义为边际生产力，而他们则通过简化的 B-S 模型同时检验平均生产力和边际生产力与实际汇率的关系，他们对六组汇率（德国/日本、英国/日本、英国/德国、英国/美国、日本/美国和德国/美国）检验的结果没有一组关系支持 B-S 效应。

2. 对发展中国家的检验

以上研究基本上都是对发达国家实际汇率变动趋势进行的分析，而由于统计资料的限制，早期对发展中国家实际汇率变动问题的研究一直不多见，但是也有一些学者在这一方面进行了有益的探索。Wood（1991）的成果在这一领域具有开创性，他研究发现，1960—1980 年间，发展中国家实际汇率在总体上相对于发达国家发生了贬值，而造成这一贬值的原因在于发达国家在此期间劳动生产率提高得更快，由此形成了发达国家不可贸易品价格的提高。这一结论验证了 B-S 效应。

20 世纪 90 年代后，为了对 B-S 效应进行更为明确的检验，很多研究集中在经济高速增长最为突出的亚太经合组织区域内的发展中经济体（有时也包括日本），这其中特别值得重视的，并被后来广泛引用的是 Ito，Isard 和 Symansky（1997）的研究。他们将机器制造业作为代表性的贸易产品，利用亚太经合组织区域的数据来检验经济增长与实际汇率之间是否存在稳定的关系。他们的检验结果表明：①对日本的检验支持 B-S 效应，在经济增长与实际汇率升值之间存在正相关关系；②对韩国、中国台湾、中国香港和新加坡的检验也在一定程度上支持 B-S 效应；③对中国的检验与 B-S 效应相反，经济增长伴随着实际汇率贬值，而不是升值；④对泰国和马来西亚的检验表明 B-S 效应不能解释实际汇率行为，因为这些国家的经济增长同时伴随着相对稳定的实际汇率。根据上述几点检验结果，他们认为 B-S 效应可能仅适用于那些处于特定发展阶段的经济体，即"适用于资源匮乏、经济开放，经济增长是由工业结构和贸易结构的变化带来的经济体。即便那些经历了快速增长的经济体，如果其增长来源于初级产品出口或是来源于计划经济体制，B-S 效应也是不适用的。但是，对于这些经济体来说，当经济发展进入更高的阶段时，可能会出现实际汇率的升值"（Ito，Isard and Symansky，1997）。

与 Ito，Isard 和 Symansky（1997）的研究结论相比，Chinn（1997）的研究结果相对更为乐观。Chinn（1997）编制了亚洲主要经济体 1970—1992 年分部门的就业和产出数据，根据这些数据对印度尼西亚、韩国、马来西亚和菲律宾四个国家的实际汇率进行检验。他发现在这些国家中，制造业生产力增长 1%，会带动实际汇率升值 0.5%。因此，他认为从长期看，亚洲经济体的经济增长与实际汇率行为之间存在 B-S 效应预测的关系。另一个相对乐观的研究结论来自 Cheung 和 Lai（2000）。他们用单位根的非平稳性检验，证明了五个亚洲主要经济体（中国香港、印度尼西亚、韩国、马来西亚和新加坡）1973—1995 年的实际汇率偏离购买力平价是由于存在趋势转移，而这种趋势转移是由收入增长、贸易品与非贸易品的价格差别所导致，从而从实际汇率趋势转移这一角度印证了 B-S 效应在这些亚洲经济体是成立的说法。

近些年，更多学者通过改进指标计算与计量模型研究 B-S 效应对不同国家经济的适用性。在数据集选取与指标计算改进上，Unayama（2003）通过引入产品多样性，强调实际汇率不仅取决于可贸易品与不可贸易品的相对价格，还取决于可贸易品之间的相对价格，结论支持 B-S 效应；Kohli 和 Natal（2014）提出了一种新的生产理论方法，将实际汇率表示为国内过剩储蓄、贸易条件、相对要素禀赋和技术进步的函数，实证发现瑞士法郎实际汇率的主要驱动力是贸易条件，且没有表现出 B-S效应；Hussain 和 Haque（2020）扩大样本空间，研究 1950—2017 年 182 个国家面板数据，认为生产率的提高导致了实际汇率的提高，即支持 B-S 效应；Gubler 和 Sax（2019）利用 1970—2008 年经合组织国家数据，采用 3 组部门生产率指标构建全要素生产率，实证结果不支持 B-S 效应，发现贸易品部门的生产率与实际汇率之间存在强烈的负相关关系，文章指出，之所以与之前支持 B-S 效应的文章结论相反，可能是由数据集和模型的选择差异造成的。

在计量方法的改进方面，Zheng（2015）考虑使用动态性与贝叶斯方法改进计量模型，利用贝叶斯动态线性模型检验了德国相对于美国的实际汇率的购买力平价偏离和 B-S 效应的解释能力，结果发现德国贸易品部门与非贸易品部门生产率负相关，不支持 B-S 效应的假设；Ansarinasab Farzam 和 Nejad（2020）采用非线性马尔科夫转换方法对伊朗经济进行研究，实证结果同样不支持 B-S 效应。Lenarcic（2019）建立两国两部门动态随机一般均衡模型，引入商品质量改进机制对特定生产部门的冲击影响，认为 B-S 效应产生的原因是贸易品部门生产率的变化推动非贸易品部门价格通胀高于贸易品部门价格通胀。

参考文献

1. Ansarinasab，M.，Farzam，V.，and Nejad，A. A.（2020）．"Examining the Balassa-Samuelson Hypothesis，With an Emphasis on the Relative Abundance of Skilled and Unskilled Labor：A Markov-Switching Approach," *Quarterly Journal of Applied Theories of Economics*，7，27-52.

2. Asea，Patrick K. and Corden，W. Max（1994）．"The Balassa-Samuelson Model：An Overview," *Review of International Economics*，2（3），191-200.

3. Asea，Patrick K. and Mendoza，Kerique G.（1994）．"The Balassa-Samuelson Model：A General-Equilibrium Appraisal," *Review of International Economics*，2（3），244-267.

4. Balassa，Bela（1964）．"The Purchasing Power Parity Doctrine：A Reappraisal," *Journal of Political Economy*，72（6），584-596.

5. Cheung，Yin-Wong and Lai，Kon S.（2000）．"On the Purchasing Power Parity Puzzle," *Journal of International Economics*，52（2），321-330.

6. Chinn，Menzie（1997）．"The Usual Suspects? Productivity and Demand Shocks and Asia-Pacific Real Exchange Rates," NBER Working Paper，No. 5679.

7. Chung-han，Kim（2000）．"Balassa-Samuelson Theory and Predictability of the US/UK Real Exchange Rate," *International Economic Journal*，4（3），101-121.

8. Dornbusch，Rudiger and Krugman，Paul（1976）．"Flexible Exchange Rates in the Short-Run," *Brookings Papers on Economic Activity*，3，537-575.

9. Edison，Hali J. and Klovland，Jan T.（1987）．"A Quantitative Reassessment of the Purchasing Power Parity Hypothesis：Evidence from Norway and the United Kingdom," *Journal of Applied Econometrics*，2（4），309-333.

10. Egert，Balazs；Drine，Imed；Lommatzsch，Kirsten and Rault，Christophe（2003）．"The Balassa-Samuelson Effect in Central and Eastern Europe：Myth or Reality?", *Journal of Comparative Economics*，31（3），552-572.

11. Faria，J. Ricardo and Leon-Ledesma，Miguel（2003）．"Testing the Balassa-Samuelson Effect：Implications for Growth and PPP," *Journal of Macroeconomics*，25（2），241-253.

12. Froot，Kenneth A. and Rogoff，Kenneth．"Perspectives on PPP and the Long-Run Real Exchange Rate," in G. Grossman and K. Rogoff eds.（1995）．*Handbook of International Economics*，Amsterdam：North Holland Press，Vol. 3.

13. Froot，Kenneth A. and Rogoff，Kenneth．"The EMS, the EMU, and the Transition to a Common Currency," in Fisher，S. and Blanchard，O. eds.（1991）．*National Bureau of Economic Research Macroeconomics Annual*，MIT Press，269-327.

14. Gubler，M.，and Sax，C.（2019）．"The Balassa-Samuelson Effect Reversed：New Evidence

from OECD Countries," *Swiss Journal of Economics and Statistics*，155，1 - 21.

15. Hsieh，David A.（1982）. "The Determination of the Real Exchange Rate：The Productivity Approach," *Journal of International Economics*，12（3 - 4），355 - 362.

16. Hussain，M. E.，and Haque，M.（2020）. "Is the Balassa-Samuelson Hypothesis Still Relevant? Cross-Country Evidence from 1950—2017," *Journal of Economics and Political Economy*，7，162 - 179.

17. Ito，Takatoshi，Isard，Peter and Symansky，Steven（1997）. "Economic Growth and Real Exchange Rate：An Overview of the Balassa-Samuelson Hypothesis in Asia," NBER Working Paper，No. 5979.

18. Kohli，U.，and Natal，J.（2014）. "The Real Exchange Rate and the Structure of Aggregate Production," *Journal of Productivity Analysis*，42，1 - 13.

19. Kravis，I.，Heston，A. and Summers，R.（1982）. *World Product and Income：International Comparisons of Real Gross Product*，Baltimore：Johns Hopkins.

20. Lenarcic，Črt.（2019）. "Inflation—The Harrod-Balassa-Samuelson Effect In a DSGE Model Setting," *Economic and Business Review*，21（2）.

21. Lewis，Vivien（2005）. "Productivity and the Euro-Dollar Exchange Rate," https：// www. econ. kuleuven. ac. be/ew/academic/intecon/Lewis/Research/BSeuroJan05. pdf.

22. Marston，Richard C. "Real Exchange Rates and Productivity Growth in the United States and Japan," in Arndt，S. and Richardson，J. D. eds.（1987）. *Real Financial Linkages among Open Economies*，Cambridge：MIT Press，71 - 96.

23. Samuelson，Paul A.（1964）. "Theoretical Notes on Trade Problems," *Review of Economics and Statistics*，46（2），145 - 154.

24. Summers，Robert and Heston，Alan（1991）. "The Penn World Table：An Expanded Set of International Comparisons，1950 - 88," *Quarterly Journal of Economics*，106（2），327 - 368.

25. Unayama，T.（2003）. "Product Variety and Real Exchange Rates：The Balassa-Samuelson Model Reconsidered," *Journal of Economics*，79，41 - 60.

26. Wood，Adrian（1991）. "Global Trends in Real Exchange Rates，1960—1984," *World Development*，19（4），317 - 332.

27. Zheng，L.（2015）. "Does Purchasing Power Parity Hold for the German-US Real Exchange Rate? A Bayesian Dynamic Linear Model," *International Journal of Economics and Finance*，7，20.

28. 高海红. 实际汇率与经济增长：运用边限检验方法检验巴拉萨-萨缪尔森假说. 世界经济，2003（7）.

29. 杨长江. 人民币实际汇率长期调整趋势研究. 上海：上海财经大学出版社，2002.

新开放经济宏观经济学

近年来，开放经济宏观经济学的研究有了重大的突破和进展。在这一过程中，具有重要里程碑意义的是 1995 年奥伯斯法尔德和罗格夫在《政治经济学》期刊上发表了题为《汇率动态回归》的文章，开辟了"新开放经济宏观经济学"的研究方法，标志着开放经济宏观经济学的发展步入了一个新的阶段。此后，沿着这一方向，出现了大量文献，将研究进一步推向深入。

回顾开放经济宏观经济学的发展，其作为一个独立的学科体系是在第二次世界大战以后。20 世纪 60 年代，Mundell（1963）和 Fleming（1962）将对外贸易和资本流动引入到封闭经济的 *IS-LM* 模型中，建立了一个开放经济的宏观经济学模型，即蒙代尔-弗莱明模型（简称 M-F 模型）。该模型将开放经济体系的一些主要经济变量纳入其中，讨论了这些变量之间的关系，从而为开放经济下的宏观经济分析提供了一个基本框架。70 年代，Dornbusch（1976）在蒙代尔-弗莱明模型基本理论框架的基础上，用黏性价格代替原来的固定价格，同时引入预期因素，建立了一个汇率动态模型。该模型是对蒙代尔-弗莱明模型的修正和扩展，其构建的新的分析框架被称为蒙代尔-弗莱明-多恩布什传统（简称 M-F-D 传统）。长期以来，开放经济宏观经济学的分析主要是沿用蒙代尔-弗莱明模型或蒙代尔-弗莱明-多恩布什传统提供的框架。但是，传统的分析框架有着内在的缺陷，其中最重要的是缺乏微观基础。著名的卢卡斯批判指出，宏观经济变量变动时会影响经济个体的决策，导致宏观变量之间的关系发生改变，因此缺乏微观基础的宏观经济分析会产生偏差。

Obstfeld 和 Rogoff（1995）的那篇开创性论文将 20 世纪 80 年代发展起来的跨时分析方法与蒙代尔-弗莱明-多恩布什传统相结合，其根本目的正是要建立一个开放经济宏观经济分析的新的基本框架模型。该篇文章及其后续的发展所形成的新开放经济宏观经济学，其主要特征是将名义黏性和垄断竞争纳入建立在坚实微观基础上的动态一般均衡模型中。名义黏性和垄断竞争的假定改变了外生经济冲击的传导机制，重新确定了宏观政策的重要地位；而微观基础的引入，一方面使得新的理论框架下对现实国际经济现象的分析和解释比传统框架下的理论更具有说服力，另一方面，通过求解效用最大化和利润最大化，可以对宏观经济政策进行明确的福利分析和政策评估。因此，新开放经济宏观经济学较传统的蒙代尔-弗莱明模型和蒙代尔-弗莱明-多恩布什传统框架下的分析方法大大前进了一步，并成为目前开放经济宏观经济学研究的主导方向。

本文将对新开放经济宏观经济学的产生、发展及最新动向进行综述，主要分为四个部分。第一部分对奥伯斯法尔德和罗格夫在其开创性论文中建立的 Redux 模型进行介绍；第二部分对基于 Redux 模型的前提假设进一步深入分析得到的理论扩展进行综述；第三部分介绍 Redux 模型中引入不确定性后形成的随机新开放经济宏观经济学模型及其发展；第四部分回顾关于新开放经济宏观经济学的实证研究文献。

一、Redux 模型：新开放经济宏观经济学的基本模型

（一）Redux 模型的提出及模型假设

Obstfeld 和 Rogoff（1995）在其那篇开创性的论文中提出了一个具有坚实微观基础的开放经济动态一般均衡模型，简称 Redux 模型。该模型构建了后来被称为新开放经济宏观经济学的理论框架，以后的研究都是建立在该模型基础上的进一步发展。

在 Redux 模型的构建过程中，奥伯斯法尔德和罗格夫提出了一系列假定，归纳起来主要有以下几点：（1）该模型为一个两国模型。假定世界总人口数和世界商品量都为 1，人口数和商品量都是连续闭集，由指数 $z \in [0, 1]$ 表示，其中，本国居住的人口是 $[0, n]$，剩余的部分 $[n, 1]$ 居住在国外；本国生产的商品量为 $[0, n]$，外国生产剩余的 $[n, 1]$。

（2）每个人既是生产者——生产一种不同的产品，又是消费者；劳动是生产所需要的唯一要素，并且与产量正相关；国内外每个人作为消费者具有相同的偏好，这就决定了他们具有相同的效用函数，可用式（1）表示，该式实际上假定居民的效用水平是由与效用正相关的消费水平、实际货币余额以及与效用负相关的产出水平的一个加权平均值决定。

$$U_t = \sum_{s=t}^{\infty} \beta^{s-t} \left[\frac{\sigma}{\sigma-1} C_s^{(\sigma-1)/\sigma} + \frac{\chi}{1-\varepsilon} \left(\frac{M_s}{P_s} \right)^{1-\varepsilon} - \frac{\kappa}{\mu} y_s(z)^{\mu} \right] \tag{1}$$

其中，σ，$\varepsilon > 0$，$\mu < 0$，$0 < \beta < 1$，C_s 是该居民消费各种产品的总的消费指数；M_s/P_s 是该居民的实际货币余额；$y_s(z)$ 是该居民的产出水平，用以表示他付出的工作努力。

（3）跨国贸易不存在障碍和成本，因而对每种商品一价定律都成立。这意味着对于同样的消费篮子，购买力平价成立，基于消费的实际汇率是固定的。

（4）存在一个统一的世界资本市场，在这一市场上两个国家都可以自由借贷。该资本市场上唯一可交易的资产是用复合消费品标价的无风险实际债券。基于此，本国居民的跨时预算约束可以由式（2）给出。

（5）假定当期商品价格在前一期被生产者确定，经过本期以后，价格调整到均衡点，从而将名义价格黏性引入模型中，即

$$P_t F_t + M_t = P_t(1+r_{t-1}) F_{t-1} + M_{t-1} + p_t(z) y_t(z) - P_t C_t - P_t T_t \tag{2}$$

其中，r_t 表示债券从第 t 期到第 $t+1$ 期的实际利率，F_t 和 M_t 是一个本国居民在进入第 $t+1$ 期时所持有的债券和本国货币存量，$p_t(z)$ 和 P_t 分别表示在第 t 期商品 z 的本国货币价格和总的本国价格指数，$y_t(z)$、C_t 和 T_t 分别为该居民在第 t 期的产出水平、消费水平和付给本国政府的税负。

（6）引入不完全竞争，假定每个生产者都有一定的市场垄断力量，这样，总体来看，一国的产出面对的是向下倾斜的世界需求曲线。

（二）Redux 模型的内容与分析结果

1. 模型的构建思路

基于上述一系列假定，在跨时预算约束下，每个人通过决定他的消费、货币持有量、劳动供给以及确定其产出的价格，努力使其一生的效用最大化。根据最大化问题的一阶条件可以得到三个方程：第一个是标准的欧拉方程；第二个是货币市场的均衡条件方程，即实际货币余额提供的服务消费的边际替代率等于持有实际货币余额的机会成本。在效用函数中，每个人直接从持有货币中受益，但是也因此损失了无风险债券利息和消除通货膨胀成本的机会。第三个是劳动和闲暇的交替方程，

即多生产一单位产品获得收入的边际效用等于劳动的负效用。求解上述一阶条件方程，就可以得到模型的一个稳定状态点。为了进一步研究货币冲击的动态效应，奥伯斯法尔德和罗格夫又利用稳定状态点附近的对数线性近似得出了模型各变量的动态调整过程。这样，就构建起了一个动态一般均衡模型，该模型可以用来分析不对称的政策（如货币政策、财政政策）等冲击对各国经济的影响：由于价格是黏性的，因此可以分别得出一个冲击在第一个时期的短期效应和对长期稳定状态的效应；相应地，还可以计算出该冲击的总的福利效应，它等于该冲击所引起的短期效应变动与长期稳定状态效应变动的贴现值之和。

2. Redux 模型中货币冲击的效应分析

在 Obstfeld 和 Rogoff（1995）这篇构建 Redux 模型的经典文章中，他们利用该模型重点分析了多恩布什模型（Dornbusch，1976）中所讨论的一个未预见到的永久性货币供给量增加所产生的各种效应。

他们首先考察了最简单的价格完全弹性的情况，以便和后面黏性价格下的情况进行对比分析。在价格完全弹性的条件下，并不存在动态调整过程，价格和货币供应量同比例增加，世界经济总是处于稳定状态；货币供应量的增加对实体经济并不产生实际影响，因此，货币是中性的。但是，若引入短期商品价格黏性的条件，则经济只能在长期达到稳定状态均衡，并且货币冲击会对消费、产出、汇率和贸易条件等变化产生永久性的影响。

具体来看，当一国货币供应量增加时，由于短期价格不变，名义利率下降，依据利率平价条件，本国汇率出现贬值。于是，外国产品相对于国内产品变得更加昂贵，对国内产品的短期需求上升，导致国内产量和收入相应增加。[1] 本国居民本可以将增加的收入用于消费，但是为了实现跨时消费的平滑，他们只消费其中的一部分，而将另一部分用于储蓄。因此，尽管长期经常账户处于平衡状态，但短期内本国则会出现经常账户盈余。由于长期财富的增加，本国居民更加偏好闲暇，造成产量又出现一定程度的下降。

基于上述过程的简单分析，本国永久性的货币扩张冲击的效应大致可以归纳为以下几点：①消费和产出增加，但增加的幅度小于货币供应量的增加幅度。②本国汇率贬值，但贬值幅度小于货币供应量的增加幅度。这是由于黏性价格下汇率变动是由货币冲击和消费效应同时决定的，货币扩张导致的消费增加产生的消费效应对汇率贬值产生了一定的抵消作用。③本国贸易条件在短期内会出现恶化，而长期内

---

[1] 之所以需求上升使得生产者愿意增加产出，是因为价格固定时，产出由需求决定，而垄断的生产者总是在边际成本之上定价，即使价格不能变动的情况下满足非预期的需求也总是有利可图的。

则会改善。这是由于短期内国内商品价格不变，汇率贬值会恶化贸易条件，而从长期来看，永久性的货币扩张冲击引发的财富效应会导致本国贸易条件改善。④降低国际实际利率水平。

与多恩布什模型不同的是，在货币冲击对汇率的影响方面，Redux 模型中不存在汇率的超调。这可以用该模型的汇率决定方程来说明，根据 Redux 模型推导出的长短期汇率决定方程分别由式（3）和式（4）给出：

$$\hat{E}=(\hat{M}-\bar{M}^*)-\frac{1}{\epsilon}(\hat{C}-\bar{C}^*) \tag{3}$$

$$\hat{E}=(\hat{M}-M^*)-\frac{1}{\epsilon}(\hat{C}-C^*) \tag{4}$$

其中，E、M、C 分别表示汇率、货币供应量和消费，"^" 表示该变量的变化率，"*" 代表国外，"—" 代表该变量的长期稳定状态。式（3）是长期内稳定状态汇率变化率的表达式，式（4）是短期内汇率变化率的表达式。由于货币冲击是永久性的，所以国内外货币供给的变化率之差在短期内和长期内是相等的，即 $\hat{M}-\bar{M}^*=\hat{M}-M^*$，而由本国和外国消费的欧拉方程可以证明 $\hat{C}-\bar{C}^*=\hat{C}-C^*$，所以以有 $\hat{E}=\hat{E}$，即长短期汇率的变化率相等，没有汇率超调。分析其原因，主要是因为长期贸易条件的改善缓解了迅速使名义汇率贬值的要求，因此黏性价格可以减轻汇率的波动幅度。

3. Redux 模型中货币冲击的福利分析

利用 Redux 模型在对货币冲击的各种效应进行分析的基础上，还可以计算冲击对国内外整体福利的影响，进而可以据此对相关政策进行评估。福利分析的方法是将货币冲击对消费、实际货币余额和产出的短期效应与长期效应根据式（1）给出的权重和贴现率进行计算，从而得出冲击的福利效应。值得注意的是，奥伯斯法尔德和罗格夫利用 Redux 模型证明得出：尽管冲击对国内外产出具有不对称影响，但是在正的货币冲击过后，国内和国外的福利水平会得到同等程度的提高。这一结论和认为增加本国货币供应量使本币贬值是一种"以邻为壑"的货币汇率政策的传统观点相反，它肯定了适当的货币扩张或贬值政策的积极作用。如果避开烦琐的数学推导，之所以会得到上述结论，是因为该模型认为货币冲击最主要的效应是增加世界需求。由于不完全竞争的扭曲意味着最初的产出水平较低，因此需求的驱动可以带动产出增加从而提高整体福利。而冲击的支出转换效应、贸易条件效应和实际货币余额变动效应与需求增加的效应相比仅仅是次重要的。此外，由于追求一生效用最大化的经济人从最初开始通过决定他的消费、货币持有量、劳动供给等变量，已经使得增加收入的边际效用等于增加额外工作努力的边际负效用，因此，本国居民生产更多产品并不会提高他们的相对效用水平；类似地，最初的均衡使得冲击后通过经常账户不平衡实现的本国居民消费和闲暇的跨时再分配也不能提高他们的相对效用水平。因此，整体福利的提高是以国内外福利水平同等提高的形式实现的。

二、Redux 模型的扩展：基于模型假设的深入分析

奥伯斯法尔德和罗格夫的 Redux 模型构建了一个弥补蒙代尔-弗莱明-多恩布什传统缺陷的新的理论分析框架，成为新一代开放经济宏观经济学的一个基本模型。此后，许多学者基于其假设条件的深入分析和修改，在 Redux 模型的基础上做了大量的扩展和深化工作，使得新开放经济宏观经济学的理论进一步丰富和完善。

（一）基于国家规模假定的扩展：小型开放经济模型

Redux 模型以及随后出现的新开放经济宏观经济学文献中的很大一部分都是建立在两国模型的框架下，即假定两国经济规模是相同的。这主要是为了能够对国际传导渠道进行明确的分析以及将利率和资产价格在国际资本市场上内生决定。但是这也造成了模型的复杂化，并且不适合对小型开放经济体的分析。实际上，在小型开放经济的假定下，也可以建立类似的、更简单的模型。

Obstfeld 和 Rogoff（1995）在他们那篇开创性论文的附录中，就给出了一个小型开放经济模型。他们假定在非贸易品部门中存在垄断竞争和价格黏性，而全世界范围内只有一种同质同价的贸易品，即贸易品部门是完全竞争和价格弹性的，本国典型的经济人在每一期生产的贸易品数量不变，而对各种非贸易品的生产则具有垄断性；该小型经济体可以进入国际资本市场自由借贷，国际资本市场上提供的无风险实际债券以贸易品计价；贴现率等于世界利率。在上述假定下，奥伯斯法尔德和罗格夫考察了货币冲击的效应，得出的结论是：永久性的货币冲击不会导致经常账户失衡，但是会出现汇率的超调。

Lane（1997）用这个小型开放经济模型考察了不连续货币政策的效应和开放度（用贸易部门的相对规模来衡量）对均衡通货膨胀率的影响。他分析指出，只有非贸易部门才能获得货币扩张的产出收益，由于这一收益的减少，一个更为开放的经济体从未预期的通货膨胀中获得的收益会较小；由于不连续货币政策下的均衡通货膨胀率与未预期通货膨胀下的收益是正相关的（Barro and Gordon，1983），因此越开放的经济体，其均衡的通货膨胀率越低。

后来，Lane（1998）重新定义了模型中消费效用函数的形式，进一步扩展了这

一小型开放经济模型。在新的模型中，货币冲击会导致经常账户的不平衡，但具体是顺差还是逆差则是不确定的，它取决于跨时替代弹性和期内替代弹性之间的相互关系。① 因此，这一扩展模型清楚地显示了传统蒙代尔-弗莱明模型的结果对模型微观基础的设定是非常敏感的。

（二）关于偏好和生产技术假定的理论发展

相对于蒙代尔-弗莱明-多恩布什传统，引入微观基础是新开放经济宏观经济学模型的一大进步，但是消费偏好和生产技术等的设定对于模型分析结果却有着很大的影响。实际上，Redux 模型正是建立在一系列对微观基础的特定假设基础上的，而后来的一些文献则尝试着放松和改变这些假定以检验模型的结果相对于假定变化的稳定性。

第一，Redux 模型假定世界上每个人对国内外商品都具有相同的偏好，从而国内外商品是完全可替代的。Corsetti 和 Pesenti（1997）对其进行了扩展，假定总消费指数是关于国内外商品指数的柯布-道格拉斯形式，从而国内外商品之间是单位替代弹性的，在此基础上，他们得出了国内外居民之间有着固定的收入分配，即如果本国产出相对于外国产出上升 10%，本国产品的相对价格就会下降 10%。这样，由贸易条件变动的抵消作用提供的风险分配机制使得经常账户始终保持平衡，而经常账户的始终平衡则意味着冲击对于经常账户没有长期效应。Obstfeld 和 Rogoff（2000）同样采用了类似的消费指数，假定贸易品和非贸易品、国内商品和国外商品的替代弹性均为 1，而国内不同商品间的替代弹性大于 1。同样，货币变动造成的需求冲击完全被贸易条件改变的影响所抵消，从而使两国相对消费保持不变。在上述假定前提下，可以得到一个共同的结论：维持价格稳定才是最优货币政策。Benigno 和 Benigno（2003）假定了更为一般的两国商品间替代弹性，这一改变直接影响了价格稳定政策的最优性。他们认为，在合作均衡时，如果两国的经济冲击是完全相关的，实施弹性价格分配依然是最优的，否则，世界计划者就会调控贸易条件来提高福利水平；但如果此时两国商品的替代弹性为 1，或者和商品的跨期替代弹性一致，价格稳定政策就依然是最优的。

第二，在 Redux 模型中，货币需求的消费弹性不影响汇率波动。在购买力平价成立的条件下，各国面对着同样的实际利率并且各国的消费增长率也相同，从而导致汇率并不对冲击产生超调反应。然而，在市场定价（pricing to market，PTM）

---

① σ 表示不同期间消费替代的意愿，θ 表示贸易品和非贸易品之间的替代程度。若 $\sigma < \theta$，表示正的货币冲击导致经常账户出现盈余；若 $\sigma < \theta$，则表示经常账户出现赤字；若 $\sigma = \theta$，表示经常账户平衡。

条件下，货币需求的消费弹性就成为决定冲击对汇率波动影响的一个重要参数。Betts 和 Devereux（2000）对此进行了考察，得出了汇率波动与货币需求的消费弹性呈负相关关系的结论，并认为其原因与传统的多恩布什汇率超调模型关于货币需求产出弹性的分析类似，即一个低的货币需求消费弹性意味着随着货币的扩张，为了使得货币市场出清，利率必须下降，而利率的下降只有在汇率预期升值的情况下才有可能实现，从而产生了汇率波动幅度增大的超调现象。

第三，Redux 模型中消费和闲暇是可分的，但是，如果技术进步只局限于市场部门，这种假设则与稳定的增长路径不相容。因为随着国家变得越来越富裕，劳动力供给增加逐渐下降，最终将趋向于零。Chari，Kehoe 和 McGrattan（2000）针对这一问题进行了研究。他们首先考察了在真实商业周期文献中经常出现的且与稳定的增长路径相容的一个标准偏好方程，即：

$$U(c,l,M/P) = \Big[\big(\omega c^{\frac{\eta-1}{\eta}} + (1-\omega)(M/P)^{\frac{\eta-1}{\eta}} \big)^{\frac{\eta}{\eta-1}} (1-l)^{\xi} \Big]^{1-\sigma} / (1-\sigma) \quad (5)$$

在该效用方程中，消费和闲暇是不可分的，且具有单位替代弹性，这样，一个货币冲击在增加国内相对产出的同时为了弥补额外的工作努力就必须同时提高国内的相对消费水平。而这就大大减小了货币冲击对实际汇率的影响效果，从而降低了货币冲击对可以观察到的高实际汇率波动的解释能力。鉴于此，Chari，Kehoe 和 McGrattan（2000）认为为了解释高汇率波动，消费和闲暇的偏好可分性假定是必要的。相应地，他们引入了一个修正了的偏好可分效用方程，即：

$$U(c,l,M/P) = \frac{1}{1-\sigma} \Big[\big(\omega c^{\frac{\eta-1}{\eta}} + (1-\omega) \big(\frac{M}{P} \big)^{\frac{\eta-1}{\eta}} \big)^{\frac{\eta}{\eta-1}} \Big]^{1-\sigma} + \psi \frac{(1-l)^{1-\gamma}}{1-\gamma} \quad (6)$$

当假定非市场部门生产力随着市场部门的生产力提高而提高时，该偏好设定与稳定的增长路径可以相容。值得注意的是，为保证稳定增长，还需要 $\sigma = \gamma$[①]，这样，就将劳动供给弹性和跨时消费替代弹性联系起来。在上述设定的基础上，可以得出，劳动供给弹性或跨时消费替代弹性越高，实际汇率的波动越大。

第四，在 Redux 模型中，劳动是生产的唯一要素。由于短期内的产出是由需求决定的，为了增加可操作性，这一供给方面的简化在一定程度上是合理的。但是，Chari，Kehoe 和 McGrattan（2000）认为，引入资本要素是重要的，因为货币冲击会通过降低短期利率而导致投资激增。这样，相对于 Redux 模型中货币扩张会导致经常账户出现盈余的结论，资本要素的引入意味着货币冲击可能会造成经常账户出现赤字。值得注意的是，投资激增的影响是相对于未来增加了当前的劳动供给，从

---

① σ 是跨时消费替代弹性，ξ 是劳动供给弹性。

而冲击的持续性也降低了。

第五，Redux 模型假定只有可贸易品，而忽略了非贸易品的存在。Hau（2000）将非贸易品引入到模型的分析中，对 Redux 模型进行了扩展。他研究发现，首先，非贸易品的存在会扩大货币冲击对汇率波动的影响。其次，非贸易品的存在意味着需求扩张是偏向于本国商品的，从而提高了相对于国外的国内消费。再次，由于冲击后在向新的稳定状态过渡的过程中，实际汇率预期将会升值，这样由消费决定的国内实际利率就会相对低于国外，进而造成国内外消费更大的差异。其中后两点导致了货币冲击后价格水平的下降，因此部分地抵消了因非贸易品的存在引致的汇率波动增加。最后，Hau（2000）模型中的高汇率波动是与相对国内生产商品而言进口商品价格的高波动相联系的，而这在数据中一般不容易被很明显地发现。

（三）关于商品一价定律成立假定的理论发展

在 Redux 模型中，假定商品一价定律始终成立，然而，很多学者（如 Engle，1993；Engle and Roger，1996）的研究表明，跨国间的商品价格对一价定律的偏离已经超越了地理距离或运输成本所能解释的范围，于是一些学者结合市场分割和市场定价（PTM）问题对 Redux 模型进行了扩展。"市场定价"一词最先由 Krugman（1987）提出，意指当市场处于分割状态①时，出口商可以根据进口地点的不同而制定不同的价格。一个外国出口商如果可以根据市场定价，在面临进口国货币贬值的情况下，就可能为了保有在进口国的市场份额而降低以本国货币表示的出口价格，以使得用进口国货币表示的价格不变或只在一定程度上提高，从而导致汇率贬值无法产生或较少产生支出转换效应。

Betts 和 Devereux（1996，2000）较早地涉足了这一领域的研究。他们假定商品的价格以买方的当地货币计价，这一现象被称为"当地货币定价"（local currency pricing，简称 LCP）原则。同时，他们还假定价格不经常调整，即进口方具有货币价格黏性。通过上述两个假定，Betts 和 Devereux（1996，2000）表述了市场定价，并在此基础上建立了 LCP-PTM 模型。由于该模型在求解方面表现出的可操作性，以及它对实际存在的贸易品国际相对价格变动现象的描述能力，因此得到了广泛的应用。Obstfeld 和 Rogoff（2000）在对四组国家 1974—1998 年的月度数据进行的分析中也验证了在一定时期确实存在市场定价的说法。

---

① 市场分割指商品在不同地区存在着价格差别，但国际套利却很难或几乎不可能。这可能是由于不同的国家标准或者垄断厂商对国际商品套利的限制和阻止。根据市场分割的程度，生产者可以在不同的国际市场上制定不同的价格，即市场定价。

LCP-PTM 模型研究认为：第一，市场定价限制了汇率变动对商品价格的传递，使得汇率变动的支出转换效应减少甚至消失，因而汇率的变动对消费的影响很小。当货币冲击发生后，为了满足货币市场均衡，均衡汇率会比在非市场定价情况下有更大幅度的波动，从而增加了短期出现汇率超调的可能性，而这一结论有助于解释为什么在短期内，即使是较大的汇率变动对经济也没有显著影响的现象。第二，在非市场定价的情况下，货币冲击倾向于引发不同国家之间较大的消费共同变动和较小的产出共同变动。然而，市场定价改变了这一情况，由于引致了对购买力平价的偏离，市场定价导致不同国家消费共同变动的减少，同时，汇率支出转换效应的消失增加了不同国家产出的共同变动，而这一结论与某些著名的经验研究（如Backus，Kehoe and Kydland，1992）相符合。第三，在市场定价条件下，汇率贬值能够改善该国的贸易条件。这是因为以外国货币标价的出口商品价格是固定的，于是，贬值提高了相应的以国内货币标价的出口商品价格，但是以国内货币标价的进口商品价格却没有改变。因此，与 Redux 模型的结论不同，本国一个未预期的货币冲击能够通过对外国贸易条件的负面影响进而引发"以邻为壑"的效应。相关地，Betts 和 Devereux（2000）的研究表明，市场定价的存在严重地改变了贬值改善经常账户的参数条件。第四，市场定价的引入对于货币政策冲击国际传导的福利效应有着重大的影响。在 Redux 模型中，一个未预期的货币冲击会同时提高国内外的福利水平，但是在市场定价的条件下，国内货币扩张增加了本国福利，却降低了外国福利，因此，货币政策是一种"以邻为壑"的工具。而这就为国际货币政策协调提供了一定的理论依据。

总的来说，LCP-PTM 模型框架下的分析指出了商品市场分割和市场定价有利于解释国际汇率和价格的波动，并且对冲击的国际传导、福利效应以及政策评估等都具有重要的影响。但是，也有大量的证据表明，尽管存在滞后现象，但汇率变动确实存在着全球范围内的支出转换效应，因此，该效应理应在宏观经济模型中得到反映。

（四）关于世界资本市场结构假定的理论发展

Redux 模型假定在世界资本市场上只能交易无风险的实际债券，因此，资本市场是不完全的。Obstfeld 和 Rogoff（1995）对此假定的解释是：很难想象在一个能够实现国际风险完全分担的充分完善世界中，价格或工资的刚性能够存在。尽管如此，很多学者还是在资本市场结构假定方面对 Redux 模型进行了扩展。

Chari，Kehoe 和 McGrattan（2000）在 PTM 模型的框架内，比较了完全资本

市场①下和在资本市场只有一种本国货币标价的不连续的名义债券可交易下的货币冲击效应，发现由于均衡经常账户波动很小，两种情况的货币冲击的持久性影响相差并不大。Betts 和 Devereux（1998）的研究也得出了类似的结果。然而，Tille（1997）指出，在市场定价的条件下，资本市场的结构通常会使货币冲击对经常项目的影响发生质变。例如，如果资本市场上只有一种本国货币标价的名义债券可以交易，非预期的汇率变动就会改变外国居民面对的实际利率，从而使得他们的最优消费路径发生偏移。

一些学者对资本市场存在的摩擦阻力给予关注。Sutherland（1996）首先将交易摩擦引入到模型的分析中。他假定只有债券可交易，但是购买外国债券需要承担一定的交易成本。交易摩擦的出现使得国内外利率可以存在一定程度的不一致，在出现国内货币冲击时，国内利率下降，与国外利率之间出现一个负的利率差。与此同时，国内相对消费会出现一个跳跃性的增加，并且资本出现外流，结果导致汇率只有小幅度的贬值，而这又意味着国内产出增加较少。最后，汇率相对于长期水平出现低调。Sutherland（1996）在模型中还采用了 Calvo（1983）关于名义黏性的设定，在此基础上得到的一个结论是：价格的惰性越强，资本市场摩擦对经济造成的影响越大。后来，Senay（1998）在 Sutherland（1996）模型的基础上，加入了商品市场分割和市场定价行为，并考察了一系列货币、财政和生产冲击的效应。她得到的结论是：在决定货币冲击对产出的影响过程中，资本市场一体化在其中的作用很大程度上依赖于商品市场一体化的程度。

（五）关于名义黏性假定的理论发展

在 Redux 模型中，假定当期商品价格提前一期确定，经过本期后，价格进行充分调整。实际上，为了分析的方便，该假定采用了一种简化的方式来描述价格黏性。Corsetti 和 Pesenti（2001）指出，如果价格黏性是由固定的菜单成本形成的，当冲击非常大以至于边际成本超过价格时，企业就有动机在冲击后立即调整价格。因此，黏性价格的假定只有当冲击在一定的范围内才可能是合理的。

在大量的文献中，对名义黏性的假定一般都是假定价格的黏性，而 Bergin（1995）则认为，工资黏性假定要优于价格黏性假定。Hau（2000）建立了一个模型，讨论了商品价格可以灵活调整而名义工资提前确定的情况；Andersen（1998）

---

① 在资本市场完全和一价定律成立的条件下，充分的风险分担意味着货币冲击不会带来财富的转移，因而 Redux 模型中财富效应的持久性影响不会存在。这样，完全资本市场假定可以通过消除经常账户与净外国资产作为冲击的动态传播渠道而使得分析简化。

提出，工资黏性比价格黏性更容易产生持久的影响；Obstfeld 和 Rogoff（2000）也对工资黏性进行了研究，认为工资黏性对开放经济中汇率的影响很大。实际上，若假定每个人生产不同的产品，则不同的人提供的劳动具有差异性，产品市场和劳动力市场处于垄断竞争状态。面对固定的需求弹性，如果生产者依据在工资基础上固定加价的原则来确定商品价格，则由于工资是黏性的，商品价格在短期内也相应地会保持固定。因此，该种情况下工资黏性实质上也同样具有 Redux 模型中的国内商品价格黏性所能产生的国际传导效应。

一些学者认为，Redux 模型中假定的价格在一期后间断一次性的调整与实际情况不相符，因此他们考虑使用允许平缓价格调整的"蹒跚价格设定"（staggered price setting）方法来引入价格黏性。早期采用该方法研究价格黏性的有 Taylor（1980），Blanchard（1983）和 Calvo（1983）等，其中，Calvo（1983）对黏性价格的设定[①]较具有代表性，为很多 Redux 模型的扩展文献所采用。Kollman（1997）假定工资和价格都是黏性的，他比较了工资和价格提前设定和以卡尔沃（Calvo）方式调整工资和价格两种情况下货币冲击的影响，发现卡尔沃方式的名义黏性能够更好地解释大量观察到的名义与实际汇率的序列相关性和价格水平的缓慢调整，但是对产出与其他宏观经济变量的相关性却解释不足。

三、不确定性的引入：随机的新开放经济宏观经济学

汇率风险普遍存在，是国际经济政策分析中的一个不可忽视的重要因素。例如，美国之外的金融危机爆发后往往会出现美元的突然升值，而这通常是由"安全港效应"引发的大量资金向美国转移造成的；欧洲消除国家主权货币而建立统一货币，一部分原因是因为汇率的不确定性严重阻碍了贸易的发展。然而，在 Redux 模型及很多后续文献的分析中，并没有涉及不确定性问题，名义汇率风险这一众多现象的分析基础并没有得到足够的重视。研究者们通常依靠一个确定的等价假定来近似准确的均衡关系，这种处理方法有一个很大的缺陷，即 Kimball（1995）所指出的，"不可能对影响产出方差的变化有一个完全意义上的福利分析"。近年来，除了在 Redux 模型的假设上进行突破外，新开放经济宏观经济学出现了一个重要的发

---

① 卡尔沃假定每个厂商调整其价格的机会是随机的，且有大量相互独立的厂商。这样，每一期都有固定比例的厂商调整价格，从而使得总体价格水平是一个平滑变量，仅仅随着时间逐渐变动。假定价格调整机会的泊松（Poisson）逼近率为 γ，则每期有 γ 比例的厂商变动价格；对一个特定厂商而言，其进行价格调整的间歇为 $1/\gamma$。

展，即将黏性价格下的动态一般均衡分析框架扩展到随机的环境中，从而使名义外汇风险在模型中得以明确地反映。

最先在这一方面进行突破的是 Obstfeld 和 Rogoff（1998）。他们在 Corsetti 和 Pesenti（1997）模型设定的基础上，通过假定本国和外国货币存量变动服从对数正态的随机过程，将货币不确定性及名义汇率风险引入模型。这一方法使得能够对不同汇率制度下的福利权衡进行明确的量化分析，并且这种权衡与国家的规模相联系。在引入不确定性后的框架下，奥伯斯法尔德和罗格夫得出了一系列值得注意的结论：第一，风险不仅影响资产价格和短期利率，而且影响单个厂商的价格确定，进而影响预期产出和国际贸易流量。第二，尽管冲击前存在价格设定上的差异，冲击后存在相对产出水平上的差异，由于货币的不确定性对两个国家的冲击前福利有着对称的影响，因此本国和外国对于建立一个最优全球汇率体系有着相同的动力，而且不论国家规模的大小，该结论都成立，这就与通常所认为的小国会更关注汇率稳定的观点截然不同。第三，风险不仅影响早期文献广泛研究的投机的可预测收益，而且影响汇率水平。第四，本国货币波动性的增加会导致汇率风险溢价水平和远期汇率风险溢价水平的同时下降。奥伯斯法尔德和罗格夫从汇率变动为消费波动提供对冲的角度对这一结论进行了解释。该结论与"金融市场上货币冲击波动性越大，风险溢价越高"的传统观点正好相反，并且为著名的远期溢价之谜提供了一种新的解释。第五，本国货币的较大波动尽管会导致低的国内名义利率和本国货币的升值，但一定会减少国内外的预期福利。

在 Obstfeld 和 Rogoff（1998）随机新开放经济宏观经济模型的基础上，Devereux 和 Engel（1998）加入市场定价因素后对其进行了扩展。他们利用扩展后的模型对固定和浮动两种汇率制度安排进行了福利比较。结果显示：制度的评价在很大程度上依赖于定价的方式；一旦价格的决定中包含进风险溢价，汇率制度就不仅与消费、实际货币余额和闲暇的方差有关，还与这三个变量的均值有关；由于市价定价能够隔绝汇率波动对消费的影响，在市场定价下浮动汇率制度的成本比在生产者货币定价下更低。一旦市场参与者的风险规避程度至少与对数偏好的消费者一样时，一个更具弹性的汇率制度要比钉住汇率制度有优势，相反，在生产者货币定价条件下，如果风险规避程度足够高，则固定汇率制度将更有优势。

Bacchetta 和 van Wincoop（1998）也建立了一个市场定价条件下的随机新开放经济宏观经济模型。有所不同的是，他们的模型采用了一个更为简单的两期动态框架，这就使得他们能够分析消费和闲暇在偏好中不可分性的影响。在他们的分析中，一个重要的结论是：货币的不确定性使得本国和外国市场分别定价成为最优；如果消费和闲暇是可替代的，对国外的定价会高于对国内消费者的定价，从而减少国际贸易的数量。这样，传统关于汇率不确定性会减少贸易的担心就在一个一般均衡模型中被正式反映出来，在该模型中，汇率波动和贸易量同时被潜在基本因素的随机性质所决定。Obstfeld 和 Rogoff（2000）还建立了一个将市场定价应用于中间投入品的国内外定价随机模型，其分析的结果证明了在面临货币冲击时，对中间投入品实行市场定价也会给经济带来持久性影响的结论。

Engel（1999）对随机动态一般均衡模型中外汇风险溢价的特征进行了总结，得出了四点主要结论。第一，弹性价格一般均衡模型中风险溢价的存在依赖于外生的货币冲击与总供给冲击的相关性，而黏性价格模型中的风险溢价则是内生的；第二，黏性价格模型中总供给冲击的分布对外汇风险溢价没有影响；第三，在给定风险溢价取决于消费者面对的价格条件下，当购买力平价不再成立时，由于生产者以消费者货币定价，导致没有一个固定的外汇风险溢价；第四，标准的随机动态一般均衡模型通常并不意味着有大的风险溢价。

四、新开放经济宏观经济学理论的实证研究

新开放经济宏观经济学的产生，在一定程度上也是对原有理论不能为一些现实问题给出合理解释的回应。随着该方向理论的不断发展，一些学者又开始试图通过经验研究来为新理论模型中的一些结论和机制提供检验或现实依据。但是总的来看，新开放经济宏观经济学的研究目前还缺乏系统的、成功的经验研究的支持。

Chari 等（1998）和 Kollman（1997，1998）采用一种校准法验证了黏性价格下货币冲击对宏观经济影响的大小。在黏性价格动态一般均衡模型的数量特征方面，这些研究可以提供很多有用的结果。然而，即使货币冲击在给定的时间间隔内只能解释总体经济波动的一部分，这也并不意味着与名义刚性的存在和货币政策在应对其他失调中的重要作用不一致；此外，一般认为名义和实际汇率的无条件方差还受到大量与宏观经济基本面无关的市场噪声的影响。因此，这种校准法在对新开放经济宏观经济学模型的总体经验评估方面并不充分。

除了使用校准法外，在新开放经济宏观经济学的经验研究中一个更为重要的方法是利用 VAR 计量经济模型得到的脉冲反映函数来获得有用的经验证据。Clarida 和 Gali（1994）以及 Eichenbaum 和 Evans（1995）较早地建立了 VAR 模型并对货币冲击的效应进行研究，认为货币冲击对实际汇率的影响方式在数量上与黏性价格模型的预测相一致。后来，Betts 和 Devereux（1997）进一步发展了 Eichenbaum 和 Evans（1995）的 VAR 模型，并将贸易余额加入模型，其研究结果显示，PTM

模型下得出的结论与现实统计数据的吻合程度要高于 Redux 模型。还有一些文献试图验证货币冲击是否像一些新开放经济宏观经济学模型显示的那样影响经常账户。Lane（1998）使用货币冲击对经常账户没有长期影响这一与理论模型相一致的识别假定，估计了一个 VAR 模型；Lee 和 Chinn（1998）以及 Prasad（1999）则采用货币冲击对实际汇率没有长期影响这一识别假定进行估计。总的来看，这些研究都发现正的名义货币冲击会改善一国经常账户的状况。

除了通过数据来研究货币冲击的实际影响，还有一些学者，如 Basu，Fernald 和 Kimball（1998）以及 Gali（1999）等，关注名义刚性对财政或技术等实际冲击传导机制影响的实证研究。Basu，Fernald 和 Kimball（1998）在一个封闭经济的假定下，研究了正的技术冲击如何能够在名义黏性存在的情况下对产出水平产生负面影响。而将这一研究扩展到开放经济情况下，分析黏性价格下非货币性冲击对实际汇率、经常账户和相关冲击的国际传导机制的影响，则是下一步需要研究的课题。

Hau（1999）对其后来的一篇文献（Hau，2000）中明确提出的"非贸易品部门的相对规模越大，货币冲击对实际汇率的影响越大"这一结论进行了经验检验，发现实际汇率波动与开放度实际上是负相关的。Obstfeld 和 Rogoff（1996），Gagnon（1996）以及 Lane 和 Milesi-Ferretti（1999）的研究则通过对 OECD 的数据进行实证分析，为净外国资产和实际汇率之间存在密切的相关关系提供了证据，而这一经验发现为即使是暂时性冲击也能产生持久性影响的命题提供了间接支持，因为经常账户不平衡改变了净外国资产，因此能够产生长期持久的实际效果。在财政政策方面，Caselli（1998）利用欧盟的数据验证了利用 Redux 模型可以得出的国家间的私人消费增长率的差异与公共消费增长率差异之间的负相关关系。Bergin（2003）经过实证分析验证了小国在开放经济模型中，黏性价格的假定作为货币冲击影响宏观经济的微观基础的重要性。

五、新开放经济宏观经济学在国家主权债务危机、资本管制与宏观审慎等方面的运用

（一）国家主权债务危机

众所周知，主权债务危机对借款国和国际资本市场有很大影响。因此，理解主权违约风险和债务危机解决在主权债务市场中的作用至关重要。

Yue（2010）在一个小型开放经济模型的动态借贷框架中研究主权违约和债务重新谈判之间的相互作用，发现债务回收率随着债务的增加而降低，进而影响国家违约

的事前动机。在均衡状态下，主权债券的定价是为了补偿债权人的违约和重组风险。

Chatterjee 和 Eyigungor（2012）提出了主权债务的量化理论模型，证明了长期债务的向下倾斜均衡价格函数的存在，并提出了一种新的方法来精确计算它。此外，他们还研究了期限的福利性质，表明如果考虑到自我实现的展期危机的可能性，长期债务要优于短期债务。

Mendoza 和 Yue（2012）提出了一个外债违约与商业信用的均衡模型，指出它的定量预测与已有的外债违约的经验规律是一致的。此外还解释了观察到的动态违约率、反向利差、高负债率和关键的长期经营业务模式的主要特征。

Corsetti 等（2013）分析了"主权风险渠道"如何影响宏观经济动态和稳定政策，指出不断上升的主权风险将通过这一渠道推高私营部门的借贷成本。如果货币政策因受零下限或其他约束而无法抵消信贷息差的增加，主权风险渠道会加剧不确定性问题：私人部门对经济疲软的信念可能会自我实现。此外，主权风险可能会放大周期性冲击的影响，此时财政紧缩有助于降低宏观经济不稳定的风险，在极端情况下，甚至可以提振经济活动。

Bocola（2016）在银行持有国内政府债务的模型中考察了主权风险的宏观经济影响，发现未来主权违约的消息对银行的融资能力（流动性渠道）有不利影响，并增加了向生产部门放贷的相关风险（风险渠道）。

（二）资本管制和宏观审慎

1. 资本管制

资本管制的作用是国际货币体系中讨论最激烈的问题之一。在过去几年的经济和金融动荡之后，一些政策制定者和研究人员的观点发生了转变，更倾向于接受这些规则和法规，这与其他人的担忧形成了鲜明对比，他们担心限制资本流动往往无法有效实现预期目标，而且会带来意想不到的后果。围绕这一主题，众多学者产生了持久的争议。

Fernández 等（2015）研究了 1995—2011 年间 78 个国家的资本管制行为，发现资本管制是非周期性的。总体经济活动的繁荣和萧条实际上与资本管制没有任何联系。这些结果在控制发展水平、外债和汇率制度的情况下仍然是稳健的。

Schmitt-Grohé 和 Uribe（2016）建立了一个名义工资刚性下降的开放经济的动态随机模型，并分析了它对大的外部冲击的调整，证明了最优资本管制政策本质是审慎的，当劳动力市场名义工资刚性下降且汇率固定时，反周期资本管制可能是宏观经济稳定的有效工具。

Fernández 等（2016）构建了一个新的数据集，用来研究资本管制及其后果。

此外，他们还介绍了粒度数据的一些基本属性，以及可能用于分析资本控制的研究的更多聚合指数。

Schmitt-Grohé 和 Uribe（2017）研究了开放经济模型中的最优资本控制政策，该模型由于流动担保约束而具有金融外部性。它表明，最优政策要求在繁荣时期降低资本管制，在衰退时期提高资本管制。这些发现与传统观点不一致，传统观点认为资本管制应该在扩张期间收紧以抑制资本流入，在收缩期间放松以阻止资本外逃。

Pasricha 等（2018）评估了 21 世纪初以来新兴市场经济体资本管制的国内和多边影响，发现资本账户开放的增加降低了货币政策的自主性，增加了汇率的稳定性，证实了货币政策三重困境的约束。此外，尤其是在 2008 年后全球流动性充裕的环境下，更严格的资本流入限制产生了显著的溢出效应。

Korinek（2018）认为流向新兴市场经济体的资本创造了外部性，这些外部性不同于大量依赖于国家的资本流动，并构建了 DSGE 模型来量化在过去的金融危机期间实现的外部性，并认为区分不同类型的资本流动是资本流动管制的关键。

2. 宏观审慎

2008 年金融危机的爆发表明需要超越纯粹基于微观的金融监管和监督方法。因此，近年来，宏观审慎政策引起了学者和政策制定者的极大关注。同时，资本管制与宏观审慎政策的选择和组合也成为当前学术界的研究热点。

Benigno 等（2013）比较了受抵押约束的两部门小型开放生产经济中的竞争性分配和社会计划者分配，模型里金融危机是内生的。他们的分析表明，宏观审慎政策应该结合危机管理政策和经济的具体特征进行评估。同时，事后政策比事前政策的福利收益大得多。因此，从福利角度来看，仅采取宏观审慎政策或资本管制等事前干预措施，可能代价高昂。

Saiyar 等（2014）基于 1998—2007 年的英国银行样本考虑了宏观审慎资本监管对银行信贷供应的影响，认为宏观审慎政策要想有效地控制一个经济体的贷款总量，必须满足三个必要条件：（1）筹集股本资本的成本必须相对较高。（2）监管资本要求必须对银行有约束力。（3）宏观审慎"泄漏"——受监管银行贷款的替代品——必须不能完全抵消资本要求变化的贷款供应效应。

Korinek 和 Sandri（2016）分析了资本管制相对于宏观审慎监管在缓解金融不稳定方面的可取性，发现在面临紧缩性汇率贬值风险的新兴经济体中，使用这两种工具是最佳的。为了限制这种贬值，计划者同时实施资本控制和宏观审慎监管。其中，资本管制提高了国内借款人和储户的净值，宏观审慎监管进一步提高了借款人的净值。

Korinek 和 Simsek（2016）研究了宏观审慎政策在缓解流动性陷阱方面的作用。当受约束家庭进行去杠杆化时，为了诱导不受约束家庭总需求的快速下降，利率需要下降。如果利率下降受到零下限的限制，总需求不足，经济将陷入流动性陷阱。在这种环境下，家庭的事前杠杆和保险决策与总需求外部性相关联。以降低杠杆为目标的宏观审慎政策可以改善福利。在处理过度杠杆方面，利率政策的有效性低于宏观审慎政策。

Benigno 等（2016）研究了事后危机管理政策工具和事前危机预防政策工具的最优政策组合。表明当汇率政策没有成本时，就不需要资本管制；然而，如果汇率政策带来效率成本，资本管制就成为最优政策组合的一部分；当汇率政策代价高昂时，最优组合将平静时期的审慎资本管制与危机时期限制汇率贬值的政策结合起来，可产生更多借款、更缓和的金融危机，以及比仅用资本管制时更高的福利。

参考文献

1. Aiyar, Shekhar, C. W. Calomiris, and T. Wieladek (2014). "Does Macro-Prudential Regulation Leak? Evidence from a UK Policy Experiment," *Journal of Money, Credit and Banking*, 46.1, 181 – 214.

2. Andersen, T. M. (1998). "Persistency in Sticky Price Models," *European Economic Review*, 42, 593 – 603.

3. Bacchetta, P. and van Wincoop, E. (1998). "Does Exchange Rate Stability Increase Trade and Capital Flow," FRB of New York Research Paper, No. 9818.

4. Basu, S., Fernald, J. and Kimball, M. (1998). "Are Technology Improvements Contractionary," International Finance Discussion Paper, No. 1998—625, Federal Reserve Board.

5. Benigno, Gianluca D. and Benigno, Pierpaolo (2003). "Price Stability in Open Economies," *Review of Economic Studies*, 70 (4), 743 – 764.

6. Benigno, Gianluca, et al. (2016). "Optimal Capital Controls and Real Exchange Rate Policies: A Pecuniary Externality Perspective," *Journal of Monetary Economics* 84, 147 – 165.

7. Bergin, P. R. (2003). "Putting the 'New Open Economy Macroeconomics' to a Test," *Journal of International Economics*, 60 (1), 3 – 34.

8. Betts, Caroline and Devereux, Michael B. (1996). "The Exchange Rate in a Model of Pricing to Market," *European Economic Review*, 40 (3 – 5), 657 – 680.

9. Betts, Caroline and Devereux, Michael B. (1997). "The International Monetary Transmission Mechanism: A Model of Real Exchange Rate Adjustment Under Pricing-to-Market," University of Southern California and University of British Columbia, Mimeo.

10. Betts, Caroline and Devereux, Michael B. (1998). "The International Effects of Monetary and Fiscal Policy in a Two-Country Model," University of British Columbia, Mimeo.

11. Betts, Caroline and Devereux, Michael B. (2000). "Exchange Rate Dynamics in a Model of

Pricing-to-Market," *Journal of International Economics*, 50 (1), 215 – 244.

12. Bocola, Luigi (2016). "The Pass-Through of Sovereign Risk," *Journal of Political Economy*, 124 (4).

13. Chari, Varadarajan, Kehoe, Patrick and McGrattan, Ellen R. (2000). "Can Sticky Price Models Generate Volatile and Persistent Real Exchange Rates," NBER Working Paper, No. 7869.

14. Corsetti, Giancarlo and Pesenti, Paolo (1997). "Welfare and Macroeconomic Interdependence," NBER Working Paper, No. 6307.

15. Corsetti, Giancarlo and Pesenti, Paolo (2001). "Welfare and Macroeconomic Interdependence," *Quarterly Journal of Economics*, 116 (2), 421 – 445.

16. Devereux, M. and Engel, C. (1998). "Fixed versus Floating Exchange Rates: How Price Setting Affects the Optimal Choice of Exchange Rate Regime," NBER Working Paper, No. 6867.

17. Engel, C. (1999). "Accounting for U. S. Real Exchange Rate Changes," *Journal of Political Economy*, 107, 507 – 538.

18. Enrique G. Mendoza, Vivian Z. Yue (2012). "A General Equilibrium Model of Sovereign Default and Business Cycles," *The Quarterly Journal of Economics*, 127 (2), 889 – 946.

19. Fernández, Andres, A. Rebucci, and M. Uribe (2015). "Are Capital Controls Countercyclical?", *Journal of Monetary Economics*, 76. Nov. 1 – 14.

20. Fernández, Andrés, et al. (2016). "Capital Control Measures: A New Dataset," *IMF Economic Review*, 64 (3), 548 – 574.

21. Giancarlo Corsetti, Keith Kuester, André Meier, Gernot J. Müller (2013). "Sovereign Risk, Fiscal Policy, and Macroeconomic Stability," *The Economic Journal*, F99 – F132.

22. Gianluca, et al. (2013). "Financial Crises and Macro-prudential Policies," *Journal of International Economics*.

23. Hau, Harald (1999). "Real Exchange Rate Volatility and Economic Openness: Theory and Evidence," ESSEC, mimeo.

24. Hau, Harald (2000). "Exchange Rate Determination: The Role of Factor Price Rigidities and Nontradables," *Journal of International Economics*, 50 (2), 421 – 448.

25. Kimball, M. (1995). "The Quantitative Analytics of the Basic Neo-Monetarist Model," *Journal of Money, Credit and Banking*, 27, 1241 – 1277.

26. Kollman, R. (1997). "The Exchange Rate in a Dynamic-Optimizing Current Account Model with Nominal Rigidities: A Quantitative Investigation," IMF Working Paper, No. 97/7.

27. Korinek, Anton (2018). "Regulating Capital Flows to Emerging Markets: An Externality View," *Journal of International Economics*, 111, 61 – 80.

28. Korinek, Anton, and Alp Simsek (2016). "Liquidity Trap and Excessive Leverage," *Amer-*

ican Economic Review，106（3），699－738.

29. Korinek，Anton，and D. Sandri（2016）．"Capital Controls or Macroprudential Regulation?"，*Journal of International Economics*，99，suppl. 1：S27－S42.

30. Lane，Philip R.（1997）．"Inflation in Open Economies," *Journal of International Economics*，42（3－4），327－347.

31. Lane，Philip R.（2001）．"The New Open Economy Macroeconomics：A Survey," *Journal of International Economics*，54，235－266.

32. Lee，J. and Chinn，M.（1998）．"The Current Account and The Real Exchange Rate：A Structural VAR Analysis of Major Currencies," NBER Working Paper，No. 6495.

33. Obstfeld，Maurice and Rogoff，Kenneth（1995）．"Exchange Rate Dynamics Redux," *Journal of Political Economy*，103（2），624－660.

34. Obstfeld，Maurice and Rogoff，Kenneth（1996）．*Foundations of International Macroeconomics*，MIT Press，Cambridge，MA.

35. Obstfeld，Maurice and Rogoff，Kenneth（1998）．"Risk and Exchange Rate," NBER Working Paper，No. 6694.

36. Obstfeld，Maurice and Rogoff，Kenneth（2000）．"New Directions for Stochastic Open Economy Models," *Journal of International Economics*，50（1），117－150.

37. Pasricha，GurnainKaur，et al.（2018）．"Domestic and Multilateral Effects of Capital Controls in Emerging Markets," *Journal of International Economics*，115，48－58.

38. Prasad，E. S.（1999）．"International Trade and the Business Cycle," *Economic Journal*，109，588－606.

39. Satyajit Chatterjee，Burcu Eyigungor（2012）．"Maturity，Indebtedness，and Default Risk," *American Economic Review*.

40. Schmitt-Grohé，Stephanie，Uribe，Martín（2016）．"Downward Nominal Wage Rigidity，Currency Pegs，and Involuntary Unemployment," *Journal of Political Economy*.

41. Schmitt-Grohé，S.，Uribe，M.（2017）．"Is Optimal Capital Control Policy Countercyclical in Open Economy Models with Collateral Constraints?"，*IMF Economic Review*，65，498－527.

42. Senay，Ozge（1998）．"The Effects of Goods and Financial Market Integration on Macroeconomic Volatility," *The Manchester School of Economic and Social Studies*，66，39－61.

43. Sutherland，Alan.（1996）．"Financial Market Integration and Macroeconomic Volatility," *Scandinavian Journal of Economics*，98（4），39－61.

44. Tille，C.（1997）．"The International Welfare Effect of Monetary Policy under Pricing to Market," Princeton University，Mimeo.

45. Yue，Vivian Z.（2010）．"Sovereign Default and Debt Renegotiation," *Journal of International Economics*.

国际货币理论

自 2008 年国际金融危机爆发以来，现行国际货币体系的内在缺陷越来越吸引全球范围内相关政策制定者和研究者的广泛兴趣。许多学者指出，本次金融危机之所以产生如此巨大的破坏力，其中一个深层次的原因在于以美元为主导的单一国际货币体系。正如英镑在 19 世纪和 20 世纪初所表现的，美元在当今国际货币体系中的主导性体现在以下几个方面：

1. 国际贸易计价和结算

国际贸易中有相当大的份额以美元计价（Goldberg and Tille，2008；Gopinath，2015），以美元计价的国际贸易比例甚至已经远远超出了美国自身进出口贸易的规模，例如，Gopinath（2015）指出，土耳其进口贸易中有 60% 采用美元计价，然而实际仅有占比 6% 的进口品来自美国，更一般地，通过对包含 42 国样本的研究，Gopinath（2015）发现，以美元计价的进口品规模是实际美国进口商品规模的 4.7 倍，这一结果与欧元形成强烈对比，根据对同一样本的研究，欧元在进口品贸易中的使用规模与从欧元区进口商品的规模非常接近。

2. 金融领域

一是在银行融资方面，非美国银行筹集了大量以美元计价的存款，根据统计，非美国银行所拥有的美元负债规模达到了约 10 万亿美元,这一数额与美国国内银行的负债规模大致相当(Shin,2012;Ivashina et al.,2015)。根据国际清算银行的统计数据,约 62% 的外币当地银行负债以美元计价。二是在公司借贷方面,从银行或公司债市场融资的非美国企业通常会发行以美元计价的债务,且所占比重超过了包括欧元在内的任何一种货币。同样,根据国际清算银行的统计,占比约 60% 的银行外币本地债权是以美元计价的,Brauning 和 Ivashina(2017)的研究指出,美元计价贷款在跨境银团信贷市场中占据主导地位,更重要的是,许多以美元计价的贷款来自不产生任何美元收入的企业,这些企业最终可能因货币错配问题遭受美元升值的损耗(Aguiar,2000;Du and Schreger,2014;Kalemli-Ozcan et al.,2016)。

3. 央行储备

美元目前也是主导性储备货币,在全球官方外汇储备中占比达 64% 以上,相比之下,欧元以 20% 的比重排名第二,日元凭借 4% 的份额排名第三(ECB Staff,2017)。

4. UIP 背离

Gilmore 和 Hayashi(2011)及 Hassan(2013)的研究表明,与非抛补利率平价理论相背离,相对于其他货币,美元计价的无风险资产通常支付较低的预期回报,这种现象也被看作美元过度特权的一种表现。考虑到美元在全球借贷市场上的广泛使用,相比于历史上出现过类似情况的其他货币,这种背离更加引人注目。

美元霸权不仅导致美国自身产业空心化、金融市场畸形发展,同时也将起源于美国的金融危机迅速传导至世界各国,增加了危机的深度与广度。面对这一情况,包括中国在内的各国政府在金融危机之后逐步加强合作,共同促进建立多元化的国际货币体系。在此背景下,研究国际贸易和金融的货币使用是国际经济学和国际金融领域的一个重要问题。

依据国际货币的职能,学者们对国际货币在不同领域中的选择问题进行了研究,根据表1,国际货币的职能主要包括交易媒介、价值储藏和计价单位三种,具体在私人和官方范畴,分别承担不同的具体职能,首先就交易媒介职能方面,国际货币在私人部门可以充当贸易通货,并作为流动性和安全资产,在官方领域作为央行进行外汇市场干预和发挥最终贷款人职能的一种工具;就价值储藏职能方面,在私人部门,国际货币可以用于债务计价,在官方领域作为货币当局的储备货币;最后在计价单位职能方面,国际货币在私人领域能够作为证券或贸易计价单位,从官方角度可作为汇率钉住的目标。通过对既有文献的梳理,我们将分别就贸易、金融和储备的国际货币相关理论做详细介绍:

表1　　　　　　　　　　　　　　国际货币

职能	交易媒介	价值储藏	计价单位
私人部门	贸易通货为市场提供流动性和安全资产	债务计价	证券或贸易计价单位
官方领域	进行外汇干预；发挥最终贷款人职能	储备货币	钉住汇率

资料来源：Kenen（1983）.

一、贸易中的国际货币选择

（一）贸易中国际货币选择的理论研究

根据货币选择的内生性和具体的建模方式，相关理论文献大体可分为三类：

1. 外生性假定下的货币选择

这类文献通常借助一般均衡模型框架进行福利分析，代表性研究包括 Krugman（1980），Rey（2001），以及 Devereux 和 Shi（2013）。该类研究通过建立一个包含 N 国的一般均衡模型，直接假设出口厂商在贸易计价中使用生产者定价（producer currency pricing，PCP）的方式，也就是在国际贸易中使用出口国的货币进行结算。为更加真实地反映国际金融市场的情况，该种模型也通常假定国际贸易进出口企业必须借助金融中介来完成货币的币种转换，从事外汇交易的中间人或者经纪人享有规模经济效应，即进行外汇交易的平均成本与交易量之间呈负相关关系，交易量越大，成本越低。在这种设定下，若某个国家金融市场的流动性充裕、交易成本较低，那么该国货币就可能被进出口企业选择作为国际贸易计价结算的媒介。根据该类模型，国际货币的产生在很大程度上也依赖于历史演进的逻辑，并且得益于网络外部性（network externality）的好处。不仅如此，一般均衡框架下的福利分析也告诉我们，国际货币的使用可以起到降低交易成本，增加全世界整体福利的效果，尽管具体来看，各国福利增加的规模并不完全相同，相比之下，国际货币发行国能够享受到更大程度的福利提升。

总结来看，尽管外生性选择下的货币选择模型在一般均衡框架下就国际货币给全球经济带来的影响进行了分析，并且得到了颇具价值的启示和政策建议，但缺点在于模型没有将货币选择内生化，而是把国际货币的产生单纯归因于历史变迁的结果，并不能在此框架下很充分地讨论国际货币体系的演变，因此与此相关的一系列量化分析缺乏足够的可信度。

2. 黏性价格模型（sticky price model）

该类模型通常利用局部均衡框架对出口品厂商的货币计价问题进行研究，代表性研究包括 Bacchetta 和 Wincoop（2005），Goldberg 和 Tille（2013）及 Devereux（2017）。在该类模型的设定中，出口商所确定的商品价格具有黏性，为了实现未来预期收益的最大化，他们需要在未来汇率实现以前确定最优的价格水平和定价货币选择。因此，对于这类货币选择模型，其核心机制在于出口商如何确定最优货币来规避未来的汇率风险，从而确保边际成本与汇率之间的相关性为 0。相比于第一类模型，黏性价格模型的主要不同之处是将出口厂商的货币计价选择问题进行内生化处理，这在理论层面算得上是一项巨大的突破。自此之后的许多后续实证研究也证实了许多微观层面的因素，例如产品的市场份额、异质性程度等对贸易计价货币选择的显著影响，这带给我们的启示是，对于想要推进本币国际化的国家，不仅需要统筹规划和积极推动宏观层面的政策协调，同时在微观层面也应妥善加以引导，提高本国企业的议价定价能力。

总体而言，虽然黏性价格模型所取得的理论突破是显而易见的，但该模型仍然存在一些明显的自身缺陷：第一，该模型着重强调货币在定价中的职能，却忽略了货币本身作为交易媒介参与流通的过程，因此也就没有考虑到包括交易成本、各国金融市场发展程度等一系列至关重要的决定性因素；第二，黏性价格模型的求解过于依赖二阶近似展开的方法，但值得注意的是，该方法的使用存在一个重要前提，即相关变量应位于均衡点附近，这就限制了模型的研究范围，使得该种模型对制度和体系演变等许多国际货币范畴内的重要问题缺乏足够的解释力；第三，该模型受限于局部均衡分析框架，使得学者们无法借助该模型进行福利分析，从而在总体层面上分析国际货币体系演变对全球经济发展所产生的影响。

3. 货币搜索模型（monetary search model）

相比于前两类模型，货币搜索模型在传统一般均衡分析框架下为国际货币的产生引入了微观基础。货币搜索模型本身也经历了三代演变，其中前两代由于无法较好地解决商品可分性以及均衡单一性的问题存在自身缺陷，在解释国际货币产生方面不尽如人意。在前人研究的基础上，Lagos 和 Wright（2005）开创了第三代货币搜索模型，对上述问题进行了优化，具体通过将中心化市场和博弈论范畴中的讨价还价机制引入模型，为新货币主义的发展打下了更为坚实的微观基础，货币搜索模型也越来越被用于诸多国际金融问题的讨论中。相比于前面所述的外生选择下的货币选择模型和黏性价格模型，货币搜索模型一方面实现了将国际货币选择内生化，另一方面又能在一般均衡框架下展开更为全面和详细的福利分析。不仅如此，根据货币搜索模型的结果，不仅宏观层面的货币政策和微观层面的企业选择会影响到国际货币的选择，同时金融市场的发展程度以及货币交易成本也是重要的决定因素，从而为国际货币的选择相关问题提供了统一的研究框架。

（二）贸易中国际货币选择的实证研究

1. 宏观层面影响因素

传统关于国际货币选择的实证研究主要侧重于关注宏观经济因素给货币国际化带来的影响。具体来看，在宏观经济层面，国际货币的主要决定因素包括一国的经济规模及经济的稳定性。首先，经济规模是决定一国货币国际化程度的重要影响因素。通过对历史经验的梳理可以发现，英镑之所以出现贬值并且最终退出历史舞台，其背后最重要的原因便是经济停滞所致的经济规模收缩。根据 Chinn 和 Frankel（2007），若某一经济体在全球产出、贸易及金融等领域占据相对较高的份额，那么该经济体将拥有"巨大的自然优势"，其货币在国际货币体系中也可能占据更重要的地位。企业计价货币选择的一个重要影响因素是贸易进口国和出口国的市场相对规模，具体来说，当外国生产者商品出售的目的地是体量更大的国家时，为了降低出口产品价格相比于主导市场中产品价格的变动，将倾向于使用出口国，即目的地国家的货币进行计价，与此同时，若企业被限制其所有出口产品均需使用同种货币进行计价，大国货币在贸易计价中的这种主导性将会进一步扩展至其他市场。针对美元及欧元的相关实证研究也表明，相对经济规模是计价货币选择的重要决定因素（Goldberg and Tille，2008）。作为价值储藏的一种手段，国际货币的币值理论上应是稳定的，因此通货膨胀率较高或汇率波动较为剧烈都将严重阻碍一国货币的国际化进程。从另一个角度来看，货币的币值稳定在一定程度上是一国政治经济环境稳定的体现，因此企业在选择计价货币时更偏好那些经济运行平稳、经济政策稳定一致且不易受外部冲击影响的国家的货币，由此更大限度地降低汇率波动所带来的不利影响。对经济波动的这种担忧和考量在生产者利润最大化目标的实现以及进口、出口商计价货币选择的过程中均有体现（Baron，1976；Giovannini，1988），有关针对瑞士出口厂商的实证研究也表明，汇率的波动性是出口品厂商定价货币选择的重要决定因素。此外关于货币政策冲击的影响，Devereux 等（2014）的研究通过建立一个包含两个经济体的一般均衡模型发现，出口商在计价货币选择时倾向于使用那些货币政策冲击带来的经济波动较小的国家的货币。总体来看，这些实证研究通过面板数据回归的方法验证了宏观层面的诸多因素在国际货币选择中所起的重要作用。

2. 微观层面的影响因素

近期，从微观层面实证研究出口厂商的计价和结算货币选择问题是国际金融领域的一个新的研究趋势。总结已有研究，贸易产品的相似性和替代性、产业特点，以及对汇率风险的对冲和规避，是企业在产品计价货币选择时所考虑的最重要的微观因素，因此也是国际贸易市场中一国货币地位的重要影响因素。棘轮效应是企业在贸易计价货币选择时考虑的重要因素，为了避免当面临交易成本或宏观经济状况改变时产品相对价格波动所带来的冲击，出口商有动机更大限度地减少自身产品相对其他竞争者产品的价格变动（Goldberg，2008），因此最理想的选择是，在自身产品计价时使用竞争厂商所在国货币，由此一来，可以在较大程度上"钉住"竞争厂商的产品价格，降低汇率波动对产品相对价格的影响。我们在一定程度上可以利用棘轮效应解释美元在国际货币体系中的主导地位，由于非美国出口商面临来自美国厂商的竞争，因此这些企业在向美国出口产品时主要使用美元计价；与此同时，为了使自身的产品价格与竞争厂商价格一致，对于贸易中不涉及美国的部分，仍然需要以美元来计价结算。这种效应不仅对于一般贸易品成立，对于包括石油在内的许多大宗商品同样如此，而这也会深深影响大量依赖石油作为中间品贸易的经济体的出口计价结算货币选择。在国际货币选择的实证研究方面，近期的文献逐渐开始借助更微观层面的企业交易数据，在既有研究成果的基础上进行更为广泛的扩展。其中典型研究包括：Goldberg 和 Tille（2016）使用加拿大进口交易相关数据的研究表明，市场份额、交易规模等微观因素在国际货币选择方面发挥着重要作用；Chung（2016）针对 2011 年英国进出口数据的研究证明，厂商中间品进口结算货币与最终产品出口所选择的计价货币呈现出高度的正相关性；Devereux（2017）同样利用加拿大进口交易数据进行研究，结果表明厂商规模与货币选择间呈现非单调关系，规模极大或者极小的厂商偏好使用外币计价，而规模处于中等水平的厂商则更倾向于使用本币。

3. 金融层面的影响因素

从金融市场发展的层面来看，在一国货币国际化的进程中，金融发展的广度及深度，以及与之相关的金融市场流动性、交易成本以及融资成本均是重要的影响因素。Eichengreen（2011）的研究发现，早在 20 世纪 20 年代中后期，美元就已经取代英镑成为全球最主要的储备货币，这一时间比通常学者所假设的还要提前 20 多年。同时，尽管英镑早在 1929 年就已经失去了主导地位，但在 20 世纪 20 年代和 30 年代的大部分时间里，英镑和美元都是国际债券市场上的主要货币，这种货币体系的两极分化特性也与"全球货币体系中只能允许一种货币作为国际货币存在"

的假设及传统上"货币一旦失去其主导地位就将会永远失去"的观点相矛盾（Eichengreen and Flandreau，2009；Chitu，2014）。艾肯格林进一步认为，货币的兴衰与一国金融市场的发展紧密相关，且金融在全球货币体系的形成中也发挥着至关重要的作用。

二、金融领域的国际货币选择

（一）债务计价中的货币选择

在过去 20 年中，全球金融市场的一体化呈现出了前所未有的速度。但需要认识到，资本市场可及性的增强在为发展中国家提供大量投资机会的同时，也使这些国家日益暴露于外部冲击之下（例如资本骤停），从而导致汇率更加不稳定。在面对负面冲击时，若一国以外币计价的负债超过本币计价的规模，该国将更容易爆发金融危机，由此导致的经济和金融不稳定性将进一步抑制该国发行以本币计价的债务，从而加剧货币错配的程度，另外，货币错配还会降低各国从国外借贷的能力，进一步放大不利冲击的影响。这种恶性循环最早由 Eichengreen 等（2002）和 Panizza（2003）提出，被称作原罪论。

原罪普遍存在于发展中国家，基于国际清算银行的数据，1994 年，大多数发展中国家几乎所有的国际债务都以外币发行，然而在 21 世纪前十年，巴西、墨西哥、南非等国家国际市场上成功发行本币债券后，一种新的趋势出现了，自那时以来，许多发展中国家的外币债务份额逐渐下降，但一个值得关注的问题是，各国外币债务份额缩减的速度并不一致，这为国际金融研究带来了新的问题，首先，什么因素促成了这种新变化？其次，这些因素能否帮助发展中国家继续以本币发行国际债务，最终克服原罪？

直到最近，大多数学者也都普遍认为，原罪是由国际金融市场的结构特征所致，而非糟糕的国内政策所致，Burger 等（2012）是较早强调政策和制度在本币债券市场发展中的作用的学者之一，自此以后，有一些理论文章将货币政策的可信度与债务的货币构成联系起来，从放贷人的角度来看，一个愿意承诺采用可信货币政策的国家将面临较低的本币溢价（Du et al.，2015），并且能够借到更多的本币和外币，但由于自身消费平滑的原因，本币借款更受青睐（Engel and Park，2016），从借款人的角度来看，缺乏货币政策公信力的国家会倾向于较少发行本币计价的债务，以此规避成本高昂的通货膨胀（Perez and Ottonello，2016）。

通货膨胀目标制是可信货币政策之一，20 世纪 90 年代中期以来，一些发展中国家逐渐开始效仿发达经济体的成功经验，意识到货币增长目标和固定汇率的传统组合可能不足以维持低通胀，于是这些国家开始转向以固定通胀预期为明确目标的通胀目标制。Ogrokhina 和 Rodriguez（2018）的研究实证分析了通货膨胀目标制对在国际债务中外币占比的影响，发现与非目标制国家相比，通货膨胀目标制国家其外币债务在国际债务中的占比平均要低 3～6 个百分点，当区分不同类型的持有者时，该研究发现这一结果仅仅对外国投资者持有的主权债务成立，具体从美元和欧元份额来看，通货膨胀目标制国家国际债务中外币所占比例比非目标制国家低 9个百分点，但对欧元债务的影响不明显。这一研究的结果表明，不仅国际金融市场的结构性特征至关重要，货币政策在帮助发展中国家降低外币债务依赖方面也具有明显效果。

（二）银行跨境信贷中的货币选择

全球金融危机过后，包括美国、欧元区和日本在内的主要发达经济体采取了非常规货币政策，对其他国家产生了较大的外溢效应（Cetorelli and Goldberg，2012；Ongena et al.，2015；Miranda-Agrippino and Rey，2015；Forbes and Warnock，2012），跨境银行信贷便是其中一个重要渠道（Rey，2016；Bruno and Shin，2015a，2015b；Alper et al.，2019）。值得注意的是，当前全球银行跨境贷款的计价主要集中于少数几种储备货币，举例来说，2018 年，美元、欧元和日元三种货币在全球跨境银行贷款中分别占据 45％、34％和 5％的份额，在这种背景下，理解货币政策与储备货币选择对跨境信贷传导至关重要，尤其是在很多情况下，信贷双方均不使用本国货币计价（Miranda et al.，2015），然而，由于数据可得性的限制，跨境银行贷款的货币维度在文献中较少获得关注。

Takáts 和 Temesvary（2020）的研究在一定程度上填补了这一空白，通过利用一组独到的双边跨境贷款数据，他们的研究得到了三个重要结论，首先，一国货币政策会显著影响以该国货币计价的跨境信贷流动，以美国为例，以影子银行利率降低而体现的量化宽松政策将显著提高以美元计价的跨境银行信贷规模，且该影响与借贷双方是否包括美国无关。举例来说，美国货币政策调整也会显著影响英国银行系统向马来西亚借款者提供的贷款。

其次，银行贷款渠道的货币维度主要通过对非银行跨境贷款起作用，对银行借款人的传导则并不显著，由于非金融部门的信贷对实体经济的增长尤为重要（Kashyap and Stein，2000；Peek and Rosengren，2000），这一结论给政策制定带来了更大的启示，研究进一步讨论了导致银行间传导弱化的一些因素，包括反映银行间贷款中无担保贷款和回购比例的构成差异，以及银行对外汇衍生产品的使用。

最后，银行信贷渠道的货币维度在不同币种间均有相似表现，表明无论银行信贷是以美元、欧元还是日元来计价，尽管不同币种在规模和覆盖面上比较特殊，但美元网络在银行信贷渠道中并不唯一。

上述研究结论具有深刻的现实政策意义，政策制定者不仅应关注跨境信贷的来源，当分析货币政策和流动性溢出时，信贷以何种货币计价也是一个需要重点考虑的因素，举例来说，同样一笔跨境信贷，即便拥有相同的借方和贷方，以美元和欧元计价也将有不同的表现。

三、储备货币中的国际货币选择

当前的储备货币体系中，美元仍占绝对主导，欧元以微弱优势位居第二，自2015 年加入国际货币基金组织特别提款权（SDR）货币篮子以来，中国外汇储备小幅增加，持有人民币作为储备货币的央行数量继续增加（Yi，2018）。许多学者就全球储备货币的结构问题产生了浓厚的研究兴趣，其中，Chinn 和 Frankel（2007）试图用美国的 GDP 等变量来解释美元在外汇储备中的主导地位，但美国 GDP 在全世界中所占的份额多年来呈现缓慢下降之势，具体地，1975 年，以市场价格计算的美国经济占全球经济的 29%，而 2017 年这一比例仅为 24%，同样，美国在全球贸易份额中的占比也呈下降趋势。如果用美国经济规模，即国际贸易或其债券市场的规模来解释美元的份额，美元和欧元外汇储备几乎应该并驾齐驱（Lu and Wang，2019）。但事实却与此相反，美元在总外汇储备中所占的比例为 63%，远高于欧元的 20%。

关于储备货币选择的相关理论，早前研究中，Heller 和 Knight（1978）认为，央行货币储备在提供短期进口融资方面有重要作用。Dooley 等（1989），Eichengreen 和 Mathieson（2000）则将研究重点放在储备货币在外汇市场干预中的作用上，央行持有外汇储备可能是为了适应与债务和其他金融资产的资本流出相关的外汇市场压力。Schneider 和 Tornell（2004）认为，外汇储备货币构成的选择能够通过对冲货币错配风险起到稳定金融市场的作用。

Aizenman 等（2020）提出了资产负债表安全假说，补充了先前关于储备货币持有和使用的相关理论。外汇储备在金融危机期间所起到的保险和防御作用，一定程度上也能够揭示全球安全资产①与外汇储备货币构成之间的联系。金融危机期间，为了应对本币贬值、稳定外汇市场，各国央行纷纷出售外汇储备（Dominguez et al.，2012），且在金融危机中，投资者可能会表现出更强烈的风险厌恶情绪，纷纷涌向避险资产，即使以国内资产贱卖为代价。持有安全资产能够使央行更有效、更低成本地抵御"安全资产转移"，Caballero（2006）和 Caballero 等（2017）解释了新兴市场国家需求增加所导致的全球安全资产短缺难题，突显了全球安全资产与国际货币构成之间的关联。

Aizenman 等（2020）的研究解释了最近几十年中储备货币构成所发生的新变化，在控制既有文献中识别到的各类金融和实体经济因素的同时，也控制了一些金融危机期间以及之后所产生的一些新的因素，比如获得美联储或其他关键货币发行国弹性货币互换的难易，全球金融体系脆弱时对安全资产需求的增加以及主权财富基金（sovereign wealth funds，SWF）日益重要的作用。

该研究最终揭示了更为复杂、异质性的和不断发展的储备货币选择决定模式：相比于发达经济体，资产负债保险假说更适用于新兴市场和发展中经济体，具体来说，新兴市场国家中与四大经济体（美国、欧元区、日本和英国）的贸易往来较多，且外债中这四大经济体货币债务占比较多的国家，往往会持有更多这四大经济体货币作为外汇储备；相比之下，那些主权财富基金和黄金占比相对较高的国家，对四大货币的外汇储备持有规模更小。外汇储备 GDP 占比更高的国家将倾向于持有更为分散化的货币组合，而不局限于四大主要货币。与之表现不同，对于绝大部分欧元区发达经济体，一国持有外汇储备的规模越高，其外汇储备选择更集中于主要四国的货币，另外，安全资产可获得性越低，新兴市场经济体更倾向于持有更多四大国货币作为外汇储备；商品出口国贸易条件的改变也对储备货币构成产生重要影响，贸易条件更强、外汇储备 GDP 占比更高的国家倾向于增加外汇储备的多元性，文章也发现，拥有更多主权财富基金的发达国家倾向于增强储备货币币种的多元化，而对于新兴市场经济体，这一影响并不显著。此外，金融动荡期间，当全球安全资产供应不足时，各国可能不得不增加持有流动性高的四大货币的储备。研究也发现，全球金融危机是四大货币国际份额的分水岭。

最新的研究开始关注国际货币各职能之间的联系，并给予理论上的解释。Gopinath 和 Stein（2018）通过建立一个理论模型阐释了贸易计价货币和储备货币选择之间的关系。Gopinath 和 Stein（2020）进一步通过建立模型解释了贸易计价

---

① 即 GSA，是指由拥有自己的中央银行、稳定的货币和对财产权的有效保护的"安全"政府所发行或担保的债务（He et al.，2016，2019）。

行为与安全资产需求之间的关系，他们发现国际贸易中越多产品以美元计价，对美元存款的需求越高，或者更一般地，对能够以美元提供支付的金融债权的需求越高，由于美国政府发行的国债并不足以满足来自全球范围的广泛需求，因此私人金融中介也扮演着重要角色。具体地，其他国家的银行将致力于为存在需求的客户提供安全美元债权，但与此同时，他们面临着抵押约束：一个向储户承诺在未来偿还美元存款的银行必须拥有足够的资产来支持这种承诺。这种抵押最终将来源于银行贷款所支持的项目的收入，但重要的是，这些项目的收入并不都以美元计价，在其他条件不变的情况下，由于汇率风险的存在，那些产生本币收入的企业在支持本币存款方面将表现出更大的效率。

这种非效率性正是问题的核心，如果全球对美元存款的需求足够大，均衡将不可避免地需要让那些产生非美元收入的企业成为美元存款的边际抵押来源，由于这些公司在生产美元抵押品方面相较本币处于技术劣势，因此只有在存在溢价的情况下，也就是当美元借贷成本比本币更低时，企业才有激励进行美元借贷，这背后的直觉在于，沿着供给曲线移动，随着全球对美元安全债权的需求不断扩张，银行必须转向更加低效、高成本的生产者，也就是那些必须因提供美元存款抵押承担汇率风险的企业，最终的结果是，美元存款的安全溢价超过本币存款，或者说，美元存款的平均预期回报更低，这违背了非抛补利率平价，反映出美元的过度特权。

Gopinath 和 Stein（2020）发现，美元在非美国出口商贸易计价中的地位与其在全球银行和金融业中的作用之间存在着根本的联系，这两种职能之间存在反馈和强化机制，一方面，国际贸易大规模使用美元计价将造成对安全美元存款需求的增加，从而在降低美元借贷成本方面赋予美元充分的特权，另一方面，由于非美出口商能够利用廉价美元进行融资，美元借款成本较低的优势又使得美元成为国际贸易计价中更有吸引力的货币，这种反馈机制最终强化了美元作为国际货币选择的非对称地位，尽管其他国家能够在经济基本面上达到与美元相当的规模（例如在全球范围内出口规模占据相当大的份额）。

展望未来，这种自我强化的、不对称的均衡结果向我们传达了美元在不断变化的世界格局中的潜在前景。根据 Gopinath 和 Stein（2020）的研究，尽管欧元区和中国的进出口贸易规模飞速增长，但从中期来看，美元在国际货币体系中的主导性地位依旧有相当充足的弹性，然而，若着眼于长期趋势，当美国与其他经济体之间的差距持续拉大到足够可观的程度时，美元也有可能重蹈英镑在 20 世纪早期时的覆辙，最终逐渐淡出国际舞台。这种变化可能是缓慢的，但根据模型中的结果，一旦其真正发生，将对全球经济产生广度和深度都颇为巨大的影响。

参考文献

1. Aguiar, M. (2005). "Investment, Devaluation, and Foreign Currency Exposure: The Case of Mexico," *Journal of Development Economics*, 78 (1), 95 - 113.

2. Aizenman, J., Cheung, Y. W., and Qian, X. (2020). "The Currency Composition of International Reserves, Demand for International Reserves, and Global Safe Assets," *Journal of International Money and Finance*, 102, 102 - 120.

3. Alper, Koray, Altunok, Fatih, Capacioglu, Tanju, Ongena, Steven (2019). "The Effect of US Unconventional Monetary Policy on Cross-Border Bank Loans: Evidence from An Emerging Market," *Swiss Finance Institute Research Paper* No. 19 - 38.

4. Bacchetta, P., van Wincoop, E. (2005). "A Theory of the Currency Denomination of International Trade," *Journal of International Economics*, 67 (2), 295 - 319.

5. Brauning, F., and V. Ivashina (2017). "Monetary Policy and Global Banking," NBER Working Paper 23316.

6. Bruno, V., and Shin, H. S. (2015). "Capital Flows and the Risk-Taking Channel of Monetary Policy," *Journal of Monetary Economics*, 71, 119 - 132.

7. Bruno, V., and Shin, H. S. (2015). "Cross-Border Banking and Global Liquidity," *The Review of Economic Studies*, 82 (2), 535 - 564.

8. Burger, J. D., Warnock, F. E., and Warnock, V. C. (2012). "Emerging Local Currency Bond Markets," *Financial Analysts Journal*, 68 (4), 73 - 93.

9. Caballero, R. J. (2006). "On the Macroeconomics of Asset Shortages," National Bureau of Economic Research, Working Paper 12753.

10. Caballero, R. J., Farhi, E., and Gourinchas, P. O. (2017). "The Safe Assets Shortage Conundrum," *Journal of Economic Perspectives*, 31 (3), 29 - 46.

11. Cetorelli, N., and Goldberg, L. S. (2012). "Banking Globalization and Monetary Transmission," *The Journal of Finance*, 67 (5), 1811 - 1843.

12. Chinn, M., Frankel, J. (2007). "Will the Euro Eventually Surpass the Dollar as Leading International Reserve Currency?", In Clarida, R. (Ed.), *G7 Current Account. Imbalances: Sustainability and Adjustment*. University of Chicago Press, Chicago, 285 - 323.

13. Devereux, M. B., and Shi, S. (2013). "Vehicle Currency." *International Economic Review*, 54 (1), 97 - 133.

14. Devereux, M. B., Dong, W., Tomlin, B. (2017). "Importers and Exporters in Exchange Rate Pass-through and Currency Invoicing," *Journal of International Economics*, 105, 187 - 204.

15. Dominguez, K. M., Hashimoto, Y., Ito, T. (2012). "International Reserves and the Global Financial Crisis," *Journal of International Economics*, 88, 388 - 406.

16. Dooley, M. P., Lizondo, J. S., and Mathieson, D. J. (1989). "The Currency Composition of Foreign Exchange Reserves," Staff Papers, 36 (2), 385 – 434.

17. Du, W., and J. Schreger (2014). "Sovereign Risk, Currency Risk, and Corporate Balance Sheets," Working Paper 209056, Harvard University Open Scholar.

18. Du, W., Pflflueger, C. E., Schreger, J. (2015). "Sovereign Debt Portfolios, Bond Risks, and the Credibility of Monetary Policy," *Working Paper*, Stanford University.

19. ECB Staff (2017). "The International Role of the Euro," Discussion paper, European Central Bank.

20. Eichengreen, B. (2011). *Exorbitant Privilege*: *The Rise and Fall of the Dollar and the Future of the International Monetary System*, Oxford University Press.

21. Eichengreen, B., Flandreau, M. (2009). "The Rise and Fall of the Dollar (or When Did the Dollar Replace Sterling as the Leading Reserve Currency?)", *European Review of Economic History*, 13 (3), 377 – 411.

22. Eichengreen, B., Hausmann, R., Panizza, U. (2002). "Original Sin: the Pain, the Mystery, and the Road to Redemption," IADB Conference Currency and Maturity Match Making: Redeeming Debt from Original Sin.

23. Eichengreen, B., Mathieson, D. (2000). "The Currency Composition of Foreign Exchange Reserves: Retrospect and Prospect," IMF Working Paper, 131.

24. Engel, C., Park, J. (2016). "Debauchery and Original Sin: The Currency Composition of Sovereign Debt," Working Paper, University of Wisconsin-Madison and National University of Singapore.

25. Forbes, Kristin J., Warnock, Francis E. (2012). "Debt and Equity-Led Capital Flow Episodes," NBER Working Paper Series 18329.

26. Gilmore, S., and F. Hayashi (2011). "Emerging Market Currency Excess Returns," *American Economic Journal*: *Macroeconomics*, 3 (4), 85 – 111.

27. Goldberg, L., and C. Tille (2008). "Vehicle Currency Use in International Trade," *Journal of International Economics*, 76 (2), 177 – 192.

28. Goldberg, L. S., Tille, C. (2013). "A Bargaining Theory of Trade Invoicing and Pricing," National Bureau of Economic Research. No. w18985.

29. Gopinath, G. (2015). "The International Price System," Jackson Hole Symposium, vol. 27. Federal Reserve Bank at Kansas City.

30. Gopinath, G., and Stein, J. C. (2018). "Banking, Trade, and the Making of a Dominant Currency," National Bureau of Economic Research, No. w24485.

31. Gopinath, G., and Stein, J. C. (2018). "Trade Invoicing, Bank Funding, and Central Bank Reserve Holdings," AEA Papers and Proceedings (Vol. 108, pp. 542 – 546).

32. Gourinchas, P. O., Rey, H., and Sauzet, M. (2019). "The International Monetary and

Financial System," *Annual Review of Economics*, 11, 859 - 893.

33. Hassan, T. A. (2013) . "Country Size, Currency Unions, and International Asset Returns," *Journal of Finance*, 68 (6), 2269 - 2308.

34. He, Z. , Arvind, K. , Konstantin, M. (2016) . "What Makes us Government Bonds Safe Assets?", *American Economic Review*, 106, 519 - 523.

35. He, Z. , Arvind, K. , Konstantin, M. (2019) . "A Model of Safe Asset Determination," *American Economic Review*, 109 (4), 1230 - 1262.

36. Heller, H. R. , Knight, M. D. (1978) . "Reserve-Currency Preferences of Central Banks," *International Finance Section*, Dept of Economics, Princeton University.

37. Ito, H. , and McCauley, R. N. (2020) . "Currency Composition of Foreign Exchange Reserves," *Journal of International Money and Finance*, 102, 102 - 104.

38. Ivashina, V. , D. S. Scharfstein, and J. C. Stein (2015) . "Dollar Funding and the Lending Behavior of Global Banks," *Quarterly Journal of Economics*, 130 (3), 1241 - 1281.

39. Kalemli-Ozcan, S. , H. Kamil, and C. Villegas-Sanchez (2016) . "What Hinders Investment in the Aftermath of Financial Crises: Insolvent Firms or Illiquid Banks?", *Review of Economics and Statistics*, 98 (4), 756 - 769.

40. Kashyap, A. K. , and Stein, J. C. (2000) . "What do a Million Observations on Banks Say about the Transmission of Monetary Policy?", *American Economic Review*, 90 (3), 407 - 428.

41. Krugman, P. (1980) . "Vehicle Currencies and the Structure of International Exchange," *Journal of Money, Credit and Banking*, 12 (3), 513 - 526.

42. Lagos, R. , Wright, R. (2005) . "A Unified Framework for Monetary Theory and Policy Analysis," *Journal of Political Economy*, 113 (3).

43. Lu, Y. , Wang, Y. (2019) . "Determinants of Currency Composition of Reserves: A Portfolio Theory Approach With an Application to RMB," IMF Working Paper No. WP/19/52, March.

44. Miranda-Agrippino, Rey, Helene (2015) . "US Monetary Policy and the Global Financial Cycle," NBER Working Paper 21722.

45. Ogrokhina, O. , and Rodriguez, C. M. (2018) . "The Role of Inflation Targeting in International Debt Denomination in Developing Countries," *Journal of International Economics*, 114, 116 - 129.

46. Ongena, Steven, Schindele, Ibolya, Vonnak, Dzsamila (2015) . "In Lands of Foreign Currency Credit, Bank Lending Channels Run Through?", CFS Working Paper 474.

47. Panizza, U. , Sturzenegger, F. , Zettelmeyer, J. (2010) . " International Government Debt," United Nations Conference on Trade and Development.

48. Peek, J. , and Rosengren, E. S. (2000) . "Collateral Damage: Effects of the Japanese Bank Crisis on Real Activity in the United States," *American Economic Review*, 90 (1), 30 - 45.

49. Perez，D.，Ottonello，P.（2016）．"The Currency Composition of Sovereign Debt," 2016 Meeting Papers 596（Society for Economic Dynamics）.

50. Rey，H.（2001）．"International Trade and Currency Exchange," *The Review of Economic Studies*，68（2），443–464.

51. Rey，H.（2016）．"International Channels of Transmission of Monetary Policy and the Mundellian Trilemma," *IMF Economic Review*，64（1），6–35.

52. Schneider，Martin，Tornell，Aaron（2004）．"Balance Sheet Effects，Bailout Guarantees and Financial Crises," *The Review of Economic Studies*，71，883–913.

53. Shin，H. S.（2012）．"Global Banking Glut and Loan Risk Premium," *IMF Economic Review*，60，155–192.

54. Takáts，E.，and Temesvary，J.（2020）．"The Currency Dimension of the Bank Lending Channel in International Monetary Transmission," *Journal of International Economics*，125，103–309.

55. Yi，G.（2018）．"Deepen Reform and Opening-up Comprehensively. Create New Prospects for Fifinancial Sector，Speech to Commemorate the 40th Anniversary of China's Economic Reform and the 70th Anniversary of the People's Bank of China，Beijing，17 December." *BIS Review*，20 December.

金融中介与金融发展理论

信贷配给理论

最早提及信贷配给的是亚当·斯密。Adam Smith（1776）在论述高利贷的最高数额时曾探讨过信贷配给问题。在 19 世纪，英国银行与通货学派的论战也曾涉及信贷配给问题。凯恩斯在 1930 年的《货币论》（*A Treatise on Money*）中指出：存在一个借款人中未被满足的边缘，其可扩大也可缩小，因此银行可以通过扩大或缩小它们的贷款规模来影响投资的规模，而不必改变利率水平。亚当·斯密和凯恩斯较早地注意到了信贷配给现象，但他们并没有深入地研究下去。

现代最早研究信贷配给问题的是罗萨（Rossa）。Rossa 等（1951）的资金可获性学说，主要阐明了货币政策可以通过信贷渠道影响实际支出进而影响经济的观点。信贷观点曾一度风行于美国。信贷观点的主要思想是：中央银行的公开市场操作会引起银行重新安排其资产组合，因为银行会倾向于通过信贷配给而不是提高贷款利率来降低贷款数量，所以信贷配给的增加会影响企业投资支出，从而影响经济增长。

罗萨主要研究的是信贷配给对宏观经济的影响。在罗萨之后，一些经济学家开始探索信贷配给的成因，使信贷配给理论的微观基础逐步得以确立。20 世纪 60 年代，对信贷配给成因的探讨主要是基于市场的不完全性，其代表人物是霍奇曼（Hodgman）。Hodgman（1960）曾用违约风险来解释信贷配给。在霍奇曼之后，随着信息经济学的发展，不完全信息假设被逐步引用到信贷配给的分析当中，其代表人物主要有阿克洛夫、贾菲、莫迪利安尼、凯恩、马尔基尔（Malkie）、斯蒂格利茨（Stiglitz）以及韦斯（Weiss）。在斯蒂格利茨和韦斯之后，信贷配给理论微观基础方面的发展又分成两个方向：一个方向是在信息不对称假设下继续探索信贷配给问题，其研究内容主要包括信贷配给与监督成本、抵押、绝对优先权准则以及小额信贷等具体问题。另一个方向是对不对称信息假设进行扩展，引入不确定性、不对称预期等假设。另外，一些学者把研究的范围从信贷市场扩展到了信贷市场和证券市场并存的情况。他们的研究表明，两个市场资金提供者之间的竞争也会导致信贷配给问题。

在 20 世纪七八十年代，在信贷配给理论微观基础取得发展的同时，信贷配给对宏观经济影响方面的研究也取得了突破。贾菲、杜卡（Duca）等经济学家较系统地研究了信贷配给对宏观经济的影响。斯蒂格利茨和韦斯于 1981 年的研究也促进了信贷配给对宏观经济影响方面的研究。伯南克、布林德（Blinder）和格特勒等在他们研究的基础上阐述了一个集中于不对称信息和金融合约管理的交易成本之下的货币政策传导机制，即货币政策的信贷渠道。货币政策的信贷渠道现在被认为是货币政策传导的主要渠道之一。伯南克、布林德、格特勒等的研究表明，货币政策会通过影响银行资金的供给和企业财务境况进而影响企业的信贷可得性，最终影响经济增长。更进一步，Bernanke，Gertler 和 Gilchrist（1996）正式提出了金融加速器理论，该理论将信贷市场中的信息不对称及交易成本反映为企业所受到的融资约束及外部融资溢价，并且该理论随后被应用于新凯恩斯标准模型，形成了 BGG 模型，为日后 DSGE 框架下金融部门，特别是银行部门的引入奠定了基础。

西方学者对信贷配给的研究主要集中在以下三个方面：信贷配给产生的微观基础、信贷配给的宏观经济含义以及这两方面的实证证据。下面就从这三方面对信贷配给理论研究做一个简要综述。

一、信贷配给产生的微观基础

（一）信贷配给的定义及分类

广义的信贷配给指的是这样一种情形：由于报出贷款利率低于瓦尔拉斯市场出清利率，因而存在一种对贷款的超额需求。若报出贷款利率低于瓦尔拉斯市场出清利率是由政府管制因素造成的，则这种信贷配给被称作非均衡信贷配给。在政府的高利率限制以及任何制度下，限制贷款人对不同借款人采取不同条件的做法都会导致非均衡信贷配给的出现。而在没有政府限制的情况下，贷款人自愿将贷款利率定在市场出清利率以下而造成的信贷配给被称作均衡信贷配给。Baltensperger（1978）将均衡信贷配给定义为：即使当某些借款人愿意支付合同中的所有价格条款和非价格条款时，其贷款需求仍然得不到满足的情形。Friedman（1990）主编的《货币经济学手册》中定义了四种类型的信贷配给，即利率（或价格）配给、见解分歧配给、红线注销及纯粹的信贷配给。

1. 红线注销

由于有风险分级，贷款人对任何利率下都无法得到他所要求的收益率的人将拒绝发放贷款。而且，贷款人要求的收益率由存款利率决定，当要求的收益率提高时，原来可以贷的款也就不贷了。在这种情形下，当存款供给多而存款利率低的时候得到了贷款的企业，可能在存款变动并且存款利率提高时被实行定量配给。对这些企业来说，信贷可得性（存款的供给）——并非报出的贷款利率——决定了他们能否借款，这些企业会认为它们正被排挤出市场。

2. 纯粹的信贷配给

这种情况是指一些经济主体得到了贷款，而明显相同的经济主体想以完全相同的条件申请借款却得不到贷款。

准确区分信贷配给的定义十分重要，很多文献对信贷配给的争论常常来自其定义的不统一。举个例子，信贷配给文献中有两种观点：一种观点认为，非价格条款的多变性为抵消信贷配给提供了条件，在这种情况下，对贷款的过多需求可以因较高水平的非价格条款而减少；另一种观点则认为，非价格条款应被视为一种形式的信贷配给，其中非利率条件的较高价格常被用来配给有效的资金供给。这两种观点的不同就属于定义的问题。

关于信贷配给的理论模型可分为两类，一类是逆向选择和隐藏行动的道德风险模型，另一类是隐藏信息的道德风险模型。

（二）逆向选择和隐藏行动的道德风险模型

Jaffee 和 Russell（1976），Stiglitz 和 Weiss（1981）等是最早将逆向选择和道德风险概念引入信贷市场分析的经济学家。Jaffee 和 Russell（1976）建立了一个存在事前不对称信息的消费信贷市场模型。由于贷款人不能事先区分借款人的风险特征，市场利率就会有一个风险贴水。给定贷款人的利润，低风险的借款人更偏好较低的、能使其效用最大化的利率水平，但在较低的利率水平上却可能存在信贷配给。

　　Stiglitz 和 Weiss（1981）在他们极具影响力的文章中分别论述了逆向选择和道德风险与信贷配给之间的关系。他们的模型基于如下假设：借款人和贷款人都为风险中性；每个借款人有相同的初始财富和相同的投资项目，且投资项目的期望收益相等；投资项目不可分割，因而只有获得一定数量的贷款，投资才能进行；贷款合同为标准的债务合同。在信息不对称的情况下，提高利率会使借款人的质量构成发生变化，低风险的借款人逐步退出市场，这种逆向选择效应使借款人的平均风险程度增加，从而可能降低贷款人的预期收益。贷款人预期收益与利率变化间的非单调性决定了贷款人不会通过利率调整使市场随时出清，因而信贷市场可能出现配给均衡的结果。他们也分析了道德风险与信贷配给的关系，提高利率可能使借款人选择高风险的投资项目，从而降低贷款人的预期收益，因而贷款人会将利率设定在预期利润最大化的水平上，而这时信贷市场上可能存在超额需求，出现信贷配给。

　　此后，许多学者通过放宽或改变 Stiglitz 和 Weiss（1981）模型（简称 S-W 模型）的相关假设来进一步讨论均衡信贷配给的存在性。De Meza 和 Webb（1987）认为，如果假设每个投资项目的期望收益不同，信息不对称可能导致正向选择：好的项目将坏的项目逐出市场，不存在信贷配给。而 Bester 和 Hellwig（1987）则认为，仅是隐藏行动的道德风险就可能导致信贷配给。他们的模型假设企业有两种不同的技术选择，一种是好的技术，一种是差的技术；好的技术有较高的预期收益，但企业的技术选择是不可观察的。这样，贷款人预期收益与利率之间存在非单调关系，信贷配给有存在的可能性。Riley（1987）的模型假设信贷市场上存在许多可以观察到的、明显不同的借款人群体，银行可以对不同的群体设定不同的利率水平使利润最大化。莱利（Riley）的分析认为，只要不同群体的数量很大，信贷配给在经验上就不是一个重要现象。Stiglitz 和 Weiss（1987a）对莱利的批评进行了回应。他们认为，在一个不完全信息的信贷市场上，贷款人不可能对借款人的特征拥有完全信息并完全监督他们的行动，因此，不管可观察到的不同借款人群体的数目有多少，信贷配给在一定条件下都是可能出现的。

　　一个有趣的问题是，使用抵押品是否可以消除信贷配给？Bester（1985）认为，如果均衡存在，信贷配给就不会发生，因为贷款人可以用抵押品来筛选不同类型的借款人，信贷市场可以实现没有配给的分离均衡。而 Besater 和 Thakor（1987）则认为，分离均衡也可能意味着信贷配给的存在。在他们的模型中，银行除了选择利率和抵押品外，还要选择贷款申请人获得贷款的比率。这样，如果抵押品的数量是有限制的，分离均衡就会违背激励相容约束。要恢复激励相容约束，银行的选择只能是：不是所有申请人都能得到贷款。Stiglitz 和 Weiss（1987，1992）建立了一个更一般的模型，可同时考虑逆向选择和道德风险问题，银行也可以同时调整利率和抵押品要求。他们的分析表明，尽管银行可以利用抵押品要求来扩大自己的战略空间，并且均衡状态的具体特征与分别讨论逆向选择和道德风险时也有所不同，但同样不能排除信贷配给均衡的可能性。

Ardeni 和 Messori（1999）分析了贷款规模可变条件下信贷配给出现的可能性。由于贷款规模和贷款利率可以同时变化，通过自选择，高质量项目的借款人可以寻求比低质量项目的借款人更好的信贷条件。但分离均衡和混同均衡都有可能出现，在混同均衡下，某些质量类型的项目受到信贷配给。

De Meza 和 Webb（1999）假设企业家的内在质量各不相同，但好的企业家的收益分布与低质量企业家的收益分布相比具有一阶随机占优的特点。虽然银行不了解单个企业家的类型，但信贷市场的边际进入者对银行来讲是最无利可图的。在这种情况下不存在信贷配给，因为利率提高毫无疑问使低质量的企业家退出市场，从而改善银行信贷资产的构成。De Meza 和 Webb（2000）又同时考虑了企业家隐藏质量类型和隐藏行动的情况，在这个模型中，信贷配给均衡在一定条件下是可能出现的。但与通常观点不同的是，他们的分析表明，信贷配给的存在可能意味着过度投资，而并不一定是投资不足。

Hellmann 和 Stiglitz（2000）将信贷市场与股票市场纳入一个统一的模型进行分析，以探讨信贷配给与股票市场上的权益配给之间是否可以共存以及它们的相互作用。该模型假设存在两方面的信息不对称现象：项目的期望收益和项目风险都是企业家的私人信息。他们的分析表明，信贷配给和权益配给既可以单独存在也可以共存。他们还得出一个令人吃惊的结论：信贷市场与股票市场之间的竞争有可能导致企业的逆向选择行为，从而产生信贷配给。Lensink 和 Sterken（2002）对 S-W 模型进行了改造，假设企业（借款人）除了进行投资和放弃投资的选择之外，还有一个选择：等待投资。他们的分析认为，在不确定性状态下，如果等待可以使借款人获得更多关于项目类型的信息，那么项目风险较大的借款人从等待中可以获得更高的收益。因此，银行提高利率会使风险较大的借款人推迟投资，不存在逆向选择。

近期，Arnold 和 Riley（2009）对原始的 S-W 模型中银行收益与利率之间的倒 U 形关系提出了质疑，他们认为边际上进入信贷市场的借款者会被银行要求一个使其边际利润为 0 的利率，基于此假设，通过对端点利率下银行收益的分析得到了不同于原始 S-W 模型的银行收益函数，结论为：S-W 模型不存在等于或低于市场出清利率的单一解，出现信贷配给时至少会存在两个或两个以上的均衡利率，这又导致愿意承担更高利率的企业信贷需求得到满足，而只能承担更低利率的企业得不到足够的信贷。

（三）隐藏信息的道德风险模型

Williamson（1987）的模型引入了"事后信息不对称"的观点：投资项目所实现的收益是企业的私人信息，银行必须承担一定的监督成本才能获知。他的分析发现，即使不存在事前的逆向选择和项目实施过程中的道德风险，单是对投资结果监督成本的存在也可能产生 S-W 模型中的那种信贷配给。只不过在威廉姆森模型中，受配给的是那些使银行监督成本高的企业家，而在 S-W 模型中，信贷配给是随机的。威廉姆森的分析表明，在金融主体的市场行为作用下，在银行利润最大化的信用供给量确定的情况下，信贷配给与否主要取决于企业家数量（$1-\alpha$）的大小。如果该变量大于银行的均衡供给量，则信贷配给发生；如果该变量等于银行的均衡信贷供给量，则非信贷配给均衡发生。而且威廉姆森进行了信贷配给均衡和非信贷配给均衡之间的静态比较分析（考虑贷款者机会收益提高和监督成本改变两个因素的影响）。例如：①假设每个贷款者的机会收益提高，则在非信贷配给均衡中，利率增加而贷款数量不变；而在信贷配给均衡中，有数量效应而无利率变化。②假如监督成本 γ 发生变化，不同的均衡也有不同的反应。对于非信贷配给均衡，贷款量 q 或市场预期回报 r 都不受 γ 变化的影响。贷款利率在非信贷配给均衡中增加，对企业家承诺支付的影响体现了预期的质量效应，即监督成本的增加在竞争市场上将引起产品价格增加；对于信贷配给均衡，q 随着 γ 增加而下降，而贷款利率在信贷配给均衡中减少，γ 的增加将会使贷款利率减少以实现贷款者预期收益的最大化。威廉姆森还认为，连带破产的标准债务合同是最佳信贷合同。

Gale 和 Hellwig（1985）的模型也假定代理人存在事后隐藏信息的行为，但与威廉姆森不同的是，他们是在投资项目可分和贷款规模可变的情况下考察信贷市场的。他们的分析证明了第一种类型的信贷配给作为均衡现象存在的可能性，并且标准的债务合同是最佳的、激励相容的安排。

Hillier 和 Worrall（1994）在一个一般均衡模型中论述了信贷市场的效率以及政府的政策选择。他们的结论是：隐藏信息和监督成本的存在有产生信贷配给均衡的可能性，但无论是否存在信贷配给，市场均衡都可能是无效的；即使在信贷配给情况下，也可能出现过度投资，正确的政策可能是降低投资水平而不是提高投资水平。

Hart 和 Moore（1994，1998）的模型也假设借款人存在隐藏信息的道德风险：他有可能将投资项目的全部现金流量转移到自己的"私人口袋"中。因此，贷款人为了防止损失必然要求借款人提供抵押品，一旦借款人违约，贷款人将拥有对抵押品的清算权。由于借款人总是倾向于将还款金额降低到与其抵押品的清算价值相等的水平，因此，一个理性的贷款人最多借出与抵押品的清算价值相等的款项。这样，当作为抵押品的资产的清算价值低于它最初的购买成本时，第一种类型的信贷配给就有可能出现。

Houben 和 Nippel（2000）修正了哈特-摩尔（Hart-Moore）模型中借款人拥有无限现金转移能力的假设，只是假设借款人的机会集是"无界"的（至少从贷款人的角度看是这样）。他们在一个扩展的道德风险模型中证明了信贷配给不仅在某些特定的均衡状况下存在，而且是贷款人信息劣势的必然结果。与哈特-摩尔模型一样，抵押品在债务融资中也起关键作用。

隐藏信息的道德风险模型为研究信贷市场提供了一个统一的分析框架：债务合同的特征、金融中介以及信贷配置的低效率都是监督成本存在的结果。由于在模型中债务合同是内生的，避免了前一类模型中债务合同外生给定的缺点。

Williamson（2001）研究了信息不对称情况下监督成本与银行借贷的关系。他的研究表明，在信息不对称情况下，即使没有别的导致信贷配给的因素（如逆向选择、道德风险等）作用，监督成本也可导致信贷配给现象的出现。威廉姆森研究的是纯粹信贷配给问题，即在明显相同的群体中，一些人获得了贷款，另一些人则没有。作者构造了一个模型，其模型类似 Townsend（1979）以及 Gale 和 Hellwig（1984）的有成本的状态检验。有成本的状态检验的基本思想是：假定项目产生的现金流是贷款人无法观测的，除非贷款人耗费监督成本对借款人进行检查。

（四）关于信贷配给微观基础的其他解释

1. 不对称预期

一些学者认为，信息不对称假设较狭隘，因为它忽略了很多后凯恩斯主义理论，如不确定性、时间、预期等。马丁·沃尔夫林（Martin Wolfson）从不对称预期的角度研究了信贷配给现象。他假定借款人和贷款人都受制于根本性不确定。这一概念对借贷而言的意义在于，尽管借款人可能知道一些贷款人不知道的信息，相应地，贷款人也可能知道一些借款人不知道的信息，他们双方对未来都受制于根本性不确定。

2. 信贷合同的执行与信贷配给

如果没有相应的执行机制，任何事前的合约在事后都可能作废，信贷合同也是如此。在信贷合同执行难的情况下，资不抵债就不再是借款人违约的唯一理由，因为借款人可以选择战略性的故意违约甚至是欺诈（Eaton，1986）。因此，越来越多的学者开始探讨合同的执行问题与信贷配给的关系，从而将制度环境引入信贷市场分析。

信贷合同可以通过声誉机制执行。如果借款人违约可能面临市场和社会的惩罚，那么违约率就会得到控制。而声誉机制只有在完善的信用信息共享制度存在的情况下才可能发挥作用。Ghosh 和 Ray（1999，2001）结合发展中国家非正式信贷市场的情况（在非正式市场上，贷款合同很少通过正式的法律机构执行），在一个重复借贷模型中论述了合同的执行问题如何产生信贷配给。他们的结论有很重要的政策含义：如果缺乏信用信息网络，信贷市场竞争性的增加并不能缓解信贷配给。Padilla 和 Pagano（1999）也指出，当银行共享企业违约信息时，违约者很难从其他贷款人那里得到贷款，为了避免这种惩罚，企业家会增加努力程度，这会降低违约率并因此减少信贷配给。当前随着数字信息技术的发展，开放银行的概念逐渐兴起，其旨在促使银行将自身所积累的信息向第三方（主要是金融科技类公司）开放，以完善信用信息的互联共享，这有助于声誉机制的实现。

另一部分学者更关注法律制度和司法执行效率对信贷市场效率的影响。法庭在信贷关系中起关键作用，因为它能在那些有偿付能力的借款人故意逃避债务时强制他们偿还债务。因此，司法执行不力会加剧借款人的机会主义行为：如果债务人预期债权人通过法庭收回贷款很困难或成本高昂，那么他们就有违约企图，而贷款人对此的反应就是减少信贷的可获性，增加信贷配给。La Porta 等（1997）认为，债权人权利受保护程度的不同可以解释各国私人部门在外部融资可能性上的差异。他们发现，那些司法执行不力的国家，债务市场的规模都较小。Jappetli 等（2002）论述了法庭对债务合同的执行力度对贷款数量、利率和违约率的影响。在他们的模型中，债务人存在机会主义行为，法庭的执法效率用债权人在法庭判决后有望从借款人那里收回的抵押品的比率来衡量，该比率越高，表明执法效率越高。他们认为，司法效率的改进会增加信贷总量，减少信贷配给。

3. 信贷配给与股权配给

Stiglitz 和 Weiss（1981）的 S-W 模型表明，当投资者在某一投资项目的风险方面具有比企业更少的信息时，信贷配给现象就可能出现。在 S-W 模型的基础上，Cho（1986）表明，如果投资者采用股权代替债权的方法对企业进行投资，那么逆向选择就会消失。Myers 和 Majluf（1984）以及 Greenwald，Stiglitz 和 Weiss（1984）研究表明，股权市场也可能存在配给。

但是，信贷配给理论和股权配给理论都是建立在单一市场基础上的，要么是信贷市场，要么是股权市场。这就提出了一个问题：当现实中既存在信贷市场又存在股权市场时，配给现象是否会发生呢？De Meza 和 Webb（1987）的研究得出了如下结论：如果不对称信息是关于预期收益的，投资者更偏好用债权投资代替股权投资，信贷配给现象不会出现。如果不对称信息是关于风险的，投资者偏好用股权投资代替债权投资，股权配给将不会发生。从表面上看，这个结论似乎表明，只要投资者运用合适的金融工具，配给现象就不会发生。但是要注意的是，De Meza 和 Webb（1987）的分析并没有考虑对风险和预期收益同时存在不对称信息的情况。

Hellmann 和 Stiglitz（2000）把信贷市场和股权市场作为一个环境，且认为在这个环境里存在异质投资者，它们之间相互竞争。他们的研究基于下面一些假设：同时存在预期收益和项目风险的不对称信息；投资者只精于某一种金融合约——债权或股权；投资者只能设定价格，企业可以从股权市场和债权市场融资，但不能同时从两个市场获得资金。

在传统的模型中，逆向选择来自这一事实：当价格上升时，一些好的企业将不再对项目投资。而在 Hellmann 和 Stiglitz（2000）的模型中，当某种形式的融资价格上升时，企业将会转移到别的市场融资。如果有很多企业在两个市场之间不断转移，投资者之间将会以降价的形式展开竞争，价格将会低于瓦尔拉斯均衡水平，这样配给现象就会出现。Hellmann 和 Stiglitz（2000）模型的主要结论就是：可能确实存在信贷配给或股权配给以及两者同时存在的现象。而且，两类专业投资者之间的竞争很有可能是配给现象出现的一个重要原因。

二、信贷配给的宏观经济含义

这方面的研究主要考虑以下两个问题：信贷配给对总需求的影响以及信贷配给对货币政策传导机制的影响。有两条明显不同的线索探讨信贷配给的宏观经济含义。一条是在传统凯恩斯主义分析框架内重新考虑货币传导机制，即除了传统的利率渠道之外，是否还存在一个独立的银行信贷渠道；另一条是在价格灵活变动的新古典模型中，探讨信贷市场的不完全性在经济波动和货币传导过程中的作用。

（一）凯恩斯主义分析框架中的信贷配给

Blinder 和 Stiglitz（1983）在名义刚性的假设下论述了信贷配给对货币政策传导的影响。他们的分析认为，紧缩性货币政策致使银行收缩信贷，信贷配给的加强抑制了许多企业的投资活动并导致经济下滑。他们还认为，由于货币变得越来越难以定义，因此信贷是比货币更好的政策目标。

Mankiw（1986）从特定的信贷市场（学生贷款市场）出发探讨了信贷市场不完全性的各种表现和原因，并分析了政府信贷政策的有效性。根据曼昆（Mankiw）

的观点，由于信贷市场自由竞争中两个主体的作用，信贷市场有三种可能结果：单均衡点、多均衡点的存在和无均衡点现象。这三种情况又各自有不同的特点，除了常规的单均衡点外，多点均衡和金融崩溃都显示出与宏观经济不一致的可能和效率损失。因此政府的适当干预（如多重均衡时的小额信贷补贴和贷款担保，金融崩溃时安全贷款的确定等）是能够明显提高效率的。Blinder（1987）规范化了他与斯蒂格利茨在 1983 年的思想，建立了一个存在信贷配给的宏观经济模型。他的主要结论是：信贷配给（而不是利率弹性和预期失误）是货币政策的主要渠道；信贷配给阻碍了资本的形成，限制了投资的支出，既减少了总需求又减少了总供给，导致有效供给失灵；信贷配给在加强货币政策效力的同时降低了财政政策效力。

Greenwald 和 Stiglitz（1990）将信贷配给纳入传统的 *IS-LM* 模型中，并探讨了金融市场不完善性的影响。他们发现，由于金融中介在资源配置中的作用，实际货币供给量的增加不仅使 *LM* 曲线向右移动，也使经过修正的 *IS* 曲线向右移动。这样货币政策的实际影响可能要比传统凯恩斯模型所估计的大得多。在该模型中，价格黏性仍是货币非中性的原因。

Stiglitz 和 Weiss（1992）进一步论述了信贷配给对货币政策有效性的影响。他们认为，即使在平均实际利率变化很小或下降（上升）时，货币政策也可以是紧缩（扩张）的，因此，将货币供给量或利率作为货币政策的中介目标并不合适。不过，斯蒂格利茨和韦斯并没有建立一个有微观基础的宏观经济模型来论述信贷配给的货币政策含义，货币与信贷可得性之间的关系只是简单地被假定而没有给予证明。

从信贷配给角度研究货币传导的信贷渠道只是货币政策信贷渠道（狭义）研究的一个分支。另一个分支的研究是由 Bernanke 和 Blinder（1988）开创的，在这条线索的理论中，信贷配给并不是信贷渠道存在的必要条件。Kashyap 和 Stein（1994）认为，虽然银行贷款供给的变动可能伴随着信贷配给程度的改变，但是否存在信贷配给并不是信贷渠道的决定因素。从 20 世纪 90 年代起，第二条线索的研究得到了更多的响应，而从信贷配给角度的研究则开始显得沉寂。

随着新凯恩斯主义的兴起，在 DSGE 框架下构建金融部门（主要是银行）来分析金融摩擦和货币政策对宏观经济影响的研究日渐增多，但由于信贷配给是信息不完全下信贷供求双方博弈的表现，其难以纳入一般均衡模型，因此通常从微观金融，即企业所受融资约束的角度来构建模型，仍然无法从理论上有效直接地证明信贷配给对货币政策信贷渠道的必要性和重要性。

（二）新古典分析框架中的信贷配给

Wu（1994）分析了均衡信贷配给情况下信贷供给变化对利率的影响，并且在一个一般均衡模型中论述了货币与信贷的相互作用。他的模型不依赖于名义黏性假设。

Kiyotnki 和 Moore（1997）论述了一个某些厂商受到信贷约束后以其生产性资产作为抵押品的经济。由于借款可能性受到抵押品价值的限制，在资本市场不完全的情况下，一次小的生产性冲击就可能引发信贷周期。Betts 和 Bhattacharya（1998）在传统的新古典模型中引入了两种信息摩擦：劳动力市场上的逆向选择问题与信贷市场上的监督成本问题。前者产生内生的均衡失业，后者产生均衡信贷配给。他们在这个结构下论述了失业与信贷配给程度和资本形成的理论联系。

Azariadis 和 Bruce（1998）建立了一个单部门增长模型，其中资本投资通过信贷融资进行，而信贷市场上存在逆向选择问题。他们发现，逆向选择使信贷市场产生多重均衡的可能性，由于瓦尔拉斯机制和信贷配给机制之间的转换，这些多重均衡表现出永久性波动的特征。金融系统的周期性波动成为经济波动的重要来源和重要的传播机制。

根据 Azariadis 和 Bruce（1998）的研究，就两种制度来说，经济可能存在着三种可能。首先，经济表现为两种制度中的任意一种：瓦尔拉斯制度中，竞争市场按照标准的方法分配信贷；信贷配给制度中，信贷是配给的，资源离开金融系统，且投资的分配是相对缺乏效率的。由于每一种制度都有均衡，因此经济可能既按照完全信息资本存量运动法则运行，也按照私人信息法则运行。尽管经济均衡的类型不确定，但是具体到某一种制度的均衡，则经济能够呈现出唯一的单调动态，既不是不确定的也不是波动的。其次，经济均衡能够在两种运动法则之间以随机或确定的方式相互转移，且这些制度转移将会伴随着资本存量和产出的"无阻尼"波动，这样，就可能出现过度波动和均衡的不确定性。

Azariadis 和 Bruce（1998）认为，这里的制度演变与私人信息密切相关。只有当储蓄（存款）的真实收益率充分高的时候瓦尔拉斯分配才与激励相容的信贷分配一致。一方面，假设经济当前处在瓦尔拉斯制度中，如果储蓄者（存款者）预期一个充分低的真实收益，他们会将一些储蓄转出银行系统而投入到其他较低产出的资产中。这种储蓄外流迫使银行配给信贷和公司收缩资本投资，并减弱真实经济活动，而且信贷配给的存在打破了资本的边际产出与均衡利率之间的联系。这使得利率按照储蓄者的预期方向下降成为可能，储蓄者的降低利率预期成为一种自我实现的预言，推动着从瓦尔拉斯制度向信贷配给制度转移。更紧缩的信贷结果是，经济的收缩伴随着真实利率和真实活动的下降。另一方面，假设当前经济处在信贷配给制度中，只有当储蓄（存款）的真实回报充分低时信贷配给才能发生。如果储蓄者预期真实利率提高，资源将流向银行系统，信贷不再能够配给。银行将融通更多的资本投资，真实经济活动将扩张。存款者的预期改变将再一次作为自我实现的预言，推进着从信贷配给制度向瓦尔拉斯制度分配转换。此时，存款者的信心是均衡的多重性和能够观察到的制度转移的核心。当然，存在着两种均衡制度，存款者的信心是不随时间的变化而变化的，存款者总是能够预期高的（低的）真实利率，结果经济总是处于瓦尔拉斯（信贷配给）均衡。

Bachetta 和 Caminal（2000）建立了一个动态一般均衡宏观经济模型，其中由于信息的不对称，一部分企业受到信贷约束。他们认为，由于受信贷约束的企业与不受信贷约束的企业有不同的边际生产率，因此宏观经济冲击会引起资金在这些企业间的重新配置。但是他们对资本市场的不完善性总是系统地放大经济周期的观点提出了质疑。根据他们的研究，信息不对称产生的金融约束可能扩大也可能抑制产出的波动，这取决于冲击的类型。这种观点与 Kiyotaki 和 Moore（1997）的观点是不同的。

最近，也有经济学家开始论述信贷配给与经济增长的关系。Lehnert（1998）认为，金融中介的改善有助于减少信贷配给，通过扩大投资来促进经济增长。Bose（2002）讨论了通货膨胀、信贷配给与经济增长的关系。在他的模型中，在不对称信息的信贷市场上可能存在两种贷款机制：一是信贷配给机制——银行通过信贷配给将高风险与低风险的借款人分离开来；二是甄别机制——银行通过（有成本地）获取信息来区别借款人。他的基本观点是：通货膨胀会改变贷款人的行为，使之要么增加信贷配给程度或甄别成本，要么使贷款机制从甄别机制转为配给机制，这样通货膨胀对经济增长的不利影响就被扩大了。

三、信贷配给的实证研究

在较早的研究中，由于没有关于信贷需求和信贷供给的单独数据，因此不可能通过比较需求和供给来直接确定是否存在信贷配给以及配给的程度，对信贷配给的存在性及其程度的实证检验是一件很困难的工作。然而近些年来，随着银行微观信贷数据的应用，信贷供给和信贷需求的情况可以被分离，相关文献已经很少争论信贷配给是否存在，而是分析影响企业所受信贷配给程度的因素。

20 世纪 60 年代和 70 年代早期，经济学家主要通过以下三种方法来间接地检验信贷配给的存在性：跨部门分析法、调查法与虚拟变量法。跨部门分析法使用商业银行的贷款数据来分析货币紧缩时期不同经济部门的信贷可得性的变化，如果流向大企业的贷款增加，流向小企业的贷款减少，那么可以认为小企业受到了歧视，而这种歧视可以解释为信贷配给。然而这种方法存在的一个问题是，各部门的贷款需求被假设为固定的，但实际上，小企业贷款量的减少也可能是需求减少的结果。调查法是通过对商业银行和企业的问卷调查来分析资金的供给与需求情况，从而判断信贷配给程度。但调查结果的真实性得不到保证。虚拟变量法是把那些被认为与信贷配给高度相关的变量作为实际现象的虚拟变量，并对该虚拟变量进行回归分析。然而这种方法的有效性明显依赖于虚拟变量与不可观察变量的相关性，而这种相关性本身却是不可能直接检验的。

20 世纪 70 年代后期开始，更多的经济学家开始使用"非均衡计量经济模型"，试图以可观察的数据为基础直接估计银行信贷的需求与供给。但由于使用不同时间段的数据，采用不同的估值方法，因而检验结果并不一致。King（1985）的检验结果是模棱两可的。一方面，他的估值表明，信贷供给的利率弹性明显大于零，这与均衡信贷配给模型的预期很不一致；另一方面，检验结果又显示，超额需求出现的时期看来比超额供给出现的时期更频繁，而这与配给假说是一致的。Berber 和 Udeli（1992）曾利用美国 1977—1988 年期间的 100 万份商业银行贷款合同信息对信贷配给的重要性进行了检验。他们的检验结果表明，均衡信贷配给并不是一个重要的宏观经济现象。而 Perez（1998）的检验却表明，60％的美国企业在 20 世纪 80 年代不能获得所申请的全部资金。

这一时期虽然在理论上信贷配给的存在性已得到广泛认同，但在经验上还没有强有力的支持证据。同样，关于信贷配给的宏观经济影响的实证研究也没有取得大的进展。根据 Blinder（1987）的信贷配给模型，货币政策在信贷配给存在的情况下比信贷配给不存在的情况下能对实际经济产生更大的效应。McCallum（1991）使用美国 1950—1985 年期间的季度数据对布林德的推论进行了检验，结果表明，信贷配给作为货币政策传导的一个渠道不仅存在，而且很重要，它可以解释货币冲击对产出波动的全部影响的 50％。然而，从 20 世纪 90 年代开始，更多的经济学家认为，信贷配给并不是货币政策信贷渠道存在的必要条件，不管信贷配给是否存在，只要经济中存在一些依赖银行贷款的企业，只要中央银行货币政策能影响商业银行的贷款供给，那么就存在一个货币政策的信贷渠道。Vlad Ivanenko（2004）用俄罗斯 1992—2001 年 9 358 家公司的数据研究后发现：非货币交易同政府债券在银行资产组合中比重的增长高度相关。这一证据支持了俄罗斯企业受到流动性限制的命题，同时也表明非货币交易可以作为衡量企业信贷配给量的方法。不过值得注意的是，俄罗斯企业信贷配给的情况跟斯蒂格利茨和韦斯在 1981 年所描述的信贷配给并不一样。俄罗斯企业在 20 世纪 90 年代的流动性困境与 Bernanke（1983）描述的美国 20 世纪 30 年代初期的金融危机类似。因此，Vlad Ivanenko（2004）发展的测度信贷配给替代方法的适用范围是有限的。

然而，随着银行信贷数据的应用，微观层面信贷配给的实证研究取得了明显进展，是否存在信贷配给现象已不再是研究的重点，而是着重探讨企业所有者和管理者的特征、银行市场结构、银企关系等因素对企业所受信贷配给程度的影响。这种进展得益于微观信贷数据的两个特点：一是可以清晰地区分信贷需求和信贷供给，使数据外生性更强，避免了宏观信贷数据由需求和供给双方共同影响的问题，同时为检验货币政策的效果提供了条件；二是能够将信贷供给方（银行）与信贷需求方（企业）进行准确的匹配，信贷审批的结果反映了银行对具体企业供给信贷的意愿，而信贷申请则直观展现了企业信贷需求与其自身特征的关系。

Ambrose 等（2016）实证研究表明收入差距较大的借款人更倾向于隐瞒信息并造成逆向选择，而这又迫使银行进行信贷配给。在企业所有者特征方面，Blumberg 和 Letterie（2008）针对初创企业，利用微观的贷款申请和批复数据，分析其所有者出资额度、管理经验、受教育水平等对企业所受信贷配给的影响，发现企业所有者的创业经历、管理经验和投入资金的数量都会缓解信贷配给的程度；Asiedu 等（2013）则利用非洲的银行信贷审批数据，证明了在撒哈拉以南非洲国家，女性企业家更容易受到信贷配给。除此之外，也有研究者从信贷供给方的角度分析信贷配给的影响因素，特别是银行业的市场结构和银企关系。Canales 和 Nanda（2012）运用墨西哥的贷款数据，分析银行市场结构对中小企业信贷可得性的影响，结论发现分支机构拥有更多决策权的银行更愿意向中小企业提供信贷，这是因为分支机构在企业软信息的获取中具有优势，同时激烈的竞争会促使银行花费更多的成本去筛选客户，从而降低了市场中的信息不对称，也会提高中小企业的信贷可得性。这一结论也得到了 Rice 和 Strahan（2010）的印证，他们发现在美国对银行跨州经营限制较少的州，其银行业的竞争更为激烈，同时该州中小企业的信贷可得性更高，信贷成本更低。银企关系是影响信贷配给的另一个重要方面，Cenni 等（2015）发现银企关系，特别是关系时长和主银行贷款规模能够缓解信贷配给，这种影响对于中小企业更为明显，中小企业应该将贷款集中于一家银行，但对于大企业，较高的主银行贷款规模反而会加剧信贷配给，呈现出 U 形关系。Cotugno 等（2013）考察了金融危机期间银企关系对信贷配给的影响，文章使用意大利的贷款数据，证明了金融危机期间信贷配给程度上升，但银企关系可以缓解这种趋势，同时信贷距离（银行分支机构与负责融资决策的公司层级之间的距离）会加剧信贷配给。与之不同，Kremp 和 Sevestre（2013）的实证结果则表明金融危机期间，虽然贷款的审批标准更为严格，但信贷配给程度并未上升。

信贷配给宏观层面的实证成果则相对较少，集中于证明信贷配给在货币政策信贷传导渠道中的作用。其中较为重要的是，Jiménez 等（2012）运用西班牙的贷款申请和批复数据，分析了货币政策和经济周期对银行信贷供给，即信贷可得性的影响，证明了货币政策信贷渠道的存在，其基本结论是：短期利率的上升会提高银行信贷配给的程度，降低企业的信贷可得性。文章认为，西班牙的货币政策外生性较强，同时贷款申请和批复数据解决了宏观信贷数据存在的内生性问题，文章结果可信性较高。

虽然最近十几年中货币政策的信贷渠道是理论研究的热点问题，并且相关的实证检验文献十分丰富，但直接从信贷配给角度进行的检验依旧不多。由于这方面的实证检验结果不一致，是否存在一个独立的、显著的银行信贷渠道仍是一个有争议的问题。

四、信贷配给与普惠金融

信贷配给的核心在于信贷市场中的信息不对称导致一部分愿意支付更高利率的借款者被排除在外，无法通过交易获得信贷资源，而普惠金融旨在为受到金融排斥，无法获得金融产品的群体提供基本的金融服务，普惠金融与信贷配给关系紧密，甚至可以视为缓解信贷配给的重要渠道。

普惠金融这一概念由联合国于 2005 年首次正式提出，其目标是为社会各阶层的群体提供适当、有效的金融服务，重点服务的对象是包括农民、城镇低收入人群以及小微企业在内的弱势群体。在中国，普惠金融被定义为："立足机会平等要求和商业可持续性原则通过加大政策引导扶持、加强金融体系建设、健全金融基础设施，以可负担的成本为有金融服务需求的社会各阶层和群体提供适当的、有效的金融服务"。可以看到，信贷配给约束较为严格的小微企业被包括在普惠金融的服务对象范围内，同时普惠金融强调机会平等和商业可持续，信贷配给现象的缓解被纳入普惠金融的目标框架。

具体而言，虽然均致力于降低信贷市场中的信息不对称，但不同于正规金融，早期的普惠金融更倾向于利用本地信息优势和社会关系，通过创新性的契约设计来缓解信贷配给的现象。虽然 Berger 和 Udell（2002），Stein（2002）的研究表明小银行在软信息的获取上比大银行更有优势，但是对中小企业提供贷款的收益和收集信息的成本相比仍然不具有吸引力，在市场竞争不足的情况下小银行也缺乏足够的动力去分辨和监督中小企业的真实业务状况与经营行为。早期的普惠金融则试图将这种分辨与监督的成本转移给借款人群体，比如经典的联保贷款模式。联保贷款模式会把在正规金融下受到信贷配给的借款者以小组的形式组织起来，小组的形成是基于自愿的行为且组内的借款者之间存在社会关联，然后银行对单个小组成员发放贷款，但是整个小组负有连带责任。这种实践得到了理论上的支撑，Stiglitz（1990）指出由于连带责任的存在，每个个体更倾向于选择比自己风险低（或至少风险相同）的人组成小组，从博弈的视角来看，最终小组的成员必然是风险较为相近的个体，这样才能避免低风险成员对高风险成员的补贴，但是这种推论意味着小组成员之间信息不对称程度非常低，能够准确且迅速地了解到彼此的风险状况，这与现实情况不一定相符。针对事后的信息不对称，Varian（1990）指出村民可以利用当地信息优势以低成本进行同伴监督，这种动机一方面来源于成员对其他个体的拖欠承担连带责任，另一方面则是由于只有当整个小组的贷款清偿后成员才能进一步获得贷款。Besley 和 Coate（1995）则引入了"社会惩罚"的概念，小组成员之间存在的社会关联不仅起到事前筛选的作用，而且是未违约的小组成员对违约成员进行惩罚的渠道，是一种难以量化的约束，但客观上仍然提高了成员违约的成本，缓解了事后的信息不对称。但是联保贷款模式本身具有明显的缺陷，且难以直接运用于中小企业的贷款过程中。首先，本地企业或同行业企业之间的确具有一定的信息关联和软信息优势，但是仍然难以确定彼此的风险水平；其次，即使是小额贷款，中小企业贷款额度也要明显大于个人贷款额度，社会惩罚的效果难以发挥出来；最后，关联企业之间通常有业务往来，相比于个人，企业小组成员进行合谋的动机更为强大。这些缺陷会放大贷款的风险，引致信贷配给，虽然之后联保贷款模式经过了多次改良，但仍然难以有效地解决中小企业的信贷配给问题。

随着近几年金融科技的迅猛发展，普惠金融在缓解企业信贷配给方面有了新的工具和方法。早期的普惠金融将筛选和监督借款者的责任转嫁给借款者自身以降低信息成本，但是金融科技与大数据的发展极大降低了信息搜集与信息处理的边际成本（Pérez-Martín et al.，2018），这使得银行或互联网金融企业有足够的动力借助大数据技术为中小企业提供贷款以获得超额收益。

由于金融科技的实践刚刚起步，且金融科技本身含有大量的信息专业技术内容，所以金融领域关于金融科技与大数据对信贷配给影响的研究相对较少，且主要是通过实证研究的方式进行。现有研究认为金融科技除了能够直接降低信息成本外，还能够将过去难以利用的大量软信息搜集起来并进行专业化的处理。Lapavitsas 和 Dos Santos（2008）发现金融科技的应用使银行能够获取与其关系不密切或财务信息不足的个人和企业的软信息，并且能够为银行带来额外的收益，这导致基于长时间业务合作的关系型信贷的重要性不断下降。Jenkins 和 Levin（2013）基于汽车金融公司的数据，发现利用复杂数据等进行自动信用评分的技术可以降低资金借贷双方的信息不对称程度，提高了贷款的利润和高风险借款者的信贷可得性。更进一步，Jagtiani 和 Lemieux（2018）利用贷款俱乐部的账户层面数据和 Y-14M[①]数据，实证发现金融科技平台的业务扩大了消费信贷的可得性，这个结果在银行业集中度较高的地区也非常显著。他们认为，一方面，金融科技能够搜集大量软信息以刻画缺乏硬性财务信息或信用记录的借款者的风险特征，降低了信贷市场的信息不对称；另一方面，金融科技能够提高银行的风险管理效率，降低银行获取企业信息的成本，增加了银行的期望收益，使银行更有动力为中小企业提供信贷资金（Jagtiani and Lemieux，2019）。Liberti 和 Petersen（2018）则明确定义了软信息与硬信息，他们认为硬信息是定量且易于存储的，并且能够以非个人的方式传递，金融科技的优势并不仅是获得了大量的软信息，而是将软信息转换成了硬信息，这进一步降低了信息的成本。

现有研究都肯定了金融科技在降低信贷市场信息不对称、缓解信贷配给方面的作用，但是由于金融科技实际应用中的非参数模型过于复杂，甚至接近于"黑箱"状态，这导致现有研究难以分析金融科技与大数据评估借款者风险水平的机理，进而使得理论模型无法深入刻画金融科技在缓解信贷配给过程中发挥作用的细节。

参考文献

1. Ambrose，B. W.，Conklin，J.，and Yoshida，J.（2016）."Credit Rationing, Income Exaggeration, and Adverse Selection in the Mortgage Market," *The Journal of Finance*，71（6），2637 - 2686.

2. Arnold，L. G.，and Riley，J. G.（2009）."On the Possibility of Credit Rationing in the Stiglitz-Weiss Model," *American Economic Review*，99（5），2012 - 2021.

3. Asiedu，E.，Kalonda-Kanyama，I.，Ndikumana，L.，and Nti-Addae，A.（2013）."Access to Credit by Firms in Sub-Saharan Africa：How Relevant is Gender?", *American Economic Review*，103（3），293 - 297.

4. Azariadis，C. and B. D. Smith（1998）."Financial Intermediation and Regime Switching in Business Cycles," *American Economic Review*，88（3），516 - 536.

5. Bachetta，P. and R. Caminal（2000）."Do Capital Market Imperfection Exacerbate Output Fluctuation?", *European Economic Review*，44，449 - 468.

6. Berger，A. N.，and Udell，G. F.（2002）."Small Business Credit Availability and Relation-

① Y-14M 数据，是美联储每月收集的有关银行控股公司（BHC）、储蓄和贷款控股公司（SLHC）以及中间控股公司（IHC）贷款组合的详细数据库。

ship Lending: The Importance of Bank Organizational Structure," *The Economic Journal*, 112 (477), F32 - F53.

7. Bernanke, B., Gertler, M., and Gilchrist, S. (1996). "The Financial Accelerator and The Flight to Quality," *The Review of Economics and Statistics*, 78 (1), 1 - 15.

8. Besley, T., Coate, S. (1995). "Group Lending, Repayment Incentives and Social Collateral," *Journal of Development Economics*, 46 (1), 1 - 18.

9. Betts, C. and J. Bhattacharya (1998). "Unemployment, Credit Rationing, and Capital Accumulation: A Tale of Two Frictions," *Economic Theory*, 12 (3), 489 - 517.

10. Blumberg, B. F., and Letterie, W. A. (2008). "Business Starters and Credit Rationing," *Small Business Economics*, 30 (2), 187 - 200.

11. Boee, N. (2001). "Inflation, the Credit Rationing and Growth," *Oxford Economic Papers*, 54 (3), 412 - 434.

12. Canales, R., and Nanda, R. (2012). "A Darker Side to Decentralized Banks: Market Power and Credit Rationing in SME Lending," *Journal of Financial Economics*, 105 (2), 353 - 366.

13. Cenni, S., Monferrà, S., Salotti, V., Sangiorgi, M., and Torluccio, G. (2015). "Credit Rationing and Relationship Lending. Does Firm Size Matter?", *Journal of Banking and Finance*, 53, 249 - 265.

14. Cotugno, M., Monferrà, S., and Sampagnaro, G. (2013). "Relationship Lending, Hierarchical Distance and Credit Tightening: Evidence from the Financial Crisis," *Journal of Banking and Finance*, 37 (5), 1372 - 1385.

15. De Meza, D. and D. Webb (1999). "Wealth, Enterprise and Credit Policy," *The Economic Journal*, 109, 153 - 154.

16. De Meza, D. and D. Webb (2000). "Does Credit Rationing Imply Insufficient Lending?", *Journal of Public Economics*, 78, 215 - 234.

17. Einav, L., Jenkins, M., and Levin, J. (2013). "The Impact of Credit Scoring on Consumer Lending," *The RAND Journal of Economics*, 44 (2), 249 - 274.

18. Freixas, X. and J. C. Rochet (1997). *Microeconomics of Banking*, The MIT Press.

19. Ghosh, P. and D. Ray (2001). "Information and Enforcement in Informal Credit Markets," University of British Columbia Working Paper.

20. Hart, O. and J. Moore (1998). "Default and Renegotiation: A Dynamic Model of Debt," *Quarterly Journal of Economics*, 113, 1 - 41.

21. Hellman, T. and J. E. Stiglitz (2000). "Credit and Equity Rationing in Markets With Adverse Selection," *European Economic Review*, 44, 281 - 304.

22. Hodgman, D. R. (1960). "Credit Risk and Credit Rationing," *Quarterly Journal of Economics*, 74 (5), 258 - 278.

23. Houben, Z. and P. Nippel (2001). "The Role of Credit Rationing and Collateral in Debt Fi-

nancing," University of Kiel Working Paper.

24. Jaffe, D. M. and Russel, T. (1976). "Imperfect Information, Uncertainty and Credit Rationing," *Quarterly Journal of Economics*, 90 (4), 650 – 665.

25. Jagtiani, J., and Lemieux, C. (2018). "Do Fintech Lenders Penetrate Areas that are Underserved by Traditional Banks?", *Journal of Economics and Business*, 100, 43 – 54.

26. Jagtiani, J., and Lemieux, C. (2019). "The Roles of Alternative Data and Machine Learning in Fintech Lending: Evidence from the Lending Club Consumer Platform," *Financial Management*, 48 (4), 1009 – 1029.

27. Jappelli, T., M. Pagano and M. Bianco (2002). "Courts and Banks: Effects of Judicial Enforcement on Credit Markets," CSEF Working Paper No. 58.

28. Jiménez, G., Ongena, S., Peydró, J. L., and Saurina, J. (2012). "Credit Supply and Monetary Policy: Identifying the Bank Balance-Sheet Channel with Loan Applications," *American Economic Review*, 102 (5), 2301 – 2326.

29. Kiyotaki, N. and J. Moore (1997). "Credit Cycles," *Journal of Political Economy*, 105, 211 – 248.

30. Kremp, E., and Sevestre, P. (2013). "Did the Crisis Induce Credit Rationing for French SMEs?", *Journal of Banking and Finance*, 37 (10), 3757 – 3772.

31. Lapavitsas, C., and Dos Santos, P. L. (2008). "Globalization and Contemporary Banking: On the Impact of New Technology," *Contributions to Political Economy*, 27 (1), 31 – 56.

32. Lehnert, A. (1998). "Asset Pooling, Credit Rationing and Growth," Board of Governors of the Federal Reserve System Working Paper.

33. Lensink, R. and E. Sterken (2002). "The Option to Wait to Invest and Equilibrium Credit Rationing," *Journal of Money, Credit and Banking*, 34 (1), 221 – 225.

34. Liberti, J. M., and Petersen, M. A. (2019). "Information: Hard and Soft," *Review of Corporate Finance Studies*, 8 (1), 1 – 41.

35. Lown, C. S. and D. P. Morgan (2002). "Credit Effects in the Monetary Mechanism," *FRBNY Economic Policy Review*.

36. Mankiw, N. G. (1986). "The Allocation of Credit and Financial Collapse," *Quarterly Journal of Economics*, 455 – 470.

37. Messori, M. (1999). *Financial Constraints and Market Failures: the Microfoundation of New Keynesian Macroeconomics*, UK: Edward Edgar.

38. Perez, S. (1998). "Testing of Credit Rationing: An Application of Disequilibrium Econometrics," *The Journal of Macroeconomics*, 20 (4), 721 – 739.

39. Pérez-Martín, A., Pérez-Torregrosa, A., and Vaca, M. (2018). "Big Data Techniques to Measure Credit Banking Risk in Home Equity Loans," *The Journal of Business Research*, 89, 448 – 454.

40. Rice, T., and Strahan, P. E. (2010). "Does Credit Competition Affect Small-firm

Finance?", *The Journal of Finance*，65（3），861－889.

41. Stein，J. C.（2002）."Information Production and Capital Allocation: Decentralized versus Hierarchical Firms," *Journal of Finance*，57（5），1891－1921.

42. Stiglitz，J. E.（1990）."Peer Monitoring and Credit Markets," *The World Bank Economic Review*，4（3），351－366.

43. Stiglitz，J. E. and A. Weiss（1981）."Credit Rationing in Markets With Imperfect Information," *American Economic Review*，71（3），393－410.

44. Varian，H. R.（1990）."Monitoring Agents with Other Agents," *Journal of Institutional and Theoretical Economic*，146（1），153－174.

45. Vlad Ivanenko（2004）."A Method to Detect Credit Rationing: Building on Russian Experience," 2004.

46. Williamson，S. D.（1987）."Costly Monitoring, Loan Contracts, and Equilibrium Credit Rationing," *Quarterly Journal of Economics*，135－145.

47. Wu，Y.（1994）.*An Analysis of Credit and Equilibrium Credit Rationing*，New York and London: Garland Publishing Inc.

比较金融体系理论

    作为连接盈余部门和赤字部门的桥梁，金融体系长期被看作是一个"黑匣子"，经济学家关注的是桥梁两端的状况，至于资金在这个"黑匣子"中如何运动以及发生了什么变化，并不是关注和研究的焦点。在主流新古典经济学的框架中，以古典完美市场为基准，"充分认知假设"绕过了不确定性的影响，个人在未来的各种明确的可能性中相继做出的最优化决策通过市场交易可以实现市场的均衡，因而在一般均衡框架中既不能包含组织和制度的作用，也不需要企业家的创新性活动（Garrison，1982）。在这种背景下，以阿罗-德布鲁分析范式为代表的一般均衡理论，既忽略了外生交易费用，也排除了机会主义行为所导致的内生不确定性，而零交易成本和充分认知的假设更使得置于其中的金融体系在一个无摩擦的完美市场中失去了用武之地。[①] 因此，作为组织制度存在的金融体系，在主流古典经济学体系里，其

---

    ① 在阿罗-德布鲁范式中，完全金融市场的配置效率依赖于以下假设条件：（1）零交易成本，即每一次交易可以无成本地进行，不考虑与技术因素相关的外生交易费用，不存在搜寻成本，也不存在签约成本；（2）信用是完美的，不存在内生交易费用，不考虑信用问题和执行合约的策略因素所导致的内生不确定性及相关风险（舒比克，2001）；（3）资产和合约具有可分性，不受专用性和不可分性的影响，每一次交易都可以在边际意义上实现；（4）充分认知假设，即每个分散化的交易者具有完美的跨时预期，充分清楚自己的禀赋和偏好，并对未来任何时点可能出现的资产收益状态及其概率分布具有完备的认识（Garrison，1982）。

地位是微不足道的，因为在一个完美的无摩擦市场中，不需要耗费资源来搜寻信息、研究项目、监督管理者以及设计合约用以促进交易和改善风险状况，也不需要中央银行等金融监管制度安排来约束金融市场①和金融中介。

随着经济和金融体系的发展，一方面，金融活动本身在经济体系中的地位越来越重要；另一方面，金融体系变化与经济发展之间的互动关系也越来越引起理论界和实务部门的关注。尤其是 20 世纪 70 年代以来，伴随着频发的金融危机（见表1），世界范围内的金融体系面临着急剧的变革和重构，在这种情况下，打开金融体系这个"黑匣子"，深入研究金融体系的内部变化规律与趋势，就成为摆在学术界和政策部门面前的一个现实而紧迫的课题。一些学者试图在阿罗-德布鲁范式中解释金融中介和金融市场内生的条件（Greewood and Smith，1997）；而另一些学者则直接针对阿罗-德布鲁范式的非现实假设，直接或者间接地在其一般均衡模型中加入特定的摩擦因素，在一个不确定的市场环境中重新审视金融体系的功能和价值：由于金融市场和金融中介便利了资源在时间和空间上的配置，因而金融体系的功能就不再是消极和被动的，而是通过改善交易和节约成本直接促进了社会福利②（Levine，1997）。还有部分学者对传统范式的金融中介理论进行了批评，认为解释金融业近年来发生的一些巨大变化，应当放弃静态的完美市场范式，采用更为动态的概念③，即金融中介理论应当包括金融创新的动态过程以及在此基础上的市场差异化（Scholtens and Wensveen，2000）。

表1　　　　　　　　　　　1977—1998 年由银行危机带来的产出损失

	危机次数	平均危机长度	平均累计产出损失（占 GDP 的百分比）
全部	43	3.7	26.9%
其中：单个银行危机	23	3.3	5.6%
银行业与货币危机	20	4.2	29.9%
发达国家	13	4.6	23.8%
发展中国家	30	3.3	13.9%

资料来源：Allen and Gale，"Competition and Financial Stability," *Journal of Money*，*Credit and Banking*，June 2004.

---

① 值得注意的是，在阿罗-德布鲁的一般均衡框架中，市场是分散化交易集；而在现实世界中，金融市场的建立需要花费成本。因此，从经济学的意义上讲，二者之间有着本质的区别。

② 基于这种范式，有大量的文献详细讨论了金融市场和金融中介是如何解决最终借款者和最终投资者之间交易中存在的交易费用、风险和不确定性，从而发挥促进储蓄向投资的转换、便利交易、实施联合控制、改善风险管理、获取投资信息和配置资源等功能，以及金融市场和金融中介在发挥这些功能上的优劣比较（典型的如 Levine，1997；Allen and Gale，2002）。通过比较金融体系中的组织——金融市场和金融中介——产生前后借贷双方效用水平的静态变化，说明金融市场和金融中介产生的激励，然后用借贷双方的效用增进来说明金融体系对经济增长的促进作用，解释金融体系的功能，成为分析金融体系的主流范式。

③ 在这个概念中，金融机构不是居于储蓄者与投资者之间充当"代理人"，而是独立的市场部分，是一个通过创造金融产品而为消费者和企业提供金融服务的企业。也就是说，金融中介本身就是向顾客出售金融服务并从中获利的，节约交易成本、消除信息不对称以及参与成本等则属于上述过程的伴随效应。

从一般意义上说，金融体系发展至今，已经形成一个复杂的系统，既包括内部的金融工具、中介和市场，也包括外部的监管和与不同经济主体的往来关系。[①] 在现代金融体系下，无论是宏观上的经济调控，还是微观上的资金引导与配置，都离不开金融体系这个媒介。但是，现代金融体系的存在价值，又不限于媒介这一基本功能的发挥，往往还涉及风险配置与管理、公司治理以及财富分配等诸多方面。当然，要想对现代金融体系进行准确而全面的定义是有困难的，但沿着下面的思路对现代金融体系进行梳理和解读，不仅有利于对现实的准确把握，更能对当前国内理论界业已存在的种种理论和认识上的误区进行必要的反思：（1）究竟是否存在不同的金融体系？（2）究竟是哪些因素决定了不同国家金融体系的现实选择？（3）不同金融体系的比较优势和劣势差异何在？（4）当前国际范围内金融体系发展的新趋势有何取向以及在何种方面、何种程度上趋同？

一、究竟是否存在不同的金融体系？

对于在本质上是否存在不同的金融体系这一问题，最为著名的早期反对意见也许来自 Mayer（1988，1990）。通过对世界范围内主要发达国家企业层面数据的考察，梅耶（Mayer）从企业融资的角度否定了不同国家的金融体系存在本质上的差异：在考察对象中，企业资金来源在结构上是一致的，其中最重要的是企业内部资金，银行贷款次之，而股权融资的比重通常较小。后期的一些学者，如 Corbett 和 Jenkinson（1997），沿着梅耶的思路，通过扩展样本统计区间，从企业实际融资的角度进一步强化了梅耶的基本结论，否定了不同国家的金融体系在事实上存在的本质差别。这在学术界被称为"梅耶之谜"。

我们现在暂且不论"梅耶之谜"的解答[②]，而专注于下面一个我们认为更为现实的问题，即就算不同国家的金融体系并不存在"绝对意义上的差异"，那么，不同国家的金融体系又是否存在"相对意义上的差异"呢？对于这一问题，我们可以通过不同国家金融体系的"横向"比较得到答案。

从横向比较来看，不同国家的直接融资和间接融资的比重确实存在显著差

---

①　在本研究中，金融中介主要是指商业银行，金融市场主要是指以股票市场为主的资本市场。出于文献评述的方便和国内对于这些用语的习惯约定，本文将针对不同情况交替使用这些术语。除非特别指明，在本文中，金融中介与商业银行所指基本相同；金融市场、股票市场与资本市场所指基本相同。

②　实际上，对此学术界迄今尚无普遍认可的解释（Allen and Gale，2001）。

异：如表 2 所示，以 1993 年为例，美国股票市值占 GDP 的比重为 82%，是德国的三倍；而同时期德国银行资产占 GDP 的比重为 152%，同样也是美国的三倍；英国银行资产占 GDP 的比重以及股票市值占 GDP 的比重虽然在表中国家都是最高的，但其银行资产与股票市值之比为 1.85，仍然显著低于德国的这一指标（6.33）。从表 2 很容易看出，就不同国家金融体系"相对意义上的差异"而言，美国和德国分别位于两个极端，英国靠近美国模式，法国靠近德国模式。日本的 BA/EMC 值居于两种模式之间，但考虑到银行体系在日本经济中一贯的重要作用，大部分经济学家倾向于把日本和德国归于同一种模式。根据 Levine（1993）以及 Allen 和 Gale（1995，2000），可以根据"直接金融"和"间接金融"两种融资模式在金融体制中的地位，区分所谓的银行为主的体制与市场为主的体制。① 正是在这个意义上，美国和英国的金融体制常常被称为"市场主导型"，而德国、法国、日本则被称为是"银行主导型"。

表 2　　　　　　　　　　银行与资本市场的国际比较（1993 年）

	GDP （10 亿美元）	银行资产（BA） （10 亿美元）	BA/GDP	股票市值（EMC） （10 亿美元）	EMC/GDP	BA/EMC
美国	6 301	3 319	53%	5 136	82%	0.64
英国	824	2 131	259%	1 152	140%	1.85
日本	4 242	6 374	150%	2 999	71%	2.11
法国	1 261	1 904	151%	457	36%	4.19
德国	1 924	2 919	152%	464	24%	6.33

资料来源：Allen and Gale（2001）.

从上面的分析可以看出，不同国家之间金融体系的相对差异至少是存在的。只要这种相对差异是客观存在的，那么，我们在理论上承认存在不同的金融体系并对不同的金融体系进行定义和区分就是必要的：它有助于我们在动态视野中分析不同国家金融体系的历史变迁和发展趋势。更重要的是，在一定的金融体系范式下，深入研究资金流动过程中在风险过滤、信息处理和企业治理等方面可能出现的差异性，对于现代金融体系的建立和完善具有重要意义，因为通过风险过滤、信息处理和企业治理等途径最终实现资源的高效配置，正是现代金融体系最根本的目标。

---

① 他们根据资金流动是直接借助一次合约（资金供求双方直接见面）还是两次合约（经过金融中介），以及在金融体制中的比重，划分两种不同的融资模式，即直接金融与间接金融。

二、究竟是什么决定了不同国家金融体系的现实选择？

纵观世界经济和金融发展史，无论何种金融体系，在其发展源头，银行或者类似于银行的金融中介一般占据了主导地位。但当一国的金融发展到一定程度后，由于种种原因，各国的金融体系演变开始出现分岔：某些国家转向市场主导型金融体系，另外一些国家转向银行主导型金融体系。因此，正如前一节所指出的，如果我们承认存在着不同的金融体系，并且承认对不同的金融体系进行区分是重要的，那么我们面临的下一个问题自然而然是：究竟是那些因素决定了不同国家金融体系的现实选择？

关于不同国家金融体系的决定，虽已产生了大量的文献，但尚未形成统一的理论框架和研究结论。从现有的文献资料来看，主要的研究路径有四条，分别对应不同的侧重点。

第一条研究路径是沿着实体经济路线的，企图从经济结构本身的特点和发展需求来解释金融体系结构的形成和变迁。早在 1952 年，罗宾逊就指出，金融中介和金融市场是伴随着产业经济的发展需要逐步形成的：当一国出现需要融资的机会时，就会发展必要的金融市场和金融中介提供金融服务以满足这些投资机会的融资需求，也就是"实业引领，金融跟随"。持类似观点的还有 Thakor（1996），他认为富国拥有更庞大的金融体系是源于这些国家在经济发展曲线上走得更快，也就是说，经济绩效驱动金融范围的变化。这一解释正是基于以下判断：金融体系是经济实际需求的产物，而不是经济绩效的驱动者。从 Gruley 和 Show（1955）开始，不断深化的研究把重点转向了金融发展和经济增长之间可能存在的因果关系上。其中，最具有代表性的也许是基于金融体系功能观的相关理论。例如，Levine（1997）总结了金融体系的几种重要的功能（包括便利风险转移和分担、获取投资信息和配置资源、监督经营者并实施联合控制、动员储蓄以及便利商品和劳务的交换），而这些金融功能相互作用，并最终通过资本积累和技术创新两个渠道促进经济增长。认为金融体系的功能会影响经济行为和实体经济发展的类似研究还包括 Gale（1992），Pagano（1993），King 和 Levine（1992），Bernanke（1988），Boot 和 Thakor（1996），Allen 和 Oura（2004）等，这些研究从不同侧面探索了金融体系功能和实际经济发展之间的联系机制。随着研究的不断深入，从 Patrick（1996）

开始①，金融体系发展和经济发展之间的关系不仅远未明确，反而复杂化了：由于金融和经济之间纷繁复杂的联系机制，单一的因果联系似乎并不是问题的合理答案，金融发展和经济增长之间可能存在多重均衡。多重均衡意味着金融发展和经济增长互为因果，经济增长会引致金融体系的产生和扩展，而金融发展又会促进经济的进一步增长。② 实际上，金融发展和经济发展之间的双向因果关系理论③可以看作是对二者之间复杂关系的一种无奈解读，因为如果一方面假定存在一个金融发展所需要的临界收入水平和财富水平，另一方面又无法确定这些临界水平的位置，那么，这种双向因果关系实际上否认了通过促进金融发展而推动经济增长的可能性。总体而言，尽管大量学者都论证过金融体系和经济发展之间的相关关系，但在二者之间的因果关系上，大都陷入循环论证，因而无法得到统一的结论。Carlin 和 Mayer（2003）考察了 1970—1995 年间 14 个 OECD 国家的经济增长、产业发展和金融体系之间的关系，发现由于产业对各种金融要素投入的需要和依赖，导致了不同产业的投资和增长与金融体系结构之间存在显著的相关关系。Allen（2006）系统考察了实体经济结构和金融体系结构之间的关系，并将重点放在实体经济的发展与金融体系结构的演变上，结果表明，金融体系结构随着企业的金融需要而发展变化，因而金融体系结构的变迁是由实体经济特征内在决定的。在最近的一篇文章中，Allen，Bartiloro，Gu 和 Kowalewski（2018）使用 1972—1976 年、1977—1981 年、2012—2015 年三个时间段的 108 个国家或地区的数据进行实证检验，发现实体经济的结构变化可以预测金融结构的发展方向，分样本检验发现这一结果在法律体系完善或政府效率更高的组内显著存在。除了基准模型外，他们还分别以 1991 年印度结构改革、1991 年苏联解体以及 20 世纪 80 年代和 90 年代初的韩国经

---

① Patrick（1996）区分了金融发展中供给导向法和需求导向法两种模式：供给导向的金融发展优先于对金融服务的需求，并且假设金融体系的优先发展对早期的经济增长有着自主的积极作用；而需求导向的金融发展则是实体经济部门发展的结果。显然，Patrick（1996）的假设已经注意到了金融发展和经济增长之间的双向因果关系。

② 其中一种具有代表性的观点认为：高收入水平支持金融体系的充分发展，而金融体系的充分发展又为经济的进一步增长提供了前景的高度均衡状态，以及低收入水平的欠发达陷阱使得金融体系不可能得到发展，从而阻碍了投资和增长的低度均衡状态。由于建立金融体系需要花费固定的成本，因此，从经济角度看，只有当经济增长出现了足够的融资需求且人均收入水平能够弥补利用金融体系的成本，金融体系才会被建立和利用（Greewood and Jovanovic，1990；Greewood and Smith，1997；Levine，1993）。Berthelemy 和 Varoudakis（1994）通过分析实际生产部门的储蓄对金融部门生产率的影响以及金融部门内部不完全竞争机制之间的相互作用解释了金融发展和经济增长之间存在多重均衡可能性的原因；Zilibotti（1994）通过分析资本存量的临界值对资本生产率的影响对这一问题进行了解答。而 Levine（1992）进一步指出：金融体系的固定交易成本随着金融服务复杂程度的提高而增加，因此，简单的金融体系会随着人均收入和财富水平的增加而向复杂的金融体系演进。

③ 更具体地讲，双向因果关系理论向我们展示了这样一个图景：当经济发展水平处于低级阶段时，经济剩余不足以支持金融体系的扩展，此时经济低增长和金融体系的欠发达构成了"双低"的均衡状态；而当经济发展水平达到最低临界值时，金融体系的扩展会自动满足对金融服务的需求，此时经济高增长和金融体系的发达构成了"双高"的均衡状态。

济改革作为对实体经济结构的外生冲击，使用双重差分方法证实了经济结构变化后金融结构也发生了显著变化。

第二条研究路径将考察重点放在政治因素的影响上，试图从经济体本身之外的因素寻求合理的答案。Rajan 和 Zingale（2004）指出，金融体系本身会朝着最优的结构发展，但这一进程会受到势力庞大的政治团体的影响，而金融体系的结构会在政治多数派试图改变法律框架时发生大的逆转。Perotti 和 von Thadden（2006）则通过研究发现，在民主社会，受政治影响的收入和财富的分配在很大程度上决定着不同经济体的金融体系结构。从实践来看，政治方面的原因对一个金融体系的形成和变迁确实是有作用的。例如，在市场主导型金融体系的美国，自从杰克逊（Jackson）总统否决了美国早期的全国性银行——美国第二银行（1816—1836），此后的美国在很长时间内也未曾建立起全国性银行。而 Roe（1994）的研究表明，美国民众对于不受约束的权力的恐惧和厌恶导致了高度分散的、单个力量相对薄弱的银行体系。作为银行主导型金融体系的代表，日本金融体系的发展受到政治更为广泛和深入的影响。从历史情况来看，日本明治维新后的三次银行大恐慌（1920年、1923年和1927年）导致了政府直接进入银行领域，干预银行的运行。可以说，日本金融体系的形成和发展（尤其是作为主导的银行系统）在很大程度上是政治力量的产物。显而易见，政治因素对经济的影响是重要的，而且这种影响极有可能投射到金融体系上来，但问题的关键是，政治事件的不确定性和内在复杂性阻碍了对政治和金融体系之间联系机制的深入研究（Allen，2006）。近年来的新进展有，Haber，North 和 Weingast（2008）认为，金融发展反映的是政治精英的利益，而不是提供更广泛的金融服务渠道。政治精英通过利用政治权力和规章制度限制市场准入来为现有的银行创造租金；作为回报，几乎处于垄断地位的银行与政治精英分享部分租金。随着政治竞争加剧，政治精英对银行准入的限制减弱，故银行对金融部门的控制权也随着政治竞争而减弱。这个理论解释了美国和墨西哥金融结构的差异——美国的政治竞争导致了更发达的基于市场的金融体系；而墨西哥的政治是由少数在墨西哥出生的西班牙精英统治的，故墨西哥是基于银行的不发达的金融系统。Song 和 Thakor（2012）发现金融体系的发展受到旨在扩大信贷可得性的政治干预的影响，而且政治干预与金融体系发展之间的关系是非单调的：在金融发展的初期，市场规模较小，政治家通过控制一些银行并提供资本补贴进行干预；而在金融业高度发达的成熟期，政治干预表现为对直接借贷的规制。Bhattacharyya（2013）使用 1970—2005 年 96 个国家的数据，尝试用政治因素解释不同国家的金融结构差异。他认为，一国的政治机构和政府治理影响信息不对称和交易成本，从而塑造了该国的金融结构，而政治自由化使得政治竞争增强，进而导致金融业向更加市场化的方向发展。

第三条研究路径将注意力放在不同法律体系及其渊源对金融体系结构的影响上。它也许并不是一条完全独立的研究路径，因为无论是法律还是其渊源，在很大程度上是政治和历史的综合反映，但从研究方法的明确指向性来看，不失为可在复杂政治历史环境中抽离出来的一个可供选择的极富内涵的替代变量。作为金融学和法学的交叉研究领域，在解释金融发展的国别差异时，"法律金融理论"的重点是法律制度的作用：在过去几百年中形成的并通过征服、殖民和模仿在国际上传播的各种欧洲法律传统，有助于说明当今各国在保护投资商、契约环境和金融发展方面存在的差异，而在法律体制强调私人产权、支持私人契约、安排并保护投资商合法权利的国家，储蓄者更愿意资助企业，金融市场活跃。① 以 LLSV（La Porta，Lopez-de-Silanes，Shleifer and Vishny）为代表的"法律金融理论"的研究者，将法律渊源划分为英国普通法、法国民法、德国民法和斯堪的纳维亚民法等不同体系，借以解释不同法律体系对金融体系结构的影响及其机理。按照上述分类，LLSV 明确指出，在保护投资者（法律及其执行的实效性）方面，其法律体系以英国判例法为起源的国家表现最强，以法国成文法为起源的国家表现最弱，以德国、北欧各国法律体系为起源的国家表现居中；此外，以法国法为起源的国家，其资本市场的发展速度最慢。对投资者进行保护等法律制度的完善以及市场的发展阶段是要依赖于该国整个经济的发展阶段的。同时，LLSV 认为，即使是考虑到经济发展阶段的不同，以法国法为起源的国家在保护投资者以及资本市场的发达程度方面还是比以英国判例法为起源的国家落后。运用法律特征解释金融体系结构的形成原因，主要代表人物除了 LLSV 外，还包括 Levine（1997）和 Ergungor（2004）等。这些研究倾向于表明，普通法国家能更为有效地促进法律的贯彻实施，从而能比民法系国家更为灵活有效地保护股东和债权人的权利，因此，普通法系国家的金融体系结构偏向"市场主导"，而民法系国家的金融体系结构则偏向"银行主导"。法律金融理论虽然在理论界产生了重大影响，但其过于推

---

① 值得注意的是，在法律传统的作用上，部分学者提出了不同意见。例如，Pistor，Keinan，Kleinheistcrkamp 和 West（2002）将过去 200 年中移植了公司法的六个国家（即源自法国法的西班牙、智利、哥伦比亚，源自英国法的以色列、马来西亚以及源自德国法和美国法的日本）公司法的演进与其起源国进行了比较分析。结果表明，无论制度移植国的制度源自哪个国家，都发生了与起源国极其迥异的演进形式。皮斯托（Pistor）还强调，尽管几乎所有国家（哥伦比亚除外）最终都开始依照国内的问题和情况对公司法进行改革，但这并不意味着引进正规的法律制度后就可以立即应用，也不意味着法律制度能够进入一个可以根据使用者的需要自发性地进行改革的连续性演进程序。

崇英美法的倾向①、研究对象的相对集中②以及在研究范式上的相对单调性③也遭到了部分学者的质疑。特别值得一提的是，部分学者注意到了立法和执法之间的现实差异，并将研究目标转向了执法效率对金融体系的影响上。例如，Pistor，Raiser 和 Gelfer（2000）通过实证研究发现，执法效率比法律条文的质量对金融市场的发展水平有更强的解释力，而制约很多国家（尤其是转轨经济国家）金融市场发展的一个重要因素是执法效率的低下。④ 近年来，法律与金融发展的关系的研究取得了许多进展，主要体现在对法律保护指数的度量方式的批判、改进和拓展上。Spamann（2010）指出 LLSV 计算反董事权利指数（anti-director rights index）所使用的原始数据存在严重的偏差，对法律数据校正后所计算的值与原始值之间的相关性仅为 0.53，故使用原始数据得出的许多经验结果都可能不准确，例如，大陆法系对股东权利的保护强于英美法系；对股东保护的法律差异可解释股票市场规模或所有权分散等。Djankov 等（2003）使用对一家大型律师事务所在 109 个国家成员所的执业律师的问卷调查数据，构造了一个度量合约执行质量的指标——民事法律诉讼过程的法律程序形式主义指数。进一步地，Balas 等（2009）首次尝试量化法律制度的演变过程，他们借鉴 Djankov 等（2003）的方法，计算了 1950—2000 年之间

---

① 相当一部分法律金融理论研究者认为，在司法独立的英美法系国家，法官具有"造法功能"，因而法律更灵活；而在司法独立性相对不强的大陆法系国家，法官只能在行政干预下有限地解释法律，因而法律效率不高。但是，摆在我们面前的现实是，一方面，实践中两大法系均较好地推动了所在国家的法治秩序、金融发展和经济增长（两大法系主要国家的法治状况、金融发展和经济社会进步状况均处于世界领先水平说明了这一点）；另一方面，随着全球化趋势的发展，不少国家的若干法律领域已经开始出现趋同化趋势，尤其是关于市场化经济运行的相关法律。这些情况似乎表明，对两大法系的某些深层次问题需要更加细致的解读。由此，部分学者批评法律金融理论基于有限的几个法律指标得出的英美法更利于金融发展的结论缺乏坚实的理论基础。但是，我们认为，对不同法系通过具有代表性的指标加以简化以便纳入模型或者实证分析，并得出某些具有启示性的经济学命题，至少从经济学研究的角度而言是无可厚非的。但是，对于不同法系国家可能存在的金融体系差异，尤其是，究竟不同的法系和金融体系之间是否存在着真实的因果关系或者两者的背后是否有着其他的共同原因或者驱动因素（诸如政见、宗教倾向、地理因素、文化观念、历史演进、社会构成等），确实需要进一步研究和论证。

② 从法律金融理论的研究成果看，虽然其研究触角对世界较多国家均有涉及，但不可否认其研究主要集中于有限的发达国家，对转轨国家金融与法律发展的经验研究尚显薄弱。因此，其理论本身的发展需要转轨国家本土化经验的支持，而转轨国家也不能简单照搬其研究结论。

③ 批评者认为，法律金融理论主要运用计量经济学方法描述现象和发现关系，而对于法律影响金融的内在机理和某些深层次因素，诸如文化观念、历史演进、社会构成等缺乏深入的研究。这一观点有利于我们对影响金融体系的多维因素进行反思，但我们同时认为，经济学有自身的研究范式，如果要求法律金融理论必须综合运用历史学、社会学、管理学等多学科的工具和方法来研究法律与金融发展的关系就难免有些求全责备了。

④ Pistor，Raiser 和 Gelfer（2000）通过对 24 个转轨经济国家投资者保护水平与该证券市场发展规模的关系进行研究后发现，执法效率是解释一国证券市场发展规模的一个重要变量，执法效率比法律条文的质量对金融市场的发展水平有更强的解释力。该研究结果指出了转轨经济国家从中央计划经济向市场经济转变的一个根本问题，即转轨的成功需要国家的角色完成由经济活动的直接协调者向公正的公断者的转变，而投资者对执法效率缺乏信心表明这种转变尚未完成。因此，在这种情况下，对于促进金融市场发展和强化投资者保护水平而言，法律条文的改进和完善至多只是部分的解决方法。

40 个国家/地区的民事诉讼的法律程序形式主义指数，发现法律程序形式主义指数在具有相同的法律渊源的国家之间趋同，但在不同法律渊源的国家之间则表现出显著差异：在民法国家有所增加，而在普通法国家则有所下降，表明法律渊源对法律程序的影响是长期的。Shleifer 等（2008）构建了新的自利交易指数来度量法律在保护小股东的利益免受公司内部人员侵害方面的效率，该指数根据 72 个国家/地区在 2003 年普遍适用的法律规则计算得出，并侧重于对披露、批准和诉讼等方面的私人执法机制的考量。他们发现，与 LLSV（1997）提出的反董事权利指数和 LLS（2006）提出的证券法对股东权益的保护指数相比，新指标对各国股票市场差异的解释力更强。此外，LLS（2013）对法与金融领域近十余年的文献做了系统梳理，进一步阐释了法律渊源理论，并回应了对其研究的主要质疑。他们认为，后续相关研究主要可分为三个方面：其一，根据 LLSV（1997，1998）的研究成果实证检验了法律渊源对投资者保护的影响，和投资者保护对财务结果的影响；其二，研究政府对特定活动的监管以及其与法律渊源的关系；其三，研究法律渊源、司法和其他政府机构的特征与财产保护和合同执行之间的关系。对 LLSV 的主要质疑是法律保护指数只是替代了影响法律规则和结果的其他因素，即金融发展和法律共同受到政治、历史和文化因素的影响。对此，他们分别对政治、历史和文化与法律的关系逐一进行分析后，拒绝了法律保护指数是这些因素的潜在代理变量的假设。各经济体法律传统、人均 GDP 与金融体系结构之间的关系见图 1。

第四条研究路径试图从历史、社会群体偏好和社会信用文化的角度来考察金融体系结构的形成和变迁。Goodhart（2013）指出，金融体系结构受到历史的影响，典型的例子是英美等盎格鲁-撒克逊国家的银行业发展历史与欧洲大陆和日本截然不同。英美的银行诞生于大型工业企业出现之前，这类银行通常是小型的无限责任的合伙企业，其财务一般较为脆弱。这些银行得以成功地持续经营的要诀在于避免将贷款过度集中于（有关联的）私营公司，而是保持贷款的市场化和分散化。那时，运河和铁路建设等大型项目所需的大规模融资需求则可以而且应该由相对有效的资本市场提供，如债券和股票市场。但是，这些大公司和政府下属企业通常不具备进入金融市场的必要信息和技能，因此涌现出另一些使用市场技能和信息来提供金融中介服务的机构，以帮助这些大型实体进入资本市场。这类金融中介的典型代表是伦敦的商业银行（或票据承兑所）和美国的经纪人/交易商（在《格拉斯-斯蒂格尔法案》之后更是如此）。因此，在英美国家或地区，银行最初主要是为当地社区（有钱人）服务的零售银行，而另一些投资银行则是那些需要进入资本市场的大型实体企业的金融中介。欧洲大陆和日本的历史则完全不同，工业化发生得较晚，那时诸如钢铁、化工、公用事业等领域的工业规模经济已变得非常普遍。一方面，

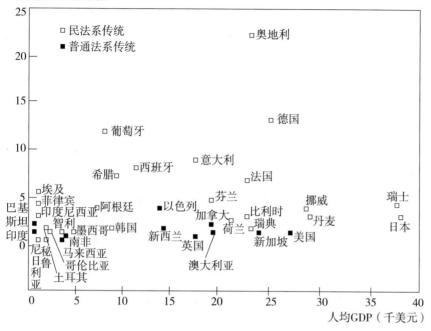

图1　法律传统、人均 GDP 与金融体系结构

资料来源：Levine（1998）；La Porta et al.（1997）。

这些国家的资本市场效率较低，且金融市场的信任度也较低。另一方面，家庭对金融服务的需求也很低，主要通过邮局、储蓄合作银行等中介来实现资金转移。因此，在欧洲大陆和日本建立的大型营利性商业银行的目的是筹集资金并培育一个与之紧密联系的大型企业集团，例如 1850 年以后，德国的主控银行（Haus Bank），日本的财团银行（Zaibatsu）等，此类银行从一开始就被定位为向与之存在紧密关联的大型实体企业提供全方位服务的全能银行。与英美等国家相比，欧洲大陆国家和日本的资本市场仍然欠发达，且较为脆弱，部分原因可能正是因为此类金融服务是通过金融中介机构（全能银行）而不是通过市场提供的。

Monnet 和 Quintin（2005）认为，改变金融体系结构的某些历史性基本特征将产生巨大的成本，因此，虽然世界范围内金融体系的某些基本功能渐趋一致，但金融体系本身的结构特征在相当长的一段时间内将继续存在。在近期的一篇文献中，社会群体的偏好也被纳入研究视野，而不同国家金融体系结构的特征往往与该国国民偏好密切相关：那些国民对不确定性有着更高厌恶程度的国家，出于规避风险的需要，往往更倾向于银行主导型的金融体系。根据 Miles（1996）的研究结果，从居民家庭资产结构来看，如果将资产分为风险相对较小（现金、现金等价物，固定收益资产等）和风险相对较大（股票、房地产等）两种类型，英、美与德、日、法有很大不同。在英、美两国，风险性资产比重约占总资产的一半，而在德、日、法三国则一般不足 20%（见表 3）。在社会信用文化与金融体系的关系上，其起源可以追溯到对社会信用文化与经济发展之间关系的考察。[1]

而在 Knack 和 Keefer（1997）及 LLSV（1997）的研究中，社会信用和经济增长之间显著的相关关系更是直接归因于"欠发达的金融部门、不甚安全的产权以及缺乏可信度的契约执行能力"，这意味着以交易成本为联系机制[2]，在社会信用文化和金融体系及其效率之间建立直接的联系是可能的。关于这一点，我们会在下一节的内容中进行细致讨论。

表 3　　　　　　　　　家庭部门金融资产的持有者结构（1994 年末）

	总量（10亿美元）	占GDP百分比（%）	居民直接持有（%）	各种基金持有（%）	保险公司持有（%）	共同基金等持有（%）
美国	20 815	3.00	58	17	13	10
英国	3 107	2.97	40	24	27	7
日本	12 936	2.71	71	10	16	3
法国	2 689	1.90	62	2	17	19
德国	2 900	1.46	67	4	20	5

注：由于计算误差，各部分持有之和并非均为 100%。

资料来源：Miles, D.（1996）．"The Future of Savings and Wealth Accumulation：Differences Within the Developed Countries," Table 4, p. 21. Global Securities Research and Economics Group, ML, London.

沿着上述四条路径形成的大量文献基本代表了对金融体系决定因素的已有研究成果。这些独立或交叉的研究虽然从不同角度向我们展示了各种极具启发性的逻辑关系，但现实世界的复杂性往往会超越任何一个理论模型的容纳程度，以至于最终展现在我们面前的依然是一个很难用简单关系定义的复杂图景：似乎每一种理论在其研究路径和框架范围内都具备一定的解释力，但似乎每一种理论又无法概括全部事实。这种情况的出现使人们自然而然地想到了"第五条路径"：实践中金融体系的决定可能是多种因素共同作用的结果。基于这种思路，有研究者尝试将各种已经发现的相关关系通过某种逻辑结构联系在一起，比如有人主张：经济力量是推动金融体系演变的内在原因，而政治制度在很大程度上约束、影响着金融体系的具体制度安排；此外还有一些广义的因素，如社会文化、法律渊源、历史传统、地理环

---

[1]　Fukuyama（1995）曾指出，不同民族文化内生的社会信用通过降低交易成本促进了市场效率，从而推动了经济增长。

[2]　这种联系可以通过增加或者减少交易成本进而影响金融体系的结构和绩效。

境、宗教信仰等从外部对金融体系的现实演进也有不可忽视的作用。[①] 当前，理论在关于金融体系决定的"第五条路径"上能走多远，还要取决于研究者能否在纷繁复杂的多种因素之间建立起令人信服的逻辑结构并进行合理的解读，以最终提高该理论对现实状况的解释力。

三、不同的金融体系是否存在比较优势？

除了不同金融体系的决定因素外，在涉及金融体系的未来发展和改革方向的选择时，一个核心的问题是，究竟不同的金融体系之间有无优劣之分以及有何优劣之分？实际上，在比较金融体系的研究中，长期以来，经济学家围绕着银行主导型金融体系和市场主导型金融体系的比较优势展开了广泛而持久的讨论（Allen and Gale，1997；Levine，1997）。最初这一争论的焦点企图在两种金融体系之间得出一个绝对的优劣结论。倡导银行主导型金融体系的学者以日本和德国的经验作为蓝本，认为银行在动员储蓄、配置资本、监督公司管理者的投资决策以及在提供风险管理手段上扮演着主要的角色；而另外一些学者则认为，在把社会储蓄投向企业、行使公司控制以及减轻风险的管理上，资本市场具有更高的效率，因而以美国和英国为代表的市场主导型金融体系代表着未来的发展趋势。在过去的二十年中，金融体系呈现出向市场主导型方向发展的大趋势。在发展中国家和转型国家中，银行业危机的普遍蔓延以及政府干预，尤其是政府对银行业的干预，已经使得市场主导型金融体系日益受到青睐（Allen and Gale，2001）。Demirguc-Kunt，Feyen 和 Levine（2012）分析了这一现象背后的原因：银行在标准化债务融资、抵押品担保方面有优势，证券市场则更擅长于资助更多依赖无形资产投入的新颖项目，这意味着随着经济增长，证券市场提供的服务将对经济活动产生更大的影响，而银行提供的金融服务对经济活动的重要性将降低。因此，他们使用分位数回归的实证结果表明，随着经济的发展，尽管银行和证券市场相对于 GDP 的规模都会增加，但银行规模增量和经济产出增量之间的相关性下降，而市场规模增量和经济产出增量之间的相关性上升。不过，需要特别注意的是，这一特征并不能反映出经济发展与金融结构之间存在何种因果关系。也许，经济进步对证券市场发展的推动作用大于对银

[①] 这种涵盖几乎所有因素的思路有点"大而全"的味道，并且该思路所展示的逻辑关系的准确性也有待进一步论证。但是，作为对现实金融体系的一种假说性解读，其提出仍然为我们对各种因素之间可能的逻辑结构进行更深入的反思提供了某些启示。

行发展的推动作用，但并不一定意味着资本市场可以对较发达经济体的经济发展产生更强的推动力。可以说，在两种金融体系孰优孰劣以及谁更能促进经济增长的比较上，银行主导型的支持者和市场主导型的支持者已经争论了几十年。大致而言，两种金融体系比较优势的争论主要集中在以下几个方面。

（1）关于风险配置和管理。早在 1964 年，阿罗就指出，金融市场的主要功能之一是提供风险分担的机会。Merton（1995）也指出，金融系统的重要功能之一是管理风险。在风险配置和管理方面，就市场主导型的金融体系而言，由于大量金融工具和产品（包括金融衍生品）的存在，投资者面临多样化的选择，因此，投资者可以根据自身的风险偏好和承受度，建立满足现实需要的投资组合。因此，在一个发达的金融市场中，不同期限、不同风险-收益结构的金融工具和产品，可以实现抑制金融风险的横向分散，提高金融体系的抗风险能力。① 近年来，部分研究者（尤其是国内某些研究者）以"金融市场（主要是资本市场）能够更好地分散和配置风险"为出发点，并以此作为支持建立市场主导型金融体系的重要（甚至是核心）理论依据。然而，以商业银行为代表的金融中介在分散和配置风险方面是否就真的无能为力呢？答案当然是否定的。Hellwig（1991）认为，作为金融中介的银行在资本配置、风险分担和经济增长上均有重要的作用。Freixas 和 Rochet（1997）也认为，金融机构在经济表现中的深远影响还远未得到充分认识。实际上，与金融市场相比，金融中介在提供跨期风险分担方面仍然具有相对优势：金融中介机构可以存续于几代人之间，可以通过在不同时期中均衡损益来防止资产价格过度波动，实现风险的代际摊销，从而在不同的期限内平衡投资收益② （Allen and Gale，2000）。不仅如此，与资本市场相比，银行在纵向配置长短期投资风险方面也具有相对优势：银行作为金融中介可以起到"蓄水池"的作用，通过将大量分散的中小投资集中起来，并与长期投资适当结合，可以在很大程度上克服资本市场参与者因为资产价格的频繁波动所造成的短期行为。③ 值得注意的是，Diamond 和 Dybvig（1983）指出，即使在提供横向风险分担方面，在某些特定的情况下（比如当市场

---

① Allen 和 Gale（2000）把在既定时点上不同的投资者可以进行风险互换对冲抑制风险的做法称为横向风险分担。在这里，金融市场实际上表达了不同投资者在某一个既定时点上对风险的不同感受，因而金融市场也就扮演了表达不同投资者的不同意见的机制（Allen，1993）。

② Allen 和 Gale（2000）认为，在金融市场上交易的资产回报与金融中介提供的回报相比具有很大的易变性，这意味着在市场主导型国家投资者更多暴露在风险之下；而金融中介则可为投资者提供跨期平滑回报。虽然 Allen 和 Gale（2000）同时指出，银行具有脆弱性，来自金融市场的竞争使跨期平滑机制遭受一定的侵蚀，但我们认为，这种基于竞争关系的"侵蚀"将通过银行自身的创新（比如典型的当前已经出现的与混业经营相关的各种创新趋势）得以弥补，并最终通过适当的机制在二者（金融中介与金融市场）之间实现平衡。

③ 资本市场的投资者完全暴露在市场风险之下，资产价格的波动直接影响投资或投机收益，因此他们格外关注资金流动性，往往倾向于短期投资和投机套利。

或者市场参与者不够完备的时候），金融中介可以提供金融市场所无法提供的横向风险分担功能。[1]

（2）关于公司治理。对于市场主导型的金融体系而言，如果市场是有效的，公司治理在很大程度上可以通过相关市场价格（如股票和债券价格）的变化得以反映，并通过"市场投票"[2]（如股票和债券的买卖）的机制得以实现：当公司经营不佳时，投资者会降低对公司未来的价值预期，股价和相关证券价格的下跌是对公司（相关利益者）的直接惩罚，而由此造成的公司在金融市场信誉度的下降，又会对公司将来的持续融资造成直接影响。[3] 不仅如此，与现代金融市场运行相结合的某些激励和约束机制（如经理人股票期权、员工持股计划等）还会通过金融市场对公司持有人或者控制人产生直接的利益得失影响。[4] 相比之下，对于银行主导型的金融体系而言，银行作为直接行使代理监管职能的中介，在信息收集和处理上有显著的成本优势，因而能够克服单个投资者无法实现有效监管的困难（Diamond，1996）。[5] 不仅如此，由银行实行代理监管还能优化监管效果：保证存款人的固定收益是银行进行有效监管的内在动力，而通过融资控制公司的监事会则是实施有效监管的外部条件。应该指出的是，在金融市场尤其是资本市场中，"用脚投票"和收购兼并作为主要的企业控制机制，在一定程度上不利于管理者的长期决策，因而对企业的长期持续发展可能造成某些额外的效率损失甚至是利益背离[6]；而在银行主导型体制下，作为企业主要贷款者（或者股东）的银行不但提供融资，而且控制公司监事会，凭借内部信息优势发挥实际控制作用，这种制度有利于企业和银行之间建立长期稳定的联系，从而减少信息不对称性，降低监督成本（Gorton and

---

[1] Diamond 和 Dybvig（1983）在那篇著名的论文《银行挤兑、存款保险和流动性》（Bank Runs，Deposit Insurance and Liquidity）中建立了一个基于流动性保险的解释模型：长期投资虽然流动性弱，但预期收益比大于流动性较强的短期投资，在这一风险-收益的交替关系面前，个体投资者出于短期随机的流动性需要可能不得不放弃预期收益较高的长期投资。在这种情况下，信息不对称使得金融中介在防止流动性冲击（提供横向风险分担）方面具有比较优势：金融中介可以先将大量具有不确定性的短期流动性需求的投资者集中起来，然后依据大数原理提供流动性，这就使得一方面个别投资者面临的随机流动性需求能够得到保障，另一方面，作为一个集合的结果，投资者群体仍然可以享受长期投资带来的高收益。相比之下，金融市场很难对基于流动性需求和基于投机目的的投资者进行有效的区分，因此也就无力保证流动性冲击。

[2] 也被称为"用脚投票"。

[3] 如不能实现持续融资，或者融资成本升高（因为投资者对恶化的公司状况要求额外的风险升水）。

[4] 经营不善的公司和控制人面临着利益损失甚至公司倒闭或被收购兼并（即失去控制权）的危险。

[5] 一方面，存款人无须去监管公司，因为他们可以从银行拿到固定收益；另一方面，由于银行直接为公司提供资金，银行无须再被存款人监管。此外，由于一家银行对多家公司提供资金，可以同时监管多家公司，因而极大地降低了监管成本。相比之下，如果一个公司的外部资金主要来自资本市场，那么每个投资者都要对这个公司进行调查和监督，势必造成监管的重复，增加不必要的成本。

[6] 在这里，逆向选择和道德风险会同时发生作用。

Schmid，2000)。① 青木昌彦（1994）研究了日本的主银行系统对公司的控制及其在相关治理机制中的作用，认为主银行可以利用自己的信息优势在对企业监控的三阶段中解决不利选择和协调失败、道德风险以及承诺问题。在 Boot 和 Thakor（1996）建立的一个永久期限模型中，银行和企业之间的长期合约降低了依靠抵押来解决逃避努力工作的道德风险，从而提高了公司治理结构的效率。

（3）关于信息处理和传递。在信息处理和传递方面，一般而言，市场主导型金融体系要求更为广泛、透明的公开信息以及对信息进行有效分析和传递的机制。例如，在美国，证券交易委员会不仅对信息的透明度、准确性和及时性有严格的要求，而且，资本市场大量的分析师、机构投资者和评级机构也密切关注着各个公司的最新情况，甚至新闻媒介也成为信息处理和传递的重要环节。② 不仅如此，旨在维护中小投资者利益的监管措施使美国资本市场对内幕交易等滥用信息的行为进行异常严厉的处罚③（郎咸平，2005）。这些不仅提高了资本市场的有效性，使证券价格能够较为准确地反映公司的实际情况，而且使中小投资者面临相对公平的投资环境。因此，在市场型金融体制中，当信息主要是由资本市场提供时，其信息处理和传递能否达到优化资源配置的效果需要有非常严格的前提条件：相对有效的资本市场、多样化的信息收集和发布途径、公正而强大的外部监管机制。相比之下，在银行主导型的金融体系下，信息处理和传递主要是通过庞大的金融中介实现的：银行通过与企业建立长期合作关系，积累企业相关信息，并将这些信息用于融资决策，实践中关系银行制或者主银行制是这种信息处理模式的直接反映。在一个金融市场不发达、上市公司不多的经济环境下，通过建立长期银企关系允许银行部分地保留信息的所有权，既是对银行前期信息收集成本的一种补偿，也使银行具有执行良好监督的激励，因为长期银企关系的终结对双方都意味着巨大的"退出成本"：银行不能继续利用前期获取的信息优势持续地获取租金；企业为了寻找新的银行提供融资，不得不再次面临信息不对称问题，这会造成融资成本的增加。当然，伴随银企关系可能产生的"共谋腐败"等问题，仍然需要一个强大的外部监管机制（包括完备的监管法律、监管主体和执行效率等）加以约束。

以上从三个被广为关注的方面对不同金融体系的比较优势进行了一个大致的总

---

① 但是，应该同时指出，金融机构对企业的监督也存在很多问题，例如，金融机构本身像企业一样也存在委托-代理问题；银行可能利用自己所掌握的企业内部信息进行寻租活动等。

② Mien 和 Gale（2000）认为，法国之所以形成了银行主导型金融体系并且资本市场发展缓慢，其中一个重要原因是法国媒体普遍受贿，因而投资者无法获得客观的公司信息，而市场操纵在法国也一直是一个比较严重的问题。

③ 美国在 1929 年的股市大崩溃后，建立了完善的法律系统，遏制内部交易、打击市场操纵等行为，这部分减少了信息不对称，提高了投资者参与股市的意识。

结性分析。实际上，不同金融体系的比较还可以有更多的维度，比如，Allen（1993）就曾分析过中介和市场对新兴产业发展或新技术融资的绩效差异。[①] 值得特别注意的是，在一个同时存在资本市场和银行中介的金融体系里（不论是"市场主导"或是"银行主导"），资本市场和银行中介可能在不同层次上发挥重要功能，尤其是，当资本市场还很薄弱或者变得薄弱时，一旦公司的控制濒于崩溃，银行中介作为持股和具有投票权的指定监督人就可以发挥作用（Freixas and Rochet，1997）。在这方面，Allen 和 Gale（1995）进行了进一步论证，认为金融市场的不完全性将导致储备金不足，理想的情况是为了平滑不同时期的资产收益而持有大量准备金，而建立长期发展的金融中介有利于实现这一目的。

时至今日，在两种金融体系孰优孰劣的比较上，争论不仅远未解决，而且分歧加大了：一方面，以德国为代表的银行主导型金融体系依然保持着原有的效率和稳定性；另一方面，美国等大批传统市场主导型金融体系国家，虽然资本市场依旧活力不减，但商业银行等金融中介不仅没有"消亡"，反而显示出更加旺盛的生命力。[②] 事实似乎在向我们展示了一个银行与市场并驾齐驱的景象。面对这样的事实，学者们很快意识到，"通向罗马的道路也许不只一条"，随着混业经营的推行，金融市场和金融中介之间的边界变得越来越模糊，在这种情况下，把注意力转移到基本金融功能的实现上具有更加重要的意义。Levine（2000）通过对两种金融体系的全面系统考察发现，金融结构的差异并不能有效地解释不同国家之间的经济差异，但金融体系的整体发展情况却对经济增长有显著影响。在这里，Levine（2000）的发现是极具启示性的：如果以确保金融体系的整体效率并促进经济增长为根本目标，那么，建立一个有利于银行和金融市场共同提供高效金融服务的整体环境是最为重要的，这就是说，旨在银行或者金融市场之间"二择其一"的孰优孰劣的争论也许过于狭隘了，金融服务无论主要是由银行提供的，还是主要由市场提供的，只要能促进金融功能的高效实现，就能满足现代金融经济发展的需要。正是在这个意义上，我们认为，正确理解"现代金融体系"需要超越"市场"与"中介"之争，走出两种体系（即"市场主导型"金融体系和"银行主导型"金融体系）对立观的思维定式，使问题的重点重回金融功能的实现及其条件上。尤其是对于正处在金融体系改革中的经济体而言，基于本国的实际情况（包括政治、经济、

[①]　Allen（1993）认为，德国式的银行主导型金融体制更适应传统产业，在这方面人们基本达成了共识；而美国式的市场主导型金融体制更适应动态变化的产业，但在这方面人们缺少共识。

[②]　在金融脱媒过程中，曾经有相当一部分学者预言商业银行将最终为资本市场所取代。然而，时至今日，就算在金融市场最为发达的美国，商业银行不仅没有退出历史舞台，而且通过一系列自发的调整或者改革（典型的如以混业经营为指向的兼并重组，以及《金融服务现代化法案》的颁布），反而呈现出更加旺盛的生命力。

文化等方面）深入考察金融体系改革的立足点、方向、阶段和路径，对于以最切合实际的方式稳步推进目标金融体系的改革具有非常重要的现实意义，而任何先入为主的脱离本国国情和发展阶段的市场主导型或者银行主导型的主张都是危险的。

林毅夫、孙希芳和姜烨（2009）提出了经济发展中的最优金融结构命题。他们认为，一个经济体的要素禀赋结构决定了该经济体的最优产业结构、企业最优规模和风险特征，这些因素又形成了对金融服务的特定需求，即处于不同行业的企业在规模、风险和融资需求方面截然不同；另外，不同的金融制度安排在动员储蓄、配置资金和分散风险等方面也各有优劣。因此，实体经济的每个发展阶段都存在与之对应的最优金融结构[①]，只有当金融结构的特征与经济中的产业结构特征相匹配时，金融体系才能有效地履行其基本职能，并为可持续的经济发展提供支持；反之，若金融结构偏离其最优路径，则会导致金融体系效率低下，并阻碍经济发展。尽管一个国家存在的政治、法律、文化等因素会制约或促进金融结构随着实体经济发展而演变的具体过程，但不会根本改变这种趋势。

此外，哪种金融体系更能促进企业创新也成为近年来学术界讨论的一个重要话题。Lin，Sun 和 Jiang（2013）认为，当产业技术和产品较为成熟时，风险较低且回报较稳定，银行主导型金融体系更有优势；而在新兴产业中，技术风险和市场风险较高，市场主导型金融体系则能更好地支持新兴产业的发展。Hsu，Tian 和 Xu（2014）使用 32 个国家的数据实证研究发现，在股票市场发达的国家中，对外部融资依赖度高和高科技密集度高的行业展现出更高的创新水平，而信贷市场的发展似乎阻碍了具有这些特征的行业的创新。因为，一方面，银行过分关注避免风险活动和失败，银行的控制可能导致公司对具有高度不确定性的创新项目投资不足；另一方面，信贷市场可能无法克服高科技产业中的信息和代理问题。

四、现代金融体系的发展趋势：混业经营与基本功能的实现

从上一节的论述中，我们已经看到，银行主导型和资本市场主导型的金融体系在风险管理、公司治理和信息处理等方面各有所长，争论哪一种体系更优的现实意义不大，而很多国家的实践证明，两种体系在自我发展和相互交融过程中都能适应

[①]　该文中金融结构指的是金融体系内部各种不同的金融制度安排的比例和相对构成，主要讨论金融市场与银行在金融体系中的相对重要性，以及银行业竞争度。

不同经济体的经济发展需要。[①] 最近的趋势表明，在银行主导型的体系中，资本市场的力量正在逐渐加强；而在市场主导型的体系里，银行全能化的趋势也使银行逐渐走出传统业务的约束，形成与资本市场相互竞争同时又交叉互补的全新格局：越来越多的国家正在放松对金融机构业务的限制，金融机构全能化、金融业务一体化、金融服务一揽化的趋势在不断加强，银行业、证券业、保险业界限日益模糊，金融机构业务交叉、趋同并走向多元化、综合化（见表4）。如果说早些时候金融"脱媒"的冲击使银行不得不进行金融创新以维持生存，那么当前全球范围内银行业的混业经营趋势已经远远超出了在市场压力下"被动适应性改变"的范畴，而是通过主动创新，进入新市场，开拓新业务，推出新产品，在保留原有作为中介的技术优势基础上实现了新的跨越。[②] 不仅如此，在金融中介（银行）与金融市场（资本市场）的关系上，也已经摆脱了此前"非此即彼"的对立性竞争格局，逐渐朝着"在竞争中合作、在合作中竞争"的方向发展。可以说，混业经营的出现，体现了现代金融功能的一体化趋势，在这一趋势中，金融中介（银行）与金融市场（资本市场）之间的边界模糊起来，"融合"成为双方共同的需要：银行业务可以向金融市场延伸，而金融市场的产品通过银行这个平台也能获得新的实现方式。

表4　　　　　　　　　美国金融服务业提供的产品（1950 年和 1999 年）

机构	支付服务		储蓄产品		信托产品		贷款 商业		贷款 消费		承销 股票		承销 债券		保险与风险类产品	
存款机构	Y	Y	Y	Y	Y	Y	Y	Y	Y	Y		*		*		Y
保险公司			Y	Y		Y	♯	Y		Y		*		*	Y	Y
金融公司				Y			♯	Y	Y	Y		*		*		Y
证券公司	Y	Y	Y	Y		Y				Y	Y	Y	Y	Y		Y
养老基金				Y		Y				Y						Y
共同基金		Y		Y		Y										

注：（1）每项业务下的左栏表示 1950 年，右栏表示 1999 年；（2）Y 表示可以提供；♯ 表示可以有限涉及；＊ 表示可以通过附属机构提供。

资料来源：Saunders（2000）.

---

① 实际上，理论界对金融系统应该向什么方向演变一直存在争议，因而对不同的金融系统为什么会发生不同的演变也没有一致的解释，而且这样的变化对机构投资福利的影响是难以计量的（Allen and Gale, 1995；Berger, 1999）。

② 对于金融中介业务和职能的变化，艾伦（Allen）等认为，参与成本可以解释银行的职能转变。所谓参与成本有两层含义：一是指用于参与风险管理和决策上的时间，即随着人们（尤其是专业人士）单位时间收入的提高，他们花在风险管理和决策上的时间机会成本大大增加了；二是指由于金融工具日趋复杂，使得非金融从业人员了解金融风险交易和风险管理的难度也显著加大。由于投资者学习某种金融工具需要花费固定成本，因此，即使在交易成本与信息成本可能已经大为下降的前提下，由上述固定成本造成的个人参与金融资产交易和风险管理的成本也会大大增加。艾伦的参与成本理论突破了交易成本、信息不对称的范式约束，从一个更为广阔的视角出发，使金融中介理论从消极观点（中介把储蓄转化为投资）向积极观点（在转换资产的过程中，中介为最终储蓄者和投资者提供了增加值）转变。

　　毋庸置疑，经济利益的推动是一切市场主体自发性调整、变革的根本推动力。金融中介能够创造金融产品，并通过转换财务风险、期限、规模、地点和流动性为客户提供增加值，因此，价值增值依然是现代金融中介发展的主要驱动力。从经济学研究文献来看，对于金融业组织形式由分业走向混业的经济学解释，目前的主流理论依然集中在这一趋势背后可能包含的各种价值驱动因素上，例如围绕混业经营产生的关于"范围经济"和"规模经济"的大量实证研究。① Scholtens 和 Wens-veen（2000）进一步认为，解释金融业近年来发生的一些巨大变化，应当放弃静态的完美市场范式，采用更为动态的概念，即金融中介理论应当包括金融创新的动态过程以及在此基础上的市场差异化。因此，Chakraborty 和 Ray（2007）构建了一个动态一般均衡模型，将微观视角下的企业债务融资选择和宏观视角下的金融结构联系起来。由于道德风险，获得资金的融资方式和数量取决于财富分配，他们发现最初的财富分配不均、投资规模和体制因素决定了金融发展水平，而金融结构则由投资技术以及法律环境和金融机构特征决定。

　　如何将银行与资本市场之间的关系理论化仍是悬而未解的"谜题"，直到 Song 和 Thakor（2010）给出解释银行和资本市场协同发展的理论模型后，这一论题才有所突破。Song 和 Thakor（2010）认为，银行和资本市场相互竞争以吸引借款人，同时又相互补充并随着时间的推移共同发展。银行在信用分析方面优于市场，因为银行可以更准确地确定值得信任的借款人；相反，资本市场在聚集信息方面具有优势，通过提供一个交易场所，有关项目收益增加机会的知情投资者的私人信息将被并入证券价格中，从而降低了有价值的投资机会被转移的可能性。银行和市场相互竞争，以各自的相对优势吸引借款人。市场和银行共同发展有两个条件，即银行贷款证券化和银行资本要求。一方面，随着银行的发展，银行监控贷款人的能力增强，银行通过贷款资产证券化提高了资本市场投资者对证券化的贷款的借款人信用质量的信心，这鼓励更多投资者参与其中并推动了资本市场的发展，故贷款证券化使得银行的发展有利于资本市场的发展；另一方面，资本市场的发展可以降低银行的权益资本成本，激励银行扩大股权资本规模，从而银行减少对潜在信誉良好

---

　　① 例如，部分学者（Diamond，1991；Rajan，1992；Saunders and Walter，1994；Stein，2002）从信息获取的角度解释了范围经济的存在：信贷过程中金融机构对客户的信息获取能够为其同时提供其他金融服务（包括证券承销、保险销售以及各种经纪业务等）带来便利。在规模经济方面，Berger，Huncock 和 Humphrey（1993）研究发现大银行的效率较高。Allen 和 Rai（1996）对 15 个国家 194 家银行的国别效率分析表明，在 1992—1993 年间，实行分业经营制度国家的银行效率要低于其他国家。Benston（1994）认为，全能银行在规模经济、范围经济以及 X 效率方面要优于专业性金融机构。Laeven 和 Levine（2007）认为，金融机构开展的多元化经营会降低其市场估值；从事多种活动（例如借贷和非借贷金融服务）的金融集团的市值低于将这些金融集团分为专门从事个别活动的金融中介的情形。因为从事多种活动的金融集团的存在日益加剧代理问题，而且范围经济的规模不足以产生多元化溢价。

的关系借款人的信贷配给，扩大银行信贷规模。Song 和 Thakor（2010）还认为，该模型留有可拓展的空间，例如，引入信用评级机构等非银行金融中介机构，即可在更丰富的信息环境中研究金融体系结构的演变过程。

伴随着金融中介和金融市场日新月异的发展，经济学者们开始探索这种变化中的某些恒定因素，以期对金融体系的发展和变迁提供更为统一的解释。从 20 世纪 90 年代初开始，Merton 和 Bodie（1995）比较系统地提出了一个新的分析框架，其核心思想是：金融体系的基本功能具有时空上的相对稳定性，基本功能的现实要求决定了金融机构的发展变化，而伴随着创新的市场竞争则在客观上促进了金融功能的实现效率。这个新的分析框架就是后来被称为"功能主义金融观点"的金融理论。如果从功能视角来考察，作为市场经济中一种独特的制度安排，金融体系最基本的功能是在不确定性条件下，以资金为媒介实现经济资源在赤字主体与盈余主体之间的跨时期及跨区域优化配置。默顿（Merton）和博迪（Bodie）把这一基本功能细分为六个方面：（1）为商品和劳务的交易提供支付清算服务；（2）为不可分割的大型投资项目提供资本积聚和所有权分配的渠道；（3）为经济资源在不同时空及不同主体之间的转移提供便利；（4）提供风险管理的工具与手段；（5）为经济体中分散的部门决策及其协调提供价格信息；（6）为信息不完全引致的激励问题或者委托-代理问题提供解决途径。

在博迪和默顿的分析中，金融体系的基本功能是资源配置，但是在具体论述时，却是平行排列各种功能之间缺乏的相互联系。陈雨露和马勇（2007）进一步认为，深入理解现代金融体系，除了把握基本功能这个立足点外，还应该在更广阔的视野中去考察基本功能的实现机制以及制约条件。这就要求我们对金融体系与实体经济之间的联系机制进行更为细致全面的考察：除了基本功能实现（即实现储蓄向投资的转化）过程中的事前项目选择、事中风险控制和事后跟踪监督外，还必须充分考虑政府、法律、文化等因素在现代金融体系功能实现过程中的地位和作用，甚至它们本身也是现代金融体系的重要组成部分。总体而言，陈雨露和马勇（2007）认为，一幅现代金融体系的整体图景应该包含以下几个有机联系的基本方面：

● 在特定国家的特定发展阶段，有一个与之国情相适应的金融中介与金融市场的合理结构，二者之间的主次和配比关系随着经济社会发展的需要动态变化，其评判标准是能否在特定的时空条件下实现效率和稳定性的平衡。

● 商业银行作为一项基本的金融制度安排，其内部的资产、负债和利润结构应该在金融创新的驱动下满足现代经济发展的多层次需要，一方面继续发挥其在间接融资领域的专业优势，通过改进代理监管促进资源优化配置；另一方面，商业银行应该充分利用已有的物理和技术条件，在原有的组织平台基础上拓展新的业务，以适应金融发展一体化的需求。

● 资本市场作为与金融中介互补的直接融资渠道，短期中在市场力量的作用下，可以呈现出与金融中介相互竞争的状态；但从长期稳定的均衡趋势来看，合理的金融体系必须是同时包含二者的互补、互动和渐进式的发展态势。

● 非银行金融中介以及伴随着金融创新产生的其他金融组织形式，可以作为银行和金融市场的替代者参与竞争，也可以在银行和金融市场之外的特定领域发挥积极作用，成为银行与金融市场的有益补充。

● 从外部监管来看，应该有一个以中央银行为核心的监管体系，一方面促进金融体系的内部元素（如金融机构和金融市场等）在效率与稳定性之间维持平衡；另一方面，通过合理的宏观经济政策调控机制，实现金融体系和实体经济的协调运行。

● 从制度基础来看，应该有包括正式制度（法律法规）及非正式制度在内的一整套辅助机制，确保金融体系的运行满足效率和稳定性的双重标准。在效率机制的安排上，诸如信息披露、公司治理、透明度要求等方面必须要有完善的传导机制和实现机制；在稳定性机制的安排上，诸如存款保险、风险管理、破产机制等在金融体系内部不同单元之间应该有相应的实现方式，使金融体系作为一个整体形成多层次、多维度的抗冲击能力。

● 良好的社会信用文化和社会信用体系的建设也是现代金融体系必不可少的组成部分。

五、现代金融体系下金融结构与金融业组织形式的影响因素

随着近年来金融业组织形式由分业走向混业，越来越多的学者开始研究这一趋势后面所蕴藏的推动力量。部分学者将传统的产业组织理论应用于银行业的研究，试图探寻金融业组织形式变化与产业集中度、市场竞争态势以及金融业绩效变化之间的关系。虽然此方面的著作颇丰，但关于金融体系设计与产业结构及绩效之间的关系仍然没有得出统一的结论，很多重要议题（诸如近期理论界所关注的金融业组织形式调整是否会影响到金融体系结构和银行业的运行绩效，以及这种影响是以何种联系机制实现的）仍然处于开放性的理论探讨过程中（Caroline Fohlin, 2000）。Scholtens 和 Wensveen（2000）认为，解释金融业近年来发生的一些巨大变化，应当放弃静态的完美市场范式，采用更为动态的概念，即金融中介理论应当包括金融创新的动态过程以及在此基础上的市场差异化。金融中介能够创造金融产品，并通

过转换财务风险、期限、规模、地点和流动性而为客户提供增加值，因此，价值增值是现代金融中介发展的主要驱动力。从经济学研究文献来看，对于金融业组织形式由分业走向混业的经济学解释，目前的主流理论依然集中在这一趋势背后可能包含的各种价值驱动因素上，例如围绕混业经营产生的关于范围经济和规模经济的大量实证研究。从已有的研究结果来看，部分学者（Diamond，1991；Rajan，1992；Saunders and Walter，1994；Stein，2002）从信息获取的角度解释了范围经济的存在：信贷过程中金融机构对客户的信息获取能够为其同时提供其他金融服务（包括证券承销、保险销售以及各种经纪业务等）带来便利。在规模经济方面，Berger，Huncock and Humphrey（1993）研究发现大银行的效率较高，但即使相同规模的银行，其效率也有明显的差异，而且他们的研究没有发现全能银行和非全能银行之间有着明显的效率区别。然而 Allen 和 Rai（1996）对 15 个国家 194 家银行的国别效率分析表明，在 1988—1992 年间，实行分业经营制度国家的银行效率要低于其他国家。Benston（1994）则认为，全能银行在规模经济、范围经济以及 X 效率方面要优于专业性金融机构。[①] Barth，Caprio 和 Levine（1997）的比较研究表明，对银行从事证券等非银行业务进行严格限制的国家发生银行危机的可能性较高。Barth 和 Caprio 等（2000）选取经济发展水平和政府质量作为控制变量，采用多种计量经济学方法，对 1970—1999 年间 60 个发生银行危机的国家进行研究，结果发现对银行经营范围的管制越严，发生银行危机的概率越高。

政策制定者更关注哪种金融结构或哪些机构更适合向包括中小企业在内的低端客户扩展金融服务。更具体地，需要考虑以下两个方面：其一，金融机构的类型：可以是有规模经济且技术能力强的商业银行；也可以是在定制贷款产品方面提供专业知识的专业贷款机构，例如金融租赁公司或保理公司；还可以是最接近客户的低端金融机构，例如信用合作社和储贷协会等；其二，金融机构的规模：大型机构可以利用规模经济并更好地分散风险，但小型机构则可能有更多的本地市场信息和较扁平的组织结构，这都有助于小型机构为低端客户提供服务。尽管就大多数国家而言，专业贷款人和低端金融机构在大多数国家中仅占金融体系的一小部分，但它们对中小企业来说是重要的融资渠道。Beck，Demirguc-Kunt 和 Singer（2013）在比较了 1995—2008 年间近 89 个国家的低端金融机构、专业贷款机构和银行这三类金融机构后发现：（1）银行在金融体系中的主导地位与各种规模的公司对金融服务的使用负相关，而低端金融机构和专业贷款公司似乎特别适合于缓解低收入国家的企

---

① 但他同时认为专业性金融机构能够在与全能银行的竞争中生存下来，说明银行的组织形式并不是决定一切的因素。

业面临的融资约束；（2）但没有证据表明较小的金融机构在提供融资渠道方面有更好的表现，相反，大型专业贷款机构和银行更有利于公司获得融资，而较大的低端金融机构更有利于公司在低收入国家获得融资。

毋庸置疑，大量学者倾向于用混业经营能够提高金融机构（主要是银行）的绩效这一观点解释近年来金融业组织形式不断朝混业方向发展的现实性和合理性。然而，在这背后，或许有一些更为重要的问题需要加以系统考察：如果我们反向以金融业绩效表现为研究标的，那么金融业组织形式的调整能否影响到金融业绩效？如果金融业组织形式的调整能够影响到金融业绩效，那么这种影响是通过何种传导机制实现的？在综合纳入其他各种可能影响金融业绩效的相关因素的前提下，金融业组织形式调整与其他影响因素相比能达到何种程度？在金融业组织形式调整的背后，还有其他重要但是被忽略的驱动因素吗？在这些问题的解释上，目前出现了一些零散的研究发现。例如，越来越多的学者在研究过程中纳入了除经济因素之外可能对金融业绩效产生影响的变量（如政府行为变量、法律基础变量等），结果发现，除经济变量（包括宏观变量和微观变量）之外，一些可能影响到经济行为的非经济变量也对金融业的运行产生了显著影响。这些非经济变量对金融绩效、金融发展和金融稳定等方面产生了重要的影响，甚至某些经济变量也是这些非经济变量的间接反映或者最终是通过这些非经济变量发挥作用的。这告诉我们，在考察金融系统的方方面面时，一些长期被忽略的非经济因素可能是非常重要并极具启发性的，这些非经济因素有助于我们全面理解金融系统的运行及发展规律。

在影响金融体系结构和金融业组织形式的研究方面，国内研究者陈雨露和马勇（2008）通过对全球范围内具有代表性的 63 个国家的跨国数据进行实证分析，系统考察了社会信用文化、金融体系结构和金融业组织形式之间的相互联系和决定因素。对于他们新纳入的社会信用文化因素，实证结果表明，将其作为解释变量对金融业效率、金融体系结构和金融业组织形式进行分析，不仅是可行的，而且是重要的。概括而言，通过实证分析，陈雨露和马勇（2008）得出了以下基本结论：

（1）社会信用文化对金融体系的效率和金融体系结构的选择均有重要影响：在一个信用文化趋于更加信任的社会，金融业经营的效率越高，成本越低；同时，在一个经济体中，如果人与人之间的普遍信任关系越强，那么这样的经济体更倾向于选择市场主导型的金融体系。

（2）金融体系结构对金融效率的影响要视经济体的性质而定：在一个包括全球样本数据的实证分析中，实证结果并不支持金融体系结构会对金融效率产生影响的论断；但当他们把样本局限在新兴市场国家时，金融体系结构却对金融效率产生了显著影响：在新兴市场国家，其金融体系结构越是倾向于银行主导型，那么其经营成本相应越高，效率越低。

（3）法律传统对金融业组织形式和金融体系结构的选择均有重要影响。普通法系国家倾向于放开对银行经营范围的限制，更多地允许混业经营；相比之下，民法法系国家则倾向于更为严格的经营范围限制。就金融体系结构而言，普通法系国家更倾向于选择市场主导型的金融体系结构，而民法法系国家则更倾向于选择银行主导型的金融体系结构。

（4）在大部分情况下，政府治理及管理能力对金融效率具有正向效应：在一个经济体中，其政府越是廉洁和高效，那么其金融业经营的成本越低，效率越高。

（5）金融体系结构的选择受到社会信用文化和法律传统的显著影响，但并没有发现经济发展水平（人均 GDP）与金融体系结构存在统计上显著的相关关系，这表明陈雨露和马勇（2008）的实证结果并不支持某些学者（如 Levine，2000）所提出的"当国家变得较富裕时，其金融系统变得更以市场为导向"。同时他们还指出，金融体系结构的选择可能受到许多复杂因素的影响，尤其是对于处在转型过程中的新兴市场国家而言，其金融体系结构的选择很难通过几个简单的变量得到良好解释。

六、金融体系与金融危机

金融稳定与金融体系之间的关系是一个不容忽视的论题，尤其是 2008 年金融危机以来，这一问题得到越来越多学者的重视，但未能得出一致的结论。陈雨露和马勇（2009）基于 1980—1999 年全球 55 个国家或地区数据的实证检验表明，市场主导型金融体系比银行主导型金融体系更容易发生金融危机；危机发生后经济增长受到的冲击更大（GDP 增长率下降更多）；从金融体系结构看，危机发生的概率随市场规模增加而显著上升，随银行业规模增加而显著降低，说明银行起到了金融稳定器的功能，原因在于银行可集中分散的投资者，起到风险共担的作用，而且银行可以克服资本市场参与者的短期行为。而 Bats 和 Houben（2020）则持相反观点，他们认为银行主导型金融体系与系统性风险的关系更密切。金融结构对实体经济的影响取决于金融体系的稳定性，而金融体系的稳定性可能遭到系统性风险的破坏。银行主导型金融体系更有助于推升系统性风险的原因有：第一，银行贷款具有顺周期性，在经济周期上行时，银行会过度放贷和错配信贷，而在金融周期下行时则配给信贷；第二，银行资产负债表中存在大量期限错配的资产，这使银行容易受到流动性和利率冲击的影响，并且极易受到银行挤兑的影响；第三，各个银行之间的交易涉及各类市场、中介、支付和清算机构，这些长且复杂的链条使得各个银行紧密联系在一起；第四，银行对实体经济的重要性是系统性的，银行提供了关键经济基础设施，尤其是支付和结算系统。他们使用 2000—2014 年 22 个 OECD 国家的数据进行了线性、三次和阈值回归估计，结果表明在银行主导型金融体系中，系统性风险随银行融资规模提高而上升，随市场融资规模增加而下降；而在市场主导型金融体系中，银行融资和市场融资都不会对系统性风险产生显著影响。

金融结构不仅可能影响金融危机发生的可能性和危机对经济造成的冲击程度，还会影响实体经济从危机中的恢复速度。Allen，Gu 和 Kowalewski（2012）指出，拥有不同金融体系的经济体在金融危机中的表现有着较大差异，这种差异体现在危机的冲击程度、从危机中的恢复速度等各个方面。Allen，Gu 和 Kowalewski（2012）使用由 Laeven 和 Valencia（2010）提供的银行业危机数据和 Sornette（2002）提供的股票市场崩盘数据[1]来分析金融体系和金融危机之间的关系。他们发现，在市场主导型金融体系的国家中，存款货币银行的私人信贷规模和股票市场规模在金融危机（包括银行业危机和股票市场冲击）期间，存在短期负相关的现象，而且公司债券市场规模和银行信贷呈显著的正相关关系[2]；但银行主导型国家在金融危机中则没有这些现象出现。他们给出的解释是，银行主导型国家的股票市场不发达，所以金融结构难以在金融危机期间做出调整；而在市场主导型发达国家，金融结构的调整反映的是实体经济融资渠道的变化。所以，高度依赖于银行部门的金融体系或许可以解释为何新兴市场国家从金融危机中恢复较慢。进一步的研究表明，公司债券市场的发展可能无助于缓解银行危机期间的经济衰退。债券市场规模占 GDP 百分比每增加一个单位，会导致银行信贷在正常时期增加 59％，在危机期间增加 72％。危机期间，公司债券市场规模与银行信贷规模同向变动，可能是因为贷款证券化过程导致了金融机构在公司债券市场占据主导地位。所以，Allen，Gu 和 Kowalewski（2012）建议新兴市场国家发展股票市场以建立更加平衡的金融体系，而且公司债券市场也不可忽视。Levine，Lin 和 Xie（2016）发现，在银行危机期间，股票市场可以充当企业融资的替代渠道，使用 1990—2011 年间 36 个国家或地区公司级数据的实证检验发现，在股东权益保护法更加完善的国家，银行业

---

　　[1]　股票市场崩盘和银行业危机可能存在明显的差异。例如，1987 年 10 月的美国股市危机几乎立即成为国际事件。但 20 世纪 90 年代拉美、1997 年亚洲和 1998 年俄罗斯的股市崩盘主要与一系列区域性危机有关。因此，股市危机更多地取决于跨市场的传染和关联，这直接导致一个区域内的股市崩盘存在明显的关联性；但银行业危机则并非如此（虽然银行危机可以通过国家之间的借贷渠道传播）。尽管如此，Allen，Gu 和 Kowalewski（2012）假设这两种危机的差异不会影响他们得出的结论。

　　[2]　对此，一个可能的解释是，公司债券市场主要由金融机构主导，尤其是在近年来贷款证券化不断发展的情况下。

危机对股票发行、公司盈利能力、就业和投资效率的不利影响较小。因此，平衡的金融体系可以在一定程度上减轻银行业危机对经济造成的负向冲击。

参考文献

1. Aghion，P. and Bolton，P.（1992）．"An Incomplete Contracts Approach to Financial Contracting," *The Review of Economic Studies*，59，473－494.

2. Allen，F.，and Gale，D.（1994）. *Financial Innovation and Risk Sharing*，MIT Press，Cambridge，MA.

3. Allen，F.，and Gale，D.（1995）．"A Welfare Comparison of Intermediaries and Financial Markets in Germany and the U. S.，" *European Economic Review*，39.

4. Allen，F.，Bartiloro，L.，Gu，X.，and Kowalewski，O.（2018）．"Does Economic Structure Determine Financial Structure?"，*Journal of International Economics*，114，389－409.

5. Allen，F.，D. Gale（2001）. Comparative Financial Systems：A Survey，mimeo.

6. Allen，F.，Jun Qian，and Meijun Qian（2005）．"Law，Finance，and Economic Growth in China," *Journal of Financial Economics*，Vol. 77，Issue 1，July，57－116.

7. Allen，F.，Bartiloro，Laura and Kowalewski，Oskar（2006）．"Does Economic Structure Determine Financial Structure?"，Working Paper.

8. Allen，Linda，and Anoop Rai（1996）．"Operational Efficiency in Banking：An International Comparison," *Journal of Banking and Finance*，20（4），655－672.

9. Balas，A.，La Porta，R.，Lopez-de-Silanes，F.，and Shleifer，A.（2009）．"The Divergence of Legal Procedures," *American Economic Journal：Economic Policy*，1（2），138－162.

10. Bats，J. V.，and Houben，A. C.（2020）．"Bank-Based Versus Market-Based Financing：Implications for Systemic Risk," *Journal of Banking and Finance*，114，105－776.

11. Beck，T.，Demirguc-Kunt，Ross Levine（2002）．"Law and Finance：Why Does Legal Origin Matter?"，World Bank Policy Research Working Paper 2904.

12. Beck，T.，Demirguc-Kunt，A.，and Singer，D.（2013）．"Is Small Beautiful? Financial Structure，Size and Access to Finance," *World Development*，52，19－33.

13. Beck，T.，Demirguc-Kunt，A.，Levine，R.（2000）．"A New Database on Financial Development and Structure," *World Bank Economic Review*，14，597－605.

14. Beck，T.，Demirguc-Kunt，A.，Levine（2001）．"Law，Politics and Finance," Unpublished working paper，World Bank.

15. Benston，George J.（1994）．"Universal Banking," *Journal of Economic Perspective*，Summer，121－143.

16. Bernard S. Black（1990）．"Is Corporate Law Trivial：A Political and Economic Analysis,"

Northwestern University Law Review，89.

17. Bodie，Z.，R. Merton，D. B. Crane，etc.（1995）.*Global Financial System*，Harvard University Press.

18. Boot，A. W.，and Thakor，A. V.（1996）."Financial System Architecture,"Working paper，Indiana University.

19. Carlin，Mayer（2003）."Finance, Investment and Growth,"*Journal of Financial Economics*，69（1），191-226.

20. Cihak，M.，Demirguc-Kunt，A.，Feyen，E.，and Levine，R.（2012）.Benchmarking Financial Systems around the World. Working paper（No. 6175），World Bank.

21. Cobbett，J.，and T. Jenkinson（1997）."How is Investment Financed: A Study of Germany, Japan, the United Kingdom and the United States,"*Manchester School Supplement*，0025-2034，69-93.

22. Cull，R.，and Xu，L. C.（2013）."Job Growth and Finance: Are Some Financial Institutions Better Suited to the Early Stages of Development than Others?",*The World Bank Economic Review*，27（3），542-572.

23. Daniel Berkowitz，Katarina Pistor，Jean-Francois Richard（2001）."Economic Development, Legality, and the Transplant Effect,"William Davidson Working Paper，Number 410，September.

24. Demirguc-Kunt，A.，Feyen，E.，and Levine，R.（2012）."The Evolving Importance of Banks and Securities Markets,"Working Paper（No. w18004），National Bureau of Economic Research.

25. Demirguc-Kunt，A. and Levine，R.（1996）."Stock Market Development and Financial Intermediary Growth: Stylized Facts,"*World Bank Economic Review*，May，1996.

26. Demirguc-Kunt，A. and Levine，R.（1999）."Bank-Based and Market-Based Financial Systems: Cross-Country Comparisons,"Working Paper，World Bank.

27. Diamond，D.（1984）."Financial Intermediation and Delegated Monitoring,"*Review of Economic Study*，51（3），393-414.

28. Diamond，D.，and P. Dybvig（1983）."Bank Runs, Deposit Insurance and Liquidity,"*Journal of Political Economy*，91（3），401-419.

29. Djankov，S.，La Porta，R.，Lopez-de-Silanes，F.，and Shleifer，A.（2008）."The Law and Economics of Self-Dealing,"*Journal of Financial Economics*，88（3），430-465.

30. Ergungor，O.，E.（2004）."Market-vs. Bank-Based Financial Systems: Do Rights and Regulations Really Matter?",*Journal of Banking and Finance*，28，2869-2887.

31. Freixas，Xavier and Jean-Charles Rochet（1997）.*Microeconomics of Banking*，Cambridge，MA: MIT Press.

32. Fukuyama，F.（1995）.*Trust: the Social Values and the Creation of Prosperity*，New York: Free Press.

33. Gale, Douglas and Hellwig, Martin （1985）. "Incentive-Compatible Debt Contracts: The One-Period Problem," *Review of Economic Studies*, 52 (171), 647 - 663.

34. Gale, D. （1992）. "Information Capacity and Financial Collapse," in C. Mayer and X. Vives. eds., *Capital Markets and Financial Intermediation*, Cambridge University Press.

35. Gale, D. （1997）. "Spoiled for Choice: Variety and Efficiency in Markets with Incomplete Information," *Ricerche Economics*, 51.

36. Garrison, R. M. （1982）. "Austrian Economics as the Middle Ground: Comment on Loasby, Method, Process," in I. M. Kirzner eds., *Austrian Economics: Essays in Honor of Ludwig von Mises*, Lexington, Mass.: Lexington Books.

37. Glaeser, E. L. and A. Shleifer （2002）. "Legal Origins," *Quarterly Journal of Economics*, 117 (4), 1193 - 1229.

38. Goodhart, C. A. E. （2013）. "The Optimal Financial Structure," Financial Markets Group, London School of Economics and Political Science.

39. Gorton, G., and Schmid, F. A. （2000）. "Universal Banking and the Performance of German Firms," *Journal of Financial Economics*, 58 (1 - 2), 29 - 80.

40. Greenwood, J., and Jovanovic, B. （1990）. "Financial Development, Growth, and the Distribution of Income," *Journal of Political Economy*, 98 (5, October).

41. Greewood, J., and Smith, B. D. （1997）. "Financial Markets in Development, and the Development of Financial Markets," *Journal of Economic Dynamics and Control*, 21.

42. Grossman, Sanford J. and Hart, Oliver D. （1983）. "Implicit Contracts Under Asymmetric Information," *Quarterly Journal of Economics*, Supplement, 98 (2), 123 - 156.

43. Gurley, J. G., and Shaw, E. S. （1955）. "Financial Aspects of Economic Development," *American Economic Review*, 45.

44. Haber, S. H., North, D. C., and Weingast, B. R. （2008）. *Political Institutions and Financial Development*, Stanford University Press.

45. Hsu, P. H., Tian, X., and Xu, Y. （2014）. "Financial Development and Innovation: Cross-Country Evidence," *Journal of Financial Economics*, 112 (1), 116 - 135.

46. Jensen, Michael C. and Meckling, William H. （1976）. "Theory of The Firm: Managerial Behavior, Agency Costs and Ownership Structure," *Journal of Financial Economics*, 3 (4), 305 - 360.

47. Katharina Pistor （2000）. "The Standardization of Law and Its Effect on Developing Economies," G-24 Discussion Paper Series, No. 4, June.

48. Katharina Pistor, Martin Raiser, Stanislaw Gelfer （2000）. "Law and Finance in Transition Economies," EBRD Working Paper ♯49.

49. Kindleberger, C. P. （1984）. *A Financial History of Western Europe*, London: Allen and Unwin.

50. King, R. G., and R. Levine （1993）. *Financial Intermediation and Economic Development*,

CEPR，London.

51. King，R. G.，and R. Levine（1993）．"Finance and Growth：Schumpeter Might be Right，" *Quarterly Journal of Economics*，108（3），717 - 737.

52. Knack，S. and P. Keefer（1997）．"Does Social Capital Have an Economic Payoff? A Cross-Country Investigation，" *Quarterly Journal of Economics*，Vol. 112，No. 4，1251 - 1288.

53. La Porta，R.，F. Lopez-de-Silanes，A. Shleifer and R. Vishny（1997）．"Legal Determinants of External Finance，" *Journal of Finance*，52.

54. La Porta，R.，F. Lopez-de-Silanes，A. Shleifer and R. Vishny（1998）．"Law and Finance，" *Journal of Political Economy*，106.

55. La Porta，R.，Lopez-de-Silanes，F.，and Shleifer，A.（2013）．"Law and Finance after a Decade of Research，" in *Handbook of the Economics of Finance*，Vol. 2，425 - 491. Elsevier.

56. La Porta，R.，Lopez-de-Silanes，F.，Shleifer，A.（2006）．"What Works in Securities Laws?"，*Journal of Finance*，61，1 - 33.

57. La Porta，R.，Lopez-de-Silanes，F.，Shleifer，A.，Vishny，R. W.（1999）．"The Quality of Government，" *Journal of Law，Economics and Organization*，15，222 - 279.

58. La Porta，R.，Lopez-de-Silanes，F.，Shleifer，A.，Vishny，R. W.（2002）．"Investor Protection and Corporate Valuation，" *Journal of Finance*，57，147 - 1170.

59. Laeven，L.，and Levine，R.（2007）．"Is There a Diversification Discount in Financial Conglomerates?"，*Journal of Financial Economics*，85（2）：331 - 367.

60. Laeven，M. L.，and Valencia，F.（2010）．"Resolution of Banking Crises：The Good，the Bad，and the Ugly（No. 10 - 146），" International Monetary Fund.

61. Leland，Hayne and David Pyle（1977）．"Information Asymmetries，Financial Structure and Financial Intermediation，" *Journal of Finance*，32，371 - 388.

62. Leora F. Klapper and Inessa Love（2002）．"Corporate Governance，Investor Protection and Performance in Emerging Markets，" http：//www. worldbank. org.

63. Levine，R.（1992）．"Financial Structures and Economic Development，" Working Paper，World Bank.

64. Levine，R.（1997）．"Financial Development and Economic Growth：Views and Agenda，" *Journal of Economics Literature*，35（2）．

65. Levine，R.（1999）．"Law，Finance and Economic Growth，" *Journal of Financial Intermediation*，8，36 - 67.

66. Levine，R.，Lin，C.，and Xie，W.（2016）．"Spare Tire? Stock Markets，Banking Crises，and Economic Recoveries，" *Journal of Financial Economics*，120（1），81 - 101.

67. Lin，J. Y.，Sun，X.，and Jiang，Y.（2013）．"Endowment，Industrial Structure，and Appropriate Financial Structure：A New Structural Economics Perspective，" *Journal of Economic Policy Reform*，16（2），109 - 122.

68. Mayer, C. (1988). "New Issues in Corporate Finance," *European Economic Review*, 32, 1167 – 1189.

69. Mayer, C. (1990). "Financial Systems, Corporate Finance, and Economic Development," in R. G. Hubbard ed., *Asymmetric Information, Corporate Finance and Investment*, Chicago: University of Chicago Press.

70. McKinnon, R. (1973). *Money and Capital in Economic Development*, Brookings Institute, Washington, D. C.

71. Mishkin, F. S. (2001). *The Economics of Money, Banking, and Financial Markets*, Harper Collins College Publishers.

72. Myers, C. (1984). "The Capital Structure Puzzle," *Journal of Finance*, 39, 575 – 592.

73. Pagano, M. (1993). "The Flotation of Companies on the Stock Market: A Coordination Failure Model," *European Economic Review*, 37.

74. Patrick, H. T. (1996). "Financial Development and Economic Growth in Underdeveloped Countries," *Economic Development and Cultural Change*, 14.

75. Perotti, E. C. and von Thadden, E. -L. (2006). "The Political Economy of Corporate Control and Labor Rents," *Journal of Political Economy*, 114 (1), 145 – 174.

76. Pistor, Katharina, Martin Raiser, and Stanislav Gclfer (2000). "Law and Finance in Transition Economies," *The Economics of Transition*, 8 (2), 325 – 368.

77. Pistor, K. (2001). "The Standardization of Law and its Effect on Developing Economies," mimeo.

78. Pistor, K., Y. Keinan, J. Kleinheisterkamp, and M. West (2002). "Legal Evolution and the Transplant Effect: Lessons from Corporate Law Development in Six Transplant Countries," Background Paper prepared for the World Development Report 2001, Institutions for a Market Economy.

79. Rajan, R. G., and L. Zingales (1998). "Financial Dependence and Growth," *American Economic Review*, 88 (3), 559 – 586.

80. Rajan, R. G., and L. Zingales (1999). "Financial Systems, Industrial Structure, and Growth," mimeo.

81. Rajan, R. G., and L. Zingales (2003). "The Great Reversals: the Politics of Financial Development in the 20th Century," *Journal of Financial Economics*, 35, 69 – 87.

82. Roe, Mark J. (1994). *Strong Managers Weak Owners: The Political Roots of American Corporate Finance*, Princeton: Princeton University Press.

83. Ross, Stephen (1977). "The Determination of Capital Structure: the Incentive Signaling Approach," *Bell Journal of Economics*, 8, 23 – 40.

84. Santomero, A. M. (1984). "Modeling the Banking Firm: A Survey," *Journal of Money, Credit and Banking*, 16.

85. Saunders，A. and I. Walter（1994）．"How Risky Would Universal Banks Be," in A. Saunders and I. Walter, eds., *Universal Banking in the United States*：*What Can We Gain? What Can We Lose?* Oxford University Press.

86. Scholtens，B. and Wensveen，D.（2000）．"A Critique on the Theory of Financial Intermediation," *Journal of Banking and Finance*，24.

87. Schultz，T. W.（1975）．"The Value of the Ability to Deal with Disequilibria," *Journal of Economic Literature*，13（3）.

88. Shleifer，A.，Wolfenzon，D.（2000）．"Investor Protection and Equity Markets," Harvard University，manuscript.

89. Song，F.，and Thakor，A.（2012）．"Notes on Financial System Development and Political Intervention," *The World Bank Economic Review*，27（112391），1 – 23.

90. Song，F.，and Thakor，A. V.（2010）．"Financial System Architecture and the Coevolution of Banks and Capital Markets," *The Economic Journal*，120（547），1021 – 1055.

91. Sornette，D.（2002）．*Why Stock Markets Crash*：*Critical Events in Complex Financial Systems*，Princeton University Press，Princeton.

92. Spamann，H.（2010）．"The 'antidirector rights index' revisited," *The Review of Financial Studies*，23（2），467 – 486.

93. Stiglitz，J. E.（1994）．"The Role of the State in Financial Markets," *The World Bank Economic Review*，8.

94. Stulz，René M.（1990）．"Managerial Discretion and Optimal Financing Policies," *Journal of Financial Economics*，26（1），3 – 27.

95. Sylla，R.（1997）．"The Rise of Securities Market," in Caprio，etc.，ed.，*Reforming Financial System*：*Historical Implications for Policy*，Cambridge University Press.

96. Thakor，A. V.（1996）．"The Design of Financial Systems：An Overview," *Journal of Banking and Finance*，20，917 – 948.

97. Zilibotti，F.（1994）．"Endogenous Growth and Intermediation in an 'Archipelago' Economy," *Economic Journal*，103.

98. 陈雨露，马勇. 金融体系结构与金融危机. 金融评论，2009（1）.

99. 陈雨露，马勇. 社会信用文化、金融体系结构与金融业组织形式. 经济研究，2008（3）.

100. 陈雨露，马勇. 重新解读现代金融体系：理论诠释及基于中国国家禀赋的现实选择. 见中国财政金融政策研究中心课题组. 无危机增长——"中国模式"中的财政金融因素，北京：中国人民大学出版社，2009.

101. 林毅夫，孙希芳，姜烨. 经济发展中的最优金融结构理论初探. 经济研究，2009（8）.

102. 张杰. 何种金融制度安排更有利于转轨中的储蓄动员与金融支持. 金融研究，1998（12）.

103. 张杰. 金融中介理论发展述评. 中国社会科学，2001（6）.

金融发展理论

    在研究金融发展与经济增长关系的长期进程中，金融发展理论已经逐渐发展成为一门独立的学说。随着研究的不断深入，该理论利用现代金融理论和内生经济增长理论作为自己的理论基础，形成了一个包括发展中国家和发达国家金融发展问题的一般理论。金融发展理论研究的主要内容是金融发展与经济增长的关系，即研究金融体系（包括金融中介和金融市场）在经济发展中所发挥的作用，研究如何建立有效的金融体系和金融政策组合来促进经济增长以及如何合理利用金融资源来实现金融的可持续发展并最终实现经济的可持续发展。自银行产生以来，人们就一直在思考金融在经济增长中的作用。Hamilton（1781）曾指出，就刺激经济增长而言，银行是已被发明的最令人愉快的引擎。第一个全面考察金融在经济中作用的是Bagehot（1873），他认为，金融体系通过提供大型工业项目融通所需要的资本而在英国工业革命进程中发挥了关键作用。Hicks（1969）对此进一步指出，英国工业革命中所使用的技术在工业革命之前就已经存在，真正引发工业革命的是金融系统的创新而不是通常所说的技术创新。金融机构向需要资本的大型项目融资，而金融创新又使技术得以实现并对经济增长作出贡献。Schumpeter（1912）强调，银行的功能在于鉴别出最有可能实现产品和生产过程创新的企业家，通过向其提供资金来促进技术进步。

金融发展理论是随着发展经济学的产生而出现的，但在发展经济学的第一阶段（20 世纪 40 年代末到 60 年代初期），经济学家没有对金融问题进行专门研究，由于此阶段结构主义发展思路一直处于主导地位，在唯计划、唯资本和唯工业化思想的指导下，金融因为是工业化、计划化和资本积累的工具而处于附属和被支配的地位，其发展受到了忽视。60 年代中期以后，发展经济学进入第二阶段，新古典主义发展思路取代结构主义思路处于支配地位，市场作用受到重视，金融产业的发展才有了合适的空间。

一、金融发展理论的萌芽

二战后，一批新独立的国家在追求本国经济发展的过程中，不同程度地受到储蓄不足和资金短缺的制约，而金融发展滞后和金融体系运行的低效是抑制经济发展的深层次原因。20 世纪 60 年代末至 70 年代初，一些西方经济学家开始从事金融与经济发展关系方面的研究工作，以戈德史密斯（Goldsmith）、格利（Gurley）、肖（Shaw）、麦金农等为代表的一批经济学家先后出版了以研究经济发展与金融发展为主要内容的专著，从而创立了金融发展理论。

（一）金融发展理论的萌芽——金融在经济中的作用

1955 年和 1956 年，格利和肖分别发表了《经济发展中的金融方面》（Financial Aspects of Economic Development）和《金融中介机构与储蓄-投资》（Financial Intermediaries and the Saving-Investment Process）两篇论文，从而揭开了金融发展理论研究的序幕。在这两篇文章中，他们对金融发展理论进行了初步的剖析与总结。格利和肖通过建立一种由初始向高级、从简单向复杂逐步演进的金融发展模型，以此证明经济发展阶段越高，金融的作用越强的命题。他们的理论虽然是在金融增长的层次上展开分析的，但已初步涉及金融制度变革等金融发展的深层次制度性问题，为后续的研究指明了方向。继而他们在 1960 年发表《金融理论中的货币》（Money in a Theory of Finance）一文，试图建立一个以研究多种金融资产、多样化的金融机构和完整的金融政策为基本内容的广义货币金融理论。他们通过建立基本模型，分析了金融在经济中的作用，认为除货币体系外，各种非货币金融中介也在从储蓄向投资的转化过程中发挥着作用，金融的作用就在于把储蓄者的储蓄转化为投资者的投资，从而提高全社会的生产性投资水平。同时，他们也强调若离开实际经济的发展，金融发展也是难以理解的。

Gurley 和 Shaw（1967）在《金融结构与经济发展》（Financial Structure and Economic Development）一文中，对上述问题进行了更深入的研究，提出了不少值得人们重视的理论见解。在格利和肖提出他们的新理论之前，人们所研究的金融理论只局限于货币理论，而人们所研究的金融机构也只局限于银行。Gurley 和 Shaw（1967）认为，货币理论是整个金融理论的一部分，因为货币只是各种金融资产中的一种。同样，银行理论也只是整个金融机构理论的一部分，因为银行只是各种金融机构中的一种。因此，他们试图发展一种包含货币理论的金融理论和一种包含银行理论的金融机构理论。他们相信金融发展与经济发展之间有着非常密切的联系，经济发展是金融发展的前提和基础，而金融发展则是推动经济发展的动力和手段。他们指出，由初始的金融制度向较为成熟的金融制度发展，首先表现为金融资产的增多，这种增多既包括金融资产种类的增多，也包括金融资产数量的增多。在经济增长过程中，随着人均收入的提高，金融资产的增长率将超过产出或实际收入的增长率。在任一时间的两个国家之间，以及在一个国家的两个发展阶段之间，金融积累不仅对产出的水平敏感，而且对产出的增长率敏感。

Patrick（1966）在《欠发达国家的金融发展和经济增长》（Financial Development and Economic Growth in Underdeveloped Countries）一文中提出需求带动和供给引导的金融问题。他认为，由于金融体系可以改进现有资本的构成，有效地配置资源，刺激储蓄和投资，在欠发达国家，需要采用金融优先发展的货币供给带动政策。与需求推动的金融发展政策不同，它不是在经济发展产生了对金融服务的要求以后再考虑金融发展，而是在需求产生以前就超前发展金融体系，即金融发展可以是被动的和相对滞后的，也可以是主动和相对先行的。

（二）金融发展理论的基础——金融结构理论

Goldsmith（1969）的杰出贡献是奠定了金融发展理论的基础，他在《金融结构与金融发展》（*Financial Structure and Development*）一书中指出，金融理论的职责在于找出决定一国金融结构、金融工具存量和金融交易流量的主要经济因素。他创造性地提出金融发展就是金融结构的变化，他采用定性和定量分析相结合以及国际横向比较和历史纵向比较相结合的方法，确立了衡量一国金融结构和金融发展水平的基本指标体系，包括金融相关率、金融中介比率、金融机构发行需求的收入弹性、变异系数等。通过对 35 个国家近 100 年的资料研究和统计分析，Goldsmith（1969）得出金融相关率与经济发展水平正相关的基本结论，为此后的金融研究提供了重要的方法论参考和分析基础。具体来看，Goldsmith（1969）的贡献体现在以下几方面：

1. 什么是金融结构

Goldsmith（1969）指出，金融结构就是一国金融工具和金融机构的形式、性质及相对规模，金融结构理论则主要研究决定一国金融结构的主要经济因素，并探讨这些经济因素如何促进金融结构的发展。Goldsmith（1969）认为，虽然各个国家之间在许多方面都存在差异，但用金融结构指标可以反映各国金融发展的差异。所以，若要考察各国金融发展的差异，研究不同条件下金融发展的规律，了解一国的金融结构尤为重要，因为金融结构的变化反映了金融发展的状况。

2. 如何衡量金融结构的变化

通过研究，Goldsmith（1969）提出用一些衡量指标可较清楚地分析金融结构及其发展变化。由于金融结构是由金融工具与金融机构共同决定的，因此应尽可能从数量关系上加以描述，主要包括：金融资产与实物资产在总量上的比例；金融资产与负债总额在各种金融工具中的分布；金融机构持有或发行的金融资产所占的比例；金融资产与负债在各个经济部门的地位等。为了准确地衡量金融结构，戈德史密斯提出了八个定量分析金融结构的指标。其中，最重要的指标是金融相关比率，因为金融相关比率的变动反映了金融上层结构与经济基础结构之间的变化关系，可提示金融发展的程度。如在一定的国民财富或国民产值的基础上，金融体系越发达，金融相关系数也越高，因此在经济发展的过程中，可以根据金融相关比率来衡量金融发展达到何种水平。

3. 金融发展的规律

Goldsmith（1969）认为，研究金融结构理论的目的就是为了找出金融发展的规律，因为金融结构的变化可以反映出金融发展的程度。所建立的指标如金融相关比率、金融机构在金融资产总额中的比重、银行系统的地位等方面的变化都会呈现出一般的规律性，只有在特殊的情况下才发生改变。虽然不同国家在金融发展的过程中，发展基础和发展速度不同导致各国金融发展水平不同，但研究发现，金融发展的基本趋势还是一致的，只是通过不同的方式达到了同样的金融发展目的。因此，Goldsmith（1969）认为，金融发展的一般规律是存在的。通过大量的比较分析，Goldsmith（1969）总结出金融发展的十二条规律，这些规律对现在的金融发展仍然具有重要的借鉴意义。

4. 金融发展与经济发展的关系

Goldsmith（1969）一直认为，金融发展与经济发展有着密切联系，但是发达国家与欠发达国家在金融发展中有明显的区别。由于那时人们总是凭借经济理论或经济历史方面的知识来衡量金融发展和金融结构在经济增长中的作用，所以很难真正找出金融发展与经济发展之间的因果关系。根据当时经济增长理论的内容以及对金融发展缺乏研究的历史知识，人们不可能得到比较明确的答案。Goldsmith（1969）指出，研究金融发展与经济发展的因果关系是十分重要的课题，并从理论和历史经验两个方面对这一问题进行了简单的探讨。在理论方面，研究金融机构对经济增长的效用必须从总量以及储蓄与投资的分配这两方面进行探讨。但由于在某些情况下，金融机构的存在与发展也可能会给经济发展带来负面影响，因此从理论角度并不能准确判断金融发展与经济发展的因果关系；在历史经验方面，不同国家之间或在同一国家的不同时期之间，金融发展对经济发展的影响也不相同。戈德史密斯指出，在金融理论尚未深入分析金融发展过程及其与经济增长的关系以及未对不同代表性的国家和时期进行细致研究之前，人们还无法确定金融发展与经济增长的因果关系。

尽管在金融发展与经济发展的关系这一问题上，戈德史密斯也未能得出比较准确的结论，更没有进行深入的研究，但他提出的这个问题引起了其他经济学家的广泛关注，并为分析这一问题提供了大量参考资料。因此，Goldsmith（1969）的金融结构理论是 20 世纪 70 年代以后发展起来的各种金融发展理论的重要基础。

二、金融深化论——金融发展理论的建立

在 20 世纪 70 年代以前，经济学家已在一定程度上论述了货币金融与经济发展的关系，尤其是 20 世纪五六十年代，格利、肖和戈德史密斯等提出的货币金融理论对现代金融发展理论的形成，特别是对 70 年代以后各种金融发展模型的提出，无疑具有重要的促进作用和理论导向作用。1973 年，麦金农的《经济发展中的货币与资本》（*Money and Capital in Economic Development*）和肖的《经济发展中的金融深化》（*Financial Deepening in Economic Development*）两本书的出版，标志着以发展中国家或地区为研究对象的金融发展理论的真正建立。McKinnon 和 Shaw（1973）对金融和经济发展之间的相互关系及发展中国家或地区的金融发展提出了精辟的见解，他们提出的"金融抑制"（financial repression）和"金融深化"（financial deepening）理论在经济学界引起了强烈反响，被认为是发展经济学和货币金融理论的重大突破。许多发展中国家货币金融政策的制定及货币金融改革的实践都深受该理论的影响。

金融抑制理论和金融深化理论一经提出就在经济学界引起极大的反响，他们认为，要使存在金融抑制的国家摆脱贫困，就有必要通过金融市场自由化来使利率自

动达到瓦尔拉斯均衡水平以反映资本的稀缺程度，并应努力消除通货膨胀，使持有货币的实际收益成为适度的正值，提高国内金融体系的储蓄动员能力和信贷资金的配置效率以解除金融抑制，实现金融深化，以获得资金上的资助和经济增长与发展，最终形成金融发展和经济发展相互促进的良性循环。受此影响，自 20 世纪 70 年代中期以来，西方主要工业化国家竞相进行金融改革，放松甚至取消金融管制，形成一股金融自由化的浪潮。

McKinnon 和 Shaw（1973）的金融深化论的核心是反对实际低利率（低于均衡利率水平）或负利率，主张实行金融自由化，以使实际利率通过市场机制的作用自动地趋于均衡水平。而第二次世界大战后，凯恩斯的理论模型正在流行，Keynes（1936）的流动性偏好理论和流动陷阱理论以及 Tobin（1958）的资产组合分配模型都认为低利率对投资和经济增长有利。McKinnon 和 Shaw（1973）建立了一个经济模型，认为金融自由化可以加速经济增长，同时批判了金融抑制的危害，其中包括利率限制，将高储蓄率、信贷管制以及各种对金融中介的歧视性负担并称为税负，他们认为这些金融抑制对经济增长有副作用。McKinnon 和 Shaw（1973）反对凯恩斯学派的货币、利率模型，认为这一模型对发展中国家不适用。他们首先反对利率控制，认为利率控制对经济增长率不利，并用中国台湾和韩国 20 世纪 50—60 年代的金融改革进行了实证分析。

（一）麦金农的金融抑制论

McKinnon（1973）认为，由于发展中国家金融体系发展不平衡，传统金融机构与现代金融机构并存，金融市场不发达，在割裂的经济结构下，大量经济单位互相隔绝。人们所面临的生产要素及产品的价格不同，所处的技术条件也不一样，因而获得的资产报酬率不等，没有一种市场机制能使这些趋于一致，也就是说，市场并不完全。这种市场不完全的一个重要表现就是大量的微观经济主体被排斥在有组织的资金市场之外，它们只能靠自身的内部积累，其有效的资金需求得不到满足，致使整体投资下降。同时，由于发展中国家对金融活动有着种种限制，对利率和汇率进行严格管制，致使利率和汇率发生扭曲，不能真实、准确地反映资金供求关系和外汇供求。在利率被压低或出现通货膨胀，抑或两者都存在的情况下，一方面，利率管制导致了信贷配额，降低了信贷资金的配置效率；另一方面，货币持有者的实际收益往往很低甚至为负数，致使大量微观经济主体不再通过持有现金、活期存款、定期存款及储蓄存款等以货币形式进行内部积累，而转向实物形式，其结果是银行储蓄资金进一步下降，媒介功能降低，投资减少，经济发展缓慢，该状况被 McKinnon（1973）称为"金融抑制"。这种金融抑制束缚了发展中国家的内部储蓄，加强了对国外资本的依赖。经验表明，对于发展中国家而言，过分地、长期地依赖国外资本来解决本国资本不足的问题是不合理的。

McKinnon（1973）指出，发展中国家税收缺乏弹性，政府收入不能随国民收入增长同比例增长，但政府支出却有弹性，这样发展中国家在经济增长的同时，不可避免地导致财政赤字扩大。为了弥补财政赤字，政府的选择或是增加税收或是向中央银行借款，而一般都是选择后者，这将导致通货膨胀，减少了货币持有者的实际收益和储蓄，加重了金融抑制。为改变这种局面，McKinnon（1973）主张财政体制改革的重心应使税收具有弹性，使政府收入随国民收入同步增长，以消除金融抑制，实施方案是从关税向增值税或向货物税转变。

很多发展中国家实行的外贸自由化是局部自由化，McKinnon（1973）因此主张外贸体制改革必须推动外贸的全面自由化。首先，消除金融抑制，提高实际利率水平，让资金流向最有发展前途的部门，从而改善投资结构；其次，逐步减少并最终放开对所有进出口的限制，不必考虑通过保护对外贸易来支持国内某些产业的发展，使各产业之间平等竞争；再次，采取滑动的汇率平价政策，即在开始大幅度提高国内名义利率的同时，逐步调低汇率，再减去对风险的预期，而不是一下将汇率调低到均衡水平。这样，进出口商容易接受调整，也可以避免短期资本大量流入。McKinnon（1973）主张实行金融制度与外贸制度同步改革，其核心就是要推动外贸的全面自由化，从而在消除金融抑制以后，贸易的全面自由化就有了坚实的基础。

但是，在 McKinnon（1973）提出的金融抑制论中，他对货币的定义是混乱和矛盾的。他把货币定义为广义的货币 M2，即不仅包括流通中的现金和活期存款，而且包括定期存款和储蓄存款。但他在模型中又强调所谓的外在货币，即由政府发行的不兑现纸币，这样就排除了银行体系的各种存款，因而在同一货币理论中存在两种相互冲突的货币定义。

（二）肖的金融深化论

在麦金农提出金融抑制论的同时，Shaw（1973）在其出版的《经济发展中的金融深化》中提出了著名的金融深化论。Shaw（1973）认为，金融体制与经济发展之间存在相互推动和相互制约的关系。一方面，健全的金融体制能够将储蓄资金有效地动员起来并引导到生产性投资上，从而促进经济发展。另一方面，发展良好的经济同样也可通过国民收入的提高和经济活动主体对金融服务需求的增长来刺激金融业的发展，由此形成金融与经济发展相互促进的良性循环。Shaw（1973）指出，金融深化一般表现为三个层次的动态发展，一是金融增长，即金融规模不断扩大，该层次可以用指标 M2/GNP 或金融相关比率来衡量；二是金融工具、金融机构的不断优化；三是金融市场机制或市场秩序的逐步健全，金融资源在市场机制的作用下得到优化配置。这三个层次的金融深化相互影响、互为因果关系。

在详尽分析了发展中国家的金融发展状况之后，McKinnon 和 Shaw（1973）提出，若发展中国家想摆脱贫困陷阱，改革金融体系、消除金融抑制是必需的。因此，他们认为，应取消对存贷款利率、汇率等金融产品价格的官方控制，允许其随市场资金的供求关系变化而自由浮动。政府应减少对金融业的干预，允许非国有化、非银行金融机构的存在和发展，加强金融体系的竞争程度，还应进行其他方面的改革配合金融自由化的进程。政府应放弃以通货膨胀来刺激经济增长的做法，应尽力挖掘本国资本，减少对外国资金的依赖性等。

（三）修正的哈罗德-多马（Harrod-Domar）模型

根据 McKinnon 和 Shaw（1973）的研究分析，适当的金融改革能有效地促进经济的增长和发展。政府放松对金融市场的过多干预，取消利率管制，消除通货膨胀，使实际利率保持在均衡的正值水平，就能使金融市场得到发展。金融市场的发展有利于储蓄的动员和配置，从而有利于经济的增长和发展。同样，经济的增长和发展也会反过来促进金融体系的发展，使金融体系能动员更多的储蓄，以促进经济进一步发展。这就是金融深化与经济发展的良性循环。为了更好地解释这种良性循环，麦金农提出了一种经过修正的哈罗德-多马模型。

经济学家哈罗德和多马于 20 世纪 30 年代末 40 年代初提出了一种经济增长理论，即哈罗德-多马模型。该理论是对凯恩斯理论的长期化和动态化的发展。在哈罗德-多马模型中，实际产出是产出/资本比率与实际资本存量的乘积，实际产出的增长率就是实际资本存量的增长率与既定的产出/资本比率的乘积。在未修正的模型中，储蓄（投资）倾向只是收入的一个固定比率，即为一个常数。麦金农对这一模型所做的修正，便是抛弃了储蓄倾向为一常数的假设。他指出，在经济增长中，资产组合效应将对储蓄产生影响，因而储蓄倾向是可变的，它是经济增长率的函数。同时，储蓄还受到持有货币的实际收益率等其他许多变量的影响。通过对哈罗德-多马模型的修正，麦金农分析对金融抑制的解除，既可直接地通过储蓄倾向的提高来增加储蓄，从而增加投资，促进经济增长，又可反过来通过经济的增长而进一步增加储蓄。因此，实行金融改革、解除金融抑制，是实现金融深化与经济发展良性循环的关键。

（四）麦金农和肖关于金融深化论的不同见解

McKinnon（1973）和 Shaw（1973）在论述金融与经济发展的关系时得出了基

本一致的结论，但是在他们论及金融因素如何影响经济发展时，即论述金融政策传导机制时，却存在一定的分歧。McKinnon（1973）以货币与实物资本的互补性假说为前提提出"渠道效应论"（conduct effect view），而 Shaw（1973）则从货币是一种债务的基本立论出发提出"债务媒介论"（debt-intermediation view）。

1. 麦金农的渠道效应论

传统的货币理论认为，货币是财富的一种形式，在私人资产组合中与实物资本相竞争。当收入一定时，货币与实物资本之间是替代品。McKinnon（1973）对这种替代说进行了批评，并在此基础上论证了另一种与之相反的观点，即货币与实物资本是同步增减的互补品。McKinnon（1973）的这一互补性假说建立在两个假设条件的基础上，一是所有的经济都受限于自我融资，即不是依靠借入资金而是依靠本身的积累进行投资。二是投资是不可分割的，也就是说，投资者必须将资金积累到一定规模方可从事投资。在 McKinnon（1973）看来，货币需求的增加不是像传统货币理论所认为的那样会减少实物资本的积累，相反，它是实物资本积累的必要条件。为了充分调动储蓄，增加资本积累，以促进经济的发展，货币当局应当改善货币供给的条件，提高持有货币的实际收益率，使货币成为一种有吸引力的价值贮藏手段，从而使资本积累过程借以进行的这种渠道得以扩大。货币政策的这一作用过程，麦金农称为渠道效应。

然而，提高货币的实际收益率，并不是可以无限制地产生这种有利于实物资本积累的渠道效应。若超过某种限度而继续提高货币的实际收益率，反而会引起实物资本积累的减少。因此，McKinnon（1973）在渠道效应论中提出了一个最适货币化的问题，即如果货币超过一定的限度，则渠道效应将被传统的替代效应所代替。他还进一步指出，这种渠道效应与替代效应的交替现象不限于完全自我融资的情形，即使在存在外部融资的情况下也同样会发生，这主要是由于外部融资的取得在很大程度上取决于自我融资的水平。因此，即使在有外部融资的条件下，也需要找出一个适当的货币实际收益率，以使总投资水平达到最高。但实际上，这个适当的货币实际收益率通常是难以找到的。因此，McKinnon（1973）认为，应放弃一切人为的干预，要让金融活动充分自由化，从而以金融市场上自发形成的均衡利率作为货币的实际收益率。

2. 肖的债务媒介论

Shaw（1973）认为，货币是内在货币，这种货币包括银行体系所创造的存款通货。而 McKinnon（1973）认为，货币是外在货币，即由政府发行的不兑现纸币。McKinnon（1973）和 Shaw（1973）都对传统的替代效应说提出了批评，但他们批评的角度却有所不同。Shaw（1973）没有假定发展中国家的所有经济单位都受限于自我融资，因为他并不认为实际货币余额与实物资本之间存在互补关系。他认为对于整个社会而言，实际货币并不是财富，因而它与实物资本之间也并不构成替代关系，所谓的替代效应是杜撰的。Shaw（1973）关于货币政策传导机制的理论是从这些基本立论出发的：对整个社会来说，实际货币余额不是财富，而是货币体系的债务。这种债务在整个社会经济中发挥着各种媒介作用，从而既使社会资源得以节约，又使社会再生产过程得以顺利进行，因而货币对经济的增长和发展有着重大的促进作用。Shaw（1973）把这一理论称为债务媒介论，指出它与传统的货币财富论有着根本的区别，并认为它更适合于对落后经济的分析。

Shaw（1973）还指出，货币行业对社会提供的可作为生产过程中间投入的服务，除了供应货币以外，更在于通过货币的使用来发挥金融中介的作用。这种金融中介作用主要表现为能更加有效地动员和配置社会储蓄，即一方面能增加储蓄总额，另一方面又能提高投资效率。在一些经济落后的国家，除了货币行业以外，一些非货币的金融中介部门也相当程度地发挥着类似的中介作用。因此，Shaw（1973）认为，金融深化不仅包括货币行业的发展，而且应该包括非货币金融中介部门的发展。Shaw（1973）指出，发达国家与发展中国家的金融体系大不相同，发达国家拥有精细的、复杂的、多样化的金融机构，可以便利地将储蓄转化为投资。由于金融中介的作用在于改善资源分配与决定人均收入水平，因此人均收入水平与金融机构的完善和成熟程度有着正相关关系。Shaw（1973）认为，金融自由化和金融发展会增加储蓄与投资的动机，其结果会提高金融中介在促进储蓄向投资转化中的作用，同时提高投资的平均效益。金融中介一方面可以提高储蓄者的实际收益，另一方面又可以降低投资者的实际成本。

三、金融发展理论的发展

自 1973 年以来，麦金农和肖的金融深化论在西方经济学界产生了极大影响，金融发展理论研究不断掀起新的高潮。许多经济学家纷纷提出他们对金融发展问题的新见解。

（一）第一代麦金农-肖学派

第一代麦金农-肖学派盛行于 20 世纪 70 年代中期到 80 年代中期，代表人物包括卡普（Kapur）、马西森（Mathieson）、加尔比斯（Galbis）和弗赖（Fry）等，他们主要的研究方向是对金融深化论的实证和扩充。这些经济学家扩大了金融深化论的研究框架，在吸收当代经济学最新研究成果的基础上，建立了宏观经济模型，扩大了金融发展理论模型的分析视野和政策适用范围，使该理论能不断适应经济增长、金融体制日益完善的发展中国家的实际情况。

1. Kapur（1976）的观点

Kapur（1976）研究了劳动力过剩且固定资本闲置的欠发达封闭经济中的金融深化问题，他认为固定资本与流动资本之间总是保持着固定比例关系。在固定资本闲置的条件下，企业能获得多少流动资金便成为决定产出的关键因素。为了较真实地反映现实经济情况，在静态分析的基础上，卡普（Kapur）引入了两个动态调整因素，一是通货膨胀率的适应性预期；二是增大预期的菲利普斯曲线。卡普接受了麦金农的观点，认为实际通货膨胀率除受其他因素影响之外，还受通货膨胀预期的影响。同时，卡普又放弃了麦金农着重内源融资的观点，认为流动资本的净投资部分一般完全通过银行筹集，商业银行对实际经济的影响主要就是通过提供流动资本而实现的。能提供的流动资本量取决于实质货币需求、货币扩张率以及贷款占货币的比率。

2. Mathieson（1978）的观点

Mathieson（1978）的观点与卡普相似，也是从投资数量的角度讨论金融深化的影响。但他在设立假设时，有两点不同于卡普的假设。第一，马西森（Mathieson）假设所有的固定资本都被充分利用，即在现实生活中并不存在卡普所说的闲置的固定资本。第二，马西森假设企业不仅需要向银行借入部分流动资本，而且需要向银行借入部分固定资本。与此相对应，他认为银行贷款的供给则由四个因素决定：储备率、名义存款利率、预期的通货膨胀率及国民收入总额。马西森指出，经济增长归根结底是受银行贷款供给的制约，而银行贷款的供给又在很大程度上要受到存款实际利率的影响。为使经济实现稳定增长，就必须使实际利率达到其均衡水平。而影响均衡存款利率的因素有四个：通货膨胀率、投资中通过银行贷款筹资的比重、储备率、产出/资本比率。在这些因素中，有些可为货币当局所控制，有些则不能为货币当局所控制。因此，要使实际利率等于均衡利率，就必须取消利率管制，实行金融自由化。

Mathieson（1978）在进行动态分析时，也引进了两个动态调整因素，一个是通货膨胀率的预期；另一个是固定利率银行贷款存量的衰减性。马西森指出，在决定存贷款的实际收益率的过程中，预期通货膨胀率起着重要的作用。因而，在说明最优的稳定政策时，马西森充分地考虑了适应性预期和理性预期的不同作用。对于一个受到金融抑制的发展中国家来说，马西森认为金融自由化改革是必需的，但这种改革可能导致大批老银行的破产，甚至导致整个金融体系的崩溃。这也正是许多发展中国家的政府为什么在做金融改革的决策时感到左右为难，在实践中裹足不前的根本原因。为解决这一难题，马西森建议政府应做到金融改革必须与稳定政策相结合，并且应逐步解除利率管制。

3. Galbis（1977）的观点

与麦金农一样，Galbis（1977）也是基于发展中国家经济的分割性假定，认为发展中国家的经济具有某种特性，这种特性是因为低效益部门占用的资源无法向高效益部门转移，使不同部门投资收益率长期不一致，从而导致资源的低效配置。在接受麦金农基本结论和政策主张的基础上，Galbis（1977）用"两部门模型"修正和补充了麦金农的"一部门模型"，以此说明金融在资源配置上起着非常重要的作用，但作用发挥的前提是存款实际利率应足够高。因为只有存款利率高，低效益部门才能增加在银行的储蓄，高效益部门才能从银行获得更多的贷款，实现资源从低效益部门向高效益部门的转移，加速经济的增长和发展。若政府的金融抑制使存款实际利率长期低于均衡水平，就会加剧经济的分割，阻塞资源向高效益部门流动。投资于高效益部门的人变得富有，投资于低效益部门的人由于无法向高效益部门转移投资而变得相对贫穷，使贫富差距拉大，加剧社会动荡。

Galbis（1977）提出，金融资产实际利率过低是金融抑制的主要表现，是阻碍经济发展的重要因素。为了克服金融抑制，充分发挥金融中介在促进经济增长和发展中的积极作用，必须把金融资产的实际利率提高到其均衡水平，即提高到使可投资资源的实际供给与需求相平衡的水平。

4. Fry（1982，1988）的观点

弗赖（Fry）认为，投资的规模与效率是经济增长的决定因素，在发展中国家，这两者又都在很大程度上受货币金融因素的影响。发展中国家资本稀缺，无法利用其丰富的有效投资机会，这就制约了投资规模的扩大，投资效率也由于这些国家的实际利率过低等金融因素而不能提高。弗赖由储蓄函数和投资效率模型两个子模型构造出金融发展模型，说明了提高实际利率对经济增长具有扩大投资规模、增加投资有效性的双重作用。

弗赖认为，在静态均衡的条件下，实际增长率必等于正常增长率。但是在动态经济中，二者却未必相等。这是因为，实际增长率由两部分构成，即正常增长率和周期性增长率。与卡普和马西森一样，为了建立动态金融发展模型，弗赖在其静态金融发展模型中加入了两个动态调整因素：一是适应性预期（包括通货膨胀率的适

应性预期、价格水平的适应性预期以及人均实际恒久性收入增长率的适应性预期）；二是增大预期的菲利普斯曲线。弗赖还把时滞因素引入模型中，从而能更准确地反映储蓄与投资的变化对经济增长的实际影响。

在上述理论中，金融深化论的研究重点都在实际利率上，都直接或含蓄地将解除利率管制、提高实际利率水平以提高投资水平和投资效率作为其政策结论。其中，卡普和加尔比斯还强调了金融中介的作用。

（二）第二代麦金农-肖学派

第二代麦金农-肖学派盛行于 20 世纪 80 年代末 90 年代中期，代表人物有本奇文加（Bencivenga）、莱文（Levine）、卢卡斯（R. Lucas）、史密斯（B. Smith）、格林伍德（J. Greenwood）等。如前所述，第一代宏观发展经济模型建立在哈罗德-多马模型基础上，而第二代宏观发展经济模型是建立在 20 世纪 80 年代后期及 90 年代兴起的内部增长模型上，即研究发展经济内部各个生产要素的增长情况。第二代麦金农-肖学派也是在这个时期兴起的新学派，他们重视金融中介的基本原理，阐述了金融中介是如何产生并提供服务的，以及其在经济生活中的重要作用。这一时期的金融发展理论对金融机构与金融市场形成机制的解释是从效用函数入手的，建立了各种具有微观基础的模型，引入了诸如不确定性（流动性冲击、偏好冲击）、不对称信息（逆向选择、道德风险）和监督成本等与完全竞争相悖的因素，在比较研究的基础上对金融机构和金融市场的形成做了规范性的解释。

1. 金融体系的形成

具有代表性的内生金融机构模型主要有三个：第一是 Bencivenga 和 Smith（1991）建立的模型，他们认为当事人随机的或不可预料的流动性需要导致了金融机构的形成，金融机构的作用是提供流动性，而不是克服信息摩擦。第二是 Schreft 和 Smith（1998）建立的模型，他们认为空间分离和有限沟通导致了金融机构的形成。在该模型中，当事人面临着迁移的风险，因为在迁移发生时，当事人需要变现其资产，从而增加了迁移风险。为了规避这种风险，当事人需要通过金融机构提供服务。第三个是 Dutta 和 Kapur（1998）建立的模型，当事人的流动性偏好和流动性约束导致了金融机构的形成。未来消费的不确定性促使当事人持有流动资产，而金融机构的存在与否直接影响到当事人所能持有的流动资产形式。金融机构的存在使当事人可以持有金融机构存款，作为流动资产的金融机构存款与其他公共债务和法定货币相比，在提供流动性服务方面效率较高，可以缓解流动性约束对消费行为的不利影响。

具有代表性的内生金融市场模型有两个：一个是 Boot 和 Thakor（1997）建立

的模型，另一个是 Greenwood 和 Smith（1997）建立的模型，这些模型在给出金融市场的形成机制的同时也给出了金融机构的形成机制。Boot 和 Thakor（1997）从经济的生产方面考察，认为组成金融市场的当事人把钱存入金融机构，金融机构再把所吸收的存款贷放出去，从而为生产者提供资金。在金融机构中，当事人进行合作并协调其针对生产者的行动。当事人在市场上竞争并购入生产者发行的证券，其中证券的市场价格由瓦尔拉斯市场出清条件决定，当事人在信息获取和信息汇总上的优势导致了金融市场的形成，市场价格的反馈又有助于厂商提高实际投资决策质量。Greenwood 和 Smith（1997）在模型中指出，金融市场的固定运行成本或参与成本导致了金融市场的内生形成，即在金融市场的形成上存在着门槛效应（threshold effect）。只有当经济发展到一定水平以后，有能力支付参与成本的人数才会增多，交易次数也因此增多，金融市场才能得以形成。

2. 金融体系的发展

金融机构和金融市场形成之后，其发展水平会随该国内外条件的变化而变化，一些经济学家从理论上对这个动态发展过程进行了解释。Greenwood 和 Smith（1997）以及 Levine（1993）在各自的模型中引入了固定的进入费或固定的交易成本，借以说明金融机构和金融市场是如何随着人均收入和人均财富的增加而发展的。在经济发展的早期阶段，人均收入和人均财富很低，由于缺乏对金融服务的需求，金融服务的供给无从产生，金融机构和金融市场也就不存在。但是，当经济发展到一定阶段以后，一部分先富裕起来的人由于其收入和财富达到上述临界值，倾向于利用金融机构和金融市场，即有激励去支付固定的进入费，因此，金融机构和金融市场就得以建立起来。随着经济的进一步发展，收入和财富达到临界值的人越来越多，利用金融机构和金融市场的人也越来越多，因此推动了金融机构和金融市场的不断发展。

Levine（1993）扩展了上述观点。在他的模型中，固定的进入费或固定的交易成本随着金融服务复杂程度的提高而提高，于是简单的金融体系会随着人均收入和人均财富的增加而演变为复杂的金融体系。Levine（1993）指出，诸如投资银行之类的复杂金融机构之所以存在，是因为这些机构对生产过程进行调查并把资源调动起来以充分利用有利的生产机会。当然，这类金融机构只能在人均收入达到一定水平之后形成。

3. 金融体系的作用

这一阶段金融发展理论的最核心部分在于对金融机构和金融市场作用于经济增长的机制做出全面而规范的解释。Pagano（1993）建立了一个简易的框架，概括地介绍了 20 世纪 90 年代经济学家在金融机构和金融市场的作用机制上的观点。在这个框架中，Pagano（1993）指出金融体系通过三种方式提高资本生产率，从而促进经济增长。第一种方式是收集信息以便对各种可供选择的投资项目进行评估；第二种方式是通过提供风险分担促使个人投资于风险更高但更具生产性的技术；第三种方式是促进创新活动。Greenwood 和 Jovanovic（1990）把金融中介的信息作用和生产率的提高相联系进行研究。在他们的模型中，资本可被投资于安全但收益低的技术或有风险但收益高的技术。与单个投资者相比，拥有大量资产组合的金融机构可以完全化解总体生产率冲击，因为它们可以选取最适于当前所实现冲击的技术，从而使资本配置效率提高，而高的资本生产率可以促使高的经济增长率形成。King 和 Levine（1993）在其建立的内生增长模型中，以企业家精神和创新活动为纽带把金融和经济增长联系起来，他们认为金融和创新的联系是经济增长中的关键因素。

Merton 和 Bodie（1995）以及 Levine（2002）等对金融功能视角下的金融发展理论进行了研究。他们的研究结果表明：由融资合约、金融市场和金融中介所构成的金融安排通过提供一定的金融服务削弱了市场不完美性所造成的不利影响。也就是说，金融安排的形成和演进有利于评估潜在投资机会、实施公司控制、便利风险管理、增强市场流动性和动用储蓄资金。通过效率或高或低的金融服务，不同的金融体系对经济增长所产生的促进作用也有大有小。根据这一观点，在金融结构与经济增长之间的关系中，最重要的问题并不在于金融体系是市场导向型的还是银行导向型的，而是金融中介和金融市场能否提供完善的金融服务。Allen 和 Gale（2000）的研究也阐述了金融体系是通过提供一定的金融服务来对经济增长产生影响的观点。他们指出，金融中介和金融市场所提供的风险管理功能是不同的，金融中介提供的是跨时期风险分担功能，而金融市场允许个人通过利用投资组合来对冲异质风险，这种横向风险分担功能使金融市场为投资者表达不同意见提供了一个良好的机制。

（三）金融约束论

发展中国家金融自由化的结果曾一度令人失望，许多经济学家开始对以往经济发展理论的结论和缺失进行反思和检讨。新凯恩斯主义学派认为，由于市场失灵的存在，政府在金融市场中的作用显得十分重要。市场上存在的信息不完善、外部性、规模经济和垄断竞争等都将增加不稳定程度。斯蒂格利茨在新凯恩斯主义学派分析的基础上概括了金融市场中市场失败的原因，他认为政府对金融市场监管应采取间接控制机制，并依据一定的原则确立监管的范围和监管标准。在此基础上，Hellman，Murdock 和 Stiglitz（1997）在《金融约束：一个新的分析框架》（Financial Restraint：Towards a New Paradigm）一文中提出了金融约束的理论分析框架。

1. 金融约束理论的核心内容

Hellman，Murdock 和 Stiglitz（1997）认为，金融约束是政府通过一系列金融政策在民间部门创造租金机会，以达到既防止金融抑制的危害又能促使银行主动规避风险的目的。这里的租金不是指属于无供给弹性的生产要素的收入，而是指超过竞争性市场所能产生的收益。金融政策包括对存贷款利率的控制、市场准入的限制，甚至对直接竞争加以管制，以影响租金在生产部门和金融部门之间的分配，并通过租金机会的创造，调动金融企业、生产企业和居民等各个部门的生产、投资和储蓄的积极性。政府在此可以发挥积极作用，采取一定的政策为银行体系创造条件，鼓励其积极开拓新的市场，进行储蓄动员，从而促进金融深化。他们指出，发展中国家金融市场存在着严重的信息不完全性以及由此产生的激励问题。在发展中国家，掌握企业内部信息的银行若自身资本额太小，银行经营者就没有动力进行长期经营，不会积极监督企业贷款的使用，而热衷于投机或瓜分银行资产，从而损害银行和社会公众的利益。此外，金融业过度竞争会使先发现好的储蓄来源的银行得不到额外利益，这样，银行就没有动力花成本去吸收存款。因而，他们主张政府应该实施金融约束策略，对金融市场进行干预，通过在银行部门设立租金，使之有动力吸收存款并对贷款企业进行严密的监督。同时调动银行部门的积极性，以银行部门的信息优势来克服由信息不完全引起的金融市场失灵问题。

2. 金融约束的前提条件

Hellman，Murdock 和 Stiglitz（1997）认为，虽然金融约束理论从不同方面论证了金融约束对发展中国家来说是合理的金融政策，但金融约束与金融抑制在某些方面还是有相同之处。金融约束的政策在执行过程中可能会因为种种原因效果很差或受到扭曲，其中最大的危险是金融约束转变为金融抑制。因此，要保证金融约束达到最佳效果，必须具备一定的前提条件，如稳定的宏观经济环境、较低的通货膨胀率、正的实际利率。银行是真正的商业银行，政府对企业和银行的经营没有或只有很少的干预，可以保证银行和企业的行为符合市场要求。他们指出，金融约束是一个动态过程，因此当金融深化加深到一定程度，即此时带来的益处已不再能超过因利率控制而导致的成本时，就必须放弃对金融业的管制，即金融约束政策。

3. 金融约束与金融抑制的区别

Hellman，Murdock 和 Stiglitz（1997）指出，虽然金融约束与金融抑制运用的手段类似，但两者有本质上的不同。因为金融约束创造的是租金机会，而金融抑制下只产生租金转移，租金机会的创造与租金转移是完全不同的。在金融抑制下，政府造成的高通胀使其财富由家庭部门转移至政府手中，政府又成为各种利益集团竞相施加影响进行寻租活动的目标，其本质是政府从民间部门夺取资源。这种租金的转移改变了收入分配，当事人有可能更愿意通过有影响力的活动来获得与其地位不相称的租金份额，而不是进行生产性投资。如在贷款利率很低的情况下，企业家们就有可能千方百计地通过各种关系从银行取得贷款，然后转贷出去，或从事效益低的生产；而金融约束政策的目的则是为民间部门创造租金机会，尤其是为金融中介创造租金机会，这会使竞争性均衡下供给不足的活动增加收益和福利。这些租金机会是因控制存款利率造成存贷利差而产生的，银行通过扩张其存款基数以及对贷款资产组合实施监控获得这些租金，以此促进金融深化。在金融抑制下，政府将实际利率压得很低，政府通过把名义利率保持在远低于通货膨胀的水平而间接地从金融部门获取租金；而在金融约束的情况下，政府运用各种干预手段所创造的租金全部由金融中介和企业获得，政府本身不获得任何租金。

4. 金融约束的效应

Hellman，Murdock 和 Stiglitz（1997）认为，资本要求虽然也是一个防止银行发生道德风险的工具，但在发展中国家，存款利率控制比对银行资本进行控制更为有效。首先，存款利率控制可以造成一种环境，给银行得到更多盈利的机会，增加特许权价值；而资本要求则强迫银行选择一定的资产组合。其次，存款利率控制的经济成本是低存款利率导致的储蓄流失，资本要求的成本是银行被迫持有政府债券组合，其利率收益率一般都低于民间借贷市场贷款组合收益率。在存款利率控制的情况下，银行能更快地积累股本。再次，在存款利率控制下，银行吸收存款的动力要比资本要求更强，因为银行吸收的存款数量与利润有直接的关系。最后，存款控制既容易实行，又容易进行监督；而资本要求由于建立在银行净值的会计核算基础上，本身就难以衡量，因此，对其进行监督也有一定的难度。在金融约束的环境下，银行只要吸收到新增存款，就可获得租金，这促使银行不断寻求新的存款来源。如果此时政府再对市场准入进行限制，则更加促使银行为吸收更多的存款而增加投资，从而增加资金的供给。建立合理数量的储蓄机构，可以吸收更多的存款，而金融机构吸引更多的储户是发展中国家金融深化的一个重要组成部分，因此，金融约束可以促进金融深化。

金融约束理论认为，在实际贷款利率过高的情况下，道德风险或其他违约破产的风险会产生代理成本，代理成本越高，银行遭受的损失就越大，投资的社会效益也就越低。如果利用金融约束来限制贷款利率，使贷款中蕴含租金，增强银行鉴别企业的能力，就可以使拥有高素质管理人才和良好投资机会的企业从金融约束中得到更多的租金份额。因此，金融约束可以加快与企业素质相关的股本自然积累过程，这一股本效应通过减少代理成本最终会提高投资的社会效益。另外，限制贷款利率，可以提高申请借款人的整体质量，降低企业破产的概率，代理成本也随之降低。由此可见，限制贷款利率，不但可为生产部门设立租金，还可使投资资金供给增加，提高经济中的总投资水平。

Hellman，Murdock 和 Stiglitz（1997）还指出，适当的金融约束可以使资金配置更加合理。这是因为在自由竞争的环境中，由于存款保险制度的存在以及随着贷款利率的提高，会发生逆向选择和道德风险问题；而在政府严格控制贷款利率的条件下，银行就会改变根据企业投资项目的预期收益而确定的贷款顺序，就有可能使许多效益好的企业得不到贷款，而效益差的企业却有可能得到贷款，严重地扭曲资源的配置。金融约束理论证明，如果实行适当的金融约束政策，可将银行之间的竞争和政府的行政引导结合起来，则其结果可能优于自由市场竞争或贷款严格控制的结果。在金融约束条件下，企业与银行将对租金的分配进行谈判。当存在多类借款人时，企业为证明在同一类贷款人中自己的投资项目具有优越性，并与其他潜在的借款人相区别，则会增加自己在投资项目中的股本投资，以表明其风险低于同类其他企业的风险。结果是：一方面，企业可能得到较低利率的贷款；另一方面，由于贷款的风险减少，企业的预期收益也将增加。因而，银行既可避免因严格控制贷款利率而可能产生的逆向选择和道德风险，又可使效益较好的企业得到贷款，贷款者和借款者的效益同时得到提高。

金融约束论是赫尔曼（Hellman）、穆尔多克（Murdock）和斯蒂格利茨等对亚洲金融危机观察后的理论思考，他们认为这一危机从反面证明了他们的理论。首先，由于银行体系存在着道德风险，所以对银行的监管始终是政府监管的重要方面。在金融自由化之后，政府对银行监管的主要手段是资本充足率要求。虽然这一措施因增加了银行经营者的剩余索取权而控制了银行的风险行为，但也增大了银行的经营成本，激励了银行从事有风险的贷款。对银行资本充足率的要求最终降低了均衡的存款利率，因此金融自由化并没有真正使利率自由化，甚至还增加了银行体系的风险。其次，在经济转轨时期，保持较低的存款利率是十分必要的。因为自由化对银行提高自有资本比率的要求不是在短期内就可以达到的，而且银行资本积累的一个主要途径就是将获得的特许权价值资本化。如果在金融自由化时既取消银行获取特许权价值的权利，又增加对银行资本充足率的要求，银行体系的风险必然会增大，出现银行危机的可能性就会大大增加。因此，他们认为，在转轨时期政府应实施更严格的监管，并由此提出"规制超调"，以此强调利率控制等政府干预行为在转轨经济和金融发展过程中的重要性。

事实上，金融约束是发展中国家从金融抑制状态走向金融自由化过程中的一个过渡性政策，它针对发展中国家在经济转轨过程中存在的信息不畅、金融监管不力的状态，发挥政府在市场失灵下的作用，因此它并不是与金融深化理论完全对立的政策，相反，是对金融深化理论的丰富与发展。

四、金融发展理论的计量验证

金融发展理论的具体结论是否符合发展中国家的实际情况，其政策主张能否付诸发展中国家的政策实践，需要进行实证检验。其中，非常重要的研究工作就是利用发展中国家的经验资料，对这些理论模型做出计量验证。早期的经验研究结论主要是确认金融发展和经济发展之间存在的相关关系，却无法确认两者之间是否存在因果关系（Levine，1997），后续的经验研究则应用新近发展起来的计量分析技术对更为全面的数据集中进行了计量分析。21 世纪以前，大多数学者认为金融发展与经济增长之间存在长期的积极联系，金融发展是经济保持长期稳定增长的原因之一。但近年来，尤其是金融危机爆发以后，越来越多的学者研究发现，金融发展与经济增长之间存在非线性关系，甚至是倒 U 形关系。此外，也有越来越多的学者开始研究金融发展与收入平等之间的关系。

（一）20 世纪七八十年代的计量验证

进入 20 世纪 80 年代以后，各种有关金融发展理论的计量验证大量涌现。这些计量验证所涉及的范围较广，内容较多，几乎对 McKinnon（1973）和 Shaw（1973）所提出的每一论点都做了计量验证。根据 Kitchen（1986）的总结，1973—1984 年，经济学家们对金融抑制论所做的主要计量验证有 17 项。在这些计量验证中，除少数几项未能得出肯定的结果之外，绝大多数验证的结果都坚定地支持了金融抑制论的有关结论。这说明，由 McKinnon 和 Shaw（1973）提出的金融发展理论在一定程度上是符合大多数发展中国家的实际经济情况的，因而这些理论中的主要结论是能够应用到发展中国家政策实践中的，也可供发展中国家制定货币政策时参考。

1. 弗赖的计量验证

弗赖有关金融发展理论的核心也是发展中国家的金融抑制和金融深化问题。他不仅从理论上阐述了这一问题，而且通过大量的实证研究，以许多发展中国家的实际资料对其理论进行了计量验证。Fry（1978）在《货币和资本还是经济发展中的金融深化?》（Money and Capital or Financial Deepening in Economic Development?）一文中，对麦金农和肖的基本结论及他们关于传导机制问题的理论分歧做了计量验证。他首先利用 7 个亚洲发展中国家和地区 20 世纪 60 年代初至 70 年代初的资料，证实了 McKinnon（1973）和 Shaw（1973）关于金融状况将对经济发展产生重大影响的结论是合理的。后来，弗赖又在上述 7 个国家和地区的基础上，加入另外 3 个亚洲发展中国家在同一时期的资料，对麦金农和肖关于金融状况如何影响经济发展的理论，及他们关于货币政策传导机制问题的理论分歧做了计量验证。该验证的结果表明，肖的债务媒介论是成立的，而麦金农的互补性假说则不能成立。

1980 年，弗赖在《储蓄、投资、增长和金融抑制的成本》（Saving, Investment, Growth and the Cost of Financial Repression）一文中，对发展中国家金融抑制的代价做了数量分析。在这一分析中弗赖以实际存款利率被限制在其市场均衡水平之下作为金融抑制的标志，对所选择的 61 个发展中国家在 20 世纪 60 年代中期至 70 年代中期的资料进行计量分析。他发现，这些国家的实际存款利率对储蓄有正的影响，而这种影响实际上就是实际存款利率对广义货币需求的影响。Fry（1980）指出，在不均衡的利率条件下，提高实际存款利率可增加实际货币的需求，而这种增加将等量地增加实际信贷的供给。实际信贷的供给不仅是决定新投资的重要因素，也是决定对整个资本存量利用程度的重要因素。因此，实际存款利率的变动将通过两条途径对实际经济增长率产生正的影响，一是储蓄和投资的规模，二是整个资本存量的利用程度。通过计量验证，Fry（1980）得出结论，金融抑制的代价是实际存款利率每低于其市场均衡利率 1%，经济增长率将损失大约 0.5%。

2. Lanyi 和 Saracoglu（1983）的计量验证

国际货币基金组织于 1983 年发表了论文《发展中国家的利率政策》。在该论文的附录 3 中，Lanyi 和 Saracoglu（1983）对 21 个发展中国家在 1971—1980 年间实际利率与金融资产增长率及国内生产总值增长率之间的关系做了计量验证。他们将这些国家按实际利率分为三组：A 组为实际利率为正值的国家；B 组为实际利率为轻微负值的国家；C 组为实际利率为严重负值的国家。而后，他们又分别计算出这 21 个发展中国家在 1971—1980 年间实际金融资产及实际国内生产总值的年均复合增长率，其中的实际金融资产是以消费者物价指数进行调整的广义货币总额。这是因为在发展中国家，金融资产的主要形式是通货和各种银行存款，而各种非货币的金融资产往往是不重要的。Lanyi 和 Saracoglu（1983）计算的数据表明，实际利率为正值的国家，其平均金融资产增长率与国内生产总值增长率都较高；实际利率为负值的国家，其平均金融资产增长率与国内生产总值增长率都较低，甚至为负值。

这说明，实际利率与实际金融资产增长率及实际国内生产总值增长率之间有明显的正相关关系，这种正相关关系与 McKinnon（1973）和 Shaw（1973）等人提出的金融发展理论的有关结论是一致的。但是，这三个变量之间的正相关关系还只是说明了问题的一个方面，这三个变量之间的因果关系则是更需要证明的一个重要问题。而在各种计量验证中，因果关系是一个较难证明的问题。Fry（1978）曾指出，对金融状况与经济增长在一定时间内联系的检验本身并不提供有关因果关系的证据，因此，因果关系往往是通过某种推论得到的。

Lanyi 和 Saracoglu（1983）认为，由于发展中国家往往实行比较严厉的利率管制，因此可将实际利率作为一个外生变量。这样，实际利率与实际金融资产增长率以及实际国内生产总值增长率的正相关关系，恰好反映了实际利率对实际金融资产的增长率也具有正向影响。之所以具有这样的影响，可能出于以下两个原因：一是正的实际利率提高了投资的质量，从而提高了产出的增长率，并因此而增加了金融储蓄；二是实际利率先影响金融储蓄，再由金融储蓄影响产出的增长率。因此，他们认为，无论影响的方式如何，实际利率总会影响经济的增长率，而且这种影响的方向总是正的。

（二）20 世纪 90 年代的计量验证

20 世纪 90 年代初期的研究验证了金融发展确实具有促进经济增长的功能，而且明确区分了金融中介和金融市场作用于经济增长的机理，以及决定金融发展和金融结构的制度因素。特别是从产业和企业层次进行的经验数据研究，更深层地验证了金融发展对于经济增长的重要性。

1. 宏观层面的计量验证

20 世纪 90 年代初，King 和 Levine（1993）放弃了金融发展理论以发展中国家为研究对象的传统，转而寻求建立一种包括发展中国家和发达国家在内的一般金融发展理论。他们从金融功能的角度入手研究金融发展对经济增长的影响，尤其是对全要素生产率的影响。尽管许多金融学家都已表示金融功能对全要素生产率具有重要的促进作用，但是一直未能找到计量金融功能的指标，King 和 Levine（1993）就在金融功能计量上取得了突破性的进展。King 和 Levine（1993）在 Goldsmith（1969）的基础上设计了四个用于测度金融中介体的服务质量指标（Depth 指标，Bank 指标，Private 指标，Privy 指标）来表示金融发展水平，然后用普通最小二乘法对 80 个国家 1960—1989 年间的数据进行回归分析。他们发现，金融中介规模和功能的发展不仅促进了经济中的资本形成，而且刺激了全要素生产率的增长和长期经济增长。为了检验金融发展与经济增长之间因果关系的方向，King 和 Levine

（1993）设计了一个方法，检验了金融发展初始水平（1960 年）与经济增长（1960—1989 年）之间的关系。结果发现，金融发展初始水平的差异很好地预测了以后经济增长水平之间的差异，即便是控制了收入、教育、政治稳定、贸易和财政货币政策等变量后也是如此。所以，King 和 Levine（1993）认为金融发展是原因，经济增长是结果，他们的研究方法和思想对后来经济学家的研究产生了深刻的影响。

在 King 和 Levine（1993）研究了金融中介的发展对经济增长的影响之后，Levine 和 Zervos（1998）又研究了股票市场的发展对经济增长的影响。他们设计了六个指标，从股票市场的规模、功能、波动性和国际一体化程度四个方面衡量金融市场发展对经济增长的影响。Levine 和 Zervos（1998）用最小二乘法对 47 个国家 1976—1993 年间的数据进行回归分析，结果表明，股票市场流动性和银行的发展不仅与同期的经济增长、资本积累及生产率提高有着显著的正相关关系，而且是经济增长、资本积累以及生产率提高的很好的预测指标，这与 Bencivenga 等（1995）的理论分析结果一致。但是，股票市场的规模、流动性与经济的长期增长没有稳定的相关关系，并且股票市场的国际一体化程度与经济增长之间也不存在稳定的相关关系。Levine 和 Zervos（1998）指出，股票市场的发展并不一定导致储蓄率的上升，股票市场的发展是通过自身功能的改善来刺激全要素生产率的发展，进而促进了长期经济增长。

为了确定金融发展与经济增长之间是否存在长期相关性，Rousseau 和 Wachtel（1998）应用向量误差修正模型对美国、英国、加拿大、挪威和瑞典五国 1870—1929 年间的数据进行了时间序列分析。他们认为，在金融强度指标和资本产出水平之间长期存在着重要的数量关系，而且格兰杰因果检验表明，金融中介对实际经济活动起着重要的促进作用。Tadasse（2000）对 36 个国家 1980—1995 年数据的分析表明，银行导向型金融体系和市场导向型金融体系在促进经济增长方面所起的作用是不同的。在金融部门不发达时，银行导向型金融体系所起的作用要大于市场导向型金融体系所起的作用；而在金融部门发达时，市场导向型金融体系所起的作用则要大于银行导向型金融体系所起的作用。这一研究结论在一定程度上解释了为什么有些国家金融发展与经济增长之间的因果关系显著而在另一些国家却很模糊这一计量分析结果。

在以上研究中，不管是对跨国横截面数据还是对时间序列数据进行计量分析，不可避免地存在着因遗漏了一些变量而产生的偏误，以及应用联立方程组去描述变量之间的相互关系时可能存在的联立性偏误。Rousseau 和 Wachtel（2000）采用了一个差分面板估计量去消除由尚未观察到的国家特定因素所引起的偏误，并力图消除由联立性偏误所引致的潜在的参数非一致性。在此基础上，利用面板分析技术对47个国家1980—1995年间的年度数据所进行的计量分析表明，银行和股票市场的发展都能在一定程度上解释经济增长。但是，由于使用年度数据进行分析时，无法消除经济周期因素的影响，而且差分面板估计中的工具变量所起的作用经常会受到削弱，这在样本有限时就会导致偏误的出现，进而使结论的稳健性受到一定影响。Levine 等（2000）的研究在相当程度上克服了上述缺陷，他们对71个国家1960—1995年间的纯横截面数据进行回归分析，以检验金融中介的发展与经济增长之间的因果关系，然后用广义矩方法对74个国家1961—1995年间以5年为单位进行分段的面板数据进行计量分析，以检验金融中介的发展与经济增长之间的因果关系。他们认为，金融中介的发展能对经济增长产生较大的促进作用，即金融中介的发展是经济长期稳定增长的原因之一。Beck 等（2000）进一步确认了金融中介发展与经济增长之间的因果关系，并指出金融中介的发展主要通过提高生产率和技术变革速度来促进经济增长。Levine 和 Beck（2000）指出，整体的金融发展会对经济增长产生重要的影响，但很难将股票市场和银行对经济增长所起的具体作用区分开来。

2. 中观层次的计量验证

Mankiw（1995）认为，宏观层面上的研究虽然使用了不同的计量工具，但分析的数据集都是以国家为单位的总量数据，这样的计量分析有一些不足之处，如难以对回归分析所确认的相关关系给出因果解释，解释变量之间可能存在的多重共线性和统计误差会影响到计量分析结果的稳定性，相对较少的样本量会产生有限自由度等问题。而以中观层面即产业的数据为分析对象所进行的经济计量分析可以尽可能地克服这些缺陷，使研究结果更具说服力。

之后，Rajan 和 Zingales（1998）指出，通过研究一国金融发展水平与产业增长水平指标之间的相互关系，可以发现金融发展影响经济增长的机制。具体做法是，他们用美国企业的相关数据来确定各产业对外源融资的需求特征，然后运用最小二乘法对41个国家1980—1990年间的数据进行计量检验。他们根据结果发现，金融发展使企业从外部融资的成本有所降低，新企业的不断建立表明产业在持续发展，创新得到促进，经济因此而得以增长。与此同时，Neusser 和 Kugler（1998）设计了一个几乎包含所有金融中介的金融深化指标，运用多元时间序列分析方法对经合组织中13个国家的制造业与金融发展之间的关系进行研究，在向量自回归模型中对这些国家近30年的经过平稳性检验的时间序列数据进行了计量分析。结果表明，金融部门的发展与制造业产出和制造业全要素生产率相关，尤其是对于美国、日本、德国和澳大利亚这四个国家，这种相关关系表现为一种因果关系，即金融发展是制造业发展的原因。

为了进一步检验金融发展水平与制造业之间的关系，Wurgler（2000）对 65 个国家的制造业在 1963—1995 年间的总投资及产业增加值的数据进行回归分析，他假定最优的投资会使成长性产业迅速增长而对衰退产业的投资会使投资效率下降，分析结果表明与金融市场不发达的国家相比，金融市场发展良好的国家投资于成长性产业的资金较多，而投资于衰退产业的资金则较少，因此金融市场的发展提高了资本配置的效率。根据 Wurgler（2000）的研究结果，Fisman 和 Love（2003）重新检验了金融市场对整个社会资源在部门间配置中所起的作用。他们假设企业在发展中面临一些共同的世界性冲击，而面临冲击仍获得增长的国家有着相互关联的产业增长模式。他们指出，金融市场发展水平越高的国家，各产业之间关联度越高，即金融市场帮助企业从世界发展中获利。此外，私人融资活动在金融市场中也十分活跃，因此也在资源配置中起着极为重要的作用。

通过以上计量验证可以看出，金融市场的发展会对企业的投资决策和产业增长产生重要影响，而金融发展水平是决定产业的规模构成及产业集中度的因素之一。

3. 微观层面的计量检验

产业层面的研究也存在着许多问题，仅用回归分析方法对面板数据进行计量分析，其分析结果可能有较大的偏差。而利用微观层面，即企业的数据进行计量分析，在某种程度上则可避免上述问题，从而深化人们对金融发展促进经济增长的作用机制的认识。

Demirguc-Kunt 和 Maksimovic（1998）以企业财务预算模型为基础，利用回归分析方法对 30 个国家 1984—1991 年间的企业特定类型数据进行了计量分析。他们认为，法律体系越是完善的国家，实施长期股权融资和长期债权融资的企业就越多。一个活跃的股票市场和一个大的银行部门都与外源融资依赖性较强的产业的成长相关。企业对外源融资的依赖性增加，部分是由于在各种金融机构所行使的功能相对齐全的国家中，现有企业的利润率较低，而政府对某一产业的补贴并不会提高该产业内依赖外源融资的企业数目。之后，Demirguc-Kunt 和 Maksimovic（1999）进行了国别比较，他们指出，在工业化国家里，企业的长期负债比率较发展中国家企业的长期负债比率要高。同时，大公司较小公司有更高的资产负债率。

为了考察金融发展对不同规模企业的影响，Beck 等（2000）根据世界商业环境调查（WBES）给出的 4 000 家企业（其中 80% 是中小企业）1995—1999 年的数据进行了分析。同时，他们还用金融体系、法律体系及腐败行为对企业的融资活动的约束程度来反向测定金融发展水平。他们指出，由于中小企业的发展对经济增长及消除贫困起着重要的作用，因此通过提高金融发展水平、提高司法效率、降低腐

败程度会使中小企业的融资环境得到改善，从而促进经济增长，并提高民众的生活
水平。

（三）21 世纪以来的计量验证

（1）金融发展与经济增长的非线性关系。

近年来，越来越多的学者研究发现，金融发展与经济增长之间存在非线性关系。此前，大部分学者认为金融发展与经济增长之间存在长期的积极联系（Goldsmith，1969；Levine，1997，2003；Rajan and Zingales，1998）。而 2008 年的全球经济危机开始让学术界和政策制定者重新考虑他们先前的结论，金融发展与经济增长的非线性关系和倒 U 形关系更多地被强调。

21 世纪伊始，学者采用多种模型在国家层面对金融发展与经济增长两者之间的关系进行了研究。其中，有学者按国家发展水平进行分类研究，发现金融发展对发达国家和发展中国家的经济增长起着不同的作用，也有学者发现金融发展的不同阶段和水平对一个国家的经济增长也起着不同的作用。Luca 和 Bassam（2002）对 119 个包含发达国家和发展中国家的横截面进行回归，发现金融与增长的关系随着发展阶段的不同而呈非线性变化，即金融是高收入国家经济增长的重要因素，而对低收入国家经济增长没有显著影响。Felix 和 Neven（2004）使用 GMM 动态面板模型将 74 个国家按金融发展水平分为高中低三类进行研究，发现金融发展对经济增长的作用取决于国家金融发展水平，且两者存在非线性关系。在金融发展水平非常低的国家，金融市场的进一步改善对增长的影响不确定；在金融发展水平中等的国家，金融发展对增长有巨大的积极影响；在金融发展水平高的国家，金融发展对经济增长具有促进作用但作用较小。

此外，也有学者研究发现金融发展虽然对经济增长有着积极的影响，但影响是高度非线性的，随着金融发展水平的提高和持续的经济增长，金融发展对经济增长的促进作用会逐渐减弱甚至消失。Philippe，Peter 和 Davi（2005）创建了一个金融约束下的熊彼特式跨国趋同模型，并引入了不完善的债权人保护，对 1960—1995 年间 71 个国家的横截面数据进行了实证分析，发现金融发展与经济增长之间存在非线性关系，即金融发展水平高于某一临界水平的所有国家的增长率应该趋同，而且在这些国家，金融发展对稳定的国内生产总值有着积极但最终消失的影响。Arjana，Fabrizio 和 Igor（2008）证实了国家金融市场的发展和金融一体化对增长的积极影响，但这些影响是高度非线性的。首先，在欠发达国家，国内金融市场的发展对增长的积极影响更大，随着金融发展接近欧盟 15 国的水平，这种影响可能会消失。Fung（2009）通过将实体部门和金融部门之间的相互作用纳入传统的趋同测

试来检验金融发展和经济增长的趋同性。结果显示，中高收入国家不仅在人均国内生产总值上，而且在金融发展上有条件地向平行增长道路靠拢。金融发展和经济增长之间相辅相成的关系在经济发展的早期阶段很强，随着持续的经济增长，这种关系就会减弱。

金融发展与经济增长之间的倒 U 形关系更是 21 世纪以来金融发展理论取得的突破性进展，金融发展水平只有在达到一定阈值时才有利于增长；超过阈值，金融的进一步发展往往会对增长产生不利影响。以 Cecchetti 和 Kharroubi（2012）为典型代表，他们重新评估了现代经济体系中金融与实际增长之间的关系，通过研究金融发展的复杂实际效应，得出了两个重要结论。首先，金融部门的规模对生产率增长具有倒 U 形效应。也就是说，金融体系的进一步扩张会降低实际增长。其次，金融部门的快速增长被认为是生产率增长的拖累。他们的解释是，因为金融部门与其他经济部门争夺稀缺资源，所以金融繁荣通常不会促进增长。Chung-Hua 和 Chien-Chiang（2006）研究了 48 个国家的金融发展与实际人均国内生产总值增长之间的关系，发现只有股票市场的发展对增长有积极的影响，而银行业的发展对增长有不利影响或没有影响。并且，银行发展和增长之间的关系为倒 U 形，金融发展和增长实际上可能是非线性的。Nahla，Jan 和 Sugata（2015）使用自回归分布滞后（ARDL）模型，对 1980—2008 年期间的 52 个中等收入国家进行实证研究发现，从长期来看，金融和增长之间存在倒 U 形关系。短期来看，两者关系不显著。这表明，过多的融资会对中等收入国家的增长产生负面影响。

最后，更有学者在倒 U 形关系的基础上研究出金融发展促进经济增长的具体阈值，Siong Hook 和 Nirvikar（2014）以 87 个发达国家和发展中国家为样本，运用动态面板阈值技术进行实证研究，找出这个阈值是国内生产总值的 88%，并强调"最佳"金融发展水平在促进增长方面更为关键。Jean，Enrico 和 Ugo（2015）通过对国家层面进行实证研究，发现当对私营部门的信贷达到国内生产总值的 80%～100% 时，金融开始对经济增长产生负面影响。

（2）金融发展与收入不平等。

金融发展与收入不平等的关系最早由 Kuznets（1955）提出，他认为增长可能带来不平等的增加，并最终减少不平等。从那以后，更多的学者开始研究金融发展与收入不平等之间的关系，并持有截然不同的观点。

一方面，一些学者认为金融发展可以减少收入不平等，如 Aghion 和 Bolton（1997），Galor 和 Moav（2004）等认为金融发展可以促进增长，减少不平等。他们认为金融缺陷，如信息和交易成本，可能对缺乏抵押品和信用记录的穷人特别有约束力。因此，这些信贷约束的任何放松都将对家庭带来不成比例的好处。Levin

（2007）通过估计金融与收入分配和贫困水平变化之间的关系来研究金融发展对穷人的影响，发现金融发展与减贫相关，更高的金融发展导致了更快的人均收入增长和更低的不平等。Jeanneney 和 Kpodar（2011）对发展中国家进行研究，发现金融发展使穷人能更好地获得储蓄或信贷机会，并主要通过麦金农导管效应减少贫困，进而降低收入不平等，但同时，金融不稳定会伤害穷人，并部分抵消金融发展的好处。

另一方面，一些学者认为金融发展反而会使收入不平等扩大，如 Rajan 和 Zingales（2003），他们认为在薄弱的制度环境中，正规金融部门的改善主要惠及富人，因此金融发展会扩大收入不平等。Jaumotte 等（2013）也研究发现，金融全球化和技术进步虽然使各阶层人口的收入都有所增加，但主要惠及最富裕的 20% 人口，因此金融发展会扩大收入不平等。De Haan 和 Sturm（2017）使用了一个覆盖 1975—2005 年 121 个国家样本的面板固定效应模型，发现更高水平的金融发展、金融自由化和银行危机的发生都加剧了一个国家的收入不平等。此外，他们还发现，随着金融发展水平的提高，金融自由化会增加收入不平等。

此外，还有部分学者认为金融发展与收入不平等之间呈现倒 U 形关系。Greenwood 和 Jovanovic（1990）预测金融发展和收入不平等之间服从库兹涅茨效应的倒 U 形关系，其中假设收入不平等首先随着金融系统的复杂程度而增加，然后稳定并最终下降。他们认为在经济发展的所有阶段，金融发展都改善了资本配置，促进了总体增长，并通过这一渠道帮助了穷人。然而，金融发展的分配效应，以及由此产生的对穷人的净影响，取决于经济的发展。在早期的金融发展中，只有富人才能进入更好的金融市场并直接从中获利，因此，提高金融服务质量的直接影响可能不成比例地落在富人身上，扩大了不平等；而随着经济金融发展越发成熟，收入分配趋于均等。Townsend 和 Ueda（2006）在 Greenwood 和 Jovanovic（1990）模型的基础上进行简化和改进，再次论证了金融发展与经济增长不平等呈倒 U 形曲线这一结论。

参考文献

1. Allen，F. and Gale，D.（2000），*Comparing Financial Systems*，MIT Press.

2. Arcand，J. L.，Berkes，E.，Panizza，U.（2015）．"Too Much Finance?"，*Journal of Economic Growth*，20（2），105 - 148.

3. Bagehot，W.（1873）．"A Description of the Money Market，"*Lombard Street*.

4. Beck，T.，Asli Demirguc-Kunt，Levine，R.（2007）．"Finance，Inequality and the Poor，"

Journal of Economic Growth，12（1），27－49.

5. Beck，T.，Demirguc-Kunt，A. and Levine，R.（2000）．"A New Database on Financial Development and Structure," *World Bank Economic Review*，14，597－605.

6. Beck，T.，Demirguc-Kunt，A. and Levine，R.，Maksimovic，V.（2000）．"Financial Structure and Economic Development: Firm，Industry，and Country Evidence," World Bank Working Paper.

7. Beck，T. and Levine，R.（2000）．"New Firm Formation and Industry Growth: Does Having a Market-or Bank-Based System Matter?"，World Bank Policy Research Working Paper.

8. Bencivenga，V. R.，Smith Bruce，D. and Starr Ross，M.（1995）．"Transactions Costs，Technological Choice，and Endogenous Growth," *Journal of Economic Theory*，Elsevier，vol. 67（1），153－177.

9. Boot，A. and Thakor，A.（1997）．"Financial System Architecture," *The Review of Financial Studies*，Vol. 10，No. 3，693－733.

10. Cecchetti，S. G.，Kharroubi，E.（2012）．"Reassessing the Impact of Finance on Growth".

11. De Haan，J.，Sturm，J. E.（2017）．"Finance and Income Inequality: A Review and New Evidence," *European Journal of Political Economy*，50，171－195.

12. Deidda，Luca，and B. Fattouh.（2002）．"Non-Linearity Between Finance and Growth,"74（3），340－345.

13. Dencirgue-Kunt，A. and Maksimovic，V.（1998）．"Law，Finance，and Firm Growth," *Journal of Finance*，6，2107－2137.

14. Dencirgue-Kunt，A. and Maksimovic，V.（1999）．"Institutions，Financial Markets and Firm Debt Maturity," *Journal of Financial Economics*，1，295－336.

15. Dutta and Kapur（1998）．"Liquidity Preference and Financial Intermediation," *Review of Economic Studies*，Vol. 65，No. 3，551－572.

16. Fisman，R. and Love，I.（2003）．"Financial Development and the Composition of Industrial Growth," NBER Working Paper 9583.

17. Fry，M. J.（1978）．"Money and Capital or Financial Deepening in Economic Development?"，*Journal of Money*，*Credit and Banking*，Vol. 10，No. 4，464－475.

18. Fry，M. J.（1980）．"Saving，Investment，Growth and the Cost of Financial Repression," *World Development*，Vol. 8，No. 4，317－327.

19. Fry，M. J.（1982）．"Models of Financially Repressed Developing Economics," *World Development*，Vol. 10，No. 9.

20. Fry，M. J.（1988）．*Money，Interest and Banking in Economic Development*，The Johns Hopkins University Press.

21. Fung，Michael K.（2009）．"Financial Development and Economic Growth: Convergence or Divergence?"，*Journal of International Money and Finance*，28（1），56－67.

22. Galbis, V. (1977). "Financial and Economic Growth in Less-Developed Counties: A Theoretical Approach," *Journal of Development Studies*, Vol. 13, No. 2, 58 - 72.

23. Galor, O., Moav, O. (2004). "From Physical to Human Capital Accumulation: Inequality and the Process of Development," *Review of Economic Studies*, 71 (4), 1001 - 1026.

24. Goldsmith, R. W. (1969). *Financial Structure and Development*, New Haven, CT: Yale University Press.

25. Greenwood, J., Jovanovic, B. (1990). "Financial Development, Growth, and the Distribution of Income," *Journal of Political Economy*, 98 (5, Part 1): 1076 - 1107.

26. Greenwood, J. and Smith, B. D. (1997). "Financial Markets in Development and the Development of Financial Market," *Journal of Economic Dynamics and Control*, vol. 21 (1), 145 - 181.

27. Gurley, J. G. and Shaw, E. S. (1967). "Financial Structure and Economic Development," *Economic Development and Cultural Change*, April.

28. Hellman, T., Murdock, K. and Stiglitz, J., "Financial Restraint: Towards a New Paradigm," Aoki, Masahiko et al. eds. *The Role of Government in East Asian Economic Development: Comparative Institutional Analysis*, Oxford: Clarendon.

29. Hicks, J. (1969). *A Theory of Economic History*, Oxford University Press.

30. Jaumotte, F., Lall, S., Papageorgiou, C. (2013). "Rising Income Inequality: Technology, or Trade and Financial globalization?", *IMF Economic Review*, 61 (2): 271 - 309.

31. Jeanneney, S. G., Kpodar, K. (2011). "Financial Development and Poverty Reduction: Can There Be a Benefit Without a Cost?", *Journal of Development Studies*, 8 (62).

32. Kapur, B. K. (1976). "Alternative Stabilization Policies for Less-Developed Economics," *Journal of Political Economy*, Vol. 84, No. 4, 777 - 796.

33. King, R., and Levine, R. (1993). "Finance, Entrepreneurship, and Growth: Theory and Evidence," *Journal of Monetary Economics*, 3, 523 - 542.

34. Kitchen, R. L. (1986). *Finance for the Developing Countries*, Chichester, New York: John Wiley and Sons.

35. Law, S. H., Singh, N. (2014). "Does Too Much Finance Harm Economic Growth?", *Journal of Banking and Finance*, 41, 36 - 44.

36. Lee, Shen Chien Chiang (2006). "Same Financial Development Yet Different Economic Growth: Why?", *Journal of Money, Credit and Banking*, 38 (7), 1907 - 1944.

37. Levine, R. (1997). "Financial Development and Economic Growth: Views and Agenda," *Journal of Economic Literature*, Vol. 35 (2), 688 - 726.

38. Levine, R. (2002). "Bank-Based or Market-Based Financial System: Which Is Better?", NBER Working Paper, 9138.

39. Levine, R., and Zervos, S. (1998). "Stock Markets, Banks, and Economic Growth," *American Economic Review*, Vol. 88, No. 3, 537 - 558.

40. Levine, R., Loayza, N. and Beck, T. (2000). "Financial Intermediation and Growth: Causality and Causes," *Journal of Monetary Economics*, Vol. 46 (1), 31 – 77.

41. Mankiw, G. (1995). "The Growth of Nations," *Brookings Papers on Economic Activity*, 1, 275 – 310.

42. Masten, Arjana Brezigar, F. Coricelli, and I. Masten (2008). "Non-Linear Growth Effects of Financial Development: Does Financial Integration Matter?", *Journal of International Money and Finance*, 27 (2), 295 – 313.

43. Mathieson, D. J. (1980). "Financial Reform and Stabilization Policy in a Developing Economy," *Journal of Development Economics*, Vol. 7, 359 – 395.

44. McKinnon, R. I. (1973). *Money and Capital in Economic Development*, Washington, D. C.: Brookings Institution.

45. McKinnon, R. I. (1991). *The Order of Economic Liberalization: Financial Control in the Transition to a Market Economy*, The Johns Hopkins University Press.

46. Merton, R. and Bodie, I. (1995). "A Conceptual Framework for Analyzing the Financial Environment," Dwight B. Crane et al., *The Global Financial System: A Functional Perspective*, Boston MA: Harvard Business School Press.

47. Murdock, K. and Stiglitz, J. (1993). "The Effect of Financial Repression in an Economy with Possitive Real Interest Rates: Theory and Evidence," mimeo, Stanford University, Stanford.

48. Neusser, K. and Kugler, M. (1998). "Manufacturing Growth and Financial Development: Evidence from OECD Countries," *Review of Economics and Statistics*, Vol. 80, No. 4, 638 – 646.

49. Philippe Aghion, Patrick Bolton (1997). "A Theory of Trickle-Down Growth and Development," *The Review of Economic Studies*, Volume 64, Issue 2, April, 151 – 172.

50. Philippe, Aghion, H. Peter, and M. F. David. "The Effect of Financial Development on Convergence: Theory and Evidence," *Quarterly Journal of Economics*, 1, 173 – 222.

51. Rajan, R. G., Zingales, L. (2003). "The Great Reversals: the Politics of Financial Development in the Twentieth Century," *Journal of Financial Economics*, 69 (1), 5 – 50.

52. Rajan, R. and Zingales, L. (1998). "Financial Dependence and Growth," *American Economic Review*, Vol. 88, No. 3, 559 – 586.

53. Rioja, Felix, and N. Valev (2004). "Does One Size Fit All?: A Reexamination of the Finance and Growth Relationship," *Journal of Development Economics*, 74.

54. Rousseau, P., and Wachtel, P. (1998). "Financial Intermediation and Economic Performance: Historical Evidence from Five Industrial Countries," *Journal of Money, Credit and Banking*, Vol. 30 (4), 657 – 678.

55. Rousseau, P., and Wachtel, P. (2000). "Equity Markets and Growth: Cross-Country Evidence on Timing and Outcomes, 1980—1995," *Journal of Business and Finance*, 24, 1933 – 1957.

56. Samargandi, N., Fidrmuc, J., Ghosh, S. (2015). "Is the Relationship Between Financial

Development and Economic Growth Monotonic? Evidence from a Sample of Middle-Income Countries," *World Development*，68，66 - 81.

57. Schumpeter，J.（1912）. *The Theory of Economic Development*，Cambridge，MA：Harvard University Press.

58. Shaw，E. S.（1973）. *Financial Deepening in Economic Development*，Oxford：Oxford University Press.

59. Tadasse，S.（2000）. "Financial Architecture and Economic Performance：International Evidence," Mimeo：University of South Carolina.

60. Tobin，J.（1958）. "Liquidity Preference as Behavior Towards Risk," *The Review of Economic Studies*，25，65 - 86.

61. Townsend R. M.，Ueda，K.（2006）. "Financial Deepening，Inequality，and Growth：A Model-Based Quantitative Evaluation," *Review of Economic Studies*，73（1），251 - 293.

62. Wurgler，J.（2000）. "Financial Markets and the Allocation of Capital," *Journal of Financial Economics*，58，187 - 214.

63. 爱德华·肖. 经济发展中的金融深化. 上海：上海三联书店，1988.

64. 赫尔曼，穆多克，斯蒂格利茨. 金融约束：一个新的分析框架. 见青木昌彦等主编. 政府在东亚经济发展中的作用——比较制度分析. 北京：中国经济出版社，1998.

65. 罗纳德·麦金农. 经济发展中的货币与资本. 上海：上海三联书店，1988.

金融开放与经济增长

　　20世纪70年代，新兴市场国家掀起了金融自由化的浪潮，在经济全球化的洪流中，金融开放成为多数国家金融系统改革的重要议题。无论是发达国家还是发展中国家，政府都寄希望于金融开放能够实现宏观经济的目标，其中最重要的当属促进经济增长。实践中，在金融开放的同时，这些国家确实经历了较快的经济增长，但同时也发生了严重损害经济增长的金融危机，这导致了80年代金融自由化的倒退和政府管制的复燃。90年代的亚洲金融危机和2008年的全球金融危机再一次提高了发展中国家政府对金融开放的谨慎认识，如今尽管大多数国家仍然在走金融开放的道路，但是相应的管制政策也并行不悖。

　　研究金融开放与经济增长的关系，对中国现今的发展也具有重要的意义。2006年中国履行了加入WTO的承诺，对境外开放中国金融服务业；2018年习近平总书记在博鳌亚洲论坛年会上表示，中国将在金融业方面大幅放宽市场准入，拉开了金融业新一轮扩大对外开放的大幕。2020年5月7日中国人民银行、国家外汇管理局发布《境外机构投资者境内证券期货投资资金管理规定》，取消QFII/RQFII额度限制，简化境外机构投资者境内证券期货投资资金管理要求。2020年6月23日，国家发改委、商务部发布了《外商投资准入特别管理措施（负面清单）（2020年版）》，取消证券公司、证券投资基金管理公司、期货公司、寿险公司外资股比限制。金融开放会给中国带来什么样的经济影响？中国的经济增长与金融开放之间有什么内在联系？能否找到一个最适金融开放度，使得中国的经济在开放过程中保持稳定增长？这些都是本文研究的现实意义。

然而，辨明金融开放与经济增长之间的内在联系是有相当难度的。国内外对这个议题的理论和实证研究浩如烟海，却至今没有一个统一的结论。其原因在于二者之间的关系仿佛"黑箱"一般复杂，难以归纳出一个明了的线索阐释它们的关系。如果金融开放能够促进经济增长，那么中间的渠道是什么？经济增长本身有其决定的因素，正如经典的新古典增长模型或内生增长理论所揭示的那样，金融开放必定是通过影响其中的某一个或几个因素，进而间接推动经济增长。如果是经济增长过程中伴随着金融系统的自然开放，那么这种作用就是相反的，或者至少说是相互的。

本文的研究离不开对经典文献的梳理和回顾，但是我们的研究视野并不局限于此。我们始终抱着对中国问题的关注来进行文献回顾工作，将金融开放和经济增长的关系放在特定的制度背景、经济发展环境和经济发展现状中加以分析。本文将按照下面四个逻辑展开论述。

（1）金融开放能否促进经济增长？

（2）如果金融开放能够促进经济增长，那么这种渠道是什么？

（3）为什么不同国家的金融开放结果会出现显著差异？金融开放促进经济增长有什么先决条件？

（4）如何操控金融开放的进程？能否寻找最优金融开放度，实现经济的快速稳定增长？

围绕这四个问题，本文的结构如下。第一部分对金融开放的概念做了严格的描述，并且讨论测定金融开放的方法。第二部分讨论金融开放和经济增长的促进关系，我们将从理论和实证两个方面审视金融开放能否促进经济增长。第三部分研究金融开放促进经济增长的渠道，试图从中寻找到关键的中间变量；并且探讨金融开放对经济增长发挥促进作用的先决条件，同时分析其原因，试图说明金融开放在什么条件下才能促进经济增长，在什么情况下会给经济增长带来灾难。第四部分讨论如何控制金融开放的进程，使得金融开放能最大化收益、最小化成本。

一、金融开放的界定与度量

在相关文献中，金融开放一词并不是常见的关键词，更多的学者喜欢用金融自由化来囊括金融开放的范畴。1973 年麦金农和肖分别出版了《经济发展中的货币与资本》和《经济发展中的金融深化》，对新古典学派的货币理论进行了批评，认为发展中国家普遍存在金融抑制现象，即运用政府强制力对利率进行严格管制，其结果不但不能刺激投资，反而抑制了经济增长。他们的核心主张是取消政府对金融的管制，过渡到由市场力量起主导作用的金融自由化阶段，实现金融深化，金融自由化理论正式形成。然而金融自由化和金融开放的外延并不一致，传统上认为，金融自由化的特征包括开放资本账户、消除国内金融抑制政策和对外国所有制进入解除限制（Galindo and Miccoand Ordoñezl，2002）。在金融自由化的度量上，Kaminsky 和 Schmukler（2002）的研究具有代表性，被广为引用。他们总结了先前对金融发展中各单一方面的研究，概括出金融自由化的内涵，认为金融自由化应包括三方面内容，即资本账户自由化、国内金融部门自由化、股票市场自由化。他们将资本账户、国内金融部门、证券市场自由化程度划分为三个等级：完全自由化、部分自由化、无自由化，并分别给出了等级标准，在此基础上综合评定一国整体金融自由化程度。可见，金融自由化包括对内和对外两个方面，金融开放只讨论其对外的方面，其中资本账户开放和金融市场开放是金融开放的最核心要素。但是，在随后的论述中，本文将会指出，金融自由化是一个整体的概念，金融开放与国内金融自由化是息息相关的。

（一）资本账户开放

资本账户开放是指不对资本跨国交易进行限制或对其采取可能会影响其交易成本的相关措施。资本账户开放有两种度量方法：法定开放和事实开放。法定开放度量最主要的根据是 IMF 的出版物《汇兑安排与汇兑限制年报》（Annual Report on Exchange Arrangements and Exchange Restrictions，AREAER），它公布了各国在资本账户管制上的信息，用资本账户"完全开放"和"不开放"（虚拟变量分别为 1 和 0）来表示。因为无法显示出开放的程度，IMF 的度量方法被指责太过粗糙，不能给出多少有用的信息（Eichengreen，2001）。1997 年起，AREAER 将原表中 E2 行"资本交易支付的限制"（restrictions on payments for capital transactions）这个单一指标拓展为"资本交易"（capital transactions）指标体系，分别说明了各细分领域的管制情况。AREAER（2019）将成员国对资本市场证券、货币市场工具、集合投资证券、衍生品及其他金融工具、商业信用、金融信用、担保工具、直接投资、直接投资清算、房地产投资、个人资本交易等 11 个领域的管制指标包含进来，但各指标仍然只列示了开放、不开放和未明确规定三种情形，且未说明对资本流入与资本流出管制政策的差异。

Quinn（1997）及 Quinn 和 Toyoda（2002）对 IMF 的度量方法进行了改进，重新整理 AREAER 中的信息，构造了 0～4 的指标体系，0 表示完全封闭，4 表示完全开放，以 0.5 为步长，其包括 1950—1997 年 21 个 OECD 国家的数据和 1958 年、1973 年、1982 年、1988 年 43 个非 OECD 国家的数据。可见，奎因（Quinn）的数据主要展现的是 OECD 国家的资本账户开放过程，因而掩盖了发展中国家的金融开放进程。也有较多学者根据 AREAER 的统计，用该国资本流动不受限制的年份占样本年份的比例（即 Share 指标）来衡量资本账户开放程度，如 Grilli 和 Milesi Ferretti（1995），Rodrik（1998）以及 Klein（2005）。

OECD 也设计了一套专门适用于 OECD 国家的资本账户开放指标。该报告列举了一国是否存在对资本账户交易的 11 种限制，包括直接投资、直接投资的流动性、资本市场准入、证券买入和卖出、不动产运作、金融信贷、个人资本活动等。OECD 制定的这些指标也适用于商业银行和其他信用机构，以及一些机构投资者。

在一系列论文中，Montiel 和 Reinhart（1999）使用了一种替代性方法，即基于国际资本交易的控制强度，他们的数据包括 1990—1996 年 15 个国家的年度信息。[①] Kaminsky 和 Schmukler（2008）综合国际清算银行、国际金融公司、IMF、OECD、世界银行以及各国中央银行、财政部、股票交易所的信息，编制了 1973—2005 年 28 个国家（包括亚洲、欧洲、北美和拉美的发展中国家和发达国家）金融开放程度的数据库。这一数据库将金融开放程度划分为抑制（R）、部分开放（PL）和完全开放（FL），分别衡量了资本账户、国内金融部门和股票市场的开放程度并编制了金融开放指数，并且关注金融开放进程是否出现反复。

对于更为引人关注的发展中国家的金融开放而言，事实开放指标在研究中也被广泛使用。通常研究中用三种不同的指标体系来表示实际金融开放程度：国内储蓄率与国内投资率组合、利差，以及国际资本流动。Feldstein 和 Horioka（1980）是最早用数量方法度量跨国资本流动性程度的。他们分析了在不同国家的储蓄和投资的行为以测量真实的资本流动程度，认为两个变量序列之间的相关性是资本流动障碍的良好指标。其他的研究诸如通过使用资本流入和流出占 GDP 的比重测量资本流动性（Kraay，1998），或是使用年度资产组合、直接投资和负债占 GDP 的比重（Lane and Milesi-Ferretti，2001）作为金融开放的长期指标（IMF，2001；Chanda，2001；O'Donnell，2001；Edison et al.，2002）。实际上，这些指标与度量贸易开放的指标类似。

---

① 包括阿根廷、巴西、智利、哥伦比亚、哥斯达黎加、捷克共和国、埃及、印度尼西亚、肯尼亚、马来西亚、菲律宾、斯里兰卡、泰国和乌干达。

在工业化国家，这两种测量方法是基本类似的，得出的结论是这些国家随着时间的推移变得越来越开放。但是在发展中国家，情形就不是如此。一般而言，两种测量方法都会得出相对于发达国家而言，发展中国家拥有较低的金融开放度。法定开放测度认为，在 20 世纪 70 年代金融自由化之后，这个趋势在 80 年代出现逆转，在 90 年代初又出现转机，但是步伐相对缓慢。然而，事实开放指标（资本账户开放基于外资股票总价值和负债占 GDP 的比重）则显示，在 70 年代早期资本流入有温和的下降，在 80 年代出现适度的增长，在 90 年代早期有明显的增加。Agarwal 等（2019）认为，中国国际收支平衡表中的"错误与遗漏"账户显示，政府对资本账户管制（主要对资本流动进行控制）和私人部门对官方限制的规避，导致法定开放和事实开放的测度结果存在一定差异。从表面来看，使用实际开放指标比官方出版物更能够显示真实的资本控制程度，但是和基于规则的法定测度一样，一些概念和操作上的困难同样也存在于事实测度中。

资本账户开放测度方法见表 1。

表 1　　　　　　　　　　资本账户开放测度方法简表

名称	来源	描述	变量区间	样本年份	样本范围
IMF	IMF AREAER，E2 行资本交易部分	资本跨境流动管制是否存在/各细分领域的管制是否存在	0（完全管制）1（完全开放）	1976—2019	与 IMF 成员国范围保持一致，1976 年包括 128 国，2019 年包括 189 国
Share*	IMF AREAER，E2 行资本交易部分	使用 IMF 方法，资本账户开放年份比例/各细分领域的管制是否存在	0（完全管制）1（完全开放）	1976—2019	与 IMF 成员国范围保持一致，1976 年包括 128 国，2019 年包括 189 国
Quinn	Quinn（1997）	细化了 AREAER 的管制程度	0～4，步长 0.5，越大意味着越开放	1958，1973，1982，1988	63 国（20 个发达国家）
OECD	Code of Liberalization of Capital Movements	11 个分类限制自由化的比例	0（完全管制）1（完全开放）	1986，1988，1990，1993，1995	21 个 OECD 国家
MR	Montiel and Reinhart（1999）	资本账户管制程度	0（无管制）1（温和管制）2（严重管制）	1990—1996	15 个发展中国家

续表

名称	来源	描述	变量区间	样本年份	样本范围
Levine and Zervos；Henry	Levine and Zervos (1998)，Henry (2000)	发展中国家股票市场自由化日期	0/1 事件研究；开放年份比重	1986—1991	11 个发展中国家
BHL	Bekaert，Harvey，and Lundblad (2001)	股票市场自由化日期	0/1 事件研究；开放年份比重	1980—1997	95 国（43 个有过自由化经历）
Kaminsky and Schmukler	Kaminsky and Schmukler (2008)	综合资本账户、国内金融部门和股票市场的管制程度	R（抑制）、PL（部分开放）和 FL（完全开放）	1973—2005	28 国（包括发达国家与发展中国家）
EW	Edison and Warnock (2003)	1 减去 IFC 指数	0~1	1988 年至今	29 个发展中国家
Cap Flows	Kraay (1998)	实际资本流动	GDP 比重	1985—1999	所有有国际收支平衡表的国家
Cap Stocks	Lane and Milesi-Ferretti (2001)	总资本流动比重	GDP 比重	1970—1998	70 国（包括发达国家与发展中国家）

＊Share 指资本账户开放年份占比。

资料来源：Edison，Hali，Michael Klein，Luca Ricci，and Torsten Sløk，2002，"Capital Account Liberalization and Economic Performance：A Review of the Literature，" IMF Working Paper，02/120.

（二）金融市场开放

金融市场开放在理论上包括银行业、证券业等金融服务业的开放。然而，在国际研究中，由于股票市场的重要性和复杂性，金融市场开放研究的重心就集中在股票市场对外国投资者的开放度上。Levine 和 Zervos（1998）以及 Henry（2000a，2000b）从不同的来源[①]收集到 11 个国家数据，Bekaert（1995）以及 Bekaert 和 Harvey（1995）整理出发展中国家的证券市场对境外投资者开放的时间表，他们的

[①]　The Wilson Directory of Emerging Market Funds，the International Finance Corporation (IFC) Investable Indexes，various issues of The Economist Intelligence Unit，and the IMF's AREAER.

指数也有多种来源。① Lundblad（2001）调查了95个国家，其中16个国家在整个80年代到1997年开放了股票市场，27个国家在这一时期进行了股票市场开放的尝试。Edison 和 Warnock（2003）提供了一个测度对外国所有者进入国内资本市场进行控制的方法，它们显示了在某一时点控制的强度以及随着时间变化控制强度的变化。相对于资本账户开放而言，对股票市场开放的度量没有出现太多的争议。

二、金融开放能否促进经济增长

（一）资本账户开放与经济增长

传统理论认为，资本账户开放以后，国际资本流动将不再受到严格限制，资本的流入和流出遵循市场原则，对于缺少资本的国家而言，资本账户开放可以带来国内投资的增加，从而对经济增长带来正面的影响。同时，资本账户开放使得一国政府对金融体系的控制力削弱，国际资本的频繁流动容易造成经济的波动性增加，严重时可能导致金融危机。不同的国家在资本账户开放后的经济表现也不尽相同，正如 Eichengreen（2001）的一篇综述得出的结论：资本账户开放的结果是存在很大争议的，至今没有一个让人信服的答案来证明资本账户开放与经济增长之间有正向或负向关系。

传统理论所声称的资本账户开放可以带来经济增长的结论源自金融自由化的增长效应。1973年麦金农和肖开创性地指出，消除金融抑制会对经济增长发挥正向效果，因为利率会趋向于市场均衡水平，资源分配的效率提高，资本账户自由化可以让企业更容易以较低的价格得到境外资本，同时金融自由化也会促进国内金融系统提高效率。在新古典肯普-麦克杜格尔（Kemp-MacDougall）模型中，如果资本账户开放后，一旦具有良好的资本流动性，穷国可以获得资本流入，直到边际资本收益率等于富国，从而共同决定世界一般利率，国际经济发展的差别将会缩小，即所谓的"收敛效应"。Chinn 和 Ito（2006）归纳了资本账户开放给金融系统带来的三点好处，这三点成为金融开放促进经济增长的重要理由。Edison 等（2002）更进一步指出资本账户开放"显而易见"的福利经济学意义：资本账户开放能够提高国际分配效率，资本稀缺国在国际资本的帮助下加速国内资本积累，使得消费平稳

---

① 官方开放时间，引入美国存托凭证的时间，引入国家基金的时间以及以美国净资本流入的时间序列为基础建立的制度转换模型确立的时间。

化。如 Eichengreen（2001）所述，"资本自由流动和贸易自由是一回事，只是在模型中下标不同而已"。除此之外，资本账户开放造成了担心资本外流的压力，为此政府要在国内宏观经济政策中贯彻市场原则，更广泛一点讲，包括改革国内经济系统，降低非生产性活动的开支，保护产权等社会基础设施（Hall and Jones，1997）。

反对者也给出了一些理论上的解释。Fratzscher 和 Bussiere（2004）认为市场扭曲降低了自由化的增长效应，金融开放让一些国家经历了增长过程中的危机。市场扭曲包括信息不对称（Stiglitz，2000，2002）和政治经济学（Bagwati，1998），它们会破坏这种增长效应。Stiglitz（2002）认为金融开放是"没有回报的风险"，资本市场开放没有给发展中国家带来增长，反而带来了更大的危机，穷国承担了更多的风险，特别是缺乏安全保障的国家。他驳斥了两个观点：资本账户不开放就不可以吸引外国直接投资，资本账户开放可以促进国内改革。高资本流入带来了经济不稳定性，反而降低了对投资的吸引力；资金大量流入引发了货币升值，使得出口困难。资本市场与产品市场不同，风险和信息尤为重要。发展中国家与发达国家有很大的不同，资本账户自由化增加了风险，由于发展中国家缺乏管理波动的能力，更容易造成经济的高波动性。根据次优理论，如果资本账户开放，为了保护国内的不完全竞争产业，或因为存在向下的工资刚性，资本会流向具有比较劣势的产业部门，这样会减少福利。Moel（2001）就认为资本账户开放会导致市场分裂和宏观经济不稳定。最新的研究从宏观经济的微观基础出发，针对欧元区国家建立异质性家庭的跨期消费选择模型，提出原本受到金融抑制的国家在经历金融自由化后，能够获得更多的国际信贷，进而放松对国内缺乏耐心且消费原本受到抑制的中低收入群体的信贷约束，使其能够通过信贷为当期消费融资。在这些人群占比高的国家，开放资本账户将导致本国经常账户逆差和外部金融环境恶化（Marzinotto，2020）。

理论研究涉及金融开放作用于经济增长的渠道，我们将在第三部分详细阐述这一内容。实证研究的争议同样存在。Barro 和 Sala-i-Martin（1992）发现状况近似的国家或地区（例如 OECD 国家或北美国家）拥有一个相似的长期发展水平，在资本账户自由化之后，经济发展会表现出收敛性。Sachs 和 Warner（1995）也认为在开放经济中经济收敛会加速（主要是鉴于贸易开放）。资本账户开放后五年内，人均 GDP 发生了 1％ 的年度增长，并且资本账户开放的国家消费波动性下降。Galindo，Micco 和 Ordoñezl（2002）的研究从金融开放降低了企业外部融资的成本和促进增长上着眼，注意到这样一个事实：拉美国家在 20 世纪 70 年代实施了大规模的金融自由化（主要措施是金融对外开放），在 80 年代经历了严重的金融危机，又恢复了政府对金融的控制，然而到 90 年代，自由化进程有所起色，但此时的金融开放已是附加政府管制政策的金融开放了。Arteta，Eichengreen 和 Wyplosz（2001）找到了微弱的证据证明资本账户开放和增长之间正相关。他们选用 60 个国家 1973—1992 年的数据，发现增长效应随着时间段的变化而变化，并且与如何测度开放程度以及与国别有关的先决条件紧密联系。在有较高水准的法律制度、在资本账户自由化之前已经有较高的开放程度、宏观经济不平衡已经被消除的那些国家里，资本账户开放与经济增长之间表现出强烈的正相关。Kaminsky 和 Schmukler（2008）进一步总结认为，不同国家政府机构监管水平和资本市场扭曲程度的差异，导致金融自由化对经济增长造成了不同影响。

对于发展中国家的实证研究没有得出资本账户开放对经济增长作用的确切结论。传统理论认为金融开放对缺少资本的国家来说是有益的，主要是资本流入可以加速经济收敛，但是实证研究认为这种收敛效果对发展中国家来说是有限的，因此不少研究者认为传统理论中资本账户开放促进经济增长的论断是无充分证据的（Gourinchas and Jeanne，2002）。Grilli 和 Milesi-Ferretti（1995）当属最早进行这方面研究的人，他们的结论不支持资本账户自由化和经济增长之间存在相关关系。Quinn（1997）根据他设计的测量资本账户自由化的较为可行的方法，使用 1960—1989 年 66 个国家的数据，得出了资本账户开放与增长率正相关的结论。然而，在 Rodrik（1998）被广泛引用的研究资本账户自由化和增长关系的论文中，他找到了二者负相关的根据：在对大约 100 个国家 1975—1989 年人均 GDP 增长率（控制了其他决定变量）和基于 Share 方法计算出的资本账户开放度数据分析的基础上，他认为资本账户开放有损于经济增长。Eichengreen（2001）对二者的分歧给予解释，例如奎因的方法相比罗迪克（Rodrik）的方法纳入较少的发展中国家，奎因论文中 20 世纪 80 年代"失去的十年"所占比重较小、资本账户开放的指数不同等。Edwards（2001），Bailliu（2000）以及 Klein 和 Olivei（1999）确实发现在工业化国家中开放促进了增长，但仅仅是在 80 年代的高收入国家开放促进了增长，在低收入国家开放却抑制了增长。Klein 和 Olive（2008）对 1986—1995 年（包括 21 个工业化国家和 74 个发展中国家）及 1976—1995 年（包括 21 个工业化国家和 52 个发展中国家）的样本检验也表明，只有存在健全的监管机构和宏观经济政策体系的工业化国家，资本账户开放才能通过促进金融深化来推动经济增长。

很多研究试图通过更多的测量方法、更大的样本量和更先进的技术来分辨资本账户开放和经济增长之间的关系，但是仍然没有取得理想的结果。Kraay（1998）采用了多种测量资本账户开放的方法，每一种都使用不同的样本，样本期为 1985—1997 年，计量方法为 OLS 和工具变量法，但没有发现显著关系。Edison 等（2002）使用许多测量开放度的方法（例如基于 AREAR 和事实开放），以及更多的样本国家，使用三种方法（OLS、IV 和 GMM 动态面板），仍然没有发现金融开放可以加速经济增长，不过他们发现金融开放程度与实际产出、教育水平、银行和证券业发展、法律秩序、政府品质有正相关关系。Bumann 等（2013）运用元分析总结了 60 篇实证研究中的 441 个 t 检验结果，认为平均而言金融自由化对增长有积极的影响，但这种影响的意义只是微弱的；并且多数能够解释影响异质性的变量都是不显著的。他们的研究同时发现，平均来看那些研究期间始于 20 世纪 70 年代的实证研究得出的金融开放与经济增长的相关性弱于研究期间始于 20 世纪 80 年代的研究，且控制了金融体系发展水平的研究所显示出的显著性更低。

实证研究中对资本账户开放与经济增长之间的关系分析较为困难，意见相左，主要是因为以下原因（Edison et al.，2002；Galindo et al.，2002）：

（1）选取的样本国家范围不同，有的研究工业化国家，有的研究发展中国家，有的二者兼有。

（2）样本期不同，这对发展中国家的研究特别重要，因为发展中国家的金融开放在过去的 40 年中发生了较大的反复。

（3）研究方法不同，有的使用截面数据，有的使用时间序列数据，有的使用面板数据。至于技术方法，有的使用经典最小二乘法，有的使用工具变量法，有的使用广义矩估计法。

（4）在对金融开放的界定上，也缺乏统一的测定金融自由化政策的跨国和跨时方法。

（5）缺失变量的问题。在分析中，无法控制其他影响经济增长的因素，所以得出的因果关系并不明确。

20 世纪 90 年代一系列金融危机重新燃起了人们对去除资本控制的争论，许多研究开始重新审视金融开放的收益与成本（Kaminsky and Schmukler，2002，2003）。一些研究认为资本账户开放与经济增长不是简单的正负关系，而是所谓的"循环"。在开放与增长的关系上，存在一个跨时替代关系（Fratzscher and Bussiere，2004）。初期，是收益过量资金流入，如 McKinnon（1996，1998）所说的"过度借贷"；但是在中长期，泡沫破灭，出现了金融危机，经济收缩，繁荣不可持续，成为"痛苦"；只有到"非常长"的长期，才会最终看到自由化的收益。他们比较了 45 个发达国家和发展中国家的数据，认为在金融开放的最初 5 年，开放对经济增长有正向的效果。金融开放后最初 5 年，国家会从投资迅速增长中受益，有较多的资金流入和较大的经常账户赤字。这证明了麦金农-皮尔（McKinnon-Pill）对于金融开放后过度借贷综合症存在的论断，然而在中长期促进增长的却是制度的质量以及资本流入的组成。在那些信贷市场严重不完善的国家，金融开放可以迅速导致经济增长，同时也会带来加大的危机风险（Tonell，2003）。Kaminsky 和 Schmukler（2008）认为在资本市场存在扭曲的经济体中，金融自由化在短期内会使受到抑制的国内金融部门获得新的资金来源，可能引致过度繁荣和萧条以及产出下滑，而在长期会促进金融体系的改善和金融市场的稳定。事实上，这些国家在金融开放后经历了一个从繁荣到衰退的循环，金融开放导致较快增长是因为它阻止了金融约束，但这仅仅当经济个体具备承担信用风险能力时才可能发生。信用风险会让宏观经济出现脆弱性，容易发生金融危机。

关于资本账户开放的增长效应的实证研究见表 2。

表 2　　　　　　　　　　　　资本账户开放的增长效应：实证研究

研究	国家数	测度方法	因变量与模型	主要结论
Quinn（1997）	58	Quinn	1960—1989 年人均收入增长，截面	奎因显著引起了人均收入增长，但关于资本控制与开放的关系无结论
Klein and Olive（1990）	67	Share	1976—1995 年人均收入增长，截面，IV	金融深化对增长有显著效应
Edwards（2001）	55~62	Quinn	1980—1989 年人均收入增长，截面，WLS，IV	奎因水平显著提高了 GDP 增长；低 GDP 时开放降低增长率
Arteta，Eichengreen，and Wyplose（2001）	51~59	Quinn	1973—1992 年人均收入增长，OLS	长短期不一致；与法律质量和开放相关
Bekaert，Havery，and Lundblad（2001）	95	股票市场自由化官方数据	1981—1997 年人均收入增长	股票市场自由化显著促进了增长，特别是之后的几年
Quinn and Toyoda（2008）	94	Quinn	1955—2004 年经购买力平价调整后的五年期人均 GDP 增长，时间序列、截面 OLS、GMM	在发达国家和新兴市场国家的增长都有促进作用，股票市场自由化对经济增长具有独立的影响
O'Donnell（2001）	94	Share 或交易量	1971—1994 年人均收入增长	除交易量外无显著相关
Chanda（2001）	57	Share	1975—1995 年人均收入增长	异种族国家促进，同种族国家降低
Grilli and Milesi-Ferretti（1995）	61	Share	1971—1994 年五年期人均收入增长，IV	无正相关

续表

研究	国家数	测度方法	因变量与模型	主要结论
Rodrik（1998）	约 100	Share	1975—1995 年人均收入增长，截面 OLS	无正相关
Kraay（1998）	64，94，117	Share，Quinn，或交易量	1985—1997 年人均收入增长，截面 IV	对增长无正相关，对交易量有正相关
Edision，Levine，Ricciand Slϕk（2002）	57	Share，Cap Stock 或 Cap Flow	1980—2000 年人均 GDP 增长，面板 GMM	无正相关
Klein（2003）	84，52	Share，Quinn	1976—1996 年人均收入增长	中等收入国家正效应，其他没有

资料来源：Edison，Hali，Michael Klein，Luca Ricci，and Torsten Slϕk，2002，"Capital Account Liberalization and Economic Performance：A Review of the Literature，" IMF Working Paper 02/120.

（二）股票市场开放

相对于资本账户开放而言，在股票市场开放上的共识要大得多。Bekaert（2001a，2001b，2005）在综述中指出：多数研究均认为股票市场开放与经济增长有正向关系。

Bekaert（1995）及 Bekaert 和 Harvey（1995）从股票市场开放后资源配置和风险分散的角度研究发展中国家的金融开放问题，得到的结论是：股票市场开放会促进经济增长。Henry（2000a，2000b）对新兴资本市场开放前后的风险分散和资产定价进行的比较研究发现开放后投资收益率提高，从而引发私人投资的爆发性增长，如果在股票市场开放过程中充实其他配套改革措施，股票市场开放可以带来人均 GDP 每年 0.4％ 的增长（Fuchs-Schundeln and Funke，2001）。Bekaert 等（2001a，2001b）使用大样本的实证研究也认为，股票市场开放对经济增长的促进作用是显著和稳定的，股票市场开放的平均增长效应为 1.13％。实证研究较多地支持了股票市场开放的财富效应（Case，Quigley and Shiller，2001）。

进一步的研究认为，股票市场开放对资源配置效率的提高和风险分散的改进使得经济波动发生的可能性降低。Kim 和 Singal（1997）从宏观经济稳定的角度分析了股票市场开放对股票价格波动、通货膨胀和汇率的影响，认为股票市场开放促使市场有效性增强。Bekaert，Harvey 和 Lundblad（2002）在对投资和消费波动分析的基础上提出，股票市场开放对经济波动起到了一定程度的平稳化作用，但是效果相对微弱。

即便如此，股票市场开放对消费支出仍有着微小但显著的正向作用（Funke，2002）。

共识的存在并不能抵消对股票市场开放将促进经济增长这一论断的质疑。首要的批评来自股票市场开放后的宏观经济稳定效应。Krugman（1994）认为东亚新兴市场经济体的股票市场开放引致投资骤然增加，超过合理水平，不能保证长期的投资回报，这种增长模式属于投资驱动型的高速增长，会逐渐偏离潜在的稳态增长水平，引发经济剧烈波动，甚至导致经济危机。Kaminsky 和 Reinhart（1999）的双重危机理论认为，金融开放有可能引起金融危机，导致经济衰退，而股票市场在其中起到一个不容忽视的作用。股票市场开放可能加剧国内金融体系的脆弱性，从而诱发金融危机，这已被拉美和东南亚爆发的金融危机所证实。同时还存在对股票市场开放的增长效应的批评。Stiglitz（2000）从信息经济学的角度提出股票市场开放由于逆向选择使得金融脆弱性显露，从而加剧经济的波动而不是稳定增长。Galindo，Micco 和 Ordoñezl（2002）的实证研究支持了这个结论，他们认为，股票市场开放并不必然导致投资增加、效率提高和经济增长。

和资本账户开放一样，当前也有研究认为开放股票市场具有不确定的效果。Kaminsky 和 Schmukler（2002）认为，资本市场开放既增加了不稳定因素，又改进了生产率，对经济增长在短期内具有显著的负面效应，在长期内则有正面效应；Klein（2003）把这种现象归纳为股票市场开放与经济增长之间的 U 形曲线关系。

尽管已经有很多文献论证金融开放与经济增长之间的关系，但是这些文献都没有全面地分析金融开放过程对经济增长的作用，例如 Sachs 和 Warner（1995）认为，金融开放变量中影响经济增长的一个显性变量——外汇黑市升水与资本账户控制紧密相关（Bekaert，1995），因此与金融自由化的过程相关；Durham（2000）认为，由于现有的计量方法无法完全控制其他因素的干扰，而且对变量之间的因果关系无法进行足够的完备性检验，因而分离得到的开放效应并不完全可靠。总之，从已有的文献来看，金融开放与实际经济增长的关系还是模糊和有争议的。

三、增长效应的发挥渠道

许多研究认为金融开放可以通过促进金融发展的渠道影响经济增长。开放的金融市场可以为发展中国家提供资金支持，用以投资具有生产潜力的部门。金融开放作用于经济增长的渠道可以归结为三条。

第一，金融开放可以消除被保护的国内市场的金融抑制，使得真实利率回归到竞争性均衡水平（McKinnon，1973；Shaw，1973；Klein and Olive，2008）。

第二，去除资本控制让国内和境外投资者的资产组合多样化。这两点统称为金融开放可以降低资本成本。金融开放降低了资本成本，因为它降低了风险补偿的预期收益率和代理成本（Stultz，1999；Henry，2000；Bekaert et al.，2000，2001a，2000b）。

第三，金融开放的过程通常提升了金融系统的效率水平，通过淘汰一些无效率的金融机构，为金融基础设施的改革创造了更大的压力（Claessens et al.，2001；Stultz，1999；Stiglitz，2000；Kaminsky and Schmukler，2008）。这样一种金融基础设施的改善可以减轻信息不对称，从而降低逆向选择和道德风险，促进信用的可得性。

（一）提升投资数量和投资效率

在新古典增长模型中，经济增长的因素归为技术进步、劳动和资本投入。多数对金融开放促进经济增长的研究着眼点都落在了投资的因素上，对发展中国家而言，由于国民储蓄水平较低，难以支撑经济起飞所需的大量资金需求。金融开放促使拥有相对充足资本的发达国家将资本转移到资金缺乏，但是投资潜力巨大的新兴市场，这不仅给发展中国家经济增长带来了直接帮助，也给发达国家自身带来了好处，因此，金融开放增进了经济福利。

同时，金融开放也能够改善资本配置，提高资本产出效率，从而间接地产生长期稳定效果。从资产组合选择的角度分析，金融开放导致的资金流入降低了国内利率和无风险收益率，从而降低了资本的成本。Stulz（1999）分析检验了金融全球化对预期收益的影响，他认为尽管由于存在代理成本，金融全球化对预期收益的影响不如理论预期那样显著，但金融开放确实降低了企业融资成本。Wurgler（1999）分析认为，发达国家的金融体系比发展中国家更加有效，金融开放所导致的国际市场一体化能够提高发展中国家的资本配置效率，从而有利于经济稳定增长。Bek-aert 和 Harvey（2000）认为金融开放可以降低资本成本，促进投资。Jain-Chandra（2002）证实资本市场开放明显改善了新兴资本市场的流动性和信息有效性，确实具备改善资源配置效率的微观基础。Klein 和 Olive（2008）研究认为对发达国家而言，金融开放可以促进金融深化，进而推动经济增长。

然而，把人力资本积累放到索罗（Solow）增长模型中，Mankiw，Romer 和 Weil（1992）发现实物资本、人力资本和劳动解释了大约80％的跨国人均收入的差异；而通过模型预测发现，资本投入增长 1.6％，短期产出仅仅增长 0.50％。因此，投资并不是促进增长的主要渠道。

（二）风险分散

资本流入弥补了国内储蓄不足，推动了资本积累，提高了经济效率，除此之外，通过跨国资产组合降低了风险，实现了资产组合多样化的选择，在资本的输入和输出者之间分散风险是金融开放的又一收益。改进的风险分散机制可以降低资本成本，从而吸引投资，风险分散机制的改进导致了对拥有更高预期收益率项目的投资。金融开放和全球化分散了投资风险，提高了消费水平，从而具有稳定增长效应（Obstfeld，1994）。金融开放打破了国内市场分割，使国内市场与国际市场趋向一体化，新兴国内市场风险向国际市场分散，从而降低了新兴市场的风险溢价。在实证研究中，资本市场开放后经济出现了波动性的下降，这意味着风险分散（Bekaert，Harvey and Lundblad，2006）。

但是金融开放在分散风险的同时，也创造了另一种风险，即风险二重性。后一种风险来自对开放国家金融稳定性的破坏，会导致较低的预防性储蓄和对增长的损害（Devereux and Smith，1994）。金融开放的风险诞生于两个渠道：第一，扭曲的消费和生产形式。资本流动的突然逆转会导致破产和产出损失，如贫困化流入模型（Brecher and Diaz-Alejandro，1977）显示，如果外资流入被吸引到受到保护的其他生产部门，国家将会受到福利损失。第二个渠道是外资的突然撤回会对国家经济稳定带来毁灭性打击（Calvo，1998）。因此 Rodrik 和 Velasco（1999）认为短期负债的扩张往往与由于资本流动逆转所引发的危机相关。

金融开放与宏观经济稳定也联系在一起，金融开放与金融危机共生的例子不胜枚举。20 世纪 70 年代之后的拉美金融改革，目标是消除金融抑制。但是 1982 年国际债务危机首先在拉美爆发，其特征是蔓延的银行破产、大量的政府介入、私有部门的国有化和低国内储蓄率（Diaz-Alejandro，1985）；美国在 20 世纪 80 年代陷入长达十年的储蓄贷款危机；日本在 80 年代末泡沫经济破灭，至今一蹶不振；90 年代，拉美新兴市场国家发生金融危机；1997 年亚洲爆发金融危机；2001 年俄罗斯等转轨国家出现金融危机；2008 年美国次贷危机引发全球金融危机并进一步导致欧债危机。据 Lindgren，Carcia 和 Saal（1996）统计，1980—1996 年，共有 133 个IMF 成员发生过银行部门危机。经验证明，许多发展中国家在资本账户开放后都在不同程度上遭受了金融危机（见表 3）。

研究者们关注的是，金融开放是不是金融危机的诱因？Minsky（1982）对金融脆弱性进行了研究，Demirguc-Kunt 和 Detragiache（1997）系统研究了金融自由化与金融脆弱性之间的关系，Kaminsky 和 Reinhart（1999）论述了"孪生危机"，Caprio，Honohan 和 Stiglitz（1999）指出金融自由化加剧了金融业竞争性的资产价格波动。Weller（2001），Mehrez 和 Kaufmann（2000）的实证研究认为自由化有加剧金融风险的可能性。开放金融市场可以分散风险，增进经济福利，但问题在于无法计算收益具体有多少，人们看到的是实实在在的金融危机（Obstafeld，1994；

van Wincoop，1999）。

Tornell（2003）认为贸易品部门与非贸易品部门间的不对称是理解金融开放与增长关系的关键所在，他以墨西哥为例，描述了典型的繁荣-萧条（boom-bust）循环，建立模型分析因果关系，得出同样的力量不仅可以导致经济增长，也会导致金融脆弱性。

表3 资本账户自由化与金融危机

国家 （首次发生金融危机的年份）	短期资本流动	长期资本流动	自由化后5年 是否发生危机	严重程度
阿根廷（1980）	开放	开放	是	严重
阿根廷（1989）	关闭	关闭	NA	
阿根廷（1995）	开放	开放	是	严重
智利（1981）	开放	开放	是	严重
墨西哥（1994）	开放	开放	是	严重
委内瑞拉（1994）	关闭	关闭	NA	
马来西亚（1985）	开放	开放	否	
菲律宾（1981）	关闭	关闭	否	
泰国（1997）	开放	开放	是	严重
南非（1985）	关闭	开放	否	
土耳其（1985）	开放	关闭	否	
土耳其（1991）	开放	开放	是	严重
美国（1980）	开放	开放	否	
加拿大（1983）	开放	开放	否	
日本（1992）	开放	开放	否	
法国（1991）	开放	开放	是	
意大利（1990）	开放	开放	是	
澳大利亚（1989）	开放	开放	是	
新西兰（1989）	开放	开放	是	
巴西（1994）	关闭	关闭	NA	
印度尼西亚（1992）	开放	开放	否	
韩国（1985）	关闭	开放	是	
土耳其（1994）	开放	开放	是	
斯里兰卡（1992）	关闭	开放	是	

资料来源：世界银行．全球金融发展，1998.

（三）改善金融技术和全要素生产率

金融开放引入了竞争，竞争提高了国内银行业的效率（Claesens et al.，2001），金融中介的改善可以促进增长（Greenwood and Jovanovic，1990）。金融开放给发展中国家带来了前沿金融技术，通过采用更好的政策和制度，这些国家收获了更先进的前沿金融技术（Klenow and Rodriguez-Clare，1997），根据内生增长理论，技术改进可以促进增长。金融开放还可以降低资本成本，改善公司治理。上市公司处于国际化资本市场中，采用国际会计准则，有利于包括外国投资者在内的股东加强对公司管理层的监督；同时，市场规模的扩大使公司接管市场有效运作，强化了对公司的激励，这些都直接或间接地提高了运营效率和收益水平（Claesens et al.，2001；Galindo et al.，2002；Stulz，1999；Moel，2001）。

所以，金融开放能够促进经济增长，不是因为它改变了资金禀赋，而是因为它改变了全要素生产率，使各国的全要素生产率收敛，如果金融开放可以看成是政策改进的一方面，那么全要素生产率会因为金融开放而提升。在这里，金融开放作用于经济增长的渠道，不再仅仅是提高资金的使用量和投资的效率，而是提高了全要素生产率，从技术进步的角度影响经济增长（Gourinchas and Jeanne，2002）。

（四）制度改革和配合效应

在实证研究中，回归所得到的金融开放影响经济增长的系数是一个跨国的平均水平。对于每一个国家而言，它的境况和条件可能会引起一些与平均水平的偏离。许多研究关注教育、政府效率、法律系统、民主制度的存在是否可以扩大金融开放的增长效应（La Porta et al.，1998）。金融开放作用于经济增长的又一个渠道是它形成了外在于本国政府力量的外部压力，迫使政府采用一系列改革措施，也提高了制定良好政策的激励（Bekaert et al.，2001）。有研究证实，在大多数情况下政府改革发生在金融开放之后，表明金融开放推动了旨在提高市场运行效率的制度改革（Kaminsky and Schmukler，2008）。

金融开放的收益不仅来自外部资金（Gourinchas and Jeanne，2002），纯粹的资本积累不一定会保证国家从资本流入中受益，而首要的是开放带来的国内扭曲的降低。发展中国家微观机制的扭曲降低了资本的收益率，资本账户自由化和股票市场开放降低了这种扭曲。与金融开放后市场扭曲的自然化相匹配，政府加快改革的进程（例如金融深化），提高国内金融机构质量，建立投资者问责制度等。从发达国家的经验来看，如果金融开放仅仅带来资本的重新分配，资本账户自由化不会给发达国家带来显著的增长，因为国际资本的分配不是各国发展不均衡的主要原因，但是资本账户开放和其他政策结合在一起，就会综合地发挥作用。

在评价金融开放的收益时，应注意到两个方面。一是提高国际分配效率，使得消费平稳化，加速国内资本积累；二是金融开放可以改善国内政策和制度，改善国内经济系统的激励，巩固市场原则，降低寻租等非生产性活动的比重，保护产权。较高的金融开放度、法律和制度发展对金融发展有积极作用，一个国家拥有理想的法律和开放水平、官僚系统效率，会促进金融开放对经济增长的作用。Sachs 和 Warner（1995）强调政策选择，诸如尊重私有产权，开放国际贸易，对于长期增长来说至关重要。这意味着贫穷国家通过采取一些措施可以实现经济收敛。

四、金融开放过程的管理

拉美自由化改革失败后，一些研究开始争论不合适的改革顺序（Edwards，1984；McKinnon，1993）。麦金农提出了"金融自由化的顺序"一说，其主要思想在于将金融开放、资本流入与货币和财政政策平稳化、国内金融自由化、谨慎监管和贸易自由化等联系起来。Gourinchas，Pierre-Olivier 和 Jeanne（2002）进一步指出银行部门的发展是股票市场发展的先决条件，产品贸易自由化是资本市场开放的先决条件。

但就资本账户开放本身而言，这些讨论还停留在质的跳跃，即 0～1 变化。Fisher 和 Resen（1992）第一次设计了资本账户自由化的顺序。在发展中国家，基于宏观经济和制度改革，他们建议对长期资本的流动以及与贸易相关的资金流动应当采取立即自由化，这对发展中国家早期相当有利；而只有当健全的政府财政建立起来之后，银行坏账问题解决了，才能放开对长期或短期资本流出的限制，在国内，金融系统自由化和国内银行缺陷克服后，才能削减对外国银行的准入限制，最后他们不建议放开短期资本流入，直到银行部门具备充分的竞争力，并且有良好的金融监管能力。Willamson 和 Mahar（1998）的案例研究佐证了这样的路径安排：大多数国家都在金融自由化改革之初就放开了长期资本流入（FDI）以及与贸易相关的流入，然而对于短期资本账户开放都十分谨慎。Liu 等（2020）建立了具有世代交叠的小型开放经济模型来分析金融抑制下中国资本账户自由化的影响。在金融抑制状态下，低生产率的国有企业融资成本低于非国有企业，导致资源错配。开放资本流入能够降低非国有企业的融资成本，提高全要素生产率，但银行也将降低市场利率，进一步扭曲家庭的储蓄决策。同样，放松资本外流控制将提高国内市场贷款利率，降低全要素生产率。他们的研究认为，减少国内金融市场的扭曲能够降低在资本账户自由化过程中遇到的过渡成本，国内金融改革和资本账户自由化是相辅相成的，应该共同进行。

激进自由化改革的失败以及金融开放顺序的提出，让人们开始反思金融开放与政府管制的关系。鼓吹金融自由化的新自由主义者也进行了一些妥协，在倡导市场化时也提出了与之配合的政策措施，包括宏观经济平衡、完善的市场体制，但在实践上主要是自由化，而不是后者。然而，即使是有顺序的自由化，其结果也是难以预见的。稳健的宏观经济、完善的制度以及有效的政府等都是决定自由化成效的因素，对发展中国家而言只能作为结果出现而不是前提。这些目标被当成自由化的前提，而自由化又是推动经济发展的手段。这样就颠倒了事实，造成逻辑上的错乱，这种代表发达国家意志的政策导向回避了发展中国家在全球化背景下的风险和挑战。

正如新政治经济学所描述的，从世界范围看，金融全球化在方式上等同于金融自由化。金融市场，而不是国家，代表着当今国际体系中最接近霸权的东西。金融市场使得传统的国际政治界限变得更加模糊，但这种模糊本身依然完全可以反映大国内部占主导地位的国内政治和经济结构利益。[1] 就金融领域而言，全球化意味着允许发达国家尽可能经常和稳妥通过操纵不发达国家或新兴国家的金融中心来获取工业利润、金融企业的收益以及利息和红利。为此，发达国家要建立起一种稳定的和经常的机制，向发展中国家特别是向那些工业化起步较晚但至少有所作为的国家提出打开和放宽金融市场、允许这些国家的银行与国际银行建立直接联系的要求。[2]

发展中国家可以从金融开放中获得好处，但金融全球化是等级化的且不完善的，仅有的调节手段局限性很大，因为这些调节手段尤其依赖美国的金融机构。事实上金融自由化使各国被迫服从市场的制约，各国政府政策失去自主决策权。20世纪90年代的经验是，最有可能受到外界冲击影响的国家是那些在外来金融压力下，同时实行贸易与直接投资自由化和金融自由化的国家，因为这些国家最为严重地受到金融领域和实业领域双重矛盾的制约。对此的批评认为，宣称金融自由化不可逆转，就是赋予历史决定论以一种充满疑义的形式。为现实主义现有秩序做辩护，反映了对经济和政治关系的无可奈何的服从。[3]

开放和自由化意味着参与全球竞争，而竞争在起点处的差异决定了结果。开放是可以带来发展机遇的，但前提是应该存在潜在优势，这种优势只有在开放条件下

---

① 　刘易斯·保利. 金融一体化与全球政治. 北京：新华出版社，2001.
②③ 　[法] 弗朗索瓦·沙奈. 金融全球化. 北京：中央编译出版社，2000.

才能发挥出来，实际上，考虑各种因素，发展中国家的开放使其劣势更加明显地暴露在全球竞争之下。因此，发展中国家在经历了金融危机之后，纷纷选择政府与市场力量混合的金融体系。由于政府对金融市场有较为严厉的控制，金融市场的发展是为了适应政府的政策意图，特别是金融开放上的谨慎使得国内金融市场相对国际金融市场而言有一定的封闭性，从而避免了全球性金融危机的感染。

即便是在发达国家，金融开放也不是完全意义上的自由化。美国等发达国家所实行的"开放式金融保护主义"就是一个最典型的例证。所谓"开放式金融保护主义"，是一国政府一方面保持国内金融市场总体对外开放的大环境，另一方面又根据本国经济利益的需要，以公益性、社会性、程序性等类诉求为依据，以专项法规的定向约束和管理体系的特别设计为手段，以对国外竞争者设置制度化的市场障碍为目的，在市场开放的同时实现对金融领域的局部性保护。

开放式金融保护主义是在经济全球化不断发展的新形势下，传统贸易保护主义演化的必然结果。开放式金融保护主义并不一定排斥贸易保护主义，而是对贸易保护主义不足之处的一个补充。在某些领域，开放式金融保护主义能够收到贸易保护主义无法达到的保护效果。在开放式金融保护主义和传统贸易保护主义之间，可以根据国家利益的需要，二者交互运用。

在当今世界最主张金融自由化的美国，政府对银行、证券和保险领域中的核心业务提供了明确、具体、坚定的保护，是典型的"开放式金融保护主义"。金融业作为支持现代社会运转的关键产业，在经济全球化的过程中既需要开放，也需要保护。开放不是抹杀国内国际两个市场的界限，保护也不等同于封闭，对外开放并不等于放弃保护，我们所需要的是开放与保护之间的平衡。因此，对于资本项目开放和股票市场开放，必须从开放式金融保护主义的角度出发，谨慎而行。

参考文献

1. Agarwal，Isha，Grace Weishi Gu，and Eswar S. Prasad（2019）．"China's Impact on Global Financial Markets，" National Bureau of Economic Research，No. w26311.

2. Arteta，Carlos，Barry Eichengreen，and Charles Wyplosz（2001）．"On the Growth Effects of Capital Account Liberalization，" unpublished；Berkeley：University of California.

3. Asli Demirguc-kunt and Enrica Detragiache（1997）．"Financial Liberalization and Financial Fragility，" The World Bank，Working Paper，No. 1917.

4. Barro，R. J. and X. Sala-i-Martin（1992）．"Convergence，" *Journal of Political Economy*，100，2，223 – 251.

5. Barro，R.，G. Mankiw，and X. Sala-i-Martin（1995）．"Capital Mobility in Neoclassical Mod-

els of Growth," *American Economic Review*, 85, 103 – 115.

6. Bartolini, Leonardo, and Allan Drazen (1997). "Capital-Account Liberalization as a Signal," *American Economic Review*, Vol. 87, No. 1 (March), 138 – 154.

7. Bekaert, Geert (1995). "Market Integration and Investment Barriers in Emerging Equity Markets," *World Bank Economic Review*, Vol. 9 (January), 75 – 107.

8. Bekaert, G. and C. R. Harvey (1995). "Time-Varying World Market Integration," *Journal of Finance*, 50, 403 – 444.

9. Bekaert, Geert, Campbell Harvey and Christian Lundblad (2000). "Foreign Speculators and Emerging Equity Markets," *Journal of Finance*, Vol. 55, Issue 2, 565 – 614.

10. Bekaert, Geert, Campbell Harvey and Christian Lundblad (2001a). "Does Financial Liberalization Spur Growth?", NBER Working Paper, 8245.

11. Bekaert, Geert, Campbell Harvey and Christian Lundblad (2001b). "Emerging Equity Markets and Economic Development," *Journal of Development Economics*, 66, 465 – 504.

12. Bekaert, Geert, Campbell Harvey and Christian Lundblad (2006). "Growth Volatility and Financial Liberalization," *Journal of International Money and Finance*, 25, 370 – 403.

13. Bekaert, G. , Harvey, C. R. (2005) ."A Chronology of Important Financial, Economic and Political Events in Emerging Markets," http: //www. duke. edu/wcharvey/Country_risk/couindex. htm.

14. Bhagwati, Jagdish (1998) . "The Capital Myth: The Difference Between Trade in Widgets and Trade in Dollars," *Foreign Affairs*, 77, 7 – 12.

15. Brecher, Richard A. and Carlos F. , Diaz Alejandro (1977). "Tariffs, Foreign Capital and Immiserizing Growth," *Journal of International Economics*, 7, 317 – 322.

16. Bumann, Silke, Niels Hermes, and Robert Lensink (2013). "Financial Liberalization and Economic Growth: A Meta-analysis," *Journal of International Money and Finance*, 33, 255 – 281.

17. Calvo, Guillermo A. (1987) . "Balance of Payments Crises in a Cash-in-Advance Economy," *Journal of Money, Credit and Banking*, 19.

18. Caprio, Gerard, and Patrick Honohan (1999). "Restoring Banking Stability: Beyond Supervised Capital Requirements," *Journal of Economic Perspectives*, Vol. 13, No. 4 (Fall), 43 – 64.

19. Caprio, Gerard, Patrick Honohan and Joseph E. Stiglitz (1999). "Financial Liberalization: How Far? How Fast?", The World Bank, WPS2737.

20. Case, K. , Quigley, J. and R. Shiller (2001). "Comparing Wealth Effects: The Stock Market versus the Housing Market," NBER Working Paper 8606.

21. Chanda, Areendam (2001). "The Influence of Capital Controls on Long-Run Growth: Where and How Much?", unpublished; Providence, Rhode Island: Brown University.

22. Chinn, Menzie D. , Hiro Ito (2006). "What Matters for Financial Development? Capital Controls, Institutions, and Interactions," *Journal of Development Economics*, 81, 163 – 192.

23. Claessens, S. , Demirguc, -Kunt, A. , Huizinga, H. (2001) . "How does Foreign Entry

Affect Domestic Banking Markets?", *Journal of Banking and Finance*, 25, 891 - 911.

24. Devereux, Smith (1994). "International Risk Sharing and Economic Growth," *International Economic Review*.

25. Diaz-Alejandro, C. (1985). "Goodbye Financial Repression, Hello Financial Crash," *Journal of Development Economics*, 19, 1 - 24.

26. Durham, J. Benson (2000). "Emerging Stock Market Liberalisation, Total Returns, and Real Effects: Some Sensitivity Analyses," QEH Working Paper No. 51.

27. Edison, Hali, Michael Klein, Luca Ricci, and Torsten Sløk (2002). "Capital Account Liberalization and Economic Performance: A Review of the Literature," IMF Working Paper 02/120 (July), Washington: International Monetary Fund.

28. Edison, Hali, Ross Levine, Luca Ricci, and Torsten Sløk (2002). "International Financial Integration and Economic Growth," *Journal of International Monetary and Finance*, Vol. 21, 749 - 776.

29. Edison, Hali J., and Francis E. Warnock (2003). "A Simple Measure of the Intensity of Capital Controls," *Journal of Empirical Finance*, Vol. 10, 81 - 103.

30. Edwards, S. (1984). "The Order of Liberalization of the External Sector in Developing Countries," *Princeton Essays in International Finance*, No. 156.

31. Edward, Sebastian (2001). "Capital Flows and Economic Performance: Are Emerging Economies Different?", NBER Working Paper, No. 8076 (January).

32. Eichengreen, Barry (2001). "Capital Account Liberalization: What Do the Cross-Country Studies Tell Us?", mimeo, forthcoming in the World Bank Economic Review.

33. Eichengreen, Barry and David Le Blang (2003). "Capital Account Liberalization and Growth: Was Mr. Mahatir Right?", *International Journal of Finance and Economics*.

34. Feldstein, Martin, and Charles Horioka (1980). "Domestic Saving and International Capital Flows," *Economic Journal*, Vol. 90, No. 358, 314 - 329.

35. Fischer, B. and H. Reisen (1992). "Towards Capital Account Convertibility," OECD Development Centre Policy Brief No. 4.

36. Francisco Serranito (2001). "Openness, Growth and Convergence Clubs: A Threshold Regression Approach," Université de Paris Nord Working Paper.

37. Fratzscher, Marrcel and Matthieu, Bussiere (2004). "Financial Openness and Growth: Short-Run Gain, Long-Run Pain?", ECB Working Paper, No. 348.

38. Fuchs-Schundeln, Nicola and Norbert Funke (2001). "Stock Market Liberalizations: Financial and Macroeconomic Implications," IMF Working Paper (wp/01/193).

39. Funke, Norbert (2002). "Stock Market Developments and Private Consumer Spending in Emerging Markets," IMF Working Paper, wp02238.

40. Galindo, Arturo, Alejandro Micco and Guillermo Ordoñezl (2002). "Financial Liberalization

and Growth：Empirical Evidence，" Inter-American Development Bank，May.

41. Glick，R. and M. Hutchinson（1999）. "Banking and Currency Crises：How Common are Twins?"，Federal Reserve Bank of San Francisco，Pacific Basin Working Paper.

42. Gourinchas，Pierre-Olivier，and Olivier Jeanne（2003）. "The Elusive Gains from International Financial Integration，" NBER Working Paper 9684.

43. Gourinchas，Pierre-Olivier，and Olivier Jeanne（2002）. "On the Benefits of Capital Account Liberalization for Emerging Economies，" IMF Working Paper.

44. Greenwood，J.，and B. Jovanovic（1990）. "Financial Development，Growth，and the Distribution of Income，" *Journal of Political Economy*，1076 - 1107.

45. Grilli，Vittorio，and Gian Maria Milesi-Ferretti（1995）. "Economic Effects and Structural Determinants of Capital Controls，" Staff Papers，International Monetary Fund，Vol. 42，No. 3，517 - 551.

46. Hall，Robert E.，and Charles I. Jones（1999）. "Why Do Some Countries Produce So Much More Output Per Worker than Others?"，*Quarterly Journal of Economics*.

47. Henry，Peter Blair（2000a）. "Stock Market Liberalization，Economic Reform，and Emerging Market Equity Prices，" *Journal of Finance*，Vol. 55，No. 2（April），529 - 564.

48. Henry，Peter Blair（2000b）. "Do Stock Market Liberalizations Cause Investment Booms?"，*Journal of Financial Economics*，Vol. 58，Nos. 1 - 2（October），301 - 334.

49. International Finance Corporation. "Emerging Markets Database，" Washington，D. C.：IFC，various issues.

50. International Monetary Fund（2001）. *World Economic Outlook*，*October 2001：A Survey by the Staff of the International Monetary Fund*，World Economic and Financial Surveys，Chapter 4（Washington：International Monetary Fund）.

51. International Monetary Fund（2003）. *World Economic Outlook*，*April 2003：A Survey by the Staff of the International Monetary Fund*，World Economic and Financial Surveys，Chapter 3（Washington：International Monetary Fund）.

52. International Monetary Fund（2001）. *Annual Report on Exchange Arrangements and Exchange Restrictions*，Washington：International Monetary Fund.

53. International Monetary Fund（2019）. *Annual Report on Exchange Arrangements and Exchange Restrictions*，Washington：International Monetary Fund.

54. Jain-Chandra，Sonali（2002）. "The Impact of Stock Market Liberalization on Liquidity and Efficiency in Emerging Stock Markets"，A Columbia University Working Paper.

55. Kalemli-Ozcan，Sebnem，Bent E. Sφrensen，and Oved Yosha（2002）. "Risk Sharing and Industrial Specialization：Regional and International Evidence"，*American Economic Review*.

56. Kaminsky，Graciela，and Carmen M. Reinhart（1999）. "The Twin Crises：The Causes of Banking and Balance-of-Payments Problems，" *American Economic Review*，Vol. 89，No. 3

(June), 473－500.

57. Kaminsky, Graciela and Sergio Schmukler (2002). "Short-Run Pain, Long-Run Gain: The Effects of Financial Liberalization," World Bank Working Paper 2912.

58. Kaminsky, Graciela, and Sergio Schmukler (2003). "Short-Run Pain, Long-Run Gain: The Effects of Financial Liberalisation," IMF Working Paper No. 34.

59. Kaminsky, Graciela Laura, and Sergio L. Schmukler (2008). "Short-Run Pain, Long-Run Gain: Financial Liberalization and Stock Market Cycles," *Review of Finance*, 12 (2), 253－292.

60. Kim, Han E., and Singal, Vijay (1997). "Stock Market Openings: Experience of Emerging Economies," *The Journal of Business*, Vol. 73 (January), 25－60.

61. Klein, Michael and Giovanni Olivei (1999). "Capital Account Liberalisation, Financial Depth, and Economic Growth," NBER Working Paper No. 7384 (October).

62. Klein, Michael W. (2003). "Capital Account Openness and the Varieties of Growth Experience," NBER Working Paper No. 9500.

63. Klein, M. (2005). "Capital Account Openness, Institutional Quality and Economic Growth," NBER Working Paper No. 11112.

64. Klein, Michael W., and Giovanni P. Olivei (2008). "Capital Account Liberalization, Financial Depth, and Economic Growth," *Journal of International Money and Finance*, 27 (6), 861－875.

65. Klenow, Peter and Andres Rodriguez-Clare (1997). "Economic Growth: A Review Essay," *Journal of Monetary Economics*, 40, 597－618.

66. Kraay, Aart (1998). "In Search of the Macroeconomic Effect of Capital Account Liberalization," unpublished; Washington: World Bank.

67. Krugman, Paul (1994). "The Myth of Asia's Miracle," *Foreign Affairs*, November/December.

68. La Porta, R., F. Lopez de Silanes, A. Shleifer, and R. Vishny (1998). "Law and Finance," *Journal of Political Economy*, 106 (6), 1113－1155.

69. Lane, Philip, and Gian Maria Milesi-Ferretti (2001). "The External Wealth of Nations: Measures of Foreign Assets and Liabilities for Industrial and Developing Nations," *Journal of International Economics*, Vol. 55, No. 2, 263－294.

70. Levine, Ross (1996). "Foreign Banks, Financial Development, and Economic Growth," *International Financial Markets: Harmonization versus Competition*, 224－254 (Washington: AEI Press).

71. Levine, Ross, and Sara Zervos (1998). "Stock Markets, Banks, and Economic Growth," *American Economic Review*, Vol. 88 (June), 537－558.

72. Liu, Zheng, Mark M. Spiegel, and Jingyi Zhang (2020). "Optimal Capital Account Liberalization in China," Federal Reserve Bank of San Francisco.

73. Loungani, Prakash, Ashoka Mody and Assaf Razin (2003). "The Global Disconnect: The Role of Transactional Distance and Scale Economies in Gravily Equations," IMF Working Paper.

74. Mankiw, N. Gregory, Romer, David, and David N. Weil (1992). "A Contribution to the Empirics of Economic Growth," *Quarterly Journal of Economics*, 107, 407 – 438.

75. Marzinotto, Benedicta (2020). "Euro Area Current Account Imbalances: A Tale of Two Financial Liberalizations," *Journal of International Money and Finance*, 102 – 310.

76. McKinnon, R. I. (1973). *Money and Capital in Economic Development*, Washington, D. C.: Brookings Institution.

77. McKinnon, Ronald, and Huw Pill (1996). "Credible Liberalizations and International Capital Flows: The 'Overborrowing Syndrome'," *NBER East Asia Seminar on Economics*, Vol. 5, 7 – 42 (Chicago and London: University of Chicago Press).

78. McKinnon, Ronald, and Huw Pill (1998). "International Overborrowing: A Decomposition," *World Development*, Vol. 26, No. 7 (July), 1267 – 1282.

79. Mehrez, Gil and Kaufmann (2000). "Transparence, Liberalization, and Banking Crises," The World Bank, WPS. No. 2286.

80. Mohsin S. Khan and Abdelhak S. Senhadji (2000). "Threshold Effects in the Relationship Between Inflation and Growth," IMF Working Paper WP/00/110.

81. Moel, A. (2001). "On American Depositary Receipts and Emerging Markets," *Economia 2* (1), 209 – 273.

82. Montiel, Peter (1996). "Managing Economic Policy in the Face of Large Capital Inflows: What Have We Learned?", in G. Calvo and M. Goldstein ed., *Private Capital Flows to Emerging Markets After the Mexican Crisis*, Washington: Institute for International Economics, 189 – 218.

83. Montiel, Peter, and Carmen Reinhart (1999). "Do Capital Controls and Macroeconomic Policies Influence the Volume and Composition of Capital Flows? Evidence from the 1990s," *Journal of International Money and Finance*, Vol. 18, No. 4, 619 – 635.

84. Obstfeld, Maurice (1994). "Risk-Taking, Global Diversification, and Growth," *American Economic Review*, Vol. 84, 1310 – 1329.

85. Obstfeld, Maurice (1998). "The Global Capital Market: Benefactor or Menace?", *Journal of Economic Perspectives*, Vol. 12 (Fall), 9 – 30.

86. O'Donnell, Barry (2001). "Financial Openness and Economic Performance," unpublished; Dublin, Ireland: Trinity College.

87. OECD. "OECD Economic Surveys," Paris: OECD, various issues.

88. Prasad, Eswar, Kenneth Rogoff, Shang-Jin Wei and M. Ayhan Kose (2003). "The Effects of Financial Globalization on Developing Countries: Some Empirical Evidence," International Monetary Fund Occasional Paper 220, Washington: International Monetary Fund.

89. Prasad, Eswar, Kenneth Rogoff, Shang-Jin Wei and M. Ayhan Kose (2005). "Financial Globalization, Growth and Volatility in Developing Countries," IMF Working Paper.

90. Quinn, Dennis P. (1997). "The Correlates of Change in International Financial Regulation," *American Political Science Review*, 91 (September), 531 – 551.

91. Quinn, Dennis P. (2000). "Democracy and International Financial Liberalization," mimeo, McDonough School of Business, Georgetown University.

92. Quinn, Dennis P., Toyoda, A. Maria, and Carla Inclan (2002). "Does Capital Account Liberalization Lead to Economic Growth?", mimeo, McDonough School of Business, Georgetown University.

93. Quinn, Dennis P., and A. Maria Toyoda (2008). "Does Capital Account Liberalization Lead to Growth?", *The Review of Financial Studies*, 21 (3), 1403 – 1449.

94. Reisen, Helmut, and Marcelo Soto (2001). "Which Types of Capital Inflows Foster Developing-Country Growth?", *International Finance*, Vol. 4, No. 1 (Spring), 1 – 14.

95. Rodrik, Dani (1998). "Who Needs Capital-Account Convertibility?", in Fischer, S. ed., *Should the IMF Pursue Capital Account Convertibility? Essays in International Finance*, No. 207, International Finance Section, Department of Economics, Princeton University, 55 – 65.

96. Rodrik, Dani and Velasco, Andres (1999). "Short-Term Capital Flows," NBER Working Paper No. 7364, September.

97. Sachs, Jeffrey, and Andrew Warner (1995). "Economic Reform and the Process of Global Integration," *Brookings Papers on Economic Activity*, 1 (Washington: Brookings Institution).

98. Schneider, Martin and Aaron Tornell (2001). "Boom-Bust Cycles and the Balance Sheet Effect," Working Paper, UCLA (California: UCLA).

99. Shaw, E. S. (1973). *Financial Deepening in Economic Development*, Oxford: Oxford University Press.

100. Smarzynska, Beata K., and Shang-Jin Wei (2000). "Corruption and Composition of Foreign Direct Investment: Firm-Level Evidence," NBER Working Paper No. 7969 (October), 1 – 24.

101. Stiglitz, Joseph E. (2000). "Capital Market Liberalization, Economic Growth and Instability," *World Development*, 28, 1075 – 1086.

102. Stiglitz, Joseph E. (2002). *Globalization and its Discontents*, New York: W. W. Norton.

103. Stulz, Rene (1999). "Globalization of Equity Markets and the Cost of Capital," NBER Working Paper No. 7021 (March).

104. Tornell, Aaron, Frank Westermann, and Lorenza Martínez (2003). "Librelization, Growth and Financial Crises: Lessons from Mexico and the Developing World," Working Paper, *Brookings Panel on Economic Activity*.

105. van Wincoop, E. (1999). "How Big are Potential Welfare Gains from International Risk

Sharing?", *Journal of International Economics*，47，109 – 235.

106. Weller，Christian E. （2001）. "Financial Crises After Financial Liberalization: Exceptional Circumstances or Structural Weakness?"，*The Journal of Development Studies*，vol. 38，No. 1，98 – 127.

107. Williamson，J. and M. Mahar（1998）. "A Survey of Financial Liberalization,"*Princeton Essays in International Finance*，No. 211.

108. Wurgler，Jeffrey（1999）. "Financial Markets and the Allocation of Capital,"Yale ICF Working Paper，No. 99 – 08.

宏观金融风险
与金融调控理论

金融脆弱性理论

20世纪70年代以来，随着金融自由化、国际化进程的深入，金融危机不断爆发并呈现出与以往不同的特征。传统的经济理论从外部宏观经济角度来解释金融危机发生的原因越来越缺乏说服力，人们不得不放弃传统的思维方式，从内因的角度即从金融制度自身来解释新形势下金融危机发生的根源，在这一背景下金融脆弱性理论应运而生。

近四十多年来，金融脆弱性理论受到经济学家的重点关注，对它的研究也日益深入。金融脆弱性理论主要有三个特点：第一，它建立在信息经济学、制度经济学等一系列新兴经济学理论基础上，属于经济学的前沿；第二，现代金融创新尤其是金融交易技术和制度创新，对各国的金融结构、制度安排构成了很大的冲击，从而对金融脆弱性理论提出了更高的要求；第三，金融全球化背景下的金融稳定，是发展中国家金融发展中的一个关键问题，对金融脆弱性理论的研究显得尤其重要。

一般来说，金融脆弱性有狭义和广义之分。狭义的金融脆弱性指高负债经营的企业特点决定了金融业具有更容易失败的特性，该特性也可称为金融内在脆弱性。狭义的金融脆弱性强调"内在性"，即它是金融部门与生俱来的一种特性，对于银行来说，其脆弱性根源在于信贷资金的使用与偿还在时间上的分离。广义的金融脆弱性是指一种趋于高风险的金融状态，泛指一切融资领域中的风险积聚，包括信贷融资和金融市场融资。通常所说的金融机构负债过多，安全性降低，承受不起市场波动的冲击，就是指广义的金融脆弱性表现。早期人们主要从狭义的角度来理解金融脆弱性，现在更多地是从广义的角度来看待这一问题。此处需要注意的是，金融脆弱性与金融风险意义相近，但着重点不同。金融风险一般是指潜在的损失可能性，而金融脆弱性不仅包括可能的损失，还包括已经发生的损失。

一、金融脆弱性理论的早期研究

金融脆弱性理论最早是关于货币脆弱性的论述，Marx（1867）认为，货币出现以后，一些商品生产者不能把他的商品换成货币，他的生产将受到严重的影响。由于供求的作用，商品的价格与价值时常背离，使货币的购买力出现升降。同时，货币支付手段的职能使商品经济的矛盾进一步加深，当某些债务人不能按期支付欠款时，某些债权人就有破产的危险。在商品经济中，这种破产有可能引起整个债务关系的连锁反应。他指出，货币在它产生的时候就已经具有了特定的脆弱性。在商品经济中，货币的脆弱性表现在三方面：一是商品的价格经常与价值背离；二是货币的购买力总是处于升降的变化之中；三是货币支付手段的职能有可能导致债务链的断裂。这三个方面的特点说明了脆弱性是货币与生俱来的。针对1877年经济危机中银行大量倒闭的现象，Marx（1894）提出了银行体系内在脆弱性假说。他认为银行体系加速了私人资本转化为社会资本的进程，但同时由于银行家剥夺了产业资本家和商业资本家的资本分配能力，他自己也成为引起银行危机的最有效工具，加之其趋利性，虚拟资本运行的相对独立性为银行信用崩溃创造了条件。这是从信用制度的角度来分析银行的脆弱性，认识是极其深刻的。Veblan（1904）提出金融不稳定理论。他认为，一方面，证券交易的周期性崩溃在于市场对企业的估价依赖于并逐渐脱离企业的盈利能力；另一方面，资本主义的经济发展最终导致社会资本所有者的缺位，结果其本身存在周期性动荡因素，这些因素主要集中在银行体系中。

Keynes（1931）通过对货币职能和特征进行分析也指出货币具有脆弱性。他指出，人们宁愿用不生息或生息很少的方式而不用获利的方式持有财富，一是由于货币既可以作为现时交易之用，也可以作为贮藏财富之用；二是因为货币能够用于现货交易，在一定限度内，值得为它所具有的流动性牺牲一定的利益。由于人们不能确切地知道未来利率会发生什么变化，因此若把全部资金用于购买债券，当需要现金时，在交易过程中就可能会蒙受损失。此外，相信未来利率将高于当前市场利率的货币持有者也愿意保持现金。Keynes（1931）认为，上述原因会使一部分人保存货币，持币待购或持币不购，这将打破货币收入和货币支出的平衡关系，造成买卖脱节，供求失衡，供给不能自动创造需求，最终将导致有效需求不足，工人失业，经济危机不可避免，金融危机也随之发生。

Fisher（1933）是最早开始对金融脆弱性理论进行较深入研究的经济学家，通过总结前人的研究成果，他认为，金融体系的脆弱性与宏观经济周期密切相关，尤其与债务的清偿紧密相关，金融体系的脆弱性是由过度负债产生的债务-通货紧缩过程引起的。Fisher（1933）指出，银行体系的脆弱性很大程度上源于经济基础的恶化，这也是从经济周期角度来解释脆弱性的问题。债务-通货紧缩理论可以很好地解释 1873—1879 年美国经济不景气和 1929—1933 年全球性经济大萧条现象，Moulton（1950）则利用这一理论对上述两次危机做了有力的描述。为了解释经济主体在不确定情况下所做出的各种选择，Keynes（1936）提出了金融不稳定的运行机制。在这之前的主流经济学家则认为，生产的诸要素是确定的，其他的相关情况也是预知的，所以对未来的预期是可以计算出来的，风险也是可以测量的。在构建的宏观经济模型中，凯恩斯将市场经济中的金融交易作为不确定的、充满风险的经济行为来分析，重点考察了与经济主体发展前景密切相关的变量（如货币持有量、利率、资产价格、设备投资等）。同时，他在模型中给出了危机的概念，特别关注了在不确定条件下人们的预期、对风险形成的判断以及信心。凯恩斯指出，在不确定前提下，投资由资产的预期收益折算成现值的贴现率决定，投资变化可使整个经济态势发生变化。由此推断危机形成的过程是：在组织有序的投资市场上，人们一旦意识到市场上存在由于过度乐观而引致抢购浪潮的可能性，产生突然醒悟的巨大力量，资本的边际效率受到冲击，则可能使经济出现衰退。例如，有研究表明，1998 年美国长期资本管理公司陷入经营困境时，几乎所有大型金融机构都投资于对冲基金。因此，存在不确定性时，大多数金融机构都采取了从众行为。

由于早期的学者普遍认为经济基本面的变化是银行体系脆弱性的根源，所以他们的理论十分强调经济对金融脆弱性的影响。而后来的研究指出，金融脆弱性也会在外力或内在的偶然事件影响下演化成金融危机。特别是在金融市场迅速发展之后，虚拟经济与实体经济逐渐脱节，金融脆弱性便出现了一种自我增强的趋势。

二、金融脆弱性理论的现代研究

在金融脆弱性理论的现代研究中，Minsky（1982）和 Kregel（1997）的研究成果最具代表性。他们主要研究的是信贷市场上的脆弱性，有所不同的是，Minsky（1982）是从企业角度研究，而 Kregel（1997）是从银行角度研究。后来，虽然信息经济学将适用于信贷市场和金融市场的信息不对称看作金融脆弱性之源，但其分析思路还是着重于金融机构的信贷。

（一）金融脆弱性假说：企业角度

Minsky（1982）在《金融脆弱性假说：资本主义进程和经济行为》（The Financial Instability Hypothesis：Capitalist Processes and the Behavior of the Economy）一文中对金融脆弱性问题做了比较系统的解释。明斯基（Minsky）通过对资本主义繁荣期和衰退期的长期（半个世纪）波动的分析，指出在延长了的繁荣期中已经存在金融危机的隐患。这个长周期以 20 年或 30 年的相对繁荣期开始，在繁荣期中贷款人受经济形势影响，其信贷越来越容易获得，工商企业利用这一宽松的信贷环境进行积极的借款。

Minsky（1982）指出，借款公司按其金融状况可以分为三类：第一类是抵补性的借款企业。这类企业的预期收入不仅在总量上大于债务额，而且在每一时期内，预期的收入流也大于到期债务本息。他们在安排借款计划时，会使当期收入完全满足现金支付的要求。显然，这些企业在金融上是最安全的。第二类是投机性的借款企业。这类企业的预期收入在总量上等于债务额，但在借款的前一段时间内，预期收入是小于到期债务本金的。因此，投机类企业存在债务敞口，在借款的前一段时间内，它们为偿还债务，要么重组债务结构，要么变卖资产。由于这时的市场条件可能与借款时不同，该企业因此将承担不确定风险。因此投机性的借款企业也被认为是那些一期又一期滚动其债务，或用其债务进行资金再融通的企业。第三类是庞氏融资的借款企业。这类企业在金融上是最脆弱的，它们将借款用于投资回收期很长的项目，因此在短期内没有足够的收入来支付应付的利息，而长期收益也是建立在假想的基础上，即预期在将来某个较远的日期会产生高利润以偿还其累积的债务。为了支付到期的本息，它们必须采用滚动融资的方式，不断地增加借款。这种企业的预计收益是基于那些需要很长的酝酿期才能成功的投资，在短期内，它的现期收入甚至不能满足支付利息的要求。

在经济繁荣和更高利润的驱动下，金融机构逐渐放松了贷款条件，而借款企业受宽松的信贷环境鼓励，也倾向于采取更高的负债比率。越来越多的企业表现出风险较高的两种融资状态，即投机性和庞氏性，而抵补性企业的数量不断减少。由于对经济繁荣持有乐观态度，企业更愿意投资于高回报、高收益以及回收期更长的项目，银行也愿为此提供资金支持。而此时，银行看起来也越来越像投机性和庞氏性的金融机构。于是，信贷市场出现生产部门和个人的债务相对其收入的比例越来越高，股票市场和不动产市场也在经历没有明显限制的价格暴涨。经济在经历了一个长波周期的繁荣阶段后，开始走向反面。此时，经济已为衰退做好准备，任何可能引起生产企业信贷中断的事件都将引发生产企业拖欠债务或破产，企业的状况反过来又影响金融部门，甚至引致金融部门破产。值得注意的是，这些事件可能是预料之外的，如利率的突然上升、石油和天然气价格的突然暴涨或银行国际贷款业务的突然损失等。一旦经济中出现这样的不利事件，金融部门就会不愿向生产企业提供新的贷款，由此产生从金融部门开始的连锁效应，各金融机构也不可避免地遭受到经济危机和破产风潮的冲击。

Minsky（1982）认为，有两个主要原因可以解释这种金融体系内在脆弱性的特征：一是代际遗忘解释（generational ignorance argument）。由于上一次金融危机已经过去很久，一些利好事件推动着金融业的繁荣，贷款人对当前利益的贪欲战胜了对过去危机的恐惧。人们认为目前资产价格的上涨趋势会持续下去，于是推动更多的购买。此外，银行的道德风险也将代际遗忘的时间大大缩短。二是竞争压力解释（rivalry pressure argument）。这是指贷款人出于竞争压力会做出许多不审慎的贷款决策。在经济高涨期，由于借款需求巨大，个别银行若不能提供充足的贷款，就会失去顾客。但很少有银行能承受这种损失，因此每家银行都向其顾客提供大量贷款，却不顾及最终的累积性影响。可以看出，从借款开始到最终结账日，其间隔可能会很长，以至于发放贷款的银行不会因自己的行为而直接遭受损失。明斯基的观点源于芝加哥经济学家凡伯伦（Veblen）以及西蒙斯（Simons）。Veblen（1904）在《企业论》（*Theory of Business Enterprise*）中对导致股票交易市场崩溃的一系列事件进行了有预见性的分析。他的分析是基于在周期性上升阶段出现的公司定价与其实际盈利不一致的情况。Simons（1944）认为不受管制的资本主义经济有两个弱点，一是自由竞争和企业间的竞争会导致某些企业垄断状况的出现，因此需要一个反托拉斯机构来保持正常的企业竞争环境。二是商业银行接受存款和发放贷款的能力使金融体系和经济作为一个整体处于危险之中，这一点与金融脆弱性假说的提出有直接的联系。他建议对接受储蓄的机构施加百分之百的准备金要求，以便割裂货币供给波动和银行信贷波动之间的联系。明斯基在政策取向上更倾向于正确的中央银行政策可以抵消银行被迫过度借贷的负面影响的观点。但他同时又担心商业银行由于知道中央银行在危机时将充当最终贷款人的角色，所以更倾向于从事在总体上不利于社会的行为。如果中央银行事实上准备为其业务提供担保，那么商业银行就有可能从事风险越来越高的贷款业务。因此，Minsky（1982）认为，虽然财政政策不具有对商业银行的求援作用，但可用其来克服由商业银行破坏性行为所引起的经济突然衰退的现象。由于他一直支持一项公共部门的失业计划，所以他更希望政府充当失业的最后雇主而不是银行的最终贷款人。

（二）安全边界说：银行角度

为了更好地解释明斯基的金融脆弱性假说，Kregel（1997）引用了"安全边界说"。安全边界可理解为银行收取的风险报酬包含在借款人给银行支付的贷款利息之中。当不测事件使得未来没有重复过去的良好记录时，安全边界能够给银行提供一种保护。对于贷款人和借款人来说，仔细研究预期现金收入说明书和计划投资项目承诺书，是确定双方都愿意接受的安全边界的关键一环。与借款企业相比，商业银行对整体市场环境和潜在竞争对手更为熟悉。虽然商业银行不缺乏理性，但对未来市场状况的把握仍是不确定的，贷款风险仍然存在。因此，商业银行的信贷决定主要是遵守所谓的摩根规则（Morgan rule），即是否贷款主要看借款人过去的信贷记录，而不用太关注未来预期（银行对借款人本身信用风险的重视，超过了对贷款项目的风险评价）。这种注重历史、不管未来的做法，实际上是假定"未来是过去的重复"。经济扩张使商业银行和企业有了更多想法，有良好信用记录的借款人越来越多，安全边界也相应地降低。尽管有些投资决策可能是错误的，但也会被市场的繁荣景象所掩盖。经济扩张使许多具有较大风险的项目没有出现问题，这使银行充分相信了借款人的能力。Keynes（1936）曾认为人们极其缺乏确定长期投资项目收益的知识，因而借款人过去的信用记录实际上没有太大意义。他认为，商业银行是否发放贷款的偏好主要依照惯例或其他金融机构的普遍看法，以及参照其他银行正在贷款给什么项目。若银行专注于贷款给某个特定区域的项目，仅仅是因为别的金融机构都在这样做，它们宁愿跟随大流。由于商业银行给予借款人正面信用记录的权重提高了，相应地降低了安全边界，因此以前不能从银行那里获得贷款或被要求具有很高安全边界的借款人，也能逐渐获得贷款。经济扩张、安全边界与信用记录权重的相互配合，使贷款人和借款人都变得很自信，并且没有发现不断扩大的信用风险敞口和渐渐产生的金融脆弱性。

借款人虽然与商业银行的经历类似，但还有一个前提假设，即企业所投资的项目将会产生足够的利润用来还本付息。在向银行借款时，企业的这个假设条件并没有可靠的依据。然而随着时间的推移，实际情况越来越多地验证甚至超过预期，使借款人对自己当初的投资充满信心。但这种实际情况有时并不是真实的，正如Keynes（1936）所指出的，这种繁荣并非企业的真实能力，仅仅是由于投资在一个扩张的环境中而已。Minsky（1986）认为，人们生活在一个不确定的世界里，当前对未来的看法影响着资本的价格。资本的需求价格相对于投资产出的供给价格上升，不仅增加了投资的利润，还增加了从银行和金融市场获得的融资量，这主要是由于融资条件大大地简化以及企业家投资愿望的增加。由于扩张期的投资预测错误很难被发现，借款人和银行都变得非常有信心，安全边界不断降低。有时银行也会对企业的预期收入报告书有所怀疑，但它也会因其他银行的行为而打消这种怀疑。因为若不这样做，银行占有的市场份额就会减少，对整体市场的特性和竞争状况的了解也会变得模糊。Gehrig（1996）从对瑞士银行业的研究中证实，与利差相比较，瑞士银行业的准备金和贷款损失的增加起因于银行竞争程度的增加。Berger 等（1999）通过考察金融业全球一体化的过程，评估了金融机构并购前后对金融一体化的影响。他强调，在金融危机期间政府有必要对有问题的金融机构合并提供金融援助和支持，但不能忽视银行业的市场力量与脆弱性之间的关系。

金融脆弱性正是建立在安全边界的变化上，那些缓慢的、不易察觉的行为不断侵蚀安全边界，形成金融脆弱性。当安全边界减弱到最低程度时，即使经济现实略微偏离预期，借款企业为了兑现固定现金收入流量承诺，也不得不改变已经计划好了的投资行为。这意味着企业将拖延支付，或另找贷款，否则就只能推迟投资计划，或变卖投资资产。接着，费雪提出的债务－通货紧缩过程便开始进行，价格下跌、实际债务负担加重和供求法则逆转（价格降低引起供给增加、需求减少），最后金融危机发生。因此，银行用借款人的信用记录和参照其他银行的做法来估计安全边界，并不是最恰当的方法。在经济持续稳定的时期，企业的自信心会因自己过去的成功而不断加强，借款人的信用记录也得以改善，这些都会打消银行的顾虑，从而发放低安全边界项目的贷款。但事实上，适当估计安全边界的方法也是很难找到的。Kregel（1997）指出，即使银行和借款人都是非常努力的，但这种努力是非理性的，对于金融脆弱性也无能为力，这是资本主义制度理性运作的自然结果。

（三）其他角度的一些研究

Diamond 和 Dybvig（1983）在《银行挤兑、存款保险和流动性》（Bank Runs, Deposit Insurance，and Liquidity）一文中建立了著名的 D-D 模型，指出在金融市场上有可能存在多重平衡。他们认为，银行提供期限转换机制，借短贷长，这种独特的经营使得银行可能处于"挤提式"的平衡之中。该研究指出，对银行的高度信心是银行部门稳定性的源泉，银行系统的脆弱性主要源于存款者对流动性要求的不确定性，以及银行资产流动性的缺乏。在此研究基础上，Jacklin 和 Bhattacharya（1988）研究了由于生产回报不确定性带来的银行体系的脆弱性，明确提出了可能引起挤兑的因素，并认为挤兑是由经济上相关指标的变动引起的系统性事件。Corton（1985）研究了噪声指标如何导致银行挤兑。Dowd（1992）继续了这一研究，

　　他认为若银行资本充足，公众没有理由害怕资本损失，也不会参与挤兑。然而还没有科学的研究结论表明，资本充足率究竟达到多少才能有效防止挤兑。总体来看，这些研究主要强调的是存款人信心因素。由于银行经营的不稳定性是内在的，只有存款人始终保持对银行体系的信任，银行才会安全。可见，银行体系存在的基础是公众信任，一旦失去这种信任，个别银行的破产也会引起其他银行的挤提，进而威胁整个银行体系的安全。

　　Kaufman（1996）指出，银行和其他金融机构在财务上具有很高的杠杆效应，与非金融机构相比，银行等金融机构可以有更低的资本资产比率，这使得银行能够为损失提供补偿的空间变得很小。另外，由于银行现金资产比率较低，其承受债务清偿的能力也要比非金融机构弱。Greenaway（1996）等的研究表明，一个安全和健全的银行体系是实质经济体系稳定的必要条件，而银行储备资产比率的变化对货币供应有着重要的影响。银行体系本身具有的脆弱性需要由国家出面提供存款保险以减少挤兑的发生，但这种帮助也会加剧金融市场上的逆向选择。因此，避免银行体系脆弱性的关键是增强其稳定性。这些分析表明，金融机构的脆弱性是金融危机的主要原因之一。

　　1997年亚洲金融危机之后对银行脆弱性问题的研究出现了新的热潮。Frenkel和 Rose（1996），Sachs，Tornell 和 Velasco（1996）以及 Honohan（1997）等的研究强调了对外借款尤其是外币面值的短期债务，对测量通货膨胀和货币风险程度起着重要作用。Krugman（1998）认为，道德风险和过度投资交织在一起，导致了银行的脆弱性，而政府对金融中介机构的隐形担保和裙带资本主义也是产生脆弱性的主要原因。McKinnon 和 Pill（1998）的研究强调了过度借债的影响，当非银行部门出现盲目乐观时，会出现信贷膨胀导致宏观经济过热的现象，从而使银行系统变得不稳定。Stiglitz（1998）则认为，金融业作为一个特殊的行业，其本身所蕴藏的引致金融危机的因素比一般工商企业多得多。

　　与上述观点相反的是，Koskela 和 Stenback（2000）构造的银行信贷市场结构与风险关系的模型表明，通过贷款市场的竞争来降低贷款利率，既有利于投资规模的扩大而不增加企业的破产风险，又有利于银行的稳健经营和金融体系的稳定，同时也使社会净福利增加。更重要的是，由于银行在有效竞争中会加强对项目的筛选和监督，因而可以提高项目的可偿付能力。在现实中，即使发生了系统性的银行危机，仍然会有一部分银行不会受太大影响，处于危机之中的各银行受灾程度也不相同。这些银行不仅仅重视借款人的信贷记录，而且慎重考虑了未预见事件的影响，如货币政策的变化等等，这些考虑会降低脆弱性的程度。

　　在传统的银行脆弱性研究之外，次贷危机之后，大量研究聚焦于影子银行体系对于金融稳定性的冲击。Adrian 和 Shin（2010）指出，金融中介的资产负债表规模和杠杆率具有很强的正相关关系，在经济繁荣时期，一些本不应该获得资金的企业也从金融机构中获得了融资，这便为未来的危机埋下了种子。因为在危机发生时，资产价格的下跌会侵蚀金融机构的资本金，开展大量影子银行业务的金融机构的惜贷会引起资产抛售，进一步导致资产价格下降和融资趋紧（Brunnermeier，2009）。Gennaioli 等（2012）认为，可以将金融机构通过货币市场基金开展影子银行业务向储户提供类银行存款金融产品视为一种金融创新，但事实上这些金融产品通常包含一些被忽略的风险，一旦市场意识到风险的存在，便会将资金转向其他安全资产。以 2007 年次贷危机为例，次级贷款的违约向市场发出了风险提示，以资产支持商业票据为代表的证券化产品出现崩盘（Covitz et al.，2012），货币市场基金作为证券化产品的主要持有者同样遭受到巨额损失，进而影响到了银行间市场流动性（Gorton and Metrick，2012），导致投资银行大量破产。Gennaioli 等（2012）将这一危机传导链条视为金融体系固有的脆弱性。

三、金融脆弱性的理论根源

形成金融脆弱性的原因有很多，经济学家主要从信息不对称、资产价格波动及金融自由化等方面剖析了形成金融脆弱性的主要原因。

（一）信息不对称与金融脆弱性

微观信息经济学研究的核心问题是信息不对称，该理论否定了古典经济学的经典假设之一，即信息是完全的，因此市场总可以达到一种均衡状态。信息不对称理论认为，市场信息是不完全的，总是存在一方比另一方拥有更多信息的情况，因此，市场不一定总能达到均衡状态。美国经济学家阿克洛夫、斯宾斯和斯蒂格利茨在 20 世纪 70 年代分别发表了一系列文章，奠定了不对称信息经济学的基础。其中，Akerlof（1970）提出了旧车市场分析中的"柠檬理论"（二手车理论），Spence（1973）建立了信号传递理论，Stiglitz（1976）的研究贡献主要包括在不完全信息条件下对产品市场、资本市场和保险市场中的经济行为进行分析，总结信息在社会资源配置中的作用（特别是逆向选择和道德风险导致的市场失灵问题）以及对微观信息市场行为的分析。这些学者对信息不对称问题进行了深入细致的研究，其研究成果在多个领域获得应用，取得了良好的效果。其中，金融市场是信息不对称理论运用得最广泛、最成功的领域之一。

随着博弈论和信息经济学的发展，经济学家们对金融市场的微观行为基础有了深刻的理解，对金融机构的脆弱性也有了更深刻的认识。Stigler（1976）指出，信息是一个在经济活动中日益重要的经济因素，许多用过去的经济学难以解释的经济现象都可以用信息的不完全性这个客观存在得到解释。不完全信息概念的引入产生了一场微观经济学的革命，标志着信息经济学的诞生。市场参与者只有在完善的资本市场和完善的信息条件下，才能对价格信号做出及时的反应，实现其行为的最大化。而现实经济生活中，交易双方的信息往往是不完全的，所获得的信息是异质的，即存在信息不对称，而信息不对称的存在将产生逆向选择和道德风险。逆向选择是交易之前发生的信息不对称问题，指潜在的不良贷款风险来自那些积极寻找贷款的人，即最有可能导致与期望相违背的结果的人们往往就是最希望从事这笔交易的人们。由于逆向选择使得贷款成为不良贷款的可能性增大，即便市场上有风险较低的贷款机会，贷款人也会决定不发放任何贷款。道德风险是交易之后发生的信息不对称问题，指贷款人发放贷款后，将面对借款人从事那些放款者并不期望其从事的活动，而这些活动可能使贷款难以归还。

金融机构的产生在一定程度上减少了信息不对称的现象。这是因为当最终贷款人将他们的资金集中到金融中介时，他们就委托金融中介作为代理人对不同的借款人给予区别对待，即根据相对风险大小对贷款进行定价。Stiglitz 和 Weiss（1981）指出，作为金融中介的银行在融资中起着独特的、重要的信息作用，这是因为银行消除了借款人和贷款人之间直接进行交易时所产生的信息不对称，能够识别潜在的客户并对客户进行监控，此外，银行提供的债务合同避免了"搭便车"现象。Campbell 和 Cracaw（1980）认为，银行贷款还会产生并传递信息，如果企业能够从银行获得贷款，就会向外界传达一个良好的信息，即该企业的经营是健康的，企业由此可以获得良好的声誉。对于金融中介的作用，Diamond（1983）认为，由于银行比其他形式更有可能最小化信息不对称所产生的成本，所以银行是资源分配中最有效的中介之一，其标准的债务合同是最优的。金融中介机构还是分析企业信息的专家，它通过分辨风险来降低借款人的逆向选择风险。相对于零散的储蓄者，金融中介机构也处于有利的地位，它通过监督和影响借款人在借款后的行为来限制道德风险。

虽然以上分析表明金融中介机构对减少市场上的信息不对称起着重要作用，但以商业银行为代表的金融中介机构受到两个前提条件的限制：一是存款者对银行的信心，只有存款者不同时提款，才能使金融机构将零散存款人的流动负债转化为对借款人的非流动性债权；二是金融机构对借款人的筛选和监督是高效率的，并且是无成本或至少是低成本的。由于信息不对称的存在，这两个条件的成立并不是绝对的，这样便产生了金融机构的内在脆弱性。Mishkin（1996）指出，正是因为存在信息不对称所导致的逆向选择和道德风险，以及存款者的"囚徒困境"可能引起的存款市场上的银行挤兑，才使得银行等金融机构具有内在的脆弱性。Mishkin（1999）还直接将银行危机与道德风险相联系，认为银行危机因为逆向选择和道德风险的不对称信息问题而严重恶化，使金融市场无法有效地将资金导向那些拥有最佳生产性投资机会的企业。他指出，在缺乏适当贷款条件的情况下，最终贷款者的行为造成的道德风险会极大地增加银行体系的不稳定性。

1. 借款人与金融机构之间信息不对称

由于信息不完全，金融机构对借款人的筛选和监督并不能保证高效率，甚至会失败，从而使资产质量恶化。金融机构要有效地筛选借款人，就必须对借款人的投资项目进行充分了解。但事实上，借款人总是要比金融机构更了解其项目的风险-收益特征，借款人还可能具有不同的风险偏好程度。用简单的二分法可以将借款人分为高风险偏好者和低风险偏好者，低风险偏好者会将所借的款项投资到具有较低风险的项目上，会力争在贷款到期时还本付息；高风险偏好者则会将所借的款项投资到具有较高风险、收益不稳定的项目上，因而他们不能保证贷款的安全，甚至到期时都不能还本付息。另外，借款人有意拖欠银行债务的意图也会影响他们的行为。

Stiglitz 和 Weiss（1981）的研究表明，在信贷市场上，逆向选择和不当激励总是存在的。从历史经验来看，最容易诱使金融机构陷入困境的是那些在经济繁荣环境下可能产生丰厚收益，而一旦经济形势逆转便会出现严重问题的投资项目，这些项目很难用一般的统计方法做出准确预测。Mishkin（1999）用债务合约的道德风险解释了这一现象。他认为，约束借款人和贷款人之间的合约即债务合约，是一种规定借款人必须定期向贷款人支付固定利息的合约。当企业有较多的利润时，贷款人收到契约性偿付款并且不需要知道公司的利润。如果经理隐瞒利润，或从事某些利己活动，只要不影响公司按时偿付债务的能力，贷款人就不会介意。只有当企业不能偿还债务时，合约贷款人才会审查企业的盈利状况，而此时企业的借款对银行资产质量已构成威胁。由于债务合约不需要银行经常审核企业的财务状况，因此对企业而言债务合约比股权合约更有优势，这也说明了企业为什么并不主要通过发行股票来融资。但是，债务合约的这种特性也容易引发道德风险。由于借款人必须偿付固定利息，因此他愿意从事风险更大的投资项目。对此，贷款人虽然可以通过限制性契约等方式来约束借款者，但并不能预防所有的风险活动，借款人总能找到使限制性契约无法生效的漏洞。

2. 存款人与金融机构之间信息不对称

要解决信息不对称问题，还应使存款人对金融机构有充足的信心。这是因为：只有在所有的存款人对金融中介机构的信心维持不变，不会同时提款的条件下，才能保证金融机构将零散储户的流动性负债转化为对借款人的非流动性债权，从而获得利润。Diamond 和 Dybvig（1983）提出了一个因恐慌引发的银行挤兑模型，该模型假定经济中只存在一种无风险的技术，尽管可以证明银行合同是最优的，但它在为存款人的偏好提供保险的同时，却导致了代价高昂的挤兑恐慌。在模型中，存在按帕累托排序的两个纳什均衡，一个是没有挤兑的高效率均衡，另一个是发生挤兑的低效率均衡。银行挤兑的发生是由于存款者自我实现的信念，从而完全不可预料对低效率均衡的选择。尽管多重均衡理论可以解释银行挤兑的一个重要方面，但我们可以认为银行挤兑并非完全取决于独立的随机因素，而是与银行的不良业绩相关联。

Jacklin 和 Bhattacharya（1988）等建立了基于信息的银行挤兑模型，该模型假定存在一个无风险的短期技术和一个有风险的长期技术，并引入一个双向的信息不对称问题。在该模型中，银行不能观测到存款者的真实流动性需要，而存款者也不知道银行资产的真实状况。当一部分存款人获得关于银行风险资产回报的不利信息时，银行挤兑就会作为唯一的均衡发生。因此，银行挤兑有一个基本的根源，那就是银行的不良业绩。当存款人对金融机构失去信心时，就会出现对金融机构的挤兑。可见，金融机构面对挤兑所显示出的脆弱性是深藏于其业务的特征之中的。他们认为，从金融机构的负债方面来看，如果存款人的提款是随机发生的，根据大数法则，金融机构的资金来源就是稳定的；从金融机构的资产方面来看，如果金融机构将其资产都持有至到期，则金融机构的收入也是稳定的。但实际上，金融机构的存在并没有完全解决信息不对称问题，由于存款者对银行资产质量信息缺乏充分了解，存款者无法辨别他们的存款银行究竟是否功能健全。在存款基础稳定的条件下，金融机构可以保证有足够的流动性以应付日常提款，但是一旦发生任何意外事件，由于金融机构要根据顺序服务原则行事，存款者便有强烈的冲动马上加入银行挤兑的行列。如果在存款人提款时，金融机构资金耗尽，无力支付，存款人便不能及时收回全部存款，则会产生更严重的恐慌。由此，存款人个体行为理性的结果是导致了集体的非理性，这正是博弈论的经典例证"囚徒困境"所说明的结论。这种由于银行体系运行状况的不确定性导致挤兑的现象可以在好银行和坏银行之间同时发生，而一家银行的倒闭又会加速其他银行的倒闭，若不及时采取措施，银行恐慌就会变为现实。这意味着在面对市场信心崩溃时，金融机构是非常脆弱的。

在现代经济条件下，金融机构在一定程度上都会得到政府的保护，如存款保险制度。因此，金融机构一旦发生危机，政府总会出面援救；危机越深重，政府救助的可能性就越大。针对这种现象，McKinnon 和 Pill（1998）分析了由道德风险所引发的新兴市场过度借贷综合症。在他们的模型中，存款保险或其他政府救援措施的存在导致了国内银行系统的道德风险，在没有资本管制的情况下，国内银行将从国际市场借入过量的资金，投资国内的投机性项目或用于消费信贷。过量的外债会使本国金融系统变得极其脆弱，一旦遭受不利冲击或资本流向发生逆转，银行系统的崩溃和经济的衰退就难以避免。McKinnon 和 Pill（1998）指出，即便个别金融机构认识到某类贷款存在着很大风险，但如果已经有其他金融机构在从事此类贷款，它们也会仿效从事，否则它们就会失去竞争力和市场份额。虽然政府的这种或明或暗的救助有效地抑制了银行挤兑和由此诱发的金融恐慌，增加了存款人对银行的信心，但政府的存款保险存在着严重的弊端，这主要来源于道德风险，即交易的一方有从事损害另一方利益的活动动机。因此政府担保的存在既增加了投资者冒险的动机，也增加了银行的风险。

Matutes 和 Vives（2000）认为，存款竞争与存款保险的结合会产生过度风险，因为在此条件下银行可能会选择风险高的贷款项目而导致不顾风险的高利贷行为发生。存款保险还会产生的一个问题就是逆向选择，那些最有可能造成不利结果（银行危机）的人正是那些想充分利用政府保护的人。金融机构管理者在经营业绩上获得奖励和受到处罚的不对称性也是导致其不能有效筛选客户的一个原因，如对于一项风险贷款，一旦获得成功，管理者将获得极大的奖励；若贷款失败，他们最坏的结果不过只是暂时失去工作或仅受到很小的惩罚。相比较，理性的金融机构管理者总是倾向于从事那些风险较高、一旦成功便会产生丰厚收益的信贷活动，这大大增加了金融机构的脆弱性。

（二）资产价格的波动与金融市场的脆弱性

Knight（1921）在其著名的《风险、不确定性与利润》（Risk, Uncertainty, and Profit）中论述了有关不确定的思想，从而把不确定性因素引入到经济分析中。之后，Keynes（1936）吸收并发展了奈特（Knight）的思想，认为大多数经济决策都是在不确定的条件下做出的。Keynes（1936）在《就业、利息和货币通论》中分析到，投资主要取决于投资者对未来市场前景的心理预期，而这一预期会由于投资者对未来模糊的、不确定的、缺乏可靠基础的认识而产生偏差，引起剧烈的市场波动。他指出，首先，金融市场的不确定性来自金融资产未来收入流量的不确定性，这种不确定性是来自生产性投资自身的风险。其次，金融市场的不确定性来自金融资产交易中的不确定性。在实际的金融市场上，投资者购买金融资产的主要目的已不是期望在某一时间内从公司那里获得多少红利，而是预期通过金融市场的交易获取买卖价差上的收益。金融市场的脆弱性往往是从价格波动的角度来研究的。金融资产价格的不正常波动或过度波动积累了大量的金融风险，极易引爆危机。理论上，金融市场对某种金融资产进行定价的依据包括该资产将带来的未来收入流量以及影响这一流量变化的各种因素，但是这些因素都难以为零散的资产持有人所知，所以金融资产的定价受到不完全信息的制约，具有不稳定的倾向，金融资产的价格也因此常常处于动荡之中。除了这些一般的共同因素之外，不同的金融资产价格还会受到所在市场特有因素的影响，这些因素使各种金融资产的价格波动呈现不同的特征。

金融市场以金融资产为交易对象，该金融资产的投资价值取决于该资产未来的盈利能力，而这个盈利能力是通过预期得到的。因此，任何影响资产未来盈利的心理预期都会引起市场上资本的流动，进而造成资产价格的波动。Soros（1969）据此提出了"循环周期理论"，他认为，世界上并不存在完全效率的金融市场，也不存在所谓的由资产内在价值决定的均衡价格。索罗斯（Soros）指出，资产价格和交易行为之间的关系不仅仅是交易行为对资产价格的单向决定，也是相互决定，中间的桥梁是市场心理，通过资产价格和交易行为之间的相互循环决定，资产价格间接决定了自己。金融市场通过与交易行为及市场心理的交互影响，其结果就是"市场决定市场的自我循环"，直至市场运行趋势发生逆转，并开始新一轮的反方向循环，这种资产价格的自我循环造成资产价格的过度波动。同样，Jorion 和 Khoury（1996）也认为金融市场上的脆弱性主要来自资产价格的波动性及波动性的联动效应。

1. 金融市场脆弱性主要来自股市的过度波动性

Keynes（1936）将经济繁荣时推动资产价格上升的现象描绘成"乐队车效应"，当经济的繁荣推动股价上升时，幼稚的投资人开始涌向价格的"乐队车"，从而使股票价格上升得更快，以至于达到完全无法用基础经济因素来解释的水平。由于脱离了基础经济因素，市场预期最终发生逆转，导致股市泡沫破裂。与股市相比，宏观经济的波动通常比较缓和，但宏观经济运行的任何变动，甚至只是出现某种变动的迹象，也会对股市产生影响。这是因为股票价格代表了未来，因而任何可能对单个股票或整个股市的未来走势产生影响的事态，都会引起当前股市的波动，而股市的调整是迅速而又剧烈的。在交易制度中，任何高买低卖的技术性特征也可能加剧股市的波动性。对于股市的波动性，即使是精明的投资家也不能规避其风险。Kindleberger（1978）认为，市场集体非理性行为导致的过度投机对资产价格有巨大影响，因此过度投机足以引起股市的过度波动。Keynes（1936）指出，人们通常认为富有判断力和知识的投资专家之间的竞争能纠正无知投资者的思想，但职业投资家事实上也是投机家，他们也不能做出比自己生命更长的投资收益预测，充其量能做出先于一般大众的基于常规的投资收益预测。由于股市与真实经济的联系越来越紧密，股市的波动对真实经济的影响也更为广泛而深刻。Gavin（1989）指出，股票价格的波动可以通过财富效应和流动性效应影响社会总需求，进而引起汇率变动，这种股票市场与外汇市场之间的联动效应也进一步放大了股市波动对金融系统稳定的影响。

Roger 和 Stacey（2001）建立了一个有关金融脆弱性的动态随机博弈模型，用以说明证券市场的波动对金融市场的影响。该模型主要有两个基本特征：一是在市场上投资者的投资组合和支付委托相互之间都有紧密的联系；二是基于独立同分布的股票投资可能会引起其他一些投资的失败。当一些市场参与者投资失败时，他们就会重新进行投资组合，因此将破坏投资者之间的紧密联系。Roger 和 Stacey（2001）认为，在帕累托最优的平衡研究中，这将会引起两种类型的金融危机。一种是投资者间更多的联系断裂后，金融市场变得更加脆弱，最终引致危机的发生。另一种是当投资者预期到他们的未来投资将受到影响时，会突然将资产转换成其他安全的形式，从而引起证券市场的大幅波动，这同样也增加了金融市场的脆弱性。他们还指出，市场规模越大，这种脆弱性越明显。

2008 年金融危机之后，美联储的救市政策对全球金融市场产生了重要影响，近年来也不断有学者关注这一领域。Yang 和 Zhou（2017）采用递归 VAR 研究了美国货币政策与全球金融市场波动之间的关系，研究发现，美国股票市场波动的溢出效应会影响到全球股票市场、商品市场，并且进一步指出，美联储的量化宽松政策可以解释 40％～55％溢出效应的变化。这一领域的研究也进一步说明了核心国家（如美国）股票市场的波动和货币当局的政策将影响到全球金融市场的稳定和金融脆弱性风险。

2. 市场的不完全有效性引发了金融市场的脆弱性

法玛（Fama）等提出了有效市场理论，并且对该理论不断加以完善。他们认为，有效市场是指能够有效利用金融信息并在证券价格形成中准确反映全部相关信息的资本市场。由于完全有效市场并不存在，Fama（1970）将有效市场分为三种水平，即弱式有效市场、半强式有效市场和强式有效市场。这三类市场的脆弱性水平也不相同。首先，在弱式有效市场上，市场信息公开程度很低，众多投资者尤其是中小投资者只能根据金融资产价格的历史变动趋势来主观推测不确定的未来资产价格；而少数有雄厚资金实力的投资者却掌握较多的信息甚至包括内幕消息，他们为了达到获取超额利润的目的，往往利用所拥有的信息优势恶意炒作，操纵市场。

大多数不明真相、缺乏信息的投资者往往容易产生盲目从众或极端的投机行为，从而破坏市场均衡。金融市场上泡沫因此形成并迅速膨胀，市场脆弱性不断增加，当泡沫破灭时，金融危机爆发。其次，在半强式有效市场上，市场信息的公开程度有所提高，投资者的理性有所增强，价格可以更为有效地反映出资产的基础价值。但是，这类市场仍然无法克服其自身存在的信息不对称性缺陷，更无法解决广泛存在的内幕消息问题。因此，在这类市场上仍可能会产生大量泡沫，但同弱式有效市场相比，半强式有效市场上的泡沫膨胀的程度可能要小，存在的时间可能会短，泡沫收缩的机会要多，而过度膨胀并破灭的可能性要少。再次，强式有效市场是一种理想型的市场，在现实经济中并不存在，尽管内幕交易是违法行为，但在现实的金融市场上还无法完全杜绝依靠内幕消息牟取暴利的投资者，因此市场的脆弱性始终存在。

3. 汇率的波动性增加了金融市场的脆弱性

在浮动汇率制度下，经常会出现汇率的过度波动和错位，因为汇率的易变性是浮动汇率制下汇率运动的基本特征。此外，浮动汇率制度加速了虚拟资本的国际化进程，增加了国际金融市场的脆弱性和风险，促使国际投机资本快速成长和流动，并削弱了货币当局对虚拟资本流动的控制能力，从而对世界经济产生了一定的负面影响。因此，在浮动汇率制度下，汇率体系的稳定性被进一步弱化，外汇市场的脆弱性增加。Dornbush（1976）在汇率超调理论中指出，在浮动汇率制度下，汇率产生剧烈波动和错位的主要原因是当面对某种初始的外部冲击时，资产价格和商品价格都可能会产生过度反应，但由于资本市场和商品市场的调整速度常常不一致，这些问题反映到汇率上，就会使汇率过度波动。Dornbush（1976）的汇率超调理论是资产价格理论的一部分，他抛弃了蒙代尔-弗莱明模型中关于物价固定的假设，而认为在现实生活中，物价是黏性的，并介于固定和充分弹性之间。Dornbush（1976）指出，国际资本流动在商品市场和货币市场的作用是不同的，这主要表现在：国际资金在商品市场上套利是一个缓慢的过程，物价的变化是黏性的；而国际资金对货币市场上的利率或汇率的变化十分敏感，资产价格的调整是迅速完成的。在经济调整趋于长期均衡的过程中，由于实物领域调整缓慢，调整的任务落在金融领域，由此形成汇率超调的不稳定。此外，市场预期也会引起汇率的大幅波动。在金融市场中，预期是投机资本运动的心理基础，投机是在预期指导下的一种现实行为。既然预期是一种心理活动，就不可避免地带有强烈的主观色彩。当存在投资预期时，当前汇率便取决于对未来基本经济状况的预期，并按折现因子折现到当期。对将来预期的微小变化都会通过折现累加，导致汇率的大幅变化。

一些经济学家认为，在固定汇率制下，也存在汇率过度波动的问题。Chang 和

Velasco（2000）指出，产生流动性危机的宏观经济效应取决于汇率制度。在固定汇率制度下，如果中央银行愿意充当最终贷款人，那么银行危机可以避免，但必须以货币危机为代价。为维护固定汇率制度，货币当局会承诺将本国货币的汇率维持在一个它认为的合适水平上。但是，当市场参与者对该货币当前汇率的稳定性失去信心时，他们就会抛售该国货币，使政府难以维持固定汇率水平，在不得不放弃时，便会发生货币危机。因此，造成市场信心丧失的基本原因在于货币管理者把本国货币汇率确定在同其宏观经济政策不一致的水平上。虽然政府可以通过动用外汇储备来对汇率市场进行干预，或用其他政策手段使汇率在一定时期内趋于稳定，但如果经济的运行因汇率水平的不合理或因维持汇率稳定的其他经济政策可能出现不利后果时，市场预期就会逆转，若这一预期得到持续，就会引起固定汇率崩溃。当然，市场信心的丧失也可能是由其他与真实经济关系不大的因素所引起，如投机力量操纵市场。国际金融市场上存在的巨额投机资金常常使货币当局维持汇率的力量显得很薄弱，而市场上的其他参与者在面对汇率强大的调整压力时，其理性行为方式常常是从众，这更放大了外汇市场的振幅。

许多危机事件证明，中间汇率制度与金融脆弱性也有密切的联系。布雷顿森林体系的崩溃最早反映了中间汇率制度存在的危机。20世纪80年代和90年代初的欧洲汇率危机进一步显示了中间汇率制度存在的艰难。90年代中后期，墨西哥、东南亚、俄罗斯等许多国家、地区的金融危机频繁爆发，证实金融脆弱性及金融危机与汇率制度有密切联系，而中间汇率制度更容易引起金融的脆弱性。在道德风险理论中，银行是金融风险的最主要发生主体。在央行监管不力时，银行在利益最大化的驱使下就会为追逐利润而承担风险。Eichengreen（1999）认为，在固定汇率制度下银行和企业会过分持有未对冲的外币债务，而固定汇率制又使它们缺乏动机去对冲外汇风险。在中间汇率制度下，银行预期到政府将会维持汇率不变或沿着其公布的方式小幅变动，并且不会完全放弃货币政策的自主性，即认为政府为国内银行体系提供了隐性的担保，所以银行在借贷外债时没有完全对冲其债务的汇率风险的动机。但此时若国内的经济状况发生变动或人们的预期出现偏差，在投机基金的攻击下，汇率就有可能下跌，而银行的外债也会由于本币贬值而膨胀，金融脆弱性便充分暴露出来，随之可能爆发银行危机甚至金融危机。

Eichengreen（1999）指出，不仅银行如此，企业和个人也存在同样的状况，在中间汇率制度下，他们也没有对冲其借贷外债的动机。20世纪80年代以后，金融衍生工具大量出现，对冲基金成为外汇市场上的活跃力量，此时政府的中间汇率制度极易成为对冲基金攻击的对象。对冲基金可以集中分散投资者的资金，形成强大的力量，并借助杠杆效应放大持有的资金，利用市场上存在的羊群效应，在其预期到政府将采取一定的干预方式时，便发起攻击。这时，市场的噪声使系统产生了很大的偏差，均衡汇率出现超调，政府便无力继续维持中间汇率制度，从而引起金融市场的大幅波动。

在 Eichengreen（1999）研究的基础上，Frenkel（2000）等提出可核验性理论。他认为市场参与者能依据所观察到的资料，在统计上推断出政府宣布的汇率制度是否是实际上可行的制度。他们通过实证检验得出结论：在中间汇率制度下，市场参与者需要更长的时间和更复杂的数据才能够核验中央银行是否真正在实施其公布的政策。因此，在中间汇率制度下政府的政策在投资者中的公信力较低，投资者对政府的政策执行预期容易出现偏差。即使在经济基本面较好的情况下，投资者对政府的政策预期若产生偏差，也极易使汇率向不利的方向发展。

Rey（2015）则指出，受全球金融周期的影响，在资本自由流动的情况下，经济体无论采取固定汇率制还是浮动汇率制，都无法摆脱中心国家（美国）货币政策溢出效应的影响，只能借助于资本管制或相关宏观审慎政策来减轻外生冲击的影响，这也从另一个角度说明了全球化背景下金融脆弱性所产生的潜在影响大大增强。

（三）金融自由化与金融脆弱性

自 20 世纪 70 年代末以来，金融自由化逐渐成为世界经济发展的潮流。发展中国家越来越多地放弃了金融管制或金融抑制的做法，并加快了对金融部门的改革，发达国家也出现金融自由化的改革浪潮。对金融自由化会引发金融危机的忧虑始于 Diaz-Alejandro（1985）的著名文章《送走了金融抑制，迎来了金融危机》（Goodbye Financial Repression，Hello Financial Crash）。他指出，放松金融管制以后，金融脆弱性不断增加。Williamson（1998）研究了 1980—1997 年间 35 个发生系统性金融危机的事件，发现其中 24 个金融危机与金融自由化有关。金融危机的爆发虽然表现为突然发生，但实际上已经过脆弱性的积累。金融自由化在相当程度上激化了金融固有的脆弱性，暴露出金融体系内在的不稳定性和风险。Barth，Caprio 和 Levine（1998）指出，截至 1998 年，共计超过 130 个国家在过去 20 年中经历了损失巨大的银行危机，1997 年的亚洲金融危机就是后果较严重的危机之一。爆发金融危机的大多数国家都实行了金融自由化，其经济的发展与国际资本市场有十分密切的联系。

经济学家不断引入各种数学模型来检验金融自由化和金融脆弱性之间的这种关联是否存在以及其紧密程度。Demirguc-Kunt 和 Detragiache（1998）采用计量方法分析了金融自由化与金融脆弱性之间的关系，他们收集了 1980—1985 年间 53 个发达国家和发展中国家的大量数据，运用多元 Logit 模型来估计金融危机发生的概率，以此识别当其他因素不变时金融自由化对金融脆弱性产生的影响。样本国家包括在 1980 年以前就开始金融自由化的国家以及在样本时期内开始金融自由化的国家，还包括经受了一次或多次金融危机的国家及在整个样本期内保持金融系统稳定的国家，其中，多数样本国家在这一时期既进行了金融自由化，又发生了金融危机。Demirguc-Kunt 和 Detragiache（1998）通过进行 Logit 回归分析发现，金融脆弱性受到多种因素的影响，包括宏观经济衰退、失误的宏观经济政策以及由国际收支危机带来的波动性等等。即使这些因素得到控制，金融自由化的虚拟变量与金融危机发生的概率之间仍存在显著的正相关关系，即金融自由化会单独对金融系统的稳定产生负面影响，而且是较大的影响。他们还指出，由于在过去金融管制的环境下，监管部门和金融从业人员均缺乏在金融自由化环境中管理风险的经验和技巧，从而金融自由化便暴露了整个金融体系的风险。这表明，正如 McKinnon（1993）所指出的，即使在宏观经济十分稳定的情况下，金融自由化仍会加大金融脆弱性。

1. 利率自由化与金融脆弱性

长期以来，利率自由化被认为是金融自由化的主要内容之一，尤其在计量研究中，利率自由化变量常常被作为金融自由化的替代变量。因此，有关金融自由化会导致金融脆弱性的研究，也主要从利率自由化的角度进行分析。Carter（1989）认为，明斯基金融内在脆弱性的核心就是利率在投资热潮的后期突然上升所带来的恶性影响。在利率不变的情形下，抵补性企业、投机性企业和庞氏企业都能偿债。而一旦利率上升，后两类企业就会陷入金融困境，随之企业破产，形成银行的不良资产。

利率自由化后，商业银行可以通过利率差别来区别风险不同的贷款人，这有助于资源的配置和资金使用效率的提高。但利率的自由化也带来了风险冲击，加剧了金融的脆弱性。利率自由化主要通过两种途径加重商业银行的风险，一是利率自由化后，利率水平显著升高影响了宏观金融稳定；二是利率自由化后，利率水平变动不定，长期在管制状态下生存的商业银行来不及发展金融工具以规避利率风险。这种阶段性风险主要产生于由管制利率迈向市场利率的转轨阶段，具有系统性的特点，但随着转轨阶段的完成，这类利率风险就会渐渐消失。Hellman，Murdock 和 Stiglitz（1994）在探讨了金融自由化进程中金融体系脆弱性的内在原因后指出，金融自由化引发银行部门脆弱化的重要通道是利率上限取消以及降低进入壁垒所引起的银行特许权价值降低，导致银行部门的风险管理行为扭曲，从而带来金融体系的内在不稳定。

Khakthata（1980）指出，在低收入的发展中国家，资本的实际收益率是比较低的，而在资金短缺的状况下实行利率自由化，市场利率就会上涨到资本实际收益率之上，从而压制投资需求。高利率将增加企业的成本，降低投资收益率，从而抑制企业的投资动机。如果当前利润率的降低使企业家对未来利润的预期更加悲观，投资减少的规模会更大。当实际利率非常接近甚至超过实际资产的收益率时，人们会继续以存款形式持有其资产而放弃投资机会。居民边际储蓄倾向提高，从而直接减少了消费需求。因此，利率升高后，投资需求和消费需求同时减少。Beckerman（1988）认为，市场出清的实际利率可能是负值，因此，若政府将实际利率水平提高到正值，有可能导致"向上的金融抑制"，也会引起银行体系的不稳定。Burkett和 Dutt（1991）也指出，存款利率的上升一方面会使存贷款增加，另一方面也会使边际储蓄倾向增加，但边际储蓄倾向效应将会超过存贷款的增加。Chari 和 Jagannathan（1988）指出，实行金融自由化后名义利率的波动可能会恶化银行以及其他金融机构的资产负债表，若缺乏一个发达的银行拆借市场，银行会发现它很难应付短期流动性危机。而一家银行的短期流动性危机很可能蔓延成为整个金融体系的流动性危机，并最终导致金融危机的爆发。

利率显著提高后，会从整体上加重商业银行体系的风险。首先，项目申请中的逆向选择行为会增加。因为在信贷活动中，不同借款人违约拖欠的可能性是不同的，但贷款人无法知道谁的违约可能性更高。Stiglitz 和 Weiss（1981）指出，随着实际利率的升高，偏好风险的借款人将更多地成为银行的客户，产生逆向选择效应。而原本厌恶风险的抵补性企业借款人也倾向于改变自己项目的性质，使其具有更高的风险和收益水平，这便产生了风险激励效应。因此，利率提高会导致资产的平均质量下降，信贷风险增大，信贷资金就会流入投机性强的房地产和证券业，这也是许多国家在利率自由化初期，遭遇泡沫性资产价格升高的因素之一。其次，风险趋于向银行集中。由于信息不对称，银行贷款风险与贷款利率之间并不存在单调的正向关系，高风险贷款并没有得到高利益补偿。McKinnon（1993）尖锐地指出，金融自由化过程中的银行道德风险大大加重，银行是一场针对政府的不公正赌博的受益者，它保留了不正常的利润，却不必支付因风险贷款带来的巨大损失所产生的全部社会成本，因为政府最终会出面救助出现危机的银行。再次，吸收存款的激烈竞争。利率自由化后，正是由于金融机构在资金来源上的激烈竞争，存贷利差有逐步缩小的趋势，银行的盈利压力加大。Caprio 和 Summers（1993）及 Hellman，Murdock 和 Stiglitz（1994）指出，金融自由化之后银行间的竞争不断加剧，银行的利润水平下降，从而银行具有更强烈的动机从事高风险的投资，其结果是更多的银行因为从事高风险活动失败而破产。另外，由于商业银行的利率敏感性资产与利率敏感性负债不匹配，利率变动之后，就会对银行的净利差收入产生影响。当利率上升时，若银行的利率敏感性资产少于利率敏感性负债，则银行的净利差收入减少；当利率下降时，若银行的利率敏感性资产多于利率敏感性负债，则银行的净利差收入也会减少。即使商业银行的利率敏感性资产与利率敏感性负债相等，在存贷款利率不同步变动时，银行的净利差收入仍会受到影响。存贷款利率的不同步变动源自市场对不同金融工具风险程度的判断以及金融机构之间的竞争程度。最后，商业银行承受的利率风险还取决于其风险管理水平。在商业银行面临的信用风险、利率风险、流动性风险和汇率风险中，利率风险逐渐成为最主要的风险之一。Sprague（1986）认为，在 20 世纪 80 年代以前，大多数银行经营失败，主要是由于对利率的预测发生了错误。因此在美国，利率风险管理成为商业银行资产负债管理的一项重要工作。

银行竞争的加剧还会降低银行的特许权价值。Caprio 和 Summers（1993）及Hellman，Murdock 和 Stiglitz（1994）指出，利率上限和进入限制创造了一种租金，它使银行的执照具有很高的价值。有可能失去这种宝贵的银行执照的风险激励银行经营更加稳健，更好地监督贷款企业，并更好地管理贷款组合风险。当金融自由化导致银行竞争加剧并使银行收益减少时，特许权价值也遭受损失，扭曲了对银行管理风险的激励。若在改革的同时，没有足够的措施来强化对谨慎监管的激励，特许权价值的降低就有可能加大金融机构的脆弱性（Keeley，1990）。Demirguc-Kunt 和 Detragiache（1998）运用 BankScope 数据库中银行层面数据，考察了是否存在着实证证据可以证明金融自由化会使银行特许权价值降低。他们得到的结论是：金融自由化导致银行资本收益率永久性地降低、资本充足率更高和流动比率更低。因此，金融自由化降低了银行特许权价值，进而银行的脆弱性加大。

但是 Boyd 和 De Nicolo（2005）认为，从特许权价值的角度来分析银行竞争对金融脆弱性的影响忽略了借款人行为的影响，当银行竞争程度降低时，银行在贷款市场上将有机会利用市场势力获取超额收益，银行会要求更高的贷款利率以获取更多利润，高利率会加剧贷款市场上的逆向选择问题，也会迫使贷款企业从事风险更高的活动以偿还高额利息，企业的违约风险也会随之大幅上升，进而加剧金融脆弱程度。Akins 等（2016）使用美国的银行数据实证研究了危机前后的银行竞争效应，研究结果也支持 Boyd 和 De Nicolo（2005）得出的结论。Martinez-Miera 和Repullo（2010）研究发现，考虑到银行不同贷款之间违约率的相关关系的强弱不同，银行竞争与金融脆弱性之间应该呈 U 形关系，即随着银行竞争的上升，银行破产的风险会下降，但当竞争程度超过临界值之后，竞争的加剧反而会使得金融脆弱性增强。综合考虑来看，银行竞争导致利率变化对于金融脆弱性的影响并没有明确的答案，仍需结合经济体实际情况具体分析。

2. 混业经营与金融脆弱性

金融自由化的另一个主要措施是放松金融机构业务范围的限制，使得金融业由分业经营走向混业经营。商业银行与证券业混合经营的最基本风险在于：证券业以高风险著称，银行业参与证券业，一旦股市崩盘，银行必然会受到很大影响，有可能发生巨额亏损，甚至破产。而银行经营证券的资金主要来源于客户存款，银行投资失败将无法应对客户的存款提取。而客户或存款保险机构将最终承担证券投资失败的风险，却无法享受证券投资成功所带来的利润收益。在商业银行和投资银行日益融合的情况下，为获取证券发行的承销权，它们通过各自的信贷、投资等部门向产业资本渗透，资本的高度集中便会形成一定的垄断。由于人为因素增加，金融业的波动性加大，极易造成泡沫化。Joseph 和 Norton（1991）指出，20 世纪 30 年代，购买股票主要依靠贷款，股市因此不断膨胀。当投机失败发生时，银行便急于催收贷款，投资人只好被迫变卖股票，于是引起股价暴跌，而股价暴跌又进一步加剧了银行资产质量恶化。美国参议院银行和货币委员会曾指出："过去 10 年的经验充分证实了这个观点，即商业银行对资本市场的过度参与增大了金融业的波动，削弱了一国经济的稳定性。"

在资本市场欠发达的国家，银行资金相对雄厚，但若银行过度介入证券市场，将会加剧证券市场的波动，促使泡沫形成。随着经济发展，商业银行的业务范围在不断扩大，商业银行可担任政府债券和国有企业债券的经纪人和代理商，提供有关经济和投资服务并担任财务顾问；有些商业银行发行、出售、买卖债券，开展共同基金投资权益的业务、证券投资业务、承担投资单位的代理业务等，商业银行由分业制转向全能制。一般认为，银行并购可以扩大规模，占领市场，降低成本，互补优势，实现规模效益和协同效益。但银行并购存在一定的风险，倘若并购失败，收购银行的股价势必大跌，为并购所支付的一切费用也随之损失。在金融全球化的趋势下，市场的国界正在逐渐消除，但任何一家银行都无法垄断全球金融，因此当今全球银行的并购热潮将会增加国际金融体系的脆弱性。

2008 年金融危机期间多家大型综合性金融机构倒闭对金融体系的稳定产生了巨大的冲击，学者们对于混业经营与金融稳定之间的关系也有了新的思考。Wagner（2010）指出，尽管人们普遍认为金融机构的分散化投资有利于维护整个金融系统的稳定，但分散化投资只是降低了个体风险，就系统性风险而言，由于分散化投资使得金融机构之间的同质化越来越严重（各金融机构持有的分散化资产组合高度相似），反而不利于系统性风险的分担。同样的逻辑也可以延伸到混业经营、银行间流动性担保、银行兼并等相关问题上，混业经营可能会加剧系统性风险的发生。Schmid 和 Walter（2009）也指出金融机构的混业经营弊大于利，总体来说对公司的行业竞争力和股东价值都有损害，进而影响金融稳定，但作者同时发现，对于主要从事投资银行业务的金融机构来说，混业经营所带来的弊端并不显著，商业银行和保险公司、投资银行的合并反而会对金融机构经营产生正向影响，在一定程度上可能会增强金融系统的稳定性。

3. 金融创新和金融脆弱性

近几十年来，金融创新从根本上改变了整个金融业的面貌，促进全球金融市场整体效率的提高，为各国金融机构控制风险、应付利率和汇率波动提供了更大的空间。伴随着金融自由化，发达国家为了减少竞争成本、降低与防范投资风险，不断开拓金融市场，寻求新的交易方式。许多发展中国家也积极投入到更加开放和统一的发展潮流中，与发达国家或地区的金融市场相互联结，构成全球化的金融市场运作体系。随着新市场和新技术的不断开发，许多传统风险和新增加的风险往往被各种现象所掩盖，给金融体系的安全稳定带来了一系列问题。开展创新业务更多的可能是出于市场投机的目的，而不仅仅是为了融资。Carter（1989）指出，金融创新实际上是为了掩盖日益增长的金融脆弱性，是一种金融上的围堵政策，最终激励了基于难以实现的未来收入流和资产价格预期的投机性融资。因此，金融创新在整体上有增加金融体系脆弱性的倾向。对此，Minsky（1986）认为，不需分析金融资料本身，仅仅从金融层次的增多以及新金融工具的不断发明，就足以证明金融体系脆弱性在增加。

金融创新最直接的结果就是金融衍生产品的产生与迅速发展，其交易额是其他任何金融产品都难以相比的。金融衍生市场的发展提供了一种新的风险管理方式，即利用衍生工具进行套期保值，这是一种有针对性的风险控制技术。当金融机构利用这种技术规避风险时，需要辨认风险的类型和测定风险暴露的精确数量，同时管理者可以有针对性地将非系统性风险、与收益无关的风险剥离出来。但由于衍生金融交易集中了分散在社会经济中的各种风险，并在固定的场所加以释放和转移，在规避金融风险的同时，也具有高风险。另外，越来越多的市场参与者不是运用衍生交易来保值，而是利用其高杠杆比率以小搏大，从事投机活动，因而存在的风险更大。Walmsley（1988）指出，过去的风险可以通过减少头寸来约束，现在投资者认为持有的头寸可以用衍生工具保值，因而大量的基础风险头寸在不知不觉中被累积起来。金融衍生产品过去作为对冲和套期保值的功能，目前已逐渐被投机和牟利的行为所代替，成为人们希望通过自己对市场的预测来赚取利润的投机手段。越来越多的投资者进入金融衍生产品市场进行投机，甚至连保守经营的商业银行，由于其传统业务利润率的下降，也开始利用衍生金融工具进行自营买卖，以此作为维持利润高增长的主要途径。当投机失败者在市场中占多数或具有足够影响力时，便会连带引发整个金融体系的失败。国际货币基金组织专家 Watson（1986）认为，新的金融工具使资产负债表分析变得复杂化，由于金融机构的互换交易和金融期货没有公开，很难准确地测度该机构实际所承受的风险程度，并且由于风险被分类，再经过重新组合，使得衡量风险管理制度，特别是区分不同部门的信用评审变得比较困难。

Greenspan（1996）指出，金融衍生品具有极大的渗透性，其风险更具有系统性。由于金融衍生产品本质上就是跨国界的，系统性风险则更多地呈现出全球化特征。由此可见，金融衍生产品市场的发展，打破了银行业与金融市场之间、衍生产品同原生产品之间以及各国金融体系之间的传统界限，而金融衍生产品市场的风险也很容易传播到全球的每一个角落，这使全球金融体系的脆弱性不断增加。由于金融创新大大丰富了银行资产的可选择性，商业银行不再轻易向中央银行借款，因而中央银行货币政策工具的作用在下降。首先，金融创新全面地削弱了货币政策实施的基础。通过金融创新，银行越来越多地把资金转向纯粹信用中介以外的用途，非利息收入不断增加，利润总额对利差变化的反应灵敏程度也在降低。其次，从机构因素来看，金融创新导致的金融同质化也会削弱中央银行货币控制的能力。这是因为随着所有金融机构的职能日益接近，各项业务日益交叉，经营活期存款的金融机构越来越多，它们都具有货币派生的作用，货币创造主体已不再限于中央银行与商业银行，而趋于多元化了。最后，商业银行地位不断下降，必然使以控制银行货币乘数为中心设计的传统货币控制方法难以发挥作用，因此大大降低了中央银行控制货币的能力，货币政策工具难以正常发挥作用。

Gennaioli 等（2012）指出，金融创新往往源于人们对于更高收益金融产品的需求，作者通过假设投资者在追求安全收益的同时会忽视某些特定的风险，且金融机构会迎合投资者新的投资需求，构建了一个描述金融创新的理论模型。研究发现，由于某些特定的风险被投资者所忽视，新的金融产品会广受欢迎，但是投资者终究会意识到风险的存在，他们会抛出这类产品，转向购买传统的安全资产。此时，由于前期此类金融产品的大量发行，即使不考虑杠杆因素，抛售所引发的资产价格下跌也足以对金融体系产生严重的冲击。Boz 和 Mendoza（2014）将金融创新刻画为一个更高的杠杆上限，研究发现，在一个存在不对称信息和信贷摩擦的市场中，金融创新是资产价格上涨的一大诱因，进而会导致危机的发生，并进一步指出，密切关注金融创新初期资产价格的波动对于防范危机的爆发至关重要。

4. 资本自由流动和金融脆弱性

伴随着金融自由化的发展，资本项目开放加速，资本自由流动逐渐成为一种观念。许多人认为，资本在所有国家之间的自由流动，与商品和服务的自由贸易一样，可以互利互惠。因此，若限制资本流动，就像实行贸易保护主义一样，对每个国家的经济发展都是有害的。Glick 和 Hutchison（2005）通过使用 69 个发展中国家在 1975—1997 年的面板数据研究发现，在控制了宏观经济和政治条件后，资本管制并不能有效隔离货币危机的影响，反而是资本管制程度较轻的国家遭受投机性攻击的可能性更低；Chang 等（2015）针对我国资本管制和货币政策选择的研究也指出，适当开放资本账户将会减轻央行对于冲销成本的担忧，进而做出更好的政策选择，以更好地应对外部冲击，促进宏观经济稳定。但是金融危机中资本跨境流动所带来的传染效应又使得我们不得不关注资本流动对金融稳定带来的不利冲击（Reinhart and Reinhart，2008）。根据 Mishkin（2006）的研究，金融开放可能会使得资本的跨国流动更为容易，进而导致金融机构面临过多风险，这使得金融冲击在各国之间更为迅速地传导开来。Kaminsky 和 Reinhart（1996）认为，在多数情况下，金融自由化伴随着对资本管制的解除，当本国银行从国际资金市场上借入外币资金，并将它贷给本国借款者时，就承担了汇率风险。即使对以外币计价的敞口头寸会有限制，但这样的限制在实际中往往会被借款者以各种方式予以规避。如果国内借款者对汇率风险没有进行对冲，那么汇率风险就很容易转化为信贷风险。这样，往往在货币危机之后紧接着会发生银行危机。Stanley（1998）指出，对资本流动可能产生的危机估计不足的现实表明，资本流动可能会不断地引发金融危机。从性质上划分，全球资本流动可分为官方资本和私人资本两类。20 世纪 90 年代以后，以直接投资、发行债券、发行股票和国际银行贷款为主要内容的私人资本流动有了飞速发展，并在全球资本流动中占据绝对的主导地位。Jeanne 和 Korinek（2010）从庇古税的角度考察了新兴市场国家对资本流动的审慎管理的影响，研究发现资本管制会减少宏观经济的波动并增加消费者福利；Prasad（2018）也认为在小国开放经济中，冲销干预配合资本管制可以更好地降低真实汇率和通胀率的波动。

随着金融工具的不断更新、金融资产的迅速膨胀，国际资本私人化以及大量资金在境外流通，国际资本日益显示出游资的特征并对国际金融市场产生了巨大的影响。《新帕尔格雷夫经济学大辞典》（1992）对"游资"的定义为："在固定汇率制度下，资金持有者或出于对货币预期贬值（或升值）的投机心理，或受国际利差收益明显高于汇率风险的刺激，所进行的大规模短期国际资本流动，这类移动的短期资本通常被称为游资。"在现代通信和电子技术条件下，资金的转移非常迅速，它能随时对任何瞬间出现的暴利空间或机会进行快速攻击，造成金融市场的巨大动荡。游资常用的投机做法是运用杠杆原理，以较少的保证金买卖几十倍甚至上百倍于其保证金金额的金融商品。正是由于这种金融交易的存在，使得一家金融机构的少量交易就可以牵动整个金融市场。在股票、期货、房地产等具有投机性的市场上，巨额游资很容易在较短时间内吹起经济泡沫。此外，由于国际游资能迅速转移，一国出现的经济波动和金融市场波动可以快速传递给所有关联国家。Kindleberger（1937）在《国际短期资本流动》（International Short-Term Capital Movements）中强调，短期资本的流入国若增加它在国外的短期净资产或减少它在国外的短期净负债，其经济将会出现膨胀；反之，短期资本的流出国若增加它在国外的短期净负债或减少它在国外的短期净资产，其经济将会出现收缩。这种经济上的膨胀和收缩往往伴随着货币供给的变化以及货币在产业和金融两个领域间的转化。由于游资引发的主要后果是经济泡沫化、汇率无规则波动、货币政策失灵以及传播扩散效应，因而也是整个国际金融体系脆弱性增加的根源之一。

5. 债务杠杆和金融脆弱性

2008年金融危机的爆发再一次让人们意识到了债务杠杆对于金融稳定的巨大威胁，引发了监管当局对于宏观审慎政策，尤其是杠杆率监管的极大重视。Eggertsson和Krugman（2012）在新凯恩斯框架下分析了去杠杆与危机之间的联系，在一个存在债务积压的社会，去杠杆冲击可以看作明斯基时刻的到来，当人们认为当前负债水平高于安全值时，去杠杆会迫使债务人减少消费，当这一过程过于激烈时，去杠杆将会导致危机的发生，要想避免危机的发生，只能鼓励人们增加消费以弥补债务人消费水平的下降，但此时即使利率降为零也很难促进消费回暖，经济体将陷入流动性陷阱。Adrian和Shin（2010）的研究也发现，在经济繁荣时期，金融中介的杠杆率存在明显的上升，更具体来说，私人部门负债的高速增长才是社会整体债务水平上升的关键所在，Jorda等（2015）研究指出，在过去几十年里，发达国家的金融不稳定风险主要来自私人部门负债而非公共部门债务，私人部门信贷的膨胀是一个更显著的危机预测指标，同时，私人部门的高负债会严重影响经济体从危机走向复苏的进程。针对这一现象，Lorenzoni（2008）指出私人部门和社会计划者选择相对较高的借贷水平其实是一种均衡状态，从某种程度上来说，金融脆弱性是不可避免的，要想减轻金融脆弱性，只能以减少事前投资作为代价来实现，但这种不考虑投资积累所带来的产出效应的政策导向是不可取的。在实证研究方面，Kalemli等（2012）使用2000—2009年微观层面的跨国面板数据研究发现，美国投资银行和大型商业银行的杠杆率表现出很强的顺周期性，在次贷危机发生前，投资银行的杠杆水平有明显的上升趋势；此外，美国商业银行总资产的很大一部分是表外项目，这也使得过度的风险承担行为很难被监管者察觉。

四、金融脆弱性的衡量

凡是影响金融脆弱性的因素都会通过一些经济变量反映出来，因而金融脆弱性可以用一系列经济指标来度量。关于指标的选取各国有所不同，但原理相似。国际货币基金组织和世界银行 1999 年 5 月联合启动了金融部门评估计划（FSAP），用来判别金融体系的脆弱性。该计划不仅包括宏观审慎指标（经济增长率、通货膨胀率、利率等），还包括综合微观审慎指标（资本充足性、盈利性指标、资产质量指标等），因而这是一种理论与实践相结合的宏观金融稳定性评估方法。与此相似，美国的宏观金融稳定监测指标体系也分为两大类：一是宏观经济指标；二是综合微观金融指标。2006 年，国际货币基金组织发布了金融稳健指标，该指标体系包含监管资本/风险加权资产、不良贷款/全部贷款总额等 12 个核心类指标和资本/资产、大额风险暴露/资本等 27 个鼓励类指标，欧洲中央银行随后扩充了该指标体系，提出以宏观审慎指标来评估欧盟成员国的金融稳健水平。

金融机构脆弱性的最基本衡量指标是清偿力，即银行资产与负债之差。由于银行普遍具有"硬负债、软资产"的特点，因而衡量银行的清偿力就变成对其资产的估价问题，不良资产比率成为衡量金融脆弱性的主要指标。此外，商业银行的盈利能力下降、银行频繁要求流动性支持、管理方面的弊端以及内外部控制方面的缺陷也能暗示金融脆弱性。Gonzalez-Hermosillo，Pazarbasioglu 和 Billings（1997）的研究关注了银行的不良贷款水平，他们用经验证据表明，只有同时考虑不良贷款和资本充足率，以及骆驼信用评估体系［CAMEL，即资本充足率（capital adequacy）、资产质量（asset quality）、管理水平（management）、收益状况（earnings）、流动性（liquidity）］才有统计意义上的依据。欧洲中央银行（ECB）还专门成立了金融脆弱性工作小组，展开对金融脆弱性的初步研究，具体将指标分为三类：一是关于银行系统健全的指标；二是影响银行系统的宏观经济因素；三是危机传染因素。

20 世纪 90 年代以来，资产定价模型逐渐被用来推断某家银行的脆弱性状况。Hall 和 Miles（1990）用资本资产价格模型估量了几家英国和美国银行的倒闭风险；Clare（1995）主要依靠宏观经济变量，使用套期价格模型，对英国商人银行倒闭的概率进行估计；Fischer 和 Gueyie（1995）用期权价格模型估计了一些金融体制开放的国家中银行资产暗含的风险。由于金融机构属于服务业，依托于客户存在，整体客户状况也会反映金融机构的稳健程度。许多经济学家对金融脆弱性的具体指标选择进行了更深入的研究，其中 Kaminsky 和 Reinhart（1996）及 Demirguc-

Kunt 和 Detragiache（1997）的研究较具有代表性。他们认为，下列指标可以反映金融部门正趋于脆弱：短期债务与外汇储备比例失调；巨额经常项目逆差；预算赤字大；资本流入的组成中，短期资本比例过高；汇率定值过高；货币供应量迅速增加；通货膨胀在 10 个月内的平均水平高于历史平均水平 8％以上；M2 对官方储备比率在连续 12 个月的上升后急速下降；高利率等。

Goodhart，Sunirand 和 Tsomocos（2003）认为，以前有关金融脆弱性的模型主要建立在假设交易者同质的条件下，有一定的局限性。事实上，经济体系的成分是十分复杂的，并且是异质的。因此，在 Goodhart 等（2003）建立的模型中，交易者为异质的，这样更符合实际经济情况。通过模型的实证检验，他们得出以下结论：第一，当经济环境发生逆转时，扩张的货币政策可能会放大金融脆弱性，这是因为商业银行会利用中央银行增强外部流动性的政策来弥补自身业务带来的风险，从而影响整个经济的稳定性。第二，市场投资者使用多种投资策略来应对市场波动，他们可以很灵活地改变资产组合以减少投资风险，但银行却无法轻易改变投资方式，因而在面对市场风险时，银行就显得非常脆弱，由于银行在金融市场上具有特殊地位，这种脆弱性更容易传染到整个经济体系中。第三，在模型中，某个经济部门的增长所引起的波动可能会对其他部门产生负面影响，这是因为模型中各交易者和各经济部门通过不同的反馈渠道相互产生影响。第四，在某种程度上增加对银行的资助就等于增加资本的波动，还会对经济的其他方面产生负面影响。

Keen（2013）提出，私人部门债务与 GDP 的比重也是衡量经济体金融脆弱性的一个重要指标，这一比率的快速上升可以看作投机泡沫的兴起，也是金融危机的一大前兆（Schularick and Taylor，2012）。Tymoigne（2014）基于明斯基的研究框架构建了一个金融脆弱性指数，该指数基于美、英、法三国房地产相关数据构建，该指数的特点在于，以往金融脆弱性指标的构建主要参考信贷风险、流动性风险等各种风险自身对金融系统稳定的影响，该指标在此基础之上更加关注风险的放大效应，例如，当再融资或资产变现的主要目的是偿付债务时，经济体面临的风险放大就很高。Davis 等（2017）则使用公司层面数据对样本进行分类，根据经营性现金流与未到期本息之间的比例来区分抵补性企业、投机型企业、庞氏企业，按各类企业所占比重或直接计算企业的利息覆盖率来衡量金融脆弱性程度。

五、现代金融脆弱性理论观点的评价和发展

现代金融脆弱性理论通过引入信息不对称、外部性等一系列概念，以及基于个

人利益最大化的主观选择理念，考察了在特定的信息结构下，金融市场如何通过经济主体的理性选择及行为变化，促成金融脆弱性的形成。另外，现代金融脆弱性理论还修改了对政府行为特征的假定，该理论假设政府是主动的行为主体，并在其政策目标函数之间寻求最大化组合。在这一前提下，公众对金融脆弱性的预期具有自我实现的能力（Obstfeld，1985；Larrain，1990）。

现代金融脆弱性理论的核心命题是市场经济内含金融脆弱性。这个命题表明，行为不确定的各经济主体普遍认为，在资产价格结构方面，金融交易是初始动机，交易者通过不断扩大或收缩其规模来改变资产或负债的构成，整个系统中相对稳定的领域也因此不断缩小。在现代市场经济中，基于动态变化过程来分析经济主体的行为方式是评价金融脆弱性形成、发展及经济萧条时期经济运行必不可少的环节。在市场内含脆弱性的背景下，仅以货币供应量为中介来带动经济发展是不切实际的。Friedman（1988）指出，货币与实体经济之间无法保持平稳的联动关系，这在1982—1987年的美国经济中已经得到了证明。

现代金融脆弱性理论的一个重要观点就是金融脆弱性始于金融扩张。判断金融规模是否膨胀，可以通过观察是否出现了前所未有的新事物以及对经济前景过分乐观的预期是否占据主导地位来实现。20世纪70年代前期的英国、80年代后期的日本，以及90年代后期的亚洲和美洲金融事件，都验证了这一结论。Kindleberger（1978）的著作《西欧金融史》（*Financial History of Western European*），在总结世界金融危机历史的基础上，专门列出"欺诈行为横行"一章，指出当新事物出现，人们对未来的预期十分乐观时，容易欺骗盛行。现代金融脆弱性理论强调，企业、金融机构和家庭主要依据日常的经济活动来预测未来的现金流，并从中进行选择，最终判断出将来需要偿付的金融债务本金和利息，其债务偿还能力取决于所持有的资产中派生出来的现金流量，在复杂的金融交易中，这一资产具有多重性质。这些理论不但能够解释各经济主体在不确定条件下选择资产组合的投机行为，而且能解释对现金流的选择，这有助于我们更好地理解各经济主体的异常行为。金融交易与投资关系十分密切，而投资是带动整个经济变动的原发性因素。尽管投资规模一般是确定的，但在市场经济条件下，金融交易中常常隐含不确定因素或发生意外事件，因此投资的动向是不确定的。由于资产价格影响投资商品的需求价格，若资本资产价格高于经常性生产产品价格，新增投资将不断涌现。Dymski和Pollin（1992）认为Tobin（1969）的投资理论与上述理论相似，托宾在对明斯基的论文做评价时也指出了这一点。

现代金融脆弱性理论与以往的传统理论存在一定的差别。首先，在传统理论中，无论是把货币看成均衡的破坏者，还是均衡的恢复者，都是把货币要素作为超越市场之上的一个外生因素来看待，而对于金融脆弱性的性质并没有进行很好的解释；在现代金融脆弱性理论中，货币与金融是被作为经济增长模型中的一个内生因素来研究的。其次，尽管传统理论对经济周期给予了很大的关注，却没有明确划分繁荣期、危机期、通货紧缩期以及扩张期；而在很大程度上，这恰恰是现代金融理论研究的一个核心问题，即强调经济周期的变化是由金融因素引起的，金融会对经济主体的行为产生很大的影响。最后，在说明货币的投机需求问题时，传统理论虽然考察了利率这一变量，但忽视了资产的预期价格；现代金融脆弱性理论为了使分析更为充实，提出用货币需求函数来表示资产的价格，特别是在分析影响资产价格的变量时，充分考虑到流动性偏好带来的货币流量的变化、流动性偏好的不确定性以及投机预期的变化等因素，从而使现代理论在分析投机性投资热潮的产生时变得很容易。

从费雪的债务-通货紧缩理论到金融脆弱性理论，分析侧重于传统市场经济运行过程中出现的问题，研究这些理论有重要的价值。随着虚拟经济的迅速发展，全球金融运行的原有模式也在发生改变，需要突破固有的经济理论和思维范式，而金融脆弱性理论也面临着这种新经济运行方式的挑战。首先，虚拟经济的不确定性与实体经济的不确定性有很大区别，虚拟资本交易的全球化，使任何一个局部市场上的不确定性都会快速传递到其他市场。Strange（1998）说："所有的人在一条船上，从莫斯科到马尼拉，从东京到得克萨斯，只有一个金融体系。"其次，由于金融创新和证券市场的快速发展，虚拟资本运动与实体经济日益脱离，虚拟经济呈现出独自运行的规律，并冲击着整个经济体系。目前很难用以现金流为重点的资产选择模型来解释虚拟经济中经济主体的异常行为，特别是难以解释资本资产价格泡沫的问题。再次，现代金融脆弱性理论对金融危机的发生以及传导机制中的信息、新闻、政治等短期因素研究不足，而这些因素尤其是政治因素在虚拟经济时代对投资者交易心理预期有决定性的影响。最后，无论是明斯基的金融脆弱性假说，还是克鲁格曼的过度金融观点，都是以实体经济波动规律为基础的，从而得出金融脆弱性是始于金融扩张，投资是带动整个经济周期波动的原发性因素等重要结论。但是，虚拟经济时代的经济周期波动方式已发生了很大的改变，原有的理论不但对此缺乏有力的解释，而且一些关键性的命题基础也面临着考验和挑战。

参考文献

1. Adrian，T.，and H. Shin（2010）."Liquidity and Leverage," *Journal of Financial Intermediation*，19，418-437.

2. Akins, B., Li, L., Ng, J., and Rusticus, T. O. (2016). "Bank Competition and Financial Stability: Evidence from the Financial Crisis," *Journal of Financial and Quantitative Analysis*, 51 (1), 1 – 28.

3. Berger, A., Demsetz, R. and Strahan, P. (1999). "The Consolidation of the Financial Services Industry: Causes, Consequences, and Implication for the Future," *Journal of Banking and Finance*, 23, 135 – 194.

4. Boyd, J. H., and De Nicolo, G. (2005). "The Theory of Bank Risk Taking and Competition Revisited," *Journal of Finance*, 60 (3), 1329 – 1343.

5. Boz, E., and Mendoza, E. G. (2014). "Financial Innovation, the Discovery of Risk, and the US Credit Crisis," *Journal of Monetary Economics*, 62, 1 – 22.

6. Brunnermeier, M. (2009). "Deciphering the Liquidity and Credit Crunch 2007—2008," *Journal of Economic Perspectives*, 23 (1), 77 – 100.

7. Campbell and Cracaw (1980). "Information Production, Market Signaling and the Theory of Financial Intermediation," *Journal of Finance*, 37 (3), 327 – 352.

8. Caprio, G. and Summers, L. (1993). "Finance and its Reform: Beyond Laissez-Faire," Research Working Paper, No. 1171.

9. Carter, M. (1989). "Financial Innovation and Financial Fragility," *Journal of Economic Issues*, Vol. XXXI, No. 3.

10. Chang, C., Liu, Z., and Spiegel, M. M. (2015). "Capital Controls and Optimal Chinese Monetary Policy," *Journal of Monetary Economics*, 74, 1 – 15.

11. Chang, R. and Velasco, A. (2000). "Financial Fragility and The Exchange Rate Regime," *Journal of Economic Theory*, v92 (1, May), 1 – 34.

12. Chari, V. V. and Jagannathan, R. (1988). "Banking Panics, Information, and Rational Expectations Equilibrium," *Journal of Finance*, 43, 749 – 761.

13. Corsetti, Pesenti, and Roubini (1999). "Paper Tigers? A Model of Asian Crisis," *European Economic Review*, Vol. 43, 1211 – 1236.

14. Covitz, D., Liang, N., and Suarez, G. (2013). "The Evolution of a Financial Crisis: Collapse of the Asset-Backed Commercial Paper Market," *Journal of Finance*, 68 (3), 815 – 848.

15. Davis, L. E., De Souza, J. P. A., and Hernandez, G. (2019). "An Empirical Analysis of Minsky Regimes in the US Economy," *Cambridge Journal of Economics*, 43 (3), 541 – 583.

16. Demirguc-Kunt, A. and Detragiache, E. (1998). "Financial Liberalization and Financial Fragility," *Policy Research Working Paper Series* 1917, The World Bank.

17. Diamond, D. and Dybvig, P. (1983). "Banks Runs, Deposit Insurance and Liquidity," *Journal of Political Economy*, 91, 401 – 419.

18. Diaz-Alejandro, Carlos. (1985). "Goodbye Financial Repression, Hello Financial Crash," *Journal of Development Economics*, Vol. 19, 1 – 24.

19. Dornbush，R. A.（1976）. "Exchange Rate Expectations and Monetary Policy," *Journal of International Economics*，6，231 – 244.

20. Dornbush，R. A.（1976）. "Expectations and Exchange Rate Dynamics," *Journal of Political Economy*，84，960 – 971.

21. Eduardo Fajnzyler, Sergio Schmukler and Luis Serven（2000）. "Verifying Exchange Rate Regimes," World Bank Working Paper，No. 2397.

22. Eggertsson，G. B.，and Krugman，P.（2012）. "Debt，Deleveraging，and the Liquidity Trap：A Fisher-Minsky-Koo Approach," *The Quarterly Journal of Economics*，127（3），1469 – 1513.

23. Eichengreen，B.（1999）. *Toward a New Financial Architecture：A Practical Post-Asia Agenda*，Washington，D. C.：Institute for International Economics.

24. Gavin，M.（1989）. "The Stock Market and Exchange Rate Dynamics," *Journal of International Money and Finance*，8（2），181 – 200.

25. Gennaioli，N.，Shleifer，A.，and Vishny，R.（2012）. "Neglected Risks，Financial Innovation，and Financial Fragility," *Journal of Financial Economics*，104（3），452 – 468.

26. Glick，R. and Hutchison，M.（2005）. "Capital Controls and Exchange Rate Instability in Developing Economies," *Journal of International Money and Finance*，24（3），387 – 412.

27. Goodhart，C. A. E.，Sunirand，P.，and Tsomocos，D. P.（2003）. "A Model to Analyse Financial Fragility," Oxford Financial Research Centre Working Paper，No. 2003fe13.

28. G. Gorton，and A. Metrick（2012）. "Securitized Banking and the Run on Repo," *Journal of Financial Economics*，104（3），425 – 451.

29. Hellmann，T.，Murdock，K.，and Stiglitz，J. E.（1994）. "Addressing Moral Hazard in Banking：Deposit Rate Controls vs. Capital Requirements," Unpublished Manuscript.

30. Jeanne，O.，and Korinek，A.（2010）. "Excessive Volatility in Capital Flows：A Pigouvian Taxation Approach," *American Economic Review*，100（2），403 – 407.

31. Jordà，Òscar，Schularick，M.，and Taylor，A. M.（2016）. "Sovereigns versus Banks：Credit，Crises，and Consequences," *Journal of the European Economic Association*，14（1），45 – 79.

32. Kalemli-Ozcan，S.，Sorensen，B.，and Yesiltas，S.（2012）. "Leverage across Firms，Banks，and Countries," *Journal of International Economics*，88（2），284 – 298.

33. Kaminsky，G.，and Reinhart，C. M.（1996）. "The Twin Crises：The Causes of Banking and Balance of Payments Problems," Federal Reserve Board，Washington，D. C.

34. Keeley，M. C.（1990）. "Deposit Insurance，Risk，and Market Power in Banking," *American Economic Review*，1183 – 1200.

35. Keen，S.（2013）. "Predicting the 'Global Financial Crisis'：Post-Keynesian Macroeconomics," *Economic Record*，89（285），228 – 254.

36. Keynes，J. M.（1931）. "The Consequences to The Banks of The Collapse of Money Values,"

In *Essays in Persuasion*, reprinted, New York: W. W. Norton, 1963; and in *The Collected Writings of John Maynard Keynesk*, Vol. 9, London: Macmillan, 1972.

37. Kingleberger, C. P. (1978). *Manias, Panics and Crashes: A History of Financial Crises*, Basic Books, New York.

38. Knight, F. (1921). *Risk, Uncertainty, and Profit*, New York: Houghton Mifflin Company.

39. Koskela, E. and Stenback, R. (2000). "Is the Real Trade off between Bank Competition and Financial Fragility?", *Journal of Banking and Finance*, 24, 1853 – 1873.

40. Kregel, J. A. (1997). "Margins of Safety and Weight of The Argument in Generating Financial Fragility," *Journal of Economics Issues*, June, Vol. 31, 543 – 548.

41. Krugman, P. (1998). "What Happened to Asia?", mimeo, MIT.

42. Kunt, A. D. and Detragiache, E. (1998). "Financial Liberalization and Financial Fragility," IMF Working Paper.

43. Lorenzoni, G. (2008). "Inefficient Credit Booms," *The Review of Economic Studies*, 75 (3), 809 – 833.

44. Martinez-Miera, D., and Repullo, R. (2010). "Does Competition Reduce the Risk of Bank Failure?", *The Review of Financial Studies*, 23 (10), 3638 – 3664.

45. McKinnon, R. and Pill, H. (1998). "International Borrowing: A Decomposition of Credit and Currency Risks," *World Development*, 10.

46. Minsky, H. (1982). "The Financial Instability Hypothesis: Capitalist Process and the Behavior of the Economy, in Financial Crisis: Theory, History and Policy," edited by Charles P., Kindlberger and Jean-Pierre Laffargue, Cambridge: Cambridge University Press.

47. Minsky, H. (1986). *Stabilizing the Unstable Economy*, New Haven: Yale University Press.

48. Mishkin F S. (2006). *The Next Great Globalization: How Disadvantaged Nations can Harness Their Financial Systems to Get Rich*, Princeton University Press.

49. Mishkin (1996). "Understanding Financial Crises: A Developing Country Perspective," Annual World Bank Conference on Development Economics.

50. Mishkin (1999). "Lessons From the Asian Crisis," NBER Working Paper.

51. Prasad, N. (2018). "Sterilized Interventions and Capital Controls," *Journal of International Money and Finance*, 88, 101 – 121.

52. Raghuram (1996). *Bank Fragility: Perception and Historical Evidence*, Chicago: Federal Reserve Bank of Chicago.

53. Reinhart, C. M., and Reinhart, V. R. (2008). "Capital Flow Bonanzas: An Encompassing View of the Past and Present," National Bureau of Economic Research, No. w14321.

54. Rey, H. (2015). "Dilemma not Trilemma: the Global Financial Cycle and Monetary Policy Independence," National Bureau of Economic Research, No. w21162.

55. Sachs, J. D., Tornell, A. and Velasco, A. (1996). "Financial Crisis in Emerging Markets:

The Lesson from 1995," *Brookings Papers On Economic Activity*, Vol. 1, 147.

56. Schmid, M., and Walter, I. (2009). "Do Financial Conglomerates Create or Destroy Economic Value?", *Journal of Financial Intermediation*, Vol. 18, 193 – 216.

57. Schularick, M., and Taylor, A. M. (2012). "Credit Booms Gone Bust: Monetary Policy, Leverage Cycles, and Financial Crises, 1870—2008," *American Economic Review*, 102 (2), 1029 – 1061.

58. Simons, H. (1944). "Economic Stability and Antitrust Policy," *University of Chicago Law Review*.

59. Stiglitz, J. and Weiss, A. (1981). "Credit Rationing in Markets with Imperfect Information," *American Economic Review*, 71, 393 – 410.

60. Tymoigne, E. (2014). "Measuring Macroprudential Risk through Financial Fragility: A Minskian Approach," *Journal of Post Keynesian Economics*, 36 (4), 719 – 744.

61. Veblen, T. (1904). *The Theory of Business Enterprise*, New York: Charles Scribners and Sons.

62. Wagner, W. (2010). "Diversification at Financial Institutions and Systemic Crises," *Journal of Financial Intermediation*, Vol. 19, 373 – 386.

63. Yang, Z., and Zhou, Y. (2017). "Quantitative Easing and Volatility Spillovers across Countries and Asset Classes," *Management Science*, 63 (2), 333 – 354.

金融泡沫理论

　　金融创新特别是各种金融衍生工具和交易的出现，使金融资产的交易进一步延伸并脱离实体经济，这些金融资产的交易对各国的资产价格和金融结构形成了很大冲击，使市场极易出现泡沫。运用计量经济工具建立经济模型和测度指标，来研究金融泡沫现象及其演绎中的变量关系和数量特征，不仅可以让我们对以往的泡沫理论有一个系统的、理性的认识，而且对于分析和论证金融泡沫的变化、规律及金融市场的稳定发展有着重要的理论与现实意义。

　　20 世纪 60 年代是经济增长理论的繁荣时期，与此同时，一些学者对金融泡沫的形成也提出了一些看法。Hahn（1966）和 Samuelson（1967）在完全预见模型（perfect foresight models）中证明，当期货市场缺乏完整性和系列性时，没有任何一种市场力量能够保证经济不发生泡沫的破裂。Malkiel（1973）在其著作《漫步华尔街》（*A Random Walk Down Wall Street*）中对其他学者的研究做出很好的总结。他指出，市场无比强大，任何试图违背市场规律的努力都是徒劳的，这是研究泡沫理论的先决条件。但直到 20 世纪 80 年代，经济学家关于经济泡沫问题的正式研究仍然不多，这在很大程度上是由于经济学家分析的理论基础与统计工具的不足造成的。在有效市场假说成为现代经济学，尤其是现代金融经济学的理论基础后，人们围绕市场是否总是有效的问题展开了激烈的讨论。在金融泡沫研究方面，形成了有关泡沫的两种看法：理性泡沫理论和非理性泡沫理论。在此基础上，后来的经济学家还建立了基于信贷扩张的资产价格泡沫模型。

一、理性金融泡沫理论

关于泡沫是不是理性的问题在理论界有很多争论，如 Shiller（1984）的"狂热的行为"，Tirole（1982）的"增长的泡沫"，French 和 Roll（1984）的"迷你投机泡沫"，Cass 和 Shell（1983）的"太阳黑点"，以及 Keynes（1964，1976）的"选美竞争"等。当市场有效假说的基础和理性预期假说在金融理论界被广泛认可时，以此为基础的理性泡沫也一度盛行。

（一）理性金融泡沫理论的建立

标准的新古典经济学并不认为市场中会出现资产价格泡沫，他们假定市场上的参与者都是理性的，因此在有限交易情形下，不会出现资产价格泡沫。Scheinkman（1977，1988）和 Brock（1979，1982）使用跨期均衡模型证明，在无限交易的某些情形下（如在有限次数交易中），资产价格泡沫是不存在的。Santos 和 Woodford（1997）运用跨期竞争均衡模型也系统地证明了在无限交易中，无论市场是否完全、是否存在借款限制，资产价格泡沫都不可能出现。他们指出，资产价格是对资产基本价值的一种体现。可见，资产的基本价值是一个核心概念。在既有的定价过程中，资产价格会反映无套利净利润的存在，套利性股息流都应反映在资产基本价值中。他们的结论是：在经济总禀赋既定（有限）的条件下，资产价格与该资产所代表的股息流现值是相等的，资产价格泡沫是不可能出现的。他们认为，该结论依赖于许多假设条件，如果放宽这些假设条件，就可能出现短期的资产价格泡沫。

1979 年，布兰查德（Blanchard）通过建立理性预期泡沫的模型来解释观察到的价格在较长时期内偏离实际价值的可能性。随后，Blanchard 和 Watson（1982）在《泡沫的理性预期和投机市场》（Bubbles，Rational Expectations and Financial Markets）一文中进一步论述了理性泡沫的问题。他们指出，虽然价格偏离经济基础产生了泡沫，但是理性泡沫在经济模型中保持了一个合理的偏离度，遵守了理性预期。他们的模型在某种程度上解释了泡沫现象，但其模型与现实数据并不一致。随后，Tirole（1982）建立了一个具有无限期、有限交易者的模型。在该模型中，任何投资者都能以高于基本价值的价格卖出资产并退出市场，而将损失留给那个以高于基本价值的价格购买资产的人。此外，在模型中，即使空头交易被禁止，并且投资者的信息有差别，但只要投资者有无限生命，在理性预期条件下就不会存在泡沫。但在有限期界的模型中，泡沫仍然可以存在。

Wallace（1980）和 Tirole（1985）指出，在一个没有增长的经济体中，不论投资者的交易期限如何，泡沫都不会存在。然而，无限期模型的假设前提是人的寿命是无限的，这与事实并不相符，因此随后的研究便主要在 Diamond（1965）的世代交叠模型中展开。Tirole（1985）结合布兰查德和沃森（Watson）的理论模型以及1982 年的研究结果，在《资产价格泡沫和世代交叠》（Asset Bubbles and Overlapping Generations）一文中建立了一个非随机的、出于长远考虑的世代交叠模型。后来，这篇文章成为人们研究经济泡沫所参考的基础性文献之一。Tirole（1985）认为，在世代交叠经济中，如果经济是动态有效的，即利率超过经济增长率的时候，泡沫不可能存在；当经济是动态无效时，资本积累过多导致利率低于经济增长率，则泡沫有可能出现，并且能够在一般均衡的经济体系中长期稳定地存在下去。在该模型中，Tirole（1985）还指出，如果下一代愿为某项资产支付超过其基本价值的价格，那么其上一代也会愿意这么做。因此，只要泡沫不使资产价格上涨得太快以至于资产市场上的财富超过 GDP，那么泡沫就有可能存在，这意味着国民经济的增长率必须大于资产的收益率。可以看出，在梯若尔（Tirole）的研究中，泡沫的出现并没有给经济带来危害，当利率等于人口增长率时，泡沫也将按人口的增长率增长且与经济增长率相同，经济会重新回到动态有效状态。而经济处于动态无效状态是因为实质资本积累过多，导致边际生产率下降，泡沫的出现则可以将实质资本的存量减少到最优水平，同时将减少的资本用来消费。从这个角度讲，泡沫是将实质资本转换为消费的一种工具，在不降低任何一个人的消费水平的情况下，提高了人们整体的消费水平，所以泡沫对人们的消费而言是一种帕累托改进。Ventura（2002）进一步指出，泡沫可以作为一种在各国间转移资本的工具，它可使资本从低效率的地区向高效率的地区转移，从而起到优化资源配置的作用。但是，梯若尔的研究也存在缺陷，即投资者在已经考虑到后代的情况下，由于预期有限，不可能做出无限期的投资计划。

（二）理性金融泡沫模型

理性金融泡沫是以市场有效性及经济主体行为合理性为基本前提而提出的。市场的有效性使得经济主体可以充分利用完全信息对市场做出理性预期，形成具有合理性的行为，此时的金融市场是趋向于均衡的。Santoni（1987）认为，金融资产的实际价格除了反映其市场基本价格以外，还包含着理性泡沫。他指出，理性泡沫具有三个特征：第一，理性泡沫具有连续性。如果仅仅依据股票的基础价值来预测股票价格，回归分析残差项的期望值将不等于零，取得正值的概率更大。这种单边误差的持续性就形成了理性泡沫。第二，理性泡沫具有连续的膨胀性。虽然投资者认识到价格已超过基础价值，但他们相信泡沫仍将持续膨胀，会产生更高的足以补偿泡沫破裂风险的收益。因此即使股价被高估，即使有风险因素存在，只要投资者认为仍将有可观的收益，他们便会理性地滞留在市场。第三，理性泡沫不可能出现负值，即基础价值的增长速度永远低于实际股价的增长速度。

因此，理性金融泡沫模型假定：①投资者是不在乎风险的中性投资者；②投资者预期在某种资产投资中的获益将等于其使用资金的机会成本，这种机会成本就是市场利率 r；③不考虑不确定因素、交易成本和税收制度的影响。那么，如果用 R_t 表示其资产在 t 期到 $t+1$ 期区间上的总收益，I 表示信息，则根据套利关系，可得出：

$$E[R_t/I_t]=1+r \tag{1}$$

式（1）表示在 t 期经济主体根据 I 信息所预期的收益。如果用价格 P 表述，则有：

$$R_t=P_{t+1}/P_t \tag{2}$$

将式（2）代入式（1），得：

$$E[P_{t+1}/I_t]=(1+r)P_t \tag{3}$$

如果此项资产为股票，用 d_t 表示 t 期所获的股息，得：

$$E[P_{t+1}/I_t]+d_t=(1+r)P_t \tag{4}$$

即：

$$P_t=\frac{1}{1+r}E[P_{t+1}/I_t]+\frac{1}{1+r}d_t \tag{5}$$

设 $a=\frac{1}{1+r}$，则：

$$P_t=aE[P_{t+1}/I_t]+ad_t \quad r>0, \ 0<\frac{1}{1+r}<1 \tag{6}$$

上面所给出的式（6）即为理性金融泡沫的基本模型。

假定在 t 期股票与债券之间的转换成立，那么在 t 期出售股票所得到的资本收益则为：

$$(1+r)P_t=E_t(P_{t+1}+d_{t+1}) \tag{7}$$

其中，P_t 是 t 期资产价格，d_t 是红利，E_t 是在 t 期利用完全信息计算未来预期值的函数；r 为债券利息率。式（7）是资产价格的随机差分方程，迭代 n 次，式（7）变为：

$$P_t = \sum \sum_{i=1}^{n} \left[\frac{1}{1+r}\right]^i E_t(d_{t+i}) + \left[\frac{1}{1+r}\right]^n E_t(P_{t+n}) \tag{8}$$

式（8）的一般解是：

$$P_t = \sum \sum_{i=1}^{\infty} \left[\frac{1}{1+r}\right]^i E_t(d_{t+i}) + b_t \tag{9}$$

其中，b_t 是满足 $b_t = E_t(b_{t+1})/(1+r)$ 的任何随机过程。式（9）右边第一项定义为资产的基础价值，而 b_t 是在时点 t 资产价格偏离其内在价值的部分，设：

$$P_t^* = \sum \sum_{i=1}^{\infty} \left[\frac{1}{1+r}\right]^i E_t(d_{t+i})$$

则有：

$$P_t = P_t^* + b_t \tag{10}$$

显然，如果 $P_t > P_t^*$，那么 $b_t > 0$，出现泡沫；

如果 $P_t = P_t^*$，那么 $b_t = 0$，不出现泡沫；

如果 $P_t < P_t^*$，那么 $b_t < 0$，前提假定不可能出现。

在模型中，资产价格的变动非常重要，如果资产价格的增长速度慢于贴现因子的变化，那么从现实角度看，最终资产价格的高低已经变得不重要。由于有效率的、有足够时间期限的投资者可以在获利时抛出，泡沫最终被刺穿。从作用机制来看，投资是一个相互博弈和信号传递的过程，因而泡沫破灭是必然的。根据引导机制，一项资产的买入可以传递购买的信号，因为当看多超过看空时，股票价格就会上升，无论其实际价格如何，只要有新的加盟者，价格的上升就能得到维持。但是，尽管不断有新的投资者加入，货币发行的有限性仍会终结泡沫的膨胀。

（三）理性金融泡沫理论的进一步发展

针对理性金融泡沫的基本模型，Diba 和 Grossman（1988）提出了质疑，他们得出的泡沫形式与 Blanchard 和 Watson（1982）的结论是相互矛盾的。他们指出，按照理性预期的基本模型可以得出许多资产（如股票）价格中的泡沫不可能为负的结论。但实际的模型推导显示，市场实际价格在有限的时间内有可能变为负值。于是，Diba 和 Grossman（1988）讨论了有关理性泡沫开端的问题，认为任何当前存在的泡沫都是在股票刚开始交易时产生的，一旦这个泡沫破裂，它就不可能重新开始。

理性金融泡沫的基本模型虽然比较精巧，但它与现实仍有很大差距，到目前还没有充分的计量经济证据表明理性金融泡沫模型可以解释资产价格的运动。此外，理性金融泡沫模型过多依靠外生变量的变化来解释现实中的泡沫，而忽视了内生因素的作用，所以理性金融泡沫仍存在许多争议。Froot 和 Obstfeld（1991）提出了内生泡沫论，这使得理性金融泡沫论又重获生机。他们将模型中的泡沫分量表述为基本值的非线性函数，将其解释为股价对基本值的过度反应。Lux 和 Sornette（1999）在《理性泡沫和厚尾》（On Rational Bubbles and Fat Tails）一文中指出，外生理性泡沫很难在一个非常基本的水平上与一些特定的金融数据程序相一致。他们扩展了 Blanchard 和 Watson（1982）的公式，在无套利和随机原则的假设前提下，建立了理性金融泡沫更一般的模型。Allen 和 Gorton（1993）通过建立理论模型指出，在信息不对称条件下基金管理者个体的理性行为也会导致泡沫产生。由于管理者通过建立委托-代理合约来经营公众基金，其收益安排类似于买入期权，这一合约在信息非对称条件下极易引发管理者的风险偏好，使其追逐投机利润，甚至"搅起泡沫"。随后，Granger 和 Swanson（1994）通过一般的随机鞅过程模型求解得出所有常见的理性金融泡沫解集，这为泡沫实证研究做出了重要的函数设定准备。

Yanagawa 和 Grossman（1992）在 Tirole（1985）的基础上，首次引入劳动生产率的提高这一技术因素，指出金融泡沫存在的条件与 Tirole（1985）所提出的相同，即经济增长率超过利率，泡沫的存在使经济的增长迟滞。在他们的模型中，内生的经济增长由实质资本、人力资本或知识资本推动，当泡沫出现后，新生的一代人为了持有泡沫资产将减少在实质资本和人力资本上的投资。从长期来看，这将减慢经济向均衡状态过渡的速度，同时将减少各代人的福利。Olivier（2000）向传统的观念提出了挑战，他指出，理性金融泡沫对经济的影响是不确定的。当泡沫产生于权益性资产时，它能够提高企业的市场价值，激励企业家创新，最终促进经济的增长；当泡沫产生于非权益性资产时，泡沫的作用并不明显，对经济增长的积极影响和消极影响将同时存在。Ventura（2003）认为，泡沫的出现不仅可以改善各代人的消费水平，还可以促进技术的进步与经济的增长。他还指出，泡沫不但可以在经济动态无效时存在，也可以在经济动态有效时存在，该结论与 Tirole（1985）有所不同。

Martin 和 Ventura（2012）引入企业生产率的异质性，指出泡沫不仅影响经济的总体效率，还会在不同企业之间产生再配置效应。他们建立了一个带有泡沫的经济增长模型，其中泡沫缓解了金融摩擦的影响，投资者情绪的变化是泡沫出现和崩溃的原因。在泡沫时期，生产性投资者提供泡沫，而非生产性投资者购买泡沫。这种资源的转移提高了经济效率，从而扩大了消费、资本存量和产出。当泡沫破灭时，消费、资本存量和产出都会下降。该模型提供了将泡沫冲击引入经济周期模型的方式。

上述模型研究的都是纯经济泡沫，即附属于信用货币的泡沫，是本质上不具有价值的资产（如法币）。与纯泡沫不同，股价泡沫是附属于具有正红利的生产性企业的，并且不能与公司股票分开交易。Miao 和 Wang（2012），Miao，Wang 和 Zhou（2015）以及 Miao，Wang 和 Xu（2015）等一系列文章基于无限期模型对股票价格泡沫进行研究，提出了信用驱动的股价泡沫理论。该理论认为，当公司以其资产的股票市场价值为抵押进行投资时，正反馈循环机制会产生股票价格泡沫。他们证明，经济体可能达到无泡沫的均衡，也可能达到有泡沫的均衡。在有泡沫的均衡中，生产率越高的公司股价泡沫越高。这些泡沫放松了企业的信贷约束，有利于提高投资效率和资本配置效率。由于资本被更多地配置给更具生产力的企业，全要素生产率将会提高。反过来，泡沫破裂使信贷约束收紧，降低了投资效率，导致经济衰退和全要素生产率下降。

Ventura（2012）考察了资产价格泡沫与国际资本流动的关系，指出泡沫往往会在生产率低于世界其他地区的国家中出现并膨胀。在低生产率国家，泡沫吸收本国储蓄，消除了低效投资，将资源释放出来，用于投资高生产率的国家。通过这一渠道，泡沫可以代替国际资本流动，改善国际投资分配，并减少各国之间的收益率差异。因此，其他国家的价格泡沫将提高世界增长率，同时也增加了泡沫在本国出现的可能。反之，如果其他国家的泡沫破灭，本国的泡沫也将急剧收缩。该模型提供了一种新的视角，有力地解释了金融危机在各国之间蔓延的现象。

此外，Caballero 和 Krishnamurthy（2006）认为，金融市场不完全也会导致泡沫。在新兴市场国家，一方面存在市场不完全性，另一方面较差的制度环境又放大了市场的不完全性，为泡沫的产生提供了条件。由于发展中国家金融资产匮乏，居民和企业又存在保值增值的需求，房地产往往就充当了抵押和保值资产。一旦放松土地和房地产市场管制，资金就会流入房地产市场，泡沫便开始产生，并且愈发膨胀。就影响而言，泡沫有利于增加投资，同时减少了资本外流，但也加剧了泡沫破裂和资本流动逆转的风险。

二、非理性金融泡沫理论

Shiller（1989）指出，理性预期有其显著的局限性，尤其在投机市场中更为明显。虽然理性金融泡沫理论可以对泡沫形成过程做某些解释，但其前提条件却很难与现实相吻合。在现实的经济生活中，信息对每个经济人来说并不是非完全的，经济人对未来的预期也充满不确定性。因此，市场并非总是有效的，非理性的金融泡沫会经常出现。行为金融学从投资者非理性的角度研究资产价格偏离基础价值这种异常的市场现象，在一定意义上揭示了金融泡沫的生成机理。

（一）理论基础

非理性金融泡沫的理论基础是噪声交易理论。与有效市场假说不同，噪声交易理论认为噪声使市场不完全有效，正是这种不完美使金融市场的存在成为可能。噪声交易理论是针对 Friedman（1953），Fama（1965），Samuelson（1965）等倡导的传统的金融理论而提出的。Friedman（1953）认为，在金融市场上，技术熟练的理性投机者为对抗非理性投机者，会利用非理性投机者的错误认识，通过低买高卖的获利策略使金融资产价格不至于偏离其基础价值。也就是说，理性投机者将在市场上占上风，发挥一种类似于"负反馈机制"的作用，纠正市场偏差。美国著名金融学家 Black（1986）则对此观点持怀疑态度。他认为，由于金融市场中存在噪声，金融资产价格会偏离甚至会严重偏离其基础价值。

噪声交易理论的基本框架是由德隆（DeLong）等人奠定的，简称 DSSW 模型（DeLong，Shleifer，Summers and Waldman，1990）。DeLong 等（1990）在他们的《金融市场上的噪声交易者风险》（The Survival of Noise Traders in Financial Markets）一文中将噪声交易分为两个方面，一是噪声交易者之间的交易；二是理性交易商利用噪声交易的错误认识所进行的套利活动。他们的模型包括风险资产的定价模型和两类交易商在预期收益方面的差别模型。在 DSSW 模型中，均衡价格由于受到噪声交易的影响而偏离其基础价值，这种偏离是在自我实现的基础上完成的，他们将这种效应称为"噪声交易者创造他们自己的空间"。DeLong 等（1990）在《积极反馈投资战略与加剧不稳定的投机》（Positive-Feedback Investment Strategies and Destabilizing Rational Speculation）一文中，从投机者行为分类的角度讨论了上述效应。他们认为，金融市场上由于噪声的存在会出现积极反馈行为，即一批反应迅速的投机者在证券价格上升时买入而在价格下降时卖出的行为。理性投机者的购买行为会刺激积极反馈行为者的下一期购买，从而使积极反馈者产生持有更多证券的效应，这种购买压力高于理性投机者出售证券造成的证券价格下降的压力，则证券价格偏离基础价值而形成泡沫。DSSW 模型表明 DeLong 等注意到现实的噪声交易中非理性行为在金融泡沫形成机制中的作用，他们用数学模型揭示了在噪声交易的金融市场上，泡沫甚至恶性泡沫存在的机理。虽然他们没有直接论证泡沫存在的问题，但从证券价格对基础价值的偏离可以看到金融泡沫在噪声交易方式中存在的可能性。

（二）非理性泡沫的确定

根据噪声交易理论可知，当市场存在知情交易者和噪声交易者时，市场均衡价格由两类交易者共同决定。由于噪声交易者的认识偏差和过度反应等因素，市场均衡价格会超过资产的基础价值，形成资产泡沫。对于资产价格中的泡沫成分，可以利用两类交易者在市场中持有风险资产的比例和相应的风险资产价格表示，即：

$$P_t = (1-\mu)\lambda_t^i P_t^i + \mu\lambda_t^n P_t^n = (1-\mu)\lambda_t^i P_t^i + \mu\lambda_t^n(P_t^i + b_t)$$
$$= P_t^i + \mu\lambda_t^n b_t = P_t^i + B_t \tag{11}$$

其中，P_t^i 表示市场中只有知情交易者时所确定的资产价格，是合理价格；P_t^n 表示市场中只有噪声交易者时所确定的资产价格，是包含股市泡沫的价格；b_t 表示市场中只有噪声交易者时所产生的泡沫，则 $\mu\lambda_t^n b_t$ 表示市场上存在两类投资者时价格中所包含的非理性泡沫成分（$B_t \geq 0$），即市场均衡价格与资产的合理价格之差。因此，只要确定资产的合理价格，就可以得到市场均衡价格中的泡沫成分。

非理性泡沫主要包含两类泡沫：一类是噪声交易者在 t 期内由于认识偏差波动所引起的资产泡沫。当 t 期噪声交易者的信心比平均值水平更高时，资产泡沫有膨胀的趋势；相反，当 t 期噪声交易者的信心比平均值低时，资产泡沫减少。另一类是噪声交易者的认识偏差平均值造成的资产泡沫。当噪声交易者持乐观态度时，市场上噪声交易者的多头情绪占优，这种乐观的交易情绪导致泡沫膨胀；反之，悲观的情绪则导致泡沫缩小。若噪声交易者未认识到 t 期基础价值冲击对资产泡沫造成的影响，则噪声交易者对当期的真实信息反应不足。当基础价值出现正向冲击时，知情交易者采取积极的交易策略，而噪声交易者没有采取相应的交易策略，就会造成风险资产均衡价格没有完全反映出基础价值的正向冲击，资产的理性合理价格升高，资产的非理性泡沫成分相对减少。因此，该效应是由噪声交易者的反应不足造成的。若噪声交易者认识到上一期（$t-1$ 期）的基础价值冲击，并进行相应的交易，由此产生的泡沫成分是噪声交易者对历史基础价值冲击过度反应所导致的。当上一期基础价值出现正向冲击时，噪声交易者会采取积极的交易策略，导致资产均衡价格上升，出现非理性的资产泡沫。其中，过度反应的程度关系到泡沫膨胀和缩小的速度，当噪声交易者对基础价值冲击的反应成倍增大时，会加速泡沫的膨胀或缩小。当满足泡沫非负性条件时，非理性泡沫的大小与噪声交易者的认识偏差、认识偏差的平均值和噪声交易者认识的基础价值历史冲击呈正相关关系，并且过度反应的程度越大，泡沫变化对基础价值的历史冲击就越敏感。另外，在一定条件下，噪声交易者比例越大，所产生的非理性泡沫也越大。

根据 Kahneman 和 Tversky（1979）的展望理论，投资者在获利和遭受损失时对风险的态度并不一致。当投资者处于盈利状态时，投资者是风险厌恶者；当投资者处于损失状态时，投资者是风险偏好者。因此，当噪声交易者看到上一期产生的正向基础价值冲击时，他们错误地认为购买资产将会获利，便会采取积极的交易策略，而过度的反应将导致泡沫的急剧膨胀；当噪声交易者看到上一期产生的负向基础价值冲击时，他们错误地认为交易处于亏损状态，便采取消极的交易策略，持有风险资产，因此过度反应程度减小，泡沫破灭速度变慢，这种非对称反应导致泡沫出现加速膨胀的趋势。

（三）非理性金融泡沫理论的发展

Topol（1991）研究了当股票市场竞价时，参照并模仿他人行为的蔓延对泡沫形成的影响，由此他建立了一个买者与卖者相分割的股票市场模型。Topol（1991）认为，在市场上，由于竞买股票的人拥有不完全信息，因此他在出价时既要参照自己所认为的基本价值，也要参照与自己最近的竞买者的出价。同样，竞卖股票的人在报价时既要参照自己所认为的基本价值，也要参照与自己最接近的竞卖者的报价，以弥补信息的不足。Topol（1991）指出，若市场参与者对股票基本价值的判断受他人报价的影响，就会产生泡沫并因此导致股价波动性增加。

Lux（1995）建立了一个模型描述牛市和熊市的周期性转换。他认为，股价波动是由于逐渐变化的乐观或悲观倾向加入传染中，影响了判断形成的过程。整个市场情绪变化仅依靠提供给无知投机者确定的信息，即实际回报的逐渐增长。投机者并不盲从于大众，但他们为了不错过获利机会，会对大众行为做出快速反应，资产的高估或低估便是投机者对均衡发生微小偏离的强烈自我放大反应。最终，泡沫内生的破裂随着泡沫膨胀减速、超额利润消失发生。Keynes（1936）曾引入一个形象的比喻，将金融市场比作一场选美竞赛，其突出含义是指在金融市场上不仅要看市场参与者对资产未来收益的信心，更要看市场参与者对其他市场参与者的信心。正是因为如此，这种信心助长了股市泡沫的膨胀。

Camerer 和 Lovallo（1999）的研究指出，人们的乐观心理可以影响经济行为。他们用实验方法证明，商业破产是管理者对他们自身相对技能过分乐观的结果。在实验中，大多数进入者都认为其他进入者获得的总利润将是负的，而自己的利润将是正的，这个发现与过度自信导致过度商业进入的预测是一致的。如 20 世纪 90 年代后期大量互联网企业蜂拥而起，而大多数企业难以盈利，股价由于没有基础因素支撑，其包含的泡沫成分很大。

Shiller（2001）从经济、文化、心理等多方面解释了美国在 1990—2000 年股市出现的极度繁荣现象。其中 Shiller（2001）用放大机制说明投机性泡沫的产生，这种放大机制是通过一种反馈机制发生作用的。他将这种反馈机制描述成一种自发形成的庞氏过程，即过去的价格增强了投资者的信心和期望，投资者进一步哄抬股价，从而吸引更多的投资者，促使这种循环不断进行下去，资产价格泡沫因此不断膨胀。Daniel，Hirshleifer 和 Teoh（2002）运用投资者心理学理论对价格的泡沫进行了详细研究。他们认为史密斯和凯恩斯都特别强调投资者心理对资产价格的影响，而且近来的研究也表明理性投资者的套利活动并不能消除价格的不合理。一方面，市场中的投资者并不能摆脱心理因素的影响；另一方面，市场价格本身是投资者信心的加权平均数。当市场中的理性投资者试图消灭资产价格的不合理时，非理性的投资者却在寻求或制造价格的不合理。当市场中非理性投资者更积极时，他们可以通过承担高风险的方式获利，或更积极地利用信息的信号作用，以及对参与竞争的有良好信息的投资者进行威胁来获利。所以，当市场上价格不合理时，财富从聪明投资者向傻子投资者集中。他们指出，有限的关注及处理能力往往导致了投资者的轻信。由于企业经理能对市场投资者心理产生影响，资产价格的泡沫则由公司经理们操纵和利用投资者心理造成。

Scheinkman 和 Xiong（2003）利用心理学上的过度信心解释了资产价格泡沫的形成。他们认为，知识幻觉往往会导致人们的过度信心，也会导致人们由此产生过高决策估计。在金融市场上，过度的信心会导致市场参与者对资产的基本价值产生分歧。在不允许卖空的条件下，资产的买者通过购买资产能得到一种美式期权，即可以在新的买者有更乐观的预期时将资产卖给他们的权利。超过买者对资产基本价值评估的那部分价值，就是资产价格泡沫。

Hong 和 Sraer（2013）基于投机泡沫模型对比了股票泡沫和债务泡沫的区别。以投资者意见分歧和卖空约束为特征的投机泡沫模型常被用来解释各种股票定价过高的事件。当投资者之间意见分歧较大时，卖空限制会导致价格上涨。悲观投资者可以通过将股票转售给更乐观的投资者进行投机，获取资本收益。由于嵌入了这种投机性转售期权，股票价格就可能定价过高。然而，这种转售选择对于债务来说是有限的，因为债务的上行回报比较有限。因此，债务泡沫需要投资者持有乐观的偏见。由于投资者认为债务是安全的，且上行空间有限，乐观情绪会导致投机交易减少。因此，债务泡沫一般呈现出价增量跌的特征，而股市泡沫则呈现出价量齐增的特征。

Greenwood 和 Nagel（2009）使用互联网泡沫时期共同基金经理的数据，考察了缺乏经验的投资者在资产价格泡沫形成中的作用。研究表明，在互联网泡沫的顶峰时期，与年长经理人相比，年轻经理人管理的共同基金对科技股的投资更多。此外，年轻经理人在泡沫刚出现时就增加了科技股的投资，而在经济衰退期则减少了科技股的投资，表现出追涨杀跌的特征。这两方面均与经验不足的投资者在实验性资产市场中的行为一致。在科技股价格达到峰值之前，大量资金流入年轻经理人管理的基金，这进一步放大了年轻经理人行为的经济影响。

三、有关信贷方面的金融泡沫理论

上述金融泡沫理论从投资者的理性预期或非理性行为的角度分析了泡沫的形成机理和持续条件，但忽视了投资者的财富约束，即没有考虑财富约束在泡沫形成中的作用。Allen 和 Gale（1998）提出基于信贷扩张的金融泡沫模型。他们认为，当投资者用自有资金进行投资时，所形成的资产价格是资产的基础价值；当投资者用借来的资金进行投资时，缺少财富约束，投资者表现出对风险资产的偏好并采取风险转移行为，因而对风险资产的过度投资不断推高资产价格，最终导致泡沫形成，当泡沫破裂时便引发大面积的金融违约，最终导致金融危机。

基于信贷的资产价格泡沫模型采用了严格的假设条件：

（1）具有两个时期：$t=1,2$；每一期有唯一的消费品。

（2）具有两种资产：一是供给量可以自由调整的安全资产，其投资回报为 r（在时期 1 将 x 单位的消费品投资于安全资产，在时期 2 可以产生 rx 的消费品），安全资产的收益取决于经济中资本的边际生产率；二是供给量固定的风险资产，它们可以是房地产或股票，资产回报 R 为一随机变量（如果投资者在时期 1 购买 x 单位风险资产，在时期 2 将获得 Rx 单位的消费品作为回报），R 在 $[0, R_{max}]$ 内具有连续正的密度函数 $h(R)$，均值为 $\bar{R}$，固定的风险资产供给量为 1 单位。

（3）安全资产：它的生产函数是 $f(x)$，$t=1$ 时的 x 单位消费品将转变为 $t=2$ 时的 $f(x)$ 单位消费品，$f(x)$ 满足新古典假设：对所有 x 均有 $f'(x) > 0$，$f''(x) < 0$，$f'(0) = \infty$ 且 $f'(\infty) = 0$。

（4）风险资产：存在交易成本 $c(x)$，成本函数满足新古典假设：对所有的 x 均有 $c'(x) > 0$，$c''(x) < 0$，$c(0) = c'(0) = 0$。

（5）风险中性的投资者：他们从银行借入资金购买安全资产和风险资产，所有投资者的行为可以通过代表性投资者加以分析。投资者的最优化行为是，选择合适的借款数量并确定两种资产的配置，以获得 $t=2$ 时的预期利润最大化。

（6）风险中性的金融中介：所有银行也是通过具有代表性的银行加以分析，代表性银行拥有可放贷资金。

（7）债务合约：银行和投资者之间使用简单债务合约，不能限定贷款规模或以资产收益为放贷条件，即投资者的借款不受规模约束，可以按当前利率借入任何数量的资金，因此市场均衡贷款利率必须等于安全资产的收益率。

设安全资产的价格为 1，风险资产的价格为 P；X_S 代表投资者持有的安全资产，X_R 代表风险资产，投资者的投资额为：$X_S + PX_R$，则在 $t=2$ 时的还款数量为 $r(X_S + PX_R)$，设投资组合在 $t=2$ 时的价值是 $rX_S + RX_R$，则投资者在 $t=2$ 时获得的净收益为：$rX_S + RX_R - r(X_S + PX_R) = RX_R - rPX_R$。投资者面临的最优化问题可表示为：

$$\max_{X_R \geqslant 0} \int_{R^*}^{R_{\max}} (RX_R - rPX_R)h(R)\mathrm{d}R - c(X_R) \tag{12}$$

此时，$R^* = rP$ 是一个临界值，在该点上投资者将违约，违约收益率 R^* 独立于安全资产。均衡条件为：$X_R = 1$；$X_S + P = B$；$r = f'(X_S)$。其中，$X_R = 1$ 是风险资产的市场出清条件，即在 $t=1$ 时只有一单位的风险资产可供投资；而安全资产不存在相应的出清条件，因为安全资产的供给是由投资者对资本的投资行为内生决定的；$X_S + P = B$ 为贷款的市场出清条件；$r = f'(X_s)$ 为资本品的市场出清条件。将 $X_R = 1$ 代入式（12）的一阶条件，得

$$\int_{R^*}^{R_{\max}} (R - rP)h(R)\mathrm{d}R = c'(1) \tag{13}$$

将 $X_S + P = B$ 代入 $r = f'(X_S)$，得：

$$r = f'(B - P) \tag{14}$$

可以看出，式（13）和式（14）确定了均衡时 r 和 P 的值，则在信贷条件下的均衡资产价格 P 为

$$P = \frac{1}{r}\left\{ \frac{\int_{R^*}^{R_{\max}} Rh(R)\mathrm{d}R - c'(1)}{Pr[R \geqslant R^*]} \right\} \tag{15}$$

若市场不存在信贷，投资者完全使用自有资金（数量为 B）投资，此时资产的基础价值用公式表示为：

$$\max_{(X_S, X_R) \geqslant 0} \int_0^{R_{\max}} (rX_S + RX_R)h(R)\mathrm{d}R - c(X_R) \tag{16}$$

它的约束条件为：$X_S + PX_R = B$。将 $X_R = 1$ 代入式（16）的一阶条件，得

$$\int_0^{R_{\max}} Rh(R)\mathrm{d}R - rP = c'(1) \tag{17}$$

因此，自有资金投资条件下资产的基础价格 P_0 为

$$P_0 = \frac{1}{r}[\bar{R} - c'(1)] \tag{18}$$

对比式（15）与式（18），可证明在破产概率为正值的条件下 $[Pr(R \geqslant R^*) > 0]$，$P > P_0$（证明略），说明资产价格存在泡沫。

以信贷环境为基础的金融泡沫模型说明了信贷与金融资产价格之间的关系，产生资产价格泡沫的原理就是经济主体的风险转移行为。通过金融市场贷款融资的投资者在遇到风险时，宣布破产并承担有限责任的可能性大大增加，从而把风险转移给贷款人。但是，当资产价格上升时，投资者便可获利。所以，当金融市场上存在资产价格上升的预期时，资产均衡价格就会偏离其基础价格，市场上出现价格泡沫。在扩展的模型中，Allen 和 Gale（1998）还指出，未来信贷规模的扩大对当前资产价格具有直接影响，未来信贷规模的不确定性越大，则资产价格越高，金融泡沫也就越大。

Farhi 和 Tirole（2012）在世代交叠模型（OLG）的基础上引入了企业的信贷约束来研究泡沫的作用。其核心观点是，泡沫为企业提供了流动性，缓解了企业的信贷约束。一方面，泡沫会吸收一部分储蓄，这在总量上会"挤出"一些投资；另一方面，由于泡沫资产可以充当抵押品，受信贷约束的企业会投资于泡沫资产，这使得利率上升，非企业部门投资意愿上升，从而"挤入"了投资，流动性供给增加。与 Tirole（1985）的不同之处在于，存在信贷约束的情况下，泡沫对投资的"挤入"会缓解经济中的动态无效率；而且由于泡沫承担了缓解信贷约束的功能，即使在经济动态有效率的情况下，泡沫也会在均衡中存在，这与 Ventura（2003）的结论是一致的。

Miao 和 Wang（2018）提出了内生信贷约束下的理性股价泡沫理论。他们观察到，一方面，基本面的波动不能充分解释股市的繁荣和萧条；另一方面，股市繁荣往往伴随着信贷市场的繁荣。为了解释这些现象，模型假设企业面临内生信贷约束。为了确保借款人不违约，贷款人要求以公司所有权作为抵押。根据最优契约问题中的激励约束可知，对贷款人的抵押价值等于公司抵押资产的市场价值。股票价格泡沫可以通过提高公司抵押资产的市场价值（债务上限）来放松激励约束，进而放松信用约束。公司可以借更多的钱进行更多投资，从而支持更高的公司价值。这进一步支撑泡沫变大，形成股价泡沫的正反馈循环机制。因此，股票价格泡沫控制着流动性溢价，并通过提高债务上限来增加投资。股票价格泡沫的破灭导致股票市场崩溃和经济衰退。

四、股市泡沫的实证检验

迄今为止，很多经济学家都在研究金融泡沫问题，但学术界对如何度量股市泡沫仍未形成一致的看法，各种度量模型和检验方法不断引起争论，这主要是因为经济学家对如何度量股票的内在价值及其影响因素，或变动模式存在不同的看法或假设。

（一）超常易变性方差检验法

超常易变性方差检验法源于 Shiller（1981）在检验市场有效性时提出的有界方差检验。Shiller（1981）指出，在理性预期、风险中性、股息和股价具有平稳性等假设的基础上，根据有效市场理论，股票的实际价格等于其内在价值的预期。但是，他通过实证研究发现，股票价格指数的标准差远大于其基本价的标准差，说明价格存在过度波动，与市场有效假设不符。Ackley（1983）和 Fischer（1984）将此原因归结于股价中含有泡沫，该方法因此成为检验股价中是否含有泡沫的一种手段。

然而，该检验方法存在一些缺陷，一个缺陷是 Shiller（1981）在计算内在价值时遇到困难，于是他用估计值来代替内在价值，这使该检验方法的有效性遭到破坏。如果数据中含有泡沫，那么估计值中也将存在泡沫。因此，实际股价和所构造的内在价值都含有泡沫，实际股价的波动大于内在价值便不能说明泡沫的存在。另一个缺陷是检验的分布假设与估计的分布性质受到挑战。Marsh 和 Merton（1986）对股息和价格平稳性假设提出质疑，他们用样本的平均价格代替希勒模型中的估计值，结论正好与 Shiller（1981）相反，这使超常易变性方差检验的理论基础受到了极大的挑战。此外，由于有效市场模型是建立在严格假设基础之上的，只要违反其中任一假设都会导致有界方差检验的失败。如果放宽投资者风险中性的假设而认为投资者是风险规避型时，也会导致实际股价波动变大。

（二）实验检验法

实验检验法通过检验理性预期模型的有效性，对股市泡沫进行了一定的解释。该实验研究具备可控性，因此可以通过控制市场的信息结构、风险结构、激励结构来研究交易者的偏好，进而从交易者心理特征的角度研究价格异象产生的原因。Smith 等（1988）在实验中发现了泡沫现象，他们构造了一个信息完全对称的实验室证券市场，在该市场中有关红利分布的信息对每个交易者来说都是共享的。具体来说，所有参与者都知道，一共有 15 个测试期，在每个周期中，资产都会支付均匀分布的随机红利 $d \in \{d_0 = 0, d_1, d_2, d_3\}$。因此，如果交易者是风险中性的，资产的基本面价值最初是 $15 \sum_i d_i$，之后每期下降 $\sum_i d_i$。研究发现，尽管所有参与者都知道资产的基本面价值在稳步下降，但交易活跃，价格在前几期还是会上涨。在这些实验中，资产价格的时间序列表现出典型的繁荣-萧条模式。在最初的繁荣阶段过后的一段时间内，价格仍然高于基本面价值，直到 15 个周期将近结束时才崩盘。

经过多次实验，Smith 等（1988）发现超过一半的实验都出现了泡沫现象，市场价格高于理论预测的均衡价格。他们认为，这些实验可以说明共同的信息不足以形成共同的预期。他们还让实验对象重复参与实验，结果发现随着交易者经验的积累，价格泡沫逐渐减少。

Smith 等（1988）的实验结果引发了大量讨论，在他们的实验基础上，其他经济学家继续重复该实验或从不同的角度修正该实验环境。Sheryl 和 Holt（1998）的实验方法与 Smith 等（1988）基本相似，主要区别是，Sheryl 和 Holt（1998）的实验中红利支付额在每个阶段都是固定的，持有证券的风险来自证券在每个阶段都有一定的淘汰率，从而失去价值，在这种实验环境下同样出现了价格泡沫及破裂的现象。此外，Schwartz 和 Aug（1989）在实验中采用投资者自己支付初始资金进行交易的方法，King（1993）在实验中分别设计了卖空、交易费用、涨跌停限制等因素，Lei（2002）则在实验中引入交易中的资本所得税。这些实验结果表明，上述因素无法显著地抑制泡沫的出现，因而泡沫具有稳定性特征。

有两种理论可以较好地解释上述实验中存在的泡沫。一是"傻瓜理论"。交易者在市场价格高于基础价值的情况下买入证券的动机在于他们相信有"更大的傻瓜"愿意以更高的价格购买该证券。Smith（1989）指出，泡沫的出现正是因为交易者对他人行为的不确定，相信其他交易者是非理性的，因此会以高于基础价值的价格买入证券。二是正反馈机制。Shiller（2001）认为，由于交易者存在认知偏差最终会导致资产的定价偏差，而资产的定价偏差反过来又会影响交易者对这种资产的认识和判断，该过程就是反馈机制。发生反馈是由于过去的价格上涨使交易者产生价格进一步上涨的预期，或由于价格的上涨使交易者的信心增加，因而正反馈机制解释了实验中持续上涨的泡沫现象。

Kirchler，Huber 和 Stökl（2012）认为，Smith 等（1988）记录的泡沫是由于基本面价值下降（导致定价错误）和现金资产价值上升（导致估值过高）的综合作用。Brunnermeier 和 Morgan（2010）通过实验证明，如果受试者逐渐意识到泡沫存在，但又不知道自己在队列中的位置，他们就不愿意戳破泡沫。Moinas 和 Pouget（2013）的实验则证明了投机倾向随着交易期限的延长而增加。

Xiong 和 Yu（2011）发现，2005—2008 年间，在中国交易的几十张认沽权证严重亏损，到期时肯定一文不值。尽管如此，每份认沽权证每天都要以大幅虚高的价格进行近三次交易。然而，这些认沽权证以股票价格为标的，基本面是公开的。这一现实事件提供了泡沫转售期权理论（即"傻瓜理论"）的证据：投资者之所以愿意为认沽权证支付过高的价格，是因为希望以更高的价格转售给更大的傻瓜。该研究证实了实验室泡沫文献的主要发现。

（三）期限相关检验法

期限相关检验法不用计算基本面价值，因此不用考虑折现率变化的程度，而期限相关与泡沫对应的唯一性强于自相关、偏度或峰度特征等与泡沫的对应性。McQueen 和 Thorley（1994）提出了基于期限相关的泡沫检验方法，他们对 Blanchard 和 Watson（1982）的理性泡沫模型进行分析后指出，如果价格中有泡沫，则正异常收益率同向列将呈现期限相关，正异常收益率同向列终结的概率与其长度（期限）负相关。假设在连续 i 个正变化序列后，观测到一个负变化的概率，即 $h_i = prob(\varepsilon_t < 0 \mid \varepsilon_{t-1} > 0, \varepsilon_{t-2} > 0, \cdots, \varepsilon_{t-i} > 0, \varepsilon_{t-i-1} < 0)$，$h_i$ 随着 i 的增大而减小。也就是说，如果泡沫存在，则对所有的 i 都有 $h_{i+1} < h_i$。因为泡沫不能是负的，所以相似的不等式在负异常收益率同向列中不成立。通过上述分析得出，泡沫使得正异常收益序列具备持续依赖性，即一个连续的正超常收益序列持续时间越长，那么该序列中止（超常收益由正变负）的概率越小。泡沫导致正异常收益率与向列中的期限相关，而在负异常收益率序列中不存在相关性。因而，McQueen 和 Thorley（1994）提出可以用传统的期限相关检验方法来检验泡沫。

除上述所介绍的检验股市泡沫的方法外，还有一些其他检验方法，如通过股价收益的统计特征（自相关、偏度和峰度）来判断市场是否存在泡沫。其根据是：若股价存在泡沫，则收益或超额收益序列存在厚尾和自相关等特征。Blanchard 和 Watson（1982）曾用自相关法检验了黄金市场上存在的泡沫，他们在峰度法检验中发现了支持泡沫存在的证据，说明这些统计特征并不唯一对应于泡沫，而是常常与基本面有关。有关研究表明随时间变化的风险补偿和狂热都可能造成自相关，偏度可以由基本面信息的不对称引起，而尖峰态可能是信息成批到来的结果。因此，通过股价收益的统计特征进行检验遭到质疑。后来，Hamilton 和 Whiteman（1985），Dia 和 Grossman（1988）提出用平稳过程和同积过程的检验来判断泡沫是否存在，对此，Evans（1991）的蒙特卡罗（Monte-Carlo）模拟报告表明即使是有关构造的泡沫序列、单位根和同积过程的标准检验方法也常常否定泡沫的假设，Evans 称之为泡沫检验的陷阱。

五、针对泡沫的政策讨论

在财政政策方面，Hirano，Inaba 和 Yanagawa（2015）讨论了泡沫与政府救助之间的关系。首先，救助计划将影响泡沫的存在条件。政府担保的存在反而可能使得潜在泡沫的规模更大，风险更高。其次，一旦泡沫破灭，救助措施将通过"挤入"生产性投资提高生产效率，同时"挤出"非生产性投资。但是，过于慷慨的救助计划会导致泡沫时期的过度投资，甚至会对生产性投资产生挤出效应，从而降低生产效率。在最优救助政策下，尽管生产效率得以最大化，但繁荣-萧条的周期可能会延长，并且耗费大量公共资金。因此，政府需要在经济稳定与资源分配效率之间进行权衡。

Kunieda 和 Shibata（2016）则认为，由于资产泡沫的出现促进了经济增长，增进了社会福利，政府有充分的理由制定如下政策：一旦泡沫出现，就努力维持其存在。比如，对代表性消费者的净收入征税，并用这一税收购买少量本质无用的资产，从而为纯泡沫提供制度支持，消除无泡沫的经济均衡。然而，该政策无法使经济体获得事前的最佳结果。事实上，资产泡沫是金融摩擦的表征，政策应从根本上解决金融摩擦造成的低效率。最优政策应当旨在避免泡沫发生。可行的措施是对存款征税以及对投资提供补贴。

在货币政策方面，Galí（2014）构建了一个具有名义刚性的世代交叠模型，考察了货币政策规则对理性资产价格泡沫的影响。模型表明，第一，货币政策无法改变泡沫的存在条件，但可以影响泡沫规模等短期特征。第二，对泡沫波动采取更强有力的利率反应（即"逆风政策"）可能会加剧资产价格及其泡沫成分的波动性，这动摇了"逆风调节"货币政策的理论基础。第三，最优政策必须在稳定当前总需求（要求对泡沫作出积极的利率反应）和稳定泡沫本身进而稳定未来总需求（要求对泡沫作出消极的利率反应）之间取得平衡。如果泡沫的平均规模比较大，后一种动机将占主导地位。因此，面对日益增长的泡沫，降低利率是最优货币政策。

此外，Caballero 和 Krishnamurthy（2006）提出了一套风险管理政策，以减轻新兴市场国家的泡沫风险。他们指出，流动性要求、资本流入的冲销以及旨在发展由未来收入抵押的公共债务市场的结构性政策都具有较高的政策收益。

六、小结

理性金融泡沫理论在几十年的发展过程中已经建立了具有一定基础的研究框架，对以理论为依托分析现实状况的实证方法也有较多讨论，因此该理论曾一度盛行。但是，近十几年来越来越多的经济学家开始质疑该理论建立的前提假设基础（有效市场假说、理性预期理论）。因为在现实的经济生活中，信息对每个经济人来说并非是完全的，经济人对未来的预期也充满不确定性，因此市场并非总是有效的。而将理性预期理论应用于资本市场，存在两方面的局限性：一是理性预期模型从理性经济人假定出发，据此认为经济主体具有一致的预期，然而真实证券市场上的交易者并不具有完全理性和完全计算能力，交易者之间还存在信心、偏好以及认知能力的差别。二是理性预期模型仅仅关注均衡的最后一点，而不是整个均衡过程，因此理论模型没有预测当信息发生变化时，个体交易者的预期将如何调整，以及这种调整的持续时间和特征等。这些局限性使理性预期理论难以解释市场的价格波动，尤其是资产价格偏离基础价值的泡沫现象。

针对理性金融泡沫理论存在的缺陷，一些经济学家认为不考虑市场噪声和投资者的差异不能得到具有说服力的金融泡沫理论。于是他们放弃投资者理性和市场完全有效的假设，从投资者非理性的角度分析了资产价格的泡沫成分。这种思路更具现实性，更能有效地说明资产价格泡沫的产生原因和生成机理。但是，有关非理性的泡沫理论非常庞杂，到目前未能像理性泡沫理论那样形成比较完善的体系，所以并不能完全取代理性泡沫理论。而基于信贷扩张的资产价格泡沫理论为我们提供了一种研究金融泡沫的新思路。该理论认为，资产价格泡沫源于信贷扩张、对未来信贷扩张的预期以及资本市场的不确定性，信贷扩张对资产价格的作用机制是借款人的风险转移行为。

参考文献

1. Allen，F. and Gorton，G.（1993）. "Churning Bubbles," *Review of Economic Studies*，60，813 - 836.

2. Black，F.（1986）. "Noise," *Journal of Finance*，41，529 - 543.

3. Blanchard，O. J. and Watson，M. W. "Bubbles, Rational Expectations and Financial Markets," in Pawl Wachtel ed.（1982）. *Crises in the Economic and Financial Structure*，Lexington

Books，295 - 316.

4. Brock，W. A. "An Integration of Stochastic Growth Theory and the Theory of Finance—Part Ⅰ: The Growth Model," in J. Green and J. Scheinkman eds. (1979) . *General Equilibrium, Growth, and Trade*, New York: Academic Press, 165 - 190.

5. Brock，W. A. "Asset Prices in a Production Economy," in J. McCall ed. (1982). *The Economics of Information and Uncertainty*, University of Chicago Press.

6. Brunnermeier，M. K. and Morgan，J. (2010). "Clock Games: Theory and Experiments," Games and Economic Behavior, 68 (2), 532 - 550.

7. Caballero，R. J. , and Krishnamurthy，A. (2006). "Bubbles and Capital Flow Volatility: Causes and Risk Management," *Journal of Monetary Economics*, 53 (1), 35 - 53.

8. Camerer，C. , and Lovallo，D. (1999). "Overconfidence and Excess Entry: An Experimental Approach," *American Economic Review*, Vol. 89, No. 1, 306 - 318.

9. Daniel，K. , Hirshleifer，D. and Teoh，S. H. (2002). "Investor Psychology in Capital Markets: Evidence and Policy Implications," *Journal of Monetary Economics*, Vol. 49, Issue 1, 139 - 209.

10. DeLong，J. B. , Shleifer，A. , Summers，L. H. , and Waldmann，R. J. (1991). "The Survival of Noise Traders in Financial Markets," *Journal of Business*, 64, 1 - 20.

11. DeLong，J. B. , Shleifer，A. , Summers，L. H. , and Waldmann，R. J. (1990). "Positive-Feedback Investment Strategies and Destabilizing Rational Speculation," *Journal of Finance*, 45, 2 (June), 374 - 397.

12. Diba，B. T. and H. I. Grossman (1988). "Explosive Rational Bubbles in Stock Prices?", *American Economic Review*, vol. 78 (3), 520 - 530.

13. Farhi，E. , and Tirole，J. (2012). "Collective Moral Hazard, Maturity Mismatch, and Systemic Bailouts," *American Economic Review*, 102 (1), 60 - 93.

14. Friedman，Milton (1953). *Essays in Positive Economics*, University of Chicago Press.

15. Froot，K. A. and Obstfeld，M. (1991). "Intrinsic Bubbles: The Case of Stock Prices," *American Economic Review*, 81 (5), 1189 - 1214.

16. Galí，J. (2014). "Monetary Policy and Rational Asset Price Bubbles," *American Economic Review*, 104 (3), 721 - 752.

17. Granger W. J. and Swanson，N. R. (1994). "An Introduction to Stochastic Unit Root Processes," University of California at San Diego, Economics Working Paper Series, 92 - 53, Department of Economics, UC San Diego.

18. Greenwood，R. , and Nagel，S. (2009). "Inexperienced Investors and Bubbles," *Journal of Financial Economics*, 93 (2), 239 - 258.

19. Hirano，T. , Inaba，M. , and Yanagawa，N. (2015). "Asset Bubbles and Bailouts," *Journal of Monetary Economics*, 76, S71 - S89.

20. Hong, H. , and Sraer, D. (2013). "Quiet Bubbles," *Journal of Financial Economics*, 110 (3), 596 - 606.

21. Kahneman, D. and Tversky, A. (1979). "Prospect Theory: An Analysis of Decision under Risk," *Econometrica*, 47, 263 - 291.

22. Kirchler, M. , Huber, J. , and Stöckl, T. (2012). "Thar she bursts: Reducing Confusion Reduces Bubbles," *American Economic Review*, 102 (2), 865 - 883.

23. Kunieda, T. , and Shibata, A. (2016). "Asset Bubbles, Economic Growth, and A Self-Fulfilling Financial Crisis," *Journal of Monetary Economics*, 82, 70 - 84.

24. Lux, T. (1995). "Herd Behavior, Bubbles and Crashes," *The Economic Journal*, Vol. 105, No. 431, 881 - 896.

25. Lux, T. and Sornette, D. (1999). "On Rational Bubbles and Fat Tails," *Journal of Money, Credit and Banking*, Part 1, vol. 34, No. 3, 589 - 610.

26. Marsh, T. A. and Merton, R. C. (1986). "Dividend Variability and Variance Bounds Tests for the Rationality of Stock Market Prices," *American Economic Review*, Vol. 76 (3), 483 - 498.

27. Martin, A. , and Ventura, J. (2012). "Economic Growth with Bubbles," *American Economic Review*, 102 (6), 3033 - 3058.

28. McQueen, G. , and Thorley, S. (1994). "Bubbles, Stock Returns, and Duration Dependence," *Journal of Financial and Quantitative Analysis*, Vol. 29, 379 - 401.

29. Miao, J. , and Wang, P. (2012). "Bubbles and Total Factor Productivity," *American Economic Review*, 102 (3), 82 - 87.

30. Miao, J. , and Wang, P. (2018). "Asset Bubbles and Credit Constraints," *American Economic Review*, 108 (9), 2590 - 2628.

31. Miao, J. , Wang, P. , and Xu, Z. (2015). "A Bayesian Dynamic Stochastic General Equilibrium Model of Stock Market Bubbles and Business Cycles," *Quantitative Economics*, 6 (3), 599 - 635.

32. Miao, J. , Wang, P. , and Zhou, J. (2015). "Asset Bubbles, Collateral, and Policy Analysis," *Journal of Monetary Economics*, 76, S57 - S70.

33. Moinas, S. , and Pouget, S. (2013). "The Bubble Game: An Experimental Study of Speculation," *Econometrica*, 81 (4), 1507 - 1539.

34. Santoni, G. J. (1987). "Changes in Wealth and the Velocity of Money," *Review*, Federal Reserve Bank of St. Louis, issue Mar. , 16 - 26.

35. Santos, M. S. , and M. Woodford (1997). "Rational Asset Pricing Bubbles," *Econometrica*, 65, No. 1, 19 - 58.

36. Scheinkman, J. A. (1977). "Notes on Asset Pricing," Mimeo, University of Chicago.

37. Scheinkman, J. A. "Dynamic General Equilibrium Models—Two Examples," in A. Ambrosetti, F. Gori, and R. Lucchetti eds. (1988). *Lecture Notes in Mathematics*, Springer-Verlag: Germany.

38. Scheinkman，J. A. and Xiong，W. (2003). "Overconfidence and Speculative Bubbles," *Journal of Political Economy*，Vol. 111，No. 6，1183 – 1219.

39. Sheryl，B. and Holt，C. A. (1998). "Speculation and Bubbles in an Asset Market," *Journal of Economic Perspectives*，12 (1)，207 – 218.

40. Shiller，R. J. (1981). "The Use of Volatility Measures in Assessing Market Efficiency," NBER Working Papers 0565，National Bureau of Economic Research，Inc.

41. Shiller，R. J. (1984). "Stock Prices and Social Dynamics," Cowles Foundation Discussion Papers 719R，Cowles Foundation，Yale University.

42. Shiller，R. J. (1989). *Market Volatility*，Cambridge，MIT Press.

43. Shiller，R. J. (2001). "Bubbles，Human Judgment，and Expert Opinion," Cowles Foundation Discussion Papers 1303，Cowles Foundation，Yale University.

44. Smith，V.，Suchanek，G. and Williams，A. (1988). "Bubbles，Crashes and Endogenous Expectation in Experimental Spot Asset Markets," *Econometrica*，Vol. 55，1119 – 1151.

45. Tirole，J. (1982). "On the Possibility of Speculation under Rational Expectations," *Econometrica*，v. 50，No. 5，1163 – 1181.

46. Tirole，J. (1985). "Asset Bubbles and Overlapping Generations," *Econometrica*，Vol. 53，No. 6，1499 – 1528.

47. Topol，R. (1991). "Bubbles and Volatility of Stock Prices：Effect of Mimetic Contagion," *Economic Journal*，Royal Economic Society，Vol. 101 (407)，786 – 800.

48. Ventura，J. (2003). "Economic Growth with Bubbles," CREI Working Paper，November.

49. Ventura，J. (2012). "Bubbles and Capital Flows," *Journal of Economic Theory*，147 (2)，738 – 758.

50. Xiong，W.，and Yu，J. (2011). "The Chinese Warrants Bubble," *American Economic Review*，101 (6)，2723 – 2753.

51. Yanagawa，N. and Grossman，G. M. (1992). "Asset Bubbles and Endogenous Growth," NBER Working Paper，No. W4004.

金融危机理论

　　随着金融产业的迅速发展，金融深化、经济货币化程度不断提高，经济的发展出现了"虚拟化"的趋势。在经济不断全球化、虚拟化的进程中，世界经济运行出现了许多新变化，并表现出许多新特点，其中频繁爆发的金融危机便是这些变化的集中反应。金融危机是全部或大部分指标——短期利率、资产（证券、房地产、土地）价格、商业破产数和金融机构倒闭数急剧、短暂和超周期的变化（Goldsmith，1982），这一定义对应的是封闭经济。随着国际资本的流动速度加快，各国经济的开放性特征更加明显，金融危机的表现形式也不限于以上所述的定义范围。

　　现代经济理论中关于金融危机的论述可追溯到 Cantillon（1730）的著作《商业性质概论》（*Essay on the Nature of Commerce in General*）。此后，经济学家们对金融危机论述颇多，尤其是在解释 1929—1933 年大危机方面。自 20 世纪 70 年代以来，金融危机开始较频繁地出现，围绕该现象的相关理论仍是学术界讨论的热点之一。在理性预期理论的影响下，经济学家获得了对金融市场微观行为更深刻的认识，以投机者心理为基础的研究明显加强，对金融危机理论的研究也更加深入。

一、早期金融危机理论

早期金融危机理论主要分为两派，一派是以费雪-明斯基-金德尔伯格为代表的经济周期论，他们把金融危机看成是与经济周期密切相关的一种经济现象，把危机的产生和积累视为市场非理性和非均衡行为的结果，以"金融脆弱"和"过度负债"等理论为核心组成一套相对完整的体系；与此相应的是 Friedman 和 Schwartz（1963）等提出的货币主义解释，他们认为市场是理性的，市场上金融风险的产生和积累并不是源于市场内部的市场恐慌和普遍非理性，而是来自市场外部，尤其是中央银行对宏观经济的不当干预。

（一）债务-通货紧缩的金融危机理论及其发展

美国经济学家 Fisher（1933）发展了由 Veblen（1904），Hawtrey（1926）等提出的债务-通货紧缩理论。他认为，金融危机是周期性的，会造成过度负债状态的再现，从而引发经历债务-通货紧缩过程的一系列金融事件。后来一些经济学家针对变化了的经济、金融环境，对费雪的理论进行了补充和修正，使之不断完善。

费雪认为，债务和货币单位的购买力这两方面的混乱是对整个经济造成破坏的最主要因素。这是因为当经济高涨时，经济的繁荣会导致价格及利率上升，鼓励更多的投资并引发对资本收益的投机。由于整个过程都是通过债务融资进行的，频繁的借贷活动又增加了存款和货币供应量，使价格水平继续上升，不断上涨的价格使债务实际价值的减少大于名义价值的上升。这一切使人们对经济形势保持乐观，继续提高货币的流通速度，使经济以更快的速度膨胀。然而物价水平的上升并没使未清偿债务的实际价值降低，这进一步鼓励了借贷活动。整个过程一直持续到"过度负债"状态，即负债过多以至于个人、银行、企业都没有足够的流动资产清偿到期债务的状态。这种状态持续会引起一个连续的债务-通货紧缩过程，债务人为清偿债务而廉价销售，债务的清偿使存款货币减少，廉价销售使货币流通速度降低，最终导致物价水平下降，企业债务负担不断增加，企业净值以更大幅度下降，使得利润水平下降甚至破产，进一步造成企业产出和就业水平下降。破产、失业等现象使人们产生悲观情绪，丧失信心，于是引起窖藏增加和货币流通速度的进一步降低。该过程造成名义利率下降和真实利率上升，继续加剧恶化过程，并一直持续到广泛的破产消除了过度负债或采用扩张的货币政策使物价水平上升为止。费雪对金融危机的分析是建立在"过度负债"和"通货紧缩"这两个核心概念基础之上的，经济循环是两者相互作用的结果，因此称为债务-通缩理论。

明斯基在凯恩斯理论的框架基础上，重点引入了费雪的"债务-通缩"理论，建立了自己的"金融不稳定假说"。明斯基认为，凯恩斯提到了金融体系的不稳定性，但是没有系统分析金融因素在周期变动中的作用，尤其是忽略了债务结构对各经济主体行为的影响。因此，他认为，必须在凯恩斯"以投资为中心解释经济周期"的理论框架中，融入"投资的金融理论"，并考虑金融制度、金融惯例及其变化，才能更好地分析投机性投资热潮的产生，以及含有危机萌芽的经济运行机制（Minsky，1975）。明斯基的分析是建立在资本主义繁荣与萧条的长波理论基础之上的，他认为，在一个长波周期的扩张阶段，企业会积极地通过债务进行融资。但是由于竞争的压力，容易使企业形成过度负债状态，引发债务-通货紧缩过程。明斯基指出，私人信用创造机构（特别是商业银行）的内在特性将使其经历周期性的危机和破产浪潮，这种困境被传递到经济的各个组成部分，就会产生宏观经济的动荡和危机。明斯基认为，金融稳定与否的关键取决于资产的流动性。在此基础上，他提出了三种融资方式和金融脆弱性的概念，形成对费雪理论的重大发展。

明斯基的金融不稳定假说认为，经济既可以处于稳定的融资状态下，也可以处于不稳定的融资状态下；随着经济繁荣的延续，金融体系会从一种稳定状态转向一种不稳定状态。因为随着经济的繁荣、乐观预期的增强，在套期保值融资主导的金融结构中，投机融资和庞氏融资会增加。如果经济中相当可观的投机融资主体正处于一种膨胀状态，而货币当局试图紧缩经济时，投机融资者会变成庞氏融资者，资产的净值会迅速蒸发。缺乏现金流的经济主体不得不出售资产改变金融头寸，这很容易导致资产价格的崩溃。金融不稳定假说指出了金融危机是客观存在的，是随着国民经济的周期性发展而变化的。二战以来，各国政府的财政赤字政策在很大程度上抵消了私人投资的周期波动性，减少了金融风险的压力，但政府财政赤字政策不可能无限制地增长，否则政府也会由于成为上述的第三类融资者而破产。

Kingdleberger（1978）同样也从周期性角度来解释金融体系风险的孕育和发展，沿着费雪和明斯基的思路，金德尔伯格用历史上发生的数次金融危机来论证过度交易导致货币危机的理论，强调了金融市场在通货紧缩中的作用。他认为，英国自 1866 年后，美国自 1933 年后，国内金融危机程度减轻、次数减少，主要是因为：首先，人们吸取了历次金融危机的教训，行为变得更加理性；其次，中央银行在金融危机中作为最终贷款人的作用加强，人们的恐慌心理缓解；最后，反高利贷法的影响力减弱，利率因此可以上升到限制恶性投机的水平。Kingdleberger（1978）把金融危机的整个过程分为疯狂、恐惧和崩溃三个阶段。认为金融资产价格的下降，在对真实经济活动的影响方面，与通货紧缩有着相同的作用。当出现高度发达的金融市场以后，随着经济的扩张，人们会产生疯狂的投机，即疯狂地把货币转换成真实（实物）资产和金融资产，在金融市场上，这种疯狂追逐资产的过度投机行为及市场参与者的心理预期会使通货紧缩对经济的不利影响更容易放大。因此，金融市场的不稳定是对以前事件累积过程的反应，而货币与信用的膨胀是刺激投机从而引发危机，最终导致恐慌和经济崩溃的原因。

Minsky（1986）对金融危机的分析侧重于制度安排，强调货币与债务因素是联系现在和未来的桥梁，但由于经济本身的不确定性和经济单位"逐利"的本性，这种联系是"内在不稳定的"。但是，明斯基的理论缺少稳固的经济学基础，他把金融体系风险的产生和积累视为非理性或非均衡行为的结果，却又无法说明为什么经济行为人要按照那种破坏自身利益的非理性方式来行事，所以在很大程度上他不得不依赖心理学的判断来解释金融主体的非理性行为，从而降低了该理论的可信度，因此只能称之为假说。

Wolfson（1996）认为，在金融体系已经很脆弱的情况下，大型非金融公司的违约、破产以及资产价格的急剧下降，会由于复杂的债权关系而使大量经济单位缺乏足够的流动资产来清偿到期债务，造成过度负债状态，引起债务-通货紧缩过程。而在费雪的研究中，并没有详细论述哪些事件直接造成了过度负债状态，以及银行体系、资产价格在债务-通货紧缩过程中的作用。Tobin（1980）和 Wolfson（1996）等人认为，银行体系在金融危机中起着关键作用。因为在过度负债状态下，如果银行能提供贷款，就可避免债务-通货紧缩过程。但在过度负债状态下，由于经济、金融扩张中积累起来的风险逐渐增大并显露出来，银行可能会因此遭受贷款损失，甚至破产，所以银行不愿意提供贷款，甚至提高利率、减少贷款，包括提前收回贷款、取消贷款承诺。如果发生了挤兑，引起银行业恐慌，情况会更加严重。银行的这种行为使企业投资减少，被迫销售资产以清偿债务，最终引起企业破产，由此直接影响经济发展。沃尔夫森（Wolfson）指出，费雪主要强调了物价水平的急剧下降在债务-通货紧缩过程中的作用，大危机之后虽然没有发生过一般物价水平急剧下降的情形，但资产价格急剧下降在债务-通货紧缩过程中起了重要作用。资产价格急剧下降不仅是直接造成过度负债状态、引起债务-通货紧缩过程的原因之一，而且是债务-通货紧缩过程中的重要一环。如上所述，过度负债状态下银行不愿提供贷款或减少贷款，都会造成资产价格急剧下降。资产价格急剧下降时，企业为清偿债务需销售更多资产，这既会加剧以上过程，也会使企业负担加重，净值下降，最终引起需求、产出和就业水平下降。此外，资产价格下降还通过提高企业融资成本以及财富效应影响投资和消费需求，使产出和就业水平下降。Tobin（1980），Mervyn King（1994）进一步论述了资产价格下降造成企业债务负担增加为何会影响总需求的观点，他们认为主要原因在于债务人财富的边际支出倾向往往高于债权人。

（二）货币主义的金融危机理论及其发展

货币主义者 Friedman 和 Schwartz（1963）及 Cagan（1965）认为，金融危机就是产生或加剧货币紧缩效应的银行恐慌。弗里德曼和施瓦茨在他们的著作《1867—1960 年美国货币史》中，对造成美国货币不稳定的银行业恐慌，尤其是1929—1933 年的银行业恐慌有相当多的论述。他们认为，银行业恐慌的破坏性主要是通过影响货币供给，进而影响经济活动发生的。他们指出，如果没有货币过度的供给，金融动荡不太可能发生或者至少不会太严重。因此，导致金融动荡的根本原因是货币政策失误。货币主义学派认为，对于任何一个经济体来说，金融的变动不仅是收入变动的充分条件，而且是必要条件，正是由于各种要素的综合作用造成了名义收入最初的变动而不是货币供给的变动。但是自此以后，只有当货币供给做了相应的改变，名义收入的发展变化才有可能保持住，因此，货币才是经济动荡与否的真正关键因素，金融动荡的根源在于货币政策，货币政策的失误引发了金融风险的产生和积累，结果使得小范围的金融问题演变为剧烈的金融灾难。根据货币主义者的论述，一些金融事件，如重要金融机构的破产可能使公众对银行将存款兑换为通货的能力丧失信心，从而引起银行业的恐慌。公众增加持有通货的行为不仅降低了通货存款比率，而且使银行必须持有更多准备金，也降低了存款准备金比率，这会通过货币乘数使存款货币数倍紧缩。此时，若货币当局对银行业的恐慌不加以干预，使之得以缓解，则会导致大批稳健经营的银行破产。而对流动性的大量需求会使银行所持有的资产价值降低，最终使银行丧失偿付能力。银行的大批破产又使货币存量进一步减少，而在货币主义者看来，货币量的减少会直接使产出和收入水平下降。

Brunner 和 Meltzer（1972）对弗里德曼的货币主义思想做了进一步的阐述，提出货币存量增速会导致银行业危机的理论。他们认为，货币存量增速对金融危机的爆发有巨大影响，一旦因中央银行对货币供给的控制不当而导致货币过分紧缩，即使在经济平稳运行时，也会引发金融危机。因为突发性大幅度货币紧缩会迫使银行为维持足够的流动性而出售资产来保持所需的储备货币，资产价格因此下降并导致利率上升，这又增加了银行的筹资成本，危及银行偿付能力，存款人信心也受到打击。若大批银行因失去流动性和偿付能力而破产，这必然使货币供应进一步减少，最终使金融机构的破产加速并迅速传播，金融危机因此爆发。

Schwartz（1986）进一步区分了"真实金融危机"和"虚假金融危机"。他认为，金融危机是由于担心支付手段在任何价格下都不能获得引起的，在部分准备金制度下，将导致对高能货币的争夺，即真实金融危机就是银行业恐慌。若公众相信货币当局会提供他们需要的通货，银行业恐慌就可能避免。因此，1866 年金融危机以后，由于英格兰银行正式承担了最终贷款人的责任，英国没有发生过真实金融危机；1933 年大危机之后，由于建立了存款保险制度，美国也没有发生过真实金融危机。大危机后发生的一些事件，包括紧缩、低通货膨胀、主要债务人和金融业的财务困境、股票和房地产等资产价格的突然下降、汇率贬值，都只是经济中特定部门财富的减少，而不会导致挤兑和银行业恐慌，虽然有人称之为金融危机，但只是"虚假金融危机"，中央银行对此类事件采取的挽救行动只会造成通货膨胀和经济资源的浪费。

货币主义者从自身的理论角度认识到，金融危机受到货币政策的影响而变化。在货币政策宽松期，存款、放款、投资、还款、结算等环节运行相对顺畅，社会资金流动量大，货币供需矛盾缓和，影响金融机构安全的因素减弱，金融风险相对较小；反之，在货币政策紧缩期，企业与企业之间、企业与金融机构之间、金融同业之间、金融运行与经济运行之间、金融运行各环节之间的矛盾加剧，货币供需之间出现了较大的缺口，影响金融机构安全性的因素逐渐增多，社会经济运行的链条时常发生断裂，金融风险不断增加。但是，货币主义学派的解释比较片面，事先排除了非货币因素产生金融动荡的可能性。

（三）早期金融危机理论的比较

债务-通货紧缩理论和货币主义的理论有比较明显的区别。首先，表现在金融危机的原因及表现上。债务-通货紧缩理论认为，经济的扩张使非金融部门债务量过分扩张，金融体系由此变得十分脆弱。大型非金融公司的违约或破产使资产价格急剧下降，银行业出现恐慌，波及经济的各方面，最终爆发周期性的金融危机。因此，中央银行应把非金融部门的债务量作为监测目标加以调控，从而预防和缓解金融危机。货币主义理论认为，金融危机是突发事件引起的银行业恐慌。其次，表现在金融危机影响经济的途径上。债务-通货紧缩理论认为，金融危机是通过银行体系资产（非金融部门债务量）的减少及由此引起的通货紧缩等一系列环节影响经济活动的。货币主义理论认为，金融危机是通过银行体系的负债——货币量的减少影响经济活动的。这一分歧引起了一些争论，例如在宏观经济活动的决定因素中，是货币因素更重要还是金融因素更重要。最后，表现在金融危机的影响上。债务-通货紧缩理论认为，由于金融危机是周期性的，因而是无法避免的；金融危机发生时，中央银行发挥最终贷款人的作用，防止银行业恐慌的发生，能缓解债务-通货紧缩过程，但由于金融危机使经济发展、金融扩张中积累的风险逐渐增大并暴露出来，银行不愿贷款或减少贷款，对此中央银行很难调控，债务-通货紧缩过程因此出现。货币主义理论认为，中央银行承担最终贷款人的责任及存款保险制度建立后，真实金融危机即银行业恐慌不会发生。主要债务人的财务困境、资产价格下降等都是虚假金融危机，中央银行不需要进行干预。

二、现代金融危机的理论和模型

早期的金融危机理论对金融危机的解释普遍缺乏微观基础，很大程度上是依赖准心理学的判断，因此只能称其为假说。从 20 世纪 70 年代末起，金融危机理论开始形成比较独立和完整的理论体系。经济学家们将这一时期出现的金融危机理论称为现代金融危机理论，并将其大致划分为三个阶段：第一阶段，以 Krugman (1979)，Flood (1984)，Garber (1984) 模型为主，被称为"第一代货币危机理论"。第二阶段，从 80 年代中期开始，以 Obstfeld (1994) 的"预期自我实现型货币危机"模型为代表，被称为"第二代货币危机理论"；第三阶段，1997 年亚洲金融危机之后以 McKinnon 和 Pill (1998)，Chang-Velasco (1998) 和 Krugman (1999) 为代表，被称为"第三代金融危机理论"。[①]

（一）第一代货币危机理论与模型：固定汇率制度和宏观政策冲突

克鲁格曼在 1979 年发表了《国收收支危机模型》（A Model of Balance of Payments Crises）一文，构建了货币危机的最早理论模型。他认为，货币危机的发生是因为政府宏观经济管理政策失误导致实际经济基础恶化，投机者根据实际经济基础的变化情况，在预计到现有的固定汇率体制难以维持时对货币发动攻击，从而引起固定汇率体制的解体。此后，Flood 和 Garber (1984) 发表的《崩溃的汇率制度：一些线性例子》（Collapsing Exchange Rate Regimes：Some Linear Examples）一文中，对克鲁格曼提出的模型加以扩展与简化。这两篇文献是第一代货币危机理论的代表作品。

1. 第一代货币危机理论

第一代货币危机理论的研究始于 20 世纪 70 年代后期的拉美货币危机，Krug-

---

① 由于第一阶段和第二阶段的金融危机主要表现为货币危机，因而此阶段金融危机理论分别称为"第一代货币危机理论"和"第二代货币危机理论"，第三阶段金融危机的起因变得更加复杂，货币危机和银行危机相伴而生，因而这一阶段理论称为"第三代金融危机理论"。

man（1979）受 Salant 和 Henderson（1978）思想的启发，在关于商品价格稳定机制研究的基础上提出了有关货币危机的早期理论模型。70 年代中期，Salant（1978）在研究黄金价格稳定机制的过程中，从理论上论证了这种价格稳定机制具有内在的不稳定性，且极易遭受强大的投机攻击。他假定，当投机者认为价格将升到足够高的水平，收益率至少等于或高于其他资产的收益率时，他们才会继续持有黄金这种可耗竭性资源。Salant（1978）指出，政府试图通过建立一种价格稳定机制将黄金资源的价格维持在某一固定水平，但这一做法会因投机者的投机冲击而难以成功。因为如果黄金的干预价格高于价格趋势路径，投机者必然出售所持有的资源实现盈利。结果是，政府在稳定黄金价格的过程中被迫大量持有这种资源。随着时间推移，黄金的市场均衡价格必然要沿着价格趋势路径上升，直至超过政府试图控制的价格水平。此时，投机者认为这种资源有利可图，便开始迅速购买。如果政府还试图稳定黄金价格，就不得不出售所持有的黄金资产，直至全部售完，这个模型的结论可以用来解释 1969 年大规模的投机冲击美国黄金市场的现象。随后，Krugman（1979）等一些经济学家很快认识到，这个结论不仅适用于黄金等可耗竭资源价格的稳定机制，同样适用于中央银行的汇率稳定机制。在此基础上，克鲁格曼建立了第一代货币危机模型的雏形。通过比较发现，Salant（1978）在模型中是用黄金这一特殊资源产品来满足价格趋势路径的要求，而克鲁格曼则是假设政府当局试图用货币化的手段为财政赤字融资来说明外汇储备的市场均衡价格向上的趋势路径。

Krugman（1979）认为，货币危机产生的根源在于政府的宏观经济政策（主要是过度扩张的货币政策与财政赤字货币化）与稳定汇率政策（如固定汇率）之间的不协调，即财政赤字的货币化政策导致本币供应量的增加，本币贬值，因此投资者在这种情况下的合理选择是持有外币，使用本币购买外币；而固定汇率制要求央行按固定汇率卖出外币。因此，随着赤字的货币化，央行的外汇储备将不断减少，当外汇储备耗尽时，固定汇率制自然崩溃，货币危机随之发生。然而，存在货币投机者时，汇率崩溃不会等到央行的外汇储备耗尽时才发生。如果汇率贬值或者央行的外汇储备耗尽，持有本币的投机者就不得不承受巨大损失。正是因为考虑到这种情况，精明的投机者预测到央行的外汇储备将不断减少，为了避免资本损失或者从中牟利，他们会在央行的外汇储备耗尽前提前抛售本币、购入外币。只要市场存在贬值的预期，投机者的冲击就在某种程度上使危机爆发的时间提前。结果是，当外汇储备下降到一定的关键规模时，大规模的投机将会在很短的时间内耗尽央行的所有外汇储备。当中央银行意识到一味地捍卫固定汇率制度将无济于事时，它就可能会被迫放弃固定汇率制度。

在克鲁格曼开创性工作的基础上，Flood 和 Garber（1984）引入随机因素构建了简单的线性模型；之后，Connolly 和 Taylor（1984）分析了蠕动钉住汇率体制，强调了汇率崩溃前贸易商品的相对价格行为，指出了汇率崩溃前存在实际汇率升值和经常项目恶化；而 Edwards（1989）也强调了贬值前货币升值与经常项目恶化的模式；Krugman 和 Rotemberg（1991）将原来的模型拓展到投机者冲击的目标区域问题；在 1994 年墨西哥危机以后，Flood，Garber 和 Krugman（1996）及 Lahiri 和 Vegh（1997）又研究了中和干预政策和利率政策产生的影响。

第一代货币危机模型主要说明的几个问题是：第一，货币危机发生的直接原因是财政赤字货币化同固定汇率制度目标不相容的结果，尤其是宏观基础变量的恶化（如财政赤字规模巨大、信用扩张速度过快、外汇储备严重流失等）。第二，当政府持续地通过货币化的手段来为财政赤字融资时，固定汇率制度的崩溃和货币危机的发生具有一定的可预测性，即通过密切关注并监测一国宏观经济运行状况可以对货币危机进行预测。第三，投机者冲击货币的条件是基本经济变量的不断恶化或宏观经济与稳定汇率政策之间不协调；货币冲击的时机是由央行外汇储备的关键水平点决定的，当外汇储备下降到这一水平点时，投机者有足够的能力在最短时间内耗尽央行的外汇储备。第四，汇率的波动或货币危机的发生并不意味着投机者是非理性的，相反，它完全是投机者对政府所执行的宏观经济政策的一种理性反应，并非所谓的非道德行为，因而这类模型也被称为理性冲击模型。从第一代货币危机模型的分析中也可以得出一些政策主张：首先，由于危机的发生具有一定的可预测性，政府如果在此基础上及时调整经济运行，则在一定程度上可避免货币危机的爆发或减轻其冲击程度；其次，过分严格的资本管制将扭曲市场信号，不能及时传递市场信息，应适度放松管制；最后，执行固定汇率制度的国家应该执行协调一致的财政政策和货币政策，不断改善宏观经济基础变量，保障经济健康运行，从而维护人们对固定汇率制度的信心，防止投机者的投机冲击。

2. 克鲁格曼-费拉德-加伯（Krugman-Flood-Garber）模型

克鲁格曼提出的模型属于完全预期的非线性投机攻击模型。模型假定：两国货币的汇率由购买力平价决定，即单位外币的本币价值 e 等于本国物价水平 p 与外国物价水平 p^* 之比；投资者可以自由选择本国货币资产和外币资产；一国外汇储备有限但实行固定（钉住）汇率，该国货币政策就受到约束。因为在开放条件下，私人总财富 W（表现为储蓄 S）是本币和外币资产 F 的组合，而本币资产的实际价值 (M/P) 是货币供应量 M 的函数，当 M 增加时，投资者完全预见到固定汇率制度崩溃，必将改变资产组合。即：

$$e = p/p^* \tag{1}$$

$$W=M/P+F=S=LS+(1-L)S \tag{2}$$

其中，L 为资产组合系数。在政府方面，财政赤字（政府财政支出 G 与税收 T 之差）必须用发行货币或提取外汇储备 R 来弥补，即：

$$G-T=M/P+R \tag{3}$$

若政府实行固定（钉住）汇率政策，同时又不断增大货币发行来抵补财政赤字 $G-T$，将首先引起 M/P 上升，通货膨胀率增加，随后投资者改变资产组合，即用本币兑换外币，LS 下降，$(1-L)S$ 上升，导致 R 下降（$\Delta R=-\Delta F=\Delta M/P$）。当 R 下降至零时，政府失去保卫汇率的手段，固定汇率制度崩溃，货币危机爆发。

费拉德和加伯在克鲁格曼模型的基础上提出了一个线性分析模型。其基本结论是：国内货币供应量的持续增加最终导致外汇储备的耗尽。该模型由五个基本公式构成，即：

$$M_d/P_t=a-b\Pi_t \quad b>0 \tag{4}$$

$$\Pi_t=P_t^*/P_t \tag{5}$$

$$P_t=E_t \tag{6}$$

$$M_s=R_t+D_t \tag{7}$$

$$D_t=u,u>0 \tag{8}$$

式（4）中的 M_t、P_t、Π_t 分别代表国内货币存量、物价水平和预期通货膨胀率，这是一简化的货币需求函数，它表明实际货币需求同预期通货膨胀率呈反向关系。式（5）中的 P_t^* 表示物价变化率，这是一个理性预期假定，即预期的通货膨胀率和实际通货膨胀率完全相等。式（6）中以直接标价法表示的即期汇率是一个特殊的购买力平价方程，它假定国外物价水平不变，可以简化为 1，这样汇率就等于国内物价水平。式（7）中 R_t、D_t 分别表示外汇储备和国内信贷量，它实际上是一个货币供给函数，表示名义货币供给量等于国内信贷总量加上外汇储备换算成本币以后的货币量。式（8）表示为弥补国内财政赤字，国内信贷量以固定比率增加，所以 u 为大于零的常数。将式（5）、式（6）代入式（4）可得货币需求函数：

$$M_d=aE_t-bE_t^* \tag{9}$$

式（9）表示货币需求函数和汇率变化率 E_t^* 呈反向关系，即汇率上升（外币升值），货币需求量减少，但由于政府采取固定汇率政策，固定汇率为 $\bar{E}$，故 $E_t^*=0$，因此，

$$M_d=a\bar{E}_t$$

$$M_d=M_s$$

$$R_t=aE_t-D_t \tag{10}$$

其中，aE_t 为常数，对等式进行微分可得外汇储备变化率：

$$R_t = -D_t = -u \quad u > 0 \tag{11}$$

因此外汇储备变化率与国内信贷变化率反向变化，$u > 0$，所以，$R_t = -u < 0$，外汇储备会持续减少，只要外汇储备是有限资源，就最终会耗竭，假定外汇储备的最低下限为零，那么在没有投机袭击的情况下，固定汇率可以维持的时间就为R_0/u_t，R_0为初始外汇储备量。如图 1 所示：

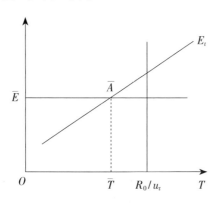

图1　第一代货币危机模型

在图 1 中，水平线 $\bar{E}$ 表示固定汇率；斜线 E_t 表示在没有政府干预下由简单购买力平价决定的随国内货币供应量增加而增加的影子汇率；$\bar{A}$ 点是均衡点；垂直实线 R_0/u_t 表示政府的外汇储备能维持固定汇率的时间。Krugman（1979）认为，投机者不会在影子汇率上升到与固定汇率相等（$\bar{T}$ 点）之前进行投机，因为在 $\bar{T}$ 点之前，投机者以固定汇率买下外汇后，在市场上只能得到比固定汇率更低的价格。相反，理性的决策应当是向政府出售外汇，所以在 $\bar{T}$ 点之前，政府的外汇储备往往显得比较充足。同样，投机者也不会等到政府耗尽最后的外汇储备时（R_0/u_t 点）才进行投机，因为只要影子汇率超过 $\bar{T}$ 点，投机者就会认为持有外币比持有本币更有价值。当影子汇率大于 $\bar{E}$ 时，如果政府继续增加货币供应，投机者就会预见到持有外币比持有本币更有价值。而外汇是一种可耗竭资源，每个投机者都会担心其他投机者会赶在自己之前将外汇买光，因此外汇危机就会超过 $\bar{T}$ 点突然爆发，出现投机狂潮，政府会发现所持有的外汇储备在一夜之间被消耗殆尽，最终不得不放弃固定汇率，危机随之发生。因此 $\bar{T}$ 点（影子汇率等于固定汇率）以后，汇率将从 $\bar{E}$ 出发，随着国内货币供应量的增加而上升，而不会出现间断性跳跃。

（二）第二代货币危机理论与模型：危机的不可预见性和政府的相机抉择

由于第一代货币危机理论的假设条件有很大局限性，因而难以解释1992—1993年所发生的欧洲货币危机。对此，Obstfeld（1994，1996），Drazen 和 Masson

（1994），Sachs，Tornell 和 Velasco（1996）等人以自我实现机制为基础，建立了第二代货币危机理论，拓宽了货币危机研究的思路。该理论强调了危机的自促成性质，即投机者的信念和预期最终可能导致政府捍卫或放弃固定汇率。该理论认为，危机的发生与政府的行为有关，主要取决于政府对捍卫固定汇率制或放弃固定汇率制的成本与收益的权衡。市场对货币贬值的预期会导致政府放弃固定汇率制，预期贬值是货币危机的直接因素。当市场预期货币将贬值时，市场参与者在其经济决策时将预期因素考虑进去，而投机者也将提前抛售本币，这两种因素改变了原来的利弊平衡关系，使政府发现维持固定汇率制的成本将上升，并有可能超过维持固定汇率制的收益，政府最终放弃固定汇率制，因此货币危机会在政府不作为的信息传导中和市场环境下完成自我实现的过程。

在第一代货币危机模型中，政府和私人部门的行为都是线性的。政府的行为表现为以一个固定速度增长的信贷政策，而私人部门的行为则表现为一个固定的货币需求函数。这两种线性行为和投机产生的可预见获利机会共同决定了一个可预见的投机攻击时刻。第二代货币危机模型发展为一个随机攻击模型，主要研究政府政策对私人行为变化的反应，或政府在汇率政策和其他政策目标之间进行权衡时所发生的情况。该模型有两个前提条件：一是假定市场投资者并不能准确预见到政府放弃固定汇率制的时间，但投资者预计如果发生危机，汇率制度将会发生变化；二是假定政府的货币政策和财政政策是健全的，货币供应量与固定汇率水平相适应。因此，在第一代货币危机模型中，即使政策健全、外汇储备处于高水平，而市场缺乏准确的预期，攻击和危机依然会发生。

第二代货币危机模型说明政府行为的偏好函数是非线性的，即当市场的贬值预期还不够强烈时，政府稳定汇率的信心是充分的，并积极地向市场传递这种信号；然而当面临巨大的投机冲击时，政府的偏好函数就呈现出跳跃性变化，由原来的捍卫固定（钉住）汇率比价的偏好向反方向逆转，因为维持固定（钉住）汇率制度的成本已经远大于冲击之前的成本。因此，市场就表现为多重均衡，一是市场没有出现贬值的预期，则固定（钉住）汇率比价得以维持，货币危机不会发生；二是投机者认识到政府的偏好函数是非线性的，只要发生大规模投机行为，政府就会放弃原来的承诺，这时就会产生另一种均衡即货币危机。Obstfeld（1994）指出非线性也可表现为多种情况，他给出了两种情况：一种情况是私人投资者对汇率的预期恶化了政府对失业和通货膨胀的权衡；另一种情况是通货膨胀的预期增加了政府偿还债务的负担。在前一种情况下，私人部门的贬值预期提高了通货膨胀的预期并产生了工资上涨的要求，而政府为了避免由此造成的失业率上升现象而不得不向这些要求屈服，让货币贬值。在后一种情况下，更高的利息增加了政府的未偿还债务，引起了人们对政府可能会求助于通货膨胀的担心。在这两种情况下，私人部门的预期都具有一定的自我实现性。同时，危机发生与否也和外汇市场的结构有关，如果投机商的规模较小且合作程度不够，则央行仍有能力捍卫固定汇率。如果货币市场中存在着一个大交易商攻击固定汇率，那么整个经济体系就会遭受攻击。如图 2 所示。

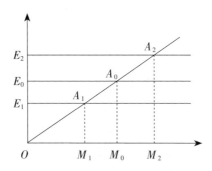

图 2　自我实现式货币危机模型

假定汇率固定在 E_0 点，相应地，货币供应量固定在 M_0 点，货币政策与汇率政策相适应，但这并不说明汇率是稳定的。奥伯斯法尔德认为，在固定汇率制度下存在多个 E 点与 M 点相适应的均衡状态（即多种均衡，如 A_1 点、A_0 点和 A_2 点），因此政府可以选择不同的均衡水平并保持稳定。一旦投机者们得知他们的攻击会使政府把汇率从 E_0 上调到 E_2，就会发起攻击。而政府可能改变固定汇率水平的原因在于维护固定汇率的成本太高。由于投机冲击的压力，政府放弃了维持当前固定汇率水平的努力。虽然当前的固定汇率水平对经济发展有利，外汇储备也较高，但只要存在投机冲击，汇率就有可能由 E_0 上升到 E_2。奥伯斯法尔德指出，正是投机者们不时地攻击固定汇率让政府产生了巨大压力，使许多并不一定发生的货币危机发生。他认为，危机由市场和政府相互作用而自动促成，小的冲击有可能导致大的货币危机，并且随时可能出现，关键是政府的预测和判断。在 1992 年欧洲货币体系危机后，Obstfeld（1995）进一步指出，在这种预期情况下，可以调整的固定汇率也不能保证不发生危机，"随着资本运动，在完全不可变更的货币联盟和完全的浮动汇率之间没有舒服的中间道路可走"。

奥伯斯法尔德的理论说明，危机的根源是市场预期和固定汇率制度，而不是政策和经济状况，维持固定汇率制度是不可能的。该模型在解释危机发生的机制时，基于三个因素：第一，肯定存在某种原因，使得政府愿意放弃固定汇率制；第二，肯定存在某种原因使得政府愿意捍卫固定汇率制；第三，市场参与者的预期会影响政府对成本-收益的权衡，由此发生一个动态逻辑循环过程，市场参与者与政府行为及其相互作用的非线性导致了多均衡点的存在。促使政府捍卫固定汇率的因素主要有：第一，本国曾有过恶性通货膨胀的经历，固定汇率有利于增加人们对政府有效治理通胀的信心；第二，维持固定汇率制有利于在参与国际合作时，维护本国政府在国际上的信誉；第三，固定汇率可以减少外国投资者的汇率风险，因而有利于国际贸易与融资活动。反之，促使政府放弃固定汇率的因素有：第一，本国存在高的失业率，为降低失业率，政府希望采用扩张性货币政策，而这在固定汇率制下无法实现；第二，国内存在严重的需求不足，导致的经济萧条要求政府采取扩张性政策，而扩张性政策和固定汇率制相抵触；第三，政府若负有以本币计值的巨大外债，则货币贬值可减轻实际债务，但这种行为在固定汇率下容易受到投机冲击，因而无法实现目标。

第二代货币危机理论认为，政策和经济之间的互动关系（Masson，1998）导致不同行为主体的多种行为选择，进一步导致经济中存在多维均衡点，即使经济基础没有意外的干扰因素和太大的变动，经济也有可能从一个平衡点转移到另一个平衡点。奥伯斯法尔德认为，必须存在某种机制来协调市场参与者的预期行为，才能推动经济从无攻击均衡点向攻击均衡点跳变，但多均衡点的存在仍无法提供对协调机制的解释。针对这个问题出现了三种着力于阐明协调机制的理论学派，第一种理论是运用投机性博弈理论说明在某些不确定情况下货币攻击将成为经济系统最终停留的唯一均衡点（Morris and Shin，1995），缺乏关于经济基本面状态的共同认识是整个事件发展的关键。第二种理论是信息重叠理论（Abhijit，1992；Sushil，Hishleifer and Welch，1992）。协调过程主要取决于经济代理人对其他代理人实际行为的观察，该理论导致群体行为的产生。第三种理论（Calvo，1997）强调投资者的盲从效应——信息成本导致外国投资者的决策是基于有限信息，因此对市场传闻极为敏感。假设全球市场中众多无差异投资者同时形成决策，随着全球资本市场的发展，在存在信息摩擦的情况下，很小的消息就能诱发群体行为，使经济由无攻击均衡点向攻击均衡点跳变。哈佛大学的埃斯基韦尔（G. Esquivel）和拉雷恩（F. Larrain）认为，货币危机可能根本不受经济基本面的影响，受冲击国家所出现的宏观经济的种种问题是投机行为带来的结果，而非投机行为的原因。这可通过两种方式来解释：一是羊群行为（herding behavior）。由于市场参与者在信息不对称条件下行为的非理性而使金融市场不完全有效。由于存在信息成本，投资者的行为建立在有限信息的基础上，各有其信息优势。投资者对市场上各种信息的敏感度极高，任何一个信号的出现都有可能改变他们的预期，市场的任何消息都可能会导致羊群行为。在金融市场中存在着市场操纵，不论是在由理性预期导致的自我实现危机中，还是在非理性的羊群行为造成的危机中，都存在着投机者操纵市场从而获利的可能，从而加速了危机的爆发，加剧了危机的深度与危害。二是传染效应（contagion effect）。它是从国家间的关联角度来解释危机的。由于全球一体化以及区域一体化的不断加强，特别是后者，区域内国家之间的经济依存度逐渐增高，危机将首先在经济依存度高的国家之间扩散。一国发生货币危机会给出一定的市场信号，改变投资者对与其经济依存度高或与其经济特征相似国家的货币的信心，加大这些国家货币危机发生的可能性，甚至导致完全意义上的自我实现式危机的发生。Sachs（1996）建立的多重均衡模型认为，危机爆发取决于资本外流是否大于储备，而投资者是否抽逃资本又取决于政府维护汇率的措施（主要是提高利率所决定的利息平价条件）。因此危机的爆发必须具备两个条件：第一，基本经济状况恶化，汇率高估且政府无力维护汇率；第二，资本外逃大于储备。Sachs（1996）认为，克服这一多重均衡的办法就是出现一个贷款者并注入新的资金。

第二代货币危机理论具有几个显著的特点。首先，在该理论中，政府的行为更为主动，政府的相机抉择行为成为整个分析过程的中心。该理论认为政府的政策目标不是单一的，政府并不会机械地坚持固定汇率，而是会根据维持固定汇率的成本和收益进行相机抉择。政府在这个模型中成为主动的行为主体，尽可能使其维持固定汇率的成本最小，汇率制度的放弃是央行在权衡后的选择，不一定是储备耗尽之后的结果。当公众预期到政府将放弃固定汇率制度时，维持固定汇率制度的成本将会大大增加。其次，考虑经济周期对于货币危机的影响，认识到政府对固定汇率制度的承诺依赖于经济周期的状态。一国的经济周期处于不同阶段，政府维持或者放弃固定汇率的成本就会发生变化。最后，Obstfeld（1996）在其《具有自我实现特征的货币危机模型》（Models of Currency Crisis with Self-Fulfilling Features）一文中设计了一个博弈模型，以简洁的形式展示了动态博弈下自我实现式危机模型的特点。在动态博弈过程中，央行和市场投资者的收益函数相互包含，双方均根据对方的行为或有关对方的信息不断调整自己的行为选择，而自身的这种调整又将影响对方的行为，因此经济可能存在一个循环过程，出现"多重均衡"。一国的经济基本面可能较好，但由于各种原因，公众出现观点、理念、信心上的偏差，公众信心的不足通过市场机制进行扩散，导致市场共振，最终危机自我实现。

第二代货币危机理论较好地解释了1992—1993年欧洲货币危机和1994年墨西哥比索危机。该理论指出了经济中的多维平衡点现象，并分析了政府政策和市场预期在产生多维平衡点、导致货币危机中的关键作用。该理论更注重行为主体的主观心理，强调经济主体的预期和心理对危机发生的关键作用。然而，市场预期和人们的心理变化不可能完全是空穴来风，货币危机与基本经济面和政府的宏观经济政策之间确实存在一定的联系，在经济的基本因素和经济政策那里仍可以找到危机的根源。

（三）第三代金融危机理论与模型：有争议的话题

第一、二代货币危机理论解释了以前的一些货币危机现象，但它们却未能更好地解释 1997 年东南亚金融危机以来的危机事件。近年来，许多经济学家研究发现，金融危机发生时，与其相伴随的现象是金融自由化、大规模的外资流入与波动、金融中介信用过度扩张、过度风险投资、资产泡沫化、金融中介资本充足率低与缺乏谨慎监管等，这一切表明金融中介特别是银行业在导致金融危机中起着核心作用。面对不同的危机背景、危机表现形式及危机特征，一些经济学家打破传统的分析框架与分析思路，不再局限于汇率机制和宏观经济政策等宏观经济分析范围，而从企业、银行、外国债权人等微观主体行为分析危机产生的根源及其演绎机理与路径，初步建立了第三代金融危机理论与模型。他们从不同侧面分析了资本充足率低、缺乏谨慎监管的银行业及其信用的过度扩张，并由此产生过度风险投资、资产特别是股票和房地产的泡沫化，最终导致银行业危机并诱发货币危机，而这两种危机的自我强化作用进一步导致严重的金融危机爆发。这些理论也适用于对 2007 年美国次贷危机的解释。不过，第三代金融危机理论与模型的建立尚有许多争议，目前主要形成了以下几种不同的分析思路：

1. 道德风险危机理论

沿着第一代货币危机理论的思路，一些经济学家仍强调经济基础因素是导致货币危机的原因，但是分析视角已从原来的宏观层面转向微观层面，强调了微观制度扭曲的作用。比如，道德风险就是导致危机加剧的一个重要因素。道德风险是指如果借款人有能力以牺牲债权人为代价转移资源，那么债权人将不愿意向借款人放贷。因此，为了使信贷有效地从债权人流向借款人，借款人必须保持 "skin in the game"，也就是说，他与项目有足够的利害关系，因此没有强烈的动机转移资源。这就对信贷供给造成了限制。当经济状况恶化导致危机时，这种限制的影响会被放大。

Stiglitz 和 Weiss（1981）的信贷配给理论是这一机制的理论基础。该理论指出，银行提供的贷款质量是由银行和借款人的行为共同决定的。银行与借款人之间以及银行与贷款人之间的道德风险会影响银行贷款的金额及其回报，从而产生信贷摩擦。在存在道德风险和逆向选择的情况下，银行将对信贷资源进行配给。这将降低金融体系提供资金的效率，在极端情况下，还会导致信贷急剧下降，甚至引发金融危机。Ivashina 和 Scharfstein（2010）的实证研究表明，信贷配给和信贷冻结导致银行对企业和家庭的贷款急剧减少，是最近几次金融危机的一个典型特征。

　　Holmström 和 Tirole（1997）指出，如果企业家缺乏足够的资本，道德风险会使得投资者和金融中介机构拒绝为其融资。因此，财富较少的企业家将面临更为严格的资金约束，融资的可能性也将降低，进而通过资产负债表渠道的加速效应放大经济冲击的影响：最初的资本损失会收紧融资约束，使企业家无法进行有利可图的投资，只能继续投资于亏损项目，导致资产负债表进一步恶化。当冲击足够大或加速器足够强大时，就陷入了金融危机。Gan（2007a）及 Chaney，Sraer 和 Thesmar（2012）等提供的微观层面的证据证明了资产负债表渠道的影响，即企业资产价值下降降低了其借贷和投资能力。

　　另一种形式的加速器效应则是通过金融中介部门运作的。金融中介最初的资本损失将导致金融中介所需的均衡收益增加。为了获得更多的收益，金融中介将提高企业家获得融资和投资的门槛。因此，金融中介的资本损失将导致实际投资的收缩，从而对实体经济产生不利影响。Gan（2007b）等人的实证研究证明了借贷渠道的影响，即银行资产价值下降降低了它们向企业放贷的能力，从而降低了企业借贷和投资的能力。

　　虽然上述模型解释了危机出现时信贷冻结的状况，但更为关键的是为什么危机前会出现信贷繁荣和过度放贷。Allen 和 Gale（2000a）认为，风险转移的可能性会导致借款人过度借贷，抬高借款人投资项目的价格，逐渐形成价格泡沫。McKinnon 和 Pill（1998）认为，发展中国家的企业或金融机构普遍存在过度借债和过度投资倾向，外国金融机构因为相信有政府和国际金融机构的拯救行为而过于轻率地满足了它们的贷款愿望，从而导致严重的资产泡沫和大量的无效投资。在常见的道德风险模型中，危机前政府虽然在账面上没有明显赤字，但由于它是企业投资的最终承担者，所以有大量潜在的财政赤字，这些赤字最终可能要通过货币化加以消化，而赤字货币化的预期又会使危机提前到来。Krugman（1998）和 Corsetti，Pesenti 和 Roubini（1999）认为，银行或金融中介缺乏必要的监管和规制，特别是当银行受到政府或多或少的担保时，制度上的道德风险问题将会导致积聚的金融风险超过市场所能承受的程度，20 世纪 80 年代所发生的美国储贷协会危机就是典型的例证。克鲁格曼指出这一问题因金融自由化而更加恶化，并产生金融过度现象。如果金融机构不能在国际资本市场融资，其过高的投资需求会提高利率，而高利率可以抑制过度投资。在金融自由化的条件下，当一国的金融机构可以自由进入国际资本市场融资时，金融中介机构的道德风险就会转化成为证券金融资产和房地产的过度累积，并由此产生金融泡沫，造成金融体系的系统性风险，加剧该国金融体系的脆弱性。在特定条件下，当金融机构由于过度的金融行为形成的泡沫而难以维持时，资产泡沫就会破裂，金融机构的财务状况不断恶化并陷入困境，由此导致的大规模呆账使政府难以承担。外资和部分内资就可能撤出市场或者外流，造成国内资产价格下跌，最终导致汇率制度崩溃。

长期以来，金融领域的"过度借贷"一直是东南亚国家经济发展中存在的一个突出问题。这个问题的产生主要与 20 世纪 90 年代以后各国金融自由化和放松金融管制的政策有关。"过度借贷"给一国经济带来的危害并不是信用规模的极度膨胀，而是信用扩张过程中所带来的过度风险。在东南亚国家，亲缘政治的存在增加了金融过度的程度。这些国家表面健康的财政状况实际上隐含着大量赤字。东南亚国家持续了几十年的亲缘政治使国家经济在 90 年代大规模对外借款中处于崩溃的风险中，而这种风险主要来自它们所采用的固定汇率制。过度的风险对实质经济的正常运行具有破坏性，应该控制在经济可以承受的范围内。传统理论认为，经济主体一般都是风险厌恶型的，但东南亚国家的银行或企业之所以会承担过度的风险，是因为在金融自由化的过程中，银行和企业缺乏必要的防范和控制风险的能力和意识，还缺乏高级的金融管理人才来应付信用扩张所带来的问题（Mishkin，1998）。

在东南亚金融危机中，有两个层面上的道德风险问题，一类问题与东南亚国家存在的政府担保有关。政府为了优先发展某些产业，对一些大型企业或大型金融机构普遍有着各种形式的担保承诺，保证在企业或银行面临财务困难时对其进行财政救助。这种扭曲的激励机制产生了这样一种结果：如果投资成功，则银行获利；一旦投资失败，坏账就由政府来承担。因此，道德风险的存在使得银行倾向于发放过多的高风险贷款，同时企业也愿意承担高风险的投资项目。当国外商业银行或国内投资者获知政府在危机发生时会通过财政向企业或银行注资时，它们就不会有足够的动机去关心银行的资产负债状况，并且也愿意向有问题的银行投资。另一类问题与国际货币基金组织有关。许多经济学家认为，国际货币基金组织介入容易产生国际性的道德风险问题。理论上，发生在国内金融领域的道德风险问题有一定的特殊性。由于金融机构的资产负债具有公共产品属性，因此一旦某个金融机构破产，会因信用链条的断裂引起其他金融机构资产负债表出现问题，严重的甚至会导致大范围的银行危机发生，但是只要政府有事后消除这种外部性的企图，道德风险问题也就随之产生了。因而，政府不得不在消除外部性和减少道德风险问题之间做权衡。但是，对一个真正按照市场规律运作的非金融性企业，其经营成功或失败理应由市场来选择，政府任何形式的担保都是不应该存在的。

道德风险模型说明危机是危机发生国制度扭曲的必然结果，理应依靠危机自身的结构来调整，外界的援助只会使国际层面的道德风险问题更加严重，而危机的预防也只能通过取消政府担保和加强金融监管来实现。

金融领域的"过度借贷"同样出现在 2007 年次贷危机当中。银行对购房提供的过度信贷助长了房地产行业的泡沫。对此，Gorton 和 Ordoñezl（2014）基于内生信息分析了当时的信贷繁荣是如何产生的。他们指出，对于贷款人来说，由于信息成本高昂，了解借款人的所有信息并不是最佳选择。一种有效的替代方式是对债务提供抵押品。这样，贷款人既愿意放贷，又不用支付高昂的信息成本。问题在于，贷款人并不了解支持债务的抵押品的价值。长此以往，有关抵押品的信息会随着时间的推移而退化，所有抵押品看上去都一样。当经济越来越习惯于这种对信息不敏感的债务时，拥有低质量抵押品的公司也可以获得贷款，逐渐演变成信贷繁荣。在信贷繁荣期间，产出和消费不断上升，但经济的脆弱性却在增加，对抵押品信息越来越敏感。一次小小的冲击就可能引发信息环境的巨大变化，使得所有抵押品的信息被暴露出来。人们会发现大部分抵押品质量低下，有不良抵押品的公司就不能获得信贷，从而引爆金融危机。Gorton 和 Ordōnezl（2014）强调，抵押证券的不透明性和复杂性是信贷繁荣的内生因素。借款人会刻意选择信息成本高的抵押品，并且尽量使用像次级抵押贷款支持证券这样的复杂证券。

危机爆发后，金融机构不愿向企业放贷、金融机构之间的资金冻结等现象都与信贷摩擦导致的经济冲击放大有关。随着经济状况恶化，借款人的 "skin in the game" 越来越少，因此贷款人拒绝向他们提供贷款。这反过来又恶化了借款人的经济状况，放大了最初的冲击。在 2008 年雷曼兄弟（Lehman Brothers）破产后，潜在不对称信息的增加导致市场全面冻结。由于资产价值的不确定性增加，投资者不愿相互交易，进一步加剧了资产贬值。Lorenzoni（2008）的研究表明，在信贷泡沫破灭后，经济冲击下的贱卖行为将产生负外部性，迫使许多借款人立即清算资产。这些外部性的存在要求政府进行干预，一方面要抑制信贷过度繁荣，另一方面应及时向出现问题的金融机构注资。

2. 流动性危机理论

道德风险说遭到 Radelet 和 Sachs（1998）的有力抨击。他们认为，危机发生前东南亚国家的过度投资并不十分明显，不能用危机后的投资损失来说明先前的投资决策是错误的。他们进一步指出，有相当一部分外资是以不可能有任何政府担保的股权投资形式流入这些国家的，这些外资流入显然不能用道德风险来解释。该理论认为，金融危机的原因应该归结为市场上恐慌性的投机冲击，而冲击的产生主要与一国脆弱的金融体系有关，特别是与银行的流动性不足有关。他们利用 Diamond 和 Dybvig（1983）的银行挤兑模型来解释亚洲金融危机，由于恐慌性的资本流出，大量长期投资项目被迫中途变现，从而使企业陷入资不抵债的境地。戴蒙德-迪布维格模型可以用博弈论中的纳什均衡理论来解释，即经济中存在两个纳什解（存款人均不提款、存款人均提款），好的平衡点（不提款）是亚稳定的，而坏的平衡点是稳定的，这是存款人从个人理性出发必将导致的平衡点。这种现象就是著名的纳什悖论——所有人都从个人理性出发，导致最坏的结果，解决这一问题可以设立最终贷款人机制及建立存款人行为的协调机制等。Radelet 和 Sachs（1998）用该模型解释亚洲金融危机时指出，国际投资者由于对新兴市场缺乏充分信息，在一定条件下，投资者的信心会突然改变，当看到或预期到其他债权人将要撤离资金时，他们担心这将会导致银行流动性不足的问题更为严重，因而开始撤离资金，结果引发迅速撤离的集体行动。国际投资者的这种集体行动使新兴市场产生了流动性危机，并最终导致非清偿性危机。所以，当预期到金融市场上将出现危机时，金融恐慌促使投资者集体行动，最终使预期结果实现。

Chang 和 Velasco（1998）针对一国的金融体系提出了国际流动性不足的概念，并构造了开放经济中的戴蒙德-迪布维格模型来进一步论证上述观点。他们认为，国际性流动不足主要指一国金融体系中潜在的短期外汇履约义务超过了其短期内可能获得的外汇资产规模。他们认为，在汇率固定且中央银行承担最终贷款人的情况下，对银行的挤兑将转化为对中央银行的挤兑，即爆发金融危机。Chang 和 Velasco（1998）认为，短期外债包括短期外汇债务和国内的外汇存款。前者是对境外金融机构的外汇负债，后者是对境内存款者的外汇负债。在钉住汇率制度下，短期外债还应包括国内本币存款。因为在资本项目可兑换的条件下，国内本币存款者随时有可能将本币转化为外币，因此短期外债就包括短期外汇债务、国内外汇存款和本币存款三项。相应的短期外汇资产不仅包括私人金融机构中的短期外汇资产，而且包括央行的外汇储备，因为央行为了维持钉住汇率制度，有义务用其外汇储备来满足本币持有者兑换外汇的要求。这个模型说明短期外汇负债与外汇储备之比越大，广义货币（M2）与外汇储备之比越大，国际非流动性问题越严重，货币危机越可能爆发。

在一国国内发生流动性不足时，央行可以发挥最终贷款人的作用来杜绝挤兑可能造成的大范围银行危机，但是在国际流动性不足的情况下，一国央行仅利用外汇储备是不可能阻止这种恐慌性的资本外逃的。根据流动性危机模型，危机处理中最重要的就是避免恐慌性资本外逃，通过对短期资本流入的适当限制、建立国际层面的最终贷款人防范机制和债务协商机制来实现危机防范。

流动性危机的另一个表现是短期融资市场受到挤兑。Gorton 和 Metrick（2012）发现，次贷危机中，投资银行获得短期融资的回购市场受到挤兑。这导致了贝尔斯登和雷曼兄弟等主要金融机构的破产。如果说银行挤兑是存款人之间的协调失败，那么可以把回购市场的信贷紧缩看作是资本提供者之间的协调失败。资本提供者之所以拒绝信贷展期，是因为如果其他贷款人拒绝信贷展期而自己接受展期，抵押品价值和借款人支付能力会恶化。这使得所有的资本提供者都拒绝展期信贷。此外，Schmidt，Timmermann 和 Wermers（2016）以及 Schroth，Suarez 和 Taylor（2014）均发现，在次贷危机中，货币市场基金和资产支持的商业票据市场也遭到挤兑。

3. 国际资本流动危机理论

对亚洲金融危机的研究发现，大规模外资的流入、波动与逆转是导致金融危机的重要原因。Calvo（1998）提出了由外资导致金融危机的理论，该理论通过分析大规模外资流入对本国宏观经济状况、银行业的影响，指出外资流入使得宏观经济稳定性变弱，如经济过热、实际汇率升值、经济项目恶化、资产泡沫等，导致银行业过度贷款，风险贷款比例、不良贷款比例增加，银行业脆弱，并且这是一个恶性循环过程。在外部冲击和内部震荡时，投机者冲击加大，外资逆转，货币危机发生。这类模型主要强调外资通过银行业信用过度扩张的传导机制使本国的宏观经济和金融业脆弱性增强。

当市场对一国经济增长前景看好时，外资大量流入，总需求增加，资产价格上升，银行信用扩张。实际的经济增长导致预期提高，企业投资增加，对银行的贷款需求也加强，银行信用扩张，企业增加开支，经济增长，早先的经济预期实现，银行信用进一步扩张，资产价格上升。这时，经济开始变得脆弱，由于企业与居民的债务增加（许多银行贷款为消费贷款和投机性贷款），资产价格崩溃的风险加大。当经济受到冲击时，资产价格的崩溃导致借款人金融状况恶化，银行金融状况也随之恶化。经济增长速度下降，企业和居民无法还债，而银行收回贷款、变卖抵押品，使得资产价格进一步下跌，经济进一步恶化；出现银行挤提现象，最终引发经济危机。在外资大量流入的环境下，银行业对经济周期的放大作用更加明显。当经济繁荣时，外资流入为银行业提供了大量资金来源，使信用扩张极为迅速，同时，外资流入使风险来源增加，市场反应速度加快；当经济衰退时，资本迅速流出，银行贷款收回，信用紧缩，衰退加剧。实证说明，外资流入会导致银行信用的过度扩张，并带来两方面的影响。一方面，导致宏观经济脆弱，投资相对水平下降、实际汇率升值及资产价格上升；另一方面，银行信用过度扩张，大大增加了风险投资，致使银行资本充足率下降，损失准备金下降，不良贷款比率上升，导致银行业危机，金融领域脆弱性增加。金融业的脆弱性使得实施其他经济政策变得困难，导致或加重货币危机。

4. 孪生危机理论

20 世纪 80 年代以后，货币危机和银行业危机往往相伴而生。Velasco（1987）

认为，银行业危机导致货币危机的发生。因为当中央银行为援助困难的银行或其他金融机构而印制大量钞票时，就会发生财政赤字货币化。根据第一代货币危机理论，这将导致货币危机发生。然而 Stoker（1995）却认为，货币危机导致银行业危机。他指出，在固定汇率制下，最初的外部冲击会导致国际储备下降，在中央银行干预的情形下使信用收缩，破产增加，银行业危机因此而发生。Mishkin（1996）也指出，如果银行债务中有大量债务是由外币计值的，当货币危机发生时，银行业面临着严重的问题。McKinnon 和 Pill（1996）认为，金融自由化以及一些扭曲的激励机制（固定汇率、政府担保、道德风险等）导致外资大量流入，从而使信用扩张、消费过度以及经常项目恶化，多数情况下还伴随着股市和房地产市场繁荣；信用过度扩张导致汇率升值，竞争力下降，经济增长速度下降；当经济进入衰退期，过度扩张的银行业由于不良资产比率上升，特别是贷款过度投向股市和房地产市场等高风险领域而陷入危机。由于经常项目恶化，投资者信心改变，外资撤离，又由于薄弱的金融机构使捍卫本币异常困难，因而导致货币危机，货币危机又进一步加重了银行业危机。在此基础上，Kaminsky 和 Reinhart（1998）分析了银行业危机与货币危机之间的关系以及二者间的自我强化机制。他们认为银行业危机往往先于货币危机，货币危机又加重了银行业危机，构成了一个恶性循环。总之，孪生危机具有共同的宏观经济原因，即金融自由化、外资大量流入、信用扩张、汇率升值、经济衰退等。

除上述几种理论外，在 Blanchard 和 Watson（1982）的基础上，Allen 和 Gale（1998）还提出资产泡沫化危机理论。该理论包括两个正反馈的自强化过程：第一个正反馈过程是预期的经济增长，它会导致缺乏谨慎监管的金融中介信用过度扩张、过度风险投资，尤其是将贷款用于支持房地产与股票等投机性投资，从而导致资产泡沫化，而资产价格的上涨使金融中介状况表面上更加良好，这又导致进一步的过度风险投资。第二个正反馈过程是：泡沫崩溃和资产价格的暴跌使过度暴露于资产市场的金融中介状况恶化，在面临流动性危机时不得不收缩信用、抛售资产，结果使资产价格进一步下跌，非流动性演变成非清偿性，金融危机发生。在这两个过程中，自促成因素起到相当大的作用。

随着亚洲金融危机的发展，克鲁格曼开始对自己先前提出的道德风险说表示怀疑，进而认为银行体系不是问题的关键，应该在第三代金融危机模型中考虑资本流动对实际汇率、经常账户、资产负债表的影响问题。他在 1999 年的一篇论文《国际收支平衡表、转移问题和金融危机》（Balance Sheets, the Transfer Problem, and Financial Crises）中提出了一个新的多重均衡模型，而在这之前，他是多重均衡观点的坚决反对者（Krugman，1996）。这一模型将 Bernanke 和 Gertler（1989）

等人对企业净值与企业融资能力之间关系的研究应用到了开放经济环境中。它假定外国债权人只愿意提供高于企业净值一定比例的贷款，但由于外资流入的数量会影响到本国的实际汇率，从而影响到企业以外币负债的本币价值，所以企业的净值又取决于外资的流入量。因此多重均衡是指当外国债权人预期本国企业有较高净值时，资本流入增加，本币升值，本国企业的外币负债价值下降，外国债权人的预期得到证实，因此构成一个理性预期均衡。当外国债权人预期本国企业净值较低时，资本流入减少，本币贬值，本国企业的外币债务加重，外国债权人的预期同样得到证实，这也构成一个理性预期均衡。克鲁格曼认为，类似于亚洲货币危机的关键并不在银行而在企业，当利率提高时，本币贬值和销售的下降恶化了企业的资产负债表，削弱了企业财务状况，使企业出现财务困难。这种困难限制了企业的投资行为，但这并非是银行本身的问题，即使银行重组，对金融状况恶化了的公司来说也没有太大作用，一个谨慎的银行体系并不足以保证开放经济不受金融危机风险的威胁。克鲁格曼提出的理论预示着一种更为艰难的政策选择，在危机袭来时，政府选择贬值会使企业因外债加重而破产，政府利用紧缩政策来保卫固定汇率则又会使企业因国内经济萧条而破产。因此，克鲁格曼认为，在这种情况下，可以考虑实行暂时的资本管制，以此切断利率和汇率之间的联系。在危机的防范上，克鲁格曼认为，不仅短期外债受到限制，而且所有以外币定值的债务都应该受到限制，因为它们都会在本币贬值时使企业的净值减少。

Krugman（2001）在以色列的特拉维夫大学提出了一个更为一般的金融危机模型。他在第三代金融危机模型提出的企业净值变动与多重均衡模型基础上，重点观察了资产价格和危机的关系。他假定封闭的经济条件，并强调在这个经济体中，国内资本市场而非货币市场成为中心，从而得出与最近货币危机相似的国内金融市场。有些事件会使人们的信心发生变化，如技术泡沫破灭等。因为这些事件影响投资，使一国经济实力受到削弱，造成价格下降，中央银行即便将利率削减到零也无法阻止经济崩溃，并跌入不良均衡中而引发危机。此时，政府的政策选择变得十分有限。如在日本，零利率不一定是通货膨胀的底线，执行通货膨胀的目标主要是通过将实际利率降至零以下来恢复货币政策的调节作用。价格水平或汇率目标都应该服务于经济发展的目标而不是通货膨胀目标。政策的可靠性是最重要的，充分的、暂时的财政扩张能取消经济的不良均衡，使经济步入良好的均衡状态。

Shambaugh（2012）则通过对欧洲危机的回顾，分析了银行业危机和主权债务危机之间的放大机制。他认为，当时欧洲面临三种危机：银行业危机、主权债务危机以及由于增长和竞争力下降而导致的真正危机，三种危机相互加强和放大。在银行业危机方面，欧洲银行业面临资产价值恶化以及资产和负债到期日之间不匹配等问题，变得十分脆弱，许多银行破产，政府被迫干预。然而，尽管建立了货币联盟，银行的监督和干预仍主要在国家一级进行，这严重限制了解决银行业问题时政策干预的有效性。而在主权债务危机方面，欧洲一些国家——特别是希腊、葡萄牙、爱尔兰、意大利和西班牙——主权债务收益率居高不下，面临着高债务违约风险的预期。

不同类型危机之间的联系加剧了欧洲问题的严重性。银行业的问题增加了人们对政府偿还债务能力的怀疑。这是因为各国政府试图支持银行，防止银行倒闭，但在这一过程中，它们会损害自身偿还债务的能力，使主权债务危机更加严重。同样，随着主权债务问题变得更加严重，银行业也变得越来越弱。这是因为银行持有大量政府债券，依赖政府担保。因此，银行业危机和主权债务危机之间存在着一个反馈回路，它们相互加强，使整体问题更加严重。这与上述"双危机"文献中分析的银行危机和货币危机之间的反馈回路非常相似。

实体经济缺乏增长潜力以及欧洲货币联盟的存在进一步加剧了欧洲问题的严重程度。经济增长和竞争力下降，企业利润减少，政府税收减少，使得银行和主权债务的问题更加严重。此外，金融部门的问题以及为解决政府预算采取的紧缩措施，使得实体经济的复苏更加困难。由于建立了货币联盟，单个国家无法使用货币政策来解决国内问题。加上诸如劳动力流动、财政转移和统一金融体系等吸收冲击的机制在欧洲不够完善，货币联盟的存在使得问题更加严重。

因此，随着时间的推移，欧洲货币联盟的一些成员国倾向于放弃共同货币，回到原来的本国货币。随着经济问题越来越严重，解决这些问题的措施也越来越昂贵，货币联盟无法维持当前的形势，银行业和主权债务危机就演变成货币危机。后来出现的英国脱欧就是这一问题的现实表现。可见，不同危机之间密切相关，危机应对政策应当考虑到不同危机之间的联系，提前做好相关的政策准备。

（四）现代金融危机理论的缺陷与发展

从以上分析可以看出，三代金融危机理论的发展具有一定的连续性，第二、三代理论都是在原来的理论无法对新危机进行解释的基础上发展起来的，但每种理论仍然存在一定的缺点。首先，第一代货币危机理论存在着比较明显的缺陷，因为该理论把货币危机的成因完全归结为一国的宏观政策，而忽视了引致货币危机的外部原因。在全球化程度不断提高的今天，这种分析无疑是片面的。同时，第一代货币危机模型中政府的行为过于机械和简单，它不仅忽略了货币当局可用的政策选择，而且忽略了当局在选择过程中对成本和收益的权衡。其次，第二代货币危机理论认为，货币危机主要是由资本市场的不稳定性以及投资者预期的突发性变化所致。但是，从危机前东南亚各国的情况来看，由于各国经济持续 20 年的增长，政府并没有像英国那样在危机发生前面临着国内巨大的就业压力，因而第二代模型不能说明导致东南亚危机的突发性预期变化到底来源于何处。最后，第三代金融危机理论还不存在一个统一的分析范式，但在发展倾向上存在一些共性，这些研究大多首先对政府行为规则进行了一系列设定，然后讨论市场反应的逻辑过程。许多经济学家认为，应把金融危机置于一个完整的宏观经济周期框架中来理解，其中包括经济自由化改革和国家资本的大量流入、宏观经济的过热、泡沫经济的产生、财务结构脆弱性的提高、银行信贷资产风险的上升，以及因某种触发因素而导致的金融崩溃。但是，这些理论大多把政府的政策目标外生于理论模型，同时不能很清楚地解释货币危机和经济发展之间的关系。

三代金融危机理论从不同角度出发分析了引起金融不稳定的因素，可以归纳为两类：一类强调宏观经济基础，另一类关注自我实现式预期。宏观经济基础论认为，由于一国宏观经济基础出现了某些弊病才导致金融危机的爆发，引起这些弊病的原因是错误的经济政策，如过分扩张的财政政策、货币政策及政府担保政策等。第一代货币危机理论和第三代金融危机理论中的道德风险观点属于这一类。自我实现式预期论则认为政府并没有做错什么，投资状况基本上是正常的，金融危机是由投资者的自我实现式预期引起的，即当投资者预期到危机将要发生时，他们收回存款并抛售股票和本币，这些行为导致危机真的发生了。第二代货币危机理论与第三代金融危机理论中的金融脆弱性观点和企业脆弱性观点属于这一类。这两类理论下的政策建议也是有区别的，前者建议完善金融体制，加强金融监管；后者建议减少短期债务和加强短期资本流动控制。虽然宏观经济基础论和自我实现式预期论都反映了金融危机的一些特点，但都无法充分解释金融危机，因此它们之间的争论仍在继续。

不论是已有的第一代和第二代货币危机理论，还是仍在探讨中的第三代金融危机理论都未能脱离原有思维框架。这些理论侧重于从一国范围内解释货币危机，而 20 世纪 90 年代以来的金融危机远远超越了一国的范围，表现为由若干矛盾集中的市场开始，经由其他资本的加入得以扩散并加剧，呈现出明显的区域性或全球性特征。因而这些理论缺乏研究多因素与多国关联模型，以及研究危机的加剧和扩散机制。

与此不同的是，Reinhart 和 Roggoff（2009）从金融史的视角对金融危机进行分析。通过总结过去 800 年的金融史，他们指出，金融危机总会周期性地爆发，即使发达国家也无法摆脱金融危机。尽管每次金融危机都有所区别，但它们都与资产价格显著上升、实体经济活动减缓、大额经常项目赤字以及债务的持续积累密切相关。在每次危机爆发前，市场上总是充满了"这次不一样"的乐观论调，人们总是认为技术创新、制度变革以及经验累积能够让经济摆脱金融危机的困扰。然而，上述乐观论调总是被一次次金融危机证伪。

总的来说，目前金融危机理论模型的研究思路和方法论仍然在遵循传统经济学中均衡的、线性的以及还原论的思想，理论研究缺少定量化研究和科学的判断。随着金融以及经济系统的非线性、混沌、分形思想的发展，金融危机作为突发事件，也具有动态非线性的复杂性。因此，非线性动力学的正反馈观点将是研究金融危机突发事件的新方向。另外，当今的货币危机与银行危机、债务危机、信用危机等密切相关，任何对银行体系的研究、对资产价格的分析等都将有助于进一步完善对金融危机的研究。值得强调的是，Goldstein 和 Razin（2015）指出，不同类型的危机可能同时发生，并以不同的方式相互放大，加剧危机的严重程度。总之，由于现实的金融危机事件不断地发生变化，金融危机理论也不断推陈出新。但一个现实的问题摆在人们面前，即每一次新的金融危机似乎都会产生一种新的理论，每一个模型都能在事后对危机做出解释，却无法预测危机。在实践的推动下，成熟的金融危机理论还依靠经济学家们的不断研究。

三、货币危机的国际传导

20 世纪 90 年代，随着各国之间经济依存度的提高，货币危机逐渐表现出在各国之间蔓延的特点，即金融危机具有"传染性"。货币危机始于个别国家和地区，然后通过一定的传染途径迅速波及周边国家和地区，给世界经济带来极大的破坏。近年来，各国学者对货币危机的国际传导进行了探讨，虽然尚未对货币危机传染性理论形成统一的定论，但已取得了不少进展。

（一）货币危机传染性的界定

20 世纪 90 年代以前，经济学家对传染问题的关注主要集中在通货膨胀在各国之间的传递，这与西方经济在一段时间里受滞胀困扰的事实有关，也与在经济全球化程度相对有限的背景下，各国政府及金融当局更多关注对国内经济要素的控制和实现内部均衡的政策目标有关。20 世纪 90 年代以来，经济全球化的推进使发达国家之间的经济依存度大大加深，发展中国家之间甚至发达国家与发展中国家之间的经济联系也在不断加强。但大多数发展中国家甚至包括一些发达国家的国内金融体制十分脆弱，在国内矛盾和国际游资的双重冲击下，90 年代世界范围内货币危机频繁发生，而且与以往的货币危机相比，都表现出在地区内迅速蔓延和扩散的特点，在一定时间对整个地区经济都会产生影响。

货币危机的发生会对本国经济和世界经济产生深刻的冲击。Gerlach 和 Smets（1995）把对一国货币成功的投机攻击而导致他国货币投机攻击压力增加的现象定义为货币危机的传染。Eichengreen 和 Wyplosz（1996）认为，货币危机传染的衡量标准是：当对政治和经济基本因素加以控制后，一个国家在某个时间点上发生货币危机的概率是否与其他国家在同一时间点上发生货币危机相关。也就是说，"传染"是指当其他地方发生货币危机时本国货币发生危机的概率增加的现象。IMF 在分析危机的传染时则指出，"一个国家的危机会导致债权人对其他国家的基本面进行重新评估，即使评估结果不会出现完全相反的变化，债权人也可能会降低他们的资产组合风险，转而投资高质量资产，这种情况被特指为传染或纯粹传染"。Masson（1998）和 Pritsker（2000）认为，货币传染在概念上一般分为两类，一类是强调不同市场之间的相互依赖所导致的溢出效应，这种相互依赖是指由于实际经济或金融方面的相互连接，使得局部的或全球性的冲击在国际传播，Calvo 和 Reinhart（1996）把这类危机的传播称为基于基本面的传染；另一类危机的传播指危机的传染与可观测到的宏观经济或其他基本面无关，而仅仅是由于投资者或其他金融经纪人的行为结果，Kaminsky 和 Reinhart（2000）称之为"真正的传染"。这种真正的传染通常被认为是非理性的结果，如金融恐慌、羊群行为、信心丧失以及风险厌恶的增加。然而，Calvo 和 Mendoza（2000）认为，个人的理性活动同样会导致危机的传染。

（二）货币危机传染机制的研究

有关货币危机传染性研究的重要一环是对货币危机传染机制的研究，这是货币危机得以蔓延的一个关键问题。

Buiter（1995）构造了一个"核心-周边"模型来解释欧洲货币体系汇率机制危机。该模型假设有 $n+1$ 个国家，其中 1 个国家为核心国，其余为周边国，周边国的货币与核心国的货币保持固定汇率。核心国比周边国具有更高的风险厌恶程度，因此不愿意与周边国家采取合作性的货币政策来稳定汇率。当核心国的需求受到外部冲击时，则会采取措施以保持需求稳定。而该行为又使周边国家重新考虑他们的汇率钉住制度，如所有周边国家都采取合作的方式，它们会发现同时放弃与核心国的汇率平价是最优选择，因此出现完全传染，此时贬值幅度较低；但如果某些周边国家单独放弃了与核心国的汇率平价，则会产生局部传染，贬值的幅度相对较大。Calvo 和 Reinhart（1996）认为，拉美国家的资本流动是由于美国利率变化引起的，而 1995—1996 年间美元的坚挺削弱了东亚国家的出口并导致了之后的金融困境。Masson（1998）把由于共同的冲击产生的传导称为"季候风效应"。伴随着全球化程度的提高，各国经济波动的同步性和金融波动的全球化推动着金融危机的国际传导，一国政策和经济指标的变化会立刻对他国产生影响，所以季候风效应的传导机制是通过全球化这一传导渠道，由共同的外部冲击形成，这种季候风效应在现代金融危机的传导中越来越显著。

Gerlach 和 Smets（1995）认为，一些国家间的商品和金融资产有贸易联系，当一个国家因发生货币危机而货币贬值时，它的主要贸易伙伴就可能成为被攻击的对象，因为投机者发现他们对发生危机国的出口下降，对某个国家货币的成功攻击导致了该国实际汇率的贬值，提高了该国出口商品的竞争力，而它的贸易伙伴就会出现贸易逆差和外汇储备的减少，最后受到货币攻击。Eichengreen 等（1996）用 20 个工业化国家的数据研究表明，货币危机在具有贸易关系的国家之间比在具有相似宏观经济环境的国家之间更容易传导。贸易相关性的另一个方面就是竞争性贬值。Huh 和 Kasa（1997）用动态合作博弈理论解释了亚洲金融危机的传导现象。他们采用了 Rotemberg 和 Saloner（1986）的"价格战"思想，认为由于亚洲国家的经济在很大程度上依赖于对美国的出口，因此这些国家的货币存在着竞争性贬值的压力。Corsetti 等（2000）采用 Buiter（1995）的设想，构造了一个由 a（核心国）、b（周边国）、c（周边国）三个国家组成的模型来解释竞争性贬值是如何导致货币危机传染的。b 国的货币贬值使 c 国在 a 国的竞争力下降，而 c 国的消费和产出都有所下降，为改变这种状况，c 国只好采取竞争性贬值。竞争性幅度会超过由于经济基本面恶化导致的汇率贬值幅度，并且非合作博弈导致的贬值幅度比采取合作政策时的贬值幅度更大。

现代化的信息传输方式及金融自由化极大地加快了全球金融市场上的资金流动，国际资本流动也成为金融危机在国家间传导的最迅速、最重要的渠道。Goldgajn 和 Valdes（1997）认为，给国外提供流动资产的金融中介机构对金融危机的传导有重要影响。由于金融中介机构为那些不愿进行长期投资的外国投资者提供了流动性资产，并且给流动性存款提供了许多有吸引力的条件，大大增加了流动性资本的数量。然而，一旦由于外部原因使得外国投资者提取他们的存款时，金融中介机构不能应付突然的大量提款需要，即会发生挤兑现象。投资者对存款的提取减少了金融中介的流动性，迫使金融中介收回给其他国家的贷款或没有能力给其他国家提供新的贷款，从而导致其他国家的危机。Calvo（1999）认为，拥有信息者知道一个国家经济基本面的信号，但在流动性冲击的影响下，不得不卖掉该国的资产；不拥有信息者从拥有信息者的交易中获取信息，因而他们会认为该国的资产收益率下降而撤回在该国的资金。Kodres 和 Pritsker（1999）指出，在不同市场对宏观经济风险进行套期保值的投资者，在受到某个市场的冲击时，会重新调整他们的投资策略，从而把冲击扩散到其他市场，因此具有较多国际金融资产交易和较高流动性市场的国家和地区就容易受到金融危机的传染。Calvo 和 Mendoza（2000）指出，即使是理性投资者也会跟随市场，产生羊群行为，使危机传导的可能性增加。Kaminsky 和 Reinhart（2000）则强调了共同贷款人（如银行）在危机传导中的作用，当银行在某国的不良资产大幅上升时，它就会撤回在其他国家高风险项目中的资金。

当一个国家的危机使得另一国家的经济移动到一个"坏的均衡"（具有货币贬值、资产价格下跌、资本外逃等特点）时，投资者对其他类似国家的心理预期变化和信心危机产生了情绪的改变，就会发生危机的传染，这种非接触性传导称为净传染。Masson（1998，1999a）认为，由于宏观经济基本面决定的单一均衡无法解释危机传染的各种特征，因此可以利用多重均衡和自我实现的期望模型来解释金融危机传染的现象。Jeanne（1997）指出，经济体系存在多重均衡的条件是经济基本面不是太好也不是太坏，在一定范围内，国家容易受到危机的传染。Drazen（1999）则认为，在欧洲汇率机制的危机中，政治因素导致了危机的传染。当一个国家发生危机时，投资者立刻重新对其他国家或地区的宏观经济基本面进行评价（Goldstein，1998），如果发现某些方面与危机发生国相似时，就会撤离资金，引发该国家或该地区的危机。实际上被传染危机的国家经济基本面原来就不好，只是投资者开始时没有意识到，直到其他国家发生危机时才被提醒。在这种情况下，实际上只存在一个坏的均衡点，只是投资者误认为经济基本面是良好的。

参考文献

1. Allen，F. and Gale，D.（1998）. *Bubbles,and Crises*，The Wharton School.

2. Allen，F. and Gale，D.（2000）. "Bubbles and Crises," *Economic Journal*，110，236 - 255.

3. Blanchard，O. and Watson，M.（1982）. *Rational Expectations and Financial Markets*，Lexington Books.

4. Brunner K. and Meltzer A. H.（1972）. "Friedman's Monetary Theory," *Journal of Political Economy*，80，837 - 851.

5. Buiter，H. W.，Coresetti，G. and Pesenti，P. A.（1995）. "A Center-Periphery Model of Monetary Coordination and Exchange Rate Crises," NBER Working Paper，No. 5140.

6. Calvo，G.（1998）. "Balance of Payments Crises in Emerging Markets," University of Maryland.

7. Calvo，G. and Reinhart（1996）. "Capital Flows to Latin America：Is There Evidence of Conta-

gion Effects," in *Private Capital Flows to Emerging Markets*, *Institute for International Economics*, Washington, DC.

8. Chaney, T., Sraer, D. and Thesmar, D. (2012). "The Collateral Channel: How Real Estate Shocks Affect Corporate Investment," *American Economic Review*, 102, 2381 - 2409.

9. Chang, R. and Velasco, A. (1998). "The Asian Liquidity Crisis," RR#98 - 27C. V. Star Center for Applied Economics, NYU, July.

10. Corsetti, Pesenti, and Roubini (1999). "Paper Tigers? A Model of Asian Crisis," *European Economic Review*, Vol. 43, 1211 - 1236.

11. Diamond, D. and Dybvig, P. (1983). "Banks Runs, Deposit Insurance, and Liquidity," *Journal of Political Economy*, 91, 401 - 419.

12. Drazen, A., and Masson, P. R. (1994). "Credibility of Policies versus Credibility of Policymakers," *Quarterly Journal of Economics*, 3, 735 - 754.

13. Eichengreen, B., Rose, A. K. and Wplosz, C. (1996). "Contagious Currency Crises," NBER Working Paper, No. 5681.

14. Fisher, I. (1933). "The Debt Deflation Theory of Great Depression," *Econometrica*, 1, 337 - 357.

15. Flood, R. and Garber, P. (1980). "Market Fundamentals versus Price-Level Bubbles: The Firsttests," *Journal of Political Economy*, 88, 754 - 770.

16. Flood, R. and Garber, P. (1984a). "Collapsing Exchange Rate Regimes: Some Linear Examples," *Journal of International Economics*, 17, 1 - 13.

17. Flood, R. and Garber, P. (1984b). "Gold Monetization and Gold Discipline," *Journal of Political Economy*, vol. 92, No. 1, 90 - 107.

18. Flood, R. and Marion, N. (1996). "Speculative Attacks: Fundamentals and Self-Fulfilling Prophecies," NBER Working Paper, No. 5789.

19. Flood, R. and Marion, N. (1998). "Perspectives on the Recent Currency Crisis Literature," NBER Working Paper, No. 6380, January.

20. Friedman, M. and Schwartz, A. J. (1963). *A Monetary History of the United States: 1867— 1960*, Princeton Press for the National Bureau of Economic Research, Princeton.

21. Gan, J. (2007a). "Collateral, Debt Capacity, and Corporate Investment: Evidence from a Natural Experiment," *Journal of Financial Economics*, 85, 709 - 734.

22. Gan, J. (2007b). "The Real Effects of Asset Market Bubbles: Loan-and Firm-Level Evidence of a Lending Channel," *Review of Financial Studies*, 21, 2677 - 2703.

23. Gerlach, S. and Smets (1995). "Contagious Speculative Attack," *European Journal of Political Economy*, vol. 11, 5 - 63.

24. Goldfajn, I. and Valdes, R. (1996). "The Aftermath of Appreciations," NBER Working Paper, No. 5650 (Cambridge, Massachusetts: National Bureau of Economic Research).

25. Goldfajn, I. and Valdes, R. (1997). "Capital Flows and the Twin Crises: The Role of Liquidity," IMF Working Paper, No. WP/97/87.

26. Goldstein, I. and Razin, A. (2015). "Three Branches of Theories of Financial Crises," *Foundations and Trends (R) in Finance*, 10 (2), 113 – 180.

27. Goldstein, M. (1998). "The Asian Financial Crises: Causes, Cures, and Systemic Implications," *Policy Analyses in International Economics*, 55, Washington, D. C. : Institute for International Economics.

28. Gorton, G. and Metrick, A. (2012). "Securitized Banking and the Run on Repo," *Journal of Financial Economics*, 104, 425 – 451.

29. Gorton, G. and Ordōnezl, G. (2014). "Collateral Crises," *American Economic Review*, 104 (2), 343 – 378.

30. Holmström, B. and Tirole, J. (1998). "Private and Public Supply of Liquidity," *Journal of Political Economy*, 106, 1 – 40.

31. Ivashina, V. and Scharfstein, D. (2010). "Bank Lending During the Financial Crisis of 2008," *Journal of Financial Economics*, 97, 319 – 338.

32. Kaminsky, G. and Reinhart, C. (1998). "Leading Indicators of Currency Crises," IMF, 45, 1 – 48.

33. Kaminsky, G. and Reinhart, C. (2000). "On Crises, Contagion, and Confusion," *Journal of International Economics*, vol. 51.

34. Kindleberger, C. P. (1978). "Manias, Panics and Crashes: A History of Financial Crashes," Basic Books, New York.

35. Krugman, P. (1979). "A Model of Balance of Payments Crises," *Journal of Money, Credit and Banking*, 11, 311 – 325.

36. Krugman, P. (1996). "Are Currency Crises Self-Fulfilling?", *NBER Macroeconomics Annual*, Cambridge, MIT Press.

37. Krugman, P. (1998). "What Happened to Asia?", Mimeo, MIT, January.

38. Krugman, P. (1999). "Balance Sheets, the Transfer Problem, and Financial Crises," *International Tax and Public Finance*, vol. 6, 459 – 472.

39. Lorenzoni, G. (2008). "Inefficient Credit Booms," *Review of Economic Studies*, 75, 809 – 833.

40. Masson, P. (1998). "Contagion: Monsoonal Effects, Spillovers and Jumps between Multiple Equilibria," IMF Working Paper, No. WP/98/142.

41. McKinnon, R. and Pill, H. (1996). "Credible Liberalizations and International Capital Flows," in *Financial Deregulation and Integration in East Asian*, Chicago: University of Chicago.

42. McKinnon, R. and Pill, H. (1998). "International Borrowing: A Decomposition of Credit and Currency Risks," *World Development*, 10.

43. Minsky, H. (1975). *John Maynard Keynes*, Columbia University Press.

44. Minsky, H. (1986). *Stabilizing An Unstable Economy*, Yale University Press.

45. Minsky, H. (1992). "The Financial Instability Hypothesis," WP74, the Jerome Levy Economics Institute of Bard College.

46. Mishkin, F. (1996). "Understanding Financial Crisis," World Bank Conf. Development Economics.

47. Obstfeld, M. (1994). "The Logic of Currency Crises," *Cashiers Economique et Montaires*, 189 – 213.

48. Obstfeld, M. (1996). "Models of Currency Crises with Self-Fulfilling Features," *European Economic Review*, 40, 1037 – 1048.

49. Radelet, S. and Sachs, J. (1998a). "The Onset of the East Asian Financial Crisis," Mimeo, Harvard Institute for International Development.

50. Radelet, S. and Sachs, J. (1998b). "The East Asia Financial Crises: Diagnosis, Remedies, Prospects," Mimeo, Harvard Institute for International Development, Cambridge, MA.

51. Reinhart, C. M. and Rogoff, K. S. (2009). *This Time is Different: Eight Centuries of Financial Folly*, Princeton University Press.

52. Sachs, J. D., Tornell, A. and Velasco, Andres (1996). "Financial Crisis in Emerging Markets: The Lesson from 1995," *Brookings Papers On Economic Activity*, Vol. 1, 147.

53. Salant, W. S., and Henderson, D. W. (1978). "The Vulnerability of Price Stabilization Schemes to Speculative Attack," *Journal of Political Economy*, 86, 627 – 648.

54. Schmidt, L., Timmermann, A. and Wermers, R. (2016). "Runs on Money Market Mutual Funds," *American Economic Review*, 106 (9), 2625 – 2657.

55. Schroth, E., Suarez, G. A. and Taylor, L. A. (2014). "Dynamic Debt Runs and Financial Fragility: Evidence from the 2007 ABCP Crisis," *Journal of Financial Economics*, 112 (2), 164 – 189.

56. Shambaugh, J. C. (2012). "The Euro's Three Crises," *Brookings Papers on Economic Activity*, Spring, 157 – 231.

57. Stiglitz, J. E. and Weiss, A. (1981). "Credit Rationing in Markets with Imperfect Information," *American Economic Review*, 71, 393 – 410.

58. Stoker, J. (1995). *Intermediation and Business Cycle under a Specie Standard*, Chicago: University of Chicago.

59. Velasco, A. (1987). "Financial and Balance of Payments Crises," *Development Economics*, 27, 263 – 283.

60. Wolfson, M. H. (1996). "Irving Fisher's Debt-Deflation Theory: Its Relevance to Current Conditions," *Cambridge Journal of Economics*, 20, 315 – 333.

金融监管理论

从 20 世纪 30 年代的世界经济大危机到 90 年代以来频繁爆发的金融风暴，再到 2008 年的国际金融危机，历史的惨痛教训不断提醒人们要加强防范和应对金融体系运行失常及由此引发的种种消极经济效应。如何构建符合现代金融发展的金融监管体系，维护金融体系安全与稳定运行，已成为各国政府高度关注的重大问题，对金融监管理论的研究也显得尤为重要。纵观 20 世纪金融监管的演化，各国尤其是发达国家在金融监管理论和实践方面均取得了显著的进展。与此同时，经济学家在市场不完全性方面的探索和研究成果，为金融监管理论建立了相对比较稳固的理论基础，古德哈特、斯蒂格勒（Stigler）、戈兰德（Gowland）、戴蒙德、迪布维格和金德尔伯格等经济学家对其进行了较深入的研究。

一般而言，金融监管是一国政府或其代理机构对金融机构实施的各种监督和管理，包括对金融机构市场准入、业务范围、市场退出等方面的限制性规定，对金融机构内部组织结构、风险管理和控制等方面的合规性、达标性的要求，以及一系列相关的立法和执法体系及过程。金融监管的实质是对市场的补充，其目的在于确保市场机制的正常运转，为金融市场营造一个公平竞争的环境，维护金融市场的稳定性；其角色定位为制定、执行和维护金融游戏规则的裁判。金融监管包括监督和管制两个方面，这两方面既相互联系又有一定区别。金融监督面向的是复杂的日常行为，而金融管制则更注重具有同一性的规范的编制。金融管制由 McKinnon 和 Shaw（1973）在金融抑制论中提出，主要指政府对微观金融活动的直接干预，这种方式往往被发展中国家的政府所推行。金融管制实际是对市场的替代，其基本特征是直接的过度干预，目的在于人为地扭曲市场均衡价格，如压低利率和汇率，从而以低成本获取国内资金和外汇，迅速完成原始积累，实现赶超型的工业化战略。金融管制的手段和方式包括：规定利率上下限；实行政府信贷配给和优惠利率；普遍设立政府专业信贷机构；进行外汇管制等等。

一、金融监管理论的演化过程

从发展过程来看，金融监管是一个实践问题，金融监管理论则是金融监管实践的抽象总结，它的产生和发展来源于金融监管实践的发展变化。

（一）金融监管理论演化的经济学背景

金融监管是一种与市场自发运动相对应的政府行为，因此金融监管理论的根源与"看不见的手"有相应的联系。关于"看不见的手"的争论由来已久，并在很大程度上主导了 20 世纪经济学的发展演变以及经济学主流学派的兴衰更替，而 20 世纪金融监管理论的演化也是在这一背景下进行的。

1776 年，斯密在《国民财富的性质和原因的研究》中提出"看不见的手"这一说法，开创了以此作为范式、崇尚自由放任政策的古典经济学。斯密认为，市场在理性经济人的自利行为推动下通过竞争，将会自动地实现个人利益和社会利益的共同增进。政府应该仅仅作为市场经济的"守夜人"，而不应直接介入和干预经济运行，因为政府既不必要也不可能创建和维护市场秩序。19 世纪 70 年代的"边际革命"虽然在价值来源方面否定了古典经济学的劳动价值论，但是瓦尔拉斯一般均衡模型的创立，使"看不见的手"在形式上得到了严格的数学证明，因此一个建立在对古典经济学扬弃基础上的新体系——新古典经济学得以发展起来并迅速成为当时经济学的主流学派。同古典经济学一样，新古典经济学也崇尚自由放任的经济政策，认为市场的自发运动将会实现资源配置的帕累托最优，因此该学派也反对政府对经济运行的干预。

19 世纪 40 年代兴起的德国历史学派以及后来的新历史学派则主张政府应该对经济生活进行较多的干预。德国历史学派的创始人李斯特（Liszt）认为，国家对经济生活进行干预的原因是由于市场经济有许多局限性，而国家干预是弥补这些私人市场经济缺陷的主要手段。德国新历史学派继承和发展了李斯特的国家干预理论，认为盈利心理是社会经济发展的重要动因，但必须通过国家干预来避免盈利心理达到极度状态时给社会带来的危害，因此也主张政府借助于国家权力对经济领域实行广泛的干预。德国历史学派所指出的市场机制缺陷为后来其他的国家干预学说奠定了基础。20 世纪 30 年代，凯恩斯主义经济学在大危机后的兴起，形成了对新古典经济学的革命。凯恩斯主义经济学是以实现充分就业为目标的宏观经济学体系，它重视总量分析，而不是像古典经济学那样重点考察厂商和个人等市场机制微观主体的行为。第二次世界大战后，Samuelson（1948）把新古典经济学的微观经济理论和凯恩斯的宏观经济理论简单地嫁接起来，形成所谓的新古典综合理论，并成为 20 世纪五六十年代经济学的正统。

20 世纪 70 年代，一些资本主义国家的经济发生了严重的滞胀危机，经济自由主义者们认为这是凯恩斯主义经济政策特别是国家过度干预的后果，它们以对凯恩斯主义经济学的批判为契机开始重新树立"看不见的手"的威信，力图复兴新古典经济学的自由放任传统。货币主义、供给学派和理性预期学派先后兴起，它们通过对新古典经济学的重新表述、补充、修正和改造，证明了市场机制自然秩序的存在和有效性，极力主张减少国家干预，实行自由主义的经济政策。80 年代以来，复兴的新古典学派发展为主要建立在经过完善的新古典微观经济理论基础上的新古典宏观经济学，它继续通过形式严密的理论证明和结论影响着世界各国的经济政策。新凯恩斯主义虽然在理论体系上还不够完整，但得到从 80 年代开始的经济自由化引发的种种问题所提供的经验支持。在政府干预方面，各学派的分歧已经不再是政府干预是否该存在，而是集中在政府干预的范围、方式和有效性等方面，因为市场的不完善性已经得到了各方的基本认同。20 世纪主流经济学对是进行政府干预还是自由放任的问题争论了很长时间，至今仍未有最后明确的结论。在这一背景下，直接涉及政府干预的金融监管理论也随之不断发生变化。但主流经济学主要涉及的是经济学的基本范式和理论基础，金融监管理论则更具体和富有操作性。由于金融体系在整个经济运行中具有特殊地位和重要影响，关于政府干预和自由放任的理论争论并不能完全解答金融监管问题。因此在回顾分析金融监管理论时，既要考虑主流经济学思想和理论的影响，又必须超越经济学的一般性阐述而充分考虑金融体系和金融活动的独有特征。

（二）现代金融监管理论的演化

1. 20 世纪 30 年代以前的金融监管理论：从自由到管制

早期的金融监管并没有固定的制度安排可循，金融业从自由发展走向管制，最初是基于对货币发行的限制，以及中央银行的成立。政府对金融活动的监管最早可以追溯到 1720 年 6 月英国为防止过度证券投机而颁布的《泡沫法》，它标志着在世界金融史上政府开始正式实施金融监管。但是，《泡沫法》所代表的政府监管还并非完全意义上的金融监管，它主要是政府针对证券市场的不稳定性而采取的干预措施，这仅仅是金融监管的一部分内容。金融监管的广泛开展是与中央银行制度的产生和发展直接相联系的，中央银行制度的普遍确立是现代金融监管的起点，金融监管的理论发展也从此开始。

古典经济学代表人物亚当·斯密在 18 世纪中后期提出的真实票据理论认为，只要银行投资于体现实际生产的短期商业汇票，无论是否由唯一的银行发行银行券，都不会引发通货膨胀或紧缩，而且银行经营也将是安全稳定的，"看不见的手"仍然能够发挥作用，银行之间的自由竞争仍然是可行的而且是必要的。对此，亨利·桑顿（Henry Thornton）在 1797—1825 年的"金块论战"中指出，真实票据不断贴现的过程将会使信用链条延长和信用规模成倍扩张，因此真实票据原则并不能保证银行有足够的流动性或货币供给弹性来避免银行遭到挤兑风险或引发通货膨胀或紧缩。桑顿的结论是：以真实票据原则发行银行券存在发行过度的危险，所以应该受到监管。1825—1865 年期间，支持真实票据理论的银行学派和支持桑顿理论的通货学派围绕着真实票据理论进行了争论。银行学派认为，竞争性银行业的正常运转完全可以控制流通中的货币量，只要存在纸币兑换金银的压力，纸币发行就不可能持续超出业务的需要量。但通货学派指出，除非纸币的发行被严格管理，使纸币数量的变化同发行机构所持的黄金数量的变化一致，否则纸币必将发行不足或发行过量，纸币的可兑换性将难以得到保障。并且，通货学派的理论较具说服力，于是开始建立统一发行货币的中央银行。

然而，统一货币发行和票据清算后，货币信用的不稳定问题仍然没有消失，许多金融机构常常由于信用扩张而引发金融体系的不稳定，由此影响到经济发展。多次发生的银行危机也表明，金融体系的不稳定将带来经济的萎缩，这与古典经济学和新古典经济学的货币中性论主张明显不同。因此，作为货币管理者，中央银行开始逐渐承担信用保险的责任，并从统一发行货币和提供弹性货币供给为特征的金融监管转向通过最终贷款人职能来稳定经济的金融监管。最终贷款人本质虽然不是金融监管，但它为中央银行后来进一步发展为金融活动的监管者奠定了基础。中央银行的最终贷款人职能可以成为迫使金融机构遵从其指示的一个重要手段，并借此干涉金融机构的经营行为。自此，现代意义上的金融监管得以产生。以 Hayek（1976）为首的自由银行制度学派的观点与"看不见的手"理论相一致，它们都不承认市场是有缺陷的，因而都支持金融业的自由经营原则，认为存款保险和最终贷款人的职能都是不必要的，甚至主张取消中央银行。自由银行制度学派的理论依据是私人银行可以通过选择性条款、分支银行和指数化存款等方式来降低和分散风险，而这些方式都必须是在自由经营、自由竞争条件下才能实现的。

20 世纪 30 年代以前的金融监管理论主要集中在货币监管和防止银行挤兑方面，讨论的重点问题在于要不要建立以中央银行为主体的政府安全体系，对于金融机构经营行为的具体干预很少论述。这种情况与当时自由资本主义正处于繁荣时期有关，也与金本位逐渐崩溃导致的货币混乱有关。主流的新古典经济学仍坚持"看不见的手"理论，但现实经济和金融的发展却越来越表明市场的不完全性是客观存在的，随后 30 年代的世界经济大危机引起了金融监管理论新的研究方向。

2. 20 世纪 30 年代到 70 年代的金融监管理论：更广泛的金融管制

20 世纪 30 年代的经济大危机对经济学产生了巨大的影响，它提供了一系列有力的证据证明了市场具有不完全性，而"看不见的手"也不是万能的。在这个时期，主张国家干预政策的凯恩斯主义取得了主流经济学的地位，在金融领域的具体体现是直接将金融管制引入经济政策的操作中。在这一时期金融监管的理论基础是金融市场的不完全性，金融市场的失灵导致政府有必要对金融机构和市场体系进行外部监管。

现代经济学的发展尤其是市场失灵理论和信息经济学的发展，给出了金融监管存在的必要性。首先，金融市场具有负外部性。金融机构的破产倒闭及其连锁性反应将通过货币信用紧缩破坏经济增长的基础。按照福利经济学的观点，负外部性可以通过征收庇古税进行补偿。但金融活动具有巨大的杠杆效应，个别金融机构的利益与整个社会经济利益之间存在严重的不对称，因而这种庇古税的效力被大大减弱。此外，科斯定理从交易成本的角度说明外部性也难以通过市场机制的自由交换得以消除。因此，需要一种市场以外的力量介入来限制金融市场的负外部性影响。其次，金融体系的公共产品特性。金融体系对整个社会经济具有明显的公共产品特性。作为公共产品，不可避免地就会出现"搭便车"问题，即人们乐于享受公共产品带来的好处，但缺乏有效的激励为公共产品的提供和维护做出贡献，公共产品的这一特性决定了它只能由代表全民利益的政府来提供。对市场经济下的金融体系而言，政府应该通过保持金融体系健康稳定发展的各种手段来维护这种公共产品。再次，金融机构自由竞争的悖论。即使不考虑货币管制方面的原因，金融机构也不适宜采用一般工商企业自由竞争的原则。这是因为，一方面，金融机构规模经济的特点使金融机构的自由竞争最终将发展到高度的集中垄断，这种集中垄断不仅使金融效率和消费者福利受到损失，而且将产生政治上的不利影响；另一方面，自由竞争的结果是优胜劣汰，而金融机构的竞争过于激烈将会导致整个金融体系的不稳定，进而危及整个经济体系的稳定。也就是说，对金融机构而言，自由竞争并不一定能提高效率，相反，自由竞争和稳定之间则存在明显的替代性。最后，信息的不完备、不对称和不确定性。在古典经济学和新古典经济学体系中，由于市场机制的作用过程是一种自然秩序，因此自由竞争的经济运行就是一个确定性的世界。Keynes（1936）则注意到实际经济运行中普遍存在着不确定性，他把这种不确定性归因于人类的动物心理。在不确定性研究基础上发展起来的信息经济学则表明，信息的不完备和不对称是市场经济不能按照古典和新古典经济学所描述的那样自行运转的重要原因之一。虽然金融机构主观上是愿意稳健经营的，但由于金融体系中存在信息不完备和不对称，则导致它们可能随时会因信息问题而陷入困境。此外，搜集和处理信息的高昂成本会使金融机构难以承担，因而政府有责任采取各种措施解决金融体系中的信息不完备和不对称问题。

以上这些理论的出现和发展，为 20 世纪 30 年代开始的严格的、广泛的政府金融监管提供了有力依据，并成为第二次世界大战后西方主要发达国家对金融领域进一步加强调控的主要论据。这一时期的金融监管理论主要以维护金融体系安全，弥补金融市场的不完全为研究出发点和主要内容。在凯恩斯宏观经济理论的影响下，传统的中央银行货币管制已经转化为服务于宏观经济调控目标的货币政策，对金融机构行为的干预也成为这一时期金融监管的主要内容。人们对金融本质和金融产品功能的了解进一步加深，针对不同的金融领域，功能性监管成为这一时期金融监管的主流。为限制银行、证券、保险甚至信托机构只能在各自的行业范围内经营，金融监管当局实行了分业监管，金融监管的主体出现分散化、多元化的趋势。

3. 20 世纪 70 年代到 80 年代末的金融监管理论：金融自由化与效率优先

进入 20 世纪 70 年代以后，伴随着西方工业国家经济增长趋势逐步放缓，经济发展中的各种矛盾日益激化，世界金融环境也发生了巨大的变化。由于凯恩斯主义无法解释经济发展过程中普遍存在的滞胀现象，国家干预主义受到了严峻的挑战。于是，主张发挥市场自发调节机制的自由主义经济思潮复苏，货币主义、新自由主义、供给学派等思想流派的理论主张重新得到政府的重视，在经济政策领域出现了经济自由化的倾向。美国率先开始了以放松金融管制为主要内容的金融自由化改革，其他发达国家如日本、英国等也纷纷效仿。

金融自由化理论主要从两个方面对 30 年代以后的金融监管理论提出了挑战。一方面，金融自由化理论认为，政府实施严格而广泛的金融监管，造成金融机构和金融体系的效率下降，压制了金融业的发展，从而导致金融监管的效果与促进经济发展的目标不相符；另一方面，金融监管作为一种政府行为，其实际效果受到政府在解决市场不完全问题上的能力限制。事实上，市场机制中存在的信息不完备和不对称现象，在政府金融监管过程中同样会出现，而且有可能更加严重，因此政府决策也有可能会失灵。McKinnon 和 Shaw（1973）在《经济发展中的货币和资本》以及《经济发展中的金融深化》两本著作中，建立了金融抑制论和金融深化论，其核心主张就是放松对金融机构的过度严格管制，特别是解除对金融机构在利率水平、业务范围和经营地域选择等方面的种种限制，恢复金融业的竞争，以提高金融业的活力和效率。从一般意义上看，金融监管是对金融自由化的有效补充，而金融管制却与自由化对立，其实两者的实质均是政府的干预。因此，政府干预的程度不同，就往往成为判断或区分金融监管和金融管制的标准和尺度。适度的政府干预就是金融监管，对市场效率不会造成损害；而过度的政府干预就容易演变成金融管制，导致金融抑制现象出现。

经济学家普遍认为，30—70 年代金融监管理论的核心是金融体系安全优先，而金融自由化理论则推崇效率优先的原则。前者提倡安全优先是由于自由金融体系在 30 年代的大危机中崩溃，因而使金融体系的安全性成为人们优先考虑的目标；后者提倡效率优先是由于 30—70 年代实施了广泛、深入的金融监管，特别是那些直接的价格管制和对具体经营行为的行政管制，严重束缚了金融机构自主经营和自我发展的竞争力。当存款保险制度已充分发挥其稳定作用，并且银行挤兑现象大大减少时，金融机构的效率要求就日益凸显出来，并超越安全性目标的重要性。所以，金融自由化理论并不是对金融监管的全面否认和摒弃，而是要求金融监管部门做出适合效率要求的必要调整。与以往金融监管理论不同的是，这一时期的金融监管理论除了继续以市场不完全为出发点研究金融监管问题之外，也开始越来越注重金融业自身的独特性对金融监管的要求和影响，如 Minsky（1982）的金融脆弱性理论以及 Diamond 和 Dybvig（1983）的银行挤兑模型，都推动了金融监管理论向金融活动和金融体系中的风险管理方面演变。

4. 20 世纪 90 年代初到国际金融危机期间的金融监管理论：安全与效率并重

20 世纪 80 年代末到 90 年代初，金融自由化达到高潮，许多国家纷纷放松对金融市场、金融商品价格等方面的管制，一个全球化的金融市场开始形成。

关于金融自由化与金融监管之间的抉择，经济学家主要有三种观点。第一种是经济自由主义者的观点，他们将银行业自由化改革等同于高度放松对金融体系的监管，如主张取缔银行的存款保险制度，甚至要求中央银行不再发挥作用（Dowd and Lewis，1992）。他们在倡导自由的银行业时，坚决主张放弃金融监管。第二种是新结构主义经济学家泰勒（Tyler）等持有的观点，他们对金融自由化持否定的态度，并从进行过金融自由化改革的国家，如阿根廷、墨西哥、智利、哥伦比亚、泰国等几乎均经历了各种不同程度金融危机的大量事实中找到理论依据。他们认为，从本质上讲，金融自由化是一种理论错误，与发展中国家金融市场的客观条件无关（Tyler，1998）。尤其是1997年亚洲金融危机爆发后，理论界和政策当局开始重新审查金融自由化的动向，金融监管又开始备受关注。第三种观点的持有者主张在金融自由化进程中加强金融监管，该观点突出体现在他们对金融危机的成因分析及政策建议中。McKinnon（1989，1991）认为，自由化改革失败的主要原因在于宏观经济不稳定、缺乏严谨的监管以及不正确的自由化顺序。Frye（1998）则认为，金融自由化本身并不应该对金融危机负责，然而，金融监督缺乏效力却是一个不可否认的原因。事实上，金融监管与金融自由化是相容的。他指出，没有金融监管的金融自由化将由于市场失灵而容易导致金融危机，没有金融自由化的金融监管极易导致管制过度和金融抑制，这两种极端情况都将危及金融和经济的运行发展。只有将两者结合起来，实行金融自由化与金融监管并重，才能促进金融发展的良性循环。

Herman等（2000）在对东南亚经济的分析中指出，现实中不仅瓦尔拉斯均衡难以实现，更重要的是发展中国家普遍存在着信息严重不对称、逆向选择和道德风险，因而资源难以优化配置。在这些国家，相对于企业而言，银行处于信息劣势。因此，利率放开和利率上升的结果并没有带来银行收益的提高，反而使银行不良资产的数量不断上升，难以实现资源优化配置。因而在发展中国家，信息不对称导致了利率市场化的失败。Herman等（2000）认为在这种情况下，政府适当的干预是必要的，通过为银行设立租金使其有动力吸收存款并对贷款企业进行严格监督，以克服信息不对称引起的市场失灵，这就是金融约束。

由于风险和收益之间一般存在替代效应，金融监管理论的现代演变结果将既不同于效率优先的金融自由化理论，也不同于30—70年代安全稳定优先的金融监管理论，而是二者的兼顾和融合。尤其是90年代以来，金融危机的频繁爆发推动了金融监管理论逐步转向如何协调安全、稳定与效率的方面。但是，迄今为止还没有充分的证据表明金融自由化一定会导致金融体系的不稳定，或者尚未自由化的金融体系就一定是安全、稳定的。因此，金融监管理论在其普遍有效性方面还有待进一步的发展和完善。特别是随着经济全球化进程的逐渐加快，在金融活动和金融市场运转越来越少地受一国监管的情况下，金融监管理论面临着新的挑战。

5. 2008年国际金融危机之后的金融监管理论：加强宏观审慎监管

在国际金融危机爆发之前，主流货币政策思维基本上遵循"杰克逊霍尔共识"，即价格稳定是货币政策的基石，通货膨胀目标制是实现价格稳定的有效手段，金融变量只有在影响价格稳定的情况下才应被纳入货币政策考虑。但2008年国际金融危机表明，价格稳定与金融稳定并非是"同一枚硬币的两面"，价格稳定并不足以保证金融稳定，价格稳定和金融稳定各自具有独立的又相互关联的观点逐渐成为学界的"新共识"。这一共识反映在政策方面的要求是金融稳定目标必须以某种方式得到考虑或关注，特别是要关注金融体系中的系统性风险，宏观审慎监管的概念由此得到广泛关注。

系统性金融风险在本次国际金融危机中扮演了非常重要的角色，Caruana（2010）对系统性风险进行了定义，即由于金融系统部分或整体损坏，从而导致金融服务供给中断，并因此可能对实体经济造成不利影响的风险。他认为系统性风险的外部性来自两个维度，一是横截面（空间）维度上金融机构的相互关联性和危机的传染性；二是时间维度上金融体系的顺周期性。一般而言，在繁荣时期，市场需求旺盛，企业资产负债表改善，倾向于借入资金以扩大生产，银行等金融机构也乐于贷出资金来扩大利润来源，社会信贷规模增加；而在衰退时期，市场需求减少，企业资产负债表状况恶化，甚至需要通过变卖资产来偿还债务，银行等金融机构为了保证自身的流动性也会收紧信贷，社会信贷规模减少。这就是金融活动的顺周期性。然而，金融体系的顺周期性不仅体现于金融活动方面，还体现在金融监管层面，谢平和邹传伟（2010）认为金融监管的顺周期性可归纳为资本充足率监管的顺周期性、贷款损失拨备的顺周期性以及公允价值会计引起的顺周期性，这些顺周期性起到了放大资产价格波动的作用。

綦相（2015）总结了危机后国际金融监管改革的实践，认为其重点沿着三条主线推进：第一条主线是继续加强微观审慎监管，以增强单个金融机构的安全稳健性，完善资本充足率、流动性和大额风险集中度等监管指标。第二条主线是加强宏观审慎监管，主要从三个方面防范系统性金融风险：一是防范大型金融机构风险失控而导致的横向传染效应；二是通过"以丰补歉"的方式来缓解时间维度上的顺周期性；三是防止监管真空，特别是加强对影子银行的监管。第三条主线是完善金融市场基础设施，包括将宏观审慎理念引入审计与会计准则，建立问题金融机构的处置与破产清算制度，加强对金融消费者的保护等等。

其中，宏观审慎监管这一概念在国际金融危机后才逐渐受到各国重视，在实践中，主要是通过抑制形成系统性风险的两个来源来落实宏观审慎监管。在时间维度上，为了弥补危机前金融监管的不足，抑制金融周期的顺周期性，谢平和邹传伟（2010）认为需要建立逆周期的资本缓冲机制以及具有前瞻性和逆周期性质的贷款损失拨备，可参考西班牙的动态拨备制度，同时还要对现行的公允价值会计准则进行改革。

在横截面（空间）维度上，重点加强对系统重要性金融机构的监管，针对规模大、与其他金融机构关联度高的大型金融机构实施更加严格的资本监管要求，如提取额外的系统重要性附加资本，提高系统重要性金融机构的安全稳健性。此外，由于系统重要性金融机构在金融体系中发挥着核心作用，还需要为它们可能出现的经营失败制订相应的恢复和处置计划。金融稳定理事会（FSB，2014）从2014年开始筹备建立针对全球系统重要性银行的总损失吸收能力（TLAC）框架，让这些银行在因经营失败而进入处置阶段时，能够通过减计或转股的方式将债务工具转换成普通股份来吸收损失，体现了让银行的债权人"自救"而不是政府动用公共资金救助的思想。发展至今日，全球TLAC框架也初步建立，根据金融稳定理事会的最新报告（FSB，2020），全球系统重要性银行对外披露的TLAC水平在这一年有所改善，大多数全球系统重要性银行已达到2022年最终的最低外部TLAC要求。此外，市场已经顺利消化了已发行的债券，而且符合TLAC标准的债券发行在艰难的新冠疫情环境中仍在继续。IMF（2009）还提出了四种测度金融机构之间相互关联性的方法：网络模型、Co-Risk模型、困境相关矩阵以及违约强度模型，大致代表了测算金融机构的相互关联性乃至系统性风险的两个方向，即结构化方法和简约化方法。

国际金融危机的发生暴露了此前微观审慎监管框架的缺陷，为此巴塞尔银行监管委员会（BCBS，2011）在《巴塞尔协议Ⅱ》的基础上进行修订，提出了崭新的《巴塞尔协议Ⅲ》监管框架，此次改革重点关注以下几个方面：一是更加关注能够吸收损失的普通股一级资本，从而提高银行监管资本的质量；二是提高对银行的资本监管要求，从而保证银行在压力时期具备足够的损失吸收能力；三是通过修订计算风险加权资本的市场风险、交易对手信用风险以及资产证券化风险的全球标准，加强风险加权资本的风险捕获能力；四是加入杠杆率要求来限制银行业的过度负债倾向，从而对风险加权资本要求起到补充作用；五是引入流动性覆盖比率和净稳定资本比率的国际监管框架来防范银行业的流动性风险与期限错配风险；六是将宏观审慎监管理念引入监管框架，例如引入逆周期资本缓冲机制来缓解银行体系的顺周期性，引入系统重要性资本缓冲要求以及大额风险敞口限制来防范银行系统内部关联性带来的系统性风险。

二、金融监管必要性的研究

为什么要进行金融监管？如何进行有效的金融监管？这些是许多经济学家曾经或正在讨论的问题。

（一）以新古典微观经济学理论为基础的研究及其局限性

当前世界各国的金融监管政策体系基本上是建立在新古典微观经济学理论基础上的。该理论体系认为，政府实施金融监管是为了保护社会公众利益，而对市场过程中出现的不适合或低效率现象进行管理，是为纠正金融市场垄断性、外部性、传染性、脆弱性等所引起的市场失灵而进行的制度安排（Stigler，1971；Wolf，1994；Xavier and Rochet，1997）。对于金融监管存在的必要性研究，目前占主流的主要有两个理论：公共利益理论和金融脆弱性理论，这两个理论都是建立在新古典微观经济学理论基础之上的。

1. 公共利益理论

Franz（1993）认为市场是脆弱的，如果放任自流就会趋向不公正和低效率，而公共管制正是对社会的公正和需求做出的无代价的、有效的和仁慈的反应。因此，为纠正市场失灵，需要政府对经济进行适当的干预。公共利益理论指出，金融市场同样存在失灵的状况，这可能会导致金融资源的配置不能实现帕累托最优（Stiglitz，1981，1993；Varian，1996）。金融监管作为一种公共产品，是一种降低或消除市场失灵的手段，而金融市场失灵主要表现在自然垄断、外部效应和信息不对称等方面。

首先，金融市场的垄断性。许多学者的研究都表明，某种规模经济存在于金融业之中，机构规模越大，则成本越低，收益越高。要进入金融市场，金融机构必须有巨额的注册资本，这就在进入市场时形成了强大的资金壁垒。一旦进入市场，金融机构的经营范围就会不断扩大，具有强大的吸引力，从而形成规模效益，这意味着金融市场具有自然垄断的特征。如果一家金融机构占据相当比例的市场份额，则其他类似的金融机构进入市场时障碍就会加大，市场竞争因此而减少，就有可能形成收取高价格的市场势力。Meltzer（1967）和Clark（1988）认为，金融部门的垄断可以造成价格歧视、寻租等有损于资源配置效率和消费者利益的不良现象，对社会产生负面影响，也会降低金融业的服务质量和有效产出，造成社会福利的损失。所以，应该通过金融监管消除金融市场的垄断。

其次，金融的外部效应。外部效应是指提供一种产品或劳务的社会费用（或利益）和私人费用（或所得）之间的偏差。Meade（1973）将其定义为这样一种事件，即它给某个或某些人带来好处（或造成损害），但这些人不是对这一事件做出直接或间接决策的一方。Kareken和Neil（1983）认为，在金融中介的业务中存在风险与收益的外部性、监督和选择信贷的外部性以及金融混乱的外部性，尤其是银行业作为一个特殊行业，其破产的社会成本明显地高于银行自身的成本。金融业作为高风险行业，具有内在的不稳定性，如一家金融机构因经营管理不善或竞争失败而倒闭时，往往引起多米诺骨牌效应，造成整个金融业的恐慌和社会信用秩序的破坏，最终使整个银行系统崩溃而爆发金融危机。因此金融市场需要政府监管来消除这些外部性，防止金融体系多米诺骨牌效应的发生。

最后，金融市场上的信息不完全和道德风险。按照传统经济学的理论，最有效的市场是理性市场，而理性市场的基础是完全理性和完全信息。没有完全信息，市场不能自动恢复均衡，市场交易也不能瞬间完成，必然有一定的搜寻成本。对于金融市场中的价格是否能完全反映公开的和未公开的、历史的和现实的信息，许多经验数据表明价格仅能反映一些过去的和公布于众的信息，因而金融市场的效率不可能像完全竞争市场那样达到帕累托最优。以上所述的不完全信息只是从信息量上来说明金融市场上的价格仅能反映部分信息，而不能反映全部信息。信息的不完全还包含着质的意义上的不完全性。由于金融市场中小道消息、虚假信息的客观存在，投资者对信息的分析、鉴别、处理能力的差异以及信息在传递过程中的扭曲、失真，也使金融资产价格对市场的反映出现偏差。

在现实金融运行中，存在着存款人与银行、银行与贷款人之间的信息不对称现象，由此出现阿克洛夫的"柠檬问题"，即造成金融市场失灵的逆向选择和道德风险问题（Stiglitz and Weiss，1981）。信息不对称程度越大，逆向选择与道德风险问题就越严重，市场失灵也就越明显。Grossman 和 Stiglitz（1976）指出，市场存在不完全信息，价格体系就不能有效地传递实际信息，则市场参与者不得不支出较高的信息成本，形成了金融市场的低效率。Diamond 和 Dybvig（1983）在现代经济学分析基础上提出了银行挤兑模型，并运用信息不对称和博弈论分析范式研究了银行不稳定的内在原因，指出政府监管银行经营活动是十分必要的。Spierings（1990）和 Stiglitz（1993）认为，不完全信息引起的金融市场失灵，是因为金融市场的信息具有公共产品的性质。因此，要对金融机构的经营行为进行有效监督，金融监管这种公共产品只能由没有私利的政府来提供，才能保证金融市场的稳定和发展。

2. 金融脆弱性理论

明斯基在 1982 年首次详细阐述了金融脆弱性假说，该问题引起了理论界广泛的关注和争论。Minsky（1982）和 Cypher（1996）以及 Kregel（1997）认为，银行利润最大化目标促使它们在系统内增加风险性业务和活动，从而导致系统的内在不稳定性，因此需要对银行的经营行为进行监管。Friedman 和 Schwartz（1986）以及 Diamond 和 Rajan（2001）从银行及其他金融机构的流动性方面所做的研究表明，银行及其他金融机构由于三方面的原因而存在较大的脆弱性：一是短借长贷和部分准备金制度导致了金融机构内在的非流动性；二是在资产负债表中，主要是金融资产而不是实物资产，主要是金融负债而不是资产净值，在金融机构之间存在着相互依赖的网络；三是存款合同的等值和流动性形成了在萧条时期提取存款的刺激。Kaufman（1996）从银行体系的传染性和系统性风险的角度分析认为，个别银行若比其他企业更容易受到外界影响而出现危机，那么整个行业也比其他产业更脆弱、更容易被传染。这是因为：首先，由于具有比较低的资本资产比率或比较高的杠杆率，所以能够为损失提供补偿的空间很小；其次，由于具有比较低的现金资产比率，所以通常要变卖能获得利润的资产来弥补存款债务；最后，债务需求和短期债务在总债务中所占的比重较高。研究表明，由于银行业存在较高的杠杆率，资产经常配置给不透明的、非流动的市场，因而在存款人与银行之间信息严重不对称的情况下，加剧了公众预期的不确定性。此外，银行之间的拆借以及支付系统使其财务紧密地联系在一起，于是某家银行的支付困难会传染给其他银行。由此可见，银行经营失败涉及的利益相关者众多、发生较快，所以银行业存在着较高的脆弱性和传染性，一旦金融恐慌引发挤兑，就很容易出现连锁的技术性破产。银行挤兑模型（Diamond and Dybvig，1983）解释了银行作为一种金融中介机构，其基本功能是将不具流动性的资产转化为流动性的资产，但正是这种功能使银行更容易遭受挤兑，因而这种技术性危机需要通过金融监管来防范。

3. 以新古典微观经济学理论为基础进行研究的局限性

在改善市场失灵方面，金融监管可以督促金融机构增加信息披露，增强公众对金融机构的信心，并通过日常监管减少道德风险。但 Bhattacharya 和 Thakor（1998）认为，对金融业施行审慎监管也会产生两种问题：一是创造安全网时可能会助长金融机构管理者的道德风险，从而需要额外的监管；二是金融机构若不能充分利用所创造的剩余，政府就会觉得有必要监管金融机构，但其出发点并不一定完全是出于安全性和正确性的考虑。关于监管方式，政府可能会采用隐性税收的形式，比如要求准备金，或要求金融机构对其产品提供补贴等等。在任何情况下，对金融业的监管都是昂贵的，不但直接成本（包括监管者的工资、金融机构的行政管理成本）很高，间接成本（监管所带来的费用）也很高。正是出于上述原因，支持自由金融业者更愿拥有一个不完全的竞争市场，而不愿拥有一个不完全的被监管的金融体系。

金融脆弱性的解释表明金融风险源于经济周期的波动，金融业受制于实体经济的运行，金融监管只能在正确预测宏观经济运行的基础上提供金融风险的监测和预警，而不能从根本上消除金融风险的来源。同时，金融监管的逆周期性往往会加剧金融业的波动，如在经济繁荣时因金融机构经营状况良好而放松对其的监管，当经济萧条时则采取严格监管，使本来处于困境的金融机构不得不收缩信贷，金融风险进一步加剧。因而，金融监管在防范金融风险方面的作用比较有限。金融业的发展促使银行业由传统的信贷中介转变成为金融交易双方对冲风险服务的风险中介，因此金融风险主要来源于金融产品的定价，即金融资产价格取决于金融产品的未来现金流，预期在其中起着重要作用。而监管当局对未来的预测能力并不一定优于微观主体，不当的宏观政策会扭曲人们的预期行为，对金融危机或金融泡沫的自我演化起到推波助澜的作用。如亚洲金融危机的根源主要在于政府为融资活动提供了隐性或显性的担保，结果导致过高的道德风险。

（二）从政治经济学角度建立的理论依据

建立在政治经济学分析方法基础上的理论认为，金融监管是为了满足各既得利益集团的需要，其具有的最大优点就是：它通过将政治融入金融监管制度之中的分析，从动态的角度解释了管理工具和制度演变的动力机制以及其产生的政治过程。虽然这些理论的代表人物认为他们的观点与建立在新古典分析框架上的理论存在本质上的对立，但在认识金融监管制度的必要性以及形成过程上是互相补充的。

1. 政府掠夺论

Roe（1990）指出，如果通过政治经济学的角度能分析清楚政府对经济的作用，那么人们就可以了解现代金融管制出现的原因。事实上，任何管制和监管都是由政府推行并由政治家策划的。因此，了解政府和政治家的行为模式是了解金融管制出现的关键。事实上，他们并不像人们所认为的是社会利益的代表，而是有自己的利益和效用函数，并与社会利益有很大的差异。政府之所以要对金融业进行管制，其目的并不是金融脆弱说和公共利益说所认为的，即控制各种市场失灵、控制物价水平和投资水平、保护存款者的利益、防止各种金融风险的传染等，其真正目的是自身收益（政治收益和经济收益）的最大化。这主要表现在三方面：首先，国家垄断货币发行权是为了扩张政府可支配的资源，利用发行货币对财政赤字进行融资；其次，国家实施法定准备金制度是为了获取潜在的存款税收；最后，政府实施的其他管制在于为政府创造干预经济的借口，以扩张权力的范围，同时为获取租金而创造机会。例如，对银行业务和区域的限制以及开业资格的审查，都可以为政治家创造向银行获取额外"收益"的机会。

2. 利益集团论和多元利益论

该理论是在政府掠夺论的基础上发展起来的。Peltzman（1976）和 Stockman（1991）认为，政府掠夺论将分析的立足点放在"抽象的政府"这个集合上，无法更清楚地认识各种金融管制的产生过程。政府只是一个抽象的概念，它是由许多政党和利益集团组成的。监管者并不总是代表社会公众利益，他们同样存在着自身利益（Boot，1933；Mixon，1994）。因此利益集团论和多元利益论认为，金融监管是利益集团通过政治斗争而形成决策的产物，不同的社会经济利益集团是金融监管的需求者，而政府中的政治决策机构则是金融监管和监管制度的供给者。监管工具和监管制度是在需求和供给不断变化下的各种手段的组合结果；只有把握住各方利益的结构以及政治力量的分布，人们才能了解这些工具和制度变迁的过程，并在过程中确定这些工具和制度的效应以及效应的分布。

从以上分析可以看出，研究金融监管必要性的理论是把经济管理理论直接移植过来，它只注重金融体系对整个经济的特殊影响，却忽略了对金融活动本质属性和金融体系运作特殊性的研究。这使金融监管理论的研究处在肤浅的层次上，难以从金融活动和金融体系的深层机理中寻找到有效的金融监管政策和方式，并导致金融监管理论总是面临金融发展和金融稳定的两难选择，远不能达到完备的程度。

三、金融监管有效性的争论

金融市场的局限性决定了金融监管的必要性，但关于监管政策及其制度安排是否能够纠正市场失灵、实现监管的社会福利最大化目标仍存在较大争议。一些实践与理论研究表明，政府的金融监管不仅没有消灭市场失灵产生的金融动荡和金融危机，反而进一步加剧了金融的内在不稳定，产生了监管失灵（Schwartz，1988；Thomson，1990；Merton，1995；Kaufman，1996）。

（一）监管失灵论

支持监管失灵论的经济学家们认为，监管者和被监管者很容易形成利益合谋和利益共同体，并在暗中进行不被人知的交易。虽然他们提出了金融监管存在的各种弊端，但对金融危机的后果却没有提出有效的解决办法。

Stigler（1971）提出经济监管可以被看作是一种借助政府的强制力量来向特定的个人或集团提供利益的产品，它受到供求规律的支配，现行的监管制度安排是供给与需求两种力量相互作用的结果，并没有起到监管的真实作用。Stigler（1971）从供求两方面讨论了政府监管的相关因素，他认为监管的需求者是专门的利益集团，供给者是政府或政治家。在需求方面，监管可以提供多种收益，包括直接的货币补贴、控制新竞争者进入、干预替代品和互补品的生产、实行固定价格等等，在金融领域则有市场准入的管制、对业务活动的限制等；在供给方面，政府部门提供监管存在一定的成本。因而，政党在决定是否支持某项监管行动时必然要考虑这一行动是否有助于自己当选和再当选。需求者为了获得监管提供的收益，便向供给者提供选票和资源。政府最后是否采取某种监管政策以及监管的范围和程度，完全取决于上述需求与供给两方面的互动。Stigler（1971）指出，监管在某种条件下是一个产业积极寻求的东西，它通常是该产业自己争取来的。监管的设计和实施主要是为受监管产业的利益服务，监管只不过是使财富在不同利益集团之间进行转移而已。但监管也可能是强加给一个产业的，因而会给受监管产业的发展带来许多约束。对于斯蒂格勒提出的观点，Posner（1974）却认为缺乏说服力，因为很难表示监管的需求和供给曲线，从而无法计量。此后，Peltzman（1976）对斯蒂格勒的观点进行了补充，他假定政治家们寻求多数派对他们的支持，并根据这种支持所决定的监管种类和数量来建立模型得出结论。他认为，得自转让的边际政治收益刚好等于相关税收引起的边际政治成本，政治财富最大化只能使部分人受益，即使监管的利益都为一种经济利益集团独占，其获益也要小于私人组织的卡特尔。此外，金融监管是政府监管的重要组成部分，因此金融监管中不可避免地存在寻租现象，从而影响了金融监管的公平与效率。

（二）监管成本说

监管成本说没有简单地肯定或否定金融监管，Stigler（1971）和Posner（1975）指出，金融监管与经济生活中的所有活动一样，都存在成本和收益，这些成本有的在政府预算中可以反映出来（如行政预算支出），有的则不能反映出来（如过度监管所导致的效率损失、道德风险等）。当实施监管的过程中所耗费的资源成本有可能大于实现监管目标后的收益，或者运用机会成本的概念来判断监管过程中所耗费的资源成本可以有更好的、更合算的用途，以及能够带来更大的收益时，实施监管是不合算的。长期以来人们一直在努力探索能够找到有效分析金融监管效应的量化方法。成本-收益分析法是目前理论界对金融监管边界的确定运用最多的方法。由于成本只有在与收益相对比的时候才有意义，某一经济活动的成本-收益对比情况则反映了这一活动的合理性，因此，金融监管当局必然应追求最大的监管收益以及在此基础上付出最小的监管成本。

监管成本说把监管成本分为直接资源成本和间接效率损失两类。直接资源成本又包括执法成本和守法成本。其中，执法成本是监管机构执行监督过程中所耗费的资源；守法成本是被监管者遵守条例而耗费的资源。监管的间接效率损失是指因被监管者改变了原来的行为方式而造成的福利损失。这种成本既不表现在政府预算支出的增加上，也不表现为个人直接负担成本的加大，但整个社会的福利水平却因此而降低。金融监管导致的第一种间接效率损失来自道德风险。首先，存款人会因此而不假思索地选择存款机构，使不良金融机构很容易得到存款，这违背了监管的初衷。其次，银行会因此而增加资产中的高收益高风险成分，从而加大了贷款资产的风险。此外，道德风险还可能在其他各方面改变私人部门的行为，可能产生外部的经济规模效应。金融监管导致的第二种间接效率损失来自监管有可能削弱竞争，导致静态低效率。第三种效率损失指监管有可能妨碍金融中介的创新，导致动态的低效率。第四种效率损失来自过于严厉的监管，有可能促使金融机构重新考虑其从事业务的地址，从而使自身的守法成本最小化，进而造成本地区或本国利益的损失。

若考察金融监管的收益，应通过实证计量来予以最终说明。但正如金融监管的成本一样，衡量金融监管的收益也面临着技术上的困难，甚至比衡量监管成本更困难。这是因为不存在与金融监管直接成本相对应的直接收益，金融监管的收益往往在很长一段时间后才能反映到监管效果中。然而即使这些间接收益最终能表现出来，也往往由于模糊不清而较难量化。由于金融体系的稳定是包括金融监管、宏观经济等多种因素综合作用的结果，因而往往难以分清这种稳定在多大程度上归功于金融监管。Clarkson 和 Miller（1985）在其著作《产业组织：理论、证据和公共政策》（*Industrial Organization：Theory，Evidence and Public Policy*）中的实证研究表明，随着监管成本的增加，美国银行业的破产状况却逐渐加剧了。虽然在他们的研究中选取的金融监管成本的口径仅限于直接成本方面，但这至少可在一定程度上说明金融监管成本与监管水平不一定呈正相关关系。由于金融监管的收益难以量化，因而可以运用有效程度与成本之比的最大化（即"有效程度/成本"的最大值）来替代收益与成本之比的最大化（即"收益/成本"的最大值）。在这种分析方法下，虽然金融监管的收益仍难以量化，但由于其运用目标完成的程度（即监管的有效程度）替代了金融监管的收益，因此较为巧妙地避免了金融监管收益难以确定的问题，从而在总体上能运用其来判断金融监管是否有效。运用该种分析法的关键之一是对有效程度的测量，即对目标完成程度的考察，然而考察金融监管目标是否实现却需要相当长的时间。此外，还要求一国金融监管当局对金融形势的变化具有较高的反应弹性。而反应弹性的高低主要受限于两个因素：一是金融监管法制化的程度。二是金融监管体系的复杂程度随金融监管法制化程度的提高而降低金融监管的反应弹性，金融监管体系越复杂，其对新形势的反应就越易滞后，故其反应弹性就越低。

（三）金融监管协调论

20 世纪 30 年代大萧条以后，各国逐渐开始重视金融监管工作的协调。为了有效监管金融机构的活动，许多国家拥有多个监管机构。这种监管体系虽然有助于严格监管，但在单一主体受到多头监管、各业务领域之间交叉经营越来越多的情况下，不可避免地产生了监管的协调问题。在存在多个监管主体的情况下，如果各主体之间缺乏适当的配合，行动不和谐，就会产生诸如重复监管、监管盲点、监管冲突等后果，从而降低监管效率，甚至造成监管失效。在国内监管机构的协调方面，Abrams 和 Taylor（2000）认为，在处理金融联合体的问题上，各监管机构应注重协调与合作，并推选出主监管者。例如德国目前就是由德国金融监管局统一执行金融监管，下设保险、证券、银行和特别委员会分别对相应的业务以及市场行为进行监管。

在不同政策的协调方面，随着金融创新的深入发展，金融产品与金融体系将愈发复杂，潜藏的系统性风险将更加难以察觉，Caruana（2010）认为金融监管政策并不足以应对系统性风险，需要加强金融监管政策与货币、财政等其他政策之间的协调配合，宏观审慎与微观审慎政策之间的协调配合，这种配合在国际层面也至关重要；Kannan 等（2012）认为相比于激进的货币政策，在应对金融冲击时，使用宏观审慎政策工具对宏观经济造成的破坏性更小，因此未来需要加强货币政策与宏观审慎政策的协调一致；朱军等（2018）的研究表明，在货币政策与宏观审慎政策协调配合的"双支柱"调控框架基础上，加入财政整顿政策所形成的"大宏观审慎政策"能够更好地促进经济金融稳定，带来更优的社会福利效果。

在国际金融监管协调方面，Eatwell 和 Taylor（1991）针对全球化形势下的金融风险管理，提出设立世界金融监管局，以协调各国监管当局的行动设想。Soros（1998）提出建立国际信贷保险公司，以加强各国在资本市场监管方面的合作。这些建议从不同角度强调了监管协调的重要性。Brunnermeier 等（2009）认为国际合作主要是通过国际清算银行、国际货币基金组织、一个监督委员会网络（国际证监会组织、国际保险监督官协会和国际会计准则理事会）以及金融稳定论坛（FSF，金融稳定理事会的前身）进行的，但存在以下四个方面的问题：一是新兴市场国家在金融稳定论坛中的参与权与话语权较低；二是各国在金融稳定论坛上的多重代表性，一般每个国家有三个代表，分别反映央行、财政部以及金融监管部门的诉求，从而降低了讨论的效率，而且稀释了责任感；三是国家当局和公众在经济繁荣时期抵制脆弱性警告的倾向；四是国际金融监管的权威性较低。他们认为，在未来需要继续发挥国际标准制定者目前在其各自职责领域的作用。例如，巴塞尔委员会应继续成为制定跨境银行业标准的领导小组。而金融稳定论坛则通过确保这些更有力、更适当和更一致的审慎标准来预防危机。这些研究从不同方面对金融监管协调提出了建议。

金融监管的协调论主要研究当代经济金融背景下为实现金融监管的有效性与效率，各监管主体协调行为的理论。根据纳入协调范围的监管主体数量的多少，有广义的监管协调和狭义的监管协调。广义的监管协调主体既包括狭义协调的监管主体，也包括一国或地区的民间自律性质的金融同业行会和各种专门服务机构，还包括有关国家的金融监管机构和国际上的金融监管组织；狭义的监管协调主体包括一国或地区的中央银行、各种专门的金融监管机构和政府有关部门。虽然纳入监管协调范围的监管主体数量越多，考虑问题的视角就越开阔，但随着监管主体数量的增多，协调成本与难度也会增大。

（四）金融监管的激励不足

Kane（1990）的研究发现，金融监管当局提供监管的激励不足是引起监管低效的一个重要原因。他指出，纳税人与其代理人的代理问题和监管者的激励问题是正确理解银行业过去与将来监管的关键，Boot 和 Thakor（1993）及 Walsh（1995）等人的研究也得出了相同的结论。

在金融产业中，社会公众的范畴应包括金融机构的投资者、存款人与其他利益相关者，即金融机构的消费者，通过每个消费者效用函数的累加可以得到整个社会公众的福利函数。假定金融资产规模及其收益、金融机构的技术及消费者偏好不变，社会公众的福利最大化可以表示为监管成本一定条件下金融体系风险最小。作为社会公众代表的监管当局，其目标是保证金融体系的稳定，以实现社会福利最大化。在信息对称条件下，社会公众可以通过最优监管合同的设计和监管价格的确定，使监管当局的行为目标与公众目标达成一致。但在社会公众与金融机构之间及社会公众与监管当局之间信息不对称的条件下，监管当局的目标将偏离社会福利最大化目标，追求自身效用最大化。Boot 和 Thakor（1993）认为，当收入一定时，监管者会追求自己声誉最大化。研究表明，监管当局的声誉效用取决于其声誉收益与声誉成本的比较，而这又决定于监管当局的透明度及其行为激励与约束。目前，监管者的收入主要来自固定的薪酬，各国金融监管的透明度普遍不高，很难形成监管当局较强的声誉激励与约束，因而收入一定下的成本最小假设比较符合目前金融监管当局的行为模式。在信息不对称及监管者获得固定收入的条件下，便会产生监管当局与社会公众的激励冲突，出现监管当局的信息租金和社会公众的福利损失，使金融监管无法实现社会最优目标。

对金融机构进行监管时，监管当局一方面通过对金融机构的风险行为进行监督检查，让无清偿能力的机构及早退出市场，以保证金融体系的稳定；另一方面通过设置资本充足率、流动性比率等指标要求，使金融机构通过内部的风险控制实现稳健经营。如果监管当局设置的最低资本充足率标准小于金融机构的最优资本充足率，就会造成金融机构风险控制的能力不足，监管当局必须增加监管力度从而增加金融机构成本以便维持最低的金融风险水平；反之，监管当局可以减少监管力度从而降低监管水平，这需要金融机构付出更多代价来承担这一部分成本。上述两种情况都将出现监管当局与金融机构的冲突。以最终贷款人和存款保险制度为主要内容的金融安全网，使金融机构并不完全承担因投机失败造成的损失，却可以享受投机成功带来的丰厚回报，形成了风险制造者与风险承担者的不对应。大量的实证研究表明，这一不对应在信息不对称条件下造成了金融机构普遍的道德风险行为（Keeley，1990；Grossman，1992；Eisenbeis，1997；Hellmann et al.，2000），产生了整个金融体系的风险转嫁激励和不稳定（Kaufman，1996；Kane，1997）。金融机构为降低成本、获得更多利益，会使自己的资本充足率降到最低，从而造成有效控制风险的激励严重不足。此举的结果是，一方面大大增加了监管当局的监管成本，并加剧了监管当局与金融机构之间的激励冲突；另一方面，整个社会承担了金融机构投机失败造成的损失，整个社会的福利水平因此而降低。

（五）金融监管与金融创新

制度经济学理论认为，作为经济制度的组成部分，金融创新是与经济制度互为影响并具有因果关系的制度变革。金融机构发现潜在的获利机会后，会自发地倡导、组织和实施制度改革，即金融机构受获利倾向的驱使，将通过创造新的金融工具或经营方式以逃避金融监管。对于这种创新行为，金融监管机构必然要调整监管对策，通过金融监管制度创新和手段创新，采取某些新的监管政策和规则以消除微观金融创新所可能导致的负效应。

Kane（1981，1984，1994）提出了规避管理理论并建立了动态博弈模型，目的在于研究金融监管是金融创新的主要动因。凯恩认为，金融创新主要是金融机构为了获得利润而回避政府监管所引起的反应。他指出，在一定的经济条件下，金融体系受到许多监管，这些监管会限制金融机构的获利机会。当经济压力使这些监管措施具有约束力时，市场的力量使金融机构必须设法逃避监管以求得收益，从而引起市场与监管的冲突，促使金融创新出现，这就是规避性金融创新理论。政府监管性质上等于隐含的税收，它阻碍了金融机构从事已有的盈利性活动和利用监管以外的利润机会，并限制了金融机构的竞争能力和获利能力。金融机构在自身利益的考虑下，会进行一些创新活动以规避监管当局的监管，寻求新的盈利机会。当金融机构的创新出现以后，监管当局又会适应形势的变化而放松原有的监管政策，或当创新危及金融稳定与货币政策执行时进行新的监管，从而形成了金融机构与监管当局之间的"监管—创新（规避监管）—放松监管或再监管—再创新……"的动态博弈过程。金融创新与金融监管的关系，始终是矛盾的对立统一。一方面，两者具有统一性：金融监管能支持和引导创新，消除创新的负面效应，而金融创新也包含和促进了金融监管的创新；另一方面，两者又是对立的：金融创新增加了金融体系的不稳定性，削弱了金融监管的有效性，金融监管则可以抑制金融创新的效率。这种矛盾的发展过程，在现实中表现为两者之间的一种博弈。金融创新与监管的博弈能否达到均衡，与监管当局对待金融创新的态度和监管方式密切相关。

金融机构和监管当局彼此不断地适应，形成一个黑格尔式的辩证过程，共同推动金融深化和发展。凯恩的监管辩证法说明，金融监管不是静态行为，而是一个动态的过程；金融监管制度的设计必须根据不断变化的社会经济环境而相应改变，否则有可能以延迟金融机构和金融体系的发展为代价，或以牺牲金融稳定为代价。从更深层次上看，金融机构的金融创新行为，不仅仅是由于盈利动机的驱使，更是由于金融监管理论和发展滞后，以至于阻碍了金融机构和金融体系向更高阶段的发展。

（六）行为金融学与金融监管

Shefrin 和 Statman（2009）及 Shefrin（2010）从行为金融学的角度阐述了西方资本主义国家金融监管的发展动因与有效性变化趋势。他们认为，监管者在不确定的环境中玩着一场不可能的游戏，他们必须收集大量信息，充分考虑各方面因素，从而为金融和其他市场的审慎监管提供明确的指导方针。而与此同时，金融机构面对的唯一挑战就是要找到规避某些监管条例的方法，从而实现自身利润最大化的目标，这是一项他们每次都能高效且熟练地完成的挑战，但这几乎让监管者时时刻刻都面临着需要解决的新问题。一场熟悉的"猫鼠游戏"在监管和放松监管的循环中持续进行着："经济衰退或经济危机激怒了许多公民，他们向监管者施压，要求补救并对企业采取报复性措施→监管者通过另立新的金融法规来平息群众的怒火→新规损害了部分利益集团的利益，利益集团通过游说进行反击→在动荡平息、来自选民的压力减轻时，监管者就可以在不冒失去连任选票的风险的情况下取悦利益集团。"

上述现象可能是民主社会发展过程中的必然现象，为防止公务员因为自己的利益而侵吞社会资源，民主社会的核心原则就是要求公务员必须始终遵守纪律并且受到约束。在监管者的行为受到透明度和正当性约束的环境中，金融监管工具最终会沦为平衡各方利益的工具，从而忽视了金融监管的本质，导致金融监管发展的速度减慢，最终失去监管效力。在监管者的监管权力受到限制的情况下，唯一能使社会免于利益集团剥削的危险的方法就是限制利益集团影响法律和法规制定的权力，利益集团手中的一个重要权力来源于它们能通过游说、竞选捐款以及其他形式向监管者提供捐款。

（七）监管工具的有效性

1. 市场准入原则

市场准入实际上是由政府管理部门决定可以进入市场经营的机构类型。这种要求将部分不够条件的经营者排除在市场之外，因而金融市场的竞争减少，垄断性加强。这些限制存在一些问题，即在政府官员缺乏有效监督的社会中，金融机构的特许经营权在很大程度上取决于政府官员的偏好。

2. 资产及其他业务的监管

这种管制起源于美国 1933 年的 Q 条例，其直接目的是避免金融业的交叉感染和过度竞争。然而对金融机构的资产配置及其他业务的监管，使金融资产的多样化设置受到约束，资产的盈利性降低，经营者为了保持较高的收益率，不得不将一部分资产配置到风险较高的经营项目和业务上，增加了金融机构的经营风险和整个金融体系的系统性风险，John 等（2000）的研究证明了这一点。资产的监管在付出较高的监管成本后并没有起到相应的效果，因为金融机构可以通过各种金融工具及业务的创新躲避监管，使资产监管失效。此外，资产监管使许多金融机构将部分违规的真实信息隐藏起来，扭曲了市场信息，使信息的不对称进一步增大，金融体系的脆弱性进一步加剧。

2008 年国际金融危机之后，许多国家的监管者认识到此前金融业的混业（或者综合化）经营可能会导致不同业务之间的风险传染，加剧系统性风险，因此在危机后对特定业务施加了限制，其中比较典型的有美国的沃尔克规则，禁止美国本土的银行和外资银行从事自营交易业务。类似地，欧盟的利卡宁报告（Liikanen Report）也限制银行业开展自营业务。英国提出的"围栏规则"（ring-fencing）要求英资银行将零售核心业务划拨出来，单独成立子公司，与自营、做市商等业务相隔离。然而，金融稳定理事会（FSB，2014b）认为这类结构性监管政策不利于全球资本流动以及跨境清算，削弱了跨国金融机构的管理能力，降低了全球金融市场的资本流动性，从而对国际金融造成不利影响。此外，这些政策还有可能导致监管套利，倒逼部分金融业务发展成影子银行业务，从而影响金融市场的公平与效率。

3. 最低资本充足率和准备金要求

这个措施虽然可以保证金融机构的支付能力和抗风险能力，但也产生了许多不利影响。首先，Kaufman（1992）和 John 等（2000）认为，该措施增加了金融机构的机会成本和经营风险，经营者为了减少这部分损失，形成了转嫁成本和风险的激励，一方面会提高资金的价格，另一方面会引起高风险资产比例的增加，产生与资产监管相同的结果。其次，该措施在造成社会福利损失的同时，加剧了金融机构的违章行为（当金融机构违规操作获得的净收益高于监管当局惩罚的成本时），因为经济的周期变化使金融机构的财务状况及其所面临的风险在不同时期是不同的。在衰退期和萧条期，金融机构比较容易出现财务困难，面临的投融资及经营风险较大，而在复苏期和繁荣期财务状况开始好转，面临的风险较小。Allen 和 Gale（1998）的研究也表明，银行挤兑与经济周期有密切关系。因此金融机构在不同时期的最优资本充足率和准备金水平是不同的，复苏期和繁荣期应该较低，而衰退期和萧条期应该较高。另外，不同的金融机构因规模、资产质量的不同，也会存在不同的最优资本充足率和准备金比例，如果都实行相同的最低资本充足率和准备金比例要求，必然会造成社会福利的损失，并增加金融机构违规经营的可能性。最后，该措施经常与中央银行的货币政策目标发生冲突，如在衰退期，金融机构应该提高资本充足率和准备金比例，增强支付能力，但货币政策却需要降低准备金比例以刺激经济，而在繁荣期金融机构应该降低该项指标时，货币政策却又要提高该指标以抑制经济过度膨胀。因此，不利影响说明资本充足率和准备金比例的管制也是低效率的。徐明东和陈学彬（2012）的研究表明，扩张性货币政策对银行的风险承担行为具有激励作用，但规模越大、资本充足率越高的银行的风险承担行为对货币政策的敏感性更低。因此，以资本充足率为代表的宏观审慎政策工具能够提高货币政策的调控效果，从而更好地稳定经济金融体系。Kara 和 Ozsoy（2020）的研究表明，在没有监管的完全竞争环境中，银行会过度投资于风险资产，从而导致对流动性资产的投资不足。此时，若监管当局仅使用单一资本充足率监管工具，银行会通过变卖流动性资产来满足资本要求。但若监管当局同时使用资本充足率与宏观审慎的流动性监管工具，则会带来更好的金融稳定效果，并且允许投资的风险资产水平更高。

4. 最终贷款人和存款保险制度

该制度的建立对防止银行挤兑、保护存款者利益、维护金融体系稳定起到了积极的作用，但 Kane（1985）认为，该项安排会产生道德风险问题。

研究表明，最终贷款人和存款保险制度至少产生了以下几个方面的问题：第一，中央银行作为最终贷款人，在金融机构出现财务困难和支付危机时提供必要的

　　紧急援助，虽然可能暂时阻止了危机的爆发，但使本应该退出市场的金融机构却能继续留在市场中，市场风险仍然存在。这一过程持续得越久，风险积累也就越大，金融体系也就越不稳定，所以最终贷款人是以金融体系的长期不稳定来换取暂时的稳定。Kaufman（1996）认为，无清偿能力的银行被允许经营的时间越久，被通知要等价支取存款和剥夺银行有价资产的存款者所需要的时间也就越长，存款人的整体损失也就越大。第二，存款保险制度形成了风险制造者与风险承担者的不对应，因为风险制造者是金融机构，而风险承担者却是存款保险机构。由于金融机构并不承担风险结果，所以它们会将资产配置到收益高而风险大的项目和业务上，由此产生的风险则留给存款保险机构，从而形成了金融市场广泛的风险制造和转嫁激励。另外，存款保险制度使存款人并不关心存款机构的风险状况，金融机构的经营失去了基本的市场监督，所以存款保险制度成为金融业中系统性风险的主要来源之一。Kane（1985）认为，存款保险制度实质上是金融危机的积累过程，它使金融危机不断向后推移，从而使金融危机的破坏性越来越大。Schwartz（1988）也指出，试图为银行脆弱性提供保护而建立的政府监管却增加了银行的脆弱性和破产率，实质是大大减弱了银行业的市场纪律，最终结果是鼓励政府承担更大的银行业风险。第三，最终贷款人和存款保险制度会造成整个社会福利的损失。从金融机构的经营绩效看，经营不善的金融机构在很大程度上不承担经营失败的结果，并且能够长期留在市场中经营，一方面弱化了金融机构的成本与风险控制，另一方面无法形成资本由经营较差的金融机构向经营较好的机构流动的激励，金融资产的配置因此长期处于低效率状态，造成社会福利的损失；从存款保险机构看，世界各国的存款保险机构都是由政府经营的，实际上是政府对金融机构的财政补贴，即用纳税人的钱来补贴金融机构经营不善的结果，具有典型的公共产品特征，所以存款保险的生产和供给是低效率的。

　　在国际最终贷款人援助的有效性方面，Jorra（2012）通过对 1975—2008 年间57 个发展中国家和新兴经济体的研究，认为 IMF 的救助导致主权国家的违约概率大约提高了 1.5%～2%，这可能是由于主权国家的道德风险所致；Kosmidou 等（2015）利用事件研究法对希腊主权债务危机中 IMF、欧洲央行与欧盟"三驾马车"的援助作用进行研究，结果显示"三驾马车"的救助对希腊证券、银行、其他金融部门以及实体经济部门的系统性风险均有显著影响，但没能阻止金融危机演变为真正的经济危机；Obstfeld 等（2009）的研究表明，在次贷危机中，美国的货币互换增加了对手国的外汇储备，从而增强了对手国中央银行干预市场的能力。此外，美国与韩国签署的互换协议还发挥了重要的信号作用，有效防范了韩国群众对外汇储备的挤兑。

四、金融监管体制的理论模式

由于国情不同，各国金融监管体制在具体形式上呈现多样化的特点。20 世纪 70 年代以来，金融业发生了翻天覆地的变化，金融业内各部门间的界限日益模糊、大型金融集团的不断涌现和金融全球化的迅猛发展，给各国金融监管当局带来了严峻的挑战。为了提高金融监管的能力与效果，各国纷纷更新金融监管理念，采用先进的监管技术，并积极变革现有的金融监管体制。

Goodhart 等（1998）指出，金融监管的体制安排将影响金融监管的效率和有效性，金融监管体制的差异会影响监管的直接成本和间接成本。不同监管体制下监管机构的责任明确程度不同，监管当局面临的目标通常不止一个，因此在监管目标存在冲突时，只有明确监管机构的责任，才能较好地解决目标冲突问题。不必要的交叉重复监管会影响金融监管的成本和效率，不同的金融监管体制在处理这类问题时具有不同的优势。可见，研究金融监管体制问题有着重要的理论意义。但同时，Goodhart 等（1998）还指出，虽然金融监管体制对金融监管效率和有效性有着重要的意义，但它只是为有效的金融监管提供了良好的环境，监管体制本身并不能确保有效的金融监管。根据各国金融监管体制的主要差异和不同的标准，现有文献大多将金融监管体制分为三种理论模式：基于金融机构观点的机构型监管、基于金融功能观点的功能型监管和基于金融监管目标的目标型监管。

（一）机构型监管

机构型监管，又称部门监管，指按照金融机构的类型设立监管机构，不同的监管机构分别管理各自的金融机构，但某一类型金融机构的监管者无权监管其他类型金融机构的金融活动。各监管机构的监管高度专业化，其监管业务的划分只根据金融机构的性质如银行、证券公司、保险公司，而不论其从事何种业务。传统上，各国金融监管体制就是基于机构型监管的原则而设立的。机构型监管的产生是由于对各类型金融机构性质有不同的认识。这种模式的优点在于：在金融分业经营条件下，或在金融业各部门分工比较明确、界限比较清楚的条件下，效果非常明显。由于可以关注单个机构的状况，则这种监管方式特别适合审慎监管，还可以避免交叉管理。

但随着各国金融市场的迅速发展，金融混业经营和各部门的界限也日益模糊。机构型监管也出现了许多问题，如无法解决各金融机构的公平竞争问题。由于提供类似金融服务或产品的各金融机构是受不同监管当局监管，它们面临的监管程度和与此相关的服从成本就会产生差异，而某些特定的金融机构就会享受到特殊的竞争优势。金融集团还利用其业务分散化、多样化的特点，将某项特定业务或产品安排到服从成本最低或受强制性监管最少的部门或子公司。此外，由于每个机构监管者都要对其监管对象所从事的各项业务进行监管，需要分别制定每类金融业务的监管规则，于是造成社会资源的重复浪费（Goodhart et al.，1998）。

（二）功能型监管

功能型监管，是依据金融体系基本功能而设计的金融监管体制，即一个给定的金融活动由同一个监管者进行监管，而无论这个活动由哪个金融机构来开展。功能型金融监管的概念主要是来自 Merton 和 Bodie（1993）等人最先提出的有关金融体系的"功能观点"学说，该学说是相对于传统的机构观点而言的。后者将现有的金融机构和组织看作是既定的，是分析所有金融问题的前提，所有金融体系的调整与改革也只能在这个前提下进行，无论金融机构还是监管部门，都努力维持原有组织结构的稳定性。为此，Merton 和 Bodie（1993）提出两个假设：金融功能比金融机构更稳定，金融功能优于组织结构。他们将金融体系的功能分为以下六种：①清算和支付结算功能；②聚集和分配资源的功能；③在不同时间和不同空间之间转移资源的功能；④管理风险的功能；⑤提供信息的功能；⑥解决激励问题的功能。为此，他们提出了功能型监管的设想。

Merton 和 Bodie（1993）等人认为，基于功能观点的金融体系比基于机构观点的金融体系更便于政府的监管。这是因为，功能观点着重于预测在未来实现中介功能的机构的组织结构，有了这些预测，政府就能够针对机构的一些变化设计政策和监管方案，而不是试图保护现有的机构形式。这样的监管方案更具灵活性，更能适应不同国家的需要，在金融日益国际化的情况下更加实用。交易技术的发展和交易成本的降低推动了金融市场的发展，模糊了不同金融机构所提供的产品和服务的界限，也降低了进入该行业的门槛。尽管金融产品种类繁多，但从功能的角度看却是同质的，并且在长时间内是相对稳定的。因此，从功能的角度从事监管的法规制定与执行更稳定，也更有效。此外，从功能的角度从事监管，还可以减少机构进行"监管套利"的可能性，有利于促进金融机构进行必要的变革，而不必同时修改与之相关的监管政策或调整有关的监管机构。从机构观点出发，监管机构的这种变动却是不可避免的。

从历史的角度考察，在分业经营或者金融业内各行业部门的界限比较清晰的条件下，由于银行、证券和保险性质差别明显，按机构监管实际上与按业务监管类似。只是在金融混业经营条件下，随着不同金融机构间的界限日益模糊，不同金融机构功能的一致和业务的交叉对传统的机构型监管体系提出了挑战，因此基于功能观点的功能型金融监管理论出现。

尽管功能型监管模式具有以上好处，但是我们也必须看到，作为一种较新的理论模式，目前该理论仍处于发展的初始阶段，尚不成熟，现实当中也很难找到完全与之相对应的例子（OECD，2002）。即使是在功能型监管体制下，业务多样化的金融集团也可能面临多个以业务为界限的专业部门的监管。金融机构的功能越多，它面临的监管者越多，监管成本也相应增加（Giorgio and Noia，2001）。Jackson（1999）指出，虽然功能观点理论具有很强的适用性，但它缺乏精确的理论推导，结果导致了对该理论一定程度的滥用：一方面，监管部门依据功能观点，试图扩大其监管的范围，将许多原本不属于自己监管的机构和业务划归自己名下，而原来基于机构观点建立的美联储、证监会等都缺乏从功能角度去全面理解、划分和综合监管各种不同业务的能力；另一方面，各金融机构以功能观点为依据，力图使自己向监管较松、限制较少的领域靠拢，以尽量减少政府的监管和干预。此外，Goodhart等（1998）还指出，纯粹的功能型监管的最大问题在于：在这种监管体制下，各监管机构都无法对金融机构的整体情况有一个清晰明确的认识，特别是金融机构的整体管理水平、风险水平和清偿能力。毕竟金融功能是通过金融机构来实现的，一旦其由于某一功能出现问题而倒闭，那么该机构的所有功能也就同时不复存在，这样将更不利于金融系统的稳定。

（三）目标型监管

由于机构型监管安排和功能型监管安排各有利弊，于是，Taylor（1995）和Goodhart等（1998）提出了基于金融监管的目标来设计监管体制的思想。他们认为，只有将监管目标明确定义，并且准确无误地将实现监管目标的责任委托给监管机构，监管才有可能有效地进行，才能讨论监管责任的有效性和透明度，产生明确的内部控制重点，避免各监管目标之间的冲突。实现不同监管目标的各监管技术和监管理念差异很大，如果只由单一的监管机构进行监管，处理这方面的问题会变得很困难。Goodhart等（2001）发现，中央银行负责监管将雇佣更多的经济学家，而独立于中央银行的监管机构会更多地雇佣律师和会计师，二者在监管技术上存在明显的差别。因此，金融监管体制的最终评判标准，应当是这种监管模式在实现监管目标方面所体现的效率和有效性，应当根据监管目标来设立监管体制。目前，在欧元区范围内有关金融监管体制构建的讨论中，人们也大多倾向于目标型监管模式（Lannoo，2002）。

1. 泰勒的双峰式金融监管体制

虽然金融监管有很多目标，但最主要的目标有两个：一是针对系统性风险进行审慎性监管，以维护金融机构的稳健经营和金融体系的稳定，尽量防止发生系统性金融危机或金融市场崩溃；二是针对金融机构的机会主义行为进行合规监管，以防止发生欺诈行为，保护中小消费者和投资者的合法利益。为此，Taylor（1995）提出了"双峰式"金融监管模式的设想。

泰勒建议成立一个独立针对金融领域的系统性风险进行审慎监管的金融稳定委员会和一个独立的针对金融机构机会主义行为进行合规监管的消费者保护委员会。他认为，明显区分银行业、证券业和保险业的传统的机构型监管制度已经不是最好的监管体制，因为上述机构之间的区分已经变得越来越无关紧要。金融机构之间差异的缩小，以及大型金融企业和金融集团的出现，要求金融监管能够从更广泛的视角看问题。随着金融系统性风险范围的扩大，金融稳定委员会应该面向所有可能引发系统危机的金融机构加强审慎性监管，以保证整个金融体系的安全。双峰式监管体制可以避免监管职能在不同监管部门之间的重叠，并解决金融监管目标等方面的矛盾冲突。Taylor（1995）的模式得到了一些支持，1998年澳大利亚的金融监管体制改革在很大程度上就是沿着双峰论的思路进行的（Carmichael，1999）。

但是，Taylor（1995）也承认双峰式监管模式可能存在着监管上的"灰色区域"，它无法有效地针对不同金融机构的特点来采取相应的监管措施，所以这种模式实现设定的监管目标的能力大大降低。Goodhart 等（1998）认为，双峰式监管模式将引出两个问题：第一，是否所有的金融机构都要接受一个单独的审慎监管者的监管；第二，中央银行是否要承担审慎监管者这一角色。Goodhart 等（1998）认为，由中央银行负责对所有金融机构的审慎监管是不恰当的，也是不安全的。因为中央银行具有最终贷款人的职能，是金融安全网的重要组织者。一旦中央银行承担对所有金融机构的审慎监管，那么金融安全网就可能发生"外溢效应"，金融体系的激励机制将发生明显的扭曲。由于银行业与其他金融机构仍存在明显区别，所以对银行的审慎监管应与其他金融机构区别对待，分别由不同的监管机构负责。

2. 古德哈特的矩阵式金融监管体制

在泰勒研究的基础上，Goodhart 等（1998）进一步考虑了不同金融机构之间的差异。根据不同的监管目标，他提出了矩阵式监管体制。矩阵式监管体制包括六个监管部门，分别是独立的针对存贷款机构系统性风险的系统监管者、独立的针对证券公司和保险公司以及其他非银行金融机构保持持续经营能力的审慎监管者、独立的针对批发金融业务的合规监管者、独立的针对零售金融业务的合规监管者、交易所的自我监管和保证竞争性公平的监管部门。系统监管者和审慎监管者的区分是考虑到银行在金融体系当中的特殊地位，并出于防止金融安全网外溢到证券、保险等从事高风险金融活动的行业，以免扩大道德风险。区分批发业务与零售业务是考虑到在零售性金融服务业中，信息不对称现象以及相应的委托-代理问题更为严重。当然，这样分别设立监管机构也存在一些问题，如在金融集团或大型金融企业中，不同业务部门之间很有可能发生风险的传染；零售业务与批发业务的区分很可能由于金融产品的创新而变得非常困难。矩阵式监管仍会发生监管的重复与交叉，会增加监管的服从成本，等等。这就要求各金融监管机构之间进行协调，或者各机构要在彼此的目标之间进行权衡，而这又会相应增加金融监管体制的成本。Goodhart等（2001）证实，独立于中央银行的监管更倾向于消费者保护，而中央银行所负责的监管更倾向于系统性稳定。

以上三种有关金融监管体制安排的理论模式都是从不同的角度出发，依据各自的原则提出的，而且都是基于对金融业和金融监管理论某种程度的认识而提出的设想。在实践中并不一定能够找到完全与之对应的实例，即使是传统的机构型监管体制在各国的实践也不一样。Goodhart 等（1998）指出，如果将功能型监管和机构型监管进行完全严格的区分很容易带来误导，因为这两种理论的提出完全是出于不同的目的，无论出于何种理论的指导和何种体制的安排，都难免存在不足。金融监管体制最终还是一个实践问题，纯粹的理论无法决定何种金融监管体制是最佳模式。事实上，各国没有一个统一的、最优的金融监管体制模式。无论从哪个理论模式出发来设计金融监管体制，在实践中都会遇到一个实际问题，即是实行统一的监管体制还是由多个金融监管机构共同负责金融监管？

五、小结

纵观 20 世纪金融监管理论的演化，各国尤其是发达市场经济国家在金融监管理论和金融监管实践方面是不断发展的。在金融监管理论方面，经济学关于市场不完全性方面探索和研究的成果，已经使金融监管理论建立在相对比较稳固的理论基础之上。从经济学角度讲，关于金融监管理论的争论，实质上是自由主义经济学和国家干预主义经济学之争。从价值观角度讲，争论的内容是金融业的发展究竟是以公平居先还是以效益居先。赞成者支持公平居先，反对者则强调效益居先。从方法论讲，20 世纪 60 年代法律经济学的产生，使人们开始运用微观经济学的方法和观点去分析和评价法律的功能和实施，力图以效益（此处的效益是指社会性的综合效益）最大化为目标来改革法律制度。如果从金融业局部效益出发进而否定金融监管制度存在的合理性，从方法论上讲是不科学的。实际上，金融业发展对公平和效益的内在要求，客观上需要金融监管机关从社会公共利益角度出发对金融机构进行监管。现在政府面临的问题不是要不要金融监管，而是如何实施更有效和更可靠的监管方式，来维护金融稳定和促进经济增长。

与金融监管实践的要求相比，现今的金融监管理论仍然不成熟、不完整，主要表现在以下几方面：第一，现有的金融监管制度、体系、监管方式、方法和手段等并不足以满足提高金融体系安全、稳定的需要。过去的金融监管理论一直脱离政府对经济干预的经济学原理，只注意到金融体系对整个经济的影响，从而忽略了对金融活动本质属性和金融体系运作特殊性的研究。这使得金融监管理论停留在浅显的层次上，难以从金融活动和金融体系的深层机理中发掘有效的金融监管政策和方式，并导致金融监管理论总是面临经济金融发展与金融稳定的两难选择。第二，已有的金融监管理论是以比较成熟发达的市场经济为研究背景的，对于不发达国家和地区的金融监管问题很少讨论，这使得金融监管理论缺乏普遍的适用性，更缺乏对不发达国家和地区广泛存在市场发育不充分条件下金融问题监管的关注。第三，现有的金融监管理论也忽视了对从计划经济向市场经济转轨国家的金融监管理论的探索。

全球经济近20年的发展趋势和潮流表明，21世纪将是一个经济金融化、经济金融全球化的世纪，金融监管理论也将有更进一步的发展。金融监管理论将走出用单纯围绕政府干预经济的经济学原理的一般性论证这一误区，着力对金融监管内在特殊必要性的理论进行研究；金融监管理论研究将更多地从金融的本质属性和金融体系运行的特殊性着手，不但从外部力量介入的角度来考虑有效的金融监管策略，更注重从金融机构、金融体系内部的激励相容方面探索金融机构和金融体系自觉主动地防范和化解金融风险的金融监管制度安排；金融监管理论和实践都应充分考虑经济金融全球化的背景及其影响，以及如何应对金融监管的国际化和国际合作问题；金融监管的运行机制的发展将进一步改变人为抑制市场机制的发挥，同时沿着日益强化市场机制发挥作用的方向和强度发展；金融监管理论的发展将努力摆脱危机导向的单一轨道，逐渐提高先验性、事前性和灵活性。经济学近来的发展为人们提供了丰富的思想方法和材料，过去一百年以来的金融监管理论和实践积累了大量的经验和教训，信息革命的继续深入为金融监管的有效性提供了越来越便捷的技术手段，经济金融全球化导致的紧密的相互依赖使金融监管的国际合作在政治方面的阻力越来越少。但面对飞速变化的经济环境，人们仍需要不断地从失败的教训中总结经验，创造新的符合历史潮流的金融监管理论。

参考文献

1. Abrams，R. and Taylor，M. （2000）. "Issues in the Unification of Financial Sector Supervision," IMF Working Paper.

2. Akerlof，G. （1970）. "The Market for 'Lemons'：Quality Uncertainty and the Market Mechanism," *Quarterly Journal of Economics*，488 - 500.

3. BCBS （2011）. "Basel Ⅲ：A Global Regulatory Framework for More Resilient Banks and Banking Systems," Revised Version，June.

4. Bhattacharya，S.，Boot，A. and Thakor，A. （1998）. "The Economics of Bank Regulation," *Journal of Money，Credit and Banking*，30，745 - 770.

5. Boot，A. and Thakor，A. （1993）. "Self-Interested Bank Regulation," *American Economic Review*，83，206 - 212.

6. Brunnermeier，M.，Crochett，A.，Goodhart，C.，Persaud，A. D.，and Shin，H. （2009）. "The Fundamental Principles of Financial Regulation," Geneva Reports on the World Economy-Preliminary Conference Draft，International Center for Monetary and Banking Studies.

7. Carmichael，J. （1999）. "The Framework for Financial Supervision：Macro and Micro Issues，Strengthening the Banking System in China：Issues and Experience," BIS Policy Papers，No. 7.

8. Caruana，J. （2010）. "Systemic Risk：How to Deal with it?"，BIS Other Publications，https：//www. bis. org/publ/othp08. htm.

9. Clarkson，K. W. and Miller，R. L. （1982）. *Industrial Organization：Theory，Evidence and Public Policy*，New York：Macmilan.

10. Cypher，J. M. （1996）. "Mexico：Financial Fragility or Structural Crisis?"，*Journal of Economic Issues*，30，451 - 460.

11. Diamond，D. and Dybvig，P. （1983）. "Bank Runs，Deposit Insurance and Liquidity," *Journal of Political Economy*，Vol. 91，No. 3.

12. Diamond，D. and Rajan，R. G. （1999）. "Liquidity Risk，Liquidity Creation and Financial Fragility：A Theory of Banking," *Journal of Political Economy*，109，287 - 327.

13. Dowd，K. and Lewis，M. eds. （1992）. *Current Issues in Financial and Monetary Economics*，Macmilan.

14. Friedman，M. and Schwartz，A. J. （1986）. "Has the Government any Role in Money?"，*Journal of Monetary Economics*，17，37 - 62.

15. FSB （2014）. "Structural Banking Reforms：Cross-Border Consistencies and Global Financial Stability Implications," Report to G20 Lenders for the November 2014 Summit，October.

16. FSB （2014a）. "FSB Consults on Proposal for a Common International Standard on Total Loss-absorbing Capacity （TLAC） for Global Systemic Banks," 10 November.

17. FSB（2020）. "2020 Resolution Report: Be Prepared," 18 November.

18. Giorgio, G. and Noia, C. （2001）. "Financial Regulation and Supervision in the Euro Area: A Four-Peak Proposal," Financial Institutions Center, The Wharton School, University of Pennsylvania.

19. Goodhart, C. A. E. and Schonemaker, D. （1998）. "Institutional Separation between Supervisory and Monetary Agencies, the Emerging Framework of Financial Regulation," Goodhart ed. , Central Banking Publications Ltd. , London.

20. Goodhart, C. A. E. , Schoenmaker, D. and Dasgupta, P. （2001）. "The Skill Profile of Central Bankers and Supervisors," London School of Economics, April.

21. Grossman, S. J. and Stiglitz, J. E. （1976）. "Information and Competitive Price System," *American Economic Review*, 66 （2）, 3246 - 3253.

22. Hayek, F. A. （1976）. "Denationalisation of Money: An Analysis of the Theory and Practice of Concurrent Currencies," London: Institute of Economic Affairs.

23. Hellmann, T. E. , Murdock, K. and Stiglitz, J. E. （2000）. "Liberalization, Moral Hazard in Banking, and Prudential Regulation: Are Capital Requirement Enough?", *American Economic Review*, 90, 147 - 165.

24. IMF （2009）. "Global Financial Stability Report: Responding to the Financial Crisis and Measuring Systemic Risks".

25. Jackson, H. （1999）. "Regulation in a Multi-Sectored Financial Services Industry: An Exploratory Essay," Harvard Law School, Discussion Papers, No. 8/99.

26. John, K. , Saunders, A. and Lemma, W. S. （2000）. "A Theory of Bank Regulation and Management Compensation," *The Review of Financial Studies*, Spring, 13, 95 - 125.

27. Jorra, M. （2012）. "The Effect of IMF Lending on the Probability of Sovereign Debt Crises," *Journal of International Money and Finance*, 31 （4）, 709 - 725.

28. Kane, E. （1981）. "Impact of Regulation on Economic Behavior," *Journal of Money, Credit and Banking*, 1 （9）, 355 - 367.

29. Kane, E. （1984）. "Technological and Regulatory Forces in the Developing Fusion of Financial Services Competition," Ohio State University, Columbus, WPS, 84 - 85.

30. Kane, E. （1985）. *The Gathering Crises in Federal Deposit Insurance*, Cambridge: MIT Press.

31. Kane, E. （1994）. "A Market Perspective on Financial Regulation," *CATO Journal*, 13, 333 - 338.

32. Kannan, P. Rabanal,P. , and Scott, A. M. （2012） . "Monetary and Macroprudential Policy Rules in a Model with House Price Booms," *The B. E. Journal of Macroeconomics*, 12 （1） Article 16.

33. Kara, G. I. , Ozsoy, S. M. （2020）. "Bank Regulation under Fire Sale Externalities," *The*

Review of Financial Studies，33（6），2554－2584.

34. Kareken，J. and Wallace，N.（1983）．"Deposit Insurance and Bank Regulation：A Partial Equilibrium Exposition，" *Journal of Business*，July，51，413－438.

35. Kaufman，G.（1992）．"Capital in Banking：Past，Present and Future，" *Journal of Financial Services Research*，5，385－402.

36. Kaufman，G. G.（1996）．"Bank Failures，System Risk，and Bank Regulation，" *CATO Journal*，Spring/Summer，16，17－46.

37. Keeley，M. C.（1990）．"Deposit Insurance，Risk，and Market Power in Banking，" *American Economic Review*，80，1182－1200.

38. Kosmidou，K. V.，Kousenidis，D. V. and Negakis，C. I.（2015）．"The Impact of the EU/ECB/IMF Bailout Programs on the Financial and Real Sectors of the ASE during the Greek Sovereign Crisis，" *Journal of Banking and Finance*，50，440－454.

39. Kregel，J. A.（1997）．"Margins of Safety and Weight of the Argument in Generating Financial Fragility，" *Journal of Economic Issues*，June，31，543－548.

40. Krueger（1974）．"The Political Economy of a Rent-Seeking Society，" *American Economic Review*，64（3），291－303.

41. Lannoo，K.（2002）．"Supervising the European Financial System，" Center for European Policy Studies（CEPS）Policy Brief，No. 21.

42. McChesney，F. S.（1987）．"Rent Extraction and Rent Creation in the Theory of Economic Regulation，" *Journal of Legal Studies*，16，101－118.

43. Meade，J. E.（1973）．"The Theory of Economic Externalities：The Control of Environmental Pollution and Similar Social Costs，" Geneve：Sijthoff.

44. Meltzer，A. H.（1967）．"Major Issues in the Regulation of Financial Institutions，" *The Journal of Political Economy*，75，482－511.

45. Merton，R. and Bodie，Z.（1997）．"A Functional Perspective of Financial Intermediation，" *Financial Management*.

46. Minsky，H.（1982）．"The Financial Instability Hypothesis：Capitalist Process and the Behavior of the Economy，" in *Financial Crisis：Theory，History and Policy*，edited by Charles P.，Kindlberger and Jean-Pierre Laffargue，Cambridge：Cambridge University Press.

47. Obstfeld，M.，Taylor，A. and Shambaugh，J.（2009）．"Financial Instability，Reserves，and Central Bank Swap Lines in the Panic of 2008，" *American Economic Review*，99，480－486.

48. OECD（2002）．"Supervision of Financial Services in the OECD Area，" OECD.

49. Peltzman，S.（1976）．"Toward a More General Theory of Regulation，" NBER Working Papers，0133，National Bureau of Economic Research，Inc.

50. Posner，R. A.（1974）．"Theories of Economic Regulation，" *The Bell Journal of Economics and Management*，1（5），335－358.

51. Posner，R. A. （1975）. "The Social Cost of Monopoly and Regulation，" *Journal of Political Economy*，83，807 - 827.

52. Roe，M. J. （1990）. "Political and Legal Restraints on Ownership and Control of Public Companies，" *Journal of Financial Economics*，27：7 - 41.

53. Schwartz，A. （1988）. "Financial Stability and the Federal Safety Net，" in W. Haraf and R. M. Kushmeider eds. ，*Restructuring Banking and Financial Services in America*，Washington，D. C. ：American Enterprise Institute.

54. Shefrin，H. and Statman，M. （2009）. "Striking Regulatory Irons While Hot，" *Journal of Investment Management*，7，29 - 42.

55. Shefrin，H. （2010）. "Behaviouralizing Finance，" *Foundations and Trends in Finance*，4，1 - 184.

56. Spierings，R. （1990）. "Reflections on the Regulation of Financial Intermediaries，" Kyklos，43，91 - 110.

57. Stigler G. J. （1971）. "The Theory of Economic Regulation，" *The Bell Journal of Economic and Management Science*，1 （2），3 - 21.

58. Taylor，M. （1995）. "Twin Peaks：A Regulatory Structure for the New Century，" Center for the Study of Financial Innovation，London，December.

59. 綦相. 国际金融监管改革启示. 金融研究，2015 （02），36 - 44.

60. 谢平，邹传伟. 金融危机后有关金融监管改革的理论综述. 金融研究，2010 （02），1 - 17.

61. 徐明东，陈学彬. 货币环境、资本充足率与商业银行风险承担. 金融研究，2012 （07），489＋50 - 62.

62. 朱军，李建强，张淑翠. 财政整顿、"双支柱"政策与最优政策选择. 中国工业经济，2018，No. 365 （08），26 - 43.

最终贷款人理论

在现代银行制度下，当同业救助等方式不足以向商业银行提供防范流动性冲击的保障时，为防止单个银行的流动性危机向系统性银行危机甚至整个市场转化，作为最终贷款人的中央银行则应向其提供流动性支持和救助。最终贷款人功能是中央银行最基本的制度特征，而货币政策功能和金融监管功能则是最终贷款人功能的进一步延伸。面对变幻莫测的金融市场，最终贷款人如何有效地防范、化解金融风险并减少金融机构道德风险，是当今各国面临的重要课题之一。

根据《新帕尔格雷夫货币金融大辞典》，最终贷款人指在危急时刻应尽融通责任的中央银行，它应满足对高能货币的需求，以防止由恐慌引起的货币存量收缩。当一些商业银行有清偿能力但暂时流动性不足时，中央银行可以通过贴现窗口或公开市场购买这两种方式向商业银行发放紧急贷款，条件是它们应有良好的抵押品并愿意缴纳惩罚性利率。若最终贷款人宣布将对流动性不足的商业银行进行融通，便可在一定程度上消除公众对现金短缺的恐惧，这足以制止恐慌而不必采取行动。

一、最终贷款人概念的形成

Baring（1797）在他的著作《关于建立英格兰银行的考察》（*Observation on the Establishment of the Bank of England*）中指出，英格兰银行具有"银行的银行"的职能，并首次提出"最终贷款人"这一概念，他认为一切有清偿能力的银行可以在出现危机时向中央银行借款。之后，Thornton（1802）和 Bagehot（1873）系统论述了中央银行作为最终贷款人角色的理论，他们用一套制止银行恐慌和危机的规则来阐明该思想。

（一）桑顿（Thornton）的观点

1802 年，桑顿在文章《英国票据信用证的性质及其影响探析》（An Enquiry in-to the Nature and Effects of the Paper Credit of Great Britain）中论证了最终贷款人的可行性。他指出，在遇到银行恐慌时，英格兰银行应该扮演最终贷款人的角色，为市场提供流动性，提供现金。他认为只要遇到恐慌的银行有良好的偿债能力，就可以向它们提供贷款以助其渡过难关。Thornton（1802）提出最终贷款人出现的两个原因：一是仅具有部分储备的银行体系；二是中央银行对发行金币和银行券等高能货币基础的垄断。这是有关最终贷款人职能和原则的最早论述。

Thornton（1802）是最早将最终贷款人确定为一种货币功能的经济学家。他认为，最终贷款人的主要作用是防止银行恐慌从而引起货币收缩，因为这种货币收缩会抑制经济活动。当社会公众对银行偿付能力的怀疑增加时，会引发对高能货币的倍数需求。公众把抱有疑惑的银行的负债转成现金时，银行便开始寻求增加其高能货币的储备。现金存款比与准备金率的提高将使得影响高能货币的货币总乘数下降，因而最终贷款人必须通过货币基础的补偿性增长才能抵消货币乘数的下降，以维持经济生活所需要的货币数量。

Thornton（1802）指出，最终贷款人功能可以在不同的货币制度中建立，并在那些制度中支持中央银行的经济目标。如在固定汇率、金本位制度中，最终贷款人可以保护中央银行的黄金储备，以保证纸币和黄金之间按固定比率进行兑换。最终贷款人通过制止银行恐慌、提高贴现率吸引国外黄金，以缓和对黄金的紧急需求，也可以用票据发行来调节对高能货币的需求。在不可兑换的纸币和浮动汇率制度中，最终贷款人可以通过防止货币存量的灾难性崩溃来稳定货币单位的购买力。

Thornton（1802）认为，最终贷款人的责任是对整个经济而言，并不是针对某个商业银行的。在任何情况下，最终贷款人都不应该维护无清偿能力的银行，即使是那些被认为"太大而不能倒"的银行也如此。因为帮助这样的银行会鼓励它们过度地冒险，从而导致对最终贷款人更多的需求。为避免这种道德风险问题，最终贷款人应该让经营不善的银行倒闭，其责任只是努力遏制这种倒闭的蔓延。因此，最终贷款人的责任是宏观的，而不是微观的。

（二）白芝浩（Bagehot）的观点

英国经济学家 Bagehot（1873）继承并发展了 Thornton（1802）的许多观点。他在1873年出版的《伦巴第街》（*Lombard Street*）一书中，对最终贷款人原理进行了精辟的阐释。白芝浩在书中指出，中央银行必须具备一个规模合适、可供随时动用的储备，以便在出现恐慌时支持危机银行。同桑顿的看法一样，Bagehot（1873）也强调在金本位条件下，最终贷款人应支持中央银行保护金属储备以确保通货与黄金的兑换。Bagehot（1873）提出，当英格兰银行作为最终贷款人干预并拯救整个货币体系时，它应遵守四个基本原则：①以惩罚性利率提供贷款，使商业银行不能将其作为当前的贷款操作。②中央银行事先声明，会对满足偿债和抵押条件的银行提供贷款。③贷款只能提供给有良好偿债和抵押（根据恐慌发生前的名义价格衡量）能力的银行。④仅向陷入流动性危机而并非破产的银行提供贷款。

Bagehot（1873）提出的最终贷款人基本原则，反映了他不同于 Thornton（1802）的一些新观点。第一，Bagehot（1873）认为，最终贷款人的责任不只是在恐慌期间向市场提供流动性援助，还应包括事先公开宣布在未来所有恐慌时期将迅速而有力地提供贷款的承诺。这种承诺大大减少了公众对未来的不确定性，使他们产生稳定的预期，于是提高了最终贷款人的有效性。第二，Bagehot（1873）提倡最终贷款人应以惩罚性利率进行调节。惩罚性利率不但可以保护黄金储备，还可以满足公平分配的标准（借款人应为最终贷款人提供的保护和救助支付报酬）。此外，惩罚性利率还可以避免其他没有出现流动性危机的银行也申请援助，而占用最终贷款人的储备。最终贷款人将把高能货币的扩张控制在最小范围内，即把紧急发行的高能货币分配给最有价值的使用者，如同高价格在自由市场中分配给任何稀缺商品和资源一样。第三，Bagehot（1873）确定了接受最终贷款人融资的借款人类型、资产种类及接受资产的标准。最终贷款人应在发生恐慌时向任何符合条件的借款人提供贷款，限制条件就是借款人有清偿能力，只是暂时流动性不足，其抵押物在正常时期是良好的（包括由于证券市场的恐慌而暂时跌价但通常是优良的票据或债券）。

经济学家对 Bagehot（1873）的观点继续进行研究，并提出了各种看法。

Humphrey（1975）总结了白芝浩的思想及现代人对他的看法，把以白芝浩为代表的古典经济学派对最终贷款人的建议归纳为以下几方面：①最终贷款人要及时为受到恐慌威胁的银行慷慨解囊，提供无限的现金支持。②最终贷款人的责任是整个金融体系，而不是个别银行。③最终贷款人的重要责任是防止恐慌造成的货币储备减少。④最终贷款人的存在不是为了避免危机的发生，而是为了缓解金融冲击的影响。⑤最终贷款人有双重任务，一个是为受到恐慌威胁的银行提供无限援助，另一个是要公众知道它会为未来的恐慌提供无限的救助。⑥最终贷款人愿意为有良好资产抵押的银行提供贷款。⑦最终贷款人的责任在于防止恐慌大范围的蔓延，而不是去拯救那些破产的银行。⑧所有提供的救助性贷款应该是高利率的、有惩罚的。中央银行应该严格依照价格因素，而不是使用非价格机制限制最终贷款人的救援贷款。Friedman（1960）及Goodfriend和King（1988）认为，如果最终贷款人是通过公开市场操作而不是贴现窗口贷款来提供流动性，那么他提出的价格要求、惩罚性利率以及实际上所有确保把援助送达借款人的措施都是不必要的。

Meltzer（1986）概括和发展了Bagehot（1873）的传统观点，并总结了五个观点。第一，中央银行是货币体系唯一的贷款人（如美国）。第二，为避免缺乏流动性的银行被关闭，中央银行应当满足有抵押物的贷款，该抵押物在没有恐慌的正常情况下是有市场价值的（这一点很重要）。因此，不应限制抵押正常时期向中央银行申请再贴现的合格票据，最终贷款人要同样给予贷款。第三，中央银行的贷款或放款应当是大量的、及时的并以高于市场利率的方式提供，因此不鼓励未发生危机的银行通过此渠道获得贷款。第四，上述原则要预先声明并在出现危机时严格遵守。第五，破产的金融机构，若不能被完整地拍卖，则应当按市场价格出售或清算。在处理破产机构的过程中，损失应依次由股东、债券持有人、债权人、无担保的存款人及有存款担保的企业承担。Meltzer（1986）认为，金融恐慌之所以产生，就是因为中央银行没有遵循Bagehot（1873）提出的原则。

二、最终贷款人理论的发展

随着金融监管体制的发展，有关最终贷款人理论的研究也有了更进一步的发展。

（一）最终贷款人存在的必要性

大部分经济学家认为，最终贷款人为现代银行系统提供了重要的支持，在出现银行危机时防止恐慌的蔓延。Selgin（1989）是自由竞争银行业的支持者，以他为代表的一些人认为，当自由银行业内在稳定时，除去一切对银行业的法律限制将排除对最终贷款人的需要。他们认为，造成银行恐慌的唯一原因是法律对银行体制的限制。Selgin（1989）指出，两个最重要的限制是美国银行法对跨州设立银行的限制和对商业银行体系发行自由货币的限制。然而，Selgin（1989）的观点忽视了银行所创造的货币和高能货币之间根本的区别。因为即使在自由银行业条件下，战争威胁和大公司的倒闭也会引发货币持有者把内在货币转为外在货币的愿望。竞争性的银行本身并不能提供外在货币，而只能利用一些价值不由它们控制的资产来换回货币。即使商业银行能完全自由发行自己的银行券，也不能满足其存款人由恐慌引起的将内在货币转为外在货币的愿望。当给定不可兑换的纸币本位时，就只能由中央银行或最终贷款人提供外在货币。现代金融体系具有内在不稳定性和脆弱性，单个银行的危机会蔓延到有清偿能力的银行，甚至危及整个银行体系的稳定。历史已经表明，最终贷款人制度的存在可以为单个银行提供流动性，保证商业银行的支付能力，防止由于公众信心丧失引发的集体非理性挤兑，从而避免金融恐慌，最终维护社会公众的利益。尤其是在2008年国际金融危机中，面临金融市场流动性严重不足，金融体系功能难以正常发挥的紧急情况，各国中央银行充分发挥了"最终贷款人"的职能，通过量化宽松、定期拍卖工具以及商业票据融资便利等方式向出现流动性问题的金融机构提供贷款，挽救了一大批濒临破产的金融机构，并遏止了危机通过金融机构之间的系统关联性进一步蔓延，从而在很大程度上降低了危机带来的经济和社会成本。

（二）承担最终贷款人功能的主体

Fischer（1999）认为，中央银行并不是唯一的最终贷款人。他指出，最终贷款人主要承担着两种角色。一是危机贷款人，主要在危机中提供资金支持。二是危机管理者，即最终贷款人本身有责任处理危机或潜在的危机。因此，除了中央银行之外，其他机构也可以成为最终贷款人，例如，美国的财政部、清算中心，1907年J. P. 摩根集团都承担过最终贷款人的角色。Bordo（1990）也认为履行最终贷款人的机构并非一定是中央银行，其他公共机构在一定条件下也可以承担这一角色，如美国的货币监理署、加拿大的财政部和外汇管理局等都成功地执行过最终贷款人的职能，及时对出现危机的银行进行援助。

（三）最终贷款人援助的对象

Goodfriend 和 King（1988），Bordo（1990）及 Schwartz（1992，1995）认为

最终贷款人的资金支持对象应该是市场。他们指出，紧急流动性资金的支持只能通过公开市场操作直接向市场提供，同业市场可以保证资金从流动性充足的银行流向流动性不足的银行。Goodfriend 和 King（1988）认为，通过货币政策向市场提供资金和最终贷款人向市场提供资金都是通过公开市场操作进行的，这两种方式没有区别，对整个市场来说，最终贷款人的资金投放与旨在调整利率的货币政策资金投放相同。Goodhart（1999）指出，最终贷款人应该只向个别金融机构提供流动性支持。他认为，无流动性但有清偿能力的银行会由于同业市场效率低下、不能从其他银行借得款项而发展为无清偿能力的银行。最终贷款人向市场提供资金支持会导致准备金供给总量的增加，而向单个机构提供资金支持则不会导致准备金增加。Fischer（1999）则认为，最终贷款人既可以向市场也可以向单独机构提供贷款。Paulson（2009）认为在当今全球互联的市场中，仅仅因为制度规定而对具有系统重要性的金融机构区别对待（尤其指在危机期间的救助）的监管体系是没有意义的，监管当局应该确保任何机构，无论其规模大小，都以最小的系统性影响倒闭。同时为了减轻部分机构因"太大而不能倒"或者"系统重要性太强而不能倒"所产生的道德风险问题，监管当局必须审慎地界定触发最终贷款人职能的条件，并保留对适当风险管理的激励。

（四）最终贷款人的援助方式

在实践中，最终贷款人支持出现危机的银行存在一个难题，即难以判断一家银行是仅无流动性而有清偿能力，还是既无流动性又无清偿能力。Goodhart 和 Huang（1999）认为，一家银行的倒闭会引致金融市场的不稳定，主要表现为市场恐慌，此时很难预测存款人的行为，货币政策操作容易产生失误。当一家银行向最终贷款人寻求流动性支持时，最终贷款人很难有时间准确判断这家银行是否有清偿能力。如果最终贷款人向这家银行提供了贷款援助，而事实证明这家银行是无清偿能力的，则最终贷款人必然要承担财务和声誉双方面的损失。因此，最终贷款人对出现危机的银行究竟进行救助还是将其清盘，需要谨慎地判断。通过建立最终贷款人和道德风险的模型可知，若在单一时期模型中，即在银行倒闭的概率、最终贷款人救助的概率和风险概率既定的情况下，最终贷款人是否实施救助取决于银行规模；在动态、跨时期模型中，即各种概率不确定的情况下，最终贷款人实施救助取决于对道德风险和传染性风险的权衡。如果关注道德风险，最终贷款人会慎重考虑是否实施救助；如果关注系统性风险，则最终贷款人有动力进行救助，由此产生的整个市场的均衡风险会较高。

Solow（1982）认为，无论银行是否到了无法偿债的境地，当出现银行危机时，最终贷款人都应进行援助。他以美国联邦储备体系为例说明了这一问题。当美国某个银行（尤其是大银行）将要倒闭时，人们会对整个金融体系产生信任危机。美联储既然对整个金融体系负责，为避免这种情况发生，它就必须援助已陷入危机甚至资不抵债的银行。当然，Solow（1982）也承认，这种做法会产生某种道德风险，鼓励其他银行冒更大的风险，而公众也失去了监督金融机构的热情。

Goodhart（1985，1987）发展了 Solow（1982）的观点。他认为，银行可能会出现流动性不足的问题，也可能会出现丧失偿付能力的情形，但这两者之间的差别在危机突发时很难区分。当某些银行出现流动资金不足时，公众会立刻怀疑它们的偿付能力。出现这种情况时，最终贷款人应马上提供资金援助，以帮助解决流动性不足的问题。此时，最终贷款人没有时间去评价陷入危机的银行的资产状况，也难以准确判断它们的偿付能力。因此，遇到银行危机时，最终贷款人应为所有银行（包括没有偿付能力的银行）提供资金救助。Goodhart（1985，1987）进一步指出，如果最终贷款人让处于困境中的银行破产，将会失去极有价值的、难以替换的银行-客户关系，而保持这些关系的社会利益超过破产的成本。由于大型银行破产会使公众丧失对整个银行系统的信心，为此最终贷款人不得不向大的无偿还能力的银行提供援助。James（1991）的研究表明，一家银行的清盘价值比其市场价值低得多，银行倒闭成本通常高于重组成本，因此向一家濒临倒闭的银行注资要比将其清盘更好。

Kaufman（1990）认为，索洛和古德哈特的观点低估了最终贷款人过度援助的风险，这可能会导致面临危机的银行增加未来对更大援助的需要。他们还忽视了由于最终贷款人延迟让无偿付能力的机构停业，会招致额外的损失并增加最终解决问题的成本。索洛和古德哈特没有意识到最终贷款人可以通过公开市场操作而不是贴现窗口贷款来完成其职能。事实上，借助公开市场操作也可以满足最终贷款人对高能货币的紧急需求，因而不必担心如何援助个别的危机银行。由于真实经济活动和总体经济防止了恐慌引起的对货币存量的冲击，最终贷款人不必害怕个别经营不善的银行发生倒闭。

（五）最终贷款人的援助工具

Blanchard 等（2013）认为，面临危机的冲击，中央银行通常会选择大幅降低利率来刺激经济复苏，但是当名义利率接近零利率下限，已经降无可降时，中央银行的利率政策工具就失效了。此时，中央银行就会转向非常规货币政策寻求帮助，例如在 2008 年国际金融危机中，许多国家的中央银行就曾使用目标宽松、量化宽松以及其他新型的流动性注入工具。其中，目标宽松是指中央银行在不改变货币供给量的前提下，购买无力偿债的金融机构的资产来向其注入流动性，通常是用央行自身的短期流动性资产来置换金融机构的长期资产；量化宽松则可以理解为目标宽松与常规扩张性货币政策的结合，一般会导致货币供给量的增加。此外，各国央行在应对金融危机的过程中，还创造性地提出了前瞻性引导工具，有效稳定了长期利率与通胀预期，从而为经济复苏提供了稳定的市场环境。然而，这些非常规货币政策的实际效果非常复杂且具有明显的国别特征。Panizza 和 Wyplosz（2016）比较了常规货币政策工具——政策利率与非常规货币政策工具的有效性，指出随着时间的推移，主要发达经济体的政策利率有效性在下降，但非常规货币政策工具的有效性几乎没有下降。

（六）最终贷款人的资金来源

中央银行作为最终贷款人实施救援要承担一定的风险。当中央银行向出现危机的银行提供救助时，对那些只是暂时缺乏流动性而仍有清偿能力的银行给予资金支持并不会给中央银行带来风险；但无清偿能力的银行提供的抵押品价值可能会低于贷款的价值，中央银行所承担的风险就会增加。因此，给一家清偿能力不明的银行提供贷款，中央银行有可能会蒙受巨大损失。Goodhart 和 Schoenmaker（1993），Stella（1997）及 Goodhart（1999）认为，因援助危机银行而造成的资产负债表恶化会减弱中央银行在实施货币政策时的独立性和灵活性。因此，许多国家的中央银行不愿单独承担这种风险，通常会要求财政部门对中央银行面临的风险给予担保。实际上，为了维护经济稳定，财政部门通常比中央银行有更大的积极性。如果某些银行丧失清偿能力，即使在中央银行不注资的情况下，政府也会根据其他标准参与注资，尽可能避免其破产。此外，郑联盛（2019）认为虽然中央银行作为最终贷款人可以提供无限流动性，但财政政策在提振总需求方面比货币政策更为直接有效，在解决结构性问题上也比总量性货币政策更具针对性，因而需要加强不同政策之间的协调配合。

（七）有关最终贷款人理论的实证检验

实践表明，最终贷款人机制的建立有利于避免银行恐慌的扩散。最终贷款人通过监督银行的支付能力和支付系统，能够减少银行危机扩散的风险。Miron（1986）所收集的有关美国建立联邦储备体系后的数据资料表明，它对限制银行挤兑具有重要作用。在它建立之前，春秋两季是货币紧缩的季节，其间恐慌容易发生。而联邦储备体系的建立为美国经济提供了最终贷款人，其改变了利率和贷款的季节性周期，出现银行恐慌的频率大大下降。如在 1915—1928 年间，美国银行系统未经历过恐慌。Miron（1986）用伯努利分布做了一个简单检验，结果表明，在 99％的置信水平上，在联邦储备体系建立之前给定年份发生恐慌的概率为 0.316，1914—1928 年间发生银行恐慌的概率仅为 0.005。这说明联邦储备体系的建立对防止由流动性需求引发的季节性银行恐慌起着重要作用。

欧美各国的历史实践与古典的最终贷款人理论非常吻合，最终贷款人在治理危机中的责任简单明确。当银行出现危机时，最终贷款人为其提供资金援助，条件是被援助的银行只是暂时地出现流动性问题。Bordo（1986）对欧洲国家银行危机的历史进行了研究，他指出，1870—1970 年，欧洲国家的中央银行严格遵循了最终贷款人理论，几次成功地治理了银行体系危机，其间也让那些没有偿付能力的银行实现破产。Bordo（1986）的研究也证明，进入 20 世纪以后，各国都开始放松紧急援助的标准。为了挽救银行体系，维护中央银行的信誉，欧美各国不惜敞开提供紧急贷款，既为出现流动性问题且资产良好的银行提供无限贷款支持，也为那些资不抵债的银行提供援助。Bordo（1986）认为，现代最终贷款人救助银行危机的趋势是：无论危机银行是否资不抵债，最终贷款人都要提供无限的援助。因此，未来银行业的道德风险越来越大，需要的援助行动也会越来越大。20 世纪 90 年代国际金融危机频频发生，其规模不断扩大化，欧美各国中央银行及国际货币基金组织的救援活动规模也越来越大，这些例子也证实了 Bordo（1986）的预言。

当今，迅速变化的金融环境对传统意义上的最终贷款人提出了严峻的挑战，这主要表现在：第一，最终贷款人职能的实现。近年来，货币政策与监管部门出现分立趋势，这使得最终贷款人的执行环境变得更为复杂。中央银行货币政策与银行监管职能的分离，预示着中央银行不再具有收集银行信息的优势，因此中央银行很难高效地执行最终贷款人职能。从理论上看，中央银行执行最终贷款人的职能与商业银行向其客户贷款一样，都需要贷款人对借款人进行事前信用评估和事中监控。由于紧急援助需要中央银行有一套快速反应机制，因而中央银行与监管者之间的高效沟通、通力合作是最终贷款人成功解决银行危机的关键。但是，不同部门之间的信息交流与政策协作通常是非充分且有时滞的，所以没有监管职能的中央银行是否能有效履行最终贷款人职能是值得怀疑的。实践中，2008 年国际金融危机爆发后，理论界与政策界开始对"杰克逊霍尔共识"进行深刻反思，认为将价格稳定与金融稳定相分离的"单一目标、单一工具"货币政策框架具有严重的缺陷，中央银行应该发挥更重要的金融稳定职能（Blanchard et al.，2010）。

作为上述思想的政策应对，金融危机后，许多国家开始将金融监管职能重新纳入中央银行的职责范围，例如匈牙利、比利时和韩国等发达国家的中央银行同时承担货币政策与宏观审慎监管职能。在国际金融危机以及欧债危机的双重冲击之下，欧盟开始了以拓展欧洲中央银行金融稳定职能为核心的金融监管体系改革，使其能在危机期间发挥更大的最终贷款人职能（Lastra，2012）。为此，欧洲理事会决定启动银行业单一监管体制（single supervisory mechanism，SSM），由欧洲央行与各成员国的监管机构共同对银行业进行监管。SSM 建立后，欧洲央行实际承担着欧元区的货币政策与金融监管两项职能，这标志着欧元区也建立起准"双支柱"治理框架（The European Council，2012）。而在新兴经济体中，中国、巴西、南非、印度尼西亚等国也正在构建"双支柱"调控框架。其中，中国在宏观审慎政策实践方面已经走在了世界前列，中国人民银行在其中发挥着关键作用，组织开发了一系列宏观审慎政策工具，并建立了符合中国国情的宏观审慎评价体系（PBOC，2017）。2016 年《英格兰银行与金融服务法》（Bank of England and Financial Services Act 2016）颁布后，英格兰银行成为集货币政策、宏观审慎监管与微观审慎监管职能于一身的"超级央行"，建立了货币政策委员会、金融政策委员会和审慎监管委员会并行的"三支柱"体系（BOE，2016）。而在新兴经济体中，俄罗斯、尼日利亚、泰国、越南等国也采取了"超级央行"或者准"超级央行"模式。

第二，最终贷款人的援助范围增加。金融机构混业经营的趋势使银行与证券公司的边界变得越来越模糊，这一变化可能会导致银行安全网被扩展。尽管中央银行的典型救助是针对商业银行的，但也有向证券公司及其他金融机构提供援助的可能。例如，美联储有关法规规定，当非银行的业主制、合伙制及公司制企业出现财务困难，并给经济带来严重的负面影响时，中央银行可以向这些机构提供信贷。此外，美国联邦储备委员会鼓励银行向证券公司发放贷款，并强调中央银行将向这些银行增加贴现，使之有能力贷款。Blanchard 等（2013）认为 2008 年国际金融危机的实践表明，为银行获得存款保险以及最终贷款人救助提供理论依据的经典多重均衡框架，现在同样适用于批发性融资金融机构和非银行金融机构。2012 年的欧债危机证明这一框架也能扩展至主权国家，甚至是发达经济体。因此，中央银行最终需要向银行、非存款类金融机构以及主权国家（直接或间接地）提供流动性注入，发挥最终贷款人职能。

第三，最终贷款人的国际援助。在国际经济一体化的背景下，中央银行是否可向在本国开展业务的外国银行提供紧急流动性支持，因为这些外国银行也会对本国经济产生一定的影响？1995 年，当一个在纽约经营的日本银行陷入流动性危机时，就曾在美国引发这方面的争论。另外，金融革新和技术革命使银行在地域上的分界越来越淡化，这就引发了是否需要国际最终贷款人来解决跨国界的传染效应，以及由谁来充当这一角色的激烈争论。Goodhart（1999）认为 IMF 比任何一国中央银行具有更多的资本、承受损失能力更强、信贷等级更高、贷款损失更少，因而应该成为国际最终贷款人的主体。Cecchetti（2014）和 Landau（2014）等认为美国的货币互换能够让受援国不用承担 IMF 的附带条件和污名，因而美国可能成为受欢迎的国际最终贷款人。Fishcher（2017）认为美联储在危机期间充当了美国金融体系乃至全球金融体系最终贷款人的角色，而在目前金融创新与金融科技快速发展的情况下，美联储将对美国和全球的经济及金融发展保持警惕，实时监测金融体系的脆弱性。银行清算系统的日益国际化同样需要一个国际最终贷款人，或者至少是增强各国中央银行之间的合作，以解决国际清算链条的失败可能（Lerrick and Meltzer，2003）问题。此外，在金融全球化与一体化的背景下，还应关注中央银行的救助措施对其他国家造成的溢出效应，Lo 和 Rogoff（2015）认为，美联储在应对危机时所采取的量化宽松以及超低利率等措施强化了其金融稳定与支持增长的职能，但因此产生的溢出效应导致欧元区、英国和日本等国家不得不采取跟随性政策。发达国家与新兴经济体之间的溢回效应也是重要的风险，以中国为代表的新兴经济体的政策会对美国等发达经济体产生影响，二者不断相互作用、反馈后又形成新的不确定性溢回到发达经济体与新兴经济体，即存在双向、多次的反馈影响机制（Garret，2010）。

三、道德风险的防范

实践证明，最终贷款人在保护银行的稳定和安全、维持和恢复社会公众信心、消除金融恐慌等方面起到重要作用。但在最终贷款人实施救助的过程中，也会出现道德风险问题。最终贷款人是一种事后救助行为，当金融机构知道它会得到最终贷款人支持的条件下，经营行为可能会更趋于冒险，这便产生了道德风险。因此，如何防范金融机构的道德风险是最终贷款人理论中值得研究的重要内容。

（一）道德风险问题

最终贷款人对危机银行进行援助时，会给市场传递错误信号，即最终贷款人将对所有银行系统性风险提供担保。因此，Kaufman（1991）及 Rochet 和 Tirole（1996）认为，最终贷款人对银行的援助会产生两个负面影响：一是最终贷款人提供的救助促使银行经营者和股东为获得更多的资金补贴而去冒更大的风险；二是最终贷款人向倒闭的金融机构提供资金的可能性大大降低了存款人监督金融机构经营行为和业绩的积极性，由于救助是对所有存款人提供隐性保险，因而也会削弱银行同业监督的积极性。正如 Bagehot（1873）所认为的，对差银行提供的任何帮助都会阻碍好银行的出现和发展，只有向那些安全的金融机构提供资金支持，才会减少道德风险的发生。

Mishkin（2001）认为，如果一家银行在其陷入麻烦时期望最终贷款人提供资金支持，就会产生道德风险，银行此时有进行过度冒险的强烈动机，而这种道德风险在大银行身上表现得更为严重。因为大银行较中小银行有更大的系统性影响，其经营失败对金融系统的安全有更严重的威胁，因此政府和公众都不希望大银行倒闭，于是其往往成为监管宽容的对象。那些认为自己规模很大或很重要的银行也相信在其发生流动性不足或出现其他问题时，最终贷款人肯定会提供资金进行援助，因此它们便会放松风险约束和危机管理，去从事高风险、高收益的业务。同样的原因使市场的约束力量也在减弱，因为存款人知道一旦银行陷入困境，政府不会任其破产，自己也不可能遭受太大的损失。于是存款人失去监督银行的动机，也不会在银行从事过度冒险行为时通过提取存款进行市场约束。

在美国，当不利冲击导致资产价格下跌时，中央银行通常会通过降低利率的形式向市场注入流动性，这就相当于对市场做出了隐性的承诺，即在危机期间，中央银行都会进行干预，支撑资产价格不会过度下跌，这就是所谓的"格林斯潘期权"（Greenspan Put）和"伯南克期权"（Bernanke Put）（Bornstein and Lorenzoni，2018）。当市场主体形成了这种预期时，金融机构就会倾向于配置收益高但风险高且流动性差的资产组合，最终导致资产价格泡沫化、信贷利差缩小、过度的风险承担以及集体性的道德风险（Farhi and Tirole，2012）。而在很多新兴市场经济国家，当大的或与政治有联系的金融机构出现危机时，政府往往也是解决问题的后援，而这正是金融机构从事更多冒险活动的根源。由于缺乏市场约束，有问题的金融机构继续从事高风险活动，当其遭受到不利冲击时就变得极为脆弱。此外，最终贷款人向经济中投放基础货币，通过货币乘数作用，将大大增加流通中的货币量，继而引发通货膨胀，增大道德风险。

（二）道德风险的防范

从根本上说，最终贷款人机制中道德风险产生的根源在于金融机构和存款人一致认为发生流动性风险的成本较低，因为最终贷款人会承担风险损失，所以防范道德风险问题应设计相关的成本分担机制，以增强市场的约束力。Humphrey（1985）认为，根据 Bagehot（1873）提出的基本原则，为减少银行的道德风险，最终贷款人应以惩罚性利率向危机银行提供贷款，并向这些银行征收必要的风险补偿金，从而增大银行发生流动性风险的成本。但是在现代金融环境下，征收惩罚性高利率等于向市场提供一个促使资金加速抽逃的信号，会加剧银行的危机。同时，银行经营者还得到这样一种负面激励：只有追求更高的风险，才能获得更高的收益来支付贷款的高利息。正因为如此，Goodhart 和 Schoenmaker（1995）及 Prati 和 Schinasi（1999）认为，在实践中，对个别机构的紧急贷款并没有征收比市场利率更高的利率，银行同业市场通常是以正常的利率向金融机构提供流动性救助。

此外，通过组织私人部门参与最终贷款人的救助也可以解决道德风险问题。Giannini（1999）指出，中央银行可以代理人身份组织有富余资金的银行向缺乏资金的银行提供资金援助。那些扮演最终贷款人的主要银行应承诺在危机时期向问题银行提供信贷，以保证银行体系的正常运作。但 Goodfriend 和 Lacker（1999）认为，这种信贷行为必须是帕累托改进，中央银行并不能强迫其他银行提供贷款。如果中央银行迫使其他银行提供贷款，或以过于偏护危机银行的条件提供贷款，则私人银行提供贷款支持的行为实际上是对倒闭银行的补贴。目前，在中央银行的努力和外在系统性风险的压力下，许多国家已经建立起由市场机构承担流动性支持的责任。当然，由中央银行以外的其他银行提供资金支持也存在一些困难。由于在充满竞争的金融市场中，资金富余的银行相对于危机银行具有竞争优势，中央银行劝说优势银行帮助自己的竞争对手摆脱困境有一定的难度。因此，道义劝告、规则力量和合作意识的培养是中央银行在协调银行间援助时的重要职责。

最终贷款人制度从某种意义上说是一种事后保险措施，因此容易引起道德风险。如果最终贷款人对所有的存款性金融机构都在事先承诺履行最终贷款人的责任，则会使金融机构放松对其信贷风险的控制，甚至可能引发银行为起死回生而进行的逆市场操作。近年来，"建设性模糊"一词作为防范道德风险的最新研究，已得到越来越多的经济学家的认可。Corrigan（1990）首次提出的"建设性模糊"一词是指最终贷款人事先故意模糊履行其职责的可能性，即最终贷款人向其他银行表明，当银行出现危机时，不一定提供资金支持。由于银行不确定自己是否是援助的对象，便会产生一定的压力，行动变得较为谨慎，建设性模糊要求最终贷款人谨慎行事，对于是否、何时、在何种条件下提供支援的任何预先承诺都应该制止。在做出任何决策时，最终贷款人都要认真分析是否存在系统性风险。如果已经存在系统性风险，则必须考虑应对系统性传染的最优方式，尽量减少对市场运行规则的负面影响。Crockett（1996）认为，建设性模糊主要有两个作用：一是迫使银行谨慎行事，因为银行自己不知道最终贷款人是否会对它们提供资金支持。二是当最终贷款人对流动性不足的银行提供援助时，可让该银行经营者和股东共同承担成本。他还指出，银行管理层会时刻意识到一旦银行倒闭，他们将失去工作，股东将失去资本，因此道德风险会大大减少。实践也表明，建设性模糊可以直接约束或间接鼓励银行的经营者和股东谨慎行事，提高自我防范风险的意识，模糊对最终贷款人救助的预期，不断增强自我控制、自我约束的能力。但建设性模糊也有一定的局限性，即赋予危机管理机构过大的自由决定权，而自由决定权会带来时间持续性问题，如最终贷款人最初可能认为不应向危机银行提供安全保障，但事后又会觉得若向银行提供资金援助可能是更为恰当的选择。因此，Enoch 等（1997）认为，应通过严格的事后信息披露办法来评判最终贷款人在处理个案时的自由决定权。

参考文献

1. Bagehot，W.（1866）．"One Banking Reserve or Many?"，*The Economist*，24，1025－1026.

2. Bagehot，W.（1873）．*Lombard Street：A Description of the Money Market*，London：William Clowes and Sons.

3. Bank of England．"Bank of England and Financial Services Act 2016," https：//www. legislation. gov. uk/ukpga/2016/14/contents.

4. Baring，S. F.（1797）．*Observations on the Establishment of the Bank of England and on the Paper Circulation of the Country*，London：printed at the Minerva Press.

5. Blanchard，O.，Dell'Ariccia，G. and Mauro，P.（2010）．"Rethinking Macroeconomic Policy," IMF Staff Position Note，No. SPN/10/03.

6. Blanchard，O.，Dell'Ariccia，G. and Mauro，P.（2013）．"Rethinking Macro Policy Ⅱ：Getting Granular," IMF Discussion Note，No. 13/03.

7. Bordo，M.（1990）．"The Lender of Last Resort：Alternative Views and Historical Experience," *Federal Reserve Bank of Richmond Economic Review*.

8. Bordo，M．"Financial Crises，Banking Crises，Stock Market Crashes and the Money Supply：Some International Evidence，1870—1933," in Forrest Capie and Geoffrey E. Wood eds.（1986）. *Financial Crises and the World Banking System*，New York：St. Martins Press.

9. Bornstein，G. and Lorenzoni，G.（2018）．"Moral Hazard Misconceptions：The Case of the Greenspan Put," *IMF Economic Review*，66，251－286.

10. Cecchetti，Stephen G.（2014）．"Towards an International Lender of Last Resort," BIS Paper，No. 791.

11. Corrigan，G.（1990）．"Testimony Before the Senate Committee on Banking，Housing and Urban Affairs," 3，Washington，D. C.

12. Crockett，A.（1996）．"The Theory and Practice of Financial Stability," *De Economist*，144（4），531－568.

13. Enoch，C.，Stella，P. and Khamis，M.（1997）．"Transparency and Ambiguity in Central Bank Safety Net Operations," Working Paper，No. WP/97/138.

14. Farhi，E. and Tirole，J.（2012）．"Collective Moral Hazard，Maturity Mismatch，and Sys-

temic Bailouts," *American Economic Review*, 102 (1), 60 - 93.

15. Fischer, S. (1999). "On the Need for an International Lender of Last Resort," IMF, 3.

16. Fischer, S. (2017). "An Assessment of Financial Stability in the United States," Remarks at IMF Workshop on Financial Surveillance and Communication.

17. Garrett, G. (2010). "G2 in G20: China, the United States and the World after the Global Financial Crisis," *Global Policy*, 1 (1), 17 - 26.

18. Goodfriend, M. and King, R. , "Financial Deregulation, Monetary Policy, and Central Banking," W. S. Haraf and R. M. Kushmeider eds. (1988). *Restructuring Banking and Financial Services in America*, Washington: American Enterprise Institute for Public Policy Research.

19. Goodfriend, M. and Lacker, J. M. (1999). "Limited Commitment and Central Bank Lending," *Economic Quarterly*, Federal Reserve Bank of Richmond, 1 - 27.

20. Goodhart, C. and Huang, H. (1999) . "A Model of the Lender of Last Resort", Working Paper, No. 39, IMF, Washington, D. C.

21. Goodhart, C. A. E. (1999). "Myths about the Lender of Last Resort," *International Finance*, 2 (3), 339 - 360.

22. Humphrey, T. M. (1985). "Lender of Last Resort: the Concept in History," *Federal Reserve Bank of Richmond Economic Review*, 75, 8 - 16.

23. Kaufman, G. (1991). "Lender of Last Resort: A Contemporary Perspective," *Journal of Financial Services Research*, 5, 95 - 110.

24. Landau, J. (2014). "International Lender of Last Resort: Some Thoughts for the 21st Century," BIS Paper, September, No. 79.

25. Lastra, Rosa M. (2012). "The Evolution of the European Central Bank," *Fordham International Law Journal*, Queen Mary School of Law Legal Studies Research Paper, No. 99.

26. Lerrick, A. and A. H. Meltzer (2003). "Blueprint for an International Lender of Last Resort," *Journal of Monetary Economics*, 50, 289 - 303.

27. Lo, S. and Rogoff, K. (2015). "Secular Stagnation, Debt Overhang and Other Rationale for Sluggish Growth," BIS Working Papers, No. 482.

28. Meltzer, A. "Financial Failures and Financial Policies," in G. G. Kaufman and R. C. Kormendi eds. (1986). *Deregulating Financial Services: Public Policy in Flux*, Cambridge, Massachusetts: Ballinger.

29. Miron, J. A. (1986). "Financial Panics, the Seasonality of the Nominal Interest Rate, and the Founding of the Fed," *American Economic Review*, 76, 125 - 138.

30. Mishkin, F. S. (2001). "Financial Policies and the Prevention of Financial Crises in Emerging Market Economies," NBER Working Paper, No. 8087.

31. Panizza, U. and Wyplosz, C. (2016). "The Folk Theorem of Decreasing Effectiveness of Monetary Policy: What do the Data Say?", prepared for the IMF 17th Jacques Polak Annual Re-

search Conference.

32. Paulson，H.（2009）. "Reform the Architecture of Regulation," *Financial Times*，24 March.

33. Rochet，J. C. and Tirole，J.（1996）. "Interbank Lending and Systemic Risk," *Journal of Money*，*Credit and Banking*，28，733-764.

34. Schwartz，A. J.（1992）. "The Misuse of the Fed's Discount Window," Review，Federal Reserve Bank of St. Louis，9，58-69.

35. Schwartz，A. J.（1995）. "Why Financial Stability Depends on Price Stability," *Economic Affairs*，Autumn，21-25.

36. Selgin，G. A.（1989）. "Legal Restrictions，Financial Weakening，and the Lender of Last Resort," *Cato Journal*，9（2），429-459.

37. Solow，R. "On the Lender of Last of Last Resort," in Kindleberger，C. P.，Laffarge，J. P. eds.（1982）. *Financial Crises*：*Theory*，*History and Policy*，Cambridge University Press，237-248.

38. The European Council，"3214th Council Meeting Economic and Financial Affairs 12 December 2012," https：//data. consilium. europa. eu/doc/document/ST-17598-2012-INIT/en/pdf.

39. The People's Bank of China（2017）. "Macroprudential Goals，Implementation and Cross-Border Communication," BIS Papers chapters，in Bank for International Settlements.

40. Thornton，H.（1802）. "An Enquiry into the Nature and Effects of the Paper Credit of Great Britain," in F. A. Hayek（eds）.（1978），Fairfield：Augustus M. Kelley Publishers（reprint）.

41. 郑联盛. 中央银行职能演进与拓展的脉络. 经济学动态，2019（03）：105-119.

金融经济周期理论

　　金融经济周期理论是宏观经济和金融领域的一个新兴前沿研究方向，特别是经过最近十年（2008 年金融危机之后）的迅速发展，不论是在理论上还是实践上，都正在逐步成为理解现代金融经济周期运行和波动的核心理论。不仅如此，由于金融经济周期理论将其经验建立在"金融-实体经济"内生影响的互动关系的基础上，并且试图从逻辑角度系统构建上述关系的深层微观基础，这使得该理论在方法论上代表着宏微观理论相结合、金融和实体经济相结合的崭新范式，并极有可能成为未来经济金融"大一统"理论的核心支撑之一。国际清算银行经济学家 Borio（2014）曾不无激动地指出："离开了金融周期的宏观经济学理论犹如失去了王位的哈姆雷特……现在是时候将其王位夺回来了。"

　　尽管金融经济周期理论的发展前景明确而激动人心，但从目前的情况来看，这一理论总体上仍处于发展完善的阶段，在共识性的理论形成之前，还有很多关键性的理论和实践问题亟待深入研究。作为一个初步的框架性梳理，本文尝试从以下三个大的方面对最近十年的国内外相关文献进行述评：一是如何认识和度量金融周期，这是理解和运用金融周期进行量化研究的前提和基础；二是如何理解金融周期和经济活动之间的关系，这将为构建"金融-实体经济"之间的宏微观传导机制提供必要的经验和逻辑基础；三是如何在金融经济周期理论的框架下进行宏观政策的决策、分析和评估，这将为新型宏观经济金融政策的设计与实施提供新的思路和依据。

一、金融周期的测度

研究金融周期、经济活动和宏观政策之间的关系，首先需要对金融周期进行衡量和测度。在相对早期的研究中，一般用常见的代表性金融变量作为金融周期的指针性变量，具体做法包括直接使用某个单一指标，典型的如名义利率、汇率和资产价格等，或者将上述指标合成某个综合指数，典型的如货币状况指数（MCI）和金融状况指数（FCI）。2008 年国际金融危机之后，关于金融周期问题的讨论朝着更加深入和细化的方向发展，具体有三个方面的基本表现：一是更多的金融指标被作为潜在的金融周期变量予以讨论和分析；二是金融周期综合指数的构建通常纳入了更多的结构性指标以提升代表性；三是在金融周期指数的构建技术上（包括数据的处理、权重方案的选择和指数的合成方法等）呈现出更加多元化的局面。

在金融周期指标的选择方面，总体而言，现有研究大都围绕资产价格（股价、房价）、广义信贷、金融杠杆等危机后较为关注的金融指标展开；在周期测度方面，大多数研究基于金融周期理论，对所选择的相关变量采用带通滤波法或转折点法确定金融周期的阶段划分。Borio（2014）将金融周期定义为"价值观念与风险、风险态度与融资约束之间的自我强化互动，这些互动转化为繁荣之后的萧条"。这一定义的关键之处在于，确定当前的金融周期阶段对于成功识别早期潜在风险至关重要，例如资产价格上涨可能由过度杠杆推动，如果周期由繁荣急转而下，杠杆过度会带来衰退等严重的宏观经济后果。尽管目前对金融周期的共识性定义尚未出现，但近期关于金融周期特征的相关研究（Claessens et al.，2011a，2011b；Drehmann et al.，2012；Aikman，2015）取得了两个重要的实证结果：一是信贷/GDP 和房地产价格变化是反映金融周期的两个良好指标；二是金融周期的频率往往远低于经济周期的频率，传统经济周期长度一般为 2～8 年，而金融周期长度一般长达 8～32 年。除了信贷和房价，股票价格因为其潜在的巨大短期波动通常被认为是更随机的，并且其与金融危机存在细微的相关性（Claessens et al.，2011）。同时，由于信贷的波动主要受到低频波动因素的影响，而股票市场具有更多的高频波动因素，因此传统的仅基于股票价格变化来刻画金融周期的做法并不完善（Drehmann and Tsatsaronis，2014）。Schuler 等（2015）在分析金融周期时将基准债券收益率纳入其中，但债券收益率的波动呈现出中短期特征，看上去似乎与更短频率的经济周期更为相关，这意味着考虑债券收益率波动可能会在一定程度上模糊金融周期和经济周期之间的界限（Schoenmaker and Wierts，2016）。Koopman 等（2016）基于多元未观测成分模型，从四个大型发达经济体的经济和金融时间序列中提取经济周期和金融周期指标，该模型可允许在不同规模和可能相移的经济变量的不同选择中包含循环成分，最终发现存在着一个约为经济周期长度两倍的金融周期。在国内研究方面，伊楠和张斌（2016）选取私人信贷/GDP、私人信贷总量和国房景气指数，通过 Christiano 和 Fitzgerald（2003）带通滤波法以及转折点分析法构筑中国的金融周期指标，发现金融周期具有缓慢上行、剧烈下行的特点，周期振幅与长度皆大于经济周期。马勇等（2016）基于资金流动、货币供应总量、社会融资规模、金融杠杆率、银行利差、长期风险溢价、股价、房价等 8 个金融变量构建了中国的金融周期指数，其实证研究发现，一个涵盖多个结构性金融变量的综合指数相比单一的金融变量能够相对更为全面地反映出整体的金融周期变化。范小云等（2017a）采用 BIS（2014）的金融周期度量方法，基于信贷、信贷/GDP 和房价三个指标，运用主成分分析（PCA）法进行降维，并在此基础上编制了中国的金融周期综合指标，相关分析表明，该指标可以对中期低频范围内的金融周期进行良好测度。

应该指出，传统金融周期的两种常见测度方法——滤波法与拐点法，在理论上存在一定的局限性：拐点法需要一个预先指定的规则，该规则应用于一个观察到的时间序列，以便找到其局部的极大值和极小值，而滤波法则需要一个预先指定的频率范围，在该频率范围内假定金融周期的运行（Strohsal et al.，2015）。由于涉及预先确定判断规则的问题，这两种方法都依赖于较强的假设，从而不可避免地存在着一定的主观性。因此，后续的一些研究试图改进上述两种方法。比如，朱太辉和黄海晶（2018）根据中国国内的实际情况对参数进行调整，指出应在带通滤波法中将短周期参数设置为 5～24 个季度，中周期参数设为 24～77 个季度，此外，该研究还对拐点法中的参数设置进行了适当优化改进，在参数优化调整的基础上，研究发现我国经济短周期与金融短周期的波峰波谷相互交错。除了上述大多数研究所使用的滤波法与拐点法等金融周期测度方法，近年来的研究又推出了多种其他计量金融周期的技术方法，比如 Strohsal 等（2015）利用自回归移动平均（AMAR）类时间序列模型，Schuler 等（2015）选取多变量频域法及时变方法，Galati 等（2016）采用了 Harvey（1989）发展的不可观测成分时间序列（UCTSM）模型。Koopman 等（2016）则进一步将 Runstler（2004）的相移方法引进不可观测成分时间序列模型中，允许不同变量之间存在不同的领先滞后关系。在新兴市场经济体的研究方面，Pontines（2017）基于中国香港、泰国、菲律宾以及马来西亚的数据，采用光谱分析法衡量金融周期，发现金融周期较经济周期略长，并且与使用 8～32

年的长周期相比，该研究所采用的周期估计方法能更好地捕捉到上述四个经济体的金融周期特征。在国内研究方面，王博和李昊然（2018）采用经改进后的不可观测成分时间序列模型，结合多种估计方法分析所选房价、股价、信贷规模以及信贷/GDP等金融周期代表变量，将中国的金融经济周期与十个发达及新兴经济体进行横向比较，发现我国金融的中周期类似发达经济体，而短周期类似新兴经济体。

综合上述国内外最近十年的相关研究，不难发现，尽管不同研究在金融周期测度的指标选择、计算方法（模型）和测度结果等方面存在差异，但总体上得出了两个值得重视的结论：一是金融周期的长度通常比经济周期要长，这意味着金融风险的累积往往需要一定的时间，由于金融周期与经济周期并不总是同步，这种周期频率上的差异可能导致金融风险在短周期视角下被忽视和掩盖，从而诱发长期中更为剧烈的经济和金融波动；二是基于不同经济体的金融周期测度表明，不论是在不同方法还是在同一种方法下，不同经济体的金融周期运行都显示出了一定的差异性，有些时候差异还比较大，这说明金融周期的测度具有比较明显的国别差异性，研究者需要谨慎地对金融周期的运行频率做出事先假设。最后，值得特别指出的一点是，基于不同指标集或者不同模型算法的金融周期测度可能会产生不同的结果，这就涉及哪一种方案下的结果更优的判断选择问题。对于这一问题，研究者应该更多地结合实际经验予以判定，而不仅仅是依赖计算方法或者模型在理论上的所谓"优越性"进行判断取舍——在任何情况下，能够更准确地反映现实金融周期变化的测度才是更好的测度，经验上的正确性具有第一性的重要性。

二、金融周期与经济活动

金融和经济活动之间密切联系的观点由来已久。2008年金融危机之后，基于对危机的反思，金融周期对经济周期的影响再次成为研究热点（Caballero，2010；Woodford，2010；Borio，2014；Antonakakis et al.，2015；Bezemer et al.，2014；Raputsoane，2018）。较之早期的研究，危机后的相关研究从更普遍的面上关系和更深层次的传导机制等方面，将该领域的研究推向了一个新的阶段。总体而言，这些研究为包含金融周期的宏微观分析以及纳入金融周期考虑的政策调控提供了重要的理论和实证支撑。

在实证研究方面，不少研究表明，金融活动存在明显的顺周期性（Adrian and Shin，2010），如果经济衰退发生在金融周期的收缩阶段，则衰退的程度会明显更大（Borio and Drehmann，2009；Jorda et al.，2011）。根据 Drehmann 等（2012）的研究，发生在金融收缩阶段的经济衰退，其 GDP 较未发生金融收缩的衰退会多下降 50%。Claessens 等（2012）选取房地产价格、股票价格以及信贷总额作为代表变量表征金融周期，结果发现不同阶段金融与经济周期之间存在着较强的关联度，尤其是房地产价格的泡沫破灭往往会加速和加重经济衰退或者延缓经济的复苏。Drehmann 等（2012）选择 1960—2011 年七国集团国家的信贷总量、信贷规模/GDP 和房价数据作为各国金融周期的度量，发现经济周期在时长和振幅上都普遍小于金融周期，并且危机往往紧跟在金融周期波峰之后发生。Levanon 等（2015）通过构建"信贷领先指标"（leading credit index，LCI）分析了金融周期对经济周期的预测作用，他们的研究结果表明，LCI 对经济衰退具有很好的预测能力，其预测效果明显优于传统的货币供应量指标。Antonakakis 等（2015）使用 Diebold 和 Yilmaz（2012）的溢出指数方法研究了信贷增长和产出增长之间的动态相互作用，其基于七国集团 1957—2012 年季度数据的研究发现，信贷增长与 GDP 增长之间的溢出效应随时间和国家之间的演变分布相当不均匀，并在极端经济事件期间增加，其中，美国的信贷增长是对七国集团其他国家在全球金融危机期间的实际部门冲击的主要传导者，并且随着七国集团国家经济环境的变化，金融周期和经济周期之间溢出效应的规模和方向会随着时间而变化。此外，Antonakakis 等（2015）的研究还表明，信贷相关变量的周期性波动在很大程度上取决于金融周期，与经济周期仅有很小的关系，同时房地产价格不会对经济或金融周期构成重大影响，这意味着系统性监管政策应考虑典型宏观金融变量中的不同动态成分。Ma 和 Zhang（2016）将金融周期纳入一个拥有四方程的模型中来探讨金融经济周期与货币政策的联动作用，研究表明，金融周期的冲击在经济波动中扮演关键驱动角色，尤其是在金融非稳定期间。Shen 等（2018）通过构建金融周期指数考察了金融周期和经济周期之间的关系，他们的研究发现，金融周期的频率更低，上升期长于下行期，且金融周期领先于经济周期。从国内文献来看，马勇等（2009）通过跨国实证研究分析了信贷扩张在金融危机中的作用与实现方式，发现信贷扩张、资产价格和金融监管的顺周期机制是绝大部分金融危机背后所共同存在的基本机制。曹永琴和李泽祥（2009）采用恒常条件相关估计方法（CCC）与动态条件相关估计方法（DCC）对中国经济和金融数据进行计量研究发现，从 1999 年起，金融改革和开放的不断深化使得金融和实际经济周期之间呈现出更加紧密的动态关联关系。邓创和徐曼（2014）采用时变参数向量自回归模型分析了金融周期波动对宏观经济的影响，其研究结果显示，中国金融周期的长度大致为 3 年，且存在扩张周期长、收缩周期短的非对称性特征。马勇和李镏洋（2015）基于 11 个代表性金融变量，通过在总供给与总需求方程中分别纳入金融因素分析了金融变量和实体经济之间的关系，其基于中国季度数据的研究结果显示，金融变量与实体经济变量之间存在着普遍关联，且金融变量相对于实体经济变量而言具有不同程度的领先性，这为基于金融周期的前瞻性宏观调控提供了重要依据。陈雨露等（2016）将金融周期明确划分为高涨期、衰退期和正常期三阶段，其基于 68 个经济体 1981—2012 年面板数据的研究发现，金融周期的平稳运行是经济增长和金融稳定的重要基础，而金融周期的高涨或衰退都会对经济增长和金融稳定带来不利影响，此外，金融周期波动的上升会削弱一国的经济增长，增加发生金融危机的风险。

在"金融周期-经济活动"传导机制的研究方面，金融周期可以通过多种渠道影响经济活动，包括家庭资产负债表渠道、企业投融资渠道和公共债务渠道等。首先，从家庭资产负债表渠道来看，Reinhart 和 Rogoff（2009）认为，导致危机复苏缓慢的重要原因之一是债务人的去杠杆过程导致了家庭部门长期的低支出行为。Jorda 等（2016）发现，2008 年国际金融危机的先行现象是许多国家的家庭抵押债务升高。Krishnamurthy 和 Muir（2017）也发现，当房屋价格下降时，背负抵押债务的高杠杆家庭资产负债表恶化，从而会削减支出，导致实体经济活动下降。Mian 和 Sufi（2009，2012）基于截面数据的研究发现，在危机前业已经历房价暴涨及抵押债务剧烈上升的地区，在危机期间都发生了房价的暴跌以及实体经济活动的大幅削弱。该研究将危机期间的消费、就业等实体经济活动的测量指标与家庭净财富的下降联系起来，为家庭资产负债表渠道提供了一些可信证据。

其次，从企业投融资渠道来看，一般而言，当金融周期处于繁荣阶段时，信贷增速过快将大幅降低企业的融资约束和融资成本，使企业倾向于通过债务融资来获得投资资金；而当金融周期由繁荣走向衰退时，大幅下降的信贷增速将使企业面临无法预期的高融资约束，进而债务融资渠道受限，这将造成两方面后果，一是企业无法有效获得新债务资金来偿还旧债，导致债务风险不断积累；二是企业无法对可能获得更好收益的项目追加投资，导致企业收益下降（Gao and Xu，2018）。这两种影响反映至宏观层面，就出现了金融周期过冷导致宏观经济增速进入低迷期，并伴随金融风险不断积累。此外，还有一些研究表明，在金融周期由繁荣转向衰退的过程中，由于不同类型的企业面临的融资约束变化具有很大差异，因此其债务风险的反应也具有异质性（Mulier et al.，2016；Drobetz et al.，2017）。在 Larkin 等（2018）的研究中，金融周期对企业投资现金流敏感度的影响在发达国家和发展中国家存在显著差别，但国内企业的投资现金流敏感度依然保持在较高的水平。Figueroa 等（2018）构建了一个引入企业贷款逆向选择的动态理论模型，揭示了信贷周期通过影响企业贷款行为进而影响经济周期的内在机制，在该模型中，由金融周期所带来的融资逆向选择和企业债务风险过高会导致过度的债务扩张，从而加大经济下行风险。在投资渠道方面，Hall（2014）认为，危机期间投资支出的大幅缩水极大地减少了资本存量。苗文龙等（2018）选取 4 个总量型及价格型变量表征金融周期，同时以行业技术投入率表征行业技术周期，通过将上述指标分成扩张与紧缩两种状态并结合交叉谱分析，作者发现：在技术投资扩张期，金融市场及银行推动了行业技术创新投入；在技术投资紧缩期，高密度创新型行业紧缩引发金融市场的剧烈波动，而低密度创新型行业技术投入的不景气可以从银行渠道得到一定的缓解。

最后，从公共债务渠道来看，考虑到金融市场、实体经济和公共财政密切相关，越来越多的研究开始讨论金融周期对公共债务周期的影响（Afonso et al.，2011；Benetrix and Lane，2013；Jorda et al.，2015）。根据 IMF（2015）的研究，动态债务/GDP 是一种被广泛使用的衡量财政健康状况的指标，金融周期可以通过影响该指标的分子和分母两个渠道影响公共债务。同时，金融周期对名义债务也存在着直接或间接的影响（Budina et al.，2015），其中直接影响来自在信贷繁荣和资产积累之后拯救银行的需要（Dell' Ariccia et al.，2012；Crowe et al.，2011），而间接影响则通过如下"金融-实体经济"关联机制传导：金融衰退导致更高的风险溢价，于是信贷紧缩，消费和投资减少，进而导致总需求下降和收入永久性减少，最终引起公共债务的增加（Liu et al.，2015）。Budina 等（2015）基于机制转换VAR 模型分析了金融冲击对公共债务的影响，发现在公共债务大幅增加以应对消极的金融冲击时，金融冲击的影响仅略有缓解，而公共债务在应对积极的金融冲击时却略有下降。Poghosyan（2015）采用持续时间模型研究了 1960—2014 年间 57个发达经济体和新兴经济体公共债务周期的决定因素，其研究结果表明，金融周期与债务周期的关系存在不对称性：在信贷和金融市场过热之前的债务扩张往往比其他扩张持续的时间更长，但金融周期与债务收缩之间则没有显著关联。在公共债务周期的持续时间方面，Baldacci 等（2012）利用 1980—2010 年发达经济体和新兴经济体的数据，分析了调整混合因素对财政整顿的影响，发现支出驱动的财政整顿是缩短整顿周期的关键，但当调整需求较大时，收入驱动的调整会更有效。金成晓和李梦嘉（2018）对中国的金融周期和财政可持续性之间的关系进行分析，发现在金融萧条期，金融周期调整后的财政余额大于传统经济周期调整后的财政余额，而在金融中性产出缺口及相应潜在产出基础上调整的财政余额，则在一定程度上可以消除金融周期对精确判断财政可持续性的负面影响。

三、金融周期与宏观政策

如上文所述，由于金融周期对经济活动有着重要影响且二者之间存在相互影响和彼此作用的内在机制，这使得不考虑金融周期的传统宏观政策不可避免地面临短期低效和长期失效的问题，系统的政策改革已成必然选择。在金融周期与宏观政策之间的关系方面，现有的文献主要包括三大类：第一类文献集中讨论了金融周期（稳定）与货币政策之间的关系，第二类文献主要讨论金融周期（稳定）和宏观审慎政策之间的关系，第三类文献主要讨论如何通过多种政策的协调搭配来应对金融周期波动所导致的金融不稳定。

在金融周期（稳定）与货币政策之间关系的讨论方面，2008 年危机之前的研究大都只考虑实体经济方面的变量，如产出、通胀、就业、投资和消费等，金融因素的考虑较少。危机之后，大量经验研究表明，物价水平稳定并不足以确保金融稳定，而金融的长期失衡常常导致金融不稳定和经济危机，因此，中央银行需要在通胀温和时期及时识别出潜在的金融失衡，并采取相应的措施予以应对。据此，很多学者开始讨论货币政策是否以及如何将金融周期（稳定）纳入考虑。不少研究认为，由于金融周期和经济周期之间存在明确的动态关联关系，这使得货币政策决策不能不考虑金融周期的影响，即使在短期通胀已经得到控制的情况下也是如此（Christiano et al.，2010；Castro，2011；Claessens et al.，2012；Albulescu et al.，2013）。不过也有研究持谨慎态度，比如 Smets（2013）及 Ueda 和 Valencia（2014）就认为，中央银行可能难以很好地同时兼顾经济和金融稳定目标，这会使货币政策的声誉和有效性遭遇挑战。尽管如此，大部分研究仍然倾向于认为，至少在缺乏其他手段和政策工具的情况下，中央银行应该将金融稳定作为一个新的中间目标纳入政策框架（Curdia and Woodford，2010；Carlstrom et al.，2010）。在国内研究方面，周炎和陈昆亭（2012）使用 BP 滤波法提取我国 1992—2011 年主要宏观经济和金融季度数据的短期波动特征，并在 DSGE 框架下构建了包含内生信贷的金融周期模型，其模拟分析结果显示，考虑信贷等金融周期因素的 DSGE 模型能更好地拟合实际经济的运行，同时，中央银行在货币政策操作中存在不纯粹的规则行为，即当面对外部极端冲击时会时常修改反应规则。孙国峰（2017）指出，后危机时代的货币政策目标应该将金融周期的成本-收益分析纳入考量范围，在通胀温和的背景下，金融周期应成为货币政策的重要参考因素。马勇等（2017）通过扩展传统新凯恩斯三方程模型，将金融周期变量引入模型系统，构建了开放条件下的八方程模型，并在该框架下考察了包含金融周期稳定目标的货币政策规则在维护经济金融稳定方面的效果，其模拟分析结果支持中央银行应该将金融周期的稳定作为目标纳入货币政策框架。在较近的一项研究中，马勇和谭艺浓（2019）在一个包含金融状态变化和货币政策范式转变的 DSGE 模型框架下，提出并论证了一个新的宏观审慎操作思路：对于处于正常范围内的金融资产价格波动，中央银行没有必要做出直接的政策反应，但如果金融资产价格的波动明显超过其均衡水平时，货币政策则有必要做出直接的反应，这种视金融状态变化而灵活决定的货币政策规则将有助于经济和金融体系的共同稳定，从而显著提升社会福利，并且政策实施的成本更低、效率更高。

在金融周期（稳定）与宏观审慎政策之间关系的讨论方面，2008 年金融危机之后，传统微观审慎监管在防范金融系统性风险方面的缺陷与不足得到了深刻反思，宏观审慎政策逐步进入理论和政策视野。宏观审慎政策的目标在于从时间和空间两个基本源头抑制系统性风险的过度积累，从而有效填补原有微观审慎监管的缺陷。一般而言，宏观审慎工具大致可分为两大类（Blanchard et al.，2013）：一是用于影响银行等出借资金者行为的工具，如随时间变化的资本要求、杠杆比率或动态配置等；二是影响借款人行为的工具，如对贷款与抵押物价值比率（LTV）或债务与收入比率（DTI）设置上限等。不少研究显示，LTV 工具在降低价格冲击和控制资产价格与信贷之间的反馈方面有明确效果，特别是在抑制房地产市场繁荣方面（Crowe et al.，2011；IMF，2011；Wong et al.，2011）。Lim 等（2011）考察了宏观审慎政策与信贷和杠杆发展之间的联系，他们发现，对贷款与抵押物价值比率（LTV）、债务与收入比率（DTI）、贷款/损失拨备、外汇贷款限制和准备金要求设置上限，可以帮助抑制信贷和银行业杠杆率的顺周期性。Funke 和 Paetz（2012）基于中国香港的数据比较分析了线性和非线性贷款价值比规则的政策效果，发现非线性贷款价值比规则能相对更好地抑制房价周期对经济的冲击。在 Suh（2012）的研究中，逆周期的资本缓冲政策能够起到促进信贷周期稳定的作用，而贷款价值比政策却可能诱发监管套利，导致信贷资金从房地产市场向监管强度相对更低的商业部门转移。Jimenez 等（2012）基于西班牙的研究发现，动态准备金在控制信贷供应周期方面是有用的，即使它不足以阻止信贷繁荣（Saurina，2009），特别是，在经济困难时期，动态拨备有助于平稳经济下滑，在经济衰退期间维持企业的信贷可用性和业绩。Zhang 和 Zoli（2014）回顾了自 2000 年以来 13 个亚洲经济体和 33 个其他经济体使用的主要宏观审慎工具和资本流动指标，并研究了它们的效果，其研究结果显示，这些措施有助于抑制房价增长、股权流动、信贷增长和银行杠杆率，其中贷款与抵押物价值比率上限、住房税收措施和外汇相关措施效果最为明显。

Aysan 等（2015）研究了 18 个新兴市场经济体的 6 个宏观审慎工具，发现以借款为基础的措施能有效抑制信贷增长，但政策有效性存在 2～3 个季度的滞后，且对更明显的金融周期的影响更为显著。Tavman（2015）基于 Gertler 和 Karadi（2011）的模型框架，分析了钉住信贷总量的资本充足率要求、准备金率要求和监管溢价等宏观审慎政策工具的有效性。Cerutti 等（2015）对 2000—2013 年 119 个国家的研究发现，宏观审慎工具在降低信贷增长方面是有效的，但它们的有效性随着政策工具、国家和信贷周期状况不同而有所变化。在国内研究方面，李文泓（2009）指出，为维护金融稳定，不仅需要完善传统的贷款损失计提、准备金率要求、资本监管规则等制度要求，还需要加入逆周期的监管工具来应对金融顺周期性，从而平抑信贷活动，减轻资产价格波动的冲击，促进金融稳定。黄聪和贾彦东（2010）基于银行间支付清算数据构筑了一个用于刻画金融风险传导的网络模型，模型分析发现，中国银行间网络既含重要节点，又含局部团状结构，且 2008 年后的宏观调控政策对金融网络稳定性的提高作用显著。张健华（2012）认为，中国的宏观审慎政策实践应考虑到银行信贷仍在社会融资总量中占较高比例，在构筑逆周期性宏观调控机制中既要注重价格型变量变化，也要注重总量型指标增长，巩固宏观审慎管理。方意（2016）对比研究了不同情景下的宏观审慎政策及其组合搭配的有效性，发现钉住目标和最终监管对象的一致性是政策有效的基本前提，而钉住房价的贷款与抵押物价值比率政策以及钉住产出和信贷的存贷比政策在中国总体是有效的。李天宇等（2017）在 DSGE 模型框架下引入系统性风险指标，并在此基础上考察了各种宏观审慎政策工具的有效性，他们发现，考虑金融稳定的货币政策和宏观审慎监管都能产生积极的稳定效应，但宏观审慎监管作为一种常备政策在总体上要优于货币政策。杨昊龙等（2017）基于定性向量自回归模型分析了金砖国家不同类型宏观审慎工具的有效性，发现资本类和流动类工具的有效性表现较差，而税收类和信贷类工具的表现较好，同时，宏观审慎政策的有效性呈现出不对称特征，在经济繁荣期实施紧缩政策的有效性要高于在经济衰退期实施扩张政策。范小云等（2017b）通过对比中日两国的金融周期波动，发现中国通过实施宏观审慎政策，避免企业出现类似于日本泡沫经济时代的财务投机现象，从而有效缓解了资产泡沫滋生与破灭所带来的剧烈冲击。马勇和姚驰（2017）对监管压力、经济周期和宏观审慎政策之间的关系进行了实证研究，发现逆周期的宏观审慎政策总体有效，同时经济周期的变化会对宏观审慎政策的效果产生影响，表现在经济上行期的政策效果相对较弱，而经济下行期的政策效果则相对较强。荆中博和方意（2018）在政策工具有效性的基础上提出"靶向性"（即政策目标影响政策工具的机制）的概念，并通过实证研究发现，贷款与抵押物价值比率政策以房价为靶向目标且有效性较强、以贷款为非靶向目标且有效性较弱；而存款准备金政策则同时以贷款和房价为靶向目标，且有效性均较强。

在金融周期（稳定）与多种政策之间的协调搭配方面，其中一大类文献强调了宏观审慎政策和货币政策之间的协调问题。比如，IMF（2009）和 BIS（2009）均指出，货币稳定和金融稳定这两个基本目标在长期中具有一致性，货币政策和宏观审慎政策之间通过有效的配合，能够显著增强政策效果，同时降低单一政策的负担。N' Diaye（2009）基于简化的货币政策模型，分析了逆周期的宏观审慎监管政策对货币政策的支持效果。Kannan 等（2009）基于 DSGE 模型的模拟分析表明，宏观审慎政策可以通过抑制信贷市场的周期性产生积极的稳定效应，同时，如果货币政策对信贷扩张和资产价格做出必要的反应，将进一步提升政策的稳定效应。此外，宏观审慎与货币政策之间可能存在高度互动，两者都影响信贷的供求和风险偏好（IMF，2013），同时，随着时间的推移，更宽松的货币政策可能会刺激借款人和贷款人提高杠杆率，从而在面对不利冲击时更加脆弱（Adrian and Liang，2014）。这种货币政策和宏观审慎政策之间的高度相互依赖性使得宏观审慎政策遇到政治约束或游说压力时，可能需要妥协（Dell' Ariccia et al.，2012；Porters，2014），因此，宏观审慎政策工具与货币当局使用的工具之间应具备足够的差异性，以防止决策者之间的协调问题（De Paoli and Paustian，2013）。政策制定者之间的合作效应也是 Angelini 等（2014）模型的核心。Bruno 等（2015）研究宏观审慎政策和资本流动管理政策如何与财务结果相关，他们发现，银行业和债券市场的资本流动管理政策分别在减缓银行和债券流入方面是有效的，此外，还有一些证据显示，当宏观审慎政策通过加强货币紧缩来补充货币政策时，其效果比反方向的政策更好。在国内研究方面，马勇和陈雨露（2013）通过构建内生化金融部门的 DSGE 模型，研究了货币政策、金融监管和信贷政策三者之间的协调搭配问题，发现三种政策通过合理的搭配组合，能够更好地稳定经济和金融体系，同时应避免政策方向和力度使用不当所引发的政策冲突问题。在目标协同方面，周莉萍（2018）指出货币政策与宏观审慎政策的协作能更好地稳定金融体系，但两类政策的调控目标各有侧重点，需与经济发展阶段和国情相适应。范从来和高洁超（2018）在 DSGE 框架下探讨了"控风险、保增长、稳物价"三目标下的货币政策与监管如何实现最佳配合的问题，其研究结果显示，逆周期资本监管在缓解金融冲击方面效果更好，同时来源不同的金融冲击对经济的影响路径并不相同。在对于中国"双支柱"政策的研究中，程海星（2018）运用滚动回归 VAR 模型和累计脉冲响应函数分析了三种宏观审慎政策工具在金融周期主要阶段（金融平稳期、大幅波动期和企稳期）与货币政策的配合度及稳定效果，其研究结果显示，在维护金融稳定方面，宏观审慎政策的作用更加积极和有效，应被视为主要政策工具，同时，在金融剧烈波动期，流动性比例监管政策效果最佳，而在金融平稳期，货币政策配合宏观审慎政策效果最好。朱军等（2018）的研究考虑了财政问题，发现财政整顿政策与宏观审慎"双支柱"政策相互协作较单一的"双支柱"调控更有优势，能在确保金融稳定的基础上进一步提升社会福利。

四、未解决的问题和进一步的研究方向

尽管有关金融周期、经济活动和宏观政策的研究已经产生了大量相关文献，但从目前的情况来看，仍存在以下几个方面尚未完全解决的问题：一是在金融周期的测度和分析方面，关于测度的基础指标筛选、方法选择和分析应用等都远未达成共识，基于特定目标（如金融稳定监测或作为政策钉住对象）的金融周期指数开发依然是一项长期工作；二是在金融周期和经济活动之间的关系方面，虽然实证分析已经较为丰富，但是如何在一般均衡框架下重建金融周期影响实体经济的微观基础，依然有很多具体工作需要完成；三是在宏观政策的选择方面，尽管金融周期波动所引发的金融失衡对宏观经济和金融稳定的重要性已经达成了普遍共识，但如何在多工具的背景下选择合适的政策工具或工具组合来维护金融和实体经济的共同稳定，现有研究依然处于非常初步的阶段。

根据上述尚未解决的问题，未来的进一步研究方向包括以下三个基本方面：

（1）构建能够全面反映金融体系整体状况和具有前瞻预警功能的金融周期综合指数，并在此基础上区分和探讨不同层次的金融周期指标（货币周期、信贷周期、金融市场周期和总体金融周期）在经济活动中的不同影响和作用机制。应该指出，尽管目前已经有大量基于不同指标构建的金融周期度量方法，但是大部分研究仍然局限于从货币、信贷、利率或资产价格（房价、股价）等选择一两种进行代表性分析，真正从金融体系的整体视角选择多部门的多个结构性指标来合成金融周期综合指数的文献仍然相对较少，并且在指数构建的准确性、有效性和前瞻性等方面还存在很大的改进空间。因此，基于金融体系的内在结构选择若干具有代表性的指标，并通过科学的方法合成能够全面反映金融体系整体状况、结构性变化和具有前瞻预警功能的金融周期综合指数，仍然是未来相当长一段时间内值得研究的重要问题。此外，由于基于不同指标集所构建的金融周期指数往往反映了不同层次和维度的金融周期，如货币周期、信贷周期、金融市场周期和总体金融周期等，如何理解这些不同层次的金融周期之间的内在联系以及它们和经济周期之间的关系，也是未来研

究值得探讨的问题。这一方面有助于进一步确认金融周期在经济周期中的作用，另一方面有助于区分不同层次的金融周期在经济周期中的不同影响以及它们之间的相互作用机制。

（2）通过构建包含金融周期变量的 DSGE 模型，进一步明确金融周期影响实体经济的微观基础，为分析金融周期和经济活动之间的内生性传导机制奠定理论基础。近年来，尽管在 DSGE 模型中引入各种金融变量和银行部门的做法已经非常常见，但变量的引入往往仅限于货币、信贷、信用利差等单个特定的金融变量，引入综合性的金融周期变量的建模还非常少见；同时，银行部门的引入也是高度简化的，包括金融市场和其他金融机构（基金公司、投资银行、保险公司等）在内的金融部门仍然较少被考虑，这意味着现有 DSGE 模型中的金融部门建模还处于非常初级的阶段，金融体系作为一个整体如何影响实体经济的微观基础尚不十分明确，金融体系内部各部门之间的相互作用和反馈机制也未被充分考虑。在这种情况下，未来 DSGE 建模的一个重要考虑是通过构建一个同时包括主要金融机构（商业银行、基金公司、投资银行、保险公司等）和主要金融市场（银行间市场、股票市场、债券市场、衍生品市场）的完整金融体系，进一步明确金融影响实体经济的微观基础和内生传导机制。此外，由于金融和实体经济之间可能还存在着非线性的传导机制，特别是在金融不稳定时期，这意味着在包含金融周期和完整金融体系的 DSGE建模过程中，如何纳入对非线性传导机制的考虑也是一个重要的研究方向。

（3）在一般均衡框架下创新多种新型政策规则工具（如各种结构性货币政策工具和宏观审慎政策工具）的建模，为分析"多政策、多工具"条件下的复杂政策组合效应开辟道路。现有一般均衡框架下的政策组合文献主要有两大类：一是传统的货币政策和财政政策组合搭配的文献，二是新近的货币政策和宏观审慎政策组合搭配的文献。这些文献在建模时主要考虑传统的政策工具，并且较少涉及多种政策工具（如三种或以上）条件下的政策组合搭配问题。但在现实中，近年来中央银行的货币政策工具不断创新，已不限于传统的利率和货币供应量工具，同时各种宏观审慎政策工具也层出不穷。与此同时，近年来的政策实践表明，不仅货币政策、财政政策和宏观审慎政策之间需要两两协调，三者在同一个框架下的同时协调也非常必要。在此背景下，如何在一般均衡框架下实现对多种新型政策工具的标准化建模，并在此基础上分析讨论各种可能的政策工具组合形态及其经济金融稳定效应，将是未来宏观政策研究领域的一个长期热点、重点和难点问题。这一问题的分析和讨论将有助于为宏观经济和金融政策之间的协调与搭配提供优化选择方案，特别是有助于为未来全面宏观审慎政策框架的构建提供思路，从而为相关政策的改革和实践提供参考。

参考文献

1. Adrian, T., and Liang, N. (2014). "Monetary Policy, Financial Conditions, and Financial Stability," Staff Reports 690, Federal Reserve Bank of New York.

2. Adrian, T., and Shin, H. (2010). "Liquidity and Leverage," *Journal of Financial Intermediation*, 19, 418 – 437.

3. Afonso, A., Baxa, J. and Slavik, M. (2011). "Fiscal Developments and Financial Stress: A Threshold VAR Analysis," ECB Working Paper, No. 1319.

4. Aikman, D., Haldane, A. and Nelson, B. (2015). "Curbing the Credit Cycle," *Economic Journal*, 125 (585), 1072 – 1109.

5. Albulescu, C., Goyeau, D. and Pépin, D. (2013). "Financial Instability and ECB Monetary Policy," *Economics Bulletin*, 33 (1), 388 – 400.

6. Angelini, P., Neri, S. and Panetta, F. (2014). "The Interaction between Capital Requirements and Monetary Policy," *Journal of Money, Credit and Banking*, 46 (6), 1073 – 1112.

7. Antonakakis, N., Breitenlechner, M. and Scharler J. (2015). "Business Cycle and Financial Cycle Spillovers in the G7 Countries," *Quarterly Review of Economics and Finance*, 58 (C), 154 – 162.

8. Aysan, A. F., Fendoglu, S. et al. (2015). "Credit Cycles and Capital Flows: Effectiveness of Macroprudential Policy Framework in Emerging Countries," Central Bank of Turkey, Istanbul, Mimeo.

9. Baldacci, E., Gupta, S. and Mulas-Granados, C. (2012). "Reassessing the Fiscal Mix for Successful Debt Reduction," *Economic Policy*, 27 (71), 365 – 406.

10. Benetrix, A., and Lane, P. (2013). "Fiscal Cyclicality and EMU," *Journal of International Money and Finance*, 34, 164 – 176.

11. Bezemer, D., Grydaki, M. and Zhang L. (2014). "Is Financial Development Bad for Growth?", Research Institute SOM, Faculty of Economics and Business University of Groningen.

12. BIS (2009). "BIS 79th Annual Report," Bank for International Settlements, Basel, Switzerland.

13. BIS (2014). "84th Annual Report: 2013 – 14, Basel," BIS Annual Report, 29 June.

14. Blanchard, O. J., and Leigh, D. (2013). "Growth Forecast Errors and Fiscal Multipliers," *American Economic Review*, 103 (3), 117 – 120.

15. Borio, C. and Drehmann, M. (2009). "Assessing the Risk of Banking Crises: Revisited," *BIS Quarterly Review*, 29 (4), 257 – 261.

16. Borio, C. (2014). "The Financial Cycle and Macroeconomics: What Have We Learnt?",

Journal of Banking and Finance, 395 (C), 182 – 198.

17. Bruno, V., Shim, I. and Shin, H. S. (2015). "Comparative Assessment of Macroprudential Policies," BIS Working Papers 502, Bank for International Settlements, Basel, Switzerland.

18. Budina, N., Gracia, B., Hu, X. and Saksonovs, S. (2015). "Recognizing the Bias: Financial Cycles and Fiscal Policy," IMF Working Paper.

19. Caballero, B. and Ricardo, J. (2010). "Macroeconomics after the Crisis: Time to Deal with the Pretense-of-Knowledge Syndrome," *Journal of Economic Perspectives*, 24 (4), 85 – 102.

20. Carlstrom, C., Fuerst, T. and Paustian, M. (2010). "Optimal Monetary Policy in a Model with Agency Costs," *Journal of Money, Credit and Banking*, 42 (1), 37 – 70.

21. Castro, V. (2011). "Can Central Banks' Monetary Policy be Described by a Linear (augmented) Taylor Rule or by a Nonlinear Rule?", *Journal of Financial Stability*, 7 (4), 228 – 246.

22. Cerutti, E., Claessens, S. and Laeven, L. (2015). "The Use and Effectiveness of Macroprudential Policies: New Evidence," IMF Working Paper, March, 15/61.

23. Christiano, L. and Fitzgerald, T. (2003). "The Band-pass Filter," *International Economic Review*, 44 (2), 435 – 465, 590.

24. Christiano, L., Motto, R. and Rostagno, M. (2010). "Financial Factors in Economic Fluctuations," ECB Working Paper, No. 1192.

25. Claessens, S., Kose, A. and Terrones, M. (2011a). "Financial Cycles: What? How? When?", IMF Working Papers, 11/76.

26. Claessens, S., Kose, A. and Terrones, M. (2011b). "What Happens during Recessions, Crunches and Busts?", *Economic Policy*, 24 (60), 653 – 700.

27. Claessens, S., Kose, A. and Terrones, M. (2012). "How do Business and Financial Cycles Interact?", *Journal of International Economics*, 1, 178 – 190.

28. Crowe, C. W., Igan, D., Dell'Ariccia, G. and Rabanal, P. (2011). "How to Deal with Real Estate Booms: Lessons from Country Experiences," IMF Staff Discussion Note, 11/91.

29. Curdia, V., and Woodford, M. (2010). "Credit Spreads and Monetary Policy," *Journal of Money, Credit and Banking*, 42 (6), 3 – 35.

30. De Paoli, B., and Paustian, M. (2013). "Coordinating Monetary and Macroprudential Policies," Staff Reports 653, Federal Reserve Bank of New York.

31. Dell'Ariccia, G., Deniz, I., Laeven, L. and Hui, T. (2012). "Policies for Macro-Financial Stability: How to Deal with Credit Booms," IMF Staff Discussion Note, No. 12/06., International Monetary Fund, Washington, DC.

32. Diebold, F. X., and Yilmaz, K. (2012). "Better to Give than to Receive: Predictive Directional Measurement of Volatility Spillovers," *International Journal of Forecasting*, 28 (1), 57 – 66.

33. Drehmann, M. and Tsatsaronis, K. (2014). "The Credit-to-GDP Gap and Countercyclical

Capital Buffers: Questions and Answers," *BIS Quarterly Review*, Bank for International Settlements.

34. Drehmann, M. , Borio, C. and Tsatsaronis, K. (2012). "Characterising the Financial Cycle: Don't Lose Sight of the Medium Term," BIS Working Paper, No. 380.

35. Drobetz, W. , Haller, R. and Meier, I. (2017). "The Impact of Liquidity Crises on Cash Flow Sensitivities," *Quarterly Review of Economics and Finance*, 66, 225 – 239.

36. Figueroa, N. , and Leukhina, O. (2018). "Cash Flows and Credit Cycles," *Journal of Banking and Finance*, 87, 318 – 332.

37. Funke, M. , and Paetz, M. (2012). "A DSGE-Based Assessment of Nonlinear Loan-to-Value Policies: Evidence from Hong Kong," BOFIT Discussion Papers, No. 11.

38. Galati, G. , Hindrayanto, I. and Koopman, S. J. (2016). "Measuring Financial Cycles in a Model-Based Analysis: Empirical Evidence for the United States and the Euro Area," *Economics Letters*, 145, 83 – 87.

39. Gao, X. , and Xu, S. (2018). "The Role of Corporate Saving over the Business Cycle: Shock Absorber or Amplifier?", Staff Working Papers, No. 59, Bank of Canada.

40. Gertler, M. , and Karadi, P. (2011). "A Model of Unconventional Monetary Policy," *Journal of Monetary Economics*, 58 (1), 17 – 34.

41. Hall, R. E. (2014). "Quantifying the Lasting Harm to the U. S. Economy from the Financial Crisis," *NBER Macroeconomics Annual*, 29 (1), 71 – 128.

42. Harvey, A. C. (1989). *Forecasting, Structural Time Series Models and the Kalman Filter*, Cambridge University Press.

43. IMF (2009). "Lessons for Monetary Policy from Asset Price Fluctuations," *World Economic Outlook*, Chapter 3, October, International Monetary Fund.

44. IMF (2011). "Macroprudential Policy: An Organizing Framework," International Monetary Fund, Washington.

45. IMF (2013). "Key Aspects of Macroprudential Policy," International Monetary Fund, Washington.

46. IMF (2015). "From Banking to Sovereign Stress: Implications for Sovereign Debt," IMF Policy Paper.

47. Jiménez, G. , Steven, R. , Peydro, J. and Salas, J. (2012). "Macroprudential Policy, Countercyclical Bank Capital Buffers and Credit Supply: Evidence from the Spanish Dynamic Provisioning Experiments," European Banking Center Discussion Paper, 2011 – 2012.

48. Jorda, O. , Schularick, M. and Taylor, A. (2011). "When Credit Bites Back: Leverage, Business Cycles, and Crises," NBER Working Paper, No. 17621.

49. Jorda, O. , Schularick, M. and Taylor, A. (2015). "Sovereigns versus Banks: Credit, Crises, and Consequences," *Journal of the European Economic Association*, 14 (1), 45 – 79.

50. Jorda, O. , Schularick, M. and Taylor, A. (2016). "Macro-Financial History and the New

Business Cycle Facts," NBER Working Papers, No. 22743.

51. Kannan, P., Pau, R. and Alasdair, S. (2009). "Monetary and Macroprudential Policy Rules in a Model with House Price Booms," IMF Working Paper, WP/09/251, 1 - 36.

52. Koopman, S. J., Lit, R. and Lucas, A. (2016). "Model-Based Business Cycle and Financial Cycle Decomposition for Europe and the United States," DNB Working Paper, No. 495.

53. Krishnamurthy, A., and Muir, T. (2017). "How Credit Cycles across a Financial Crisis," NBER Working Papers, No. 23850.

54. Larkin Y., Ng, L. and Zhu, J. (2018). "The Fading of Investment-Cash Flow Sensitivity and Global Development," *Journal of Corporate Finance*, 50, 294 - 322.

55. Levanon, G., Manini, J., Ozyildirim, A., Schaitkin, B. and Tanchua, J. (2015). "Using Financial Indicators to Predict Turning Points in the Business Cycle: The Case of the Leading Economic Index for the United States," *International Journal of Forecasting*, 31 (2), 426 - 445.

56. Lim, C., Columba, F., Costa, A., Kongsamut, P., Otani, A., Saiyid, M., Wezel, T. and Wu, X. (2011). "Macroprudential Policy: What Instruments and How are They Used? Lessons from Country Experiences," IMF Working Paper, No. 11/238.

57. Liu, E., Mattina, T. and Poghosyan, T. (2015). "Correcting 'Beyond the Cycle': Accounting for Asset Prices in Structural Fiscal Balances," IMF Working Paper, No. 15/109, International Monetary Fund, Washington, DC.

58. Ma, Y., and Zhang, J. (2016). "Financial Cycle, Business Cycle and Monetary Policy: Evidence from Four Major Economies," *International Journal of Finance and Economics*, 21, 502 - 527.

59. Mian, A. R., and Sufi, A. (2009). "The Consequences of Mortgage Credit Expansion: Evidence from the U. S. Mortgage Default Crisis," *Quarterly Journal of Economics*, 124 (4), 1449 - 1496.

60. Mian, A. R., and Sufi, A. (2012). "The Effects of Fiscal Stimulus: Evidence from the 2009," *Quarterly Journal of Economics*, 127 (3), 1107 - 1142.

61. Mulier, K., Schoors, K. and Merlevede, B. (2016). "Investment-Cash Flow Sensitivity and Financial Constraints: Evidence from Unquoted European SMEs," *Journal of Banking and Finance*, 73, 182 - 197.

62. N'Diaye, P. M. P. (2009). "Countercyclical Macro Prudential Policies in a Supporting Role to Monetary Policy," IMF Working Paper, No. 257.

63. Poghosyan, T. (2015). "How Do Public Debt Cycles Interact with Financial Cycles?", IMF Working Paper, No. 248.

64. Pontines, V. (2017). "The Financial Cycles in Four East Asian Economies," *Economic Modelling*, 65, 51 - 66.

65. Portes, R. (2014). "Macroprudential Policy and Monetary Policy," in Schoenmaker, D. (ed.), *Macroprudentialism*, CEPR Press, 47 - 60.

66. Raputsoane, L. (2018). "Temporal Homogeneity between Financial Stress and the Economic Cycle," MPRA Paper 91119.

67. Reinhart, C. M., and Rogoff, K. S. (2009). *This Time is Different: Eight Centuries of Financial Folly*, Princeton University Press.

68. Runstler, G. (2004). "Modelling Phase Shifts among Stochastic Cycles," *Econometrics Journal*, 7 (1), 232 - 248.

69. Saurina, J. (2009). "Dynamic Provisioning. The Experience of Spain," Crisis Response, Note No. 7, The World Bank.

70. Schoenmaker, D., and Wierts, P. (2016). "Macroprudential Supervision: From Theory to Policy Action," *National Institute Economic Review*, 235 (1), R50 - R62.

71. Schuler, Y. S., Hiebert, P. and Peltonen, T. A. (2015). "Characterizing the Financial Cycle: A Multivariate and Time-Varying Approach," ECB Working Paper Series, No. 1846.

72. Shen, C., Ren, J., Huang, Y., Shi, J. and Wang, A. (2018). "Creating Financial Cycles in China and Interaction with Business Cycles on the Chinese Economy," *Emerging Markets Finance and Trade*, 54, 2897 - 2908.

73. Smets, F. (2013). "Financial Stability and Monetary Policy: How Closely Interlinked?", *Sveriges Riksbank Economic Review*, 3, 121 - 160.

74. Strohsal, T., Proa, C. and Wolters, J. (2015). "Characterizing the Financial Cycle: Evidence from a Frequency Domain Analysis," SFB 649 Discussion Paper, No. 21.

75. Suh, H. (2012). "Macroprudential Policy: Its Effects and Relationship to Monetary Policy," Federal Reserve Bank of Philadelphia Working Paper, No. 28.

76. Tavman, Y. (2015). "A Comparative Analysis of Macroprudential Policies," *Oxford Economic Papers*, 67 (2), 334 - 355.

77. Ueda, K., and Valencia, F. (2014). "Central Bank Independence and Macro-Prudential Regulation," *Economics Letters*, 125 (2), 327 - 330.

78. Wong, E., Fong, T., Li, K. and Choi, H. (2011). "Loan-to-Value Ratio as a Macroprudential Tools: Hong Kong's Experience and Cross-Country Evidence," Hong Kong Monetary Authority, Working Paper, No. 01.

79. Woodford, M. (2010). "Financial Intermediation and Macroeconomic Analysis," *Journal of Economic Perspectives*, 2 (4), 21 - 44.

80. Zhang, L. and Zoli, E. (2014). "Leaning against the Wind: Macroprudential Policy in Asia," IMF Working Paper, No. 14/22.

81. 曹永琴，李泽祥. 中国金融经济周期与真实经济周期的动态关联研究. 统计研究，2009，26 (05)：9 - 16.

82. 程海星. 金融周期与"双支柱"调控效果. 国际金融研究，2018 (09)：35 - 44.

83. 邓创，徐曼. 中国的金融周期波动及其宏观经济效应的时变特征研究. 数量经济技术经济研究，2014，31（09）：75－91.

84. 范从来，高洁超．银行资本监管与货币政策的最优配合：基于异质性金融冲击视角．管理世界，2018，34（01）：53－65＋191.

85. 范小云，袁梦怡，肖立晟．从金融周期看中日资产价格泡沫．国际经济评论，2017（02）：92－104＋7.

86. 范小云，袁梦怡，肖立晟．理解中国的金融周期：理论、测算与分析．国际金融研究，2017（01）：28－38.

87. 方意．宏观审慎政策有效性研究．世界经济，2016，39（08）：25－49.

88. 黄聪，贾彦东．金融网络视角下的宏观审慎管理——基于银行间支付结算数据的实证分析．金融研究，2010（04）：1－14.

89. 金成晓，李梦嘉．金融周期对我国财政可持续性影响研究．财政研究，2019（03）：93－103＋129.

90. 荆中博，方意．中国宏观审慎政策工具的有效性和靶向性研究．财贸经济，2018，39（10）：75－90.

91. 李天宇，张屹山，张鹤．我国宏观审慎政策规则确立与传导路径研究——基于内生银行破产机制的 BGG-DSGE 模型．管理世界，2017（10）：20－35＋187.

92. 李文泓．关于宏观审慎监管框架下逆周期政策的探讨．金融研究，2009（07）：7－24.

93. 马勇，陈雨露．宏观审慎政策的协调与搭配：基于中国的模拟分析．金融研究，2013（08）：57－69.

94. 马勇，冯心悦，田拓．金融周期与经济周期——基于中国的实证研究．国际金融研究，2016（10）：3－14.

95. 马勇，李镏洋．金融变量如何影响实体经济：基于中国的实证分析．金融评论，2015，7（01）：34－50＋124－125.

96. 马勇，谭艺浓．金融状态变化与货币政策反应．世界经济，2019，42（03）：27－46.

97. 马勇，杨栋，陈雨露．信贷扩张、监管错配与金融危机：跨国实证．经济研究，2009，44（12）：93－105.

98. 马勇，姚驰．监管压力、经济周期与宏观审慎政策效果．经济理论与经济管理，2017（10）：5－16.

99. 马勇，张靖岚，陈雨露．金融周期与货币政策．金融研究，2017（03）：33－53.

100. 苗文龙，钟世和，周潮．金融周期、行业技术周期与经济结构优化．金融研究，2018（03）：36－52.

101. 孙国峰．后危机时代的全球货币政策新框架．国际金融研究，2017（12）：47－52.

102. 王博，李昊然．中国金融周期测度及国际比较研究．经济学动态，2018（06）：61－76.

103. 杨昊龙，方意，李宪铎，宋辉鹏．"金砖国家"宏观审慎政策有效性研究．宏观经济研究，2017（01）：163－175.

104. 伊楠，张斌．度量中国的金融周期．国际金融研究，2016（06）：13－23.

105. 张健华，贾彦东. 宏观审慎政策的理论与实践进展. 金融研究，2012 (01)：20 - 35.

106. 周莉萍. 货币政策与宏观审慎政策研究：共识、分歧与展望. 经济学动态，2018 (10)：100 - 115.

107. 周炎，陈昆亭. 金融经济周期模型拟合中国经济的效果检验. 管理世界，2012 (06)：17 - 29＋187.

108. 朱军，李建强，张淑翠. 财政整顿、"双支柱"政策与最优政策选择. 中国工业经济，2018 (08)：24 - 41.

109. 朱太辉，黄海晶. 中国金融周期：指标、方法和实证. 金融研究，2018 (12)：55 - 71.

包含金融部门的 DSGE 模型

动态随机一般均衡（dynamic stochastic general equilibrium，简称 DSGE）模型以跨期效用最大化的宏观经济模型为基础，试图通过描述 GDP、消费、投资、价格、工资、就业、利率等变量的动态变化来解释经济周期，同时分析宏观经济和金融政策对经济波动的影响。一般认为，DSGE 模型建立在一套连贯的跨期一般均衡的微观基础之上，不仅提供了一个逻辑一致的分析框架，而且有效避免了卢卡斯批判（Lucas critique），因而迅速成为主流宏观经济学建模的标准方法，并在各种宏观经济政策分析中得到广泛运用。

本轮危机爆发之前，DSGE 建模通常并不考虑金融因素，因为在主流的新古典范式之下，货币与金融都只是实体经济的"一层面纱"，并不产生实质性的影响。这一立场一直主导着危机前 DSGE 建模的基本思维。但实际上，基于新古典的主流经济学模型对宏观经济波动和经济周期的认识一直隐含着许多潜在误区，其中之一便是严重低估了金融体系对宏观经济运行和周期波动的影响。"金融体系的脆弱性可能会通过信贷紧缩影响实体经济，这一点似乎早已成为众多经济学家的共识，然而自相矛盾的是，现代经济学分析中几乎从未提及金融部门的问题"（White，2009）。对此，Beans（2009）也旗帜鲜明地指出，"在宏观经济学关于利率和价格重要性的主流分析中，几乎没有对金融中介的表述"。

　　本轮金融危机之后，金融体系对宏观经济的重要影响得到了深刻反思，越来越多的经济学家开始承认，忽略金融因素的宏观经济学模型是不完善的。经过危机后短暂的激烈争论，大量经济学家开始积极投身于包含金融因素的 DSGE 模型的开发。从文献分布来看，2007 年以来，特别是 2010 年以来，试图在主流宏观经济模型中植入金融因素的模型大量涌现。这些模型大都通过使用金融加速器或抵押品约束框架，连同一个界定清晰的银行部门来引入金融体系的内生性影响。这种建模策略的主要目的在于，既要纳入传导机制中的信用渠道，又要考虑同金融体系尤其是银行部门相关的摩擦因素。除金融摩擦之外，大部分模型还沿用了新凯恩斯模型关于价格刚性（包括名义刚性和实际刚性）的基本假定，以确保短期内货币政策的非中性。

一、包含金融部门 DSGE 模型的基本建模思路

　　从建模方法来看，将金融因素纳入主流的宏观经济模型，其核心工作是要对模型中的金融传导机制置于一般均衡框架下进行标准化处理。从目前已有的文献来看，在主流宏观经济模型之中植入金融因素（部门）的建模策略主要有四种模式：一是围绕金融加速器机制进行建模，二是围绕抵押物约束机制进行建模，三是围绕银行资本机制进行建模，四是围绕银行（信贷）利差进行建模。由于上述四种机制无论是在理论上还是实践中都不具有排他性，因此，有时候研究者会在一个模型框架下同时植入两种或两种以上的机制。为行文方便，对于同时存在两种及两种以上机制的文献，将根据其建模重点进行技术性的分类处理。

（一）围绕金融加速器机制进行建模

　　这一类文献主要是基于 Bernanke 和 Gertler（1996）及 BGG（1999）的金融加速器理论，其基本思想可以追溯到 Bernanke 和 Gertler（1989）的金融代理人模型。在金融加速器理论框架下，由信息不对称和代理问题所导致的信贷市场摩擦会导致外部融资成本高于内源融资，即存在所谓的"外部融资溢价"。通常情况下，由于企业的投资水平依赖于其资产负债表状况，因而较高的现金流和资产净值可以增加内部融资来源和提供更多的抵押品，从而减少外部融资的成本。当企业遭遇正向或负向的外部冲击时，其净值会随之升高或降低，这种效应会经由信贷市场放大，并产生远大于初始冲击的影响，这就是所谓的"金融加速器效应"。金融加速器效应既可以通过资产价值和留存收益下降等实际性冲击实现，也可以通过货币政策等货

币性冲击实现。当中央银行实施紧缩性的货币政策时，信贷机制对消费和投资的影响将通过以下两种渠道得到强化：资产负债表渠道和银行贷款渠道，前者增加了信息溢价，后者减少了可贷资金的总量。

传统的金融加速器框架通常并不需要对银行部门或金融体系进行标准模块化处理，而主要是通过家庭和企业部门之间的借贷关系来体现金融摩擦的影响，基本做法是利用金融合约在资本财富比（杠杆率、债务/资产、债务/净财富）和外部融资溢价之间建立起单调递增的线性关系。根据这一关系，事后的信息不对称产生了内外部融资之间的溢价关系，而外部融资溢价水平的逆周期性则成为放大初始冲击的核心传导机制。在建模方法上，将金融加速器机制嵌入 DSGE 模型的通常做法是在原有方程系统的基础上增加关于外部融资溢价的方程以及企业家的净财富积累方程。遵循这一思路的文献包括 Christensen 和 Dib（2008），De Graeve（2008），Nolan 和 Thoenissen（2009），Christiano 等（2010），Suh（2011），Hirakata 等（2011），Kitney（2018）等。

Goodfriend 和 McCallum（2007）通过在 BGG 模型的基础之上引入一个完全竞争的银行部门，描述了不同类型利率之间的差异和相互影响，以及中央银行是如何被忽略银行部门的标准模型所误导的。在银行部门建模方面，该模型采用了与企业部门建模类似的方法，即主要通过生产函数设置和预持现金假定（CIA）来引入银行部门的贷款创造。Christensen 和 Dib（2008）从两个方面拓展了 BGG 模型：一是债务合约以名义利率的方式写出，以纳入衰退时可能发生的"债务 - 通缩"效应；二是使用扩展的泰勒型货币政策规则，即中央银行的短期名义利率不仅对产出和通胀做出反应，同时也对货币增长的变动做出反应，这一扩展有利于对金融加速器机制中的货币性冲击进行刻画。De Graeve（2008）将外部融资溢价引入新凯恩斯 DSGE 模型并估算了美国经济的外部融资溢价，发现外部融资溢价是引发宏观经济波动的一个重要因素。Nolan 和 Thoenissen（2009）将金融冲击纳入企业的净财富方程式，并利用金融加速器模型实证考察了金融冲击与战后美国经济周期的关联性，其研究结果表明，金融冲击不仅与外部融资溢价显著负相关，而且与经济衰退的关联性程度要高于技术冲击和货币性冲击。Christiano 等（2010）将银行部门和金融市场加入含有金融加速器的 DSGE 模型，并重点考察了金融加速器渠道和银行资金渠道两种传导机制对经济波动的影响。Christiano 等（2010）基于美国和欧元区经济数据的研究结果表明，金融因素——包括金融合约中的代理问题、银行面临的流动性约束以及改变市场风险预期和干扰金融中介运行的冲击——是宏观经济波动的主要决定因素。Walque 等（2010）建立了一个包含异质性银行的银行间市场模型。在他们的框架中，包括银行在内的代理人可以对其金融债务违约，内生的违约率产生逆周期的风险溢价，从而发挥金融加速器作用。Beaton 等（2010）提出考虑跨境借款，并通过假设企业贷款中有源源不断的份额来自跨境借款，进一步将金融加速器机制推广至带有金融摩擦的多国模型之中。Hirakata 等（2011）在其包含金融加速器的 DSGE 模型中引入了连锁信贷合同，在这一模型中，由于金融机构和企业家均受到信贷约束，因而金融机构和企业家的净财富和跨部门分布成为决定市场借款利率的关键因素。Suh（2011）在一个新凯恩斯 DSGE 框架下对 BGG 的金融加速器机制进行了改进，其做法是引入一个风险分担的银行部门（包括存款银行和贷款银行）和二元信贷市场（商业贷款和家庭贷款），并且同时在商业贷款和家庭贷款合同中纳入了金融加速器机制。王立勇等（2012）在开放 DNK-DSGE 模型框架下研究了黏性价格、黏性信息和混合黏性条件下金融加速器效应及其作用机制。李天宇等（2017）在包含金融加速器的 DSGE 模型基础上内生银行破产机制，构建了银行业系统性风险的刻画指标，并在这一模型框架下研究了宏观审慎政策规则的确立与传导路径。Kitney（2018）基于存在金融加速器的 DSGE 模型评估了中央银行是否应该在货币政策规则中对金融因素作出反应，其结论支持将资产价格或信贷息差纳入货币政策规则中。

从实证和模拟分析结果来看，通过引入金融加速器机制和外部融资溢价，可以在一定程度上改善模型与实际经济的契合度，比如对宏观经济波动程度和持续性特征的刻画（Christensen and Dib，2008；Christiano et al.，2010；Hirakata et al.，2011），但由于外部融资溢价通常是从资本生产者净财富的现值导出，对预期效应的忽略使其在捕捉经济衰退期的违约率升高方面能力有限。

（二）围绕抵押物约束机制进行建模

这一类文献主要以 Kiyotaki 和 Moore（1997）的信贷周期模型为基础，其基本思想是通过对抵押物价值变动及其对信贷限制的影响来刻画冲击的加速机制。在抵押物约束框架下，借款行为受到可用合格抵押物的数量限制（如家庭住房、土地和企业实物资本等），当这些抵押物遭遇负向冲击时，财富净值的下降会使得面临信贷限制的企业被迫削减投资（包括对抵押资本的投资），投资需求的下降会引发未来预期产出和收入的下降，进而导致抵押物需求和价格的进一步下降。由于预期和实际的抵押物价格陷入轮番下降，面临信贷限制的企业将被迫大幅削减投资，从而产生所谓"信贷周期"现象。

与金融加速器机制类似，抵押物约束机制也主要是通过资产价格和不完全信贷市场的彼此作用来产生冲击放大效应的，但与金融加速器机制不同的是，在抵押物约束机制下，借款人的净财富会直接影响其借款限制，而不是像金融加速器机制那样是间接地通过外部融资溢价产生影响。在抵押物约束框架下，借贷限制源于受限的合同执行力：由于贷款人无法确保借款人偿还其债务，因而就需要有抵押物来确保合同的执行，从而产生"借者愿还、贷者愿借"的激励。在建模方式的处理上，对抵押物约束机制进行建模的核心问题是要刻画由抵押物价格变化所引发的冲击传导过程及其经济效应。在主流文献中，将抵押物约束机制引入一般均衡模型的基本做法是将某个代表性抵押物（如房地产、土地、资本等）引入家庭部门的效用函数或企业部门的生产函数，从而在抵押物价格和消费或产出之间建立起联系。遵循这一思路的文献包括 Iacoviello 和 Neri（2010），Liu 等（2010），Andres 和 Arce（2012），Yepez（2012），Buera 和 Nicolini（2020）等。

在 DSGE 模型中引入抵押物约束，通常需要考虑异质性的代理人，流行的建模方式是通过区分耐心家庭和非耐心家庭来实现。在 Iacoviello 和 Neri（2010）的模型中，耐心家庭积累住房资产，并为非耐心家庭提供资金；而非耐心家庭则消费并向耐心家庭借款，但由于无法保证债务偿还，非耐心家庭在借款时需使用其住房作为抵押。通过将住房纳入家庭部门的效用函数，并将其作为非耐心家庭借款的抵押物，Iacoviello 和 Neri（2010）的模型在住房价格和家庭消费之间建立起了联系，并在模拟分析中捕捉到了与实际数据相一致的家庭消费波动程度。针对早期文献认为信贷约束机制通常较弱的观点，Liu 等（2010）通过在其模型中引入受信贷约束的企业家，实现了对住房价格和商业投资之间联动关系的建模。在这一模型中，一个正向的住房需求冲击将提升房地产价格和企业家的财富净值，企业家借款能力的上升将增加其进行商业投资的激励和能力，因此，源于住房需求的初始冲击会通过房地产价格和投资的动态作用而放大其宏观经济影响。Andres 和 Arce（2012）的模型包含了一个不完全竞争的银行贷款市场，并通过抵押约束条件将投资者的信贷能力和其持有的房地产价值联系起来。在该模型中，银行业的竞争可以促进投资者的抵押物重新配置，从而增加总消费和总产出，同时，银行之间的竞争程度越强，住房价格的反应越明显，此时借款人的资产净值更容易受到不利因素的冲击，特别是货币收缩。因此，围绕银行业的竞争程度变化，Andres 和 Arce（2012）在经济活动的长期水平和经济周期的稳定性之间建立起了一种交替关系。Yepez（2012）在其一般均衡模型中纳入内生性杠杆和房地产抵押物，并利用贝叶斯方法评估了信贷条件和土地价格变动对总体经济波动的影响。孟宪春等（2020）基于抵押约束机制构建了包含异质性企业的动态随机一般均衡模型，对宏观政策作用机理和有效性进行了研究。Buera 和 Nicolini（2020）构建了一个异质性生产者面临抵押品和预付款约束的模型，发现收紧抵押品约束会导致信贷紧缩引发的衰退，这与 2007 年金融危机的几个特征相似，并且指出这一模型可以用来研究信贷紧缩对主要宏观经济变量的影响以及替代政策的影响。Brzoza-Brzezina 和 Makarski（2011）将抵押物约束框架扩展至开放经济，并通过构建包含银行部门的 DSGE 模型，分析了信贷紧缩对小型开放经济体的影响。在该模型中，垄断竞争的银行业一方面吸收存款，另一方面提供抵押担保贷款，由于抵押效应扩大了货币政策影响，同时利率黏性制约了利率传导机制，导致金融冲击产生不可忽略的名义效应。此外，Brzoza-Brzezina 和 Makarski（2011）还为金融危机在开放经济体之间的传导机制提供了一种理论描述。同样基于开放经济的视角，王胜等（2019）构建了一个包含抵押担保约束的小国开放 DSGE 模型来分析外国利率冲击的传导和作用机制，并且利用抵押担保条件的偶然紧约束特性来解释利率冲击所造成的宏观经济非对称性，发现外国利率的上升和下降将分别导致企业家部门抵押担保约束处于收紧与松弛的不同状态，进而通过金融摩擦机制造成本国非对称的资本流动。

从实证和模拟分析结果来看，Iacoviello 和 Neri（2010）的分析表明，通过将住房作为抵押物纳入 DSGE 模型，可以较好捕捉现实中总需求与住房价格之间的联动关系。Liu 等（2010）也发现，抵押物机制和资产价格冲击确实有助于解释经济周期波动中的各种实证特征。在 Liu 等（2010）的模型中，房地产需求冲击可以解释 36%～46%的投资波动以及 22%～38%的产出波动。Yepez（2012）基于美国 1975—2010 年的数据分析表明，房地产需求和金融冲击总共解释了样本期内超过 1/3 的宏观变量变动和大部分金融变量的变动，相比之下，技术冲击在解释宏观经济和金融变动方面几乎没有实质性作用。Brzoza-Brzezina 和 Makarski（2011）对波兰经济的分析表明，包括银行利差和贷款抵押物价值比率在内的金融冲击对宏观经济具有重要影响，并在 2008—2009 年危机期间导致 GDP 下降超过 1%。王胜等（2019）运用实际数据与反事实估计，发现中国出现了由偶然紧约束所造成的非对称资本流动现象，在 2011 年间偶然的紧抵押担保约束导致每季度资本净流入规模减少了接近 5 000 亿元。

（三）围绕银行资本机制进行建模

早期文献的金融建模思路主要集中在信贷需求一方，而作为信贷供给方的银行部门及其行为却很少得到明确刻画。事实上，危机前大部分建立在金融加速器和抵押物机制上的 DSGE 模型并不包括一个显在的银行部门。此次危机之后，围绕银行资本机制进行建模的宏观经济模型大量增加。通过将一个界定清晰的、结构化的银行部门引入一般均衡分析框架，不仅有利于实现对银行行为的标准模块化处理，而且可以方便地分析宏观经济和金融政策经由金融体系传导至实体经济的机制和路径。

对银行资本渠道进行建模首先需要纳入与银行借贷相关的资本需求，并确保持有资本需要付出成本，尤其是在短期内。假设银行进入资本市场的机会有限，那么资本的增加就必须通过积累留存收益来实现，这意味着削减股息或增加收入。Gerali 等（2010），Dib（2010a，2010b）和 Dellas 等（2012）等认为，可以用监管要求来激励银行持有成本昂贵的资本，另外一些替代性的做法是假定存在代理问题（如 Meh and Moran，2010），或者是为了降低流动性风险而持有资本（如 Angeloni and Faia，2013；Angeloni et al.，2015）。

Gerali 等（2010）通过在一个带有金融摩擦的 DSGE 框架下引入不完全竞争的银行部门，考察了经济周期波动中的信贷供给影响。在这一模型中，银行给家庭和企业发放贷款，贷款利差取决于银行的资本比率和利率黏性程度，由于银行部门的资金来源是存款和来自留存收益的资本积累，因而经济周期会对银行部门的利润和资本产生影响，并通过银行的资产负债表约束与贷款的供给和成本相联系。在 Meh 和 Moran（2010）建立的动态随机一般均衡模型中，银行的资本充足率在冲击推动过程中扮演着关键角色：由于银行资本减轻了银行和债权人之间的代理问题，因而银行的资本头寸状况一方面会影响其获得可贷资金的能力，另一方面会通过银行资本渠道对经济周期产生影响。在 Gertler 和 Karadi（2011）的模型中，银行和不知情投资者之间的信息不对称问题通过引入一个激励相容的约束予以解决，这一约束使得银行资本和外部融资溢价产生了关联。Dib（2010a，2010b）的文章特别考察了信贷和金融市场摩擦在银行间市场中的传导机制和影响，这对于大部分不太关注银行间市场的文献而言是一个重要的补充。通过建立一个包含积极银行部门和金融加速器的动态随机一般均衡模型，并在银行间市场和银行资本市场同时植入金融摩擦因素，Dib（2010a，2010b）考察了银行部门摩擦对经济周期波动的重要性，并对银行监管资本要求在推动实体经济冲击中的作用进行了评估。在 Dib（2010a，2010b）模型中，银行资本的引入一方面是为满足监管资本要求，另一方面也作为银行间市场的抵押物存在，而金融摩擦则经由银行间市场和银行资本市场的借贷双方信息不对称引入。在银行部门建模方面，Angeloni 和 Faia（2013）及 Angeloni 等（2015）的模型特别强调了银行资本的内生性最优化机制，其做法是在一个标准的 DSGE 模型中引入一个脆弱的、易遭挤兑的银行部门来实现一般均衡框架下的金融部门建模。从建模策略来看，这两个模型都引入了高度结构化的银行资产负债表：一方面，银行部门通过其资产负债表的资产方（贷款）与企业投资相联系；另一方面，银行部门的最优化问题通过其负债方所隐含的资本结构决策来体现，即银行管理者通过选择最优的资本结构（存款或资本比率）来最大化外部投资者（包括股东和存款人）的利益，这意味着银行部门的资本结构是内生决定的。内生性的银行资本与企业投资、货币政策和金融监管相联系，既可以显示金融杠杆、资产价格和市场融资溢价等核心金融变量的周期性变化，同时也能够在银行行为、企业行为和宏观经济金融政策之间建立起逻辑联系。Dellas 等（2012）在一个标准的新凯恩斯主义模型中植入了带有摩擦的银行部门，在这一模型中，由于银行的资本市场摩擦限制了银行在面临流动性冲击时的逆周期货币政策效果，因而财政政策工具可以弥补流动性冲击所带来的资产负债表效应，此时最优的政策组合将达到货币政策在不存在资本市场摩擦时所能达到的那种均衡状态。该模型的主要结论是：为应对银行流动性需求的升高，最优货币政策需接受一个明显的产出收缩，但在没有摩擦的情况下却并非如此。在 Kiley 和 Sim（2014）构建的模型中，金融机构的资产负债表状况在决定资产价格和经济活动方面起着重要作用，金融中介机构被要求在特殊融资风险完全消除之前做出投资承诺，而这种风险只能通过昂贵的再融资来解决，这就迫使它们采取风险规避的方式。在该模型下的政策评估表明，在短期政策方面，以自愿资本重组为条件的注资可能是比资产购买更有效的工具；在长期政策方面，较高的资本要求会对经济活动产生相当大的短期影响，而较长的过渡期有助于减缓副作用。马骏等（2016）构建了一个动态随机一般均衡模型来研究在银行体系为主导的金融体系下的利率传导机制，发现当银行体系面临贷存比限制、贷款规模限制等不同类型的政策约束时，这些限制会不同程度地弱化和扭曲利率的传导，从而削弱利率政策对实体经济的作用。

从实证和模拟分析结果来看，Gerali 等（2010）通过实证分析发现，银行资本的意外下降会对实体经济尤其是投资产生重要影响，他们基于欧元区数据的贝叶斯估计表明，源自银行部门的冲击解释了 2008 年欧元区的大部分产出下降，而宏观经济冲击仅发挥了较小的作用。Meh 和 Moran（2010）的研究也表明，银行资本渠道会极大地放大和加速技术冲击对产出、投资和通胀的影响，在遭遇银行资本冲击之后，产出和投资会出现明显下降。持类似结论的还有 Dib（2010a，2010b），他的模拟分析也表明，银行间市场和银行资本市场所存在的摩擦会起到推动和放大冲击的作用，而银行的资本要求则可以在一定程度上削弱冲击的实际影响，从而有助于经济稳定。

（四）围绕银行（信贷）利差进行建模

围绕银行（信贷）利差建模的前提是假定利差是表征信贷市场关系或反映金融体系运行情况的一个重要变量，建模的典型做法是假设银行具有特定"技术"的特点，能将存款和其他要素投入（如劳动力等）转变为贷款。在这种情况下，银行通常被假定为是同质的，而代表性银行的利差可以反映中间费用，并随经济周期变化。

在 Cúrdia 和 Woodford（2009）的信贷利差模型中，由于金融中介存在于家庭部门之间而不是家庭和企业部门之间，因而需要纳入异质性的家庭部门。异质性的家庭部门由一半借款人（消费者）和一半贷款人（储蓄者）组成，其中，借款人具有比贷款人更高的边际消费效用，而贷款人则具有比借款人更低的贴现率。由于模型的最优化条件包括两个贴现因子，因而会产生两个不同的利率，而信贷利差（贷款人所获得的利率与借款人实际支付的利率之差）则是作为中介部门加成和贷款成本的函数出现的，并且具有随时间变化的特征。

Gertler 和 Kiyotaki（2010）的银行间市场利率模型展现了另一种思路，重点考察的是银行所持有的企业资本的价值变化对其银行间市场融资及其资产负债表的影响。在 Gertler 和 Kiyotaki（2010）的模型中，企业资本价值的下降将减少银行持有的资产价值（持有的公司股票），从而降低其借款能力，借款能力的降低会进一步减少对企业资产的需求，从而进一步降低企业资本的价值，这一过程的循环将最终产生加速放大效应。Gertler 和 Kiyotaki（2010）的模型有以下三个方面的特点：一是银行可能违约，因而需要持有足够多的抵押物以借入资金；二是存在银行市场分割，不同市场的资本收益率存在差异；三是市场中的银行彼此之间不愿意借贷，从而面临特定的流动性冲击，这种冲击会导致各金融机构之间的资金盈余或赤字。因此，正如代理问题一样，银行间市场的崩溃会对实体经济产生重要影响。

Davis 和 Huang（2012）的模型主要围绕银行间借贷利差建模，其研究目标与 Cúrdia 和 Woodford（2009）类似，都是考察当借贷利差被纳入扩展型的泰勒规则后，是否有助于改善货币政策的实施效果。通过建立一个包含风险和资产负债表效应的模型，Davis 和 Huang（2012）将金融部门和实体经济部门的负反馈环以及风险效应同时纳入模型框架之中，其研究结果表明，如果泰勒规则的各个常规参数（即利率平滑系数、产出反应系数和通胀反应系数）是被最优设定的，那么中央银行就不应再对银行间借贷利差的内生性波动做出反应，但如果银行间借贷利差的波动是由外生性的金融冲击所造成的，那么，中央银行就应该视情况对无风险利率进行适度调整。从数值分析结果来看，由外生性金融冲击造成的银行间借贷利差每上升 1 个百分点，最优的货币政策反应是将无风险利率下调 2/3 个百分点。Hollander 和 Liu（2016）则在 DSGE 模型中引入金融部门和权益资产以评估金融因素对信贷利差的影响，研究发现供给方面的金融因素是造成信贷利差波动的主要来源，零售贷款的加成冲击解释了零售信贷利差波动的一半以上。并且，不完全的银行竞争通过黏性利率调整和逆周期的资本资产比率减弱了货币政策的效果。胡志鹏（2016）构建了涵盖传统银行部门和影子银行的 DSGE 模型，分析了影子银行给经济运行的稳态和动态所带来的影响，发现影子银行的发展虽然造成利率波动加大，但是利率最终的稳态水平仍受制于居民跨期配置、资本深化等经济最基本的因素。Cúrdia 和 Woodford（2016）通过允许借贷双方之间存在一个时变的正利差，对 DSGE 模型中的货币传导机制进行扩展，并在这一模型下研究了各个冲击对信贷利差的影响以及应对冲击的最优政策，其研究发现，一个类似于前瞻性泰勒规则的灵活通胀目标制的央行反应函数可以实现最优效果，但这一政策函数需要根据当前和预期的未来信贷利差的变化进行调整。

二、对 DSGE 金融建模当前进展的进一步分析与评价

总体来看，危机后包含金融部门的 DSGE 模型体现了经济学家试图通过纳入金融因素来改造传统主流宏观经济学的种种努力。相对于危机前只是通过企业家融资合约"间接"考虑金融因素的 DSGE 模型，危机后的 DSGE 模型大都直接明确地引入了一个结构化的金融部门（通常是银行体系），从而实现了专门针对金融部门的标准化建模。从最新的建模取向来看，危机后的 DSGE 模型结构从传统的"三部门模型"（家庭、企业和政府）向纳入金融部门后的"四部门模型"（家庭、企业、金融部门和政府）过渡的趋势非常明显。金融部门作为一个独立的"模块"进入主流的 DSGE 框架，标志着金融体系在宏观经济运行中的重要地位得到进一步确认。

从 DSGE 金融建模的当前进展来看，可以得到以下几个方面的基本结论：

（1）金融部门的引入确实可以显著改善 DSGE 模型的适用性。大量文献表明，金融部门在解释宏观经济总量变化方面具有重要作用，包含金融部门的 DSGE 模型不仅能更好地解释宏观经济变量的实际变化，而且可以更为准确地解释过去几十年里的经济"繁荣-萧条"周期的长度和深度。通过在传统的 DSGE 模型中加入金融摩擦因素，还为理解时间维度上的系统性风险提供了一些新的洞见，并有助于对金融部门的顺周期性行为和效果进行刻画。此外，大量研究还表明，金融冲击在驱动主要宏观经济变量变动方面具有与实际冲击（如标准技术冲击）至少同等重要（甚至更为重要）的作用。

（2）金融部门的引入方式越来越多地通过构建一个独立的模块来实现。危机前的 DSGE 文献大都通过企业或家庭部门的金融合约来引入金融摩擦，但危机后的文献则更加强调将金融部门作为一个独立的结构性模块加以处理，其典型做法是引入金融部门的资产负债表。这种做法可以使 DSGE 模型能够更加便利地分析和评估金融变量和实体经济之间的反馈效应，同时改善对顺周期金融风险积累状况的建模。但就具体方法而言，如何对金融部门进行建模，以及建模的重点是放在家庭和银行

之间、银行与银行之间，还是企业与银行之间，目前尚无普遍共识，不同的文献往往有不同的思路。不同建模方法的优劣取决于哪一种模型能够更为准确地描述现实中的传导机制，这主要是一个经验和实证的问题，需要不断接受未来事件的检验。

（3）围绕银行资本机制进行建模成为 DSGE 政策模拟分析的重要手段。在标准的结构化金融部门框架下，银行资本机制的引入可以将很多理论和实践问题联结起来。围绕银行资本机制进行建模的主要目的，是试图通过引入界定清晰的银行业来反映金融部门和实体经济之间的相互作用渠道，尤其是银行资本在塑造经济周期中的影响和作用。此外，银行资本渠道可以方便地与金融加速器机制或抵押物框架相结合，从而使模型在一般均衡框架下捕捉到更多的金融传导机制和特征，而这正是危机前文献所忽略的重要内容。从模型应用来看，通过引入银行资本渠道，可以方便地进行政策分析和评估，如对货币政策经由银行资产负债表的传导机制进行分析，或对《巴塞尔协议Ⅲ》在监管要求上的改变所包含的宏观经济意义进行模拟评估等。另外一些模型还被用来说明，危机时期的各种信贷市场干预政策是如何有助于降低金融摩擦的负面影响的。

总体来看，如何将内生性的金融因素纳入宏观经济学的主体框架，已经成为危机后宏观经济学面临的一个主要任务。从当前的理论进展来看，植入金融因素的宏观经济模型虽然发展迅速，但仍然存在以下几个方面的明显不足：一是大部分模型主要针对银行体系建模，既未考虑金融体系的整体结构，也未考虑金融体系内部的各种异质性问题，这在很大程度上降低了模型在实践中的适用性；二是金融部门植入一般均衡框架的方式还显得相当粗糙，包括利率、货币和信贷等核心金融变量在各部门之间的传导机制和交互作用路径仍然不十分清楚，这成为制约模型精确性的主要问题；三是由于 DSGE 模型通常都被处理成稳态的线性关系，这使得小型冲击和大规模冲击（如金融危机）给经济和金融体系所带来的不同反应模式很难在现有的模型框架下得到统一的解释；四是虽然政府债券通常作为无风险的金融资产被纳入模型结构，但国家资产负债表（尤其是财政部门的稳健性）却通常不在现有模型的考虑范围内，而欧债危机表明，财政部门的稳健性程度会通过影响主权风险溢价和政府证券抵押品的价值对金融体系和实体经济的运行产生显著影响，因此，国家资产负债表的纳入将有助于更完整地反映公共部门的失衡状况以及与之相关的金融风险。

三、基于包含金融部门 DSGE 模型的危机研究与政策分析

如前所述，2008 年金融危机促进了在 DSGE 模型中引入金融部门的一系列研

究。针对 DSGE 模型在预测和解释危机方面的不足受到的批判，对危机的产生与传播机制的刻画成为一个重要的研究方向。与此同时，危机暴露出的金融脆弱性以及危机前货币政策在应对金融风险上的不足，也促使学者对危机发生后推出的一系列旨在刺激经济恢复的新型货币政策和旨在抑制金融风险的宏观审慎政策进行研究和论证。

（一）银行业危机与实体经济

概括来看，研究银行危机和实体经济之间相互作用的技术方法大致可分为两类：一类方法强调了在经济衰退时期银行资本的枯竭如何阻碍银行发挥金融中介的作用。由于代理问题以及监管限制的存在，银行筹集资金的能力受到自身资本的约束，因此，经济衰退时期投资组合的减值会造成银行资本的损失。在均衡状态下，银行资本和银行资产的收缩增加了银行信贷的成本，减缓了经济增长，并进一步压低了资产价格和银行资本（Gertler and Karadi，2011；He and Krishnamurthy，2019）。另一类方法关注银行流动性错配（即短期负债和部分非流动性长期资产的组合）引发银行挤兑的可能性。如果发生这种情况，银行挤兑将导致低效率的资产清算，并导致银行业普遍受损（Martin et al.，2014；Gertler and Kiyotaki，2015）。

在 He 和 Krishnamurthy（2019）构建的包含金融部门的 DSGE 模型中，金融摩擦表现为银行受到的资本约束，而银行资本的变动会影响资产价格、实际投资和产出，由于资本约束是否发生作用以及作用的大小内生地依赖于预期产出，表现为在繁荣时期约束不起作用，而负面冲击会使得经济进入到约束成立的区间，并放大冲击对经济衰退的效应。因此，金融部门和宏观经济之间存在着双向的反馈机制。在这一模型下，He 和 Krishnamurthy（2019）通过实证和模拟分析对美国 2007—2009 年金融危机时期的数据进行了匹配，证明了这一非线性放大机制在金融危机爆发中的关键性作用。Brunnermeier 和 Sannikov（2014）对具有金融摩擦的经济动态均衡进行研究发现，由于高度非线性的放大效应，即使外生风险水平很低，由资产流动性不足驱动的内生风险也会在危机中持续存在，同时指出促进风险分担的证券化和衍生品合约可能导致更高的杠杆率和更加频繁的危机。Gertler 和 Kiyotaki（2015）则从银行流动性和挤兑的角度，通过将强调金融加速器效应的宏观经济方法与强调银行流动性错配和挤兑的微观经济方法相结合，构建了一个包含银行部门的宏观经济模型，试图对银行危机在大萧条时期以及影子银行系统崩溃期间的全过程进行刻画。Gertler 和 Kiyotaki（2015）分析得到，由传统金融加速器效应而导致的衰退会限制银行贷款，同时由于资产负债表收缩以及二级市场中银行资产的流动性下降，也会导致挤兑发生的概率上升。并且，即使挤兑实际上并没有发生，可预期的银行挤兑也不利于经济发展。在这一模型基础上，Gertler 等（2020b）进一步对导致泡沫破裂的信贷繁荣进行建模，拓展了基础模型的分析框架，研究发现乐观主义导致的杠杆上升增加了经济的脆弱性。Quadrini（2017）研究了银行流动性预期自我实现所驱动的金融危机如何影响实体经济，发现对银行流动性的预期自我实现可以推动金融中介的兴衰，当经济预期银行业具有流动性时，银行就有高杠杆运作的动力，这会引发宏观经济繁荣。但是随着杠杆率的提高，银行业变得更容易受到悲观预期的影响，这可能导致发生预期自我实现的流动性危机。康立和龚六堂（2014）在开放经济 DSGE 模型中引入了带有金融摩擦的银行部门，研究了国际经济危机是如何通过影响一个国家贸易品部门的出口需求，进而造成该国银行净资产的损失，并最终加速传导给该国非贸易品部门的。马勇和王芳（2018）则通过将金融开放因素引入动态随机一般均衡模型，为考察金融开放、经济波动和金融波动之间的内生性关系提供了明确的微观基础，并通过模拟分析发现，金融波动会随着金融开放度的提高而出现明显上升。

（二）危机的应对政策分析

危机后的宏观经济研究在分析金融危机发生与传导机制的同时，同样关注危机后推出的一系列应对政策，特别是非传统货币政策。例如，Gertler 和 Karadi（2013）通过在模型中引入大规模资产购买（LSAP）作为货币政策工具，研究了美联储在危机期间实施不同量化宽松政策的效果。Gertler 和 Karadi（2013）的模型很好地拟合了 LSAP 在危机期间的运作，LSAP 通过降低信贷成本来刺激经济，与传统货币政策不同的是，LSAP 的效果在很大程度上取决于零利率下限（zero lower bound，ZLB）是否具有约束力。当零利率下限具有约束力时 LSAP 是最有效的，此时，在购买证券的规模和类型不变的情况下，短期利率预期不会上升的期限越长，长期利率下降得越多。Quint 和 Tristani（2018）基于包含银行部门的 DSGE 模型对欧洲央行在金融危机时期的货币政策进行了研究，指出欧洲央行向市场注入的流动性支持在减弱此次冲击对宏观经济的影响方面发挥了重要作用。Quint 和 Tristani（2018）根据反事实模拟得到，如果欧洲央行不注入流动性，那么银行间利差将至少上升 200 个基点，对投资的负面影响将达到两倍以上。Ferrante（2018）在其构建的模型中同时包含了传统银行和影子银行，研究发现相比于传统银行，影子银行通过汇集不同的贷款，实现了更高的杠杆率，提高了信贷可得性。但是，由于影子银行的贷款质量较低，并且存在挤兑风险，影子银行也使得金融部门更加脆弱。在这种情况下，非传统货币政策可以减少宏观经济的不稳定性。Kühl（2018）在 DSGE 模型下探讨了政府债券购买如何影响杠杆约束型银行和非金融公司，发现政府债券的购买降低了非金融公司的借贷成本，并且这一效应通过降低预期违约率而放大了，指出非金融部门的杠杆约束在政府债券购买的效应向实体经济传导的过程中起着至关重要的作用，在银行融资型经济中，这一渠道主要控制着政府购买债券后对产出和通胀的正向影响。Robatto（2019）构建了一个具有多重均衡的包含银行部门的 DSGE 模型对恐慌驱动的银行挤兑展开研究，并在这一模型下研究了货币注入在缓解金融危机时期的恐慌方面的作用，研究发现相比于资产购买政策，央行向银行提供贷款在消除恐慌方面更为有效，因为此时所需的货币注入规模更小，并且降低了挤兑的激励。

（三）宏观审慎监管和金融稳定政策的分析

除了研究危机时期的应对政策之外，越来越多的研究开始关注事前的监管政策设计以降低金融部门的系统性风险、预防和限制危机发生的可能性。例如，Gertler 等（2020a）在包含银行部门的 DSGE 模型中对宏观审慎政策加以讨论，分析了宏观审慎政策需要如何在防范危机的收益和抑制有益的信贷繁荣的成本之间进行权衡，指出逆周期资本缓冲是宏观审慎政策发挥有效性的关键。Bianchi 和 Mendoza（2018）同样在包含金融危机的动态随机一般均衡模型中，对宏观审慎政策进行了理论和定量分析，研究得到最优时间一致性的宏观审慎政策显著降低了金融脆弱性，表现为这一政策大大降低了危机的发生频率和规模，消除了资产收益分布中的肥尾，并增加了社会福利。Angeloni 和 Faia（2013）则在 DSGE 模型中引入存在挤兑风险的银行部门，从银行风险的视角研究了货币政策的传导及其与银行资本监管的相互作用，通过对政策规则进行比较发现，在一系列简单的政策规则中，最优的政策组合包括适度的逆周期资本要求及对资产价格或银行杠杆率作出反应的货币政策的组合。马勇（2013）、马勇和陈雨露（2013）在一个包含内生性金融体系的模型框架下对货币政策和宏观审慎政策的协调与搭配进行研究，指出政策的合理组合和搭配不仅能更好地稳定经济和金融体系，而且可以有效降低单一政策所面临的多目标困境和政策负担。Lubello 等（2019）基于包含银行部门的 DSGE 模型研究了银行抵押贷款、宏观经济环境以及银行杠杆率的顺周期性之间的关系，发现在金融摩擦限制下，增加金融资产的担保性有利于信贷增长和降低存贷款利差，从而减轻经济中的资本错配现象，并且证明了逆周期资本充足率要求在平滑信贷周期方面十分有效。王爱俭和王璟怡（2014）、童中文等（2017）的研究也支持了逆周期缓冲机制能够有效地平缓经济波动和维护金融稳定。Fève 等（2019）构建了一个包含传统银行和影子银行相互作用的 DSGE 模型研究了对影子银行的监管缺失如何导致针对传统信贷的宏观审慎政策在降低经济波动方面的政策有效性的下降，发现影子银行通过摆脱传统中介机构的约束，放大了结构性冲击的传导。反事实模拟也表明，如果逆周期资本缓冲要求只适用于传统银行，那么实际上会放大与金融危机相关的繁荣-衰退周期，而一个同时针对传统银行和影子银行的更广泛的监管计划将有助于稳定经济。Bekiros 等（2018）将对银行资本的预期和非预期冲击纳入一个带有银行部门的 DSGE 模型，研究了《巴塞尔协议Ⅲ》的逆周期资本要求对银行稳定性的影响。通过对引入的三种不同的逆周期资本规则进行比较发现，对信贷偏离其稳定状态作出反应的逆周期资本规则被证明是通过确保银行拥有更高的资本水平和资本资产比率来增强银行稳定性的最有效工具。

四、对包含金融部门 DSGE 建模的未来展望

2008 年金融危机之前，作为主流宏观经济学的标准建模框架，DSGE 模型所具备的微观基础和经济解释能力一直使其受备受推崇。但危机之后，由于在危机预测和危机解释方面的表现不太令人满意，DSGE 模型一时间又饱受批评。一些学者和评论家甚至公然宣称，DSGE 模型只是一个精致无用的"理论玩具"。

对于大部分经济学家而言，针对同一种理论所先后出现的态度转变，其实并不是一件令人十分惊讶的事情。在经济学的发展史上，这样的情况已经出现了多次。当一种先前占据主导地位的理论倍受质疑和指责时，对理论进展的强烈渴望其实要远远大于批判本身。而最后的结局几乎毫无例外的是：正确的东西最终被保留和传承了下来，而错误的东西则被修正或抛弃。恰如 Box（1976）所指出的："所有模型都是错误的，但也并非全然无用。"对于一个真正的经济学家而言，重要的是明白：泥沙俱下之时，需要明睁双眼。

就 DSGE 模型而言，危机前确实存在着某种简单依赖模型进行预测的倾向，但危机后过度贬低甚至全盘否定 DSGE 模型的做法同样是狭隘的。作为经验世界的一种逻辑图示，一种模型是否有用，关键在于模型的结构是否正确地反映了经济运行的客观事实。如果模型设定正确（与真实世界的关联结构一致），那么，利用模型来描述相关变量的变动趋势和方向就是完全可能的。这对于那些缺乏经验分析基础的政策研究而言极为重要。当然，由于经济现象和事件之间的联系极为复杂，即使模型设定正确，过度依赖模型进行所谓"精确预测"，也是不现实的。经济学模型的意义在于描述基本的经济关系和逻辑，而不是试图去控制经济结果。

总体来看，危机后的 DSGE 建模通过明确地纳入一个结构性的金融部门，同时着重考虑了此前被忽略的金融传导机制，无论是在理论上还是政策应用上，都迈出

了积极的一步。然而，这还远远不够。一切都还距离我们所希望达到的那个彼岸十分遥远。迄今为止，仍然没有任何一种模型能够为内生性的经济和金融运行提供一个逻辑结构一致、理论基础完善的一般分析框架，很多深层次的理论基础问题仍然在困扰着经济学家。在未来的道路上，是通过继续修正 DSGE 模型而得到更具解释力的理论框架，还是在 DSGE 模型之外探索到另外一条新路，依然有待时间的回答。

参考文献

1. Andres，J. and O. Arce（2012）．"Banking Competition，Housing Prices and Macroeconomic Stability," *The Economic Journal*，122（565），1346 - 1372.

2. Angeloni，I.，E. Faia and M. Duca（2011）．"Monetary Policy and Risk Taking," *Journal of Economic Dynamics and Control*，52（C），285 - 307.

3. Angeloni，I. and E. Faia（2013）．"Capital Regulation and Monetary Policy With Fragile Banks," *Journal of Monetary Economics*，60（3），311 - 324.

4. Beaton，K.，R. Lalonde and S. Snudden（2010）．"The Propagation of U. S. Shocks to Canada：Understanding the Role of Real-Financial Linkages," Bank of Canada Working Paper，No. 2010 - 40.

5. Bekiros，S.，R. Nilavongse and G. S. Uddin（2018）．"Bank Capital Shocks and Countercyclical Requirements：Implications for Banking Stability and Welfare," *Journal of Economic Dynamics and Control*，93，315 - 331.

6. Bernanke，B. and M. Gertler（1989）．"Agency Costs，Net Worth，and Business Fluctuations," *American Economic Review*，79（1），14 - 31.

7. Bernanke，B.，M. Gertler and S. Gilchrist（1999）．"Financial Accelerator in a Quantitative Business Cycle Framework," in B. T. John and M. Woodford（eds.），*Handbook of Macroeconomics*，1341 - 1393.

8. Bianchi，J. and E. Mendoza（2010）．"Over-Borrowing，Financial Crises，and Macro-Prudential Taxes," NBER Working Paper 16091.

9. Bianchi，J. and E. Mendoza（2018）．"Optimal Time-Consistent Macroprudential Policy," *Journal of Political Economy*，126（2），588 - 634.

10. Box，G.（1976）．"Science and Statistics," *Journal of the American Statistical Association*，71，791 - 799.

11. Brunnermeier，M. K. and Y. Sannikov（2014）．"A Macroeconomic Model with a Financial Sector," *American Economic Review*，104（2），379 - 421.

12. Bryant，J.（1981）．"Bank Collapse and Depression"，*Journal of Money，Credit，and Banking*，13（4），454 - 464.

13. Brzoza-Brzezina，M. and K. Makarski（2011）．"Credit Crunch in a Small Open Economy,"

Journal of International Money and Finance，30（7），1406－1428.

14. Buera，F. J. and J. P. J. A. E. J. M. Nicolini（2020）. "Liquidity Traps and Monetary Policy：Managing a Credit Crunch," 12（3），110－138.

15. Christensen，I.，and A. Dib（2008）. "The Financial Accelerator in an Estimated New Keynesian Model," *Review of Economic Dynamics*，1，155－178.

16. Christiano，L.，R. Motto and M. Rostagno（2010）. "Financial Factors in Economic Fluctuations," European Central Bank Working Paper 1192.

17. Cúrdia，V. and M. Woodford（2009）. "Credit Spreads and Monetary Policy," Federal Reserve Bank of New York Staff Reports，385，1－60.

18. Cúrdia，V. and M. Woodford（2016）. "Credit Frictions and Optimal Monetary Policy," *Journal of Monetary Economics*，84，30－65.

19. Davis，S. and K. Huang（2012）. "Optimal Monetary Policy Under Financial Sector Risk," Working Paper.

20. De Graeve，F.（2008）. "The External Finance Premium and the Macroeconomy：US Post-WW Ⅱ Evidence," *Journal of Economic Dynamics and Control*，32（11），3415－3440.

21. De Grauwe，P.（2010）. "The Scientific Foundation of Dynamic Stochastic General Equilibrium Models," *Public Choice*，144，413－443.

22. Dellas，H.，B. Diba and O. Loisel（2012）. "Financial Shocks and Optimal Policy," Working Paper.

23. Diamond，D. and P. Dybvig（1983）. "Bank Runs，Liquidity，and Deposit Insurance," *Journal of Political Economy*，91，401－419.

24. Dib，A.（2010a）. "Banks，Credit Market Frictions，and Business Cycle," Bank of Canada Working Paper.

25. Dib，A.（2010b）. "Capital Requirement and Financial Frictions in Banking：Macroeconomic Implications," Bank of Canada Working Paper.

26. Ferrante，F.（2018）. "A Model of Endogenous Loan Quality and the Collapse of the Shadow Banking System," *American Economic Journal：Macroeconomics*，10（4），152－201.

27. Fève，P.，A. Moura and O. Pierrard（2019）. "Shadow Banking and Financial Regulation：A Small-Scale DSGE Perspective," *Journal of Economic Dynamics and Control*，101，130－144.

28. Gerali，A.，S. Neri，L. Sessa and F. Signoretti（2010）. "Credit and Banking in a DSGE Model of the Euro Area," *Journal of Money，Credit and Banking*，42（1），107－141.

29. Gertler，M.，N. Kiyotaki and A. Prestipino（2020a）. "Credit Booms，Financial Crises，and Macroprudential Policy," *Review of Economic Dynamics*，37，S8－S33.

30. Gertler，M.，N. Kiyotaki and A. Prestipino（2020b）. "A Macroeconomic Model With Financial Panics," *The Review of Economic Studies*，87（1），240－288.

31. Gertler，M. and N. Kiyotaki（2010）. "Financial Intermediation and Credit Policy in Business

Cycle Analysis," in B. Friedman and M. Woodford (eds.). *Handbook of Monetary Economics*, vol. 3A，547 - 599.

32. Gertler, M. and N. Kiyotaki (2015). "Banking, Liquidity, and Bank Runs in an Infinite Horizon Economy," *American Economic Review*，105 (7)，2011 - 2043.

33. Gertler, M. and P. Karadi (2011). "A Model of Unconventional Monetary Policy," *Journal of Monetary Economics*，58 (1)，17 - 34.

34. Gertler, M. and P. Karadi (2013). "QE 1 Vs. 2 Vs. 3…: A Framework for Analyzing Large-Scale Asset Purchases as a Monetary Policy Tool," *International Journal of Central Banking*，9 (1)，5 - 53.

35. Goodfriend, M. and B. McCallum (2007). "Banking and Interest Rates in Monetary Policy Analysis: A Quantitative Exploration," *Journal of Monetary Economics*，54 (5)，1480 - 1507.

36. Hafstead, M. and J. Smith (2012). "Financial Shocks, Bank Intermediation, and Monetary Policy in a DSGE Model," Working Paper.

37. He, Z. and A. Krishnamurthy (2019). "A Macroeconomic Framework for Quantifying Systemic Risk," *American Economic Journal: Macroeconomics*，11 (4)，1 - 37.

38. Hirakata, N., N. Sudo and K. Ueda (2011). "Chained Credit Contracts and Financial Accelerators," IMES Discussion Paper Series 09 - E - 30.

39. Hollander, H. and G. Liu (2016). "Credit Spread Variability in the U. S. Business Cycle: The Great Moderation Versus the Great Recession," *Journal of Banking and Finance*，67，37 - 52.

40. Iacoviello, M. and S. Neri (2010). "Housing Market Spillovers: Evidence From an Estimated DSGE Model," *American Economic Journal: Macroeconomics*，2 (2)，125 - 164.

41. Kiley, M. T. and J. W. Sim (2014). "Bank Capital and the Macroeconomy: Policy Considerations," *Journal of Economic Dynamics and Control*，43，175 - 198.

42. Kitney, P. (2018). "Financial Factors and Monetary Policy: Determinacy and Learnability of Equilibrium," *Journal of Economic Dynamics and Control*，90，194 - 207.

43. Kühl, M. (2018). "The Effects of Government Bond Purchases on Leverage Constraints of Banks and non-Financial Firms," *International Journal of Central Banking*，14 (4)，93 - 161.

44. Liu, Z., P. Wang and T. Zha (2010). "Do Credit Constraints Amplify Macroeconomic Fluctuations?", Federal Reserve Bank of Atlanta Working Paper, No. 2010 - 01.

45. Lubello, F., I. Petrella and E. Santoro (2019). "Bank Assets, Liquidity and Credit Cycles," *Journal of Economic Dynamics and Control*，105，265 - 282.

46. Martin, A., D. Skeie and E. -L. V. Thadden (2014). "Repo Runs," *Review of Financial Studies*，27 (4)，957 - 989.

47. Meh, C. and K. Moran (2010). "The Role of Bank Capital in the Propagation of Shocks," *Journal of Economic Dynamics and Control*，34 (3)，555 - 576.

48. Nolan, C. and C. Thoenissen (2009). "Financial Shocks and the U. S. Business Cycle," *Jour-*

nal of Monetary Economics，56（4），596 - 604.

49. Quadrini，V.（2017）. "Bank Liabilities Channel，" *Journal of Monetary Economics*，89，25 - 44.

50. Quint，D. and O. Tristani（2018）. "Liquidity Provision as a Monetary Policy Tool：The ECB's non-Standard Measures after the Financial Crisis，" *Journal of International Money and Finance*，80，15 - 34.

51. Robatto，R.（2019）. "Systemic Banking Panics，Liquidity Risk，and Monetary Policy，" *Review of Economic Dynamics*，34，20 - 42.

52. Suh，H.（2011）. "Evaluating Macroprudential Policy with Financial Friction DSGE Model，" Working Paper.

53. White，W.（2009）. "Modern Macroeconomics is on the Wrong Track，" *Finance and Development*，46（4），15 - 18.

54. Yepez，C.（2012）. "Financial and Real Estate Cycles in Business Cycles，" Working Paper.

55. 胡志鹏. "影子银行"对中国主要经济变量的影响. 世界经济，2016（1）：152 - 170.

56. 康立，龚六堂. 金融摩擦、银行净资产与国际经济危机传导——基于多部门 DSGE 模型分析. 经济研究，2014（5）：147 - 159.

57. 李天宇，张屹山，张鹤. 我国宏观审慎政策规则确立与传导路径研究——基于内生银行破产机制的 BGG-DSGE 模型. 管理世界，2017（10）：20 - 35.

58. 马骏，施康，王红林，王立升. 利率传导机制的动态研究. 金融研究，2016（1）：31 - 49.

59. 马勇，陈雨露. 宏观审慎政策的协调与搭配：基于中国的模拟分析. 金融研究，2013（8）：57 - 69.

60. 马勇，王芳. 金融开放、经济波动与金融波动. 世界经济，2018（2）：20 - 44.

61. 马勇. 植入金融因素的 DSGE 模型与宏观审慎货币政策规则. 世界经济，2013（7）：68 - 92.

62. 孟宪春，张屹山，张鹤和冯叶. 预算软约束、宏观杠杆率与全要素生产率. 管理世界，2020（8）：50 - 65.

63. 童中文，范从来，朱辰，张炜. 金融审慎监管与货币政策的协同效应——考虑金融系统性风险防范. 金融研究，2017（3）：16 - 32.

64. 王爱俭，王璟怡. 宏观审慎政策效应及其与货币政策关系研究. 经济研究，2014（4）：17 - 31.

65. 王立勇，张良贵，刘文革. 不同粘性条件下金融加速器效应的经验研究. 经济研究，2012（10）：69 - 81.

66. 王胜，周上尧，张源. 利率冲击、资本流动与经济波动——基于非对称性视角的分析. 经济研究，2019（6）：106 - 120.

宏观审慎理论

从 20 世纪 70 年代开始，金融体系的过度顺周期性使得传统的通货膨胀机理发生了明显改变。大量的货币和信用源源不断地注入并滞留于金融体系，这不仅加大了金融体系和实体经济的偏离程度，而且使得金融方面的扭曲往往先于实体经济的扭曲发生。尽管传统的金融监管框架针对金融体系和经济活动之间的关联进行了某种程度的评估，但大多数微观审慎政策工具和措施都忽略了影响经济金融稳定的关键因素，包括对总体信贷扩张或资产价格的有效抑制、考虑各种风险的相互关联性和连锁效应等。也就是说，即便单个金融机构符合监管指标，但这若干个稳健经营的金融机构"加总"或"合成"之后的结果却可能已经远远超越了一个正常金融体系和经济体所能承受的极限水平。[①] 在现代金融体系下，危机的发生可直接经由资产价格路径而非传统的一般物价渠道，这不仅使得传统的金融监管在这种宏观失衡面前无能为力，就连基于通货膨胀目标制的货币政策在宏观稳定方面也失效了。

---

① 过去 30 年的危机表明，在很多危机爆发前，金融机构都能顺利满足监管当局的微观监管指标（如资本充足率水平等），但从宏观角度来看，信贷总量的扩张、资产价格的暴涨和业务关联程度过大等迹象都意味着系统性风险在加速累积。

在微观审慎监管对于金融体系的宏观失衡无力纾困的情况下，审慎理念逐渐开始从传统的单个机构向系统视野转变，即从微观审慎向宏观审慎转变。强调宏观审慎的监管理念认为，仅凭微观层面的努力难以实现金融体系的整体稳定，监管当局需要从经济活动、金融市场以及金融机构行为之间相互关联的角度，从整体上评估金融风险，并在此基础上健全金融体系的制度设计并作出相应的政策反应。从国际实践来看，目前全球范围内关于宏观审慎政策的研究尚处于探索阶段，一些实践中的重要议题，如宏观审慎政策的基本框架如何构建、组织结构如何安排、实施工具如何开发、相关制度如何设计等等，都处于开放式的讨论过程中。基于对宏观审慎政策的简单概述，我们将沿着"目标—工具—制度"的结构性框架，对宏观审慎政策的理论基础和实践路径进行一个全面系统的分析。

一、宏观审慎政策的产生与发展

（一）宏观审慎监管与微观审慎监管

早在 20 世纪 70 年代，国际清算银行就提出应该从金融体系的整体来进行金融监管框架的设计。1986 年以后，"宏观审慎监管"（macroprudential regulation）一词开始在金融文献中广泛出现。为了强调宏观审慎监管在促进金融体系稳定方面的作用，早期的相关研究常常将宏观审慎监管与彼时主流的微观审慎监管进行对比。2000 年 9 月 21 日，时任国际清算银行总裁的克罗克特（Crockett）先生在一篇演讲中首次对这个概念进行了界定，认为微观审慎监管实现的是单个机构的稳健，而宏观审慎监管是以维护整个金融体系稳定为目标。此后，Borio（2003）详细地对比了宏观审慎监管和微观审慎监管在初始目标、最终目标、风险关联度、监管途径等方面的差异（见表 1）。Borio（2005）进一步将宏观审慎监管分为两个维度，广义的宏观审慎监管可以被认为等同于对系统性风险[①]的监管，狭义的宏观审慎监管则主要关注四方面的内容，分别是：金融体系不稳定对实体经济的影响程度、具有系统影响力的内容（不包括具有传染性的偶发事件）、内生性风险、金融体系与实体经济的相互关系和作用。

[①] 国际货币基金组织、金融稳定理事会和国际清算银行将系统性风险定义为："由于全部或者部分金融体系受到损害所引发的金融服务的破坏性风险，该风险对实体经济可能构成严重不良后果。"

表 1　　　　　　　　宏观审慎监管和微观审慎监管的区别

	宏观审慎监管	微观审慎监管
初始目标	防范金融体系的风险	限制单个机构的风险
最终目标	降低经济波动成本	保护消费者 （投资者或存款人）的利益
风险来源	（部分）内生	外生
机构间的关联性和 共同风险暴露	相关	无关
监管校准途径	关注金融系统性风险； 自上而下	关注单个金融机构的风险； 自下而上

资料来源：Borio（2003）。

2008 年，次贷危机爆发后，国际社会开始重新反思传统金融监管方法的内在缺陷，从而进一步强化了对宏观审慎监管重要性的认识。2009 年 4 月，20 国集团（G20）在伦敦峰会上发表宣言，将宏观审慎监管作为微观审慎监管和市场一体化监管的重要补充，并提出了旨在减少系统性风险和增强金融监管体系的一系列新措施。在现有的资料中，对宏观审慎监管主要有两种不同的解释：一是以 IMF 专家报告为代表，强调关注宏观经济走势对金融体系稳健的影响；二是以巴塞尔银行监管委员会委员克劳迪奥·博利奥（Claudio Borio）为代表，强调审慎理念本身应从微观向宏观全面转变。IMF 专家报告对宏观审慎指标进行了详细阐述，并把这些指标分为两大类：一类是微观审慎指标的汇总，另一类是影响金融体系的宏观经济因素指标。其中，微观审慎指标是指单个金融机构的稳健性指标，而影响金融系统的宏观经济因素主要是指经济增长、国际收支、通货膨胀、利率与汇率以及资产与负债状况等。

（二）宏观审慎政策框架

随着宏观审慎内涵的不断延伸，宏观审慎监管的最终目标、跟踪指标和执行手段等相对独立和分散的要素逐渐集合统一，形成了宏观审慎政策框架，并被用于泛指应对系统性风险的各种政策考量及与宏观经济和金融稳定相互作用相关的所有主题（张健华和贾彦东，2012）。基于前人对宏观审慎监管的讨论，White（2004）较早地提出了宏观审慎政策的框架问题，从宏观审慎风险评估、监管对象和目标、政策工具等方面探讨了宏观审慎政策的可行性。FSB、IMF 和 BIS 在 2011 年联合发布的 G20 报告中对宏观审慎政策的目标、作用范围、操作工具和治理框架等方面做出了解释，将宏观审慎政策定义为：借助审慎政策工具，通过对金融体系的监管

（包括监测金融部门和实体经济的动态联系）来防范系统性风险的政策。欧洲央行副行长 Constâncio（2016）认为宏观审慎政策的最终目标是通过实现金融体系的稳定来为实体经济提供更有效的金融服务，强调宏观审慎政策不应局限于银行部门，而应综合考虑所有相关机构和金融产品，尤其要重点关注房地产部门与金融周期的联系。显然，宏观审慎政策的内涵已然超过了金融监管的一般概念，不宜继续用宏观审慎监管替代宏观审慎政策。在金融体系结构日益复杂化的情况下，金融系统的稳定已然无法简单地通过在现有货币财政体系内纳入宏观审慎因素来实现，而是需要一个科学且完善的政策体系作为制度支撑（见图 1）。

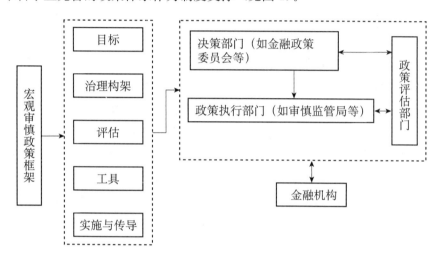

图 1　宏观审慎政策框架

资料来源：李斌和吴恒宇（2019）。

二、关于宏观审慎政策目标的讨论

（一）传统政策的目标偏误

1. 经济失衡背后的金融因素

在过去的几十年中，全球经济发展有四组现象特别引人注目：一是通货膨胀水平及其波动性出现普遍下降；二是实体经济增长迅速，产出增长的波动性趋于下降；三是资产价格、信贷和投资的"繁荣-萧条"周期日益强化，周期性的金融危机频繁爆发；四是全球贸易失衡不断加剧。四组现象并存，成为 20 世纪 70 年代以来全球经济发展的一个显著特征。在以上四组现象中，前两组结果是令人愉悦的，它曾一度使全球经济进入了所谓"大平稳"时代；而后两组结果则是令人沮丧的，从拉美到亚洲，再到美国，它一次又一次将看似欣欣向荣的"经济奇迹"拖入危机的深渊。

如果不是 2008 年金融危机的爆发，我们也许会寻找足够多的理由来支持上述四组现象中的不平衡结构，因为对于很多经济学家而言，相对于全面的通货膨胀，资产价格泡沫似乎是可以容忍的；而相对于经济增长的停滞，贸易的失衡似乎也不那么紧迫，完全可以延期解决。然而，信贷扩张和资产价格泡沫带来的问题远远比想象中的要严重，它不仅是全球经济发展中的"白玉微瑕"，而是极具破坏性和具有自我强化能力的危机促成机制，而全球贸易的失衡无疑加重了这一问题，并将危机的链条延伸至全球一体化经济的各个角落。

反观金融危机前宏观经济领域的主流研究成果，特别是运用宏观金融模型预测未来经济走势的文献，大多将实体部门的内生性摩擦作为影响未来经济走向的关键因素，比如名义价格黏性、投资调整成本、居民消费偏好等等（Christiano et al.，2005；Smets and Wouters，2007），而忽略了金融部门和相关金融摩擦因素对宏观经济稳定和政策传导的影响。随后，基于各国的宏观实际数据，经济学家们通过对此次全球金融危机的事后检验，验证了金融因素（如金融摩擦、金融监管以及金融系统性风险等）并不是罩在实体经济之上的一层"面纱"，而是在横向（时间）和纵向（程度）两个方面与经济周期产生了不可忽略的互动关系。还有一些研究从经典理论解读的角度，对系统性风险所涉及的若干本质问题及其与金融制度之间的深层次关联进行了研究（马勇，2011）。Jermann 和 Quadrini（2012）的研究发现源自金融部门的外生冲击会引起实体经济变量的周期性波动，甚至可能引发经济危机。Guerrieri 和 Iacoviello（2017）的估计结果显示贷款约束条件使房价对实体经济的影响呈现出非线性特征，即房屋资产价格上升并不会带动消费高速增长，而房价下跌会加速实体经济的收缩。

2. 传统监管政策的"合成谬误"问题

事实上，20 世纪 70 年代以来，随着金融市场的日渐发达和复杂化，金融失衡不仅周期性地发生，而且与宏观经济的失衡彼此强化。这种强化使得经济和金融长期持续、显著地偏离长期标准。从历史经验来看，同时观察到一系列这种失衡状况能有效地预测随后出现的金融危机和产出损失（Borio and Lowe，2002），因此，失衡偏离均值的程度应该是有限的，这也意味着严重的失衡是不可持续的。从这个意义上看，此次由美国次贷危机引发的全球金融危机并不是一个新鲜事物，相反，它只是信贷扩张、资产价格泡沫和监管错配所引发的宏观失衡的必然结果，这种危机机制已经在过去 30 多年的金融危机史中得到多次佐证（马勇等，2009）。在周期性发作的金融危机面前，传统监管政策的失败是显而易见的，这些政策不仅未能有效遏制金融危机的爆发，而且在事前的危机预测（预警）和事后的危机处置方面也乏善可陈。事实上，只要金融监管继续将视角局限于微观个体层面，而忽略金融机构、金融市场和宏观经济之间的相互作用，那么由系统性风险引发的金融危机就还会反复发作。

从根源上看，传统微观审慎监管政策的失败，原因在于基于单个金融机构的监管并不足以识别、阻止和消除金融体系中的系统性风险，而在个体风险转化为系统性风险的过程中，又普遍地存在着合成谬误问题。所谓合成谬误是指，在一个系统中，即使从局部来看每个个体都达到了最优状态，但经加总之后的整体却不一定能继续保持最优状态。对于市场主体的行为而言，个体理性并不总是能保证集体的理性。

在顺周期行为模式下，经济主体根据经济运行趋势信号形成的"最优"决策，在每个个体来看都是理性的，但当他们倾向于采取一致行动时，最终的结果却是非理性的。金融体系也面临同样的问题，即单个金融机构的稳健并不总是能保证作为集合结果的金融体系的整体稳定性。例如，在经济繁荣期，由于大多数企业都具有非常稳健的资产负债表，从单个金融机构的角度来看，此时扩大信贷规模显然是一种理性的经济行为，但如果所有金融机构都这样做，必然导致信贷超速扩张，资产价格泡沫不断积聚，从而为金融危机和经济衰退埋下祸根；相反，一旦危机爆发或经济陷入衰退，为控制风险或提高流动性，单个金融机构出售资产的微观行为显然也是理性和无可厚非的，但大多数金融机构都这样做，必然导致资产价格进一步下跌，危机持续恶化。

不可否认的是，设立《巴塞尔协议Ⅰ》和《巴塞尔协议Ⅱ》的初衷是试图通过监测银行部门的三大风险（信用风险、操作风险和市场风险）和建立市场纪律的方式将银行个体的经营行为限制在相对安全的区间内，而这样的监管框架在危机前的几十年里确实使得实体经济和银行部门维持了表面上的稳健。不过，由于金融创新和监管套利显著降低了原有银行监管指标的可信度（Keppo et al.，2010），且综合资本充足率、贷款损失拨备等动态目标本身存在"顺周期"特征（Repullo and Suarez，2013），这导致针对银行部门的传统监管手段不仅未能充分衡量银行个体的经营活动对金融系统性风险的影响，而且忽略了新兴非银行金融机构及金融创新产品对金融个体风险的嵌套和放大（Casu et al.，2013）。正是由于传统监管政策对合成谬误问题的忽略，整个金融市场和监管体系在重大外生冲击面前必定是脆弱和不堪一击的（Acharya et al.，2017）。

（二）宏观审慎政策的目标定位

显而易见，对于防范金融危机和控制金融体系的宏观风险（系统性风险）而言，传统的微观审慎监管之所以面临重重困境，根源在于一种微观视角的理念从一开始就无法与归属于宏观层面的系统性风险实现真正的协调。识别、防范和控制系统性风险需要一种与之匹配的宏观政策工具，这也是推动金融监管从传统的微观审慎走向新的宏观审慎的根本原因。一旦将宏观审慎政策目标定位于减少系统性风险和增强金融体系的整体稳健性，那么，这一目标的实现将主要集中在两个方面：一是通过必要的制度设计，主动抑制金融体系内部的过度风险承担和集聚；二是当经济遭遇负面冲击时，增强金融体系的弹性和自我恢复能力，降低产出损失。毫无疑问，正如前文所指出的，实现这种目标的转变，必然涉及金融机构、金融市场、金融制度和宏观经济之间的相互作用，除非新的宏观审慎政策框架能够有效识别各种潜在的风险源、风险结构和风险机制，否则，控制系统性风险的目标不可能真正实现。

1. 金融体系的共同风险暴露

从监管的目标对象来看，20世纪90年代以来的金融危机表明，随着金融市场的日渐发达和金融风险的日益增加，单一的资本充足率标准已不足以保证银行体系的安全性和稳定性，机械和静态地解释银行的资产负债表往往会掩盖问题的实质。比如，金融机构债务杠杆率增长最显著的领域并非传统银行业务，而是在交易账户中持有的证券化金融产品。按照现有资本充足监管的规定，即使这些金融产品最终转变成高风险资产，它们的风险权重也并不大。因此，当按照风险资产计算的资本充足率被视作衡量金融机构风险的准绳时，大型金融机构的杠杆率表面上并不是很高，其资本似乎也是充足的。但大型金融机构通过结构性投资机构投资于证券化金融产品，须作为母公司向后者提供资金且承担投资风险。就此来看，必要的监管应准确评估金融机构承担的全部风险，并要求其增加资本。

因此，宏观审慎政策关注的风险点不是特定金融机构的个体性和异质性风险，而是整个金融体系所面临的共同风险暴露。在经济金融一体化的过程中，金融机构和金融市场的参与者可能面临着相当大的共同风险暴露，尤其是那些能够产生多米诺骨牌效应的金融机构或者部门。在实践中，经济学家们构建了金融机构系统性风险的评估体系，以此来识别风险暴露概率和金融机构的系统重要性（Acharya et al.，2017；宫晓莉等，2020）。

2. 关联部门引发的金融脆弱性

在一个典型的金融市场网络中，外部性表现为结构化产品的价值会因为越来越多的金融机构参与而迅速膨胀，因此，系统性风险的聚集还与日益扩张的网络外部性密切相关。由于金融机构之间的交易错综复杂，一旦系统逼近临界状态，任何微小的扰动就可能导致网络关键"节点"的失效，从而引起整个关联网络系统的崩溃。在一个普遍互联的网络系统中，宏观审慎政策的重点关注对象除了那些处于网络关键节点、容易诱发多米诺骨牌效应的金融机构或者部门外，还应普遍地纳入对冲基金、投资银行、影子银行等规模较大的非银行金融机构，甚至纳入某些非金融机构，只要这些机构的行为可能给金融体系带来系统性风险。

以影子银行为例，在美国次贷危机中，所谓的影子银行体系（如对冲基金、投资银行、各类表外项目以及在一些地区的按揭商）的经营活动虽然与普通大众没有直接联系，但其行为同样具有系统性风险效应，特别是一些没有存款基础的机构（如投资银行），当其流动性出现问题时，这些机构通常比银行具有更低的偿付能力。影子银行不仅直接影响了金融体系的稳定性，还会改变传统政策的传导机制。以货币政策为例，货币政策收紧将导致居民存款流向影子银行渠道，被挤出的企业贷款通过影子银行得到补充，这使得社会融资规模的收缩速度减小，货币政策的实施效果也不及预期，宏观经济的波动反而加剧（Xiao，2020），进一步提高了金融失衡发生的可能性。但是，如果将仅针对商业银行的狭义逆周期资本监管拓展至同时针对商业银行和影子银行的广义逆周期资本监管，不仅能限制监管套利的程度，还能弱化影子银行的金融加速器效应（侯成琪和黄彤彤，2020）。

由此可见，与微观审慎监管主要关注个体银行的资产负债表不同，宏观审慎政策更加关注金融体系结构（包括金融市场结构、融资结构、投资者结构、金融工具结构、市场参与各方的资产负债结构等）的脆弱性。[①]

3. 核心目标：抑制"过度周期性"

在控制系统性风险和降低产出损失的总体目标下，鉴于现代金融体系的显著特征，宏观审慎政策的一个核心目标是如何抑制金融体系的"过度顺周期性"。

在过去几十年里，金融市场的一个显著特征是资产价格和信贷扩张"繁荣-萧条"周期性的增强，这种周期性内生地存在于经济和金融活动之中。实践表明，银行许多错误的放贷决策都是在经济周期繁荣期做出的，而不是在经济衰退期。[②] 尤

[①] 美国次贷危机告诉我们，关注家庭部门和企业部门资产负债表的稳健情况对于宏观金融稳定的判断也非常重要。

[②] 在宏观经济与金融体系"繁荣-萧条"的同向周期性更迭中，银行常常不由自主地面临两类典型的信贷错误：一方面，在经济繁荣时期，宽松的信贷条件和环境使得许多净现值为负的项目获得了融资，这将在项目到期后不可避免地出现违约并导致不良贷款（一类错误信贷）；另一方面，在经济衰退时期，由于不良资产大量增加，银行的风险拨备策略趋于保守，许多净现值为正的项目被拒之门外（二类错误信贷）。

其是近年来，金融体系的顺周期性使得金融系统具备了某种潜在的倾向，导致金融活动持续、显著地偏离长期均衡。金融失衡及其释放的高度非线性特征，通常被定义为金融体系的"过度顺周期性"。这种金融失衡最终将会以金融动荡的方式来释放，从而加大周期性波动，导致金融和经济的过度繁荣和萧条。Boissay 等（2016）的研究结果发现随着银行间市场的发展壮大，道德风险和信息不对称导致的金融失衡将演变为突发的市场收缩、银行危机、信贷紧缩和严重的金融衰退。

在上述过程中，金融机构的集体行为导致资产类型趋同，机构间风险敞口的相关性提高。同时，金融创新的发展也使机构之间的联系更为密切，从而进一步加大了共同风险暴露，导致金融体系非线性的反馈机制更容易传导至实体经济。在此方面，陈雨露和马勇（2012）从一个周期性的视角对金融、实体经济和金融危机之间的动态关系进行了理论建模和经验解读。事实上，回顾最近 40 年的全球金融危机史，金融体系的过度顺周期性已成为大多数金融危机的一个基本机制（陈雨露和马勇，2009）。以次贷危机为例，Demyanyk 和 Hemert（2011）的研究表明，次贷市场的演变与传统的信贷"繁荣-萧条"周期极为相似，而次贷市场爆炸性、不可持续的增长模式最终导致了自身的崩溃。此外，一些金融制度安排和激励机制，如资本金要求、损失拨备制度、公允价值会计准则、金融风险计量模型、薪酬激励制度、信用评级、保证金做法等，具有很强的顺周期性，从而进一步强化了经济主体的顺周期行为，成为推动金融失衡累积的"助推器"。

虽然金融体系的顺周期性是内生于经济行为的一种常态，但随着金融自由化在全球范围内的盛行，全球范围内的金融扩张不仅强化了其经济影响力，而且使得金融体系具备了某种脱离实体经济自我扩张的能力。这不仅加重了金融体系固有的顺周期性问题，而且以一种不断放大的效应对实体经济产生了多层反馈影响。因此，宏观审慎政策要想在控制系统性风险和危机防范方面有所作为，必须将金融体系的过度顺周期性问题纳入现实的政策框架，并采取足够有效的预防和控制措施。

在明确政策核心目标的基础上，选择怎样的钉住目标（中介目标和最终目标）才能最大程度地发挥政策稳定效应？多数文献认为信贷规模、贷款抵押物价值比率、宏观杠杆率等变量可以作为反映金融状况的代理指标（如 Quint and Rabanal，2014；李天宇等，2017）。对此，马勇（2019）指出主流文献重点关注的宏观审慎政策"钉住目标"，如资产价格、广义信贷、信用利差等，都无法全面且准确地反映金融市场状况，也不宜作为宏观审慎政策直接的钉住对象，为了避免政策目标选择的随意性给政策实践带来不确定性，构建包含若干金融子市场状况的综合性金融指数作为金融稳定的"钉住目标"，既能及时跟踪金融市场的周期性波动，又能观察各子市场的结构性失衡状况，因而可以作为一种备选方案。

三、宏观审慎政策工具的设计与创新

2008 年金融危机之后，围绕宏观审慎政策工具的设计，变革主要从两个维度展开：一是时间维度，即控制或降低金融体系的过度顺周期性；二是跨部门维度，即控制或降低某一时点上金融机构的相互关联性和共同风险暴露。这两个维度与我们前文提到的金融网络效应和金融风险的时变敏感性密切相关。

（一）跨时间维度："逆风向调节"工具

从时间维度来看，宏观审慎政策要重视风险的时变敏感性，即金融体系的内生性风险随着时间（经济金融周期）而动态变化。在危机爆发前，经济繁荣已经持续了较长时间，当市场主体对风险的判断越来越乐观时，其风险容忍度也将随之不断升高，其结果是资产价格和债务杠杆螺旋上升，导致整个金融体系出现过度的风险承担。在此过程中，金融失衡的累积不可能永远持续，资产负债表的调整最终一定会发生。当某种外部冲击来临时，危机会以流动性短缺的形式出现，并随着市场信心的逆转而变得愈发严重。针对这种源于金融体系顺周期性的系统性风险，主要问题在于监管框架是否并且能在多大程度上抑制金融体系的过度顺周期性。

很明显，在顺周期模式下，由于风险在经济上行期逐渐增加，而在衰退时期集中释放，因此，新的宏观审慎工具应充分考虑风险的这种时变特征和非线性影响，在经济上行期建立防御机制以备困难时期使用，从而使系统能够更好地吸收潜在冲击，并有效限制金融失衡积累的规模，增加金融体系和宏观经济运行的整体稳定性。根据这一思路，主要宏观审慎工具的开发旨在体现逆风向调节原则：在经济衰退、银行资产收缩的阶段降低拨备和资本要求，以缓解信贷紧缩、平滑经济波动；并在经济快速增长、银行资产扩张过快的阶段增加拨备和资本要求，以加强风险防范，提高金融持续支持经济发展的能力。考虑到无论是在银行主导的国家还是那些资本市场比较发达的国家，银行都位于信用中介过程的中心，因而建立更大的缓冲区使银行部门能够承受严重的冲击是非常必要的，更大的缓冲区将有助于防止金融和实体经济之间冲击的扩大。

从时间维度来看，巴塞尔委员会提出的逆周期监管工具主要包括：一是降低新资本协议最低资本要求的顺周期性；二是推动建立前瞻性的拨备计提方法；三是建立留存资本缓冲，即通过留存利润建立资本缓冲；四是建立逆周期资本缓冲，初步建议根据信贷/GDP 比例对其长期趋势值的偏离（GAP）决定计提逆周期资本缓冲的水平：当 GAP 高于一定数值时，要求银行在最低资本要求基础上计提资本缓冲，并在满足一定条件时允许银行释放资本缓冲，以满足经济下行周期的信贷需求，防止信贷过度紧缩。以上监管工具的有效性已在相关文献中得到验证（如 Darracq Pariès et al.，2011；Carvalho and Castro，2017）。

（二）跨部门维度：管理共同风险暴露的政策工具

从跨部门维度来看，宏观审慎政策涉及整个金融体系在某个特定时间点的风险分布状况，因而特别需要关注各个金融机构的投资组合和金融产品风险之间的关联性。也就是说，宏观审慎政策需要考虑不同机构间相互影响导致的系统性风险，通过加强对具有系统重要性的金融机构监管、改进对交易对手的风险计量和控制等手段来维护金融体系的整体稳定。如果金融机构持有相似的风险头寸，那么当针对特定风险暴露（如房地产的价值）的冲击到来时，一旦所有的金融机构同时采取类似的降低风险暴露的措施时，问题资产的市场流动性将显著下降，这不仅使降低风险暴露的努力难以奏效，还将导致损失进一步扩大。这种现象被称为拥挤交易。如果拥挤交易是因为市场主体对经济走势的判断趋同而导致，那么它同样可以因为风险管理模式的趋同而促成。对于没有充足资源开发独立风险管理工具的金融机构而言，模仿其他金融机构的风险管理工具就成为一种普遍现象。在这种情况下，不仅金融机构对特定资产的风险暴露是相似的，而且其相关交易的期限也将变得更加同步，这将导致市场的波动性进一步加强。对于系统性风险的集中和跨部门分布，关键问题是如何管理金融机构所面临的共同风险暴露，这涉及在经济上行期收紧对特定行业风险暴露的资本要求。此外，由于不同的机构具有不同的系统重要性，因而应根据个体机构对系统性风险的贡献程度调整宏观审慎政策工具，提高系统性风险相对于异质性风险的权重。

有助于实现上述目标的宏观审慎政策工具包括：一是减少系统重要性机构倒闭的可能性，具体工具包括对系统重要性机构的附加资本要求、附加流动性要求以及法律和运营结构方面的监管要求；二是提高金融体系的危机应对和处置能力，具体工具旨在完善有序处理倒闭机构的程序，构建事前的危机应对机制、应急计划、监管合作和信息共享安排等；三是强化金融制度和金融市场，相关工具旨在完善金融基础设施，减少金融机构的相互关联程度。关于宏观审慎政策在跨部门维度的应用，现有文献进行了深入研究。在对金融机构系统性风险状况进行测算的基础上，宫晓莉等（2020）指出非银行金融机构的风险溢出效应较明显，金融机构间信息溢出网络紧密度的增加也会提高风险暴露概率。由此可见，宏观审慎政策不仅要综合运用政策工具降低源自中小型银行、非银行金融机构的系统性风险，还要树立"太关联而不能倒"

的监管理念（宫晓莉等，2020）。

经过反复讨论，目前国际社会已就一些系统重要性机构的监管政策措施初步达成共识，但对另一些政策措施则存在较大争议。目前国际社会已经基本达成共识的是强化金融基础设施，通过设立中央交易对手实现柜台衍生交易产品（OTC derivatives）的集中清算和处理，降低柜台衍生交易产品的风险；国际社会基本认可但仍需进一步推进研究的是强化对系统重要性机构监管和通过自救处置计划等方式提高对有问题系统重要性机构的处置能力等；国际社会仍然存在争议的是系统重要性机构的资本附加政策和流动性附加政策。此外，一些政策可能主要在国家层面被采用，而难以形成国际共识，主要有限制银行的规模和业务范围，如禁止商业银行从事自营交易（如沃尔克规则）、要求银行境外机构子行化以及其他运营结构上的要求等。

（三）宏观审慎工具的实践应用

在实践过程中，开发宏观审慎工具的重要一步是与现有的微观审慎工具相契合，例如实施更加严格的审慎标准（如要求持有高质量资本和充足的流动性缓冲）和对可能引发系统性风险行为的限制。从定义来看，宏观审慎风险只能通过对系统脆弱性的测量来确定，具体的测量指标包括：信贷增长、杠杆水平、资产价格、到期期限、货币错配、机构间风险暴露的相关性等。对于以上指标，需要界定"失衡"或"过剩"的标准，以区别于源自基本面驱动的周期波动和长期趋势。政策当局只有首先对金融风险的形成进行识别，才能有效地实施逆周期操作。同时，在分析系统性风险是否已经积累到了必须采取政策反应的程度时，还需要考虑以下问题：与实体金融关联（往两个方向发展）的复杂程度、实体和金融市场中不同参与者的相互作用、对可能随时间变化的冲击所采取的可能反应、破产考虑与监管约束之间的非线性等（White，2006）。

为了分析金融体系的整体风险状况，充分获取市场信息非常重要。在信号提取的过程中，应注意相关政策工具的传导机制可能会随着金融中介活动和金融体系结构的改变而发生变化。同时，政策当局还应基于外生冲击大小和外生冲击对经济金融的影响程度选择宏观审慎政策工具。比如，当发生金融危机或其他较大的外生冲击时，采用资产购置模式来稳定经济的见效更快，而窗口指导更适用于平抑较小的市场波动（方意和黄丽灵，2019）。不仅如此，金融失衡和风险暴露不是在实体经济各部门和金融中均衡发生，这些迹象可能在局部性或部门性的水平上表现得更为明显。政策工具的目的在于使政策措施能够有针对性地应用于特定部门，但以特定市场为目标的措施可能会引发其他领域的失衡。例如，对特定部门贷款的限制可能会导致其他部门信贷的过度宽松；对银行杠杆的普遍约束可能会减少银行信贷，但会增加证券发行的规模；等等。此外，介于金融机构和市场化信贷之间的金融创新、兼并重组和信贷在以机构为主还是以市场为主之间的变化可能会难以预料地改变风险分布状况。上述金融体系中的动态机制可能会对整体经济产生影响。因此，为达到逆周期操作的目的，宏观审慎政策工具要动态地加以调整，调整既可以发生在风险正在形成的繁荣期，也可以发生在信用紧缩、风险增加的萧条期。在这种调整过程中，还应考虑到繁荣期和萧条期不同的风险机制，以及这种转变过程中风险偏好的急剧变化。G20（2011）提出宏观审慎工具应该具备时变特征（见表2）。

表2	常用的宏观审慎工具
目标	工具
防范信贷过度膨胀	时变资本要求（比如风险权重）
	动态损失拨备
	信贷规模或增速上限
	时变贷款抵押物价值比上限
	时变债务收入比上限
	时变最低保证金要求
	准备金要求
防范系统性风险扩张	期限错配限制
	外汇贷款规模上限
	外汇净未平仓头寸或错配限制
	非核心资金税
减少结构性漏洞和削弱冲击的溢出效应	基于系统重要性的附加损失吸收储备
	系统性风险的披露政策
	针对系统重要性机构的监管要求

资料来源：G20（2011）。

（四）金融创新与宏观审慎政策工具设计

2008年金融危机后，新的宏观审慎工具的设计，还涉及如何对金融创新带来的潜在风险进行评估和处理。应该指出的是，对于金融创新在金融危机中的作用，迄今为止，大部分文献仍然主要集中于金融创新所产生的高风险金融产品本身，而不是金融创新所导致的整个金融市场的整体性失衡，而后者恰恰是产生系统性风险的关键（陈雨露等，2010）。从信息处理的角度而言，金融创新诱发金融危机的更深层次机制在于：过于复杂的金融创新由于超越了一般投资者的风险识别能力而导致整个市场投资决策的扭曲，其结果是市场风险分布状态的系统性失衡。这种投资者风险识别能力的集体性缺失，与金融创新同时产生的信贷扩张彼此强化，短期内使得金融市场在更高的风险状态下维持着自我实现的均衡，而这种"失衡的均衡"在任何外部冲击面前都极为脆弱。

不仅如此，风险识别能力缺失同样发生在政策部门，这进而对宏观审慎政策框架的制定和实施形成阻碍。Javier 等（2012）基于一般均衡模型的研究发现，宏观审慎政策的有效性受到政府信息集、信贷约束程度和市场对金融创新的接纳程度等因素的影响。当政府和一般投资者受到信息不足的约束（且受约束程度相同）、信贷条件紧缩和金融创新的接纳程度攀升时，宏观审慎政策对外生冲击基本失效。因此，新的宏观审慎视角应从过去那种集中于金融创新产品本身的风险转向更为根本的市场信息机制问题，如过度金融创新所造成的信息失真、信息机制的普遍扭曲和投资者风险识别能力的集体性缺失，等等。

对于金融业的发展而言，创新的边界不能超出体系的管理能力，如果金融衍生产品过于复杂以至于超出实体经济发展的需求，那么，实体经济将最终沦为金融投资和炒作的工具，潜在风险的积聚和扩大就不可避免。基于此，新的宏观审慎框架必须要有针对金融创新的专门评估工具或方法，防止金融创新过分脱离实体经济发展的需求，可以考虑的工具包括：对金融产品市场准入设置必要的审查机制，禁止当前市场无法识别其风险状况的金融产品流入市场，对风险过高的金融产品设置必要的交易限制条件和进行定期审查，等等。

四、相关制度安排

（一）与货币政策的关系：独立还是关联？

1. 单一货币政策的局限性

当今主流的货币政策调控是以经济增长和通货膨胀率为依据（实际就是以 GDP 和 CPI 的数据变动作为宏观经济政策调整依据），但实证研究表明，GDP 和 CPI 与金融稳定的联系程度极低，而与金融稳定存在密切联系的金融资产价格指数却不在货币政策当局考虑的范围之内。同时，货币政策传导的直接作用对象是金融部门，故货币政策不可避免地会对金融稳定造成时间维度（金融部门与实体经济的纵向关联性）和空间维度上（金融机构关联网络的演变）的系统性风险溢出（方意等，2019）。虽然宏观审慎的货币政策也具有维护金融稳定的作用，但是作为常备政策，仅考虑宏观审慎因素的货币政策不如宏观审慎政策框架有效（李天宇等，2017）。事实上，回顾最近 40 年的金融危机案例，一个显而易见的结论是：价格稳定不足以实现金融稳定，实现金融稳定需要特殊政策和工具。传统的货币政策是典型的总量调节，这种调节对包括资产价格波动在内的结构性问题无能为力，因为在普遍的通货膨胀发生以前，资产价格的波动往往集中在以房地产为代表的少数几个领域。这种总量政策与结构性目标的不匹配意味着，促进金融稳定的首选工具应当是基于宏观审慎的监管措施，其重点关注和矫正的对象是产生特定扭曲因素的根源，如日益明显的顺周期性问题、扭曲的激励和约束机制、普遍存在的政治和行业俘获问题等。

不仅如此，在应对一些经济失衡问题时，宏观审慎政策比货币政策更为有效。比如，在面临信贷扩张和资产价格泡沫的问题时，货币政策为了对信贷增长和资产价格产生显著影响，可能需要将利率提高到相当高的水平，但这会对经济增长和资源利用率产生很大的负面影响，而货币政策当局（中央银行）可能并不掌握涉及这两者之间长期关系的充分信息。正是由于前瞻性的宏观审慎政策需要关注一系列结构性失衡问题，因而宏观审慎政策的方案也应该是一个包含多种工具的可选集——每种工具都被指派用于某个特定的失衡问题，并最终形成一个与结构性失衡相匹配的结构性解决方案。

2. 货币政策与宏观审慎政策的协调搭配

在目前的货币政策不改变其总量调节基础的情况下，货币政策和宏观审慎政策将具有相对独立的操作空间，它们不仅拥有不同的政策目标和工具，而且难以互相替代。当然，强调货币政策和宏观审慎政策难以彼此替代并不意味着两者之间没有关系。金融稳定直接影响到金融市场，而金融条件会影响货币政策的传导机制。成功的宏观审慎政策可以降低金融体系的整体风险，保障货币政策传导渠道通畅。反过来，货币政策也会影响资产价格和资产负债表，进而影响到金融体系的稳定性。

实际上，成功而有效的货币政策和宏观审慎政策能够互相增强和彼此促进。一方面，为增强金融体系的弹性而采取的宏观审慎政策通过在急剧的金融动荡中保护经济，增强了货币政策的有效性；另一方面，宏观经济的稳定也降低了顺周期倾向所引致的金融体系的脆弱性。同时，为增强金融系统的弹性而采取的措施通过降低在信贷供给领域的金融摩擦效应，同样有助于货币政策在更广阔的经济环境中更精确地影响信贷状况。这些效应的显著程度取决于宏观经济环境、金融状况、在金融体系中银行中介的份额，以及在银行体系中资本和流动资产的水平和分布状况。

从现有研究结论来看，宏观审慎政策对实体经济冲击的平滑效应和对货币政策宏观稳定功能的补充作用已经得到主流文献的普遍认可（如 Quint and Rabanal，

2014；Silvo，2019)。同时，在宏观审慎政策逆周期工具的调控下，金融市场的周期性波动程度也有所降低（Aikman et al.，2015；Gertler et al.，2020)。随着各国宏观审慎政策框架的丰富和完善，如何调整货币政策框架使得宏观审慎政策效率最大化的研究课题也逐渐成为各国监管机构和中央银行关注的重点。Gelain 和 Ilbas（2017）的模拟结果显示当宏观审慎政策部门以金融稳定为政策目标时，货币当局应该赋予产出稳定更高的权重予以配合。此外，不少文献通过数值模拟发现外生冲击类型也会影响宏观审慎政策和货币政策协调搭配的模式（李天宇等，2017；黄益平等，2019)。

3. 金融监管下的中央银行政策安排

总体而言，货币政策和宏观审慎政策既拥有独立运作空间又彼此关联的性质意味着，真正的问题不在于二者之间的取舍，而在于二者之间的协调和配合。对于中央银行而言，核心的问题不是徘徊于物价稳定与金融稳定之间的取舍关系，而是如何在当前的经济稳定与未来的经济稳定之间做出决策，这意味着政策实施必须通过对物价稳定和金融失衡的双重视角来全面评估经济状况。在特定的经济阶段，面对日益严重的金融失衡，必须考虑使用货币政策进行总量调节。如果当经济过热迹象已经出现时，货币政策仍然放任信贷闸门开得太大，那么，任何后续的宏观审慎工具都难以奏效。换言之，宏观审慎政策的结构性调节优势必须以适当的货币总量调节为基础——在成功的宏观审慎政策背后，必然存在一个审慎的中央银行。事实上，只有在运用货币支柱来防止整体金融过剩的基础上，宏观审慎政策工具才能更加从容地发挥结构性调控功能。当然，寄希望于将货币政策和宏观审慎政策联合起来彻底消除经济周期是不可能的，现实目标在于防止经济的大起大落，增加金融体系的弹性。

（二）决策与实施程序：规则还是相机抉择？

1. 宏观审慎政策的相机抉择

所谓宏观审慎政策的相机抉择，是指一旦判断出金融体系的失衡现象已经上升到危险水平，或造成系统性危险的资产泡沫正在超越常态的积累过程中，那么，监管当局就可以自上而下地直接采取相应的干预行动。作为监管当局的相机抉择政策工具，现金储备比率、流动性比率、贷款抵押物价值比率、监管资本的风险权重、抵押品要求、保证金要求和还款期限等都可以从严要求。当然，这样做的目的并不是试图消除经济周期或者完全阻止经济泡沫的发生和演化，而是力图确保泡沫事件发生时，金融体系仍然是稳健的。

与货币政策相比，宏观审慎监管者通常需要面对更多的不确定性和林林总总的具体事件。对于经济中的任何一个典型的泡沫周期（事件）而言，必定既包括内生于经济金融周期的统一性，同时也包括某些独一无二的个性化元素。由于大部分泡沫推动金融危机的实际过程都具有典型的事件驱动型特征，因而对于宏观审慎政策的具体实施而言，不仅需要根据可靠和易被观测的指标进行操作，还需要依据事态的进展情况对政策干预的时机和频度进行相机抉择。除了评估的不确定性外，相机抉择在宏观审慎政策中至关重要的另一个原因在于，金融行为需要与其他政策领域相协调（如税收制度和特定行业监管制度），否则，宏观审慎监管的政策效力可能正好被其他领域的政策工具所抵消。

2. 基于规则的宏观审慎政策

如果说经济事件过程的复杂性使得相机抉择成为宏观审慎政策必不可少的实施原则，那么，基于规则的宏观审慎方案也并非没有立足之地。对于那些赞成规则而不是相机抉择的经济学家而言，相机抉择的政策行为常常是不连续的，当政策制定者以不可预测的方式或者以超过寻常的力度对波动作出反应时，常常导致那些从短期观点看似乎是正确的、从长期来看却是错误的反应。对于市场各方而言，由于相机抉择的决策过程比基于规则的决策更加具有不可预见性，因而这种不确定性会在一定程度上削弱政策效力，从而增加相机抉择的成本。如果金融机构不能对政策指引的方向作出准确的解读，其预期和反应就将缺乏与宏观审慎政策目标的一致性。这种由于市场主体缺乏明确预期而造成的传导机制的不畅，毫无疑问会最终降低政策的实际效果。实际上，在经济实践中，如果监管当局对压力事件的预期和判断不太确定，那么他们也将更加倾向于依赖简单的规则，并采取更加审慎的行动。此外，考虑到普遍存在的政治俘获或者行业俘获问题，清晰的规则和具体化的宏观审慎行动将有助于消除政治性或机构阻力。

3. 规则与相机抉择：权衡与协调

从一般意义上看，相机抉择的主要优势在于面临复杂事态和特定事件过程中所表现出来的灵活性，这种灵活性有助于宏观审慎政策对非常态的事件进程和非预期的结构性变化作出及时和充分的反应。考虑到任何与重大的金融不稳定（金融危机）相连的事件都必定具有小概率事件特征，坚持一定程度的相机抉择对于积极的危机防范是必不可少的。除非危机事件会简单地完全重复历史，否则，基于规则的监管就一定是不足的。从这个意义上说，相机抉择是处理未来危机事件中可能出现的新情况的主要手段。当然，相机抉择的一个劣势是缺乏规则的确定性，并有可能导致一定程度上的随意性，这意味着，在基于规则的政策确定性和对冲击作出最优反应的政策灵活性之间，确实存在着交替关系。对于任何宏观审慎框架的建立而言，最重要的都是首先承认这种交替关系，并对可能的经济后果进行现实评估。

在过去的几十年里，伴随着金融创新和金融全球化趋势的不断推进，金融市场的几次重大结构性转变使得引发金融波动的因素不仅仅局限于风险承担和资产负债表渠道（Borio，2007）。因此，金融政策需要在最终目标、实施工具等方面基于金融市场的演变特征来作出调整。Borio（2007）将金融稳定形象地类比为行车安全，除了关注道路状况和安排缓冲装置，如今更多的注意力应集中于设置合理的行驶速度来实现高速前进和平稳安全运行的双重目标。在宏观审慎政策是基于"规则"还是"相机抉择"的问题上，Agur 和 Sharma（2013）提到系统性风险的周期波动可能是由内生因素引起的，因而难以被传统的预警指标捕捉到，这也导致宏观审慎决策必须基于市场的实时运行情况、多方数据和信息的分析结果以及与其他政策部门的协调配合等多重因素。Agur 和 Sharma（2013）指出最优宏观审慎监管模式是在严格的监管框架基础上采取时变的宏观审慎政策。

在"鱼与熊掌不可兼得"的情况下，为了实现普遍法则和特殊事件的兼容，一种可行的方案是：任何被经验规律证实普遍可行的大概率法则都应该被明确设定为规则予以实施，如果宏观审慎监管当局有理由认为特殊事态的发展使得既定的规则不应被采用时，必须对此作出充分的解释并承担相应的事后责任，从而达到约束监管者的不作为或行动随意性的效果。在更一般的方法论意义上，宏观审慎政策还应该坚持动态的方法论思想，重点关注经济金融体系运行过程中的各种动态结构性变化并以此作为政策调控的基础、依据和原则（马勇，2013）。

（三）监管体制安排：统一还是多头？

1. 统一监管还是多头监管？

从全球范围内现行的金融监管体制安排来看，基本上可分为以美、法为代表的多头监管体制和以英、日为代表的统一监管体制。在前一种制度安排下，银行、证券和保险等金融部门分别归属不同的监管机构进行监管；而在后一种制度安排下，银行、证券和保险等金融部门的监管权力则由同一家机构统一行使。

毫无疑问，学者们就监管体制的选择问题展开了激烈的讨论。支持统一监管的学者主要从宏观稳定和政策协调的角度分析了监管融合的经济收益。Čihák 和 Podpiera（2008），Doumpos 等（2015）在实证研究后发现，统一监管不仅能够削弱外生冲击对宏观经济的负面影响（Doumpos et al.，2015），而且提高了不同部门之间的监管"一致性"（Čihák and Podpiera，2008）。同时，Čihák 和 Podpiera（2008）提出统一金融监管应同时考虑经济稳定和金融审慎目标。持有相反观点的经济学家从银行盈利角度反驳了以上观点，Gaganis 和 Pasiouras（2013）便指出监管机构的数量与银行利润规模正相关。当然，也有部分学者对于统一和多头监管的选择问题持中立的态度，他们强调监管是否统一与中央银行在金融监管过程中所担任的角色有关，即如果货币政策框架考虑了金融稳定因素，那么最优监管体制需要融合微观审慎和宏观审慎监管（Masciandaro，2007；Herring and Carmassi，2008）。由此可见，一国的监管体制也存在时变特征。

2. 危机后的趋势：由多头监管向统一监管过渡

2008 年金融危机之前，对金融监管体制安排的讨论主要围绕被监管对象的发展变化展开，其基本问题是混业经营条件下的监管体制安排问题，而本轮危机则进一步揭示出，过去未经整合的体制失败关键在于忽视宏观金融稳定。在多头监管体制下，分立的监管机构往往只关注自己管辖范围内的局部稳定，而对整个金融体系的风险累积却漠不关心。即使当相关机构看到问题正在不断积累时，也通常假设别人会采取行动或者认为采取行动的责任不在自身。在新的宏观审慎政策体系下，为避免这一问题，必须对监管资源进行重新整合，建立起统一的金融监管体制。与多头监管体制相比，统一监管体制能够更好地将金融市场纳入监管范围，从而有利于落实机构和市场并重的监管要求。从这个意义上说，采用统一监管体制是宏观审慎监管时代的主流变革方向。

总体来看，与宏观审慎监管的客观要求相匹配，统一监管体制在监管的有效性和对市场的敏感度方面，具有比较突出的优势（陈雨露和马勇，2013）。首先，从监管要求的一致性来看，监管标准应该在整个金融业的层面上与相应的风险水平相匹配，如果针对类似的风险（即使分布在不同的金融机构或金融产品中），监管标准差异过大，既会造成被监管者之间的不平等竞争，也会引发监管套利和逆向选择等问题，而统一监管体制恰恰能够对不同的市场、金融产品和投资者类型进行合理区分，平等地对待所有被监管机构，确保类似的风险接受类似的监管要求，从而避免多头监管模式的种种问题。其次，从监管资源的合理配置来看，宏观审慎监管过程涉及大量的风险分析，用以动态跟踪监控金融体系的风险承担，但市场的瞬息万变常常使得跨时间和跨行业的风险评估变得相当困难，而统一监管的组织结构和管理能力能够相对有效地配置监管资源。最后，从监管成本来看，统一监管体制可以将管理结构和内部决策程序有效地统一起来，通过合并监管规则和条例，统一监管报告要求，剔除重复和交叉监管，有利于减轻被监管机构的负担，促进监管部门之间的信息交流和协调合作，减少协调成本。

需要指出的是，正如我们在下一部分所要进一步说明的，宏观审慎的完整框架是一个政策体系，这意味着中央银行和财政部门以某种常规形式参与维护金融体系的稳定是不可或缺的，而本轮危机也表明，中央银行、宏观审慎监管者以及财政部门的充分沟通将有助于建立一个以共同目标和相互信任为基础，并对类似问题的处理易于达成一致见解的行动机制。当然，考虑到普遍存在的体制惰性和对现状的偏好，在从多头监管体制向统一监管体制过渡的过程中，率先建立一个由中央银行、监管机构和财政部门组成的高级代表委员会来监测事件发展并指出问题可能是非常必要的。在过渡期间，不同国家应根据各自的金融结构、经济发展阶段以及历史背景，对统一监管体制下的各种具体制度设计进行充分调试，并最终形成符合本国国情的具体方案。

（四）宏观审慎政策体系的国内和国际协调

1. 宏观审慎政策体系的国内协调

由于宏观审慎政策主要关注的是金融和经济的整体失衡，因而在宏观审慎政策的实施过程中，就必定内生地包括监管政策与货币政策、财政政策、汇率政策等宏观经济政策的协调与配合。实际上，从更为广角的宏观审慎视野来看，中央银行对货币供应量的调节或者通过相机抉择的利率政策来控制普遍的经济过热，本来就是宏观审慎政策体系的一部分。比如，面对房地产市场价格的迅速膨胀、家庭消费和家庭债务水平的迅速上升，出于宏观审慎的需要，一些中央银行在通货膨胀率较低的情况下仍然迅速提高了利率。虽然宏观审慎政策被认为对于抑制某些特定领域（如房地产）的失衡更为有效，但当整个宏观经济的过热情况都非常严重时，借助货币政策的力量予以配合几乎是必然的选择。

对于财政政策而言，在经济上行期，一些特定的财税手段，如房地产税、利息税、证券交易印花税等，在抑制泡沫和降低金融顺周期性方面具有某些与宏观审慎政策类似的作用；在经济下行期，尤其是当经济遭受非正常的意外冲击时（或者在衰退或萧条期），货币政策启动经济的效果非常有限，此时财政政策在促进经济的稳定和复苏方面具有某些不可替代的重要作用。在实践中，财政部门参与宏观审慎政策体系的另一个重要理由是，财政稳健性通常被认为是一国金融和宏观经济稳定的重要支柱，而金融不稳定造成的成本大多数时候也最终由国家财政买单。此外，宏观审慎政策的一些实施工具，典型的如动态拨备政策，也需要得到财政部门的认可才能付诸实施。

汇率政策在宏观审慎政策框架中也有相应的位置，它不仅与货币政策的实施存在密不可分的关系，还会影响到贸易平衡和资产价格的稳定，进而对整体的金融稳定产生重要影响。许多新兴经济体的案例研究表明，在采取区间浮动的汇率制度时，资本管制成为金融稳定的一道"防火墙"，并且为货币政策的独立性赢得了空间。

从更加理论的角度上看，宏观审慎监管体系的国内协调既强调了基于总量调控的原则，通过在现有宏观政策框架中纳入宏观审慎监管因素来增强政策调控下的宏观稳定效应（包括物价稳定、经济增长稳定、金融稳定、进出口贸易稳定和国际收支平衡等多个方面），又关注了政策部门在不同经济状态下的协调合作。多篇文献研究了纳入宏观审慎因素的宏观经济政策。Angeloni 和 Faia（2013）指出货币政策可以通过钉住资产价格或银行杠杆水平来降低宏观经济的顺周期波动程度。Carvalho 和 Castro（2017）通过数值模拟后发现财政政策和宏观审慎政策的最优组合是财政政策对产出波动和信贷扩张均执行逆周期调节机制。类似地，Fernández 等（2015）发现资本管制制度也具有逆周期特征。部分文献考虑了不同经济运行情况下货币政策、财政政策、汇率政策与宏观审慎政策的合作模式。黄益平等（2019）认为货币政策和宏观审慎政策的实施效果与汇率灵活性负相关。

在处理宏观审慎监管过程中的政策协调问题时，政策制定者实际上面临的是一个可选政策工具的"向量集"。当特定的经济情况出现而需要作出政策反应时，究竟是选择某一维度的（单个或多个）工具，还是综合运用几个维度的多种工具，既取决于特定经济事件的性质，也取决于各种政策工具的交叉效应和匹配度。尤其是对于各种政策工具的配合而言，其交叉效应和匹配程度可能具有高度的国情依赖特征，这意味着，即使是同一组政策工具组合和面临类似的经济环境，不同国家的实施效果也可能存在显著差异。因此，对于任何一个国家或经济体而言，宏观审慎组合政策的实施都需要有一个基于本国情况的独立评估，而不能简单照搬从其他国家或经济体中获取的具体参数值。

2. 宏观审慎政策体系的国际协调

应该指出，从长远来看，宏观审慎政策框架不仅包括国内层面的协调统一，还应包括国际层面的协调统一。尤其是在全球经济和金融一体化的条件下，各国的金融市场彼此连接，为了抑制金融体系中的过度风险累积，非常有必要建立一个全球性的宏观审慎政策体系。Ongena 等（2013）的研究结果表明，国内监管趋严可能导致本国企业和银行贷款需求诉诸国际市场，故金融外生冲击得以由国内传导至其他国家。张智富等（2020）认为金融关联国家发生金融危机确实会增加本国系统性风险暴露的可能性，而各国协调宏观审慎政策会显著降低银行危机的发生概率。由此可见，如果在一个一体化的市场中，继续存在全球金融监管结构的分割和信息共享机制方面的障碍，那么，各国监管差异所造成的国际监管套利行为势必引发新的金融不稳定。

五、评价

过去近40年的金融危机史表明，在传统的市场运行机制和金融监管模式下，无论是处于市场内部的交易主体（如金融机构、企业），还是处于市场外部的监管主体（如监管当局），又或者是介于市场内部和市场外部之间的第三方机构（如评级机构、会计与审计机构），都无法摆脱金融体系自我强化和日益扩大的顺周期效应。尤其是在资产价格周期、信贷周期和金融监管周期的顺周期性机制作用下，整个市场的信息处理与反馈环节完全受制于市场波动而不是平抑市场波动，在此基础上的政策选择面临严重困境（马勇等，2009）。

由于在整个顺周期性过程中，起到核心推动力的是信贷扩张，而基于规则的监管又是失效的，因此，未来的稳定框架就应该以克服顺周期性问题为指向。这一结论的核心要点是：金融监管应该从当前基于单个机构的一般资本监管转向针对整个金融体系的总体信用水平的监管，并进行相应的逆周期操作。对于逆周期操作的实施，相关工作的复杂性和相关知识的认识不足是一个现实性的短板，比如，为了缓和金融周期而更为积极、坚决地使用宏观审慎工具是否会扼杀创新与增长。尽管存在不确定性，成功实现逆周期操作的效益仍然不可忽视。使用过宏观审慎政策工具的国家普遍反映，这些工具有助于在经济萧条期保护金融系统。监管理念从立足于单个金融机构的稳健转向确保整个金融体系的总体稳定性，正是宏观审慎政策的核心要义所在。从宏观审慎的角度来看，银行体系中杠杆的循环利用，以及泡沫崩溃后市场被迫以破坏性的速度下行，经常导致顺周期性效应的放大以及实体经济的严重衰退，这种内生于金融体系的系统性风险只能通过完善宏观审慎政策框架，以增强金融体系弹性和自我修复能力的形式予以减轻。

在确认了宏观审慎政策的理论基础和目标以后，政策的实施环节可包括以下步骤：一是建立相关指标体系，对系统性风险的累积情况进行持续监测；二是综合运用定量和定性手段，对系统性风险或潜在的金融脆弱性进行评估；三是当预警信号发出后，及时采取行动对金融体系的失衡情况进行纠正。在监测系统性风险的过程中，应设计一整套适合本国国情的宏观审慎指标，重点关注每一个指标相对其合理水平的偏离程度。在操作时机的选择上，由于涉及时间维度的问题通常十分复杂，简单的时点预测几乎没有任何实际意义。在实践中，政策选择可考虑从寻找"明斯基时刻"走向寻找"明斯基区域"，即通过建立一个政策启动的"时间窗口"区域（而不是时点），增强可操作性。

　　根据一般的经验法则，要使宏观审慎政策更为有效，它必须足够简单和稳健。简单不仅意味着容易被理解，同时也意味着容易被实施；而稳健则要求政策框架在面对不确定和非预期的结构性变化时，依然是有效的。稳健性是任何一个政策框架的基石，对新的政策框架而言尤其如此。作为一项改革中的事物，宏观审慎监管及其政策框架还远远没有达到成熟和被充分检验的程度，因此在政策实践中出现一定程度的模糊性是不可避免的，但随着时间的推移，经验将有助于我们对宏观审慎政策的目标和操作方式进行持续的修正和完善。

参考文献

1. Acharya, V. V., Pedersen, L. H., Philippon, T. and Richardson, M. (2017). "Measuring Systemic Risk," *Review of Financial Studies*, 30 (01), 2 - 47.

2. Agur, I. and Sharma, S. (2013). "Rules, Discretion, and Macro-Prudential Policy," IMF Working Papers, 13 (65).

3. Aikman, D., Haldane, A. G. and Nelson, B. D. (2015). "Curbing the Credit Cycle," *Economic Journal*, 125 (585), 1072 - 1109.

4. Angeloni, I. and Faia, E. (2013). "Capital Regulation and Monetary Policy with Fragile Banks," *Journal of Monetary Economics*, 60 (03), 311 - 324.

5. Boissay, F., Collard, F. and Smets, F. (2016). "Booms and Banking Crises," *Journal of Political Economy*, 124 (02), 489 - 538.

6. Borio, C. (2003). "Towards a Macroprudential Framework for Financial Supervision and Regulation," *CESifo Economic Studies*, 49 (02), 181 - 215.

7. Borio, C. (2005). "Discussion of Session on 'Macroprudential Regulation'," Prepared for the Joint Conference of the Inter-American Development Bank and the Reserve Bank of Atlanta's Americas Center "Toward Better Banking in Latin America," Washington, DC, 30 September.

8. Borio, C. (2007). "Change and Constancy in the Financial System: Implications for Financial Distress and Policy," BIS Working Papers, No. 237.

9. Borio, C. and Lowe, P. (2002). "Asset Prices, Financial and Monetary Stability: Exploring the Nexus," BIS Working Papers, No. 114.

10. Borio, C. and White, W. R. (2004). "Whither Monetary and Financial Stability? The Implications of Evolving Policy Regimes," BIS Working Papers, No. 147.

11. Carvalho, F. A. and Castro, M. R. (2017). "Macroprudential Policy Transmission and Interaction with Fiscal and Monetary Policy in an Emerging Economy: A DSGE Model for Brazil," *Macroeconomics and Finance in Emerging Market Economies*, 10 (03), 215 - 259.

12. Casu. B., Clare, A., Sarkisyan, A. and Thomas, S. (2013). "Securitization and Bank Per-

formance," *Journal of Money, Credit and Banking*, 45 (08), 1617–1658.

13. Christiano, L., Eichenbaum, M. and Evans, C. L. (2005). "Nominal Rigidities and the Dynamic Effects of a Shock to Monetary Policy," *Journal of Political Economy*, 113 (01), 1–45.

14. Constâncio, V. (2016). "Principles of Macroprudential Policy," at the ECB-IMF Conference on Macroprudential Policy, Frankfurt, 26 April.

15. Čihák, M. and Podpiera, R. (2008). "Integrated Financial Supervision: Which Model," *North American Journal of Economics and Finance*, 19 (02), 135–152.

16. Darracq Pariès, M., Kok Sørensen, C. and Rodriguez-Palenzuela, D. (2011). "Macroeconomic Propagation under Different Regulatory Regimes: Evidence from an Estimated DSGE Model for the Euro Area," *International Journal of Central Banking*, 7 (04), 49–113.

17. Demyanyk, Y. and Van Hemert, O. (2011). "Understanding the Subprime Mortgage Crisis," *Review of Financial Studies*, 24 (06), 1848–1880.

18. Doumpos, M., Gaganis, C. and Pasiouras, F. (2015). "Central Bank Independence, Financial Supervision Structure and Bank Soundness: An Empirical Analysis around the Crisis," *Journal of Banking and Finance*, 61, S69–S83.

19. Fernández, A., Rebucci, A. and Uribe, M. (2015). "Are Capital Controls Countercyclical," *Journal of Monetary Economics*, 76, 1–14.

20. G20 (2009). "Guidance to Assess the Systemic Importance of Financial Institutions, Markets and Instruments: Initial Considerations—Background Paper: Report to the G20 Finance Ministers and Central Bank Governors," IMF/BIS/FSB, October.

21. G20 (2011). "Macroprudential Policy Tools and Framework: Progress Report to G20," IMF/BIS/FSB, October.

22. Gaganis, C. and Pasiouras, F. (2013). "Financial Supervision Regimes and Bank Efficiency: International Evidence," *Journal of Banking and Finance*, 37, 5463–5475.

23. Gelain, P. and Ilbas, P. (2017). "Monetary and Macroprudential Policies in an Estimated Model with Financial Intermediation," *Journal of Economic Dynamics and Control*, 78, 164–189.

24. Gertler, M., Kiyotaki, N. and Prestipino, A. (2020). "Credit Booms, Financial Crises, and Macroprudential Policy," *Review of Economic Dynamics*, 37, S8–S33.

25. Guerrieri, L. and Iacoviello, M. (2017). "Collateral Constraints and Macroeconomic Asymmetrics," *Journal of Monetary Economics*, 90, 28–49.

26. Herring, R. and Carmassi, J. (2008). "The Structure of Cross-Sector Financial Supervision," *Financial Markets, Institutions and Instruments*, 17 (01), 51–76.

27. IMF (2009). "Lessons for Monetary Policy from Asset Price fluctuations," World Economic Outlook Chapter 3, October.

28. Javier, B., Emine, B. and Gabriel, M. E. (2012). "Macroprudential Policy in a Fisherian

Model of Financial Innovation," *IMF Economic Review*，60（02），223 - 269.

29. Jermann，U. and Quadrini，V.（2012）. "Macroeconomic Effects of Financial Shocks," *American Economic Review*，102（1），238 - 271.

30. Keppo，J.，Kofman，L. and Meng，X.（2010）. "Unintended Consequences of the Market Risk Requirement in Banking Regulation," *Journal of Economic Dynamics and Control*，34（10），2192 - 2214.

31. Masciandaro，D.（2007）. "Divide et Impera：Financial Supervision Unification and Central Bank Fragmentation Effect," *European Journal of Political Economy*，23，285 - 315.

32. Ongena，S.，Popov，A. and Udell，G. F.（2013）. " 'When the Cat's Away the Mice Will Play：Does Regulation at Home Affect Bank Risk-taking Abroad," *Journal of Financial Economics*，108（03），727 - 776.

33. Quint，D. and Rabanal，P.（2014）. "Monetary and Macroprudential Policy in an Estimated DSGE Model of the Euro Area," *International Journal of Central Banking*，10（02），169 - 236.

34. Repullo，R. and Suarez，J.（2013）. "The Procyclical Effects of Bank Capital Regulation," *Review of Financial Studies*，26（02），452 - 490.

35. Silvo，A.（2019）. "The Interaction of Monetary and Macroprudential Policies," *Journal of Money，Credit and Banking*，51（04），859 - 894.

36. Smets，F. and Wouters，R.（2007）. "Shocks and Frictions in US Business Cycles：A Bayesian DSGE Approach," *American Economic Review*，97（03），586 - 606.

37. White，W. R.（2004）. "Making Macroprudential Concerns Operational," in Proceedings of the Symposium on Financial Stability Policy-Challenges in the Asian Era，De Nederlandsche Bank，Amsterdam，25 - 26 October.

38. White，W. R.（2006）. "Procyclicality in the Financial System：Do We Need a New Macro Financial Stabilization Framework," BIS Working Paper，No. 193.

39. Xiao，K.（2020）. "Monetary Transmission through Shadow Banks," *Review of Financial Studies*，33（06），2379 - 2420.

40. 陈雨露，马勇，李濛. 金融危机中的信息机制：一个新的视角. 金融研究，2010（03）：1 - 15.

41. 陈雨露，马勇. 大金融论纲. 北京：中国人民大学出版社，2013.

42. 陈雨露，马勇. 泡沫、实体经济与金融危机：一个周期分析框架. 金融监管研究，2012（01）：1 - 19.

43. 方意，黄丽灵. 系统性风险、抛售博弈与宏观审慎政策. 经济研究，2019，54（09）：41 - 55.

44. 方意，王晏如，黄丽灵，和文佳. 宏观审慎与货币政策双支柱框架研究——基于系统性风险视角. 金融研究，2019（12）：106 - 124.

45. 宫晓莉，熊熊，张维. 我国金融机构系统性风险度量与外溢效应研究. 管理世界，2020（08）：65 - 82.

46. 侯成琪，黄彤彤. 影子银行、监管套利和宏观审慎政策. 经济研究，2020，55（07）：58 - 75.

47. 黄益平，曹裕静，陶坤玉，余昌华．货币政策与宏观审慎政策共同支持宏观经济稳定．金融研究，2019（12）：70－91．

48. 李斌，吴恒宇．对货币政策和宏观审慎政策双支柱调控框架内在逻辑的思考．金融研究，2019（12）：1－17．

49. 李天宇，张屹山，张鹤．我国宏观审慎政策规则确立与传导路径研究——基于内生银行破产机制的 BGG-DSGE 模型．管理世界，2017（10）：20－35＋187．

50. 马勇，杨栋，陈雨露．信贷扩张、监管错配与金融危机：跨国实证．经济研究，2009，44（12）：93－105．

51. 马勇．"双支柱"调控框架的理论与经验基础．金融研究，2019（12）：18－37．

52. 马勇．宏观审慎的动态方法论基础．金融评论，2013，5（03）：25－42＋123－124．

53. 马勇．系统性金融风险：一个经典注释．金融评论，2011，3（04）：1－17＋123．

54. 张健华，贾彦东．宏观审慎政策的理论与实践进展．金融研究，2012（01）：20－35．

55. 张智富，郭云喜，张朝洋．宏观审慎政策协调能否抑制国际性银行危机传染？——基于跨境金融关联视角的实证研究．金融研究，2020（07）：21－37．

现代货币理论

  自 20 世纪 80 年代起，主要发达国家经济体经历了长达二十多年的经济稳定增长；但同时，80—90 年代，以拉美国家为代表的发展中国家经历了数次金融危机，危机的爆发引起这些国家资产价格的大幅波动，甚至导致一些国家汇率制度的崩溃。在此过程中，有一批学者在后凯恩主义学者的基础上对货币金融理论展开了新的尝试，主张打破货币政策与财政政策的边界，支持财政赤字货币化，并提出了一系列的政策建议，非常典型的便是"最后雇佣者"计划以解决经济动荡产生的失业问题。在这一背景下，"现代货币理论"（modern money theory，MMT）逐步形成。但该理论作为在后凯恩斯学派基础上发展起来的理论，一直作为一门非主流经济理论存在，较少被讨论关注。在 21 世纪，2008 年的次贷危机、其后爆发的欧债危机、2020 年爆发的新冠疫情，都对主要发达国家经济体造成了冲击。在政府财政支出大幅上升，稳定就业压力难度加大的情况下，现代货币理论的观点得到了部分人士的支持，并引起了更多的关注和讨论。

  现代货币理论之所以成为媒体热炒的对象，是因为其认为财政赤字可以货币化，政府的借债无限制，政府可以通过相关货币刺激手段来解决经济困难。但与主流经济学有所不同的是，现代货币理论的论证更多是通过描述性推演论证结论，在严谨性上有所欠缺。对此，其代表学者兰德尔·雷（Randall Wray）在其著作《现代货币理论——主权货币体系的宏观经济学》（*Modern Money Theory：A Primer on Macroeconomics for Sovereign Monetary Systems*）中坦言道："在某种程度上，现代货币理论是描述性的。当我们说'政府通过按键进行开支，主权货币的发行者不会用尽按键'时，这是描述性的；当我们说'主权政府没有借入自己的货币'时，这也是描述性的；我们认为出售债券是货币政策的一部分，有利于央行达到其目标利率，这是描述性的；当我们主张浮动汇率提供了最大的国内政策空间时，这仍然是描述性的"（Wray，2017）。

正是由于现代货币理论的这种特点，其理论主张在得到部分政界人士支持的同时，也引起了诸多批评。例如，Palley（2019）认为现代货币理论是引发政治争论的媒体经济学，存在严重的分析缺陷。Wolf（2019）认为，现代货币理论有违常识，实际并不可行。由于现代货币理论已成为越来越多理论和实务界关注的对象，并引发了巨大的争议，因此有必要对其进行梳理。

一、现代货币理论的源流

现代货币理论是从后凯恩斯主义经济学中发展起来的一个分支，其中"现代货币"的概念是这一理论的基础。这个概念最早可以追溯到德国经济学家克纳普（Georg F. Knapp）在 1905 年出版的《货币国定论》（*The State Theory of Money*）。克纳普在书中创造了"chartalism"一词，其拉丁语词源"charta"意指标记或符号，该词被许多国内学者翻译为"货币国定论"（张晓晶和刘磊，2019；李黎力，2019）。克纳普将货币区分为货币实物和货币账目，分别代表货币的载体形态和符号意义。他认为货币的出现早于市场交换，因此货币最初的职能是计价和支付，即货币的核心职能是价值尺度与支付手段。货币国定指的是国家有权决定何种货币为记账货币，而这种记账功能是一种符号意义的体现。在这之后，Alfred Mitchell-Innes（1913，1914）在克纳普的基础上对货币起源和货币信用论进行了进一步阐释，补充发展了货币国定论（Wray，2004）。

1930 年，凯恩斯在《货币论》（*A Treatise on Money*）一书中提及并引用了克纳普的观点，并提出具有征税和指定征税货币的国家可以认定为现代国家，这些国家的货币毫无疑问属于国定货币。后凯恩斯学者在凯恩斯"现代国家"的基础上，讨论了能够发行主权货币国家的货币理论问题，并作为现代货币理论的基础。

在凯恩斯之后，对现代货币理论产生重要影响的学者是勒纳（Abba P. Lerner）。1947 年，他在《美国经济评论》（*American Economic Review*）上发表了论文《货币作为国家的产物》（Money as A Creature of the State），开创性地提出了"功能财政"的理论，指出政府除了以税收收入进行支出，通过借款补充税收收入不足所产生的差额之外，还可以通过加印纸币的方式满足支出。但"功能财政"理论在 20 世纪 70 年代已几乎无人提及，主流经济学家认为这种理论可能导致高通胀，"政府预算约束"理论成为学界的主流声音。

20 世纪后期，相关理论中最有代表性的研究者当属美国经济学家明斯基。1986 年，明斯基在其代表作《稳定不稳定的经济》（Stabilizing an Unstable Economy）中提出，货币源于社会中的债权债务关系，这种债权债务关系人人皆可创造，但不同人创造的债务其被接受能力也有所不同。同时，明斯基还系统地讨论了"大政府"制度安排，并提出了对"最后雇佣者"计划的构想。

明斯基之后，有一批经济学家在总结和提炼传统货币国定论的基础之上，吸收了内生货币等要素，对其进行了完善和补充，形成了新货币国定学说、税收驱动货币等理论体系。随着这些理论的进一步发展完善，以及数次危机的发生，这些学说也被该学派的研究者称为"现代货币理论"（Mitchell，2009；Wray，2017）。这些经济学家大多数属于后凯恩斯学派的学者。

二、现代货币理论的三大理论组成

现代货币理论建立在货币国定论的基础之上。该理论认为人们接受主权货币的原因之一是需要通过主权货币缴纳税款；缴税等义务创造了对货币的需求，使得政府可以支出货币。政府无须为了支出而借入本国货币，也不需要在支出前出售债券。货币国定论为现代货币理论提供了理论基础。

在此基础之上，"功能性财政"理论认为，货币政策与财政政策的主要目标是实现充分就业，但中央银行的货币政策难以独立于财政，使得财政赤字货币化。财政赤字货币化为现代货币理论的规范性政策提供了框架。

此外，现代货币理论试图提出有代表性的政策处方。许多现代货币理论的支持者认为在不引发高通胀并追求充分就业的情况下，"最后雇佣者"计划是这一理论能提出的最好政策方案（Wray，2017）。虽然这一政策方案在现代货币理论支持者内部也存在争议，但这仍然是该理论目前最有代表性的政策建议。

以上三部分是目前现代货币理论最重要的三大理论组成，这也与国内研究者的观点相契合（张晓晶和刘磊，2019）。

（一）货币国定论

对于货币理论，Goodhart（1998）曾进行过总结，可以将其分为金属货币说和货币国定论。目前主流经济学支持金属货币说的观点，认为货币是由自身具有某种价值的商品演变而来的。原始社会由于物物交换，为了降低交易成本从而诞生了充当交易媒介的货币。而在货币的发展过程中，由于贵金属便于储存、计量、携带等优良特性而成为天然货币的首选，并逐步发展出了贵金属货币体系。其后，信用货币体系在金属货币体系的基础上逐步发展建立。与此相比，现代货币理论支持货币国定论，将货币的起源追溯到债权债务关系，并强调货币的核心职能是价值尺度和支付手段。

货币国定论的最早提出者是 Knapp（1905），货币国定指的是一国的政权有权决定何种货币承载物可以作为记账货币。他认为货币早于交换市场而出现，其最初承担着计价和清偿债务的职能。国家的接受与否界定了货币体系，货币体系中存在着非法定货币的种类，但最重要的是只要被国家在偿付中所接受，则可以认定为是货币。

Keynes（1930）部分引用并赞成了 Knapp（1905）的观点，"无论国家是否在公民中宣布某物为法定货币，只要该物在偿付时被接受使用，都可以将其认定为货币"，但并没有论及支持克纳普货币国定论中所提到的货币的最初职能，以及货币的最初起源。

在此之后，Lerner（1947）对货币国定的观点进行了详细的解释，认为现代国家可以选择任何东西作为货币，但是这种选择并非通过简单宣告而实现作用，而是需要国家选择接受所提出的货币作为履行纳税和其他义务的载体工具。此时，承担国家义务的个人知道政府和其他个人会接受这一载体，个人便会愿意接受使用这一"货币"。可以看出货币国定论的核心逻辑在于国家接受的税收驱动。

这些观点在勒纳之后较少被人讨论，直到 20 世纪 80 年代，Minsky（1986）对其进行了综合论述，认为货币来源于社会债权债务关系，任何人都可以创造发行债务，但这种债务能否作为货币使用关键在于他人对于这种债务的接受能力。能够成为货币的债务是基于政府的税收权，它立于债务金字塔体系的顶点，其次是银行存款，再次是其他各类民间债券债务关系。

在明斯基之后，较多现代货币理论学者都曾提及社会债务关系的金字塔结构，其中比较有代表性的有：Bell（2001）认为社会债务关系具有一个金字塔型的层次结构，这种层次结构意味着其对应着不同的接受程度。在这种体系下，位于金字塔底层的债务被接受程度最低，而位于顶层的则具有最高的被接受程度，通常被称为货币。

Wray（2017）对这种金字塔结构进行了进一步总结和细化，其认为只有主权国家可以通过发行债务来清偿债务，因而政府借据位于金字塔顶端（对于可兑换货币而言，政府货币并非处于顶端，而是由其所兑换之物处于金字塔顶端）；在这之下是银行借据，其可以通过政府借据进行结算；下一层则是非银行金融机构的借据，可以通过银行借据进行结算；再往下是从事生产公司的借据，其多被金融机构持有，且多使用金融机构借据结算；底层则由家庭借据构成，多使用金融机构发行的借据进行结算。图1显示了上述结构的具体构成。

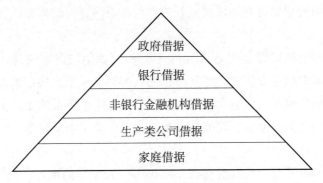

图1 现代货币理论的债务金字塔

资料来源：依据 Wray（2017）整理。

对于货币国定论的主要内容，Tcherneva（2006）曾提炼道，现代货币体系中的国家具有征税及确定征税币种的权力，征税的目的是满足经济体系对货币的需求，确立能够清偿政府间债务的货币，即"税收驱动货币"。政府通过支出为私人部门提供缴税货币，因此政府支出应当先于税收，而国家垄断了货币发行权以保证其不会受到财政约束。此外，Tcherneva（2006）还进一步阐述，征税的目的在于确立法定币种，发债的目的在于调节利率，能够进行货币发行的国家并不需要征税或发债来获得融资，其拥有对货币的定价权。

在这些研究之外，也有一些现代货币理论的支持者试图从历史的维度为其理论找到支持。例如，Grierson（1997）认为货币早于市场出现，其首要的功能是记账单位，其次是支付手段。货币在最初作为记账单位和支付手段使用，而市场中的交易依赖于记账单位，因此货币在之后才体现出交易媒介的功能，这种交易媒介只是国家进行记账管理的体现。Wray（2001）认为，对货币起源进行追溯，其承载债权债务关系的历史要早于交易媒介，这种债权债务关系型的货币可以追溯到原始社会时期，原始部落为了防止冲突变为世代血仇，会向被侵害方提供一定的赎罪金，这种带有债务实践性质的赎罪金便是货币的雏形。Peacock（2003）认为，随着社会的发展，原始部落的赎罪金制度发生了演变，交付的对象由普通的主体转向了权力部门。早期的权力部门即各类统治者，会要求其权力支配对象交税或上贡。在这一发展过程中，税和贡品取代了赎罪金，课税的范围也发生了变化，由侵害产生的罚金逐步向各个领域拓展。可以看到，在以上演进过程中，债务的主体由部落中的个体逐步转变成了权力部门。

Hudson（2003）认为，公元前 3000 年的苏美尔宫廷，为内部管理和估价物品确立了货币单位。在这种货币单位广泛传播后，商贸往来、税费缴纳等活动开始使用其进行标价。同时，宫廷使用以货币标价的符木等工具，进行收税收贡。由于交税、进贡的义务需要通过这种货币标价的工具进行，因而民众愿意接受使用这种货币单位。Bell，Henry 和 Wray（2004）认为，货币的本质不是某种实物，而是债权债务关系，是债务的创造导致了货币的产生。Semenova（2007）认为，货币源于公共部门而非私人部门，货币的产生是为了便于将资源从私人部门转移到公共部门。

可以看到，现代货币理论的支持者在讨论货币起源时，认为货币最初起源于债权债务，是权力部门向下级行使权力，在征课债务的过程中，通过确立记账单位发展而来的。

（二）财政赤字货币化

在货币国定论的基础上，政府具有货币的发行权，而现代货币理论所推崇的财政赤字货币化的关键便在于政府的货币发行权力。与此相比，主流经济学认为央行有自己的独立性，政府财政进行融资时并非直接通过央行进行，而是从私人部门获得支持，也就是财政具有相应的融资约束，需要寻找预算平衡，而不能无限量发债。

现代货币理论的支持者则认为私人部门财富的积累对应于政府及国外部门的债务，由于资产的本质为借据，对于持有者而言的资产在价值上等于发行者的负债，即在社会整体范围内而言，负债总量等于资产总量，因而金融财富源于政府赤字。在这种情况下，财政并不需要受到相应的融资约束。这些逻辑的推论来源于现代货币理论存流量一致模型的分析方法。

存流量一致模型是后凯恩斯学派在国民收入恒等式的基础上，同时关注流量指标和存量指标，在资产负债表方法及存留量一致的基础上所构建的分析方式。早期的凯恩斯模型考虑的是经济流量，随着国家资产负债表的编制发展，国民账户统计体系也有了相应推进，出现了更多使用资产负债表恒等式构建的分析模型。比较著名的如 Gurley 和 Shaw（1960）及 Minsky（1986）。后凯恩斯学派的学者在此基础上提出了存流量一致分析法，例如 Godley 和 Lavorie（2006），这种研究方法也被现代货币理论的研究者广泛使用。

Godley 和 Lavorie（2006）在存流量一致的分析模型中，将所有经济体分为四个独立部门，分别是：居民部门、政府部门、非金融企业部门和国外部门。每个部门的净储蓄等于总收入减去总支出，一个部门的收入与另一个部门的支出相互对应，即一个部门的收入必定是另一个部门的支出。在这种情况下，资金在部门间的流动可以清晰地看到来源和去处，能够通过资金的流动将一个部门与另一个部门相对应。

表 1 展示了存流量一致模型中，各部门间的流量情况，其中表格的每一行表示某一经济活动，每一列表示某一国民部门，表格中的正号表示资金流入，负号表示资金流出。由于部门之间的收入支出相互对应，不存在资金缺漏，因而每一行之和恒为 0，每一列之和为该部门的净储蓄。对于居民部门，其净储蓄 $S_h=W+F-C$。对于企业部门，将其划分为经常账户和资本账户两项，分别代表生产及积累的资本。对于企业部门的经常账户，其总收入等于消费、政府支出、投资、净出口之和，即 $Y=C+G+I+NX$，在企业经常账户的上半列表现为资金流入；其总支出等于工资、利润、税收之和，即 $Y=W+F+T$，在企业经常账户的下半列表现为资金流出。这两者数值相等，因而企业的经常账户综合为 0。对于企业的资本账户，只有企业的投资来源于其内部，因而净储蓄在数值上表现与投资相同，但资金流向相反，表现为 $-I$。对于政府部门，其税收减去政府支出则为其储蓄值，即 $T-G$。对于国外部门，其储蓄为 $-NX$。由此，根据上述行列的恒等关系，我们可以得到：$(S_h-I)=(G-T)+NX$。可以看到，在上述模型的恒等式中，居民和企业所构成的私人部门、政府部门、国外部门的净储蓄进行加总后其和为 0，即私人部门的总净盈余等于政府、国外部门的净赤字。

表 1 流量均衡表

	居民	企业		政府	国外部门	总和
		经常账户	资本账户			
居民消费	$-C$	$+C$				0
政府支出		$+G$		$-G$		0
净出口		$+NX$			$-NX$	0
投资		$+I$	$-I$			0
工资	$+W$	$-W$				0
利润	$+F$	$-F$				0

续表

	居民	企业		政府	国外部门	总和
税收		$-T$		$+T$		0
总和	S_h	0		$-I$	$T-G$	$-NX$	0

基于以上模型可知，由于等式中具有内生决定机制，私人部门和政府部门的净储蓄必有至少一方内生于经济体。而只有在对外盈余的情况下，政府部门的平衡预算和私人部门的盈余才能共存，否则政府部门的平衡预算与私人部门的盈余不可兼得。因此现代货币理论认为私人部门的盈利能力、有效需求不足的真正原因在于政府部门的赤字不足，而否认政府财政平衡的作用。

在更一般化的模型中，流量会引致存量变动。表 2 中将净储蓄分解为新增债券和新增货币，则原本私人部门与政府部门、国外部门之间的关系可以进一步表示为：$\Delta B-\Delta B_f+\Delta M=(\Delta B_g+\Delta M_g)+\Delta M_x$。等式左边是私人部门的金融净资产增量，右边是政府部门、国外部门的负债增量。在这一模型中，各个部门的流量变动与存量变动互相联系，私人部门、政府部门、国外部门的金融财富总量为 0，从而构建了存流量的均衡模型。

表 2　　　　　　　　　　　流量均衡表拓展

	居民	企业		政府	国外部门	总和
		经常账户	资本账户			
居民消费	$-C$	$+C$				0
政府支出		$+G$		$-G$		0
净出口		$+NX$			$-NX$	0
投资		$+I$	$-I$			0
工资	$+W$	$-W$				0
利润	$+F$	$-F$				0
税收		$-T$		$+T$		0
新增债券	$-\Delta B$		$+\Delta B_f$	$+\Delta B_g$		0
新增货币	$-\Delta M$			$+\Delta M_g$	$+\Delta M_x$	0
总和	S_h	0	$-I$	$T-G$	$-NX$	0

现代货币主义理论所采用的存流量一致分析模型体现了其分析的基本逻辑：金融财富等于赤字，因而私人部门的盈余实际上源于政府赤字。在这种分析逻辑下，政府可以无约束地进行负债，并且不受融资条件的约束。由于社会中的全部负债在数量上等于全部金融资产，政府的负债行为和赤字货币化行为在逻辑上获得了支

持，并由此推论出与主流经济学派不相同的理论观点。

Mitchell 和 Mosler（2005）认为，政府征税只是回笼了高能货币。政府支出的过程是通过开具国库支票或在商业银行账户进行贷记；而政府收税时，收到纳税支票后便在这张支票的商业银行账户上进行借记。因而实际上政府的收税行为"毁灭"了部分高能货币，并未实际上获得任何真实的东西。

Mosler（2010）认为，现代货币本质上属于"税收驱动货币"。国家征税的目的在于创造私人部门对货币的需求，使得权力部门能够从私人部门购买相应的物资服务。在征税目标为创造货币需求的条件下，收缴税费无法在政府提供可供纳税的货币之前进行，因此需要政府先进行开支，后进行赋税。这一逻辑意味着是政府开支为私人部门提供了资金，而非私人部门通过交税为政府部门提供"融资"。由于政府垄断了货币的发行，其无须通过征税来应付开销，能够使用自己发行的货币为其开支"融资"，但私人部门需要用货币纳税，因而在现代货币体系下，政府开支不受税收收入能力限制，因而也不受到任何相应操作上的财政约束。

在前述理论基础上，现代货币理论主义者进一步否认了中央银行的独立性。Wray（1998）认为，中央银行与财政部之间为了实现其各自的目标，需要相互协调。财政当局一般直接在中央银行开设账户，因此其征税、发债等财政性收支是直接由中央银行账户与商业银行账户进行对接，会直接影响商业银行的准备金。财政政策与货币政策相比，更能够自由决定、相机抉择；中央银行在这一过程中更多的是借助公开市场操作，以非自决的方式抵消这种准备金的波动。

例如，当政府部门进行征税，则私人部门在商业银行存款账户的存款会划转到财政部在中央银行的存款账户，由商业银行的超额准备金转变成为政府存款，而这一过程会导致超额准备金的规模下降，同时对银行利率造成上升压力。而中央银行为了在这一过程中维持利率稳定，需要在公开市场进行操作以进行对冲，这些行为会使得基础货币的数量增加。这会导致央行在负债端增加政府性存款，在资产端增加其通过公开市场操作的对象科目，通过这一过程，政府债务发生了货币化。这一过程是现实中政府债务货币化的简化，Wray（2017）认为实际中财政赤字货币化的原理与上述简化情形类似，因而实际中央银行并不具有独立性。

（三）"最后雇佣者"计划

现代货币理论中的一大主张是倡导政府的"最后雇佣者"（employer of last resort，ELR）计划。这一理论虽然是现代货币理论的重要主张，但是在该学派内部对其有极大的争议，部分学者认为这一主张属于政策建议，会影响现代货币理论的纯粹性描述；另一些人则认为这一主张从一开始便是现代货币理论的一部分

(Wray，2017)。"最后雇佣者"计划与中央银行"最终贷款人"(lender of last re-sort) 政策相对应，认为政府应当通过财政政策使社会实现充分就业。当经济中存在非自愿失业时，政府应通过债券融资等方式解决这一问题，以保证充分就业。同时，政府在保证充分就业的同时应当确立"最后雇佣者"计划的薪酬标准以作为价格基准，使得能够基于对于劳动报酬的相对价格而建立整体价格体系。

这种基于大政府制度设计和功能财政的政策主张早在 20 世纪 30 年代已经存在 (Wray，2017)，Minsky（1986）首先提出并进行了详细的论述（张晓晶和刘磊，2019），并在其后被许多现代货币理论的支持者讨论和研究。

Burgess 和 Mitchell（1998）认为政府应当为符合资格且具有工作意愿的公民提供工作机会，拟定统一的时薪标准并为该计划提供资金。这种工资标准在政府批准前保持固定并等于一般的法定最低工资。由于受雇者可能因为其他雇主更高的薪酬而退出"最后雇佣者"计划，因此需要统一基本工资以限制雇主竞争。

Wray（1998）认为，由于政府赤字的增加必定会导致私人部门净金融资产的增加，由此，当存在非自愿失业时，这意味着政府的财政政策不足以满足私人部门对于净金融资产的持有意愿，这是政府对货币发行的吝惜。因而当私人部门净储蓄意愿（储蓄超过投资）存在需求缺口时，需要由政府部门的赤字进行填补。

Juniper 等（2014）认为"最后雇佣者"计划为任何愿意和能够工作的人提供一份固定工资福利的工作，受雇的员工每周可以工作 35 小时或者更少，这样创造的就业机会能够很好地与利用率不足的劳动力相匹配。当私营部门活动减少时，就业缓冲岗增加，能够使得私人部门的劳动雇佣在经济波动中平稳过渡。同时"最后雇佣者"计划可以为失业工人提供培训，避免长期失业导致的在职培训成本和技能退化。

"最后雇佣者"计划最重要的作用是在追求充分就业的过程中不至于引发高通胀，从而被现代货币理论支持者称为是最重要的政策建议。Wray（1998）认为，政府在保证充分就业的同时，还可以订立一个劳动者单位劳动实践的基准报酬，使得商品价格体系可以在这一基准报酬的体系上建立起来。在能够保证劳动者工资固定的条件下，保证币值的稳定。

Wray（2017）认为统一的基准工资具有一定的逆周期调节机制。在经济形势向好时，抑制随着就业率上升而带来的涨薪压力，从而缓解通胀压力；在经济形势恶化时，被解雇的工人可以通过"最后雇佣者"计划获得收入，为最低工资提供下限，从而缓解通缩压力。正如过去的货币与黄金挂钩，"最后雇佣者"计划提出一种更加有效的"货币锚"。相比黄金而言，劳动在作为稳定经济的缓冲时更加有效，这是因为劳动参与了产品生产的每一环节，而居民收入是产品需求的最重要决定因素。因而"最后雇佣者"计划理论具有稳定价格的作用。

除此之外，许多现代货币理论的支持者还从多个角度论述了"最后雇佣者"计划的优点。Forstater（1999）认为"最后雇佣者"计划可以改善经济环境，使得失业者拥有就业途径，现有雇员增加就业选择。同时由于私营部门的雇主与"最后雇佣者"计划所提供的工资福利处于竞争关系，这会迫使私营部门的雇主将其福利待遇提高至与"最后雇佣者"计划至少相同的水平，这将有助于改善已有的就业条件。Darity（1999）认为"最后雇佣者"计划能够改善歧视问题，使得受到不公正对待的工人可以通过该计划就业，虽然无法完全解决歧视问题，但可以作为解决这一问题，提供更加平等就业环境的重要工具。

三、现代货币理论对通货膨胀问题的解释

现代货币理论在引起诸多关注的同时也引来了诸多质疑，其中最典型的问题便是可能由此导致的通货膨胀问题，该学派部分学者也对这一问题进行过解释。例如，现代货币理论的几位重要倡导者威廉·米歇尔（William Mitchell）、马丁·沃茨（Martin Watts）、兰德尔·雷（Randall Wray）（下文简称 MWW）在其 2019 年出版的作品《宏观经济学》（*Macroeconomics*）中提出，现代货币理论得出的最重要的结论是：货币发行者不需要受到财政约束。换言之，一个发行自己货币的国家永远不会耗尽，也永远不会以自己的货币破产。它可以在到期时支付所有款项。对大多数政府来说，政府债务没有违约风险。

对于由此可能引发的通胀争议，MWW 认为，货币供应量的上升与一般价格水平的上升之间不存在简单的比例关系。斗争理论认为通货膨胀问题是由于工人和资本家之间阶级冲突所产生的内在问题，这一问题应当由政府进行调节。在资本主义制度中，当工人和资本家相互抗争意图获取更高的收入时，通胀便失去了控制，因而收入政策（例如政府的价格指导方针）是解决高通胀的方法。MWW 还提出，当名义总需求超过经济吸收的实际能力时，私人或公共支出会导致通货膨胀。但资本主义市场很少能实现充分就业，由于市场中总是存在闲置的生产力和较高的失业率，因而当名义总需求增加时，企业具有扩大实际产出的余地。

但这些论述也引致了很多批评，例如，1870 年以来的美国数据显示，通货膨胀和货币供应量增长之间的相关性为 0.79，跨国数据也表现出类似的强烈相关性（Mankiw，2019）。现代货币理论通过描述性的简单论述，并不能支持其政策导向不会引致通胀飙升。

Mankiw（2020）进一步指出，政府可以通过印钞来支付账单，但并不能使政府摆脱跨期预算约束；经济通常以过剩的产能运作，即产出往往低于最佳水平，但这并不意味着决策者很少需要担心通胀压力；在普遍存在市场力量的世界，政府的价格设置可能会改善市场定价带来的问题，但这并不意味着在实际经济运作中政府可以通过广泛参与定价过程来增加福利。

除此之外，现代货币理论学者对于通胀问题还有一些其他解读，例如，Wray（2017）提出，现代货币主义理论的批评者认为，政府靠印钞支出必将导致高通货膨胀。但如果该观点正确，那么世界上的大部分发达国家将存在高通胀问题，实际上这是很罕见的。现代货币理论所提出的政府可以通过"敲击键盘"完成支出只是一种说明，而非对政府的"指示"。恶性通胀的产生实际上是非常具体的情况造成的，当前世界存在高赤字的发达国家（例如美国、英国、日本）并不存在高通货膨胀。

四、现代货币理论引发的争议

现代货币理论在分析逻辑上承袭后凯恩斯学派，并发展成为其中最激进的一支理论。货币政策不独立于财政政策，政府财政赤字可货币化等观念引发了激烈的批评。这些批评不仅来自新凯恩斯和奥地利学派等外部批评，也来自后凯恩斯学派内部。货币国定论、财政赤字货币化、"最后雇佣者"计划是该理论的重要支点，国外有许多学者对这三大支点提出了质疑。

对于货币国定论，Mehrling（2000）认为，国家是国内最终货币的发行者这一事实并不意味着它有能力将价格水平或利率作为外生的政策基准。Rochon 和 Vernengo（2003）认为即使现代货币最终为法定货币，但主权是征税等行为的权力，权力并不是货币存在的主要原因。Palley（2015）认为，现代货币理论中税收权是货币价值的来源，这一观点并不具有说服力。

对于财政赤字货币化理论，Fiebeger（2012）认为除非进行更多的借贷，否则美联储的国库存款数量限制了财政部的净支出能力。尽管美联储有能力创造信贷，但它被明确排除在国债一级市场之外。Lavoie（2012）对现代货币理论中混同财政与中央银行的逻辑进行了分析，认为现代货币理论的倡导者基于抽象的整合和抽象的顺序逻辑，呈现反直觉的故事，这些故事有违操作和现实。Palley（2015）认为，在一个没有增长的经济体中，必须实现财政平衡的预算来维持法定货币的价值。如果财政部实行"持续的货币融资赤字"，那么货币供应相对于国内生产总值将会增加，进而导致通货膨胀。

对于"最后雇佣者"计划，King（2001）讨论了不同形式的就业和收入支持，但认为所有这些做法都是不切实际的。Ramsey（2002，2003）认为"最后雇佣者"计划的倡导者是政治天真的。Sawyer（2003）认为在缺乏福利的情况下，失业者可能与"最后雇佣者"计划提供的工作存在偏好与技能不符，最终被迫接受，这会无形中增加就业不足的可能性；同时，"最后雇佣者"计划可能无法提供足够的低技能工作，在提供工作前可能存在时滞，公共部门的工资可能会因最后雇佣者计划而降低。

虽然近年来的金融危机和新冠疫情等冲击使得现代货币理论受到越来越多的关注，但同时该理论也引致了许多著名专家学者的公开批评。表3对近期一些有代表性的反对意见进行了整理。

表3　　　　　　　　　　　对现代货币理论的代表性评论

人物	机构和职位	观点
保罗·克鲁格曼（Paul Krugman）	普林斯顿大学教授	当经济接近充分就业时，政府赤字会抬高长期利率，由于政府与私人部门竞争抢占资金，会对私人部门投资形成挤出效应。
肯尼斯·罗格夫（Kenneth Rogoff）	哈佛大学教授	现代货币理论毫无价值，政府平衡风险的最佳方式是改善债务结构，通过用长期债代替短期债，降低利率上升造成的成本。
杰罗姆·鲍威尔（Jerome Powell）	美联储主席	赤字数量无关紧要是错误的，因为虽然政府以美元借债，但必须对财政进行约束，需要提高收入或者减少开支。那些认为赤字对以本国货币借债国家并不重要的观点是错误的。
珍妮·耶伦（Janet Yellen）	美联储前主席	现代货币理论是一种错误的理论，它可能会带来恶性通货膨胀。
塞巴斯蒂安·爱德华兹（Sebastian Edwards）	加州大学洛杉矶分校教授	拉美国家过去的教训提供了重要警示，通过无限印钞支持财政扩张会引发灾难性的后果。
劳伦斯·萨默斯（Lawrence Summer）	美国前财政部长、哈佛大学教授	现代货币理论的价值被过分夸大，被认为是免费的午餐，即政府可以在不增加任何负担的条件下提高支出能力。
格里高利·曼昆（Gregory Mankiw）	哈佛大学教授	虽然在理论上政府可以无限印钞而不违约，但这实际上会导致高通胀，甚至银行破产，相比之下违约有时可能是更优选择。
拉里·芬克（Larry Fink）	贝莱德基金公司 CEO	赤字会大幅度提升利率，并导致利率处于不可持续的状态。

续表

人物	机构和职位	观点
克里斯蒂娜·拉加德 （Christine Lagarde）	IMF 前任总裁	现代货币理论不是灵丹妙药。
沃里奇·麦基宾 （Warwick McKibbin）	布鲁金斯学会	长期财政赤字会导致对美元失去信心，影响其国际储备货币地位。

资料来源：https：//www.project-syndicate.com/modern-monetary-theory.

国内也有许多学者对现代货币理论提出了批评。例如，张晓晶和刘磊（2019）等认为现代货币理论在强调充分就业的同时忽视了由财政刺激可能带来的通胀问题。在强调政府无约束发债的同时忽视了其所带来的其他负面影响。孙国峰（2020）认为现代货币理论中税收驱动货币与现实情况不符，同时错误地运用了宏观会计原理进行分析，试图使用这种错误分析撼动央行不能向财政透支的基础，是一种建立在错误假设基础上，与现代信用体系相悖的错误学说，其政策主张可能会引致严重通胀。梁捷等（2020）认为在现代货币理论中，财政赤字货币化的理论基础是存在争议的，依照这一理论进行实践可能会导致大量风险，同时该理论对于货币失控所导致的危害评估不足，且并未提出可信的控制方法，并有可能对现行的其他经济政策造成巨大冲击。

综上所述，现代货币理论的政策主张可能会引致诸多风险，尤其是通胀风险。而通货膨胀机制是极为复杂的，当经济不处于流动性偏好陷阱时，高额的财政赤字会推升长期利率，从而抑制私人投资，产生挤出效应。同时中央银行的职责与目标区别于一般政府部门，维持币值稳定是其重要目标，央行独立的货币政策能够对过度财政扩张产生约束作用。总体来看，现代货币理论发展时间较短，且主要通过描述性推演进行论证。虽然在数次危机后得到了许多关注，但需要特别注意的是，"财政赤字货币化""混同财政与金融"等观念是历史上导致恶性通货膨胀的重要原因。虽然该理论与量化宽松的货币政策相关，但其论证逻辑和提倡的政策主张都备受质疑，读者需要认真甄辨。

参考文献

1. Bell，S.（2001）."The Role of the State and the Hierarchy of Money," *Cambridge Journal of Economics*.

2. Bell，S.，J. Henry and L. R. Wray（2004）."A Chartalist Critique of John Locke's Theory of Property，Accumulation，and Money：Or Is It Moral to Trade Your Nuts for Gold," *Review*

of Social Economy，62（1），51 - 65.

3. Burgess，John，and William F. Mitchell（1998）．"Unemployment，Human Rights and a Full Employment Policy in Australia，" *Australian Journal of Human Rights*，4（2），76 - 94.

4. Darity. Jr.，William（1999）．"Who Loses From Unemployment，" *Journal of Economic Issues*，33（2），491 - 496.

5. Fiebiger，Brett，et al.（2012）．"Modern Monetary Theory：A Debate，" No. wp279.

6. Forstater，Mathew.（1999）．"Public Employment and Economic Flexibility：The Job Opportunity Approach to Full Employment，" No. 50. Public Policy Brief.

7. Godley，Wynne，and Marc Lavoie（2006）．*Monetary Economics：An Integrated Approach to Credit，Money，Income，Production and Wealth*，Springer.

8. Goodhart，Charles，A. E.（1998）．"The Two Concepts of Money：Implications for the Analysis of Optimal Currency Areas，" *European Journal of Political Economy*，14（3），407 - 432.

9. Grierson，P. *The Origins of Money*，*Pamphlet*（Athlone Press，University of London reprinted and revised from Creighton Lecture，Cambridge，1977）．

10. Gurley，John G.，and Edward S.（1960）．"Money in a Theory of Finance，" No. 332. 4/G97m.

11. Hudson，M. "The Creditary/Monetary Debate in Historical Perspective，" in Bell，S. and E. Nell eds.（2003）．*The State，the Market and the Euro*. Cheltenham，UK and Northampton，MA，USA：Edward Elgar.

12. Juniper，J.，Sharpe，T. P.，and Watts，M. J.（2014）．"Modern Monetary Theory：Contributions and Critics，" *Journal of Post Keynesian Economics*，37（2），281 - 307.

13. Keynes，J. M.（1930）．*A Treatise on Money*，London：Macmillan.

14. King，J. E.（2001）．"The Last Resort? Some Critical Reflections on ELR，" *Journal of Economic and Social Policy*，5（2），72 - 76.

15. Knapp，Georg Friedrich（1924）．"The State Theory of Money，" McMaster University Archive for the History of Economic Thought［1905］．

16. Lavoie，M.（2012）．"Perspectives for Post-Keynesian Economics，" *Review of Political Economy*，24（2），321 - 335.

17. Lerner，A. P.（1947）．"Money as a Creature of the State，" *American Economic Review*，S37，312 - 317.

18. Mankiw，N. Gregory（2019）．*Macroeconomics*，10th edition，New York：Worth Publishers.

19. Mankiw，N. Gregory（2020）．"A Skeptic's Guide to Modern Monetary Theory，" *AEA Papers and Proceedings*，Vol. 110.

20. Mehrling，Perry（2000）．"Modern Money：Fiat or Credit?"，*Journal of Post Keynesian Economics*，22（3），397 - 406.

21. Minsky，H.（2008）．*Stabilizing an Unstable Economy*，New Haven，CT：Yale University

Press［1986］.

22. Mitchell，B.（2009）．"The Fundamental Principles of Modern Monetary Economics，" in "It's Hard Being a Bear（Part Six）?：Good Alternative Theory?"（PDF）.

23. Mitchell，William，L. Randall Wray and Martin Watts（2019）. *Macroeconomics*，London，UK，Red Globe Press.

24. Mitchell，W. and W. Mosler（2005）．"Essential Elements of a Modern monetary Economy with Applications to Social Security Privatization and the Intergenerational Debate，" CofFEE Working Paper 05－01，Newcastle，Australia：Centre of Full Employment and Equity，February.

25. Mitchell-Innes，A.（1913）．"What is Money?"，*Banking Law Journal*，May，377－408.

26. Mitchell-Innes，A.（1914）．"The Credit Theory of Money?"，*Banking Law Journal*，January-December，31，151－168.

27. Palley，Thomas（2019）．"Macroeconomics vs. Modern Money Theory：Some Unpleasant Keynesian Arithmetic，" *Post Keynesian Economics Society*，Working Paper 1910.

28. Palley，T. I.（2015）．"Money，Fiscal Policy，and Interest Rates：A Critique of Modern Monetary Theory，" *Review of Political Economy*，27（1），1－23.

29. Peacock，Mark S.（2003）．"State，Money，Catallaxy：Underlaboring for a Chartalist Theory of Money，" *Journal of Post Keynesian Economics*，26（2），205－225.

30. Ramsay，T. "The Jobs Guarantee：A Post Keynesian Analysis，" *Journal of Post Keynesian Economics*，2002－3，25（2），273－291.

31. Rochon，Louis-Philippe，et al.（2003）．"State Money and the Real World：Orchartalism and its Discontents，" *Journal of Post Keynesian Economics*，26（1），57－67.

32. Sawyer，M.（2003）．"Employer of Last Resort：Could It Deliver Full Employment and Price Stability?"，*Journal of Economic Issues*，37（4），881－909.

33. Semenova，A.（2007）．"The Origin of Money：Enhancing the Chartalist Perspective，" C-FEPS Working Paper.

34. Tcherneva，Pavlina R.（2006）．"Chartalism and the Tax-Driven Approach to Money，" *A Handbook of Alternative Monetary Economics*，69.

35. Wolf，Martin（2019）．"States Create Useful Money，but Abuse it，" *Financial Times*，81－82.

36. Wray，L. Randall（1998）．*Understanding Modern Money*，Vol. 11，Cheltenham：Edward Elgar.

37. Wray，L. Randall（2001）．"Understanding Modern Money：Clarifications and Extensions，" CofFEE Conference Proceedings，Newcastle，Australia：Centre of Full Employment and Equity，December.

38. Wray，L. Randall（2004）．"The Credit Money，State Money and Endogenous Money Approach：A Survey and Attempted Integration，" Working Paper.

39. L. 兰德尔·雷. 现代货币理论——主权货币体系的宏观经济学. 北京：中信出版社，2017.

40. 李黎力. 现代货币理论的历史与逻辑. 政治经济学季刊，2019，2（03）：67-86.

41. 孙国峰. 现代货币理论的缺陷——基于财政视角. 国际经济评论，2020（05）：92-101＋7.

42. 张晓晶，刘磊. 现代货币理论及其批评——兼论主流与非主流经济学的融合与发展. 经济学动态，2019（07）：94-108.

图书在版编目（CIP）数据

金融学文献通论. 宏观金融卷/陈雨露，汪昌云主编. -- 2 版. -- 北京：中国人民大学出版社，2021.6
ISBN 978-7-300-29380-6

Ⅰ. ①金… Ⅱ. ①陈… ②汪… Ⅲ. ①金融学-文集 Ⅳ. ①F830-53

中国版本图书馆 CIP 数据核字（2021）第 086403 号

金融学文献通论·宏观金融卷（第二版）

陈雨露　汪昌云　主编

Jinrongxue Wenxian Tonglun · Hongguan Jinrongjuan

出版发行	中国人民大学出版社		
社　　址	北京中关村大街 31 号	**邮政编码**	100080
电　　话	010 - 62511242（总编室）	010 - 62511770（出版部）	
	010 - 82501766（邮购部）	010 - 62514148（门市部）	
	010 - 62515195（发行公司）	010 - 62515275（盗版举报）	
网　　址	http://www.crup.com.cn		
经　　销	新华书店		
印　　刷	涿州市星河印刷有限公司	**版　　次**	2006 年 11 月第 1 版
规　　格	185mm×260mm　16 开本		2021 年 6 月第 2 版
印　　张	41.5 插页 4	**印　　次**	2021 年 6 月第 1 次印刷
字　　数	777 000	**定　　价**	158.00 元